간디 자서전

나 의   진 실   추 구   이 야 기

간디 자서전

MOHANDAS K. GANDHI

An Autobiography

The Story of My Experiments with Truth

마하트마 간디 **지음** | 박홍규 **옮김**

문예출판사

MOHANDAS K. GANDHI

An Autobiography
The Story of my experiments with Truth

남아프리카 요하네스버그에서(1907년)

간디의 아내 카스투르바이 간디와 간디의 조카, 세 아들이 함께한 사진

남아프리카에서 사티아그라하를 시작할 무렵의 간디

보어 전쟁 당시 인도 위생부대와 함께한 간디(중간 열 오른쪽에서 세 번째, 1899년)

요하네스버그 변호사 사무실 밖에서 직원들과 함께한 간디. 오른쪽이 타자수로 일했던
슐레신(1913년)

1915년 남아프리카에서 인도로 돌아온 직후의 간디 부부

아침 산책을 하는 간디

런던에서 법학을 공부하던 시절의 간디 모습　　1920년경의 간디 모습

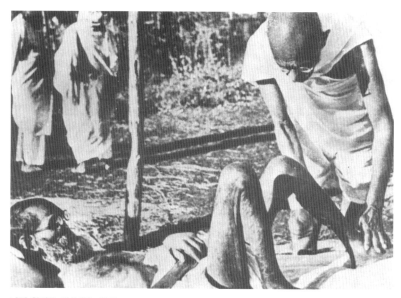

나병 환자를 간호하는 간디

네루와 산책하는 간디

인도의 시성, 타고르와 함께한 사진

19세기 영국의 비평가이자 저술가, 미술운동 가였던 러스킨. 노동에 대한 그의 관점은 간디 에게 깊은 영향을 주었다.

I want world
sympathy in
this nattle of
Right against
might.
Santi MKGandhi
5°.4:30

폭력에 맞선 권리 투쟁을 호소하는 간디의 글씨

아메다바드에서 열린 간디 강연회(1931년)

런던 방문 도중 마르세유에서의 간디. 간디 옆 수염을 기른 사람이 앤드루스 목사(1931년)

채플린(간디 곁에 앉은 남자)을 만난 간디

런던 원탁회의에 참석하고 나오는 간디(1931년)

투옥 직전의 간디(1932년)

콜카타에서 강연하는 간디(1934년)

간디 구속 직후 터진 뭄바이 시위(1942년)

네루와 함께 실을 잣는 간디

불가촉천민 마을에서 물레를 돌려 베짜기 시범을 보여주는 간디(1946년)

인도의 마지막 총독 마운트베튼
부부와 함께한 간디(1947년)

캐시미르로 가는 간디(1947년 7월)

동벵골의 어느 마을을 방문한 간디

간디 생전 최후의 사진(1948년 1월 29일)

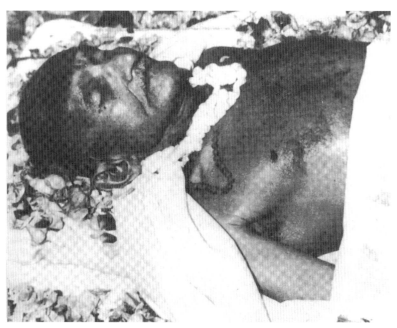

화장 직전의 간디 시신(1948년 1월 30일)

화장터로 옮겨지는 간디 시신(1948년 1월 31일)

간디 장례식에 모여든 인파

간디 묘지를 참배하는 마틴 루터 킹 목사
(1959년 2월)

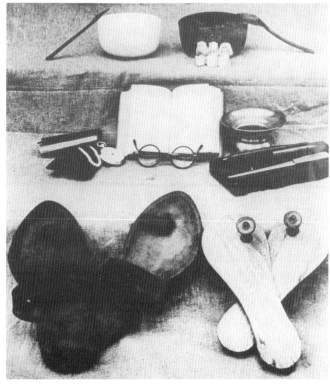

간디의 유품

차례

2부

3부

4부

5부

일러두기

- 원주는 1), 2), 3)으로 옮긴이주는 1, 2, 3으로 표시했다.
- 책에 나오는 해설은 모두 옮긴이가 덧붙인 것이다.

머리말

4, 5년 전[1] 가까운 동료들의 권유로 나는 자서전 쓰기에 동의했다. 그러나 시작하여 첫 페이지를 다 쓰기도 전에 뭄바이[2]에 폭동[3]이 일어나 일은 중단되었다. 그 뒤 일련의 사건들이 계속 생겨나 결국 나는 예라브다 감옥에 갇혔다.[4] 그곳에 함께 갇힌 제람다스 씨가 나에게 만사를 제쳐두고 자서전을 완성하라고 권했다. 나는 이미 스스로 연구 계획[5]을 짰기 때문에, 그것을 마칠 때까지 다른 일은 할 수 없다고 답했다. 내가 만일 예라브다에서 나의 형기를 다 치렀더라면 자서전을 완성할 수 있었으리라. 왜냐하면 그 과업을 완성하기 위한 한 해가 아직 남아 있었기 때문이다. 그때 나는 석방되었다.[6]

최근 아난드 선생[7]이 다시 자서전 쓰기를 권했다. 나는 남아프리

---

1 1920~1921년을 말한다.

2 간디 생존시에는 봄베이라고 했다.

3 차우리차우라에서 경찰을 공격한 사건.

4 1922년 3월, 금고 6년형을 받았다.

5 남아프리카 경험담의 집필.

6 간디는 1924년에 석방되었다.

7 Swami Anand의 Swami는 산스크리트어로 '주인'이란 뜻이나 우리말 '님' 정도의 의미다.

카에서 벌인 사티아그라하[8]의 역사를 완성했으므로《나바지반》지에 자서전을 쓰려고 했다. 선생은 내가 독립된 책으로 출판하기 바랐다. 그러나 내게는 그럴 시간이 없다. 나는 매주 한 장(章)씩 쓸 수 있을 뿐이다. 게다가 매주《나바지반》을 위해 무언가 써야 한다. 그게 자서전이어서 안 될 이유가 무엇인가? 선생도 내게 동의해 지금 나는 부지런히 쓰고 있다.

그러나 한 경건한 친구가 의문을 품고 나의 침묵일[9]에 말했다. "왜 그런 짓을 하는가? 자서전을 쓴다는 것은 서양의 특유한 관행이다. 서양의 영향을 받지 않고서 동양에서 자서전을 쓴 사람은 없다. 게다가 무엇을 쓴다는 것인가? 자네가 오늘 원칙으로 주장한 것을 내일 부정한다면, 또는 오늘의 계획을 앞으로 바꾼다면, 자네가 입이나 글로 한 말을 믿고 행동한 사람들이 잘못된 길을 갈 것 같지 않은가? 따라서 당분간 자서전 같은 것은 쓰지 않는 게 좋지 않겠는가?"

그 말은 어느 정도 옳았다. 그러나 정말로 자서전을 쓰는 것이 내 목적은 아니다. 나는 단지 내가 진실을 추구한다는 이야기를 하고 싶을 뿐이다. 나의 삶이 그 추구들로 이루어졌기에 그 이야기가 자서전이라는 형식을 갖출 뿐이다. 그러나 이 책의 모든 페이지가 오로지 나의 진실 추구에 대한 것이라 해도 나는 걱정하지 않는다. 만일 그 진실 추구를 연결해 설명하면 독자들에게도 유익하리라고 믿는다. 적어도 그렇게 믿는다고 자부하고 싶다.

---

8 Satyagraha는 종래 함석헌 등에 의해 일본에서처럼 '진리파지(把持)운동'으로 번역되었고 나는 '진실관철투쟁'으로 번역했으나 원어 그대로 사용되는 경우가 많다는 이유에서 원어 그대로 표기하도록 한다.

9 월요일을 말한다.

정치 분야에서 내 진실 추구는 지금 인도만이 아니라 '문명' 세계에 어느 정도 알려져 있다. 나에게 그것은 별 가치가 없다. 따라서 그 일로 나에게 주어진 '마하트마'[10]라는 칭호는 더욱 가치가 없다. 그 칭호는 종종 나에게 깊은 상처를 주었다. 그것이 나를 기쁘게 한 적은 한 번도 없다.

내가 정말 이야기하려는 것은 나 자신만이 알 수 있는 정신 분야의 추구다. 내가 정치 분야에서 활동한 힘은 거기에서 나왔다. 그 추구가 정말 정신적인 것이라면 자찬의 여지는 있을 수 없다. 그것으로 나의 겸손만이 더해질 뿐이다. 과거를 돌이켜 반성하면 할수록, 나의 한계를 더욱더 생생하게 느낄 뿐이다.

내가 이루고자 원한 것, 지난 30년간 이루고자 싸우고 애쓴 것은 자아실현이고, 신[11]의 얼굴을 마주 보는 것이며, 구원[1],[12]에 이르는 것이다. 나는 이 목표에 이르고자 살아 움직이고 존재한다. 말이나 글로 한 모든 것, 그리고 정치 분야에서 한 모든 시도는 그 목표를 향한 것이다.

그러나 나는 누군가가 할 수 있는 일은 모두가 할 수 있다고 믿기 때문에, 나의 진실 추구는 은밀하게 행해진 것이 아니라, 공개적으로 행해졌다. 나는 이 사실이 그 진실 추구의 정신적 가치를 손상시

---

10 위대한 영혼이라는 뜻.

11 간디가 말하는 신이란 일반적으로 종교에서 말하는 절대자와는 다른 간디의 독특한 개념으로서 도덕을 본질로 하는 진실이라고 할 수 있다.

1) Moksha란 태어남과 죽음으로부터의 해방, 즉 해탈, 깨달음을 뜻한다. 가장 가까운 영어는 salvation(구원)이다

12 우리말 '해탈'이 적절하다고도 생각한다.

킨다고 생각하지 않는다. 세상에는 자신과 신만이 아는 것들이 있다. 그것들은 명확하게 말할 수 없다. 내가 말하려는 진실 추구는 그런 것이 아니다. 그러나 그것은 정신적이고, 더욱 도덕적이다. 왜냐하면 종교의 본질은 도덕이기 때문이다.[13]

여기서 종교에 대해서는 노인이나 아이들도 알 수 있는 것만을 이야기하도록 하겠다. 만일 내가 그것을 냉정하고 소박한 정신으로 이야기하면, 다른 많은 진실 추구자들이 그 속에서 앞으로 나아가는 데 필요한 양식을 얻게 되리라. 나는 이 추구에서 완벽했다고는 도저히 말할 수 없다. 과학자가 최고의 정확성과 신중함과 정밀함으로 실험을 행하면서도 그 결론이 완전하다고 주장하지 않고 언제나 열린 마음을 유지하는 것 이상으로 나도 내 진실 추구에 대해 아무것도 주장하지 않는다.

나는 깊은 자기성찰을 했고, 나 자신을 철저히 탐색했으며, 모든 심리 상태를 조사하고 분석했다. 그러나 나는 내 결론이 완전하다거나 완벽하다고 주장하지 않는다. 내가 정말 그렇게 주장할 수 있는 유일한 것은, 당시 나에게 절대로 옳다고 생각되고 완전하게 보인 것이다. 만일 그렇지 않았다면 나는 그것에 따라 행동하지 않았을 것이기 때문이다. 나는 언제나 취사선택의 과정을 밟았고, 그 결과에 따라 행동했다. 따라서 나의 행동이 이성과 양심에 어긋나지 않는 한, 나는 본래의 결론을 굳게 지켜야 한다.

내가 오직 학문적 원리를 토의하려 했다면, 나는 분명히 자서전을 쓰려고 하지는 않았으리라. 그러나 내 목적은 이러한 원리의 여

---

13 간디는 힌두교도였으나 보편적인 도덕을 부정할 경우 당연히 힌두교도 비판했다.

러 가지 실제 적용에 대해 설명하려는 것이어서 내가 쓰려고 한 책을 '나의 진실 추구 이야기'라고 했다. 그 속에는 물론 진실과 다르다고 생각되는 비폭력이나 금욕 등과 같은 행위 원칙에 대한 추구도 있다. 그러나 나에게 진실은 최고 원리로서 다른 많은 원리를 포함한다. 이 진실이란 말의 진실만이 아니라 생각의 진실이고, 우리들 관념의 상대적 진실만이 아니라 **절대적 진실, 영원한 원칙**, 즉 **신**이다.

신에 대해서는 수많은 정의가 있다. 왜냐하면 신은 무한하게 나타나기 때문이다. 그 나타남은 나를 놀라움과 두려움으로 압도하며 순간적으로 어리둥절하게 만든다. 그러나 나는 신을 진실한 것으로만 받든다. 나는 아직 그를 발견하지 못했지만, 여전히 그를 찾고 있다. 신을 계속 찾기 위해 나는 내게 가장 소중한 것이라도 희생할 각오다. 설령 그 희생이 나 자신의 생명이라 해도 그것을 기꺼이 바치겠다.

그러나 내가 이러한 절대적 진실을 깨닫지 못하는 한, 내가 이해하는 상대적 진실을 굳게 잡을 수밖에 없다. 그 상대적 진실이 당분간은 나의 등대고, 나의 방패일 수밖에 없다. 비록 이 길이 험하고 좁으며 면도날처럼 날카롭다 해도 나에게는 그것이 가장 빠르고 가장 쉽다. 나의 히말라야 산맥 같은 실수[14]조차도 나에게 시시했던 이유는 내가 이 길을 엄격하게 지켜왔기 때문이다. 그 길은 내가 실망에 빠지지 않도록 구원해주었기 때문에 나는 나의 빛에 따라 앞

---

14 간디가 자서전을 쓰기 직전인 1922년 봄에 성급하게 사티아그라하를 시작한 것을 말함. 이 책 5부 33장 참조.

으로 나아갔다.

그 나아감 속에서 나는 종종 절대적 진실인 신의 희미한 모습을 볼 수 있었고, 신만이 진실이고 그 밖의 다른 모든 것은 거짓이라는 확신이 점차 커져왔다. 누구나 원한다면 내게 이 확신이 어떻게 커져왔는지 알아보기 바란다. 그들이 할 수 있다면 나와 함께 추구하고 또한 나와 확신을 나누기 바란다.

나에게 가능한 것이면 어린이에게도 가능하다는 확신이 더욱 커져왔다. 이렇게 말하는 데는 상당한 이유가 있다. 진실을 추구하는 방법은 어려운 만큼 쉽기도 하다. 교만한 어른에게는 참으로 불가능하게 보여도, 순수한 어린이에게는 너무나 쉽다.

진실을 추구하는 자는 먼지보다 겸손해야 한다. 세상은 먼지를 발밑에 짓밟지만, 진실을 추구하는 자는 먼지에게조차 짓밟힐 정도로 겸손해야 한다. 그 뒤에아 비로소 그는 진실을 보게 될 것이다. 바시슈다와 비슈바미트라[15]의 대화는 이를 명백하게 밝혀준다. 기독교와 이슬람교도 이를 충분히 보여준다.

이 책에 쓴 내용 중에 조금이라도 내 자랑을 했다고 느껴지는 부분이 있다면 나의 탐구에 잘못된 점이 있다고 생각해야 하고, 내가 얼핏 보았다는 것도 신기루에 지나지 않는다고 해야 한다. 나 같은 사람 몇백 명이 없어지더라도 진실은 살아남아야 하다 나 같은 잘못 많은 인간을 심판하는 데 있어서 조금도 진실의 기준을 낮추어

---

15 두 사람 모두 힌두교의 현자. 현자는 보통 브라만이었으나 Vishvamitra는 크샤트리아로서, Vasishtha의 능력을 뺏으려 했으나 번번이 실패한 뒤, 고행을 통해 브라만이 되려고 히말라야 산으로 들어갔다. 이에 감동한 신과 바시슈다가 비슈바미트라를 브라만으로 인정했다.

서는 안 된다.

누구도 이 책에 흩어져 있는 권고를 권위로 간주하지 않기를 바라고 기도한다. 이 진실 추구 이야기는 하나의 본보기로 간주되어야 하고, 각자는 자신만의 의도와 능력에 따라 스스로 진실을 추구해야 한다. 이런 한정된 범위에서만 이 본보기는 참으로 도움이 될 것이라고 믿는다. 왜냐하면 꼭 해야 할 이야기라면 그것이 아무리 추악한 것이라도 나는 숨기거나 줄이려고 하지 않았기 때문이다. 나는 내 모든 단점과 잘못을 독자들에게 모두 알리고 싶다.

내 목표는 사티아그라하의 과학을 통해 내가 추구하려는 것을 설명하는 데 있지, 내가 얼마나 훌륭한지를 말하려는 데 있지 않다. 나자신을 판단함에 있어 나는 진실에 대한 경우와 마찬가지로 엄격해야 하고, 남들도 그렇게 하기를 바란다. 그런 기준에 의해 나 자신을 판단할 때, 나는 수르다스[16]처럼 부르짖지 않을 수 없다.

나처럼 사악하고 못난 것이
세상에 또 있을까?
창조주에게 버림받을 만큼
나에게는 믿음이 없구나.

왜냐하면 창조주가 내 생명의 모든 호흡을 지배하고, 나를 낳았음을 알고 있는데, 그로부터 여전히 멀리 떨어져 있음은 나에게 너무나 큰 고통이기 때문이다. 나를 붙들어 그에게 가지 못하게 하고

---

16 Surdas. 16세기 북인도의 시성(詩聖)

그로부터 멀리 있게 하는 것이 나쁜 열정임을 알고 있다. 게다가 나는 아직도 그것에서 벗어날 수 없다.

여기서 머리말을 끝내고 다음 장부터 진짜 이야기를 시작하려 한다.

1925년 11월 26일

사바르마티 아슈람

M. K. 간디

1부

1. 출생과 집안

간디 집안은 상인 계급[1]에 속했고, 본래는 식료품상인[2]이었던 것 같다. 그러나 나의 증조부로부터 3대에 걸쳐 카티아와르[3] 지방 여러 나라[4]의 수상[5]을 지냈다. 나의 할아버지 우탐찬드 간디, 통칭 오타 간디는 강직한 사람이었던 것 같다. 수상이었던 그는 정치적 음모로 인해 포르반다르[6]에서 쫓겨나 주나가르[7]로 피난을 갔다. 거기서 그는 국왕에게 왼손으로 인사를 했다. 이 너무나 무례한 태도를 보고 누가 이유를 묻자 이렇게 답했다. "오른손은 이미 포르반다르에서 서약했기 때문이다."

오타 간디는 첫 아내가 죽자 재혼을 했다. 첫 아내에게서 아들 넷,

---

1 Bania. 이는 브라만이나 크샤트리아 같은 상층 카스트가 아니라 셋째 카스트인 상인 중심의 바이샤에 속한 것이었으므로 매우 낮은 것이다. 그러나 간디는 그런 출신에 불만을 가진 적이 없었고 도리어 카스트에 따른 출신을 자랑스러워했다.

2 간디라는 이름 자체가 바로 식료품상인이라는 뜻이다.

3 원서에는 Kathiawad로 표기되어 있으나 지도에는 Kathiawar로 표기된다. 인도 서북부 아라비아해로 튀어나온 반도로서 라지코트가 그 중심이고, 간디 시대는 물론 지금까지도 인도에서 가장 빈곤한 지역이다.

4 토후국이라고 한다. 1858년 이후 인도는 전국(인도와 파키스탄의 분리 이전)의 3분의 1에 이르는 565개의 토후국과, 나머지 3분의 2를 차지하는 델리의 부왕이 통치하는 영국령 인도로 나뉘었디. 그러니 그 토후국이란 군사력은 물론 어떤 정치적 권력을 갖지 못해 나라라고 하기 힘든 영국의 앞잡이 허수아비에 불과했고, 영국 정부의 대리인이나 주재관의 감시를 받았다. 토후국은 델리와는 독립된 존재로 인도 정부의 법에 구속되지 않고 영국에 충성했다. 영국은 그런 봉건국가들의 망을 이용해 인도를 효과적으로 분할 통치했다. 토후국은 크기가 각양각색이었는데 카티아와르 지방에는 특히 작은 토후국들이 밀집해 있었다.

5 원문에 Prime Minister라고 하여 수상이라고 번역했으나, 매우 작은 왕국의 사무장 정도다. 우리나라 같으면 상당히 큰 군이나 시의 행정책임자 정도로 생각하면 된다. 이 지점에서 카스트 제도에 의하면 간디 집안은 상인이어야 하는데 어떻게 그 정도의 수상이 될 수 있었을까 하는 의문이 생길지도 모른다. 그러나 카스트 제도는 사실상 상당히 유동적이었다.

둘째 아내에게서 아들 둘이 태어났다. 나는 어렸을 때 오타 간디의 아들들을 같은 어머니가 낳지 않았음을 느끼지도 알지도 못했다. 이 여섯 형제의 다섯째가 카람찬드 간디, 통칭 카바 간디였고, 여섯째가 툴시다스 간디였다. 두 사람은 차례로 포르반다르에서 수상을 지냈다.[8]

카바 간디가 내 아버지였다. 그는 라자스다니크 조정[9]의 고문이었다. 지금은 없어진 그것은 당시 부족장과 부족민 사이의 분쟁을 해결하는 매우 강력한 조직이었다. 한동안 그는 라지코트에서, 이어 반카네르[10]에서 수상을 지냈다. 그가 죽자 라지코트는 그에게 연금을 지급했다.

카바 간디는 아내들이 계속 죽어 네 번 결혼했다.[11] 초혼과 재혼에서 두 딸이 태어났다. 마지막 아내인 푸틀리바이 사이에 딸 하나와 세 아들을 두었는데, 나는 그 막내였다. 내 아버지는 집안사람들

---

6 Porbandar. 어부와 선주들이 주로 살았던 카티아와르 반도의 아라비아해 연안에 있는 항구다. 흰 돌로 지은 사원과 골목길이 많은 곳으로 도시 이름 자체가 흰 도시라는 뜻이다. 포르반다르를 수도로 한 토후국 포르반다르는 1872년 통계로 면적이 1,644제곱킬로미터고 인구는 7만3천 명이었으며, 수도의 인구는 1만5천 명이었다. 면적은 서울특별시의 두 배 이상이지만 인구는 우리의 읍 정도에 불과했다. 포르반다르가 거칠고 빈틈없는 어부와 무역상인들의 중심으로서 그곳 사람들이 아라비아해를 무대로 활동했다는 점은 간디를 이해하는 데도 매우 중요하다. 특히 간디가 남아프리카에서 1893년부터 1915년까지 22년간 활동을 한 것과 관련된다.

7 포르반다르 옆의 도시.

8 카스트에서는 서얼의 차별은 없다.

9 Rajastanik Court.

10 라지코트 옆의 도시.

11 간디의 어머니와의 네 번째 결혼 당시 세 번째 아내는 생존해 있었다. 간디는 이 사실을 모르고 썼거나, 아니면 알고도 수치심 때문에 거짓말을 했을 수도 있다.

을 사랑했고, 성실하고 용감하며 관대했으나 성질이 급했다. 그는 육체적 쾌락에 어느 정도는 빠진 것 같다. 마흔이 넘어 네 번째 결혼을 했기 때문이다.[12]

그는 정직했고 가정에서나 사회에서나 매우 공정한 사람으로 유명했다. 나라에 대한 충성도 유명했다. 아버지가 모신 라지코트 왕인 다코레 사헤브[13]를 영국인 주재관이 모독하자 아버지는 엄중하게 항의했다. 분노한 주재관이 아버지에게 사과를 요구했다. 그러나 아버지는 거부했고 그 때문에 몇 시간이나 구속을 당했다. 아버지는 철석같아서 주재관은 결국 그를 석방해야 했다.

아버지는 재산 축재의 야망이 없었기 때문에 우리에게 거의 아무것도 남기지 않았다. 그는 교육도 받지 못하고 스스로 체험으로 배웠다. 기껏해야 구자라트어[14] 교본 제5권을 읽었을 정도였다. 역사와 지리에 대해서는 전혀 몰랐다. 그러니 실무에 대한 그의 풍부한 경험이 복잡한 문제를 해결하고 수많은 사람들을 관리하는 데 큰 힘이 되었다. 종교적 수련도 거의 하지 않았다. 그러나 많은 힌두교도들이 종종 사원을 찾아가 설교를 들어서 얻는 정도의 신앙은 가졌다. 만년에 그는 집안과 친한 유식한 브라만의 권고로 《기타》[15]를 읽기 시작해 매일 예배 시간에 몇 구절씩 큰 소리로 읽곤 했다.

---

12 간디가 태어날 때 아버지는 마흔일곱 살, 어머니는 스물다섯 살이었다.

13 Saheb는 경칭.

14 인도 중부에서 통용되는 인도 유럽 어족의 한 언어. 힌두어나 라자스탄어와 함께 중부군을 이룬다. 구자라트는 인도 서부의 주로 수도는 아메다바드.

15 《바가바드기타》. 힌두교 3대 경전 가운데 하나. '신의 노래'라는 뜻으로, 인도의 대서사시 《마하바르타》의 일부다. 이에 대한 간디의 해석으로는 간디 해설, 이현주 역, 《바가바드기타》, 당대, 2001 참조.

내 기억에 뚜렷하게 남은 어머니의 인상은 성스러움이다. 그녀의 믿음은 깊었다. 매일 기도를 하지 않고서는 밥도 먹지 않았다. 바이슈나바[16] 사원인 하벨리[17]에 가는 것이 일과의 하나였다. 내가 기억하는 한 차투르마스[1]를 빠진 적이 없었다. 언제나 가장 엄격한 맹세를 하고 그것을 철저히 지켰다.[18]

병이 나도 게을리 하지 않았다. 찬드라야나[2]를 엄수하는 동안 병이 났지만 중단하지 않았다. 두세 끼 계속 단식하는 것은 아무것도 아니었다. 차투르마스 때면 하루 한 끼 먹는 것이 보통이었다. 어떤 차투르마스 때는 그 정도에 만족하지 않고 하루 걸러 단식을 했다.

또 다른 차투르마스 때는 해를 보기 전에는 식사를 하지 않겠다고 맹세했다. 그런 때 우리 아이들은 서서 하늘을 쳐다보며 어머니에게 해가 떴음을 알려드리려고 기다렸다. 우기의 정점에선 해가 얼굴을 보이지 않는 경우가 자주 있음을 누구나 안다. 그러다 별안간 해가 나타나면 우리는 어머니에게 뛰어가서 그것을 알리곤 했던 일이 기억난다. 그러면 어머니는 자기 눈으로 그것을 보려고 뛰어나왔지만, 도망자 해는 곧 사라져버려 어머니가 식사를 못하게 했

---

16 Vaishnavas. 비슈누 신을 섬기는 사원이다. 간디의 부모는 힌두교 중에서도 비슈누파에 속했다. 힌두교는 숭배 대상인 주신에 따라 몇 개의 종파로 나뉘는데, 대부분은 비슈누파와 시바파에 속했다. 간디 부모가 속한 종파는 《쿼란》을 힌두 성진과 통합시키되 그 중 하나를 지나치게 숭배하려 하지 않고 사원에 어떤 우상도 두지 않았다. 이는 뒤에 간디 종교관의 원형이 되었다.

17 힌두교 최고신인 창조주 비슈누를 섬긴다.

1) '4개월'이라는 뜻으로 우기 4개월간 단식 또는 반 단식의 맹세를 하고 지키는 것을 뜻한다. 긴 사순절의 일종이다.

18 단식과 맹세는 간디의 평생을 지배한 생활철학으로 어머니에게서 물려받았다고 할 수 있다.

2) 단식의 일종으로 1개월간 달이 커지고 작아짐에 따라 음식을 늘이고 줄였다.

다. 그러나 그녀는 즐거이 말했다. "괜찮아. 신은 오늘 아침 내가 먹기를 원치 않으셔." 그러고 나서 어머니는 다시 단식을 했다.

내 어머니는 똑똑했다. 나라의 모든 일을 잘 알았고, 조정 부인들은 그녀의 지성을 높이 평가했다. 나는 종종 아이라는 특권으로 그녀를 따라갔는데, 어머니가 다코레 사헤브의 홀어머니와 자주 토론한 것을 지금도 생생하게 기억한다.

이러한 부모 사이에서 나는 1869년 10월 2일 포르반다르(수다마푸리라고도 했다)에서 태어났다.[19] 나는 그곳에서 어린 시절을 보냈다. 학교에 갔던 생각이 난다. 구구단을 외는 것이 힘들었다. 그 시절 다른 것보다도 아이들과 어울려 다니며 선생을 이런저런 별명으로 부르기를 배웠던 게 기억난다는 건 내 지능이 낮았고 기억력이 미숙했음을 잘 보여준다.

해설 ●

《간디 자서전》을 본격적으로 읽기 전에 인도의 역사를 조금이라도 이해할 필요가 있다. 인도(印度)란 India를 중국에서 한자음으로 표기한 것을 우리말로 그대로 읽은 것이다. 따라서 우리로서는 '인디아'라고 읽는 것이 옳겠으나 이미 외래어가 되었으니 인도라고 부르기로 한

---

19 간디가 태어난 집은 여러 가구가 모여 살도록 비좁은 방들이 다닥다닥 붙은 커다란 3층 건물로 두 개의 사원 사이에 있었고, 간디 가족은 1층의 베란다로 통하는 방 두 개를 사용했다. 이러한 공동생활의 경험이 아슈람을 비롯한 간디의 자발적인 공동생활의 기초를 형성했다. 동시에 그 집의 답답함은 간디에게 그곳에서 탈출하려는 해방에 대한 호기심을 자아내 평생의 끝없는 움직임과 에너지를 형성했다.

다. 인도는 약 316만 제곱킬로미터 넓이로 남한의 30배가 넘고, 인구도 10억을 넘어 남한의 20배가 넘는 큰 나라다. 그러니 지형과 기후, 사람과 언어, 종교와 문화 등이 다양할 수밖에 없다.

흔히 인도는 종교적으로 심오한 신비성을 갖는 나라로 알려졌으나, 이는 16세기 이후 인도를 침략한 서양인이 만든 고정관념(오리엔탈리즘)이라고 할 수 있다. 특히 그런 생각은 전통적으로 불교가 강했던 한반도에서 불교의 발상지인 인도를 막연히 생각하는 경우에도 일반적이다. 그러나 인도에서는 불교가 13세기 후 소멸했고, 한국 불교는 그전에 중국에 전래된 불교를 받아들인 것이다.

오래전부터 대부분 힌두교를 믿은 인도인들은 13세기 이후 이슬람교도들의 지배를 받다가, 영국이 1600년에 설립한 동인도회사의 지배를 받았고, 1857년 반란[20]에 의해 1858년부터 영국 정부가 직접 지배하는 인도 제국이 되었다. 인도의 독립운동은 이때부터 전개되기 시작해 1947년 독립하면서 파키스탄과 분리되어 오늘에 이르고 있다.

힌두교는 교조도 교단도 경전도 없는 특이한 종교다. 그것을 유지해온 것은 브라만이라는 최고 카스트로서 힌두교의 핵심인 카스트 제도와 운명관을 형성했다. 카스트는 우리가 흔히 말하는 4계급, 즉 브라만, 크샤트리아, 바이샤, 수드라라는 구분과는 달리 몇십 개로 나뉜다. 카스트는 인간의 운명이고, 인간은 그 운명에 따라야 한다는 것이 힌두교의 핵심이다.

간디는 1869년에 태어났다. 그때부터 1893년 남아프리카로 간 스물

---

20 흔히 영국 동인도회사의 인도인 용병(세포이)의 반란이라고 하나 사실은 그들이 반란을 시작한 것에 불과하고 인민의 민족적인 번영 항쟁이 북인도 전역을 휩쓴 것으로서 '대반란' '최초의 독립 전쟁'으로 불리기도 한다.

네 살 때까지가《간디 자서전》1부 내용이다. 그 사이 가장 중요한 사건은 간디가 인도 사회의 병폐로 비판한 조혼(간디 자신은 열세 살에 결혼했으나 법적으로는 열 살부터 가능했고 1891년에 열두 살부터 가능하도록 한 법이 만들어졌다)과 열아홉 살에서 스물두 살까지의 영국 유학이다.

간디가 열여섯 살이 된 1885년 영국인이 인도국민회의를 결성했다. 뒤에 간디가 이끌게 되는 이 단체는 처음에는 의례적인 영국식 인도 신사들의 모임에 불과했다. 간디도 남아프리카에 갈 무렵까지 유럽의 복장과 생활 양식을 즐기는 식민지의 엘리트 지식인 청소년이었다.

간디의 정신분석과 여성성

간디의 정신분석으로는 에릭 에릭슨의《간디의 진실》(1969, 노톤사)이 유명하다. 에릭슨의 제자인 수디르 카카르는《친밀한 관계: 인도 섹슈얼리티 탐구》(1990, 시카고대학출판부)에서 간디의 정신분석을 시도한 바 있다. 카카르에 의하면 간디는 아버지가 성에 지나치게 몰두했다고 의심했고, 어머니를 희생자로 보았으며, 그래서 그 후 나이 든 사람이 어린 소녀와 결혼하는 것을 반종교적이라고 배척했다고 한다. 간디는 물론 그가 존경한 톨스토이 등은 모두 성욕에 반발했는데 이 점도 부모와 관련이 있다고 한다. 나아가 여성주의자였던 간디는 남녀의 대립을 해소하려면 여성에게 가해진 불평등을 제거할 게 아니라 남녀관계에서 성을 배제해야 한다고 보았다고 한다. 이는 기본적으로 여성의 성욕을 부정하고, 어머니로서의 여성을 이상적으로 보는 것에서 비롯되었고, 나아가 간디의 비폭력 사상에도 여성적인 요소가 있다고 한다.

19세기 말 독특한 힌두교파에서 자란 간디에게 그런 여성관이 존재했고 그것이 그의 정신적 토대가 되었다고 볼 여지는 분명 충분하다. 그러나 이는 폭력=남성, 비폭력=여성이라는 고정관념의 반복일 수 있다. 하지만 적어도 간디의《간디 자서전》등 그의 글에서는 그러한 고정관념이 나타나지 않는다. 그가 아버지에 비해 어머니와 더욱 가까워 보인다는 건 사실이나, 조국에 대한 사랑이나 진실을 추구한다는 점 등에서는 분명히 남성적인 용기를 대단히 중시한다는 것이 또 하나의 사실이다. 스스로도 그처럼 가족에 대한 남성적 권위주의가 과도했음을 고백하고 있고, 그런 가족적 차원의 문제점을 극복한 뒤에도(자녀의 경우 열여섯 살이 되면 간섭하지 않았다) 사회적으로 여전히 권위주의에 집착하는 남성적 측면을 분명히 보여준다.

사실 간디의 경우 남성성이니 여성성이니 하는 구분 자체가 무의미하므로 나는 앞서 소개한 정신분석의 효용성에 의문을 갖는다. 간디가 성에 대해 가진 태도를 어떻게 평가하든 자유나, 가령 한국인이나 서양인 또는 인도인의 과도한 성적 관심은 간디를 들먹이지 않아도 문제가 아닐까?

1869년 10월 2일　구자라트 포르반다르에서 출생.

1876년(7세)　라지코트로 이사해 초등학교에 전학.

1881년(12세)　중학교에 입학.

1882년(13세)　카스투르바이 마칸지와 결혼.

1887년(18세)　대학입학자격시험 합격.

1888년(19세)　9월 4일 영국 런던 인너 템플에 유학.

1891년(22세)　변호사 자격을 얻고 인도로 귀국.

　　　　　　　뭄바이와 라지코트에서 변호사 사무실 개업.

2. 어린 시절

아버지가 라자스다니크 조정에 들어가려고 포르반다르를 떠나 라지코트로 간 것은 내가 일곱 살 때였다. 나는 그곳에서 초등학교에 들어갔다. 당시 나를 가르친 교사들의 이름과 특성을 나는 잘 기억한다. 포르반다르에서처럼 여기서도 공부는 그저 그랬다. 그저 보통 학생이었다. 그 학교 다음으로 간 곳은 교외 학교였다. 다시 중학교에 입학했을 때는 벌써 열두 살이었다.

그 짧은 기간에 나는 교사나 급우들에게 거짓말을 한 적이 없다. 나는 언제나 매우 부끄럼이 많았고 어울리는 걸 싫어했다. 책과 수업이 유일한 친구였다. 시간이 되면 학교에 갔고 수업이 끝나면 집으로 달려오는 것이 나날의 버릇이었다. 나는 정말 달려서 돌아왔다. 누구와도 말하고 싶지 않아서였다. 누가 놀릴까 봐 겁이 나기도 했다.

중학교 1학년 시험 때 기록할 만한 사건이 생겼다. 장학관 길스 씨가 검열을 나왔다. 그는 다섯 단어를 받아쓰기 문제로 냈다. 그중 하나가 '솥'이었다. 나는 틀리게 썼다. 교사가 신발 끝으로 내게 눈치를 주려 했으나, 나는 알아차리지 못했다. 그는 내가 옆 사람 석판을 보고 그 철자를 베끼길 원했으나, 나는 알지 못했다. 나는 교사가 거기에 서 있는 이유가 베끼지 못하도록 감시하기 위해서라고 생각했기 때문이다.

나중에 보니 나를 제외한 모든 학생이 모든 단어를 바르게 썼다. 오로지 나만 어리석었다. 그 뒤 교사는 내게 그것이 어리석은 짓이었음을 알려주려고 했지만 소용이 없었다. 나는 끝끝내 '베끼는' 기술을 익히지 못했다.

그러나 그 사건으로 인해 교사에 대한 나의 존경심이 약해지지는 않았다. 나는 천성적으로 손윗사람의 잘못에는 눈이 어두웠다. 그 뒤 나는 그 교사의 수많은 실수를 알게 되었지만 그에 대한 나의 존경심은 여전했다. 어른의 명령에는 복종해야 하며, 그들의 행동을 비난해서는 안 된다고 배웠기 때문이다.

같은 시기에 일어난 두 가지 사건이 언제나 기억에 남아 있다. 나는 대체로 교과서 외의 독서에는 무관심했다. 수업을 잘하려 한 것은 교사의 꾸중을 듣기 싫고 그를 속이기 싫어서였다. 그래서 수업을 하기는 했지만 가끔은 하기 싫었다. 이처럼 수업조차 제대로 못했기 때문에 다른 독서는 생각지도 못했다.

그러나 우연히 아버지가 산 책이 눈에 띄었다. 《슈라바나의 효성에 대한 희곡》[21]이었다. 나는 그 책을 매우 재미있게 읽었다. 그 무렵 그 희곡 그림의 순회 전시회가 있었다. 내가 본 그림 중 하나는 슈라바나가 눈먼 부모를 멜빵으로 업고 순례를 떠나는 것이었다. 그 책과 그림은 내 마음에 지울 수 없는 인상을 남겼다.

나는 스스로에게 말했다. "여기 네가 본받아야 할 본보기가 있다." 슈라바나의 죽음을 애통해하는 부모의 슬픈 울음이 아직도 내 기억에 새롭다. 그 끓어오르는 곡조가 나를 깊이 감동시켰다. 그래서 나는 아버지가 사준 손풍금으로 그 곡조를 연주했다.

다른 희곡과 관련된 비슷한 사건도 있었다. 바로 그 무렵, 나는 아

---

21 *Shravana Pitribhakti Nataka*. 슈라바나라는 어린 소년이 눈먼 늙은 부모에게 목숨을 바쳐 헌신한다는 이야기의 희곡.

버지의 허락을 받고 어느 극단의 연극을 보았다. 그 연극 〈하리슈찬드라〉[22]가 내 마음을 사로잡았다. 아무리 봐도 싫증나지 않았다. 그러나 어떻게 늘 보도록 허락받을 수 있을까? 그것에 사로잡혔기에 나는 스스로 하리슈찬드라를 몇 번이나 연기해야 했다.

나는 밤낮을 가리지 않고 스스로 "왜 모두 하리슈찬드라처럼 진실[23]하지 못할까?"라고 물었다. 진실에 따라야 하고, 하리슈찬드라가 겪은 모든 시련을 겪어야 한다는 것이 나에게 불어넣어진 하나의 이상이었다. 나는 하리슈찬드라의 이야기를 글자 그대로 믿었다. 그것을 생각할 때마다 자주 눈물이 났다. 지금의 내 상식으로 하리슈찬드라는 역사적 인물이 아니다. 그러나 하리슈찬드라와 슈라바나는 나에게 살아 있는 실재이고, 지금 그 희곡들을 다시 읽는다면 과거처럼 감동할 것임에 틀림없다.

3. 조혼

이 장을 쓰지 않기를 너무나도 바랐다. 따라서 이야기를 하면서 수없이 쓴 잔을 마시게 될 것임을 알고 있다. 그러나 진실하겠다고 선언한 이상 쓰지 않을 수 없다. 내가 열세 살에 결혼했다고 기록해

---

22 신들이 하리슈찬드라 왕의 진실을 시험하려고 브라만을 보내어 기부금을 요청하게 하자 왕은 자신의 왕국을 포함한 모든 것을 내어주고 화장터에서 일을 한다. 그를 떠난 왕비가 죽은 왕자를 화장하러 그에게 오자 왕은 돈을 요구한다. 돈이 없는 부인은 왕에게 죽은 사람이 그의 아들임을 밝힌다. 이를 보고 신들이 왕권과 가족을 되돌려준다.

23 하리슈찬드라가 자신의 모든 재산을 내어준 것을 말한다. 이는 간디의 평생을 지배한 무소유의 기원이었다.

야 함은 뼈아픈 의무다. 지금 내가 돌보는 같은 나이의 아이들을 볼 때마다, 또 나 자신의 결혼을 생각할 때마다, 나는 스스로를 동정하면서, 나와 같은 운명을 피한 그들을 축하하고 싶어진다. 어떤 도덕 이론도 그런 터무니없는 조혼을 옳다고 할 수 없다.

독자는 오해하지 말기 바란다. 나는 약혼이 아니라 결혼을 했다. 카티아와르에는 두 가지 다른 의식이 있다. 결혼과 약혼이다. 약혼은 부모들이 소년 소녀를 결혼시키고자 미리 약속하는 것으로 깨뜨릴 수 없는 것이 아니다. 소년이 죽어도 소녀가 과부가 되지 않는다. 그것은 순수하게 부모들의 약속이지 아이들과는 무관하다. 아이들에게 알리지 않는 경우도 자주 있다.

나는 몰랐지만 아마도 세 번쯤 약혼을 한 것 같다. 나와 약혼한 두 소녀는 차례로 죽었다고 들었다. 그러니 나는 세 번 약혼했다고 생각된다. 세 번째 약혼은 내가 일곱 살 때 했던 것으로 희미하게 기억한다. 그러나 미리 통지받은 기억은 없다. 이 장에서 나는 분명하게 기억하는 결혼에 대해 이야기하겠다.

독자는 우리가 3형제였음을 기억하리라. 맏형[24]은 이미 결혼했다. 어른들은 나보다 두세 살 위인 둘째 형[25]과 아마도 한 살 위였던 사촌형을 나와 함께 결혼시키려고 결정했다. 그렇게 하는 데 우리의 희망은 물론 행복도 전혀 고려되지 않았다. 그것은 오로지 자신들의 편의와 돈 문제 때문이었다.

힌두교도에게 결혼은 간단한 문제가 아니다. 신랑 신부의 부모들

---

24 간디보다 여섯 살 위인 락스미다스는 인도에서 법과대학을 졸업하고 포르반다르의 재정부에 들어갔다.

25 카르산다스는 라지코트의 경찰이 되었다.

은 그 때문에 파산할 수도 있다. 그들은 재산과 시간을 낭비한다. 옷과 장식품을 만들고 식사 예산을 준비하는 데 몇 달이 걸린다. 양가는 서로를 누르기 위해 여러 가지를 준비하고자 한다. 여자들은 목소리가 좋든 좋지 않든 간에 목이 쉬도록 노래해 병들기도 하고, 이웃의 평화를 방해한다. 이웃은 잔치의 부산물인 모든 소란, 쓰레기, 찌꺼기를 조용히 참는다. 그들도 언젠가 같은 짓을 한다는 것을 잘 알기 때문이다.

어른들은 이 성가신 일을 한 번에 치르는 것이 좋겠다고 생각했다. 그러면 경비는 줄이면서도 식을 성대하게 치를 수 있었다. 세 번에 쓸 돈을 한 번에 쓰면 마음대로 쓸 수 있기 때문이다. 아버지와 삼촌은 나이가 많았고, 우리는 그들이 결혼시켜야 할 마지막 자식들이었다. 그들은 평생의 가장 좋을 때를 마지막으로 보고 싶었던 것 같다. 이 모든 것을 고려하여 세 쌍의 합동 결혼식이 계획되었고, 앞서 말한 대로 준비에 몇 달이 걸렸다.

장차 다가올 일을 우리가 알아챈 것은 오로지 그 준비를 통해서였다. 당시 그것은 나에게 좋은 옷을 입고 북을 치면서 결혼식을 올리고, 풍성한 식사를 하고 함께 놀 초면[26]의 소녀를 만나는 것 이상이 아니었다. 성적 욕망은 그 뒤에 왔다. 이제 기록할 만한 몇 가지를 제외하고, 수치심 때문에 커튼을 내려야겠다. 그 몇 가지는 뒤에 쓰겠다. 그러나 그것들도 나의 진실 추구 이야기를 쓰면서 항상 마음속에 간직한 중심 사상과는 무관하다.

여하튼 나와 형은 라지코트에서 포르반다르로 왔다. 마지막 연극

---

26 카스투르바이는 일곱 살 때 약혼했고 같은 마을에 살았으니 초면이 아니다.

을 향한 서막으로서 재미있는 일이 몇 가지 있었다. 가령 온몸에 심황(深黃) 가루 반죽을 바르는 것이었다. 그러나 여기서는 그 이야기를 하지 않겠다.

아버지는 수상이었지만 사실은 종에 불과했다. 다코레 사혜브의 총애를 받았기에 더욱 그러했다. 그는 최후 순간까지 아버지를 놓으려 하지 않았다. 그래서 그는 아버지를 놓아주면서 아버지를 위해 특별 마차를 준비시키고 여행을 이틀로 줄이도록 명했다.

그러나 운명은 달리 움직였다. 포르반다르는 라지코트에서 120마일이었고, 달구지로 닷새 길이었다. 아버지는 그 거리를 사흘에 달렸지만 마지막 날 마차가 뒤집혀 엄청난 부상을 입었다. 그는 온몸에 붕대를 감고 도착했다. 결혼식에 대한 아버지와 우리의 흥미는 반감되었으나, 예정대로 치러야 했다. 결혼식 날짜를 어떻게 변경하겠는가? 그러나 결혼식에 대한 아이다운 즐거움에 취한 나는 아버지가 부상당한 슬픔을 잊었다.

나는 부모를 따랐으나, 그 못지않게 몸이 요구하는 열정에도 따랐다. 부모를 섬기려면 모든 행복과 쾌락을 희생해야 한다는 것을 그때는 알지 못했다. 그러나 쾌락 욕구에 대한 천벌이라도 되는 듯한 일이 생겨 지금까지 늘 마음에 걸리는데, 그 이야기는 뒤에 하겠다.

니슈쿨라난드는 이렇게 노래한다. "욕망 자체를 버리지 않으면 욕망의 대상을 버리고자 아무리 노력해도 수포로 돌아간다." 이 노래를 부를 때나 들을 때마다 이 쓰리고 괴로운 사건이 기억에 살아나 나를 부끄럽게 만든다.

아버지는 부상에도 아랑곳없이 기쁨에 찬 얼굴로 결혼식에 끝까지 참석했다. 그것을 생각하면 나는 지금도 아버지가 결혼식의 성가신 절차를 밟으려고 앉아 있던 자리가 생각난다. 당시 나는 언젠가 아이일 때 결혼시킨 아버지를 끔찍하게 비판하게 되리라고는 꿈에도 생각하지 못했다. 그때는 모든 것이 옳고 당연했으며 즐겁게 보였다. 나 자신도 결혼하고 싶어 했다. 그리고 당시 아버지가 한 모든 일은 비난할 여지가 없다고 생각되었기에 그 일들이 생생하게 회상된다.

그때 우리는 결혼식장 윗자리에 앉았고, 샤프타파디[3]를 했으며, 신혼부부가 달콤한 칸사르[4]를 서로 입에 넣어주고, 함께 살기 시작했던 일을 지금도 생생하게 기억한다. 그리고 오! 그 첫날밤. 천진난만한 두 아이가 철없이 인생이라는 바다에 몸을 던졌다. 형수가 첫날밤에 어떻게 해야 하는지 상세히 가르쳐주었다. 아내에게는 누가 가르쳤는지 모르겠다. 그것에 대해 물어본 적이 없고, 지금도 그럴 생각이 없다.

독자는 우리가 서로 얼굴을 마주 보기조차 힘들었으리라고 확신하리라. 정말 우리는 부끄러웠다. 그녀에게 어떻게 말하고 무엇을 말할까? 가르침은 소용이 없었다. 그런 일에는 사실 어떤 가르침도 불필요하다. 본능의 인상이 너무 강하여 모든 가르침은 무색하다. 우리는 차차 서로를 알게 되었고, 자유롭게 이야기했다. 우리는 동갑이었다. 그러나 나는 곧 남편으로서 권위를 내세우기 시작했다.

---

3) 힌두교도 신랑 신부가 함께 일곱 걸음을 걸으며 서로 정조와 헌신을 약속하고 일생을 함께한다고 맹세하는 것.

4) 결혼식 뒤에 신랑 신부가 서로 나누어 먹는 밀가루 음식.

4. 남편 노릇

내가 결혼할 무렵, 부부애, 절약, 조혼 등의 문제를 다룬 1파이스나 1파이(정확한 값은 잊었다)짜리 작은 팸플릿이 간행되었다. 나는 그런 것이 눈에 띄는 대로 처음부터 끝까지 읽었고, 그 후 내가 싫어하는 것은 잊어버리고 좋아하는 것만 실천하는 버릇이 생겨났다.

나는 아내에게 평생 신의를 지키는 것이 남편의 의무임을 그런 책에서 배웠고, 그것은 영원히 내 가슴에 새겨졌다. 게다가 진실을 향한 열정은 내가 타고난 것이어서 그녀를 거짓으로 대한다는 것은 상상도 할 수 없었다. 그리고 그 어린 나이에는 배신의 기회도 거의 없었다.

그러나 그 신의의 교훈이 곤란한 결과를 초래하기도 했다. 나는 스스로, 내가 아내에게 신의를 맹세하면 그녀도 나에게 신의를 맹세해야 한다고 생각했다. 그런 생각은 나를 질투하는 남편으로 만들었다. 아내의 의무는 아내에게 신의를 요구하는 나의 권리로 쉽게 바뀌었다. 그리고 그것이 지켜져야 한다면, 나는 그 권리를 철저히 지켜야 한다. 아내에 대한 믿음을 의심할 이유는 전혀 없었으나, 질투는 이유를 기다리지 않았다. 나는 언제나 아내의 거동을 살펴야 했다. 따라서 내 허락 없이 그녀는 어디에도 갈 수 없었다.

그것이 우리 사이에 쓰라린 싸움의 씨를 뿌렸다. 간섭이란 사실 일종의 감금이다. 그리고 카스투르바이[27]는 그런 것을 참을 소녀가

---

27 간디 아내의 이름에다 존칭인 바이를 붙인 것. 간디의 아내 카스투르바이 마칸지는 상인의 딸이었고, 그녀의 집은 포르반다르에 있는 간디 집에서 몇 집 건너에 있었으니 결혼 전부터 서로 알았을 가능성이 있다.

아니었다. 그녀는 언제 어디에나 마음대로 갔다. 내가 제재를 가하면 가할수록 그녀는 멋대로 행동했고, 나는 갈수록 더 곤란해졌다. 그래서 서로 말을 하지 않는 것이 우리 어린 부부의 일상이 되었다. 어떤 속임수도 없는 소녀가 사원에 가거나 친구 집을 방문하는 것까지 구속받고 어떻게 참을 수 있겠는가? 만일 나에게 그녀를 구속할 권리가 있다면, 그녀도 같은 권리를 갖지 않겠는가? 지금은 그 모든 것이 분명하다. 그러나 당시의 나는 남편으로서 권위를 세우는 것에 급급했다!

그렇다고 해서 독자는 우리 생활이 돌이킬 수 없을 정도로 비참했다고 생각해서는 안 된다. 나의 경우 엄격함은 사랑에 근거했다. 나는 아내를 이상적인 아내로 만들고자 했다. 내 욕심은 그녀가 순결한 생활을 하고, 내가 배운 것을 그녀도 배우며, 그녀의 생활과 생각을 나와 같이하도록 만들고자 한 것이었다.

카스투르바이가 그런 욕심을 가졌는지 나는 모른다. 그녀는 글자를 몰랐다. 그녀의 천성은 단순했고 독립적이며 끈기가 있었고, 적어도 내게는 말수가 적었다. 그녀는 자신의 무지를 걱정하지 않았고 나의 공부에 자극을 받아 공부를 하고 싶어 한 적도 없었다. 따라서 나의 욕심은 정말 일방적인 것이었다. 나의 열정은 한 여인에게 완전히 집중되었고, 그것이 상호적이기를 바랐다. 그러나 설령 상호적이지는 못해도 최소한 한쪽에는 적극적인 사랑이 있었기 때문에 전혀 견딜 수 없을 정도로 비참하지는 않았다.

그녀에 대한 정욕의 집착이 있었음을 고백하지 않을 수 없다. 심지어 학교에서도 그녀를 생각했고, 밤이 오면 우리가 다시 만난다는 생각에 사로잡혔다. 떨어져 있는 것을 견딜 수 없었다. 실없는 이야기로 밤늦게까지 그녀는 자지 못하게 했다. 이러한 정욕의 집착과 함께 의무 수행에 대한 염원이 없었다면 나는 병들거나 일찍 죽었거나 성가신 존재로 전락했을 것임에 틀림없다. 그러나 아침마다 약속된 일과를 마쳐야 했고, 거짓말을 한다는 것은 상상도 못했다. 수많은 함정에서 나를 건져준 것은 이 마지막 것이었다.

카스투르바이가 글자를 몰랐음을 앞에서 말했다. 나는 정말 그녀에게 가르치고 싶었지만 정욕에 빠졌기 때문에 시간이 없었다. 먼저 그녀를 가르치려면 그녀의 뜻을 거슬러야 했고, 게다가 밤에 해야 했다. 나는 어른들 앞에서 그녀와 만날 수 없었고, 더욱이 말을 할 수 없었다. 카티아와르에서는 지금도 어느 정도 그렇지만 당시에는 그곳 특유의 쓸모없고 야만적인 푸르다, 즉 베일로 얼굴을 가리는 풍습이 있었다.

사정이 그렇게 나빴다. 따라서 어린 시절에 카스투르바이를 가르치려던 나의 모든 노력은 실패할 수밖에 없었다. 그리고 내가 정욕의 잠에서 깨어났을 때 나는 사회생활을 시작해 거의 여유가 없었다. 가정교사를 두어 그녀를 가르치려고 한 것도 마찬가지로 실패했다. 그 결과 카스투르바이는 지금 간단한 편지를 겨우 쓰고 쉬운 구자라트어를 이해할 뿐이다.

그녀에 대한 내 사랑이 정욕에 물든 것이 절대로 아니었다면 그녀는 지금 교양 있는 숙녀가 되었으리라고 나는 확신한다. 왜냐하면 당시 나는 그녀가 공부를 싫어하는 것을 극복할 수 있었기 때문이다. 나는 순수한 사랑에는 불가능한 것이 없음을 알고 있다.

정욕적인 사랑의 재난에서 나를 어느 정도 구제한 사정에 대해 설명했다. 그 밖에 기록할 만한 것이 있다. 동기가 순수한 사람은 결국 신에 의해 구제된다고 하는 점을 많은 본보기들을 통해 확신했다. 조혼이라는 잔인한 풍속과 함께, 그 폐해를 어느 정도 없애주는 풍속이 힌두 사회에 있다. 즉 어린 부부가 오랫동안 함께 있는 것을 부모가 허용하지 않는다는 것이다. 어린 아내는 반 이상의 시간을 친정에서 보낸다. 우리도 그러했다. 즉 우리 결혼생활의 첫 5년 동안(열세 살부터 열여덟 살까지) 우리가 함께 지낸 것은 3년에 불과했다.

우리가 함께 지낸 지 반년도 안 되어 아내에게 친정으로 오라는 연락이 왔다. 당시에는 그것이 못마땅했지만 그것이 우리 모두를 구원했다. 열여덟 살에 나는 영국으로 갔다. 그것은 오랫동안의 별거를 뜻했다. 심지어 영국에서 돌아온 뒤에도 우리는 반년 이상을 함께 지내지 못했다. 내가 라지코트와 뭄바이 사이를 부지런히 다녔기 때문이다. 그 후 남아프리카로 가게 되었는데, 그때 나는 이미 정욕에서 상당히 떠난 뒤였다.

5. 중학교 생활

결혼 당시 내가 중학교[28]에 다니고 있었다는 점은 이미 말했다. 우리 3형제는 같은 학교에서 공부했다. 맏형은 훨씬 높은 학년이었고, 나와 함께 결혼한 둘째 형은 나보다 한 학년 위였다. 우리는 결혼 때문에 한 해를 허비했다. 특히 이것이 형에게는 나쁜 결과를 초래했다. 그가 공부를 완전히 포기했기 때문이다. 얼마나 많은 소년

---

28 우리나라의 중고등학교와 같다.

들이 같은 처지에 놓여 있을까? 오로지 우리 힌두 사회에서만 지금도 이처럼 결혼과 공부를 병행한다.

나는 공부를 계속했다. 중학교에서는 열등생이 아니었다. 언제나 교사들의 사랑을 받았다. 매년 부모에게 성적과 행동에 대한 통지표가 왔다. 나는 나쁜 통지표를 받은 적이 없다. 2학년 말부터는 상까지 탔다. 5, 6학년 때에는 각각 4, 10루피의 장학금까지 받았으나, 이는 성적 때문이라기보다도 운이 좋은 탓이었다. 왜냐하면 그 장학금은 모든 학생을 대상으로 한 것이 아니라, 카티아와르의 소라드[29]지방에서 온 우수한 학생에게만 주는 것이기 때문이다. 당시 한 반 4, 50명 중에 소라드에서 온 아이는 많지 않았다.

성적이 좋았다고는 기억되지 않는다. 상이나 장학금을 탈 때마다 놀랐다. 그러나 행동에 대해서는 민감했다. 지극히 사소한 잘못으로도 눈물을 흘렸다. 잘못을 저지르거나 교사에게 그렇게 보여 꾸중을 들으면 견딜 수 없었다. 맞은 적도 있었다. 벌 자체보다도 벌을 받는 대상이 되었다는 사실 때문에 가슴이 아팠다. 나는 슬프게 울었다. 1, 2학년 때의 일이었다.

7학년 때 똑같은 일이 있었다. 당시 교장의 이름은 도랍지 에둘지 기미였다. 그는 엄하고 유능하며 훌륭한 교사여서 학생들에게 인기가 있었다. 그는 상급학생에게 체조와 크리켓을 필수 과목으로 요구했다. 나는 그 두 가지 모두 싫어했다. 나는 크리켓이나 축구 등, 어떤 체육 과목에도 그것이 필수 과목으로 되기 전부터 참석하지 않았다. 이러한 무관심의 이유 가운데 하나가 나의 수줍음이었지

---

29 구자라트 주의 옛 이름.

만, 지금 생각하면 내 잘못이었다. 당시 나는 체육은 교육이 아니라고 잘못 생각했다. 지금 나는 체육은 교과 과정에서 지육(智育)과 마찬가지로 중요하다는 걸 안다.

그러나 운동을 하지 않았다고 해서 건강이 나빠지지는 않았다. 왜냐하면 신선한 공기 속에서 오랫동안 걷는 것이 좋다는 것을 책에서 읽고, 그 충고가 좋아서 지금까지 산책하는 버릇을 길러왔기 때문이다. 그 산책으로 나는 상당히 튼튼한 체력을 갖게 되었다.

내가 체육을 싫어한 이유 가운데 하나는 아버지를 잘 간호하고 싶기 때문이었다. 수업이 끝나면 나는 집으로 달려가서 아버지를 간호하기 시작했다. 그러나 체육이 필수가 되자 간호에 지장이 생겼다. 나는 기미 선생님에게 아버지 간호를 위해 나를 체육 과목에서 빼달라고 요청했다. 그러나 그는 듣지 않았다.

어느 토요일, 수업이 오전에 끝나 오후 4시에 체육을 하러 다시 학교에 가야 했다. 내게는 시계가 없었고 흐린 날씨가 나를 속였다. 내가 학교에 도착하기도 전에 아이들은 모두 집으로 돌아갔다. 다음 날 기미 선생님이 출석부를 점검하여 내가 결석했음을 발견했다. 결석한 이유를 물어서 나는 사실대로 말했다. 그는 내 말을 믿으려 하지 않고 벌금 1, 2아나스(정확하게는 모르겠다)를 물도록 했다.

결국 나는 거짓말을 한다는 누명을 썼다! 너무나도 괴로운 일이었다. 나의 결백을 어떻게 증명할까? 도리가 없었다. 엄청난 고통으로 울었다. 진실한 사람은 주의 깊은 사람이어야 한다는 것을 알았다. 이것이 내가 학교에서 부주의로 저지른 처음이자 마지막 일이었다. 결국 나는 벌금을 물지 않았음을 어렴풋이 기억한다. 또한 아버지가 교장에게 편지를 써서 내가 방과 후에 집에 있도록 해달라고 해 나는 체육 시간을 면제받았다.

체육을 무시했다고 해서 그리 나빠진 건 없지만, 다른 것을 무시한 탓에 지금까지 벌을 받는 것이 있다. 글자를 잘 쓴다는 것이 교육에 필요한 부분이 아니라는 생각을 어디서 얻게 되었는지 모르지만, 나는 영국에 갈 때까지 그렇게 생각했다. 후에, 특히 남아프리카에서는 그곳에서 태어나 교육을 받은 변호사나 청년 들이 글씨를 아름답게 쓰는 것을 보고, 나는 부끄러웠고 나의 게으름을 후회했다. 글씨를 잘 쓰지 못하는 것은 불완전한 교육의 증거로 보아야 한다는 사실을 깨달았다.

그 후 고쳐보려고 노력했지만 너무 늦었다. 젊은 시절의 게으름을 끝내 고칠 수 없었다. 모든 청년은 내 경우를 보고, 좋은 글씨 쓰기가 교육의 필수임을 알기 바란다. 지금 나는 아이들이 글씨 쓰기를 배우기 전에 그림 그리기부터 배워야 한다고 생각한다. 아이가 꽃이나 새 같은 다른 사물을 관찰하여 배우듯이 글씨도 관찰하고 배우도록 해야 한다. 그리고 그림 그리기를 배운 뒤에 글씨 쓰기를 배우도록 해야 한다. 그러면 아름답게 짜인 글씨를 쓸 수 있게 될 것이다.

학창 시절의 추억 가운데 기록할 만한 것이 두 가지 더 있다. 결혼으로 인해 한 학년 늦어졌기 때문에 교사에게 1년을 건너뛰라는 권유를 받았다. 그것은 부지런한 학생에게만 허용되는 특전이었다. 그래서 나는 3학년을 반년만 다녔고, 여름방학 전에 시험을 보고서 4학년에 진급했다.

4학년부터는 과목 대부분을 영어로 수업했다. 나는 충분히 이해할 수 없었다. 4학년부터 기하를 새로 공부했는데, 특별한 실력도 없는 데다 영어로 수업을 하니 더욱 어려웠다. 교사는 잘 가르쳤지만 나는 따라갈 수 없었다. 2년에 해야 할 공부를 1년 만에 한다는 것은 지나친 욕심이라고 생각하여 몇 번이나 낙심하고 3학년으로 되돌아갈까 하는 생각도 했다. 그러나 이는 나만이 아니라 교사에게도 망신스런 일이었다. 왜냐하면 교사는 내 노력을 믿고 진급을 추천했기 때문이다.

그래서 이중으로 망신당하는 것이 두려워 그대로 주저앉았다. 그러다 유클리드 제13정리에 들어가자 별안간 기하가 쉬워졌다. 오직 순수하고 간단한 추리력 사용만을 요구하는 과목이 어려울 리 없었다. 그 뒤로 기하는 쉽고도 흥미로운 과목이 되었다.

그러나 산스크리트어는 더욱 어려웠다. 기하에는 암기할 것이 없었으나, 산스크리트어에서는 모든 것을 암기해야 한다고 생각했다. 그 과목도 4학년부터 시작되었다. 6학년이 되자 나는 절망했다. 교사는 아이들을 강제하려고 애쓰는 엄격한 사람이었다.

산스크리트어 교사와 페르시아어 교사 사이에는 일종의 경쟁심이 있었다. 페르시아어 교사는 너그러웠다. 페르시아어가 매우 쉽고 페르시아어 교사가 매우 훌륭하며 아이들을 배려한다는 말이 아이들 사이에 돌았다. 그 '쉬움' 때문에 나는 페르시아어 수업에 들어갔다. 산스크리트어 교사는 섭섭해했다. 그는 나를 불러 말했다. "네가 바이슈나바의 자손임을 어떻게 잊을 수 있느냐? 너는 네 종교의 말을 배워야 하지 않겠느냐? 그게 어렵다면 왜 나에게 오지 않느냐? 나는 너희 학생들에게 산스크리트어를 열심히 가르치고자 한다. 조금씩 알아가면 너는 정말 흥미로운 것을 알게 될 것이다. 낙심해선 안 된다. 산스크리트어 수업에 다시 나오너라."

그 친절에 나는 부끄러웠다. 그 교사의 사랑을 무시할 수 없었다.

지금 나는 크리슈나산카르 판디야에게 감사하지 않을 수 없다. 만일 당시 산스크리트어를 조금이라도 배우지 않았다면 우리의 성스러운 책에 대해 어떤 흥미도 가질 수 없을 테니까. 사실 나는 산스크리트어에 더 깊은 지식을 갖지 못해 많이 후회한다. 그 후 모든 힌두 아이들은 산스크리트어에 대한 완전한 지식을 가져야 함을 깨달았기 때문이다.

지금 나는, 인도의 모든 고등 교육 과정에 각 지역 언어 외에 힌두어, 산스크리트어, 페르시아어, 아라비아어, 영어 과목을 두어야 한다고 생각한다. 가짓수가 많다고 놀라서는 안 된다. 만일 우리 교육이 더욱 체계적이고, 아이들이 과목을 외국어로 배우는 부담을 벗어버리면 이 모든 언어를 배우기란 그리 힘든 일이 아니라, 도리어 매우 즐거우리라고 확신한다. 어떤 언어에 대한 과학적 지식은 다른 언어에 대한 배움을 더욱 쉽게 만든다.

사실 힌두어, 구자라트어, 산스크리트어는 하나의 언어로 볼 수 있고, 페르시아어와 아라비아어도 하나다. 페르시아어는 아리아인의 것이고, 아라비아어는 셈족 언어 계열에 속하지만 페르시아어와 아라비아어는 유사하다. 모두 이슬람교가 출현한 뒤에 완벽하게 발전했기 때문이다. 우르두어도 완전히 다른 말이라고 생각하지 않는다. 문법은 힌두어와 같고, 어휘는 주로 페르시아어와 아라비아어이기 때문이다. 따라서 우르두어를 제대로 배우려면 페르시아어와 아라비아어를 배워야 하고, 구자라트어, 힌두어, 벵골어, 마라티어를 제대로 배우려면 산스크리트어를 배워야 한다.

6. 비극

중학 시절의 몇 안 되는 친구 가운데, 가까웠다고 할 수 있는 두 친구가 시기를 달리해 있었다. 그 첫 번째는 내가 친구를 버린 탓이 아닌데도 오래가지 않았다. 도리어 내가 다른 친구를 사귀었다고 해서 그가 나를 버렸다. 이어진 두 번째 우정은 내 일생에서 비극의 하나다. 그것은 오래갔다. 나는 개혁자 정신으로 그 우정을 형성했다.

그 친구[30]는 본래 형의 친구였다. 그들은 같은 학급 친구였다. 그에게 약점이 있었지만 나는 그를 믿을 만한 친구라고 생각했다. 어머니, 맏형, 아내는 내가 나쁜 사람과 사귄다고 경고했다. 나는 아내의 경고에 귀를 기울이기에는 너무나 교만했다. 그러나 어머니와 맏형의 의견을 거역할 수는 없었다. 그럼에도 나는 그들에게 변명했다. "말씀하시는 약점이 그에게 있음을 저도 알지만, 그의 장점은 모르십니다. 제가 그와 친한 것은 그를 고쳐주기 위한 것이므로 그가 저를 잘못되게 할 수는 없습니다. 만일 그가 생활을 고친다면 훌륭한 사람이 될 것을 확신하기 때문입니다. 크게 걱정하지 마시길 빕니다."

그 변명으로 그들이 안심했다고 생각하진 않지만 그들은 내 설명을 수긍했고 내가 하는 대로 내버려두었다.

그 뒤 나는 내가 잘못 생각했음을 깨달았다. 개혁자는 그가 개혁의 대상으로 삼는 자와 친해질 수 없다. 참된 우정이란 영혼이 같아지는 것으로 이 세상에서는 좀처럼 보기 어렵다. 우정이란 오로지 유사한 천성 간에서만 전적으로 가치가 있고, 오래갈 수 있다. 친구는 서

---

30 셰이크 메타브라는 이슬람교도로서 경찰서장의 아들이었다.

로 영향을 준다. 따라서 친구 사이에서는 개혁의 여지가 거의 없다. 나는 모든 배타적인 친밀함은 피해야 한다고 생각한다. 사람은 선보다 악을 더 쉽게 받아들이기 때문이다. 신과 친구가 되고 싶은 사람은 혼자 살거나, 세계를 자기 친구로 삼아야 한다. 내가 잘못 생각하는지 모르지만, 친밀한 우정을 맺고자 한 내 노력은 실패했다.

내가 이 친구를 처음 만났을 무렵, 라지코트에는 '개혁' 풍조가 휩쓸고 있었다. 그는 나에게 많은 교사가 숨어서 고기와 술을 먹는다고 말했다. 또 같은 무리에 속한다는 라지코트 명사들의 이름을 들먹였다. 그중에는 중학생도 몇 명 있다고 했다.

나는 놀랍고 고통스러웠다. 내가 그 이유를 묻자 친구는 다음과 같이 설명했다. "우리는 고기를 먹지 않기 때문에 허약한 민족이야. 영국인은 고기를 먹기 때문에 우리를 지배할 수 있지. 너는 내가 단단하고 잘 뛴다는 거 알지. 그건 내가 고기를 먹기 때문이야. 고기를 먹으면 부스럼이나 종기가 나지 않고, 그런 게 생겨도 금방 낫게 돼. 고기를 먹는 우리 교사들이나 그 밖의 명사들은 바보가 아니야. 그들은 그 효과를 알고 있어. 너도 그렇게 해야 해. 실제로 해보는 것보다 좋은 게 없어. 해봐. 그러면 얼마나 힘이 나는지 알게 될 거야."

육식을 위한 이 모든 권고는 단번에 나온 것이 아니었다. 이는 내 친구가 종종 나에게 깊은 인상을 주고자 노력한, 오랫동안 공들인 논의의 요점이다. 둘째 형은 이미 육식에 빠져 있었다. 따라서 그는 친구의 주장을 받아들였다. 형이나 친구가 보기에 나는 분명 허약해 보였다. 그들은 모두 튼튼했고 힘도 셌으며 훨씬 대담했다.

친구의 재주가 나를 사로잡았다. 그는 먼 거리를 놀라운 속도로 뛸 수 있었다. 그는 높이뛰기와 넓이뛰기 선수였다. 그는 어떤 육체적 벌도 참을 수 있었다. 그는 그런 재주를 종종 나에게 보여주었고, 어떤 사람이건 자신에게 없는 자질을 남에게서 발견하면 언제나 현혹되듯이, 나는 친구의 재주에 현혹되었다. 이어 그와 같이 되려는 욕망이 솟구쳤다. 나는 뛰지도 달리지도 못했다. 그러나 나라고 해서 그처럼 강해질 수 없는 이유가 무엇인가?

뿐만 아니라 나는 겁쟁이였다. 나는 늘 도둑, 귀신, 뱀을 무서워했다. 밤에는 문밖에 나가지도 못했다. 어둠은 나에게 공포였다. 나는 귀신이 한쪽에서 나오고, 도둑이 다른 쪽에서 나오며, 뱀이 또 다른 쪽에서 나온다는 생각 때문에 어둠 속에서 잘 수도 없었다. 그래서 방에 불을 켜두지 않고서는 잠들지 못했다.

내가 어떻게 내 공포를 아이도 아니고 벌써 어른이 되어 내 곁에서 잠자는 아내에게 숨길 수 있었을까? 나는 아내가 나보다 더욱 용기가 있음을 알았기에 부끄러웠다. 아내는 뱀이나 귀신을 몰랐다. 아내는 어둠 속에서도 어디에나 갈 수 있었다. 내 친구는 내 모든 약점을 알았다. 그는 자기가 손으로 뱀을 잡을 수 있고, 도둑도 물리치며, 귀신은 믿지 않는다고 말하곤 했다. 그리고 이 모든 것은 육식 탓이라고 했다.

당시 구자라트 시인 나르마다의 해학시가 우리 학생들 사이에서 회자되었다.

저 힘센 영국인을 보라.
허약한 인도인을 지배하네.
육식을 하기 때문에
키가 다섯 큐비트[31]라네.

이 모든 게 나에게 그대로 영향을 미쳤다. 나는 견딜 수 없었다. 육식이 좋고, 나를 강하고 대담하게 만들며, 모든 사람이 육식을 하게 되면 영국을 이긴다는 생각이 나를 사로잡기 시작했다.

그래서 어느 날, 그 실험을 하기로 했다. 비밀리에 해야 했다. 간디 집안은 바이슈나바 신자들이었다. 특히 부모는 열렬한 바이슈나바 신자였다. 그들은 정기적으로 하벨리를 방문했다. 게다가 우리 가족만의 신전도 있었다. 구자라트에는 자이나교가 성했고, 언제 어디에서나 그 영향력을 느낄 수 있었다. 당시 구자라트의 자이나 교도와 바이슈나바 교도들은 인도 안팎을 막론하고 어디에서도 찾아볼 수 없을 정도로 강력하게 육식을 반대하고 혐오했다.

나는 그런 전통 속에서 태어나 자랐다. 그리고 나는 부모에게 특히 극진했다. 내가 육식을 했음을 알게 되면 그들이 충격으로 죽으리라는 것을 알았다. 게다가 진실에 대한 사랑 때문에 나는 지극히 조심했다. 내가 육식을 하는 것이 부모를 속이는 짓임을 당시 내가 몰랐다고 할 수 없다. 그러나 내 마음은 '개혁'으로 기울었다. 맛을 즐긴다는 문제가 아니었다. 특별히 맛있는 것 같지도 않았다.

나는 강하고 담대해지기를 바랐고, 동포들도 그렇게 되어 영국에게 이겨서 인도를 자유롭게 만들기를 원했다. 당시까지 나는 '자치'라는 말을 듣지 못했다. 그러나 자유가 뜻하는 바를 알았다. '개혁'에 대한 열정으로 눈이 흐려졌다. 비밀을 지키기 위해 부모에게 내 행동을 숨기는 것은 진실에서 벗어나는 것이 아니라고 스스로 다짐했다.

---

31 Cubit. 팔꿈치에서 가운뎃손가락 끝까지 길이로 18~22인치다. 이를 약 20인치라고 보면 5 큐비트는 2미터 50센티미터다.

7. 비극 (계속)

마침내 그날이 왔다. 당시의 심정을 정확하게 묘사하기는 어렵다. 한편에는 개혁에 대한 열의와, 인생의 새로운 출발을 한다는 자부심이 있었다. 다른 한편에서는 그런 짓을 하면서도 도둑처럼 숨겨야 한다는 수치심이 있었다. 어느 쪽이 더 강했는지는 모르겠다.

우리는 외딴 곳을 찾아 강가로 갔다. 그리고 평생 처음으로 고기를 먹었다. 빵집에서 구운 빵도 있었다. 어느 것이나 맛이 없었다. 염소 고기는 가죽처럼 질겼다. 도저히 먹을 수가 없었다. 구토가 나서 식사를 중단해야 했다.

그날 밤, 혼이 났다. 나는 무섭게 가위눌렸다. 잠이 들려고 하면 살아 있는 염소가 내 뱃속에서 우는 것 같았고, 견디지 못해 벌떡 일어나야 했다. 그러나 나는 육식은 의무임을 상기하며 마음을 진정시켰다.

내 친구는 쉽게 물러설 사람이 아니었다. 이제 그는 고기로 여러 가지 맛있는 요리를 만들기 시작했다. 먹는 곳도 강변의 외진 곳이 아니라, 부엌과 탁자와 의자를 갖춘 관사였다. 친구는 그곳 요리사에게 부탁해 준비했다.

이 미끼는 효과가 있었다. 싫어하던 빵도 좋아지고, 염소에 대한 동정도 잊고, 고기 자체는 아니라고 해도 고기 요리의 맛을 알게 되었다. 그렇게 일년쯤 지냈다. 그러나 그런 고기 잔치를 즐긴 것은 대여섯 번 정도였다. 그 관사에는 매일 갈 수도 없었고, 비싸고 맛난 고기 요리를 자주 준비하기가 분명히 어려웠기 때문이다.

내게는 이 '개혁'에 지불할 돈이 없었다. 따라서 내 친구가 언제나 그 돈을 마련했다. 그가 어떻게 마련했는지는 모른다. 그러나 그는 나를 꼭 육식주의자[32]로 만들려고 했기 때문에 돈을 마련했다. 그러나 그의 수단에도 한계가 있었으므로 잔치는 당연히 뜸해질 수밖에 없었다.

이 비밀 잔치를 치른 날이면 집에서 저녁을 먹을 수 없었다. 어머니는 당연히 음식을 가지고 와서 그것을 먹지 않는 이유를 알고 싶어 하셨다. 나는 말했다. "오늘은 식욕이 없어요. 소화가 안 되는 것 같아요." 그런 핑계로 속이자니 양심의 가책을 받지 않을 수 없었다. 나는 내가 거짓말을 하고 있고, 그것도 어머니에게 하고 있음을 알고 있었다. 또한 내가 육식주의자가 되었음을 알게 되면 부모님이 엄청난 충격을 받으리라는 것도 알고 있었다. 그런 생각으로 가슴이 미어터졌다.

그래서 스스로 말했다. "고기를 먹는 것이 필요하고 전국에서 식사를 '개혁'하는 것도 필요하지만, 부모를 속이고 거짓말을 하는 것은 고기를 먹지 않는 것보다 더 나쁘다. 따라서 그들이 살아 있는 한, 육식은 안 된다. 그들이 죽고 내가 자유로워지면 나는 내놓고 고기를 먹겠지만, 그런 때가 오기까지는 안 된다."

친구에게 그 결심을 알리고 다시는 육식을 하지 않았다. 부모는 두 아들이 육식주의자가 되었음을 알지 못했다.

나는 부모에게 거짓말을 하지 않으려는 순수함으로 육식을 끊었지만, 친구와의 교제는 끊지 않았다. 그를 바꾸려는 나의 열의는 비

---

32 Meat-eater를 육식주의자라고 번역함은 흔히 채식주의자라고 하는 것에 대한 반대이기 때문이다.

참한 결과를 초래했으나, 나는 그것을 전혀 몰랐다.

그 교제는 아내에 대한 신의를 저버리게끔 했다. 그러나 그것을 아슬아슬하게 면했다. 친구가 나를 사창가로 데려간 적이 있다. 그는 필요한 것을 말하고 나를 들여보냈다. 그 모든 것은 사전에 준비된 것이었다. 돈도 사전에 지불되었다. 나는 죄악의 문턱으로 갔지만 신이 그 무한한 자비로 나를 자신으로부터 보호해주었다. 그 죄악의 굴에 들어가니 눈과 귀가 멀었다. 여자의 침대 가까이 앉자 혀가 굳었다. 그녀는 당연히 참지 못하고 욕설을 퍼부으며 문을 가리켰다. 남자 체면을 손상당한 듯해 수치심에 땅속에 기어들고 싶었다. 그러나 그 뒤에는 신이 나를 구해준 것에 감사한다.

그런 일이 평생 네 번 더 있었다. 대부분 내 노력보다는 운이 좋아 구제됐다. 엄격한 윤리관으로 본다면 그 모든 경우는 도덕적 타락으로 보아야 한다. 정욕이 이미 거기 있었고, 이는 행위를 한 것과 마찬가지기 때문이다. 그러나 일반적인 관점에서 보면 몸으로 죄를 범하지 않았으면 구제되었다고 볼 수 있다. 나는 바로 그런 의미에서 구제됐다.

어떤 행위를 피한 것이, 피한 사람이나 그 주위 사람들에게 다행스러운 경우가 있다. 사람은 올바른 의식으로 돌아오면 피할 수 있었던 것에 대해서 신의 자비에 감사한다. 사람은 아무리 저항해도 유혹에 빠지는 경우가 있고, 또한 자신의 의지와 무관하게 섭리에 의해 구제받는 경우가 있음을 우리는 안다.

이 모든 것은 어떻게 일어날까? 사람은 어디까지 자유롭고 어디까지 환경의 산물인가? 자유의지는 어느 정도로 역할을 하고, 운명은 언제부터 등장할까? 이 모든 것은 신비요, 영원한 신비로 남으리라.

본래 이야기로 돌아가자. 그런 일이 있었는데도 친구와의 교제가 나쁘다는 사실에 눈뜨지 못했다. 따라서 내가 생각지도 못한 그의 타락이 명백하게 나타나서 정말 눈을 뜨기까지 나는 더욱 많은 쓴 잔을 마셔야 했다. 그러나 그 이야기는 뒤에서 차례로 하겠다.[33]

그러나 한 가지만은 여기서 말해야겠다. 같은 시기에 있었던 일이기 때문이다. 아내와의 불화 이유 가운데 하나가 의심할 바 없이 그 친구와의 교제였다. 나는 헌신적이면서도 질투가 강한 남편이었고, 그 친구는 아내에 대한 내 의심을 부채질했다. 나는 그의 진실을 의심할 수 없었다. 그의 말을 듣고 행동해 아내에게 고통을 준 죄악의 폭행을 결코 용서할 수 없다. 이러한 학대는 힌두 아내만이 참아낼 수 있을 것이다. 내가 여성을 관용의 화신으로 보는 이유가 바로 이것이다.

억울한 의심을 받은 하인은 떠나면 그만이다. 그런 처지의 아들은 아버지 곁을 떠나면 된다. 마찬가지로 친구는 교제를 끝내면 된다. 아내가 남편을 의심하면 조용히 있으면 된다. 그러나 남편이 그녀를 의심하면 그녀는 끝이다. 그녀가 어디로 갈 수 있는가? 힌두 아내는 법원에 가서 이혼을 청구할 수도 없다. 그녀에게는 법이 무용하다. 내가 아내를 그런 구렁텅이에 몰아넣은 것을 나는 잊을 수도, 용서할 수도 없다.

그런 의심의 암을 뿌리 뽑은 것은, 내가 비폭력[5]을 모든 면에서 이해한 뒤였다. 그제야 나는 금욕[6], [34]의 영광을 깨달았고, 아내는

---

33 메타브는 간디가 남아프리카에서 활동할 때도 함께 지내다가 집에서 창녀와 함께 있는 것이 발각되어 영원히 쫓겨났다.

5) Ahimsa. 문자 그대로는 불살생, 비폭력을 뜻한다.

남편의 종이 아니라 동료이자 협력자이고, 남편과 고락을 함께하는 동등한 동반자로서 남편처럼 자유롭게 그녀만의 길을 선택할 수 있음을 알게 되었다. 의심과 의문으로 어두웠던 나날을 생각할 때마다 나의 어리석음과 잔인한 치정이 혐오스러워져 친구를 맹목적으로 믿은 것을 통탄하게 된다.

8. 도둑질과 속죄

내가 고기를 먹던 시절과 그 이전에 저지른 실수에 대해 말할 게 있다. 이는 결혼식 전후에 시작된다.

어느 친척과 나는 담배를 피우게 되었다. 담배 피우는 데 좋은 점이 있어서였거나 담배 냄새가 좋아서가 아니었다. 단지 입으로 연기를 내뿜는 것이 재미있다고 생각한 탓이었다. 아저씨에게 그런 습관이 있었는데, 우리는 그가 담배 피우는 것을 보고 그를 모방해야겠다고 생각했다. 그러나 돈이 없었다. 그래서 아저씨가 버린 꽁초를 모으기 시작했다.

그러나 꽁초가 늘 있는 것도 아니고, 그것으로는 연기를 많이 내뿜을 수도 없었다. 그래서 우리는 인도 궐련을 사려고 하인의 주머

---

6) Bramacharya. 문자 그대로는 신에 이르는 행동을 뜻한다. 기술적 의미는 자기억제, 특히 성욕의 극복을 말한다.

34 인도에서는 전통적으로 인생을 도제기, 가장(家長)기, 숲 은퇴기, 출가기로 나누었고, 도제기에는 스승 밑에서 엄격하게 순결을 지키다가 가장기에 들어 성생활을 하게 되어 있으나, 간디는 평생 동안의 동정을 강조했다.

니에서 동전을 훔치기 시작했다. 그러나 그것을 어디에 두느냐가 문제였다. 당연히 어른들 앞에서 피울 순 없었다. 우리는 훔친 동전으로 몇 주일은 담배를 피울 수 있었다. 그러는 동안 어떤 식물의 줄기에 구멍이 많아 담배처럼 피울 수 있다는 이야기를 들었다. 그것을 구해 피워도 보았다.

그러나 그런 것들로는 만족하지 못했다. 자립하지 못하는 것이 원통해지기 시작했다. 어른들의 허락 없이는 아무것도 할 수 없다는 것이 견딜 수 없었다. 마침내 살기가 싫어져 우리는 자살하기로 결심했다!

그러나 어떻게 실행할 것인가? 어디서 독약을 구할 것인가? 우리는 다투라 씨가 독성이 강하다고 들었고 정글을 뒤져 그것을 찾아냈다. 저녁때가 적당하다고 생각했다. 우리는 케다르지 만디르(Kedarji Mandir)에 가서 사원의 등에 기름을 치고, 예배[35]를 한 뒤 외진 구석을 찾았다. 그러나 용기가 나지 않았다. 금방 죽지 않으면 어떻게 할까? 자살하면 좋은 점이 무엇일까? 자립하지 못해도 참는 것이 좋지 않을까?

그런데도 우리는 두세 알을 삼켰다. 그러나 더는 먹을 용기가 나지 않았다. 우리 모두 죽기가 싫어졌다. 그래서 람지 만디르(Ramji Mandir)에 가서 마음을 고쳐먹고 자살할 생각을 잊기로 했다.

나는 자살이 생각만큼 쉬운 일이 아님을 깨달았다. 그 뒤로 나는 누가 자살하겠다고 위협하는 소리를 들어도 거의 또는 전혀 겁내지 않는다.

---

35 Darshan. 위대한 것을 대함으로써 얻는 감격이라는 뜻.

자살 생각은 결국 담배꽁초를 피우고, 담배를 피우려고 하인의 동전을 훔치는 버릇을 그만두게 만들었다.

그 뒤 어른이 되어서도 나는 담배를 피우려 하지 않았고, 담배 피우는 것을 언제나 야만적이고 더러우며 해로운 것이라고 생각했다. 나는 세상에 담배 피우는 사람이 왜 그렇게 많은지 이해할 수 없다. 나는 담배 피우는 사람으로 가득한 찻간에서 여행하기 어렵다. 숨이 막혀 죽을 지경이기 때문이다.

그러나 그보다 더 심한 도둑질은 그 후의 일이었다. 동전을 훔친 것은 열두세 살, 아니면 그보다 어려서였다. 그 다음 도둑질은 열다섯 살 때였다. 이번에는 육식하던 형의 팔찌에서 금 한 조각을 훔쳐냈다. 형은 약 25루피의 빚을 지고 있으면서 팔에는 순금 팔찌를 끼고 있었다. 거기서 한 조각 떼어내기란 어렵지 않았다.

어쨌든 나는 훔쳤고, 그 빚은 청산됐다. 그러나 나는 도저히 견딜 수 없었다. 다시는 훔치지 않겠다고 결심했다. 그리고 그것을 아버지에게 고백하기로 결심했다. 그러나 말할 용기가 나지 않았다. 아버지의 매질을 두려워한 탓이 아니었다. 아니, 아버지가 우리를 매질한 기억은 없다. 나 때문에 아버지가 당할 고통이 두려워서였다. 그러나 그런 위험을 무릅쓰고라도 해야 한다고 느꼈다. 깨끗한 고백 없이는 깨끗해질 수 없기 때문이다.

마침내 나는 고백서를 써서 그것을 아버지에게 바치고 용서를 빌기로 했다. 나는 그것을 종이 위에 써서 직접 아버지에게 드렸다. 글 속에서 나는 죄를 고백했을 뿐 아니라, 적절한 처벌을 요구했고, 나의 잘못 때문에 아버지 자신을 벌하지 말기를 바라면서 끝을 맺었다. 또한 앞으로는 절대로 도둑질하지 않겠다고 맹세했다.

아버지에게 고백서를 전했을 때 나는 벌벌 떨었다. 당시 아버지는 치루로 고생을 하셔서 침대를 떠나지 못했다. 그의 침대는 평평한 나무 판자였다. 나는 그에게 종이를 전하고 판자 맞은편에 앉아 있었다.

그가 다 읽자 구슬 같은 눈물이 두 뺨을 흘러내려 종이를 적셨다. 그는 눈을 감고 잠시 생각하다가 종이를 찢었다. 그는 읽기 위해 일으켰던 몸을 다시 누였다. 나도 울었다. 나는 아버지의 고뇌를 볼 수 있었다. 내가 만일 화가라면 지금이라도 그 모습 전체를 그릴 수 있다. 그 장면은 여전히 내 마음에 생생하다.

그 사랑의 구슬 같은 눈물방울이 내 마음을 정화시켰고, 나의 죄를 씻어버렸다. 그런 사랑을 경험한 사람만이 그것을 알 수 있다. 찬송가에서 노래하듯 "사랑의 화살을 맞은 자만이 그 힘을 안다." 이것은 나에게 비폭력의 실제 교육이었다. 당시 나는 아버지의 사랑을 보았을 뿐이지만, 지금 나는 그것이 순수한 비폭력이었음을 안다. 그러한 비폭력이 모든 것을 끌어안을 때 거기에 닿는 모든 것은 변화한다. 그 힘에는 한계가 없다.

이러한 종류의 숭고한 용서는 아버지에게는 당연한 것이 아니었다. 나는 아버지가 화를 내서 나를 꾸짖고 자기 머리를 칠 줄 알았다. 그러나 너무나도 경이롭게 평화로웠다. 나는 그것이 나의 솔직한 고백 덕분이라고 믿는다. 다시는 죄를 범하지 않겠다는 약속을 담은 솔직한 고백은, 그것을 받을 권리가 있는 사람에게 바쳐질 때, 가장 순수한 형태의 회개가 된다. 내 고백이 아버지로 하여금 나에 대해 절대로 안심하게 했고, 나에 대한 사랑을 무한히 증가시켰음을 나는 안다.

9. 아버지의 죽음과 이중의 수치

지금 내가 말하려는 것은 열여섯 살 때의 일이다. 앞서 보았듯이 아버지는 치루로 침대에 누워 있었다. 어머니와 늙은 하인, 그리고 내가 그를 주로 돌보았다. 나는 간호 임무를 맡았는데, 이는 주로 상처를 싸매고 약을 갖다 주며 약을 집에서 만들어야 할 때 그것을 조제하는 일이었다. 나는 밤마다 아버지 다리를 주무르고 아버지가 가라고 하거나 잠이 들어야 물러났다. 나는 그 일을 하는 걸 좋아했다. 한 번도 게을리 하지 않았다. 나날의 의무를 다한 뒤 내 마음대로 할 수 있는 시간을 나누어 학교에 가거나 아버지 곁에 있었다. 아버지가 허락하거나 좀 평안해지면 나는 저녁 산책을 했다.

또한 이때는 아내가 만삭이었다. 이는 지금 생각해보면 이중의 수치였다. 첫째, 아직 학생으로서 지제해야 하는데 그러지 못한 점에 대한 수치였다. 둘째, 내가 의무로 생각한 공부를, 그리고 어려서부터 슈라바나를 이상으로 삼은 나로서 공부보다 더욱 큰 의무로 생각해야 할 부모에 대한 헌신을 나의 정욕이 눌러버린 점에 대한 수치였다.

밤마다 나의 손은 아버지 다리를 주무르는 데 바빴지만 마음은 침실 주변을 떠돌고 있었다. 또한 그때는 종교적으로나 의학적으로는 물론 상식적으로도 성교를 할 수 없는 시기였다. 나는 언제나 의무에서 벗어나면 좋았고, 아버지에게 인사한 뒤 바로 침실로 뛰어갔다.

그때 아버지의 병세는 악화되었다. 힌두교(ayurvedic) 의사는 연고, 이슬람교 의사들(hakims)은 고약으로 치료했고, 지방 돌팔이들은 비법을 썼다. 영국인 외과의사도 치료했다. 최후이자 유일한 방법으로 그는 외과수술을 권했다. 그러나 주치의가 반대했다. 아버지와 같은 고령에는 수술을 할 수 없다고 주장했다. 주치의는 유능하고 유명한 사람이어서 그의 충고가 받아들여졌다. 수술을 포기했고, 수술을 위해 산 여러 가지 약은 소용없게 되었다.

나는 당시 만일 주치의가 수술을 허용했다면 상처는 쉽게 나았으리라는 생각을 한다. 게다가 수술은 뭄바이의 유명한 외과의사가 하게 되어 있었다. 그러나 신의 뜻은 달랐다. 죽음이 목전인데, 누가 제대로 치료할 수 있겠는가? 아버지는 모든 수술 기구를 가지고 뭄바이에서 돌아왔으나, 이제는 소용없게 되었다.

아버지는 더는 살 수 없다고 생각했다. 그는 더욱더 약해져 마침내 필요한 일을 침대에서 하도록 지시받았다. 그러나 그는 끝까지 그렇게 하지 않았고, 언제나 침대를 떠나서 하려고 고집했다. 외부 청결에 대한 바이슈나바교의 교리는 그렇게 엄격했다.

그런 청결이 필요하다는 건 의심의 여지가 없지만, 서양의학이 우리에게 가르치는 바에 따르면 최대한 청결을 유지하면서 목욕을 포함한 모든 일을 침대에서 할 수 있고, 환자에게 어떤 불편도 주지 않으면서 침대를 얼룩 하나 없이 늘 청결하게 유지할 수 있다. 그런 청결은 바이슈나바교와 완전히 일치했다. 그러나 아버지가 침대를 떠나야 한다고 고집해 나는 놀랐고, 그 점에 대해 존경하지 않을 수 없었다.

무서운 밤이 다가왔다. 당시 삼촌은 라지코트에 있었다. 아버지가 위독하다는 소식을 듣고 그가 라지코트에 온 것으로 나는 희미하게 기억한다. 형제는 정이 두터웠다. 삼촌은 온종일 아버지 침대 곁에 앉아 있었고, 우리 모두를 잠자리로 보내고는 아버지 침대 옆에서 자기를 고집했다. 누구도 그날이 운명의 밤인 것을 꿈에도 몰랐다. 물론 위험은 있었다.

밤 10시 반이거나 11시쯤이었다. 나는 아버지를 안마하고 있었다. 삼촌은 내게 가보라고 했다. 나는 좋아서 곧장 침실로 갔다. 아무것도 모르는 아내는 잠들어 있었다. 그러나 내가 왔는데 어떻게 잘 수 있겠는가? 나는 그녀를 깨웠다. 그러나 5, 6분 뒤에 하인이 문을 두드렸다. 나는 놀랐다. 그가 말했다. "일어나십시오. 아버님이 매우 위독하십니다." 물론 나는 아버지가 위독하다는 걸 알고 있었고, 그래서 그때 '매우 위독'하다는 것이 뜻하는 바를 짐작했다. 나는 자리에서 벌떡 일어났다.

"무슨 일이야? 빨리 말해!"

"아버님이 돌아가셨습니다."

그렇게 모든 것이 끝났다! 나는 두 손을 비비는 것 말고는 아무것도 못했다. 너무나 부끄러웠고 비통했다. 아버지 방으로 달려갔다. 만일 동물적인 정욕이 나를 맹목적으로 만들지 않았다면, 아버지의 임종을 지켜보지 못하는 이별의 고통은 면할 수 있었으리라고 생각했다. 안마를 해드려야 했고, 그러면 내 품 안에서 돌아가셨으리라. 그러나 그 특권은 삼촌에게 돌아갔다. 그는 자신의 형에게 극진했으므로 최후의 봉사를 할 명예를 차지했다!

아버지는 다가오는 일을 예감했다. 그는 펜과 종이를 가져오라는 시늉을 하고 다음과 같이 썼다.

마지막 준비를 하라.

그러고는 팔에 찼던 팔찌를 풀고, 또 염주 금목걸이를 풀어놓았다. 그러고는 숨지셨다.

앞장에서 내가 수치라고 한 것은, 정신을 차려서 봉사해야 할 아버지 임종의 순간에도 육욕에 젖었던 수치를 말한다. 이는 지울 수도 없고 잊을 수도 없는 흠이며, 부모에 대한 헌신이 아무리 무한하고 그것을 위해 모든 것을 포기한다고 해도, 나의 마음은 그때 육욕에 사로잡혔으니 용서받을 수 없는 결함으로 알아야 한다고 나는 늘 생각해왔다. 그래서 나는 비록 내가 믿음직한 남편이지만 동시에 육욕적인 남편이라고 생각했다. 내가 육욕의 굴레에서 벗어나기까지는 오랜 시간이 걸렸다. 그리고 그것을 극복하기까지 많은 시련을 겪었다.

이중의 수치에 대한 이 장을 끝맺기 전에 아내가 낳은 그 가련한 꼬마는 3, 4일도 못 살고 죽었음을 적어둔다. 그 밖에 다른 것은 기대할 수 없었다. 결혼한 모든 사람은 나의 경험에서 깨우치길 바란다.

10. 종교 맛보기

예닐곱 살부터 열여섯 살까지 학교를 다니면서 나는 종교를 제외한 모든 것을 배웠다. 교사들이 전혀 힘들이지 않고서 나에게 줄 수 있었던 것을 얻지 못했다고 해야 하리라. 그러나 나는 주위에서 이것저것 주워들었다. 내가 말하는 '종교'란 가장 넓은 뜻으로서, 자기실현이나 자기 인식을 뜻한다.

나는 바이슈나바 신앙 속에서 태어났기 때문에 종종 하벨리에 갔다. 그러나 아무런 느낌이 없었다. 그 화려함과 사치가 싫었다. 게다가 거기서 부도덕한 일이 일어난다는 소문을 들어 완전히 흥미를 잃고 말았다. 따라서 하벨리에서 얻은 것은 없었다.

그러나 거기서 얻지 못한 것을 나는 유모에게서 얻었다. 우리 집에서 오래 일한 그녀가 나에 대해 가졌던 사랑을 지금도 기억한다. 앞에서 말했듯이 나는 귀신과 유령을 무서워했다. 유모 람바는 무서움을 이기려면 '라마나마' [36]를 외우라고 했다. 나는 그 치료법보다도 그녀를 믿었기 때문에 귀신과 정령에 대한 무서움을 치료하려고 어린 나이에 라마나마를 외기 시작했다. 이는 물론 오래가지 못했으나, 어린 시절에 뿌려진 그 좋은 씨앗은 헛되지 않았다. 지금 나에게 라마나마가 확실한 치료법인 것은 그 훌륭한 여성 람바가 뿌린 씨앗 때문이라고 생각하고 있다.

바로 그 무렵, 《리마야나》[37]를 신봉한 사촌이 둘째 형과 나를 위해 '람 락샤'[38]를 배우도록 했다. 우리는 그것을 외워서 매일 아침 목욕 뒤에 되풀이했다. 우리가 포르반다르에 있었을 때는 그것을 지켰다. 그러나 라지코트에 오자마자 잊어버렸다. 그것을 크게 믿지 않은 탓이었다. 내가 그것을 외운 이유 가운데 하나는, 람 락샤를 정확하게 발음할 수 있다는 것을 자랑하기 위해서였다.

그러나 아버지 앞에서 《라마야나》를 읽은 것은 나에게 깊은 인상

---

36 Ramanama. 라마, 곧 비슈누 신의 화신인 아바타르의 이름을 반복하여 외는 것으로 간디가 암살 직후 '오 신이여'라고 외친 것도 그 뜻이었다.

37 *Ramayana*. 《마하바라타》와 함께 인도 고대의 유명한 힌두 서사시. 다르마(의무)의 사도인 라마의 삶을 중심으로 한다.

38 Ram Raksha. 람 신의 가호를 비는 것.

을 남겼다. 병석에 있던 한동안 아버지는 포르반다르에 있었다. 그곳에서 매일 저녁 그는 《라마야나》를 들었다. 낭독자는 라마의 독실한 신자인 빌레슈바의 라다 마하라지였다.

그는 한센병 환자였는데 아무 약도 쓰지 않고, 빌레슈바 사원에 있는 마하데바 신상 앞에 들렀다가 그곳에 바쳐진 빌바(Bilba) 잎사귀를 아픈 데 붙이고 《라마야나》를 계속 외워 병을 치료했다는 이야기가 있었다. 그의 믿음이 그를 완치시켰다는 것이다. 이는 사실일 수도 있고 아닐 수도 있다. 여하튼 우리는 그 이야기를 믿는다. 라다 마하라지가 《라마야나》를 읽기 시작하자 그의 한센병이 완전히 나았다는 것은 사실이다.

그는 아름다운 목소리를 가졌다. 도하스(두 줄 노래)와 초파이스(넉 줄 노래)를 부른 뒤에 설명을 했다. 그때는 자신을 잊고 듣는 사람이 그에게 취하게 만들었다. 당시 나는 열세 살이었는데, 그의 낭독에 매료됐음을 확실히 기억한다. 그래서 《라마야나》에 대한 깊은 믿음이 생겨났다. 지금 나는 툴라시다스[39]의 《라마야나》를 모든 신앙서 중에서 최고라고 생각한다.

몇 달 뒤 우리는 라지코트로 왔다. 더는 《라마야나》를 읽지 않았다. 그러나 에카다쉬[40]해 날이면 《바가바트》[41]를 읽었다. 나도 그 모임에 종종 참석했으나 낭독자에게 영감을 받지는 못했다. 지금 나는 《바가바트》를 종교적 열정을 불러일으킬 수 있는 책이라고 본다. 나는 그 책을 엄청난 흥미를 갖고 구자라트어로 읽었다.

---

39 Tulasidas. 산스크리트어로 쓰여진 《라마야나》를 힌두어로 번역한 사람.

40 Ekadashi. 음력으로 초하루와 보름부터 각각 11일째 되는 날.

41 Bhagavat. 힌두교 18개 신화의 하나.

그러나 내가 단식하는 21일 동안 판디트 마단 모한 말라비야가 그 일부를 원어로 읽는 것을 들었을 때, 어린 시절에 그처럼 신앙이 깊은 사람에게 듣고 그것을 좋아하게 됐더라면 좋았을 것이라고 생각했다. 어린 나이에 형성된 인상은 그 사람의 본성에 깊이 뿌리내리는 법이다. 따라서 그런 시절에 더욱 좋은 책들의 낭독을 듣는 행운을 갖지 못했음을 나는 매우 안타까워한다.

그러나 라지코트에서 나는 힌두교의 모든 종파와 그 자매 종교에 관용할 수 있는 기반을 일찍부터 갖게 되었다. 부모님은 하벨리만이 아니라 시바[42]와 라마의 사원도 방문했고, 어린 우리를 거기 데리고 가거나 그곳에 보내기도 했다. 또한 자이나교 승려도 아버지를 자주 찾아왔고, 심지어 자기들 규칙에 어긋나게 비(非)자이나 교도로서 우리 음식을 먹기도 했다. 그들은 아버지와 함께 종교나 세속에 대한 이야기를 나누었다.

그 밖에 아버지에게는 이슬람교도와 파르시교[43] 친구도 있었다. 그들은 아버지에게 그들의 믿음에 대해 말했고, 아버지는 언제나 그들을 존경했으며, 때로는 흥미롭게 경청했다. 나는 그를 간호하고 있었기 때문에 종종 그 이야기에 참가했다. 이 모든 것이 내가 모든 종교에 관용할 수 있게 만들어주었다.

그러나 그 당시 기독교만은 예외였다. 나는 그것을 싫어했다. 그렇게 된 데는 이유가 있었다. 당시 기독교 선교사들이 중학교 부근 모퉁이에 서서 힌두교도와 그 신들에 대해 욕설을 퍼붓곤 했다. 나

---

42 Shiva. 브라마, 비슈누와 함께 힌두교의 중요한 신.

43 Parsi. 조로아스터교의 일파로 8세기에 이슬람의 박해를 받아 인도로 피신했다.

는 견딜 수가 없었다. 나는 그곳에 서서 딱 한 번 들었지만, 그것만으로도 다시 들을 생각이 없어졌다. 그 무렵, 유명한 힌두교도가 기독교로 개종했다는 이야기를 들었다. 소문으로는 그가 세례를 받자마자 고기를 먹고 술을 마시며, 복장도 바꾸어 양복을 입고 모자까지 쓴다고 했다.

이에 나는 분노했다. 고기를 먹고 술을 마시며 고유한 복장을 바꾸게 하는 종교란, 종교라고 할 만한 가치가 없다고 생각했다. 나는 또 그 개종자가 벌써 자기 조상의 종교와 관습과 나라를 비난하기 시작했다는 소리도 들었다. 이 모든 것이 나의 기독교 혐오를 형성했다.

그러나 다른 종교에 대한 관용을 배웠다고 해서 신에 대한 생생한 믿음을 가진 것은 아니었다. 그 무렵 나는 아버지의 수집품 가운데 《마누법전》을 우연히 보았다. 그 속에 나오는 창조 등의 이야기는 나에게 깊은 인상을 주지 못했고, 도리어 나를 무신론으로 상당히 기울어지게 했다.

높은 지성을 가진 어느 사촌이 지금도 살아 있다. 나는 그에게 나의 의문을 털어놓았다. 그러나 그도 그 의문을 풀어주지 못했다. 헤어지기 전에 그는 나에게 다음과 같이 말했다. "네가 자란 후에는 그 의문을 스스로 풀 수 있을 거야. 지금 네 나이에는 그런 의문을 갖지 않는 것이 좋아." 나는 아무런 말도 하지 않았지만, 만족스러웠던 건 아니다.

《마누법전》에 나오는 음식 등의 부분은 일상의 실제에 역행하는 것으로 보였다. 그런 의문에 대해서도 나는 같은 답을 얻었다. "지식을 더 많이 갖고 책을 더 많이 읽으면 그런 것을 더욱 잘 알게 될 거야." 나는 스스로에게 말했다.

여하튼 당시 《마누법전》은 아힘사에 대해 가르쳐주지 않았다. 나는 앞에서 육식 이야기를 했다. 《마누법전》은 그것을 지지하는 것처럼 보였다. 나는 또 뱀이나 빈대 따위를 죽이는 것은 너무나도 도덕적이라고 생각했다. 당시 빈대 같은 벌레를 죽이면서 그것을 의무라고 생각했음을 기억한다.

그러나 한 가지는 나에게 깊이 뿌리내렸다. 즉 도덕이 사물의 근본이고, 진실이 모든 도덕의 본질이라는 확신이다. 진실만이 나의 유일한 목표가 되었다. 그것은 매일매일 거대하게 자라기 시작했고, 그것에 대한 내 정의도 점차 커져갔다.

구자라트의 교훈시 하나가 내 마음과 가슴을 사로잡았다. 선으로 악을 갚으라는 그 교훈이 내 지도 원리가 되었다. 그것이 정열이 되어가면서 니는 그것에 대한 여러 가지 실험을 시작했다. 다음은 (나에게) 그 놀라운 구절이다.

물 한 잔을 훌륭한 식사로 갚고
정다운 인사를 열렬한 절로 갚고
동전 한 닢을 황금으로 갚고
목숨을 건져주면 목숨을 아끼지 마라.
모든 말과 행동을 그렇게 존중하고
아무리 작은 봉사도 열 배로 갚으라.
그러나 참된 성자는 모든 사람을 하나로 알아
악을 선으로 즐겁게 갚는다.

11. 영국 유학 준비

1887년, 나는 대학입학자격시험에 합격했다. 당시 그것은 아메다바드[44]와 뭄바이에서 치렀다. 카티아와르 학생들은 대부분 가난했기 때문에 당연히 가깝고 값싼 곳을 택했다. 가난한 집안 출신인 나도 같은 선택을 했다. 이것이 라지코트에서 아메다바드로 간 첫 여행이었고, 그것도 혼자 한 여행이었다.

어른들은 내가 시험에 합격하면 대학에 가기를 원했다. 뭄바이처럼 바브나가르[45]에도 대학이 있었는데, 그곳 물가가 싸서 나는 그곳의 사말다스대학에 가기로 했다. 나는 그곳에 갔으나 모든 것이 너무 어려웠다. 모든 것이 힘들었다. 교수들의 강의에 흥미를 느끼기는커녕 따라갈 수도 없었다. 교수들의 잘못이 아니었다. 그곳 교수들은 가장 우수했다. 그러나 나는 너무 수준이 낮았다. 첫 학기를 마칠 무렵 나는 집으로 돌아왔다.[46]

우리 가족의 오랜 친구이자 조언자인 마브지 다베는 재바르고 똑똑한 브라만이었다. 아버지가 죽고 난 뒤에도 그는 우리 가족과 인연을 이어왔다. 내 방학 기간에 그가 찾아왔다. 그는 어머니와 큰 형과 이야기를 나누다가 나의 공부에 대해 물었다. 내가 사말다스대

---

44 구자라트의 주도인 아메다바드는 17세기 무갈제국 시대에는 이슬람 군인과 힌두 상인 50만 명이 거주한 대도시였으나 19세기 말에는 10만 명 정도의 도시였다. 1915년 남아프리카에서 인도로 돌아와 간디가 첫 아슈람을 연 곳이 아메다바드였다.

45 Bhavnagar. 바우나가르라고도 한다.

46 간디가 대학에 다닐 동안 장남 하릴랄이 태어났으나 간디는 언급하지 않고 있다. 아마도 그가 알코올 중독자로 이름도 바꾸고 이슬람교로 개종하여 간디에게는 골치 아픈 아들이었기 때문인지도 모른다.

학에 다닌다는 것을 듣고 그가 말했다.

"시대가 변했어요. 적절한 교육을 받지 않으면 아이들 누구도 아버지의 지위를 이을 수 없어요. 이 아이는 아직 공부를 하고 있으니 그가 지위를 잇도록 보살펴주어야 해요. 그가 4, 5년이 걸려 학사가 되어도 기껏 60루피짜리 자리나 얻을 수 있지 수상 자리는 안 돼요. 내 아들처럼 법을 공부한다면 시간이 더 걸리고, 그때는 법률가들이 쏟아져 나와 수상 자리를 노릴 것이오. 그러니 차라리 그를 영국으로 보내는 것이 낫지요. 내 아들 케발람 말로는 변호사가 되는 건 쉽다고 해요. 3년으로 충분해요. 학비도 4, 5천 루피가 넘지 않을 것이고. 영국에서 막 돌아온 변호사를 생각해보세요. 얼마나 버젓하겠는가! 수상 자리는 원하기만 하면 될 것이고. 나는 올해 모한다스를 영국에 보내길 강력하게 추천합니다. 케발람은 영국에 친구가 많아요. 그가 영국 친구들에게 소개장을 써준 터니 모한다스가 그곳에서 지내기 수월할 거예요."

조시지(우리는 나이 많은 마브지 다베를 그렇게 불렀다)는 완벽한 확신을 가지고 나를 돌아보며 물었다. "여기서 공부하지 않고 영국에 가지 않겠나?" 나에게는 그보다 더 반가운 말이 없었다. 나는 공부가 어려워 죽을 지경이었다. 그래서 그 제안에 너무나 기뻐 영국에 빨리 갈수록 더 좋다고 답했다. 시험에 빨리 합격하기란 쉬운 일이 아니었다. 나는 의사가 되기 위한 공부를 하고 싶다고 말했다.

그러자 형이 가로막았다. "아버지는 그것을 좋아하지 않으셨다. 우리 바이슈나바 교도는 시체 해부를 할 수 없다고 아버지가 말씀하셨던 건 너를 염두에 두었기 때문이야. 아버지는 네가 법조인이 되기를 바라셨어."

조시지가 맞장구를 쳤다. "나는 네 아버지처럼 의사란 직업에 반대하지는 않아. 힌두교 경전(Shastras)에서 반대하지도 않아. 그러나 의사로서는 수상이 될 수 없어. 나는 네가 수상이 되길 원하고, 가능하다면 그 이상이 되길 바라. 그래야 너의 대가족을 보호할 수 있어. 시대는 급변하고 있고 나날이 더욱 힘들어지고 있어. 따라서 변호사가 되는 것이 가장 현명한 길이야." 그는 어머니에게 말했다. "이제 저는 가겠어요. 제가 말씀드린 것을 잘 생각해보세요. 다음에 여기 오면 영국 갈 준비에 대해 듣길 바랍니다. 제가 도울 일이 있으면 무엇이든 꼭 알려주세요."

조시지는 갔고, 나는 공중누각을 쌓기 시작했다.

맏형은 걱정이 태산 같았다. 보내는 데 드는 비용도 걱정이었지만 외국에 나처럼 젊은이를 혼자 보낸다는 것도 걱정이었다.

어머니도 당황해했다. 나와의 이별을 좋아하지 않았다. 어머니는 내가 포기하게 하려고 다음과 같이 말했다. "삼촌이 가장 연장자이시니 그분과 상의해야 해. 그분이 동의하시면 생각해보기로 하자."

형의 생각은 달랐다. 그가 말했다. "우리는 포르반다르 정부에 요구할 게 있어. 렐리 씨[47]가 행정관이야. 그는 우리 집안을 존경하고 삼촌에게도 호의를 갖고 있어. 네가 영국에서 공부하는 데 약간의 국가 보조를 받도록 추천해줄 거야."

나는 그 모든 것이 좋았고, 포르반다르로 떠날 준비를 했다. 당시에는 기차가 없었다. 소달구지로 닷새 길이었다. 앞에서 나는 겁쟁이라고 했다. 그러나 그 순간에는 영국에 가야 한다는 욕망 앞에서

---

47 포르반다르의 영국인 주재관.

겁이 없어졌다. 나는 욕망에 완전히 사로잡혔다. 나는 소달구지를 빌려 도라지까지 갔다가, 다시 도라지에서 포르반다르까지는 하루 빨리 도착하려고 낙타를 탔다. 처음으로 타본 낙타였다.

그곳에 도착해 삼촌에게 인사를 하고 모든 것을 말했다. 그는 곰 곰이 생각하더니 말했다. "네가 종교를 손상시키지 않고 영국에 머물 수 있을지 의문이구나. 들은 바가 있어서 그래. 유명한 변호사들을 볼 때마다 그들의 사는 꼴이 유럽인과 다르지 않다는 생각이 들거든. 그들은 음식도 전혀 가리지 않아. 담배를 입에서 떼지도 않지. 영국인처럼 수치스럽게 옷을 입어. 그 모든 것이 우리 집안의 전통과 맞지 않아. 나는 곧 순례를 떠날 것이고, 살날도 그리 길지 않다. 죽음의 문턱에서 네가 바다 건너 영국에 가는 걸 어떻게 허락하겠니? 그러나 나는 네 길을 막지 않겠어. 결정권은 네 어머니에게 있다. 만일 어머니가 허락한다면 다행이지! 나는 간섭하지 않겠다고 어머니에게 전하렴. 너를 축복하며 보내주겠다."

내가 말했다. "삼촌께는 더는 말씀드리지 않겠습니다. 어머니의 허락을 얻도록 노력하겠습니다. 그렇지만 렐리 씨에게 추천해주시지 않겠습니까?"

그가 말했다. "내가 그걸 어떻게 하겠느냐? 그러나 그는 좋은 사람이야. 나와의 관계를 말하고 약속을 받으렴. 그렇게 해주고 도움도 줄 거야."

삼촌이 왜 추천장을 써주지 않았는지 나는 모른다. 나는 막연하게, 그가 비종교적이라고 생각한 나의 영국행을 직접 도와주기 싫어서였으리라고 짐작한다.

나는 렐리 씨에게 편지를 보냈다. 그가 관사로 오라고 했다. 그는 계단을 올라가면서 나를 보고 느닷없이 말했다. "먼저 학사 학위를 받고 나를 찾아오너라. 지금은 도와줄 수 없다." 그리고 위층으로 바쁘게 올라갔다. 나는 그를 만나려고 철저히 준비했다. 문장도 몇 개 외웠고, 낮게 구부려 두 손 모아 인사를 했다. 그러나 모든 것이 허사였다.

나는 아내의 패물을 생각했다. 내가 가장 신뢰하는 맏형 생각도 했다. 그는 나의 잘못에도 관대했고, 나를 아들처럼 사랑했다.

나는 포르반다르에서 라지코트로 돌아와 모든 일을 보고했다. 조시지는 필요하다면 빚이라도 내라고 했다. 나는 2, 3천 루피를 받을 수 있는 아내의 패물을 처분하면 어떠냐고 물었다. 형은 어떻게든 돈을 마련하겠다고 약속했다.

그러나 어머니는 여전히 반대했다. 그녀는 여러 가지 상세한 의문을 갖기 시작했다. 누군가 어머니에게 인도 청년이 영국에 가면 몸을 망친다고 했다. 그들이 고기를 먹었다고 말하는 사람도 있었다. 또 다른 사람은 영국에서는 술 없이는 못 산다고도 했다. "이런데 어떻게 하겠니?" 어머니가 물었다. 나는 답했다. "저를 못 믿으십니까? 거짓말을 하지 않겠습니다. 그런 것에는 손도 대지 않겠다고 맹세합니다. 그런 위험이 조금이라도 있다면 조시지가 저를 가게 하겠습니까?"

"나는 너를 믿는다." 어머니가 말했다. "그러나 너를 멀리 떨어진 나라에 두고 어떻게 믿겠느냐? 나는 어지러워 어떻게 해야 할지 모르겠구나. 베차르지 선생에게 물어봐야겠다."

베차르지 선생은 본래 모드 상인 종족(Modh Bania)에 속했으나, 지금은 자이나교 승려인 사람이었다. 그도 조시지처럼 우리 가족의 상담자였다. 그는 나를 도와주려고 집으로 와서 말했다. "제가 이 아이에게 세 가지를 지키도록 엄숙하게 맹세시키면 그가 떠나도록 허락할 수 있습니다." 그가 베푼 서약식에서 나는 술과 여자, 고기를 멀리하겠다고 맹세했다. 그리고 어머니는 허락했다.

중학교에서는 명예롭게도 송별연을 베풀어주었다.[48] 라지코트의 젊은이가 영국에 간다는 것은 보통 일이 아니었다. 나는 감사의 말을 몇 자 썼다. 그것을 더듬더듬 읽었다. 내가 그것을 읽으려고 일어서자 머리가 얼마나 어지럽고 온몸이 얼마나 떨렸는지 지금도 기억한다.

어른들의 축복을 받으며 나는 뭄바이로 출발했다. 라지코트에서 뭄바이로 떠난 최초의 여행이었다. 형이 동행했다. 만사가 순조로운 듯 보였으나 호사다마라고 하듯이 뭄바이에서 나는 어려운 일을 많이 겪어야 했다.

12. 종족에서 추방됨

어머니의 허락과 축복을 받으며, 아내와 갓 태어난 아기를 남겨두고 나는 신이 나서 뭄바이로 떠났다.[49] 그러나 그곳에 도착하자 친구들이 형에게 6, 7월의 인도양은 거칠고, 나의 첫 여행이기 때문에 11월 이후에 보내는 것이 좋겠다고 말했다. 또 누군가가 증기선

---

[48] 1888년 7월 4일.

[49] 1888년 8월 10일.

하나가 최근 풍랑으로 침몰했음을 알렸다. 그 말을 들은 형은 불안해져 즉시 떠나게 하는 것은 위험한 일이라며 떠나지 못하게 했다. 형은 나를 친구 한 사람과 함께 뭄바이에 남겨두고 자기 일을 하러 라지코트로 돌아갔다. 그는 내 여비를 매부에게 맡겨두고 친구들에게 내가 필요로 하는 것이면 무엇이든 도와주라는 말을 남겼다.

뭄바이에서는 너무나 지루했다. 나는 영국에 가는 꿈만 꾸었다. 그러는 가운데 우리 종족[50] 사이에 나의 외국행을 둘러싸고 말썽이 생겼다. 그때까지 모드 상인 종족 가운데는 영국에 간 사람이 없었고, 내가 정말 가게 되면 나는 종족에 불려가 해명을 해야 했다! 종족 총회가 열려 나더러 거기에 출석하라는 명령을 내렸다. 나는 갔다. 어떻게 그럴 용기가 생겼는지 지금도 알 수 없다. 전혀 기죽지 않고, 조금도 망설이지 않고, 나는 그 총회에 참석했다. 종족 대표인 호상(豪商)[51]은 먼 친척으로서 아버지와 막역했기에 나를 달랬다.

"우리 종족의 의견으로는 네가 영국에 가려는 것이 온당하지 않다. 우리 종교는 외국 여행을 금하고 있다. 또 영국에서는 우리 종교를 어기지 않고 살 수 없다고들 하는구나. 유럽인과 같이 먹고 마셔야 한다니!"

나는 답했다. "저는 영국에 가는 것이 우리 종교에 전적으로 반한다고 생각하지 않습니다. 저는 공부를 더 하기 위해 그곳에 가려고 합니다. 게다가 저는 여러분이 가장 우려하는 세 가지를 하지 않겠다고 이미 어머니에게 엄숙하게 약속했습니다. 저는 그 맹세가 저

---

50 원어인 Caste-people을 '계급 사람들'이라고 할 수도 있으나 여기서는 계급의 의미를 담는 '종족'으로 번역했다.

51 Seth. 대상인이라는 뜻으로 상인을 부르는 경칭이다.

를 안전하게 지켜주리라고 확신합니다."

대표가 말했다. "그러나 우리가 너에게 말하고자 하는 것은 그곳에서는 우리의 종교를 지킬 수 **없다**는 것이다. 너는 내가 네 아버지와 어떤 관계인지를 알고 있으니, 내 충고를 반드시 들어야 해."

내가 말했다. "저는 두 분의 관계를 압니다. 그리고 대표는 저의 어른이십니다. 그러나 이 문제는 어쩔 수 없습니다. 저는 영국에 간다는 결심을 변경할 수 없습니다. 아버지의 친구이자 충고자인 현명한 브라만도 저의 영국행을 반대하지 않았고, 제 어머니와 형도 허락했습니다."

"그러나 너는 종족의 명령을 무시하려고 하느냐?"

"저로선 정말 어쩔 수 없습니다. 저는 종족이 이 일에 간섭할 수 없다고 생각합니다."

이 말에 대표는 회가 났다. 그는 나에게 욕을 했다. 나는 움직이지도 않고 앉아 있었다. 그러자 대표는 명령을 내렸다. "오늘부터 이 아이를 종족에서 추방한다. 누구든 이 아이를 도와주거나, 부두에 송별하러 나가는 자는 1루피 4안나의 벌금형에 처한다."

그 명령은 나에게 아무 효력이 없었다. 나는 대표와 헤어졌다. 그러나 형이 어떻게 생각할지가 걱정이었다. 다행히도 그는 끄떡도 하지 않았고, 대표가 뭐라고 하든 내가 가도록 허락한 바에는 변함이 없다는 편지를 보내주었다.

그러나 그 사건 때문에 배를 탈 일이 더욱 걱정되었다. 그들이 형에게 성공적으로 압력을 가하면 어떻게 될까? 예상도 못한 일이 생기지는 않을까? 그렇게 내가 곤경에 빠져 고심하고 있을 때 주나가드의 어느 변호사가 법정변호사 자격을 얻기 위해 영국으로 가려고

9월 4일에 배를 탄다는 소식을 들었다. 나는 형이 나를 돌보라고 부탁한 친구들을 만났다. 그들도 그와 함께 가는 기회를 놓치지 말아야 한다는 데 동의했다. 시간은 급박했다. 형에게 허락해달라는 전보를 쳤더니 허락해주었다.

이어 매형에게 돈을 달라고 했다. 그러나 그는 종족 대표의 명령을 들먹이며 자신은 종족을 무시할 수 없다고 말했다. 그래서 집안 친구를 찾아가 뱃삯과 잡비 정도를 융통해주고 그 빚은 형에게 받으라고 부탁했다. 친구는 나의 요구를 선선히 받아주었을 뿐 아니라, 나를 격려해주기까지 했다. 너무 고마웠다. 그 돈의 일부로 즉시 배표를 샀다. 이어 여행 준비를 해야 했다.

그런 일에 경험이 있는 다른 친구가 있었다. 그가 옷가지 등을 준비해주었다. 그중 어떤 것은 좋았으나 완전히 싫은 것도 있었다. 넥타이는, 나중에는 매는 걸 좋아하게 되었지만 당시에는 싫어했다. 짧은 재킷은 점잖지 못하게 보였다. 그러나 그런 혐오스러움도 영국에 가고 싶다는 최고의 욕망 앞에서는 아무것도 아니었다. 양식은 여행에 충분하고도 남을 정도였다.

친구들이 나의 침대를 주나가드 변호사인 트람바크라이 마즈무다르 씨와 같은 객실에 마련해주었다. 그들은 또 그에게 나를 돌봐달라고 부탁했다. 그는 나이가 찬 경험 많은 사람이었고, 세상을 알고 있었다. 나는 세상 경험이 전혀 없는 열여덟 살 풋내기였다. 마즈무다르 씨는 친구들에게 걱정하지 말라고 했다.

드디어 9월 4일, 나는 뭄바이를 떠났다.

13. 마침내 런던에

나는 뱃멀미를 전혀 하지 않았다. 그러나 날이 지남에 따라 불안해졌다. 선원에게 말을 거는 것조차 부끄러워했다. 나는 영어 회화에 전혀 익숙하지 못했는데, 마즈무다르 씨를 빼면 2등 선실 승객은 모두 영국인이었다. 나는 그들에게 말할 수 없었다. 그들이 나에게 말을 할 때 하나도 알아들을 수 없었고, 설령 알아들어도 대답할 수 없었다. 입으로 말하기 전에 마음속에서 모든 문장을 만들어야 했다.

나는 나이프와 포크 사용법도 몰랐고, 메뉴 가운데 고기가 들어있지 않을 게 뭐냐고 물어볼 용기조차 없었다. 그래서 식탁에서 식사를 하지 못하고, 언제나 객실에서 식사를 했다. 게다가 식사도 주로 내가 가지고 온 단것과 과일로 했다.

마즈무다르 씨는 아무런 어려움 없이 누구와도 잘 어울렸다. 그는 갑판 위를 마음대로 다녔으나, 나는 온종일 객실에 숨어 지내다가 사람들이 거의 없을 때만 갑판 위에 겨우 나갔다. 마즈무다르 씨는 나에게 승객들과 어울리고 그들과 편하게 이야기하라고 계속 말했다. 또 변호사는 말을 잘해야 한다면서 자신의 법조 경험을 들려주었다. 그는 나에게 영어로 말할 모든 기회를 놓쳐서는 안 되고, 실수란 외국인에게 당연한 것이니 걱정할 필요가 없다고 충고했다. 그러나 나는 그 어떤 것으로도 부끄러움을 이길 수 없었다.

어느 영국인이 매우 친절하게 이야기를 하자고 했다. 나보다 나이가 많았는데, 내가 무엇을 먹고 무슨 일을 했으며 어디로 가는지 그리고 왜 그렇게 부끄러워하는지 등을 물었다. 또 식탁으로 오라고 권했다. 배가 홍해 부근에 다다르자 그는 내가 고기를 절대로 먹지 않으려는 것을 비웃으며 친절하게 말했다. "여기까지는 모든 게 좋습니다만 비스케이 만[52]에 가면 결심을 바꾸어야 합니다. 영국은 매우 춥기 때문에 고기 없이는 그곳에서 살 수 없습니다."

"그러나 그곳에서도 고기 없이 살 수 있다고 하던데요." 내가 말했다.

"틀림없이 헛소리입니다." 그가 말했다. "내가 아는 한 그곳에서 고기를 먹지 않고 사는 사람은 없습니다. 내가 술을 마시면서도 당신에게 술을 권하지는 않지요? 그러나 당신이 고기는 반드시 먹어야 한다고 생각합니다. 왜냐하면 그것 없이는 살 수 없기 때문입니다."

"친절한 충고 고맙습니다만, 나는 어머니에게 고기를 먹지 않겠다고 엄숙하게 선언했고 따라서 먹을 생각이 전혀 없습니다. 고기 없이 살 수 없음을 알게 되면 거기서 살기 위해 고기를 먹기보다는 인도로 돌아가겠습니다."

배가 비스케이 만으로 들어갔으나, 나는 고기나 술의 필요성을 느끼지 못했다. 나는 고기를 먹지 않았다는 증명서를 모으라는 충고를 받았기 때문에 그 영국 친구에게 한 장 써달라고 요청했다. 그는 쾌히 써주었고, 한동안 나는 그것을 보관했다. 그러나 그 뒤 고기를 먹어도 그런 증명서를 얼마든지 구할 수 있는 것을 보고 흥미를 잃었다. 내 말을 믿을 수 없다면 증명서를 가진들 무슨 소용인가?

내 기억에 우리가 사우샘프턴[53]에 도착한 것은 토요일이었다. 나는 배에서는 검은 옷을 입었지만, 배에서 내릴 때 입으려고 친구들이

---

52 프랑스 서해안의 만.

53 영국 남쪽 해안의 항구.

마련해준 흰 플란넬 양복을 특별히 간직했다. 육지에 내릴 때 흰옷이 더 잘 어울릴 거라고 생각했기에 흰 플란넬 양복을 입은 것이다. 그 때는 9월의 마지막[54]이었고 그런 옷을 입은 사람은 나뿐이었다. 다른 사람들이 그린들리 회사 사람에게 짐을 맡기는 것을 보고 나도 그래 야겠다고 생각해 짐을 맡겼는데 열쇠도 그 안에 포함되었다.

내게는 소개장이 넉 장 있었다. 메타 의사, 달파트람 슈클라 씨,[55] 란지트신 왕자, 다다바이 나오로지[56]에게 소개하는 것들이었다. 배에서 누군가가 런던에 가면 빅토리아 호텔에 드는 것이 좋다고 충고했다. 그래서 마즈무다르 씨와 나는 그리로 갔다. 흰옷을 입은 사람이 나뿐이라는 부끄러움을 더는 견딜 수 없게 되었다. 그런데 다음날은 일요일이어서 짐을 찾을 수 없다는 말을 호텔에서 들어 화가 났다.

시·우·샘프턴에서 메타 의사에게 전보를 쳤더니 같은 날 8시에 찾아왔다. 그는 진심으로 나를 환영했다. 플란넬 양복을 입은 것을 보더니 웃었다. 그와 이야기를 하면서 그의 털모자를 들고 얼마나 부드러운지 보려 하다가 손을 잘못 놀려 털을 망쳐버렸다. 메타 의사는 내가 하는 짓을 보고 약간 화를 내며 말렸다. 그러나 실수는 이미 저지르고 말았다. 그 일은 미래에 대한 경고가 되었다. 이것이 유럽의 예의에 대한 나의 첫 수업이었다. 그것에 대해 메타 의사는 재밌게 상세히 말해주었다.

---

54 9월 29일.

55 메타와 슈클라는 구자라트 사람들이었다.

56 인도국민회의 의장을 세 번 지낸 인도 독립운동의 원로로, 1892년 런던에서 세 표 차이로 하원의원에 당선되기도 했다. 간디는 인도를 떠나기 직전 그를 만났다.

"남의 물건을 건드리지 말 것. 인도에서 보통 하듯이 처음 보는 사람에게 질문하지 말 것. 크게 떠들지 말 것. 인도에서 하듯이 사람들에게 말할 때 '님'이라는 호칭을 쓰지 말 것. 그건 하인이나 종이 주인에게 하는 말이야" 등등이었다. 또한 그는 호텔에서 지내는 건 매우 비싸므로 가정집에서 살기를 권했다. 우리는 월요일까지 그 문제를 미루기로 했다.

마즈무다르 씨와 나는 호텔이 골치 아픈 곳임을 알게 되었다. 게다가 너무 비쌌다. 그러나 몰타에서 배를 함께 타서 마즈무다르 씨와 친구가 된 어느 신드(Sindhi) 사람이 자신은 런던이 처음이 아니므로 우리에게 방을 찾아주겠다고 했다. 우리는 그렇게 하기로 하고 월요일 짐을 찾자마자 호텔에 돈을 치른 후 그가 빌려준 방으로 갔다. 나는 호텔비가 충격적인 3파운드였던 것을 기억한다. 그처럼 거액을 내고서도 나는 사실 굶주렸다! 아무것도 입에 맞지 않았기 때문이다. 하나가 맞지 않아 다른 것을 주문하면 두 가지 값을 물어야 했다. 그동안 내가 먹은 것은 뭄바이에서 가져온 양식이었다.

새로 들어간 방에서도 불편했다. 집과 조국 생각이 끝없이 났다. 어머니의 사랑을 잊을 수 없었다. 밤이면 눈물이 두 뺨 위로 흘러내리고 고향에 대한 갖가지 추억으로 잠을 이룰 수가 없었다. 누구와도 나의 비참함을 나눌 수 없었다. 설령 그렇게 했다 한들 무슨 소용이 있겠는가? 나를 위로해줄 것은 아무것도 없었다.

모든 것이 낯설었다. 사람들, 생활 방식, 심지어 그들의 집도 낯설었다. 영국의 예의에 대해서는 완전히 무지했으니 끊임없이 주의해야 했다. 채식의 맹세 때문에 더욱 불편했다. 심지어 내가 먹을 수 있는 요리조차 무미건조했다. 그래서 나는 진퇴양난에 빠졌다. 영국을 견딜 수 없었지만, 인도로 돌아간다는 것은 생각조차 할 수 없었다. 이제 나는 왔으니 3년은 마쳐야 한다고 내 마음의 목소리가 말했다.

14. 나의 선택

월요일, 메타 의사가 나를 만나러 호텔에 왔다. 그는 우리가 떠난 것을 알고 우리의 새 주소를 알아내 우리 방으로 찾아왔다. 나는 배에서 너무나 바보스럽게도 피부병에 걸렸다. 세탁과 목욕시에 비누가 풀리지 않는 바닷물을 사용해야 했다. 그러나 나는 비누를 사용하는 것이 문명의 상징인 줄 알고 비누를 사용했고, 그 결과 피부가 깨끗해지지 않고 끈적끈적해졌다. 그래서 피부병에 걸렸다. 메타 의사에게 보였더니 초산을 바르라고 했다. 초산을 바르고 얼마나 울었는지 지금도 기억한다.

메타 의사는 방과 시설을 둘러보고 고개를 내저었다. "이곳은 좋지 않아. 우리가 영국에 온 목적은 공부 못지않게 영국의 생활과 풍습을 경험하기 위해서야. 그렇게 하려면 영국인 가족과 살아볼 필요가 있어. 그러나 그렇게 하기 전에 연습 기간을 갖는 게 좋아. 그곳에 데려다주지."

나는 그 제안을 반갑게 받아들이고 친구[57]의 방으로 이사했다. 그는 너무나도 친절했다. 나를 동생처럼 대해주고 영국의 습관과 예의를 가르쳐주었으며 영어로 말하는 것을 익히게 해주었다. 그러나

---

[57] 법대생인 달파트람 슈클라.

음식은 심각한 문제였다. 나는 소금이나 양념 없이 요리한 삶은 채소를 먹을 수 없었다. 그 집 주부는 나를 위해 무엇을 준비해야 할지 몰랐다. 아침에는 오트밀 죽을 꽤나 배부르게 먹었으나, 점심과 저녁은 언제나 배가 고팠다. 친구는 나에게 계속 고기를 먹으라고 했지만, 나는 언제나 나의 맹세를 지키며 침묵했다. 점심과 저녁으로 우리는 시금치, 빵, 잼을 먹었다. 나는 잘 먹었고 위도 컸지만 빵을 두세 조각 이상 달라고 하는 것을 옳지 않다고 생각해 부끄러워했다. 게다가 점심과 저녁에는 우유가 없었다.

이런 상태를 보다 못해 친구가 말했다. "네가 만일 내 동생이라면 나는 너를 쫓아내겠어. 무식하고 이곳 형편을 전혀 모르는 어머니에게 한 맹세가 무슨 가치가 있지? 그건 맹세도 아니야. 법으로는 맹세로 취급되지도 않아. 그런 약속에 매인다는 건 정말 미신이야. 그런 고집은 여기서 아무 도움도 되지 않아. 너는 고기를 맛있게 먹었다고 고백했어. 너는 전혀 필요 없는 곳에서는 고기를 먹고, 정말 필요한 곳에서는 먹지 않고 있어. 정말 답답해!"

그러나 나는 철석같았다. 친구는 매일 그런 주장을 했으나 나는 영원한 부정으로 그에게 맞섰다. 그가 주장하면 할수록 나는 더욱더 타협하지 않았다. 매일같이 나는 신에게 보호해달라고 빌었고 그것을 얻었다. 신에 대한 어떤 생각이 있었던 것은 아니다. 단지 믿음 때문에 가능했다. 착한 유모 람바가 씨를 뿌린 그 믿음이었다.

어느 날, 친구가 벤담[58]의 《공리주의론》을 읽어주기 시작했다. 나는 당황했다. 말이 너무 어려워 도저히 이해할 수 없었다. 그는 그것

---

[58] Jeremy Bentham(1748~1832). 공리주의를 주장한 영국의 철학자.

을 설명하기 시작했다. 나는 말했다. "용서하게나. 이처럼 어려운 것은 능력 밖이야. 고기 먹을 필요가 있음을 인정해. 그러나 맹세를 깰수는 없어. 그것에 대해 나는 토론할 수 없어. 토론으로 너를 이길수 없음은 분명해. 그러니 나를 바보나 고집쟁이로 알고 포기해줘. 나에 대한 네 사랑에 감사하고, 내가 잘되길 바라는 것도 알아. 네가 나에게 거듭 말하는 것도 네가 나를 생각해서인 줄 잘 알아. 그러나 나는 어떻게 할 수 없어. 맹세는 맹세야. 그걸 깨뜨릴 수 없어."

친구는 놀라서 나를 바라보았다. 그는 책을 덮고 말했다. "좋아. 더는 말하지 않을게." 나는 기뻤다. 그는 그런 이야기를 다시 하지 않았다. 그러나 나에 대한 걱정을 그친 것은 아니었다. 그는 담배도 피고 술도 마셨지만 나에게 그렇게 하기를 요구하지 않았다. 사실은 두 가지를 하지 말라고 했다. 그의 유일한 걱정은 내가 고기를 먹지 않으면 몸이 너무 약해지고, 그 결과 영국에서 편안히 있지 못하게 되는 것이었다.

그것이 한 달 동안 내가 신참으로 견습한 이야기다. 친구 집은 리치몬드에 있어서 런던에는 일주일에 한두 번 이상 가기 어려웠다. 그래서 메타 의사와 달파트람 슈클라 씨는 나를 가정집에 두기로 결정했다. 슈클라 씨는 웨스트 켄싱턴에 있는 영국 – 인도 혼혈인 가정이 적당하다고 생각해 나를 그곳에 살게 했다.

집주인은 과부였다. 나는 그녀에게 내 맹세에 대해 말했다. 노부인이 나를 잘 돌봐주겠다고 약속해 그 집으로 결정했다. 그러나 나는 사실 여기서도 굶어야 했다. 나는 집에다가 단것과 먹을 것을 보내달라고 편지를 썼으나 아무것도 오지 않았다. 모든 것이 맛이 없었다. 노부인은 매일 음식이 어떠냐고 물었지만 그녀가 어떻게 할 수 있겠는가? 나는 여전히 부끄러워 내 앞에 놓인 것 이상을 달라고 하지 못했다. 그 집에는 두 딸이 있었다. 그들이 내게 빵 한두 조각을 더 먹으라고 권했다. 그러나 그들은 한 덩어리가 있어야 내 배가 찬다는 것을 몰랐다.

그러나 나는 내 길을 찾았다. 아직 정규 공부를 시작하기 전이었다. 나는 슈클라 씨 덕분에 신문 읽기를 시작했다. 인도에서는 신문을 읽은 적이 없었다. 그러나 여기서는 규칙적인 신문 읽기를 좋아하게 되었다. 나는 언제나 《데일리 뉴스》, 《데일리 텔레그래프》, 《팔말 가제트》를 훑어보았다. 거의 한 시간이나 걸렸다.

그리고 돌아다니기 시작했다. 채식주의자 식당을 찾아다녔다. 시내에 그런 곳이 있다고 노부인이 알려주었다. 나는 매일 10~12마일씩 걸어 값싼 식당에 가서 빵으로 배를 채웠지만 만족하지는 못했다. 그런 방랑 끝에 우연히 페링던 가(Farringdon Street)에서 채식 식당을 발견했다. 그곳을 보는 순간, 내 마음은 마치 어린아이가 너무나도 원하던 것을 얻었을 때 느끼는 것과 같은 기쁨으로 가득 찼다.

식당에 들어가기 전에 출입구 옆 창문 아래 팔려고 진열한 책을 보았다. 그중에서 솔트(Henry Salt)의 《채식주의자를 위한 변명》을 보았다. 1실링에 그 책을 사서 식당으로 바로 갔다. 그날 영국에 와서 처음으로 실컷 먹었다. 신이 나를 도운 것이다.

나는 솔트의 책을 처음부터 끝까지 읽고 엄청난 감동을 받았다. 그 책을 읽은 날부터 나는 스스로 선택하여 채식주의자가 되었다고 할 수 있다. 나는 어머니 앞에서 맹세한 날을 축복했다. 나는 그때까지 진실과 맹세를 지키려고 고기를 먹지 않으면서도 동시에 모든 인도인이 고기를 먹기를 희망했다. 그리고 내가 언젠가 자유롭게 공개적으로 고기를 먹고 다른 사람들도 그러기를 기대했다. 그러나 이제 나는 채식주의자가 되었다. 그리고 그것을 널리 퍼뜨리는 것이 내 사명이 되었다.

15. 영국 신사 흉내

채식주의에 대한 믿음은 나날이 자라났다. 솔트의 책을 읽고 음식에 대한 연구를 하게 되었다. 채식주의에 대해 구할 수 있는 모든 책을 읽었다. 그중 하나인 하워드 윌리엄의《식사의 윤리》는 '고대에서 현대까지 인간의 식사에 대한 문헌의 전기식(傳記式) 역사'였다. 그 책에 따르면 피타고라스나 예수에서부터 현대에 이르기까지 모든 철학자와 예언자가 채식주의자였다.

의사 안나 킹스퍼드의《완전한 식사법》도 매력적이었다. 건강과 위생에 대한 의사 엘린슨의 책도 매우 유용했다. 그는 환자의 음식 조절에 근거한 치료법을 주장했다. 스스로가 채식주의자로서 환자들에게 엄격한 채식을 처방했다. 이 모든 문헌을 읽은 결과, 채식 추구는 내 일생에 가장 중요한 일이 되었다. 처음에는 건강이 최고 관심사였으나 그 뒤에는 종교가 최고의 동기가 되었다.

그러는 동안 나에 대한 친구의 걱정은 그치지 않았다. 나에 대한 사랑으로 인해 그는, 내가 육식을 계속 반대하면 몸이 허약해질 뿐만 아니라, 영국 사회에 적응하지 못해 바보가 된다고 생각했다. 내가 채식주의 책에 흥미를 갖기 시작했음을 알게 되자 그는 내 머리가 둔해지지 않을지, 그런 것을 추구하며 시간을 허비해 공부를 잊고 괴짜가 되지 않을지 걱정했다.

그래서 그는 나를 바꾸려는 최후의 노력을 했다. 어느 날, 그는 나를 극장에 초대했다. 연극을 보기 전에 우리는 홀본 식당에서 식사를 했다. 그곳은 빅토리아 호텔 이후 처음 보는 대궐 같은 식당이었다. 빅토리아 호텔에 묵었던 건 도움이 되지 못했다. 그때 나는 정신을 차리지 못하고 지냈기 때문이다. 친구가 나를 홀본 식당에 데리고 온 것은 분명히, 체면 때문에 아무 문제도 일으키지 않으리라 생각한 탓이었다.

많은 사람이 식사를 하는 식당 중앙에서 우리는 탁자를 사이에 두고 앉았다. 먼저 수프가 나왔다. 원료가 뭔지 궁금했으나 친구에게 물어볼 수 없었다. 그래서 웨이터를 불렀다. 친구는 나를 보고서는 식탁 너머로 무슨 일이냐고 엄중하게 물었다. 상당히 주저하면서 나는 그 수프가 채식용인지 물어보고 싶다고 답했다. "너는 점잖은 곳에서 너무 버릇 없이 구는구나." 그는 화가 나 소리쳤다. "제대로 처신하지 못하겠거든 차라리 나가. 다른 식당에 가서 먹고 나를 기다려." 그 말에 나는 기뻤다.

나는 밖으로 나갔다. 그 부근에 채식주의자 식당이 있었으나 문이 닫혀 있었다. 그래서 그날 밤은 굶었다. 나는 친구와 함께 극장에 갔지만, 그는 아까 일에 대해 한마디도 하지 않았다. 물론 나도 할 말이 없었다.

그것이 마지막 우정 어린 다툼이었다. 그러나 그 일은 우리 사이에 아무런 영향도 주지 못했다. 나는 친구의 노력을 불러일으킨 사랑을 알았기에 감사했으며, 우리의 생각과 행동이 달랐기에 그에 대한 나의 존경심은 더욱 커졌다.

그러나 나는 그를 편하게 해주어야겠다고 결심했다. 더는 예의 없는 짓을 하지 않고, 세련되게 굴도록 노력하고, 사회에 맞게 예의 있는 행동을 해서 채식주의로 인한 문제점을 보완한다는 확신을 그에게 주어야 했다. 그러기 위해 나로서는 너무나 벅찬 과제인 영국 신사가 되기로 했다.

뭄바이에서 맞춰 입고 온 옷은 영국 사회에 맞지 않다고 생각해, 육해군 상점에서 새 옷을 샀다. 또 실크해트를 19실링에 샀는데, 당시로서는 엄청 비싼 것이었다. 그 정도에 만족하지 않고 런던 패션계의 중심인 본드 가에서 10파운드에 야회복을 맞추었다. 게다가 착하고 고결한 형에게 겹으로 된 금 시곗줄을 보내달라고 했다. 묶여 있는 기성품 넥타이를 매는 것이 격식에 맞지 않아 나는 스스로 넥타이 매는 법을 배웠다.

인도에서 거울이란 가족 이발사가 면도를 할 때나 보여주는 사치품이었다. 그러나 여기서 나는 매일 아침 거대한 거울 앞에서 넥타이를 바로 매고 머리칼을 유행에 따라 가르마 타기 위해 10분씩 허비했다. 내 머리칼은 부드럽지 않아 그것을 제자리에 붙여두려면 매일 빗과 씨름을 해야 했다. 번번이 모자를 썼다 벗었다 해야 했고, 머리칼을 바로잡기 위해 자동적으로 머리에 손이 갔다. 예절 바른 모임에 갈 때마다 같은 목적으로 항상 그런 개화된 손동작을 했음은 두말할 필요도 없다.

그럼에도 그 모든 것에 충분하지 못한 듯해 영국 신사가 되는 데 필요한 다른 것을 찾아보았다. 댄스와 프랑스어, 웅변 수업을 들어야 한다는 이야기를 들었다. 프랑스어는 이웃 프랑스의 언어였을 뿐 아니라, 내가 여행하고 싶어 한 대륙의 공통어였다. 나는 댄스반에 들어가고자 수업료 3파운드를 지불했다. 3주에 여섯 번 정도 수업을 들어야 했다. 그러나 리듬에 맞춘 율동이 나로서는 불가능했다. 나는 피아노를 따라갈 수 없어서 박자를 맞추지 못했다. 그럼 어떻게 해야 하는가?

우화에 나오는 은둔자는 쥐를 쫓으려고 고양이를 길렀고, 고양이에게 우유를 먹이려고 암소를 길렀으며, 소를 먹이려고 사람을 두었다. 나의 야심도 은둔자 가족처럼 늘어났다. 나는 서양음악을 듣는 귀를 훈련하기 위해 바이올린 켜는 법을 배워야겠다고 생각했다. 그래서 3파운드를 주고 바이올린을 사고 그보다 더 많은 수업료를 냈다. 이어서 웅변을 가르쳐줄 제3의 선생을 찾아가서 수업료 1기니를 선불했다. 선생이 교과서로 추천한 벨의 《표준 웅변술》을 샀다. 그리고 피트의 웅변부터 배우기 시작했다.

그러나 벨 씨는 나에게 경종을 울렸고, 나는 깨어났다.

나는 스스로에게 내가 영국에서 평생 살 것이 아니라고 말했다. 그렇다면 웅변을 배워 무슨 소용이 있는가? 댄스가 어떻게 나를 신사로 만들겠는가? 바이올린은 인도에서도 배울 수 있다. 나는 학생이니 공부를 열심히 해야 했다. 나는 법학원에 들어갈 자격을 얻어야 한다. 인격으로 신사가 되면 더 좋지 않은가? 그러지 말고 욕심을 버려야 한다.

그런 생각으로 가득 차 웅변 선생에게 편지를 보내 남은 수업에 대한 양해를 구했다. 겨우 두세 번 수업을 했을 뿐이었다. 나는 댄스 선생에게도 같은 편지를 썼고, 바이올린 선생에게는 직접 찾아가서 바이올린을 받을 수 있는 값만 받고 처분해달라고 요청했다. 그녀는 도리어 친절하게 대해주었고, 나는 내가 잘못된 생각에서 깨어난 경위를 말했다. 그녀는 나에게 철저히 바뀌어야 한다고 격려했다.

이 열광은 약 석 달이나 이어졌다. 옷에 대한 사치는 몇 년간 더 이어졌다. 그러나 그때부터 나는 학생이 되었다.

16. 변화

댄스 등을 추구했다고 해서 그 시기가 내 인생의 방종기였다고 생각해서는 안 된다. 이제 독자 여러분은 그 당시에도 내가 정신을 차렸음을 알게 될 것이다. 그 열광의 시기에도 어느 정도의 자기반성으로 인해 구원받는 일이 없지 않았다. 나는 내가 쓴 모든 것을 기록했고, 비용을 철저히 계산했다. 버스값, 우표값, 신문값 한두 푼까지 든 모든 비용을 잠들기 전 매일 밤 정리했다.

그 후 지금까지 그 습관은 이어졌고, 그 결과 몇십만 루피의 공금을 만질 때에도 엄격하게 절약해 지출할 수 있었다. 내가 이끈 모든 운동에서 언제나 큰 빚을 지지 않고 항상 돈을 남길 수 있었다. 젊은 이들이 나를 모범 삼아 주머니에 들어오고 나가는 모든 것을 정확하게 계산한다면 결국에는 틀림없이 돈을 남기게 될 것이다.

내 생활 방식을 엄격하게 관찰했기 때문에 나는 절약할 필요성을 깨달을 수 있었다. 그래서 소비를 반으로 줄이겠다고 결심했다. 장부를 보니 차비로 돈이 많이 들었다. 게다가 다른 가족과 살다 보니 매주 정기적인 지출이 있었다. 또한 그 가족에게 식사를 대접하려 자주 외출하고 그들과 함께 파티에 가는 비용도 포함되었다. 이 모든 것에 엄청난 차비가 들었고, 특히 여성을 대접하는 경우 남성이 모든 비용을 부담하는 게 관습이었다. 또한 외식할 경우 하숙비에서 먹지 않은 식사를 뺄 수 없기 때문에 비용이 이중으로 들었다. 이 모든 항목이 절약할 수 있는 것으로 보였다. 돈을 헤프게 쓰는 것은 체면치레라는 잘못된 생각에서 비롯되기 때문이다.

나는 다른 가족과 함께 살지 않고 나 혼자 쓸 방을 얻어서 내 일에 따라 옮겨다니고, 동시에 경험도 얻기로 결심했다. 그래서 일터에서 걸어서 반 시간 걸리는 곳에 방을 얻어 차비를 절약했다. 그전에는 어디로 갈 때 항상 차를 탔고, 산책을 하려면 따로 시간을 내야 했다. 새로운 조치에 의해 산책과 절약이 동시에 가능해졌다. 즉 차비를 절약하고 하루 8 내지 10마일을 걷게 되었다. 영국에 있는 동안 전혀 병에 걸리지 않고 상당히 건강한 몸을 유지한 것은 주로 이 장거리 산책 탓이었다. 그래서 나는 방 두 개를 빌렸다. 하나는 살림방, 또 하나는 침실로 썼다. 이것이 둘째 단계였다. 셋째 단계는 아직 시간이 걸렸다.

이러한 변화에 의해 나는 비용을 반이나 절감했다. 그러나 시간을 어떻게 활용할지가 문제였다. 변호사 시험에는 많은 공부가 필요하지 않다는 것을 알았기에 시간의 압박을 받지는 않았다. 언제나 걱정인 것은 영어 실력이 모자란 점이었다.

"먼저 학사를 받고 나를 찾아오너라"던 렐리 씨(뒤에 프레데릭 경이 된)의 말이 아직도 귀에 쟁쟁했다. 나는 변호사 자격뿐만 아니라 문학사 학위도 따야 한다고 생각했다. 옥스퍼드와 케임브리지대학 과정을 알아보고 몇몇 친구와 상의했더니 그중 한 곳을 선택할 경우 돈이 더 많이 들고 계획했던 것보다 더 오래 영국에 머물러야 했다.

107

어느 친구가 이런 제안을 했다. 즉 만일 내가 정말 어려운 시험에 도전하고 싶으면 런던의 대학입학시험을 치르라는 것이다. 그것은 상당한 노력을 요구하지만 별도의 비용 없이 일반 지식을 향상시켜 줄 것이다. 나는 그 제안을 받아들였다.

그러나 그 시험 과목을 보고 나는 놀랐다. 라틴어와 현대어가 필수였다! 라틴어를 어떻게 하나? 그러나 친구는 강력하게 권했다. "라틴어는 변호사에게 매우 중요해. 라틴어를 알면 법 책을 이해하는 데 매우 유용하거든. 더욱이 로마법 시험 하나는 완전히 라틴어로 치지. 게다가 라틴어를 알면 영어에도 더욱 능통해질 수 있어." 나는 그 말을 뼈저리게 느끼고 아무리 어렵더라도 라틴어를 배우겠다고 결심했다.

이미 프랑스어 공부를 시작했으니 그것을 현대어로 삼으면 됐다. 나는 사설 입시학원에 들어갔다. 시험은 6개월마다 있었고, 나에게는 5개월 여유밖에 없었다. 그건 내게 거의 불가능한 일이었다. 그러나 영국 신사가 되려고 열망한 자는 심각한 학생으로 바뀌는 길을 택했다.

나는 상세한 시간표를 짰다. 그러나 주어진 기간에 다른 과목 외에 라틴어와 프랑스어에 도전할 수 있게 할 지능이나 기억력이 없었다. 결국 나는 라틴어 시험에 낙제했다.[59] 섭섭했지만 낙심하지는 않았다. 나는 라틴어에 취미를 붙이게 되었고, 프랑스어는 다음 시험[60]에서 자신이 생겼다.

---

59 1890년 1월.

60 1890년 7월.

그리고 나는 과학에서 새로운 과목을 택했다. 바로 화학으로서 깊은 흥미를 가지고 공부했어야 했는데도 실험을 할 수 없어서 매력을 잃었다. 인도에서는 그것이 필수과목이었기에 런던대학 입학시험에서도 택했다. 그러나 이번에는 화학 대신 열학과 광학을 택했다. 쉽다고 해서 택했는데 정말 그랬다.

다음 시험 준비를 위해 나는 생활을 더욱 간소하게 하려고 노력했다. 나의 생활 방식은 아직도 빈약한 가정 형편에 맞는 것이 아니었다. 다달이 도움을 청하는 나에게 말없이 응해주는 형의 어려움을 생각하면 가슴이 아팠다. 매달 8파운드에서 15파운드를 쓰는 유학생[61] 대부분은 장학금을 받고 있었다. 더욱 간소한 생활의 본보기가 내 눈앞에 있었다. 나는 가난한 학생 상당수가 나보다 더욱 어렵게 사는 것을 보았다.

그 중 한 사람은 빈민굴에서 한 주에 2실링짜리 방에 살면서, 로크하트의 싸구려 코코아 집에서 2펜스짜리 코코아와 빵으로 끼니를 때웠다. 그를 따르기란 불가능했지만 나는 방 둘을 하나로 줄이고 집에서 식사를 준비할 수 있다고 생각했다. 그러면 매달 4, 5파운드는 절약할 수 있을 것이다.

그리고 간소한 생활에 대한 책을 읽게 되었다. 나는 방 두 개 사용을 포기하고 하나만 빌렸으며, 난로를 사서 아침을 집에서 만들기 시작했다. 오트밀 죽을 쑤고 코코아를 먹기 위해 물을 끓이는 정도여서 20분도 걸리지 않았다. 점심은 밖에서 먹고 저녁은 집에서 빵과 코코아로 먹었다. 그래서 하루 1실링 3펜스로 살았다. 그때는 공부도 열

---

61 당시 런던에는 약 200명의 인도 유학생이 있었다.

심히 했다. 간소한 생활로 시간도 절약했고, 결국 시험에 합격했다.

그렇다고 독자들이 당시 내 생활을 비참하게 생각해서는 안 된다. 도리어 그 반대로 그 변화는 내 내면생활과 외면생활이 조화를 이루는 데 영향을 끼쳤다. 동시에 집안 규율에 더욱 맞추는 것이 되었다. 확실히 내 생활은 더욱 진실해졌고, 내 영혼은 더욱 즐거워졌다.

17. 채식 추구

자신을 깊이 살핌에 따라, 안팎으로 변화할 필요성이 커지기 시작했다. 생활비를 줄이고 생활 방식을 바꾸자마자, 아니 그전부터 나는 식사를 바꾸기 시작했다. 채식주의자들이 그 문제를 종교적·과학적·실제적·의학적 측면으로 파고들면서 상세하게 조사하고 있음을 알았다. 윤리적으로 그들은, 인간이 하등동물보다 뛰어나다고 해서 그것을 잡아먹어서는 안 되고 보호해야 하며, 인간들 사이에서처럼 인간과 동물도 서로 도와야 한다는 결론에 이르렀다. 또한 인간은 쾌락이 아니라 생존을 위해 먹는다는 진실도 밝혔다.

따라서 그중 몇 사람은 고기뿐만 아니라 달걀과 우유도 먹어서는 안 된다고 주장하고 실제로 그렇게 생활했다. 다른 사람들은 과학적으로 보아 인간의 생리 구조가 과실을 불에 익혀 먹는 것이 아니라 그대로 먹는 것에 맞고, 어려서는 어머니 젖만 먹다가 이가 나면 딱딱한 식물을 먹게 되어 있다는 결론을 내렸다. 그리고 의학적으로는 모든 향료와 양념을 버려야 한다고 주장했다. 나아가 실제적·경제적인 논의를 통해 채식이 가장 싸다는 점을 밝혔다.

이 모든 것이 나에게 영향을 미쳤고, 나는 채식 식당에서 이 모든 유형의 채식주의자를 만났다. 영국에는 주간지를 내는 채식주의자 협회가 있었다. 나는 주간지 독자가 되고 협회에 참가했으며 바로 그 집행위원이 되었다. 나는 거기서 채식주의의 중심인물들을 만났고 채식을 추구하기 시작했다.

먼저 인도에서 가져온 단것과 양념을 먹지 않기로 했다. 마음이 다른 방향으로 나가자 양념이 싫어졌고, 리치몬드에서는 맛이 없었던, 양념 없이 익힌 시금치가 좋아졌다. 그런 실험 결과 참맛은 혀에 있지 않고 마음에 있음을 알게 되었다.

경제 문제는 언제나 중요했다. 당시에는 홍차와 커피가 나쁘고 코코아가 좋다는 사람들이 있었다. 나는 몸을 지탱하는 데 필요한 것만 먹어야 한다고 확신했기 때문에 홍차와 커피 대신 코코아를 마셨다.

내가 자주 들르는 식당은 두 곳이었다. 하나는 부유한 사람들이 가는 곳으로 자신이 원하는 것을 골라먹고 정가표에 따라 돈을 내는데, 한끼에 1, 2실링이 들었다. 다른 하나는 세 가지 음식과 빵 한 조각에 6페니였다. 엄격하게 절약을 하는 동안 나는 후자에 다녔다.

주된 실험을 하면서 여러 가지 작은 실험을 하기도 했다. 가령 녹말로 된 음식을 포기하기도 하고, 또는 빵과 과일만 먹기도 하고, 또는 치즈와 우유와 달걀로만 살았다. 이 마지막 시도는 기록할 가치가 있다. 그것은 2주일을 넘기지 못했다. 녹말 없는 음식을 주장하는 사람은 달걀을 중요하게 말하면서 고기가 아니라고 했다. 달걀을 먹는 것이 산 짐승을 해치는 것이 아님은 명백하다. 나는 그런 설명에 끌려 나의 맹세를 거스르고 달걀을 먹었다. 그러나 그 실수는 일시적이었다.

나는 맹세에 대해 새 해석을 내릴 수 없었다. 맹세를 시킨 어머니의 해석에 따라야 했다. 고기에 달걀이 포함된다는 걸 알았다. 맹세의 참된 중요성을 깨닫자마자 나는 달걀을 포기하고 실험도 중단했다.

그러한 논의의 밑에는 미묘한 점이 있고, 이는 새겨둘 가치가 있다. 영국에서 나는 고기에 대한 세 가지 정의를 들었다. 첫 번째 정의에 따르면, 고기란 오로지 새와 짐승의 살을 뜻한다. 그 정의를 수용하는 채식주의자는 새와 짐승의 고기는 먹지 않지만 달걀은 물론 생선도 먹는다. 두 번째 정의에 따르면 고기란 살아 있는 모든 생물의 살을 뜻한다. 따라서 생선은 안 되지만 달걀은 된다. 세 번째 정의에서 고기란 살아 있는 모든 생물의 살은 물론이고 그 생산물까지도 포함하므로 달걀이나 우유도 거기에 든다.

만일 첫 번째 정의를 받아들이면 나는 달걀만이 아니라 생선도 먹을 수 있다. 그러나 어머니의 정의를 따라야 한다고 확신했다. 따라서 그 맹세를 지키려면 달걀을 먹을 수 없었다. 그래서 그렇게 했다. 그렇게 하기는 어려웠다. 심지어 채식 식당에서도 대체로 음식에 달걀을 넣기 때문이다. 따라서 내가 그 음식을 정확하게 알지 못하는 한, 그 하나하나가 달걀을 포함하는지 그렇지 않은지 귀찮게 확인해야 했다. 사실 푸딩이나 케이크에는 달걀이 들어 있었다.

나의 의무에 대한 계시가 이러한 혼란을 초래했지만, 그 결과 음식은 간단해졌다. 그러자 그동안 내가 맛있게 먹던 것을 포기해야 한다는 고민이 생겼다. 그러나 그것은 잠깐이었다. 왜냐하면 맹세를 엄격하게 지키면 더 건강하고 맛있으며 지속적인 내면의 맛이 생기기 때문이다.

그러나 참된 시련은 아직 오지 않았다. 그것은 다른 맹세와 관련되었다. 그렇지만 신이 보호하는데 누가 해칠 수 있겠는가?

여기서 잠깐, 맹세나 서약의 해석에 대해 생각해보자. 맹세의 해석은 전 세계를 통해 많은 싸움의 근원이 되어왔다. 아무리 명확하게 맹세했다고 해도, 그 내용을 자기들의 목적에 맞추어 바꾸거나 왜곡하기 마련이다. 그런 사람이야 부자에서 가난한 사람까지, 왕에서 농민까지 사회 모든 계급에서 만날 수 있다. 그들은 이기심 때문에 눈이 멀고, 애매하고 어중간한 말로 자신을 속이며, 세상과 신을 속이려고 한다.

하나의 황금률이 있다. 맹세를 시킨 사람 편에서 그 맹세에 정직하게 붙인 해석을 받아들이는 것이다. 두 가지 해석이 가능한 경우에 다른 황금률은 약한 쪽의 해석을 받아들이는 일이다. 이 두 가지 황금률이 거부되면 분쟁이 일어나고 진실하지 못한 불의가 생긴다. 진실을 추구하는 사람만은 그 황금률을 쉽게 따른다. 그는 해석을 위해 유식한 사람의 조언을 필요로 하지 않는다. 그 황금률에 따르면 고기에 대한 어머니의 해석이 나에게 유일한 참된 해석이었지 나의 넓은 경험이나 더 많은 지식에 대한 자부심이 그런 참된 해석을 줄 수 있는 것은 아니었다.

내가 영국에서 추구한 것은 경제와 위생 측면이었다. 그 문제의 종교적 측면은 내가 남아프리카로 가기 전까지 고려되지 못했다. 그곳에 가서야 나는 정말 고된 실험을 하게 되었는데, 이에 대해서는 나중에 말하겠다. 그러나 그 모든 것의 씨앗은 영국에서 뿌려졌다.

자신의 새로운 종교에 대한 개심자의 열정은 그 종교 속에서 태어난 사람보다 강하다. 채식주의는 당시 영국에서 새로 생긴 신조였고,

내 경우도 마찬가지였다. 왜냐하면 나는 확신을 가진 육식주의자로 영국에 갔고, 그 뒤 지식에 의해 채식주의자로 변했기 때문이다.

채식주의에 대한 새로운 개종자로서의 열정에 불타 나는 내가 사는 베이스워터에서 채식주의자 모임을 시작하기로 했다. 그곳에 사는 에드윈 아널드 경을 부회장으로,《채식주의자》편집인이었던 올드필드 의사를 회장으로, 나는 간사가 되었다. 그 모임은 얼마간 잘 되었으나, 몇 달 뒤 끝났다. 주기적으로 이사하는 내 습관에 따라 그곳을 떠났기 때문이다. 그러나 이 짧고도 작은 경험은 기관을 조직하고 운영하는 데 약간의 훈련이 되었다.

18. 나의 방패였던 수줍음

나는 채식주의자 협회의 집행위원에 뽑혀 그 모임에 반드시 참석했으나, 도무지 말을 할 수 없었다. 올드필드 의사가 나에게 이런 말을 했다. "자네는 나에게는 말을 잘하면서도 위원회에서는 왜 말을 하지 않는가? 자네는 수벌이야." 나는 그 농담을 이해했다. 일벌은 언제나 바쁜데, 수벌은 언제나 게으르다.

그러나 남들이 그 의견을 말하는데 내가 말없이 앉아 있다고 해서 이상할 것은 조금도 없었다. 말하고 싶은 것이 없어서가 아니었다. 어떻게 자신을 표현해야 하는지를 몰랐기 때문이다. 나만 빼고 모두 잘 아는 것처럼 보였다. 게다가 모처럼 용기를 내어 말을 꺼내려고 하면 새로운 안건이 시작되었다. 이런 상태가 오래 지속됐다.

그러는 동안 어떤 중요한 안건을 토론하게 되었다. 결석하는 것은 잘못이고 침묵하는 것은 비겁하다고 생각했다. 토론의 경위는 다음과 같았다. 협회 회장은 템스 철공장 주인인 힐스 씨[62]로서 청교도였다. 그 협회는 실제로 그의 재정 원조로 유지되었다. 협회의 여러 회원이 그의 부하였다.

유명한 채식주의자인 엘린슨 의사도 그 회원이었다. 그는 당시 새로 생긴 산아제한운동을 지지하고, 노동자들에게 그 방법을 가르쳤다. 그러나 힐스 씨는 그것을 도덕의 근본을 자르는 것이라고 생각했다. 그는 채식주의자 협회의 목적이 음식만이 아니라 도덕을 개혁하는 것이고, 따라서 엘린슨 의사처럼 청교도에 반하는 의견을 가진 사람은 협회에 있을 수 없다고 생각했다. 그래서 그를 쫓아내려는 움직임이 있었다.

나는 그 문제에 깊은 관심을 가졌다. 나는 산아제한에 대한 엘린슨 의사의 견해가 위험하고, 청교도로서 그에게 반대하는 힐스 씨가 옳다고 생각했다. 힐스 씨와 그의 관대함도 존경했다. 그러나 청교도 도덕을 협회 목적의 하나로 받아들이지 않는다는 이유만으로 채식주의자 협회에서 추방하는 것은 너무나도 옳지 않다고 생각했다. 청교도에 반하는 자를 협회에서 추방하려는 힐스 씨의 생각은 사적인 것이고, 협회가 공적으로 표방하는 목표와는 무관했다. 협회의 목적은 오로지 채식주의의 증진이지, 어떤 도덕 체계의 증진이 아니었다. 따라서 나는 누구라도 다른 도덕에 대한 견해에 관계없이 협회 회원이 될 수 있다고 생각했다.

---

62 Arnold Hills. 존 러스킨, 윌리엄 모리스, 에드워드 카펜터 등과 함께 현대 도시산업 문명과 인간의 타락이 초래할 상황을 철저히 비판했다.

협회에는 나와 같은 생각을 하는 사람들이 있었으나, 나는 내가 직접 의견을 발표할 필요가 있다고 느꼈다. 어떻게 하느냐가 문제였다. 말할 용기가 나지 않아 글로 쓰기로 했다. 주머니에 문서를 넣어 회의에 참석했다. 내가 기억하는 한 당시 읽을 용기도 없어서 회장이 다른 사람에게 읽게 했다. 그날 엘린슨 의사 쪽이 졌다. 그리하여 그런 종류의 싸움에서 나는 처음부터 지는 쪽이었다. 그러나 내 의견이 옳다고 생각했기에 나는 만족했다. 그 일 뒤에 내가 위원회에 사표를 냈던 기억이 희미하게 남아 있다. 이 수줍음은 영국에 있는 동안 계속되었다. 사교적인 모임에서도 예닐곱 사람 정도가 있으면 나는 벙어리가 되었다.

나는 언젠가 마즈무다르 씨와 함께 벤트너에 갔다. 우리는 그곳의 채식주의자 집에 머물렀다. 《식사의 윤리》 저자인 하워드 씨도 같은 온천에 있었다. 우리가 그를 만났을 때 그는 우리에게 채식주의 증진을 위한 모임에서 말을 해달라고 했다. 나는 글로 써서 읽어도 무방하다고 생각했다. 많은 사람들이 요령 있게 간단히 표현하려고 그렇게 한다는 걸 알고 있었다. 즉흥적으로 말한다는 건 내게 불가능했다. 그래서 나는 연설문을 썼다. 큰 종이 한 장 정도인 연설문을 읽으려고 일어섰는데 눈이 어지럽고 몸이 떨렸다. 그래서 마즈무다르 씨가 대신 읽었다. 물론 그의 연설은 훌륭했고 박수를 받았다. 나는 부끄러웠고, 나의 무능에 슬퍼졌다.

내가 영국에서 연설을 하려고 마지막으로 노력한 것은 인도 귀국 전날이었다. 그러나 이번에도 조롱거리가 되었을 뿐이다. 나는 앞에서도 말한 홀본 식당에 채식 친구들을 초대했다. 나는 혼자 생각했다. "채식 식당에서 채식 식사를 하는 것은 당연한 일이지만, 채식 식당이 아니라고 해서 못하라는 법은 없지 않은가?" 그래서 나는 홀본 식당 관리인과 상의해서 완벽한 채식 식사를 준비했다. 채식주의자들은 이 새로운 시도를 기뻐하며 칭찬했다. 모든 정찬은 즐기기 위한 것이지만, 서양에서는 그것을 예술로 발전시켰다. 그것은 엄청난 호화로움과 음악, 연설로 꾸며진다. 그러니 내가 베푸는 작은 만찬에서도 그런 것이 없을 수 없었다. 그래서 연설도 해야 했다.

내 연설 차례가 오자 나는 일어섰다. 나는 매우 공을 들여 몇 마디 연설문을 지었다. 그러나 첫 마디 이상을 말하지 못했다. 에디슨이 하원에서 처음 연설할 때 "I conceive"[63]를 세 번이나 반복하고 더는 잇지 못하자 어느 짓궂은 사람이 일어나 "저 사람은 세 번이나 임신했으면서도 아무것도 낳지 못하고 있다"고 했다는 기사를 읽은 적이 있다. 나는 그 일화를 바탕 삼아 우스운 연설을 하려고 했다. 그리고 시작하자마자 그것으로 끝났다. 기억이 하나도 나지 않고 우스운 연설을 하려다가 스스로 웃음거리가 되어버렸다. "여러분, 나의 초대에 친절하게 응해주셔서 고맙습니다"라고 불쑥 말하고는 앉아버렸다.

이 수줍음을 극복할 수 있게 된 것은 남아프리카에서였다. 물론 완전히 극복했다고는 할 수 없다. 즉흥적으로 말하기란 나에게 불가능했다. 낯선 관중 앞에서는 언제나 망설였고, 될 수 있으면 연설하기를 피했다. 심지어 지금도 친구들과 잡담을 하는 모임에 갈 수도 없고, 가고 싶지도 않다.

타고난 수줍음 때문에 이따금 남의 웃음거리가 되기도 하지만, 손해를 봤다고는 생각하지 않는다는 것을 분명히 말해야겠다. 사실

---

63 "나는 생각한다"와 "나는 임신한다"라는 두 가지 뜻이 있다.

은 그 반대로 매우 유익했다고 할 수 있다. 연설을 꺼리는 것이 한때는 고통이었지만, 지금은 즐거운 일이다. 가장 큰 유익함은 그것이 내게 말을 아낄 것을 가르쳐주었다는 점이다. 나는 자연스럽게 생각을 가다듬는 버릇을 갖게 되었다. 그래서 지금, 생각 없이 한 말이 혀나 펜에서 나온 적이 없음을 스스로 증명할 수 있다. 말이나 글에서 후회한 적이 별로 없다. 그래서 많은 화를 피하고 시간을 절약할 수 있었다. 경험이 나에게 가르쳐준 것은, 진실의 숭배자에게는 침묵이 정신적 훈련의 일부라는 점이다.

의식적으로나 무의식적으로나 진실을 과장하고 감추며 변경시키려는 버릇이 인간 본연의 약점이므로 그것을 극복하기 위해 침묵이 필요하다. 과묵한 사람은 생각 없는 말을 하지 않는다. 그는 모든 말을 신중하게 한다. 그러나 많은 사람은 말하고 싶어서 참지 못한다. 모임의 사회자들이라면 발언권 허라 때문에 골치 아프지 않은 사람이 없다. 게다가 발언권을 얻으면 제한 시간을 넘기고, 허락도 받지 않고 계속 말하는 것이 보통이다. 이 모든 말이 세상에 유익한 경우란 거의 없다. 그것은 시간 낭비일 뿐이다. 내 수줍음은 내 방패가 되었다. 그것이 나를 자라게 했다. 그것 때문에 나는 진실을 알아보았다.

19. 거짓이라는 암

40년 전 영국에는 인도 유학생이 소수[64]였다. 그들은 결혼을 했음에도 미혼자 행세를 하는 것이 보통이었다. 영국에서는 중고등학생이든 대학생이든 모두 미혼이었다. 공부와 결혼은 함께할 수 없다고 생각한 탓이다. 우리도 옛날 좋은 시절에는 그랬다. 학생이면 반드시 금욕[7]을 해야 했다.

그러나 최근에 와서 조혼을 하게 되었다. 그것은 영국에서는 있을 수 없는 일이었다. 따라서 영국에 간 인도 청년들은 그들이 결혼했다고 말하기 부끄러워했다. 숨기는 데는 또 다른 이유도 있었다. 즉 그 사실이 알려지면 그들이 사는 가정의 젊은 처녀들과 함께 다니거나 놀 수가 없기 때문이었다. 그렇게 노는 것은 비교적 순수했다. 심지어 처녀의 부모들은 장려하기도 했다. 모든 젊은이는 제 짝을 찾아야 한다는 점에서 볼 때 젊은 남녀의 그러한 교제는 사실 필요하기도 했다.

그런 관계는 영국 젊은이들의 경우 지극히 자연스럽지만, 인도 청년이 영국에 와서 그런 관계에 함부로 빠지다가는, 흔히 보는 비참한 결과를 초래하기 쉽다. 나는 우리 청년들이 그런 유혹에 빠져 진실하지 못한 생활을 택하는 것을 보았다. 그런 교제는 미혼인 영국 청년들에게는 무방한 것이어도, 기혼인 인도 청년에게는 바람직한 것이 아니었다.

나도 그 전염병에 걸렸다. 나는 이미 결혼을 했고 한 아들의 아버지이면서도 조금도 망설임 없이 총각 행세를 했다. 그러나 그런 속임수로는 조금도 행복하지 못했다. 오로지 수줍음과 말 안 하는 버릇이 더 깊은 물에 빠지는 것에서 나를 구해주었다. 내가 말을 하지

---

64 간디가 유학할 당시에는 약 200명이었다.

7) Bramachari. 이는 bramacharya, 즉 완전한 금욕을 지키는 사람을 말한다(1부 7장 6) 참조).

않는데 어떤 처녀도 나와 말하고 싶어 하거나 나와 함께 나가고 싶어 할 리가 없었다.

수줍음 이상으로 나는 겁이 많았다. 내가 살던 벤트너에 있는 가정에서는 주인 딸이 손님을 데리고 산책을 하는 것이 관례였다. 어느 날 그 집 딸이 나를 벤트너 부근 언덕으로 데려갔다. 나도 걸음이 느리지 않은데, 그녀는 나보다 더욱 빨라 나를 앞서 가면서 계속 지껄였다. 그녀의 수다에 나는 가끔 작은 목소리로 "예" "아니오" 하거나 기껏 "그래요, 아름답네요!"라고 했다. 내가 집에 언제 갈지 궁금해 할 때 그녀는 새처럼 날아갔다.

그렇게 해서 우리는 언덕 위에 닿았다. 다시 내려가는 것이 문제였다. 굽 높은 구두를 신었는데도 스물다섯 살 쾌활한 아가씨는 화살처럼 언덕 아래로 날아갔다. 나는 부끄러워하면서 용을 쓰며 내려왔다. 먼저 내려간 그녀는 웃으며 나를 격려하면서 와서 끌어주겠다고 했다. 나는 왜 그다지도 소심했을까? 엄청 고생을 하고 가끔은 기면서 간신히 밑에까지 굴러 내려왔다. 그녀는 큰 소리로 웃으며 "브라보"를 외쳤다. 그럴수록 나는 더욱 부끄러웠다.

그러나 나는 어디서든 상처를 입지 않고서는 빠져나올 수 없었다. 신이 나에게 거짓이라는 암을 제거하려 했기 때문이다. 언젠가 브라이튼에 갔는데, 벤트너처럼 바닷가였다. 벤트너에 가기 전의 일이었다. 그곳 호텔에서 꽤나 잘사는 늙은 과부를 만났다. 내가 영국에 간 첫해였다. 메뉴가 모두 프랑스어였기 때문에 알 수 없었다. 나는 노부인과 같은 식탁에 앉았다. 내가 그곳에 처음 와서 당황하는 것을 보고 노부인이 곧바로 날 도우려고 왔다. "처음 온 분이군요. 당황하신 것 같네요. 왜 아무것도 주문하지 않으세요?" 내가 메뉴를 살펴보고 웨이터에게 요리 내용을 확인하려고 할 때 그 착한 부인이 개입한 것이다. 나는 고맙다고 하고, 프랑스어를 몰라 어떤 요리가 채식인지 알 수 없어서 그런다고 답했다.

"제가 도와드리지요. 메뉴를 설명해드리고 무엇을 드실 수 있는지 보여드리지요." 그녀가 말했다. 그 후 그녀의 신세를 많이 졌다. 그렇게 그녀를 처음 알게 되고, 그 후 우정은 깊어졌다. 내가 영국에 있는 동안 우리의 우정은 계속되었고, 그 후에도 오래 이어졌다. 그녀는 런던 주소를 알려주었고, 일요일마다 그녀 집으로 만찬에 초대받았다. 그녀는 특별한 일이 있을 때에도 초대해주었고, 내가 수줍음을 극복하도록 도와주었으며, 여성들에게 나를 소개해주면서 그들과의 대화로 나를 이끌었다. 그 대화에서 특히 돋보이는 사람은 그녀와 함께 사는 여성이었다. 우리는 단 둘이 남아 있는 경우도 종종 있었다.

이 모든 것이 처음에는 매우 괴로웠다. 나는 대화를 시작하지도 못했고 농담에 빠지지도 못했기 때문이다. 그러나 그녀가 길을 터주면서 나는 대화를 배우기 시작했고 일요일이 오기를 기다리게 됐다. 그러면서 그 젊은 친구와 대화하는 걸 좋아하게 되었다.

노부인은 매일 그물을 넓혀갔다. 그녀는 우리의 만남에 흥미를 가졌다. 아마도 우리에 대한 나름대로의 계획이 있었을지도 모른다.

나는 난처해졌다. 그래서 혼자서 말했다. "그 착한 부인에게 내가 기혼자라고 말했어야 하는데! 그러면 우리 둘의 약혼 따위는 생각지도 않았을 텐데. 그러나 바로잡기에 아직 늦은 것은 아니다. 진실을 밝히면 더 비참하게 되지는 않을 거야." 그렇게 생각하면서 나는 다음과 같은 내용의 편지를 썼다.

"브라이튼에서 만나 뵌 이래 부인은 제게 언제나 친절하셨지요. 부인은 자식처럼 저를 돌봐주셨어요. 또한 제 결혼까지 생각하셔서 젊은 여인을 소개해주셨지요. 일이 더 커지기 전에, 저는 부인에게 사랑을 받을 자격이 없음을 고백해야겠습니다. 부인을 처음 찾아갔을 때 저는 결혼했음을 말씀드려야 했습니다. 영국에 온 인도 학생들이 결혼한 것을 숨기는 것을 알면서도 저는 그것을 따랐습니다. 이제 저는 그래서는 안 됨을 알았습니다. 저는 제가 어렸을 때 결혼했고 한 아이의 아버지임도 말씀드려야 합니다. 이 사실을 오랫동안 모르시게 하여 괴롭습니다. 그러나 이제 신이 저에게 진실을 말할 용기를 주어 기쁩니다. 저를 용서해주시겠습니까? 너무나도 고맙게 소개해주신 젊은 숙녀에게 적절하지 못한 짓을 한 적이 없음을 분명히 말씀드립니다. 저는 제 한계를 알았습니다. 제가 결혼한 것을 모르셨던 부인께서 우리가 맺어지기를 바라신 것은 당연했습니다. 일이 현 상태를 벗어나지 않기 위해 저는 진실을 말씀드려야 합니다.

이 편지를 받으시고 부인이 제게 호의를 베풀 가치가 없다고 생각하셔도 저로서는 무방합니다. 부인의 친절과 염려로 저는 영원한 감사의 빚을 졌습니다. 만일 앞으로도 저를 거부하지 않으시고 호의를 베풀 가치가 있다고 생각하신다면, 부인의 친절을 받기 위해 저는 어떤 고통도 마다하지 않고, 당연히 행복하게 여기고 그것을 부인이 베푸시는 더욱 큰 친절로 알겠습니다."

이런 편지를 내가 단숨에 쓸 수 없었음을 독자들은 알아야 한다. 나는 몇 번이나 고쳐 썼다. 그러나 그것으로 나는 나를 누른 짐에서 벗어났다. 바로 보낸 듯한 답장은 다음과 같았다.

"솔직한 편지 잘 받았습니다. 우리는 매우 기뻤고 실컷 웃었습니다. 당신이 유죄라고 한 거짓은 용서할 만합니다. 그러나 사실을 알려주어 좋습니다. 저의 초대에는 변함이 없고 다음 일요일에 오실 것을 기대하면서 당신의 조혼과 당신을 놀려주는 즐거움을 기다리겠습니다. 게다가 이 일로 우리의 우정이 아무 영향을 받지 않는다는 점은 말할 필요도 없겠지요?"

그렇게 나는 허위라는 암을 떼어버렸고, 그 뒤로는 필요한 경우에 내 결혼에 대해 말하는 것을 망설이지 않았다.

20. 종교와 접촉하다

영국에 온 지 2년째 되던 해의 끝 무렵, 나는 신지학회(神智學會) 회원[65]이자 형제인 두 사람을 우연히 만났다. 두 사람 모두 미혼이었다. 그들은 나에게 《기타》[66]에 대해 말했다. 그들은 에드윈 아널드 경이 번역한 《천상의 노래》를 읽고 있었는데 원전을 함께 읽자고 나를 초대했다.

나는 그 성스러운 시를 산스크리트어나 구자라트어로 읽지 못했기 때문에 부끄러웠다. 그래서 《기타》를 읽지 못했다고 말해야 했으나, 함께 읽는 것은 좋고, 나의 산스크리트어 지식은 매우 얕지만

---

65 Theosophist. 신령(神靈)학자나 견신(見神)론자로도 번역된다.

66 '축복받은 자의 노래'라는 뜻으로 《마하바라타》의 일부다. 18장으로 나뉜 총 700개의 시로, 판다바 형제들 가운데 셋째인 전사 군주 아르주나와 그의 친구이자 마차를 모는 크리슈나 사이에 이루어진 대화 형식으로 되어 있다.

번역의 잘못을 찾을 정도로는 이해할 수 있기 바란다고 말했다. 그 래서 그들과 함께《기타》를 읽기 시작했다. 2장에 나오는 다음 구절 이 내 마음에 깊은 인상을 주어 지금도 귀에 울린다.

> 감각의 대상을 깊이 생각하면 집착이 생긴다.
>
> 집착에서 욕망이 생기고
>
> 욕망은 맹렬한 정욕으로 불타오르고
>
> 정욕은 무모함을 낳는다.
>
> 그러면 기억이 모두 틀려져
>
> 고상한 목적은 사라지고
>
> 마음은 말라버려
>
> 목적과 마음과 사람 모두 망한다.

그 책은 내게 무한한 가치를 갖는 것이었다. 그 후 그 인상은 더욱 커져서 지금은 그 책을 진실에 대한 지식으로는 최고라고 생각한 다. 우울할 때는 무한한 도움이 되었다. 나는 그 영어 번역본을 모두 읽고, 아널드 경의 책이 최고라고 생각했다. 그 책은 원문에 충실하 면서도 번역처럼 읽히지 않았다. 나는 그 친구들과《기타》를 읽었 지만 당시에는 그것을 공부했다고 할 수 없다. 그 책을 매일 읽게 된 것은 몇 년이 지나서였다.

그 형제는 에드윈 아널드 경의《아시아의 빛》[67]도 권했다. 그때까 지 나는 아널드 경을《천상의 노래》저자로만 알았는데,《아시아의

---

67 부처의 전기.

빛》을《바가바드기타》보다 더욱 흥미롭게 읽었다. 읽기 시작하자 손에서 놓을 수가 없었다.

　그들은 나를 블라바츠키의 집에 데려가기도 했고, 블라바츠키 부인과 베전트[68] 부인에게 나를 소개했다. 베전트 부인은 그때 막 신지학회에 가입했기에, 나는 그녀의 개종을 둘러싼 논쟁에 큰 흥미를 느꼈다. 친구들은 나에게 학회 가입을 권했지만, 나는 다음과 같이 정중하게 거절했다. "나는 내 종교에 대해 조금밖에 알지 못하면서 다른 종교 단체에 속하기를 바라지 않습니다."

　나는 형제들의 권유로 블라바츠키 부인의《신지학의 열쇠》를 읽었던 걸 기억한다. 그 책은 나에게 힌두교 책을 읽도록 자극했고, 힌두교는 미신투성이라던 선교사들의 잘못된 생각을 씻어주었다.

　그 무렵 채식주의자 기숙사에서 맨체스터에서 온 착한 기독교인을 만났다. 그는 기독교에 대해 말했다. 나는 그에게 라지코트에서 있었던 사건을 말했다. 그것을 듣고 그는 마음 아파 하며 말했다. "나는 채식주의자입니다. 술을 마시지 않습니다. 물론 많은 기독교인이 고기를 먹고 술을 마십니다. 그러나《성경》에서는 육식이나 음주를 권하지 않습니다.《성경》을 읽어보십시오."

---

68 Annie Besant(1847~1933). 영국의 여성 사회개혁가. 1873년 이혼한 뒤 여성해방운동에 참여하고 버나드 쇼의 영향을 받아 페이비언 사회주의자가 되었다. 브래들로와 함께 멜더스의 인구론을 보급하여 신멜더스주의자로도 알려졌다. 1889년 신비주의자인 블라바츠키의 영향으로 신지학회에 가입했고 1893년 인도로 가서 1907년부터 국제신지학회 종신회장으로 활동했다. 바라나시 중앙힌두대학을 설립하고 인도의 사회개혁과 교육 향상에 노력했다. 1차 대전 직전부터 인도자치운동에 참여하여 1916년경 자치연맹을 창설했으며 1916년 국민회의과 대회에서 회의파의 재통일과 무슬림의 연대를 위해 노력해 다음해에 의장이 되었다. 그러나 그 뒤 간디와 정치적으로 대립하고 정치운동에서 물러났다.

내가 그의 권유를 받아들이자 그가 《성경》을 가져왔다. 그가 《성경》을 팔고 있었다고 희미하게 기억한다. 지도와 색인 등의 참고 자료가 붙어 있는 《성경》을 한 권 샀다. 그리고 읽기 시작했으나, 구약을 다 읽을 수는 없었다. 〈창세기〉를 읽은 뒤 다음을 읽으려 하면 잠이 왔다. 읽었다고 말하려고 억지로 읽었지만, 너무 어렵고 아무 흥미를 느낄 수 없었으며 이해하지도 못했다. 〈민수기〉는 싫었다.

그러나 신약은 다른 인상을 주었다. 특히 〈산상수훈〉은 내 가슴에 바로 왔다. 나는 그것을 《기타》와 비교해보았다. "그러나 나는 너희에게 이르노니 너희는 악한 것에 대적하지 마라. 누가 네 오른쪽 뺨을 치거든 그에게 다른 쪽을 돌이켜 향하라. 또 누가 네 겉옷을 취하거든 그에게 속옷까지 가져가게 하라"[69]는 구절은 나를 한없이 기쁘게 했고, 샤말 바트[70]가 "물 한 잔을 훌륭한 식사로 갚고" 운운한 말을 더욱 잘 이해하게 했다.

나의 유치한 마음은 《기타》와 《아시아의 빛》과 〈산상수훈〉의 가르침을 통합하려고 노력했다. 욕망에서 벗어나는 것[71]이 종교의 최고 경지라는 생각이 강렬하게 들었다.

이러한 독서가 계기가 되어, 다른 종교 교사들의 일생을 공부하고 싶어졌다. 한 친구가 칼라일의 《영웅과 영웅숭배》를 권했다. 예언자인 영웅에 대한 장을 읽고 예언자의 위대함과 용기와 숭고한 일생을 알았다.

---

69 〈마태복음〉 5장 39~40절.

70 Shamal Bhatt(1718~1765). 구자라트의 시인으로 간디가 어려서부터 좋아했다.

71 renunciation. 이를 '자기 비움'으로 번역(존 디어 엮음, 이재길 역, 《내 삶이 내 메시지다》, 샨티, 2004, 71쪽)하기도 하나 난해하다.

당시 시험 공부 때문에 다른 것을 할 수 없어서 더는 종교와 접할 수 없었다. 그러나 종교 책을 더 많이 읽고 모든 중요한 종교를 알아야겠다고 마음속에 다짐했다.

그리고 어떻게 무신론에 대해 아무것도 모르고 지낼 수 있을까? 모든 인도인은 '브래들로'라는 이름과 그의 이른바 '무신론'에 대해 알고 있었다. 나는 그것에 대한 책들을 읽었지만 그 제목은 잊었다. 그러나 영향을 받지는 않았다. 무신론의 사하라를 이미 건넜기 때문이었다. 당시 엄청난 주목을 받던 베전트 부인이 무신론에서 유신론으로 전환했다는 점도 무신론에 대한 나의 반대를 강화했다. 나는 그녀가 쓴 《나는 어떻게 신지학회 회원이 되었나?》를 읽었다.

그 무렵 브래들로가 죽었다. 그는 워킹 공동묘지에 묻혔다. 나도 장례식에 참석했다. 런던에 사는 모든 인도인이 그곳에 온다고 믿었기 때문이다. 목사 몇 사람도 그에게 마지막 경의를 표하고자 왔다. 장례식을 마치고 우리는 역에서 기차를 기다렸다. 군중 속에 있던 어떤 강경한 무신론자가 어느 목사에게 따졌다.

"당신은 신이 있다고 믿소?"

"네." 그 착한 사람이 낮게 말했다.

"당신은 지구 둘레가 2만8천 마일인 것도 인정하지요?"라고 한 무신론자는 자만의 웃음을 흘리며 말했다.

"네."

"그럼 당신의 신은 어느 정도 크기로 어디 있는지 말해보시오."

"신은 우리 모두의 가슴속에 있습니다."

"이런, 나를 어린애 취급하지 마시오." 무신론자가 우리를 의기양양하게 보면서 말했다.

목사는 겸손하게 침묵을 지켰다.

이 대화로 나는 무신론을 더욱 싫어하게 됐다.

21. 약자의 힘, 라마[8]

비록 내가 힌두교와 다른 종교에 대해 약간의 지식을 가졌다고 해도 그것은 시련에서 나를 구해줄 정도로 충분한 것이 아님을 알 았어야 했다. 누구나 시련에 빠지면 자신을 지탱해주는 것이 무엇 인지 알기는커녕 눈치도 채지 못한다. 만일 그가 무신론자라면 자 기가 살아난 것이 우연이라고 할 것이다. 만일 유신론자라면 신이 자신을 구했다고 할 것이다. 그는 자신의 종교 연구나 정신 훈련이 자기 속의 은총 상태를 형성한 배경이라는 결론을 내릴 것이고 사 실 그렇기도 하다.

그러나 구원을 받는 순간에는 그의 정신 훈련이나 그 밖의 것이 그를 구했는지를 알지 못한다. 자신의 정신 훈련을 자랑한 사람으 로서 그것이 먼지보다도 무력하다는 것을 알지 못하는 사람이 누굴 까? 종교 체험과 달리 종교 지식이란 그런 시련의 순간에는 아무 쓸 모가 없다.

단순한 종교 지식이 쓸데없음을 처음으로 발견한 것은 영국에서 였다. 그전에는 내가 어렸기 때문에 어떻게 구원받았는지를 말할 수 없다. 그러나 이제는 스무 살이고 남편이자 아버지로서 경험도

---

8) 유명한 수르다스 찬송가의 후렴.

약간 얻었다.

내가 기억하는 한 영국에 머문 마지막 해인 1890년, 나는 인도인 친구와 함께 포츠머스의 채식주의자 총회에 초대를 받았다. 그곳은 해군들이 많은 항구였다. 소문이 나쁜 여자들의 집도 많았다. 매춘부는 아니지만 그렇다고 도덕적 순결을 철저히 지키지도 않는 여자들이었다. 우리는 그런 집에 숙박했다. 말할 것도 없이 주최 측에선 전혀 몰랐다. 우리 같은 일시적 여행자들이 포츠머스 같은 곳에서 어느 집이 좋고 나쁜지를 알 수 없었다.

우리는 저녁에 총회에서 돌아왔다. 저녁 식사 후 카드놀이를 하려고 앉자 주인 여자도 동석했다. 그것은 영국의 관습이었고, 점잖은 집안에서도 그랬다. 참가자 모두 재미 삼아 농담을 한 건 당연한 일이다. 그런데 내 친구와 주인 여자가 고상하지 못한 짓을 하기 시작했다. 나는 그 친구가 그런 쪽에 능한 줄을 몰랐다. 나도 거기에 휩싸였다. 카드와 게임을 버려두고 내가 경계를 넘으려는 순간, 신이 그 착한 친구를 통해 축복의 경고를 보냈다.

"자네에게 이런 악마가 숨어들다니! 빨리 일어나게!"

나는 부끄러웠다. 그 경고를 받아들여 마음속으로 친구에게 감사했다. 어머니에게 했던 맹세를 돌이키면서 나는 도망쳤다. 비틀거리고 떨면서 뛰는 가슴을 안고, 쫓아오는 사냥꾼에게서 도망치는 짐승처럼 내 방으로 들어갔다.

이것이 아내 아닌 다른 여자가 내게 욕정을 일으킨 첫 번째 경우로 기억된다. 그날 밤 잠을 이루지 못하고 지샜다. 갖가지 생각이 나를 흔들었다. 이 집을 떠나야 하는가? 이곳을 떠나야 하는가? 나는 어디에 있었는가? 조심하지 않았다면 어떤 일이 생길 뻔했는가? 그 뒤로는 맹세코 조심해서 행동하기로 결심했다. 그 집을 떠나는 것이 아니라, 어떻게 해서든 포츠머스를 떠나기로 했다. 총회는 이틀로 끝났고, 내 친구는 며칠 더 머물렀지만 나는 그 다음날 저녁 포츠머스를 떠났다.

당시 나는 종교나 신의 본질을 몰랐고, 신이 우리 내면에서 어떻게 일하는지도 몰랐다. 그런 경우에만 신이 나를 구해주었다고 막연하게 이해했을 뿐이었다. 지금 나는 '신이 나를 구해주었다'는 말이 갖는 깊은 의미를 알지만, 아직도 파악하지 못한다고 느낀다. 더 풍부한 경험을 해야만 더욱 완전하게 이해할 것이다.

그러나 나의 모든 시련에서, 정신적으로도, 변호를 하는 데도, 기관을 운영하는 데도, 정치적으로도 신이 나를 구해주었다고 할 수 있다. 어떤 희망도 없을 때, '누구도 돕지 않고 아무도 위로하지 않을 때' 어떻게 되었는지 알 수 없는 곳에서 도움이 오는 것을 알았다. 간구, 기도, 예배는 미신이 아니다. 그것은 먹고 마시고 앉고 걷는 행동보다 더욱 참된 행동이다. 그것들만이 참이고 다른 모든 것은 헛것이라 해도 과언이 아니다.

그런 예배나 기도는 언어의 유희가 아니고, 입술의 충성도 아니다. 그것은 마음에서 솟아난다. 따라서 우리가 마음을 깨끗이 하여 '오로지 사랑으로 가득하게 되면' 그것은 '떨리는 음악이 되어 눈으로 볼 수 없는 세계로 들어가게 된다.' 기도에는 말이 필요 없다. 그 자체는 어떤 감각적인 노력으로도 될 수 없다. 기도는 정욕의 심정을 씻어주는 틀림없는 방법임을 나는 조금도 의심하지 않는다. 그러나 그것은 절대적인 겸손과 결합되어야 한다.

22. 나라얀 햄챈드라

바로 그 무렵, 나라얀 햄챈드라가 영국에 왔다. 나는 작가인 그에 대해 알고 있었다. 우리는 전국인도협회의 메닝 양 집에서 만났다. 메닝 양은 내가 비사교적임을 알고 있었다. 그녀에게 갈 때마다 말 없이 앉아 있었고 물어야 겨우 답하는 정도였다.

그녀가 나를 나라얀 햄챈드라에게 소개했다. 그는 영어를 몰랐다. 그의 옷차림은 특이했다. 너절한 바지에다가 구겨지고 더러운 갈색의 파르시 교도 같은 외투에 넥타이나 칼라도 없이 술이 달린 털모자 차림이었다. 긴 수염도 길렀다.

그는 몸이 약하고 키가 작았다. 둥근 얼굴에 얽은 자국이 있고, 코는 뾰족하지도 납작하지도 않았다. 손으로는 항상 수염을 쓰다듬었다.

그런 이상한 모습과 기이하게 옷을 입은 사람은 유행 사회에서는 겉돌 수밖에 없다.

"선생님에 대해 많이 들었습니다." 내가 그에게 말했다. "선생님의 책도 읽었습니다. 제 집에 와주신다면 정말 고맙겠습니다."

나라얀 햄챈드라는 쉰 목소리를 냈다. 그는 웃으며 답했다. "네, 어디 사십니까?"

"스토어 가입니다."

"그럼 우리는 이웃이군요. 저는 영어를 배우고 싶습니다. 가르쳐 주시겠습니까?"

"제가 할 수 있는 무엇이든 가르칠 수 있다면 저의 행복입니다. 최선을 다하겠습니다. 원하신다면 사시는 곳으로 가지요."

"아닙니다. 제가 가지요. 번역 연습 책도 가져가겠습니다."

그렇게 우리는 약속을 했다. 곧 우리는 친한 친구가 되었다.

나라얀 햄챈드라는 문법을 전혀 몰랐다. 그는 '말'을 동사로, '달리다'를 명사로 알았다. 그런 우스운 일이 여러 번 있었음을 기억한다. 그러나 그는 그런 무지에 전혀 당황하지 않았다. 나의 약간의 문법 지식은 그에게 아무런 효과도 없었다. 정말 그는 문법에 대한 무지를 조금도 부끄럽게 생각하지 않았다.

그가 너무나도 뻣뻣하게 말했다. "저는 당신처럼 학교를 다닌 적이 없습니다. 제 생각을 표현하기 위해 문법이 필요하다고 느낀 적이 없습니다. 그런데 벵골어를 아십니까? 저는 압니다. 저는 벵골을 여행했습니다. 마하르시 데벤드라나드 타고르의 작품을 구자라트어 사용 지역에 전한 것이 저입니다. 그리고 다른 언어의 보배들을 구사라트어로 빈역하고자 합니다. 아시다시피 저는 직역을 하지 않습니다. 저는 언제나 정신을 옮기는 것에 만족합니다. 저보다 지식이 더 많은 다른 사람들이 장래에 더 잘할 수 있겠지요. 그러나 저는 문법의 도움 없이 제가 이룬 것에 정말 만족합니다. 저는 마라티어, 힌두어, 벵골어도 알고, 영어도 배우기 시작했습니다. 제가 바라는 것은 낱말을 많이 아는 것입니다. 그게 제 욕심의 전부인 줄 아십니까? 놀라지 마십시오. 저는 프랑스로 가서 프랑스어도 배우고 싶습니다. 프랑스어로 쓴 문학이 대단하다고 들었어요. 또 가능하면 독일에 가서 독일어도 배우고 싶습니다."

이처럼 그는 끝도 없이 말했다. 그는 외국어를 배우고 외국을 여행하려는 무한한 야망을 품었다.

"미국에도 가시렵니까?"

"물론이지요. 제가 그 신세계를 보지 않고 어떻게 인도로 돌아가 겠습니까?"

"그러나 돈이 어디서 나옵니까?"

"왜 돈이 필요합니까? 저는 당신처럼 유행을 따르지 않습니다. 최소한의 음식과 옷으로 충분합니다. 그 정도는 내 책에서 나오는 수입과 친구들의 도움으로 충분합니다. 언제나 3등칸으로 여행합니다. 미국에 갈 때도 갑판에 탈 겁니다."

나라얀 햄챈드라의 소박함은 그만의 것이었고, 그것과 짝을 이루는 것이 솔직함이었다. 작가로서 자신을 과도하게 평가하는 것 외에는 자만심이 전혀 없었다.

우리는 매일 만났다. 우리의 생각과 행동에는 비슷한 점이 상당히 많았다. 모두 채식주의자였다. 종종 점심을 같이했다. 그때는 내가 일주일에 17실링으로 살면서 자취를 할 때였다. 내가 그의 방에 가기도 하고, 그가 내 방에 오기도 했다. 나는 영국식으로 요리했다. 그러나 그는 인도식을 좋아했다. 그는 달[72] 없이는 요리를 못했다. 내가 당근 따위로 수프를 만들면 내 식성을 불쌍하게 생각했다. 언젠가 그가 멍[9]을 찾아내 요리해서 나에게 가져왔다. 나는 맛있게 먹었다. 그 후 우리는 음식을 규칙적으로 바꾸게 되었다. 내가 맛있는 요리를 그에게 가져가면 다음에는 그가 가져왔다.

당시 메닝 추기경이 모든 사람 입에 오르내렸다. 부두노동자들의 파업이 존 번스와 메닝 추기경의 노력으로 빨리 해결되었기 때문이

---

72 dal. 콩즙.

9) mung. 인도 콩.

다. 내가 나라얀 햄챈드라에게 추기경의 소박함에 대한 디즈레일리의 찬사를 말했더니 그는 "그럼 내가 그 현인을 만나봐야죠"라고 말했다.

"그는 저명인사입니다. 어떻게 만나시렵니까?"

"왜요? 방법이 있습니다. 내 이름으로 편지를 쓰도록 당신에게 부탁해야지요. 그에게 내가 작가고 내가 그를 직접 만나 그의 인도에 대해 축하하고 싶어한다고 전하고, 내가 영어를 몰라서 당신을 통역자로 데리고 간다고도 전해주십시오."

나는 그런 편지를 보냈다. 2, 3일 후 메닝 추기경의 약속 엽서가 왔다. 그래서 함께 메닝 추기경을 찾아갔다. 나는 보통 방문할 때 입는 옷을 입었다. 나라얀 햄챈드라는 언제나 입는 그 바지에 그 외투였다. 내가 놀리니 그는 활짝 웃으며 말했다.

"당신들 문명인은 모두 겁쟁이입니다. 위대한 사람은 사람의 겉모양을 보지 않습니다. 그 마음을 봅니다."

우리는 메닝의 집에 들어갔다. 자리에 앉자마자 키가 크고 마른 노인이 나타나 악수를 청했다. 나라얀 햄챈드라는 인사를 했다.

"시간을 빼앗고 싶진 않습니다. 명성을 익히 들었고, 파업노동자를 위해 하신 좋은 일에 감사하기 위해 와야 한다고 느꼈습니다. 세상의 현인들을 방문하는 것이 제 버릇이고, 그래서 이렇게 폐를 끼치게 되었습니다."

이는 물론 그가 구자라트어로 말한 것을 내가 번역한 것이다.

"와주셔서 고맙습니다. 런던에 계시는 동안 즐겁게 지내시고 이곳 사람들을 만나보시길 빕니다. 안녕히 가십시오."

메닝 추기경은 이렇게 말하며 일어서서 인사를 했다.

한번은 나라얀 햄챈드라가 속옷과 도티[73] 차림으로 내 방에 왔다.

착한 안주인이 문을 열다가 놀라서 내 방으로 뛰어왔다. 그녀는 나라
얀 햄챈드라를 모르는 새 주인이었다. "어떤 놈팡이가 당신을 보자고
하는군요." 현관에 나가보니 놀랍게도 나라얀 햄챈드라였다. 나는 충
격을 받았다. 그러나 그의 얼굴에는 항상 그런 웃음뿐이었다.

"거리 아이들이 놀리지 않았습니까?"

"예, 나를 따라왔습니다만 신경을 쓰지 않았더니 조용해졌습
니다."

나라얀 햄챈드라는 런던에 몇 달 머문 뒤 파리로 갔다. 그는 프랑
스어를 배우기 시작했고 프랑스 책도 번역했다. 나는 그의 번역을
수정할 정도로는 프랑스어를 알았기 때문에 내게 읽으라고 보내주
었다. 그것은 번역이 아니라 내용의 해설이었다.

그는 결국 미국을 방문했다. 엄청난 고생을 해서 갑판 표를 구했
다. 미국에서 그는 한때 속옷과 도티만으로 외출했듯이 '단정하지
못한 옷차림'을 했다는 이유로 구속당했다. 그는 추방당했던 것으
로 기억한다.

23. 큰 박람회

1890년 파리에서 큰 박람회가 열렸다. 나는 그것이 철저히 준비
되었다는 기사를 읽었고, 또 파리가 너무 보고 싶었다. 그래서 두 가
지를 한꺼번에 하겠다고 생각하고 이 기회에 그곳에 가기로 했다.

---

73 dhoti. 인도, 파키스탄 등에서 힌두교 남성들이 허리에 두르는 면포.

박람회의 특별한 매력은 에펠탑이었다. 완전히 철로 지은 그 탑은 높이가 약 1천 피트나 되었다. 물론 그 밖에도 흥미로운 것이 많았지만 그 탑이 최고였다. 그때까지는 그 정도 높이의 건축물이 안전하게 서 있을 수 없다고 생각되었기 때문이다.

나는 파리의 채식주의 식당 이야기를 들었다. 그곳 방을 하나 예약해 일주일을 묵었다. 나는 파리까지 가는 여행이나 그곳을 관광하는 것에서 모든 것을 철저히 절약했다. 파리 지도와 박람회 지도 및 안내서의 도움을 받아 대부분 걸어 다녔다. 그 정도로 중심가와 흥미로운 관광지를 충분히 찾을 수 있었다.

박람회는 거대하고 다채로웠다는 것 말고는 기억나지 않는다. 에펠탑에는 두세 번 올랐기 때문에 잘 기억한다. 꼭대기 층에 식당이 있었는데, 나는 가장 높은 곳에서 점심을 먹었다는 만족감을 맛보려고 7실링을 썼다.

파리의 옛 교회들은 지금도 기억한다. 그 웅장함과 평화로움을 잊을 수 없다. 노트르담의 놀라운 구조와 내부의 정교한 장식과 아름다운 조각이 잊히지 않는다. 그때 나는 그렇게 성스러운 교회를 위해 엄청난 돈을 쓴 사람들은 진심으로 신을 사랑했으리라 생각했다.

나는 파리의 유행과 경박함에 대해서도 많이 읽었다. 모든 거리에 그런 증거가 있었지만, 교회는 그런 것과는 완전히 다르게 서 있었다. 누구나 그런 교회에 들어가면 밖의 소란과 혼잡을 잊는다. 성모상 앞에 무릎 꿇은 사람 곁을 지나면 누구나 태도가 달라지고 위엄과 존경을 가지고 행동하게 된다. 그때 거기서 받은 느낌, 즉 이 모든 무릎 꿇음과 기도는 단순한 미신이 아니라는 느낌은 그 후 점점 더 커졌다. 성모상 앞에 무릎을 꿇은 그 경건한 영혼이 단순히 대리석을 숭상하는 것일 수는 없었다. 그들은 순수한 신앙에 불타서 돌을 예배하는 것이 아니라 그 돌이 상징하는 신성을 예배하는 것이었다. 그때 내가 느낀 인상은, 그 예배로 인해 그들이 신의 영광을 깎아내리는 것이 아니라 도리어 증대시킨다는 것이다.

에펠탑에 대해 할 말이 있다. 지금 그것이 어떤 용도인지 나는 모른다. 그러나 당시에는 칭찬도 있었고 비난도 있었다. 비난한 사람 가운데 가장 중요한 사람이 톨스토이였다. 그는 그 탑이 인간 지혜의 기념탑이 아니라 어리석음의 기념탑이라고 했다. 그는 이렇게 주장했다. 담배는 중독되면 주정뱅이도 저지르지 못하는 범죄를 저지르게 되기 때문에 모든 마취제 가운데 가장 나쁜 것이다. 술은 사람을 미치게 하지만 담배는 지성을 흐리게 하고 공중에 누각을 짓게 만든다. 에펠탑은 그런 사람이 만든 것이다. 거기에 예술은 없다. 그것이 박람회의 참된 아름다움에 기여하는 바는 아무것도 없다. 그것이 신기하고 너무 크기 때문에 몰려들고 올라간다. 즉 박람회의 장난감이다. 우리도 어릴 때 장난감을 좋아했다. 그 탑은 우리 모두가 쓸데없는 것에 정신 파는 어린이라는 점을 잘 보여준다. 에펠탑은 그런 목적을 위해 세워졌다고 할 수 있다.

24. '변호사', 그래서?

지금까지 나는 내가 영국에 간 목적, 즉 변호사가 되는 것에 대해서는 전혀 말하지 않았다. 이에 대해 간단히 이야기하겠다.

정식 변호사가 되려면 두 가지 조건이 있다. 하나는 '학기 수료'로

12학기 수료, 곧 3년 과정을 마치는 것 그리고 시험 합격이다. '학기 수료'란 한 학기 약 24회 만찬 중 적어도 6회는 참석한다는 것이다. 만찬이란 식사를 한다는 것만이 아니라, 정해진 시각에 출석했음을 알리고 만찬 동안 그곳에 있었음을 뜻한다.

보통 참석자는 물론 누구나 차려진 음식을 먹고 준비된 술을 골라 마신다. 한 끼에 2실링 6펜스에서 3실링 6펜스 정도로 2, 3루피에 해당한다. 호텔에서 만찬을 들면 포도주 값만으로도 그 정도니 싸다고들 한다. 술값이 음식값보다 더 비싸다는 것은 '문명인'이 아닌 우리 인도인에게 놀라운 일이다. 처음에는 이를 알고 큰 충격을 받았고, 사람들이 어떻게 그 많은 돈을 술 마시는 데 쓸 수 있는지 의문이었다.

그 뒤에는 이해하게 되었다. 나는 그 만찬에서 아무것도 먹지 못하는 경우가 많았다. 내가 먹을 수 있는 것이리고는 오로지 빵, 삶은 감자와 양배추뿐이었기 때문이다. 처음에는 좋아하지 않아 먹지 않았지만 뒤에 그 맛을 알았고, 또 다른 것을 요구하는 용기를 갖게 되었다.

교수[74]들을 위한 만찬은 학생용보다 화려했다. 나 같은 채식주의자인 어느 파르시 교도 학생이 채식주의를 보급하려고, 교수들에게 제공되는 채식을 학생들에게도 제공해달라고 요구했다. 그 요구가 받아들여져 우리는 교수들의 식탁에서 과일과 다른 야채를 먹기 시작했다.

네 명당 술이 두 병 나왔는데, 나는 마시지 않았으므로 나머지 세

---

74 bencher. 영국 법학원의 간부로, 교수를 겸한다.

사람이 두 병을 다 마시려고 서로 나를 자기 자리에 앉히려 했다. 그리고 학기마다 한 번씩 있는 '대만찬'에는 포트나 셰리에 샴페인 같은 특별한 술이 나왔다. 그래서 나는 특별히 그 자리에 꼭 참석하도록 요청받을 정도로 인기가 있었다.

그때나 지금이나 그러한 만찬이 학생들을 변호사로 만드는 데 도움이 되는지 모르겠다. 한때는 소수의 학생만이 그 자리에 참석하여, 교수들과 대화하기도 했고 연설도 했었다. 그런 기회는 학생들에게 고상하고 세련된 세상 지식을 주는 데 도움이 되었고, 말하는 능력을 길러주기도 했다. 그러나 내가 있을 때는 그렇지 않았다. 교수들은 모두 자기 자리만 차지했다. 그 제도는 점차 완전히 의미를 상실했다. 그런데도 보수적인 영국은 여전히 그 제도를 유지한다.

교과 공부는 쉬웠고 변호사들에게는 '만찬 변호사'라는 우스운 별명이 붙었다. 시험은 사실 아무런 가치가 없음을 모두 알았다. 그 시절에 시험은 두 과목으로 로마법과 영국법[75]이었다. 시험을 위해 지정된 교과서가 있었지만 그걸 읽는 사람은 드물었다. 많은 사람들이 2주간 로마법 노트와 씨름한 뒤 그 시험에 합격하고, 영국법 시험은 두세 달 노트를 읽어 합격한다는 것을 나는 알고 있었다.

시험 문제는 쉬웠고 시험관은 너그러웠다. 로마법 시험의 합격률은 95퍼센트에서 99퍼센트였고, 최종 시험도 합격률이 75퍼센트 이상이었다. 따라서 그런 시험에 낙제할 우려는 거의 없었고, 게다가 시험 횟수가 일년에 한 번이 아니라 네 번이었다. 그러니 누구도 어

---

75 Common law. 관습법으로 번역하기도 하나 여기서는 로마법(대륙법)에 대응하는 영국법 (판례법)을 말한다.

렵다고 느끼지 않았다.

그러나 나는 그것을 어렵게 만드는 것에 성공했다. 나는 모든 교과서를 읽어야 한다고 생각했다. 읽지 않으면 잘못이라고 느꼈다. 나는 많은 돈을 투자했다. 나는 로마법을 라틴어로 읽고자 결심했다. 런던대학 입학 시험에서 얻은 라틴어 지식이 큰 힘이 되었다. 그리고 내가 읽은 모든 것은 뒤에 남아프리카에서 그 가치가 드러났다. 그곳에서는 네덜란드 로마법이 일반법이었다. 따라서 유스티니아누스에 대해 읽은 것이 남아프리카 법을 이해하는 데 큰 도움이 되었다.

영국법을 읽는 9개월 동안 상당히 고된 노력을 해야 했다. 두껍지만 흥미로운 브룸의《영국법》에 시간이 많이 들었다. 스넬의《형평법》은 매우 흥미로웠지만 이해하기 힘들었다. 화이트와 튜더의《지침 판례》는 중요한 판례를 모은 책으로 흥미롭고 교훈적이었다. 나는 또 윌리엄과 에드워드의《부동산》과 굿이브의《동산》도 흥미롭게 읽었다. 윌리엄의 책은 소설처럼 읽혔다. 인도로 돌아와서 똑같은 흥미를 갖고 읽은 책은 메인의《힌두법》뿐이었다. 그러나 이곳은 인도 법률 책 이야기를 할 자리가 아니다.

나는 시험에 합격했고 1891년 6월 10일, 변호사 면허를 얻어 11일, 법원에 등록했다. 그리고 12일, 인도로 돌아왔다.

이렇게 공부를 마쳤지만 끝없는 무력감과 공포를 물리치지 못했다. 나에게 법을 다룰 자격이 있다고 느끼지 못했다.

나의 무력감에 대해서는 다른 장에서 쓸 필요가 있다.

25. 나의 무력감

변호사가 되기는 쉬웠지만 법정에서 일하기란 어려웠다. 법을 공부했지만 어떻게 활용할 것인지는 배우지 못했다.《법률 금언집》을 흥미롭게 읽었지만 그것을 현실에 적용하는 방법은 몰랐다. 그 중에 "재산을 행사할 때에는 타인의 재산에 손해를 끼치지 않도록 배려해야 한다"는 것이 있었는데, 나는 그것을 고객의 이익을 위해 어떻게 적용해야 하는지 알지 못했다. 나는 그 금언에 대한 모든 지침 판례를 읽었으나, 실무에서 그것을 어떻게 적용해야 하는가에 대한 확신이 도무지 없었다.

그 밖에 나는 인도법에 대해 공부하지 못했다. 또 힌두법과 마호메트법에 대해서 아무것도 몰랐다. 소장(訴狀) 쓰는 법도 몰라 그야말로 캄캄했다. 나는 페로제샤 메타 경이 법정에서 사자처럼 호통을 친다는 말을 들었다. 나는 그가 그런 기술을 영국에서 어떻게 배웠는지 신기했다. 그런 법적 재능을 갖는다는 것은 나로서는 상상도 못할 일이었고, 내가 이 직업으로 생활비를 벌 수 있을지조차 너무나도 의심스러웠다.

법을 공부하는 동안 이러한 의문과 걱정으로 가슴이 찢어졌다. 그런 고민을 몇몇 친구에게 털어놓았다. 친구 하나가 다다바이[76] 나오로지에게 상담해보라고 권했다. 내가 영국으로 출발할 때 다다바이에게 줄 소개장을 지녔다는 이야기를 앞에서 했다. 나는 그것을 너무 늦게 사용했다. 나는 그런 위대한 인물을 인터뷰로 방해할 권

---

76 bhai란 형제라는 뜻으로 친한 사람의 이름 뒤에 붙이는 말.

리가 나에게 없다고 생각했다. 나는 그의 연설에 참석했으나, 강당 구석에서 그를 보고 연설을 듣는 것만으로 만족했다.

그는 학생들과 가까워지려고 모임을 만들었다. 그 모임에 나간 나는 다다바이가 학생들을 염려해주고 학생들의 존경을 받는 것을 보며 기뻤다. 그러는 동안 나는 용기를 내어 그에게 소개장을 보였다. "언제든지 필요한 때에 와서 충고를 들으세요"라고 그가 말했다. 그러나 나는 한 번도 그러지 않았다. 정말 꼭 필요하지도 않은데 그를 귀찮게 하는 것이 잘못이라고 생각했다. 따라서 당시 다다바이에게 나의 어려움을 털어놓으라는 친구의 조언을 받아들이려고 하지 않았다.

그때 나에게 프레데릭 핀커트 씨를 만나보라고 권유한 친구가 같은 사람이었는지 다른 사람이었는지 지금 나는 잊었다. 그는 보수당에 속했지만 인도 학생에 대한 그의 사랑은 순수하고 전혀 이기적이지 않았다. 많은 학생들이 그의 조언을 구했고, 나도 그에게 약속을 청한 적이 있는데, 그는 기꺼이 받아주었다. 나는 그 만남을 잊을 수 없다. 그는 나를 친구처럼 맞아주었다. 그는 나의 허무주의를 웃어넘기며 말했다.

"자네는 모든 사람이 페로제샤 메타처럼 되어야 한다고 생각하는가? 페로제샤나 바드루딘 같은 사람은 드물어. 보통의 변호사가 되는 데는 특별한 기술이 필요하지 않아. 보통으로 정직하고 부지런하면 살아가는 데 충분해. 모든 사건이 복잡하지 않아. 자네의 일반 독서량이나 말해보게나."

내가 얼마 안 되는 나의 독서량에 대해 말하자 그는 상당히 실망한 듯이 보였다. 그러나 그것은 잠깐이었다. 곧 그는 얼굴에 쾌활한 웃음을 보이며 말했다.

"자네 걱정을 이해하네. 자네는 일반 독서가 부족해. 자네는 세상을 몰라. 그건 변호사에게 반드시 필요해. 자네는 인도 역사조차 읽지 않았어. 변호사는 인간 본성을 알아야 해. 사람의 얼굴을 보고 성격을 알 수 있어야 해. 인도인이면 당연히 인도 역사를 알아야 하지. 이건 실무와 관련되지는 않지만, 반드시 그걸 알아야 해. 자네는 심지어 케이와 맬러슨이 쓴 1857년의 폭동에 대한 책도 읽지 않았지. 즉시 그 책을 읽고 인간성을 이해하기 위해 두 권 더 읽게나. 바로 레버터와 셈멜페니크가 쓴 인상학에 대한 책들이야."

나는 이 존경하는 친구에게 너무나도 감사했다. 그 앞에서는 모든 두려움이 사라졌으나, 그를 떠나자 다시 걱정이 몰려왔다. 나는 '얼굴을 보고 사람을 안다'는 문제에 사로잡힌 채, 집으로 돌아오며 두 권의 책을 생각했다. 다음날 나는 레버터의 책을 샀다. 셈멜페니크의 책은 서점에 없었다. 레버터의 책은 스넬의 《형평법》보다 더 어려웠고 흥미롭지 못했다. 셰익스피어의 인상학을 공부했지만 런던 거리를 오가는 셰익스피어들을 찾아내는 묘안을 얻지는 못했다.

레버터의 책에서 지식을 얻지 못했다. 핀커트 씨의 조언은 직접적인 도움이 되지는 못했지만 그의 친절은 큰 힘이 되었다. 나는 웃음 띤 그의 밝은 얼굴을 기억했고, 페로제샤 메타의 재능이나 기억력이나 능력이 변호사로 성공하는 데 필수적이지 않으며, 정직과 근면으로 충분하다고 한 그의 조언을 믿었다. 그 마지막 두 가지에 대해서는 얼마쯤 자신이 있어서 안심했다.

케이와 맬러슨의 책은 영국에서 읽지 못했으나, 기회가 나면 그것부터 읽을 참이었기에 남아프리카에서 읽게 되었다.

이처럼 실망 속에 희망의 효소를 조금이나마 섞어서 나는 아쌈호 편으로 뭄바이에 도착했다. 항구의 파도가 거칠어서 작은 증기선에 옮겨 타고 부두에 닿아야 했다.

2부

간디에 흥미를 갖는 사람이면 누구나 영화 〈간디〉를 보았으리라. 세 시간이 넘는 영화로 간디의 일생을 다루는 영화지만 최초의 장면은 1893년 남아프리카에서 시작된다.

스물두 살의 영국 신사인 청년 변호사 간디는 남아프리카 도착 일주일 만에 열차에서 쫓겨난다. 간디는 일등칸 차표를 타서 일등칸에 탔는데 차장이 와서 백인이 아니라는 이유로 삼등칸으로 가라는 것을 거부하자 열차에서 쫓겨난다. 영화는 이 인종차별 사건으로 간디의 일생을 풀어간다. 영화에서 다루어진《간디 자서전》2부에 나오는 사건은 이뿐이다.

그러나《간디 자서전》2부는 남아프리카로 가기 전 간디가 영국에서 인도로 돌아오는 것으로 시작된다. 1891년 간디가 영국에서 귀국했을 때 결혼 연령을 열 살에서 열두 살로 올리는 법이 제정되었지만 물론 그 정도로 인도가 근대화될 수 있는 것은 아니었다. 도리어 1893년 북인도에서 소 보호를 둘러싸고 힌두교도와 이슬람교도가 충돌하는 사건이 터졌듯이 분열과 대립이 심화되었다. 그런 시기에 간디는 영국에서 돌아왔으나 정치 사회 현실에 대해 특별히 민감했던 것 같지는 않다.

《간디 자서전》1부 끝에서 보았듯이 간디는 1891년 영국에서 변호사가 되어 고향인 라지코트로 돌아왔으나 변호사로 성공하지 못하고 1893년 스물네 살에 압둘라 회사의 초청을 받아 남아프리카로 갔다. 그 2년 동안 간디는 어렵게 살았다. 자신의 카스트에서 추방당한 그는 아내의 집안에서도 멸시를 받았고 심지어 아내도 그의 권위주의를 인정하지 않았다. 그 기간에 가장 중요한 경험은 연줄을 이용하려다가 '최초의 충격'을 받는 2부 4장의 경험이다. 당시의 인도 못지않게 지금 한국도 연줄 사회인 것을 생각하면 연줄에 대한 반성이 참으로 절실하다고 본다. 그런 현실에 대한 혐오에서 그는 남아프리카로 간다.

  인도를 떠나 남아프리카에서 성공을 빌었지만 간디가 최초로 인종차별을 경험할 정도로 그곳 사정은 더욱 어려웠다. 프리토리아에서 열차에서 쫓겨난 뒤 간디는 인종차별에 비폭력으로 저항할 것을 결심하고 이민 법안에 반대하는 청원을 제출한 후 나탈인도국민회의를 조직하여 처음으로 대중운동가로 나섰다. 그러면서도 톨스토이의 책을 비롯한 종교 서적을 열심히 공부했다. 이어 1896년, 즉 스물일곱 살 때 남아프리카에 장기 체재할 결심을 하고 일시 귀국하여 인도에서 남아프리카 인도인을 위해 연설했고, 이듬해 가족과 함께 다시 남아프리카로 갔다.

  2부의 남아프리카에서 간디는 혼자 살았다.

1893년(24세) 압둘라 회사의 초청으로 남아프리카로 감.

1894년(25세) 톨스토이를 포함하여 종교 서적을 공부하고 나탈인 도국민회의를 조직.

1895년(26세) 이민 법안에 반대하는 청원서 제출.

1896년(27세) 남아프리카에 장기 체재할 결심을 하고 일시 귀국하여 인도에서 남아프리카 인도인을 위해 연설.

1. 라이찬드바이[1]

나는 1부에서 뭄바이 항구의 파도가 거칠었다고 했다. 이는 6, 7월의 아라비아 해에서는 이상한 일이 아니었다. 아덴[2]에서부터 계속 파도가 거셌다. 대부분의 승객이 뱃멀미를 했다. 나 혼자 아무 일 없어 갑판에서 격렬한 파도를 보거나, 물보라를 즐겼다. 아침 식사 때는 나 말고는 한두 사람이 참석해 접시에 오트밀 죽을 담아 먹었는데, 쏟아지지 않게 하려면 무릎 사이에 조심스럽게 두어야 했다.

바깥의 폭풍은 내 내면의 상징이었다. 그러나 폭풍이 나를 어지럽게 하지 못하듯이, 내 내면도 그랬다고 할 수 있었다. 종족과 관련된 성가신 일이 닥치고 있었다. 직업생활을 시작하는 데 자신이 없었다. 당시에는 개혁자여서 그런 개혁을 어떻게 시작하는 것이 최선인지 궁리도 해야 했다. 그뿐만 아니라 나도 모르는 여러 가지 일이 기다렸다.

맏형이 부두로 마중을 나왔다. 그는 이미 메타 의사와 그의 형을 알고 있었고, 메타 의사가 그의 집에 머물라고 해서 우리는 그리로 갔다. 그렇게 해서 영국에서 시작된 친교는 인도에서도 계속되었고, 이는 두 가족의 영원한 우정으로 성숙해갔다.

나는 어머니가 너무 보고 싶었다. 그녀가 더는 살아 있지 않아 나를 가슴으로 안아줄 수 없음을 몰랐다.

그 슬픈 소식을 그제야 듣고 관례대로 목욕재계를 했다. 어머니

---

1 Raychandbhai의 bhai는 존칭이다. 라이찬드 또는 라즈찬드라 라즈비바이 메타(1868~1901)는 인도의 시인.

2 과거 아라비아 남서부의 옛 영국보호령. 지금은 남예맨의 일부.

는 내가 영국에 있는 동안 죽었지만, 형이 그것을 알리지 않았다. 내가 외국에서 애통해하지 않도록 하기 위해서였다. 그러나 소식을 듣고 나니 역시 충격을 받았다.

그렇다고 슬픔에 빠져 있을 수만은 없었다. 그때의 슬픔은 아버지가 돌아가셨을 때보다도 더욱 컸다. 가슴속의 희망 대부분이 부서졌다. 그러나 슬픔으로 인해 어떤 거친 표현을 하지는 않았다. 나는 눈물을 참을 수도 있었고, 마치 아무 일도 없었다는 듯이 일상으로 돌아갔다.

메타 의사의 소개로 여러 친구를 알게 되었다. 그 중 한 사람이 그의 동생인 레바샨카르 자그지반 씨였다. 그와는 평생 친구가 되었다. 그러나 특별히 강조할 필요가 있는 사람은, 라이찬드 또는 라즈찬드라였다. 그는 메타 의사 맏형의 사위로서, 레바샨카르 자그지반의 이름으로 경영하는 보석회사의 동업자였다. 당시 그는 스물다섯 살이 넘지 않았으나, 그를 처음 보자마자 그가 고매한 인격과 학식을 가졌음을 알았다.

그는 또 샤타바다니(백 가지 일을 동시에 기억하거나 처리하는 능력을 가진 사람)로 알려졌고, 메타 의사는 나에게 그의 기억력을 시험해보라고 했다. 나는 내가 아는 유럽어 단어를 아는 대로 부르고 그 시인에게 그것들을 반복해보라고 요구했다. 그러자 그는 내가 말한 순서 그대로 외웠다.

나는 그의 재주가 부러웠으나 매혹되지는 않았다. 나를 매혹한 점은 나중에 알게 되었다. 그것은 경전에 대한 그의 폭넓은 지식, 그의 흠 없는 인격, 그리고 자아실현을 향한 그의 불타는 정열이었다. 훗날나는 이 마지막 것이 그의 삶을 살게 하는 원동력임을 알았다. 그는 언제나 무크타난드의 다음 시구를 노래하고 자신의 가슴에 새겼다.

> 내 일상의 행동 모두에서 신을 볼 때만
> 나는 축복받은 사람이다.
> 신은 무크타난드의 목숨을 부지해주는
> 참된 실이다.

라이찬드바이의 상업 거래액은 몇십만 루피에 달했다. 그는 진주와 다이아몬드 감정가였다. 그는 아무리 복잡한 사업 문제도 해결했다. 그러나 이 모든 것은 삶의 중심이 아니었다. 그 중심은 신의 얼굴을 보고자 하는 정열이었다. 그의 사무 책상 위에 있는 물건 가운데는 몇 권의 종교 서적과 일기가 있었다. 일을 마치면 그는 바로 종교 서적이나 일기를 폈다. 그가 출판한 저술의 대부분은 일기에서 나왔다.

중요한 상업 거래에 대한 이야기를 마치자마자 곧바로 숨어 있던 정신적인 것을 쓰기 시작하는 사람은 분명히 사업가가 아니라, 참된 진실 추구자다. 나는 그가 그처럼 사무가 한창인 가운데 종교적 탐색에 열중하는 것을 한두 번이 아니라 자주 보았다. 그가 균형을 잃는 모습은 보지 못했다. 그와 나를 연결하는 사업 면에서의 이기적인 연결고리 같은 건 없었지만, 나는 그와 가장 가깝게 사귀었다.

당시 나는 사건도 없는 변호사에 불과했지만 그는 나를 만날 때마다 심각한 종교 문제 대화로 나를 이끌었다. 그럴 때마다 나는 더듬었고 종교 토론에 심각한 흥미를 가졌다고 할 수 없는데도 그의 말에 빨려드는 듯한 흥미를 느꼈다. 그 뒤 나는 수많은 종교 지도자와 교사를 만났다. 여러 신앙의 수장들을 만나려고 노력했다. 그러나 라이찬드바이가 나에게 준 인상만큼 깊은 인상을 준 사람은 없었다.

그의 말은 내 마음을 찔렀다. 그의 지성도 그의 도덕적 진지성과 마찬가지로 그를 존경하도록 했고, 그는 나를 고의로 방황하게 하지 않고 자기 내면의 최상의 사상을 나에게 주리라는 확신을 깊이 심어주었다. 따라서 그는 내가 정신적 위기에 빠질 때마다 나의 피난처가 되었다.

그러나 그를 이렇게 존경하면서도 그를 마음의 스승(Guru)으로 추대할 수 없었다. 그 자리는 비어 있었고 나의 탐색은 계속되었다.

나는 스승에 대한 힌두 교리와 깨달음에서 스승이 갖는 중요성을 믿는다. 스승 없이는 참된 지식이 불가능하다는 생각에 상당한 진실이 있다고 생각한다. 세속사에서는 불완전한 교사가 있어도 무방하지만, 정신적인 경우 그럴 수 없다. 오직 완벽한 현자[3]만이 스승일 수 있다. 따라서 완벽을 향해 끝없이 노력해야 한다. 구루는 그를 만날 자격이 있는 자에게만 나타난다. 완벽을 향한 무한한 노력이 그 자격이다. 그것은 자신에 대한 보상이다. 나머지는 신의 손안에 있다.

나는 이처럼 라이찬드바이를 구루로 마음속에 추대하지 못했지만 그가 언제나 나의 안내자이자 조력자였음을 여러분은 보게 될 것이다. 세 명의 현대인이 내 일생에 깊은 인상을 주었고 나를 사로잡았다. 라이찬드바이는 생전의 접촉을 통해, 톨스토이는 《신의 나라는 네 안에 있다(The Kingdom of God is within You)》라는 책을 통해, 그리고 러스킨은 그의 《이 마지막 사람에게도(Unto This Last)》를 통

---

3 Gnani. 아는 자, 선견자라는 뜻.

해서였다. 그들에 대해서는 나중에 다시 말하겠다.

2. 생활의 시작

맏형은 나에게 큰 기대를 걸었다. 부와 이름과 명성에 대한 욕망이 컸다. 그는 아량이 있었고 잘못에 관대했다. 이것이 그의 단순한 성격과 합쳐져 많은 친구가 따르게 했고, 그는 그들을 통해 나에게 사건 의뢰가 오리라 기대했다. 또 그는 내 사업이 번창하리라는 기대에서 지나친 낭비를 했다. 그러면서 내 사업의 기반을 닦느라 철저히 준비했다.

나의 외국 여행으로 생긴 종족 내 폭풍은 여전했다. 그로 인해 종족은 둘로 갈라졌다. 한쪽은 나를 즉시 다시 받아들이려고 했고, 다른 쪽은 나를 계속 추방하려고 했다. 전자의 호의를 받으려고 라지코트로 가기 전에 형은 나를 나시크에 데려가서 성스러운 강에서 목욕을 시키고, 라지코트에 도착하자 종족 잔치를 베풀었다. 나는 그 모든 것이 싫었다. 그러나 나에 대한 형의 사랑은 무한했고, 그에 대한 나의 공경도 마찬가지여서 그의 뜻을 법으로 여기고 그가 원하는 대로 행동했다. 그렇게 해서 종족에 다시 받아들여지는 문제는 사실상 해결되었다.

나는 나를 거부한 종족에게 받아달라고 요청한 적은 없다. 그 종족의 대표들에게 반감을 가진 적도 없다. 그들 가운데 나를 싫어한 사람들도 있었지만 나는 그들의 감정을 상하게 하지 않으려고 조심했다. 나는 추방에 대한 종족의 규율을 철저히 존중했다. 그에 따르면 나의 장인 장모나 처형, 처남을 비롯해 친척 누구도 나를 대접할 수 없고, 나는 그들의 집에서 물 한 모금 마실 수 없었다. 그들은 그 금지를 은밀하게 피하고자 했지만, 공공연히 금지된 일을 은밀하게 하는 것은 내 천성에 맞지 않는 일이었다.

조심스럽게 행동한 결과 내게 종족이 문제가 되는 일은 없었다. 도리어 여전히 나를 추방자로 규정하는 종족 전체에게 사랑과 관대한 대우를 받았다. 그들은 내가 종족을 위해 무엇을 하리라 기대하지도 않으면서 나의 일을 도와주기도 했다.

이 모든 좋은 일들은 나의 무저항 때문이라고 확신한다. 내가 만일 종족에 들어가려고 움직였다면, 또 종족을 분열시키려고 했다면, 종족을 선동했더라면 그들은 틀림없이 보복했을 것이고, 그랬다면 내가 영국에서 돌아온 뒤 폭풍을 피하기는커녕 격동의 소용돌이에 빠지고 종족은 분열되었으리라.

아내와의 관계는 여전히 내가 원하는 바와 달랐다. 영국 유학도 나의 질투심을 치료하지 못했다. 나는 모든 사소한 일에도 까다롭게 굴고 의심을 품었기 때문에 내가 바란 것은 아무것도 이루지 못했다. 나는 아내가 읽고 쓰는 것을 배워야 한다고 결정했다. 내가 그녀의 공부를 도와주어야 했지만 내 욕정이 그것을 방해했고 아내는 내 결점 때문에 고통을 받아야 했다. 한번은 그녀를 친정에 쫓아보내 엄청난 고통을 맛보게 한 뒤에 비로소 돌아오게 했다. 그 뒤 나는 이 모든 것이 오로지 내 어리석음 때문임을 알았다.

나는 아이들 교육을 개혁할 계획도 세웠다. 형에게 아들이 셋이고 내가 영국에 갈 때 집에 남겨둔 내 아들도 이제 거의 네 살이었다. 이 아이들에게 체육을 가르쳐 몸을 튼튼하게 만들고, 나 스스로

지도하려고 했다. 형도 동의했고 나는 상당히 성공했다. 나는 아이들과 어울리는 것을 너무 좋아했고, 그들과 놀고 농담하는 버릇이 지금까지 이어졌다. 그 후 나는 언제나 아이들의 좋은 교사가 되어야 한다고 생각해왔다.

음식을 '개량'할 필요성은 분명했다. 홍차와 커피는 벌써 집에 가져왔다. 내가 귀국한 후 형은 영국풍을 지키는 것이 좋다고 생각해, 그전에는 특별한 목적으로만 보관했던 도자기 같은 것들을 이제는 항상 쓰게 되었다. '개량'의 마지막으로 나는 오트밀 죽을 들여왔고, 홍차와 커피는 코코아로 대체했다. 그러나 사실은 홍차와 커피에 코코아를 더한 것이었다. 부츠와 구두도 이미 사용하고 있었다. 여기에 유럽 옷을 더해 유럽화를 완성했다.

그 결과 생활비가 늘어났다. 새로운 것이 나날이 늘어났다. 문 앞에 흰 코끼리를 매다는 것에 성공한 셈이다.[4] 그러나 돈이 어디서 나오는가? 라지코트에서 개업한다는 건 비웃음을 사기에 안성맞춤인 일이었다. 자격 있는 인도 변호사로서의 지식도 못 갖춘 채 법정변호사랍시고 그 열 배의 보수를 기대했다! 어떤 바보 같은 의뢰인이 나를 찾을까? 게다가 설령 그런 사람이 있다고 해도, 나의 무지에 거만과 거짓까지 더하여 세상에 끼친 부채의 짐을 증가시키지 않겠는가?

친구들은 법원 경험을 쌓기 위해 뭄바이로 가서 얼마 동안 지내면서 인도법을 공부하고 사건을 얻도록 노력해보라고 충고했다. 나는 그 제안에 따라 그곳으로 갔다.

뭄바이에서 나는 나만큼이나 무능한 요리사와 함께 살림을 시작

---

4 비싼 물건을 많이 사서 비용이 많이 들었다는 비유.

했다. 그는 브라만[5]에 속했다. 나는 그를 하인이 아니라 가족으로 대했다. 그는 물을 끼얹기만 하고 씻지는 않았다. 그의 도티는 더러웠고 성사(聖絲)[6]도 마찬가지였으며 경전에 대해서는 완전히 무지했다. 그러나 내가 어떻게 그 이상의 요리사를 두겠는가?

"그래, 라비샨카르(이것이 그의 이름이었다), 요리는 못한다고 해도 매일 드리는 예배[7]는 알아야지"라고 내가 말하면 "예배라고요, 주인님! 쟁기가 우리의 예배고, 삽이 나날의 예식입니다. 그게 브라만이라는 것이지요. 저는 당신 덕분에 살 수밖에 없어요. 그렇지 않으면 물론 농사나 지어야지요"라고 했다.

그래서 나는 라비샨카르의 선생이 되어야 했다. 시간은 많았다. 요리의 반은 내가 했고 영국에서 했던 채식 요리 경험을 살리기로 했다. 난로를 하나 사서 라비샨카르와 함께 부엌일을 하기 시작했다. 나는 함께 식사하는 것에 개의치 않았고, 라비샨카르도 마찬가지여서 우리는 즐겁게 생활했다. 그러나 단 한 가지 걱정이 있었다. 그가 끝까지 더러움을 고집해서 음식은 언제나 불결했다!

그러나 뭄바이에 4, 5개월 이상 머물기란 불가능했다. 계속 늘어나는 지출을 감당할 수입이 없었기 때문이다.

나의 인도 생활은 이렇게 시작되었다. 나는 변호사라는 직업이 나쁘다는 걸 알았다. 허풍만 세고 아는 건 없었다. 나는 내 책임에 압박을 느꼈다.

---

5 주로 제사를 모시는 승려 등의 카스트 최고 계급.

6 인도의 4계급 중 위 3계급이 성년이 되어 정신적으로 다시 태어났다는 의미로 목에 두르는 실. 그 실은 아기가 태어날 때의 배꼽줄을 뜻한다.

7 Sandhya. 새벽 또는 해질 녘을 뜻함.

3. 최초의 소송

뭄바이에서 나는 한편으로는 인도법 공부를 시작했고, 다른 한편으로는 친구인 비르찬드 간디와 함께 음식 실험을 했다. 형은 사건을 얻어주려고 최선을 다했다.

인도법 공부는 지루했다. 나는 민사소송 법전을 도저히 이해할 수 없었다. 증거법은 그렇지 않았다. 비르찬드 간디는 사무변호사[8] 시험을 준비 중이었고 나에게 법정변호사[9]와 인도 변호사[10]에 대한 갖가지 이야기를 해주었다.

"페로제샤 경의 능력은 풍부한 법지식에서 나옵니다. 그는 증거법을 외우고 있고 32가지 범주의 모든 사건을 알고 있습니다. 바드루딘 타브지의 탁월한 변론 능력은 판사들을 탄복시킵니다."

그런 뛰어난 사람들의 이야기에 나는 맥이 빠졌다.

그가 덧붙였다. "법정변호사가 5년이나 7년을 허송세월하는 것은 예사입니다. 그래서 나는 사무변호사를 택했지요. 당신이 3년 만에 자기 배를 저어갈 수 있다면 정말 운이 좋은 셈입니다."

비용은 매달 늘어났다. 집 안에서는 아직 준비를 하면서 집 밖에

---

8 Solicitor. 한국의 변호사는 종류가 하나뿐이지만, 영국이나 그 식민지였던 인도에는 두 종류가 있다. 사무변호사는 당사자의 위촉에 의해 계약서의 작성이나 법률 사건의 상담에 응하며, 또한 소송이 되면 소송 서류 작성 등 법정변호사의 보조 업무를 하지만 하급 법원에서는 변론을 할 수도 있다.

9 Barrister. 법정변호사는 의뢰자의 소송 서류를 작성하고 법정에서 변론도 하지만 의뢰자로부터 직접 사건을 인수하지 않고, 사무변호사에게 위촉을 받는다.

10 Vakil. 인도에서 변호사 자격을 받은 자로서, 간디처럼 영국에서 변호사 자격을 받은 자와 구별된다.

변호사 간판을 단다는 건 도저히 용인할 수 없었다. 그래서 공부에 전념할 수도 없었다. 나는 증거법에 흥미를 갖게 되었고 에임의《힌두법》을 상당히 흥미롭게 읽었지만 소송을 할 용기가 나지 않았다. 마치 새로 시집온 며느리처럼 말할 수 없이 무능했다.

그 무렵 나는 마미 부인의 소송을 맡았다. '가벼운 사건'[11]이었다. "중개인에게 수수료를 지불해야 한다"는 소리를 들었다. 나는 단호하게 거부했다.

"그러나 한 달에 3, 4천 루피를 버는 대형 형사변호사는 누구라도 중개료를 지불합니다!"

"그걸 본받을 필요는 없습니다." 나는 대꾸했다. "나는 한 달에 300루피면 충분합니다. 아버지도 그 이상 벌지 않으셨습니다."

"그러나 시대가 변했습니다. 뭄바이 생활비는 무섭게 올랐습니다. 사업가여야 합니다."

나는 철석같았다. 나는 수수료를 내지 않았지만 어떻게 하여 사건은 맡았다. 쉬운 사건이었다. 나는 변호비로 30루피를 요구했다. 사건은 하루 이상 걸릴 것 같지 않았다.

이것이 소액법원[12]에 처음 출정한 사건이었다. 나는 피고를 대신해 출정했고 따라서 원고 측 증인들을 반대 신문해야 했다. 나는 일어섰지만 간이 콩알만 해졌다. 머리가 빙글빙글 돌았고 법정 전체도 그런 것처럼 느꼈다. 무엇을 물어야 할지 생각나지 않았다. 판사는 틀림없이 웃었을 것이고 변호사들은 분명 구경거리를 즐겼으리

---

11 하급법원에서 처리되는 사건.

12 Small Causes Court. 소액의 민사소송을 다루는 법원.

라. 그러나 내게는 아무것도 보이지 않았다.

나는 앉아버렸고 중개인에게 사건을 맡을 수 없으니 파텔 씨에게 부탁하는 것이 좋겠으며 변호비는 반납하겠다고 말했다. 파텔 씨는 51루피에 사건을 맡아주었다. 물론 그 사건은 그에게 어린애 장난에 불과했다.

나는 소송 의뢰인이 이겼는지 졌는지도 모르고 법정을 서둘러 떠났다. 나는 너무나 부끄러웠고 사건을 다룰 만큼 충분한 용기가 생기기 전에는 다른 사건을 맡지 않겠다고 결심했다. 사실 나는 남아프리카로 가기 전에 법정에 다시 서지 않았다. 그런 결심에는 어떤 의미도 없었다. 그냥 그렇게 하지 않을 수 없었다. 질 것이 뻔한 나에게 사건을 맡길 바보는 없었다!

그러나 뭄바이에서 사건을 맡게 되었다. 진정서를 작성하는 일이었다. 포르반다르의 어느 이슬람교도가 토지를 몰수당했다. 그는 마치 아들이 아버지를 찾듯이 나에게 왔다. 그에게 약점이 있는 듯했으나 진정서를 써준다고 약속하고 인쇄 비용을 부담하라고 했다. 진정서를 쓴 뒤에 친구들에게 읽어주었다. 친구들이 인정해주었고 나는 진정서를 쓸 자격이 있다는 점에 만족했다. 사실 그러했다.

비용을 받지 않고 진정서를 써주었다면 사업이 번창했으리라. 그러나 그렇다면 소득이 없었다. 그래서 교사직을 택할까 생각했다. 영어 실력이 좋았으므로 학교에서 시험 준비하는 아이들에게 영어를 가르치고 싶었다. 그렇게 하면 적어도 비용 일부는 충당할 수 있었다. 신문에서 광고를 보았다. "영어 교사 구함. 하루 한 시간, 보수 75루피." 어느 유명한 중학교에서 낸 광고였다. 우편으로 신청했더니 만나자는 답이 왔다. 신이 나서 갔으나 유감스럽게도 그곳 교장은, 내가 대학 졸업자가 아님을 알고서 거절했다.

"그러나 저는 런던 자격시험에서 제2외국어로 라틴어 시험을 통과했습니다."

"네, 하지만 우리는 대졸자를 원합니다."

어쩔 수 없었다. 절망하여 손을 비볐다. 형도 몹시 걱정을 했다. 우리는 뭄바이에서 시간을 더 허비할 필요가 없다는 결론을 내렸다. 나는 라지코트에 자리 잡아야 했다. 그곳에서는 형이 상당한 수완가였으니 신청서나 진정서 같은 것을 작성하는 일감을 마련해줄 수 있었다. 게다가 라지코트에는 집이 있으니 뭄바이 집을 처리하면 상당한 절약이 가능했다. 나는 그 제안을 받아들였다. 그렇게 해서 뭄바이에서 나의 작은 사업은 6개월 만에 끝이 났다.

뭄바이에서 나는 매일 법원에 갔지만, 그곳에서 무엇을 배웠다고는 할 수 없다. 많이 배울 수 있을 만큼 지식이 충분하지 못했다. 종종 사건을 따라잡지 못하고 졸았다. 그곳에는 나 같은 친구들이 있어서 부끄러움이 덜했다. 얼마 후 나는 부끄러움조차 잊고서 법원에서 조는 것은 당연하다고 생각했다.

만일 지금도 뭄바이의 나처럼 사건 없는 변호사가 있다면 나는 그들에게 생활에 대한 실제 교훈을 말하고 싶다. 나는 기르가움에 살았지만 마차나 전차를 타지는 않았다. 나는 법원까지 걷는 것을 규칙으로 삼았다. 45분은 충분히 걸렸고 돌아올 때도 물론 걸어서 왔다. 나는 태양열에 몸을 단련시켰다. 이처럼 법원을 왕래하며 나는 돈을 꽤 절약했고, 뭄바이 친구들이 자주 앓아도 나는 한 번도 앓은 기억이 없다. 심지어 돈을 벌기 시작한 뒤에도 나는 사무실을 걸어서 다녔기 때문에 그 실천의 열매를 지금 거두고 있다.

4. 최초의 충격

나는 실망 끝에 뭄바이를 떠나 라지코트로 가서 사무실을 차렸다. 거기서는 그럭저럭 지냈다. 신청서와 진정서를 써서 매달 평균 300루피를 벌었다. 이렇게 일이 생긴 것은 나에게 능력이 있어서가 아니라 연고 덕택이었다. 형의 동업자가 안정된 변호사업을 하고 있었기 때문이다. 그는 여러 사건 가운데 정말 중요하거나 자신이 중요하다고 생각한 사건은 굵직한 변호사들에게 보냈다. 내 몫으로는 가난한 의뢰인들의 신청서 작성만이 떨어졌다.

이곳에서는 내가 뭄바이에서는 철저히 지켰던, 수수료를 주지 않는다는 원칙과 타협해야 했음을 고백해야겠다. 두 가지 경우가 다르다는 이야기를 들었다. 즉 뭄바이에서는 중개인에게 수수료를 주어야 했으나, 여기서는 신청서 작성을 의뢰한 변호사에게 주어야 했다. 나아가 뭄바이에서처럼 여기서도 모든 법정변호사는 예외 없이 변호비 일부를 수수료로 지불해야 했다. 다음과 같은 형의 주장에 나는 할 말이 없었다.

"알다시피 나는 변호사와 동업을 한다. 나는 네가 다룰 수 있는 모든 사건을 너에게 넘기고 싶지만, 네가 내 동업자에게 수수료 지불을 거부한다면 내 처지가 곤란해져. 너와 나는 공동 사업을 하는 것이고, 너의 보수는 우리의 공동 수입이 되니까 나도 자동적으로 한몫 보게 되지. 그러나 내 동업자는 어떻게 되니? 그가 같은 사건을 다른 변호사에게 주었다고 하자. 그러면 그는 틀림없이 그 변호사에게 수수료를 받을 거야."

나는 이 권유에 넘어갔다. 그리고 내가 변호사 일을 하는 한 수수료에 대한 원칙을 고수할 수는 없지 않은가? 나는 그렇게 자신을 타일렀다. 아니 솔직히 말하면 자신을 속였다. 그러나 다른 사건에 대해서는 수수료를 준 기억이 없다.

그렇게 생활을 꾸리기 시작했으나, 그 무렵 내 일생에서 최초로 충격을 받았다. 나는 영국 관리에 대한 이야기를 들었지만 그때까지 직접 만난 적은 없었다.

형은 포르반다르의 죽은 라나 사헤브가 그 자리[13]에 오르기 전 그의 비서 겸 고문으로 있었는데 형이 그 자리에 있으면서 옳지 못한 조언을 했다는 비난을 그 무렵 들었다. 그 일이 형에 대한 편견을 가졌던 주재관에게 넘어갔다. 나는 그 주재관을 영국에서 알았는데, 그는 나에게 상당히 호의적이었다. 형은 내가 그와의 우정을 이용해 형에 관해 좋게 말해주면 주재관이 편견을 풀 수 있을 거라 생각했다.

나는 그런 생각이 정말 싫었다. 나는 영국에서 잠깐 알던 사람을 이용하고 싶지 않았다. 형에게 정말 잘못이 있다면 내 변명이 무슨 소용일까? 반대로 잘못이 없다면 정당한 방법으로 탄원서를 제출하고 무죄를 확신하며 결과를 기다리면 된다.

형은 내 충고를 못마땅하게 여겼다. "너는 카티아와르가 어떤 곳인지 몰라. 또 아직 세상을 몰라. 여기서는 오로지 연고뿐이야. 네가 동생으로서 의무를 다하지 않고 피하는 건 옳지 않아. 네가 아는 관리에게 나에 대해 좋게 말해줄 수 있는데도 말이야."

나는 그 말을 거절할 수 없어서 마음에도 없이 그 관리를 찾아갔다. 내겐 그에게 접근할 권리가 없었고, 내가 자존심을 버렸음을 잘

---

13 gadi. 쿠션이라는 뜻.

알았다. 그러나 나는 면담 약속을 요청해 받아냈다. 나는 그에게 과거를 회상시켰지만, 카티아와르와 영국이 다르다는 것을 곧바로 깨달았다. 휴가 중인 관리와 직무 중인 관리는 완전히 달랐다. 주재관은 나를 안다고 했지만, 그것이 도리어 그를 굳어지게 한 듯했다.

"설마 그때 알았던 걸 악용하려고 온 건 분명 아니겠지요?"

그 굳어진 태도가 그렇게 말하는 것 같고, 표정에 그렇게 쓰여진 듯했다. 그런데도 나는 본론으로 들어갔다. 그 양반[14]은 참지 못했다. "당신 형은 거짓말쟁이오. 더 듣고 싶지 않소. 시간이 없소. 할 말 있으면 정당한 절차를 밟으라고 하시오." 그 대답으로 끝이었고, 그런 말을 들을 법도 했다. 그러나 이기심은 맹목적이다. 나는 이야기를 계속했다. 그러자 그가 일어나 말했다. "당장 돌아가시오."

"끝까지 들어주십시오." 내가 말했다. 그것이 그를 더욱 화나게 했다. 그는 경호원을 불러 나를 내보내라고 명령했디. 경호원이 올 때 나는 머뭇거렸으나, 그는 내 어깨를 잡고 방 밖으로 끌어냈다.

관리와 경호원은 사라졌고 나는 화를 내며 그곳을 떠났다. 나는 즉시 편지를 써 보냈다. "당신은 나를 모욕했습니다. 경호원을 시켜 나를 폭행했습니다. 사과하지 않으면 고소할 수밖에 없습니다."

심부름꾼을 통해 즉시 답이 왔다.

"당신은 나에게 무례를 범했습니다. 나는 당신에게 가라고 했으나 당신은 듣지 않았습니다. 당신을 내보내려면 경호원을 부르지 않을 수 없었습니다. 그가 떠나라고 말해도 당신은 떠나지 않았습니다. 따라서 그는 당신을 내보내느라 힘을 사용해야 했습니다. 고

---

14 Sahib. 영국인에게 붙이는 존칭.

소하고 싶으면 마음대로 하십시오."

나는 그 답장을 주머니에 넣고 힘없이 집에 돌아와 형에게 모든 일을 말했다. 그는 슬퍼했지만 나를 위로할 방법이 없었다. 그는 변호사 친구에게 말했다. 내가 어떻게 고소해야 하는지를 몰랐기 때문이다. 그때 마침 페로제샤 메타 경이 사건 때문에 뭄바이에서 라지코트로 왔다. 그러나 나 같은 풋내기 변호사가 어떻게 그를 만날 수 있을까? 그래서 내게 있었던 일을 종이에 써서 그와 계약한 변호사를 통해 보내어 그의 조언을 바랐다.

"간디에게 말하시오. 그런 일이야 인도 변호사들이 항상 겪는 일입니다. 그는 영국에서 막 돌아왔고 혈기왕성하지요. 그는 영국 관리를 모릅니다. 만일 그가 여기서 수입을 얻어 편하게 살려고 하면 그 편지를 찢고 모욕을 참으라고 하십시오. 그가 관리를 고소해 얻을 것이라고는 아무것도 없고, 도리어 자신을 망칠 뿐입니다. 그에게 인생을 더 알아야 한다고 말하십시오."

그 충고는 독약처럼 썼지만 나는 그것을 삼키지 않을 수 없었다. 나는 그 모욕을 참았지만 유익한 점도 있었다. "절대로 다시는 그런 잘못된 자리에 가서는 안 되고, 그런 식으로 우정을 이용하려고 해서도 안 된다." 나는 그렇게 다짐했고, 그 후 그 결심을 깨뜨린 적이 없다. 그 충격이 내 삶을 바꾸었다.

5. 남아프리카 여행 준비

내가 그 관리를 찾아간 것은 분명히 잘못이었다. 그러나 그의 성급함과 지나친 분노도 내 실수에 비하면 너무 과했다. 그것으로 나를 내쫓은 것을 정당화할 수 없었다. 내가 빼앗은 그의 시간은 5분도 채 되지 않았다. 그런데도 그는 내 말을 참지 못했다. 그는 나에게 정중하게 돌아가라고 할 수 있었지만, 권력에 취해 지나치게 행동했다. 그 뒤 나는 그 관리에게는 참을성이 없다는 것을 알았다. 그는 방문자를 모욕하기 일쑤였다. 사소한 불쾌감만 느껴도 그는 화를 냈다.

그런데 내 일의 대부분은 당연히 그의 법원에서 처리되어야 했다. 나는 그와 화해할 수 없었다. 그의 비위를 맞출 생각도 없었다. 사실 고소하겠다고 위협한 이상 가만히 있을 수도 없었다.

그러는 동안 나라의 정치 비리에 대해 조금은 알게 되었다. 카티아와르는 작은 나라들의 연합이어서 정치꾼들의 거대한 소굴이었다. 나라 사이의 사소한 음모나 관리들 사이의 권력투쟁이 일상사였다. 군주들은 언제나 다른 사람들에 좌우되어 아첨꾼들에게 귀를 기울였다. 심지어 영국 관리의 경호원에게도 곱게 보여야 했고, 그 관리의 인도인 사무장(shirastedar)은 관리의 눈이자 귀이고 통역자였기 때문에 그의 주인보다 더 강했다. 사무장의 뜻이 법이고 그의 수입은 언제나 관리의 수입보다 많았다고 했다. 과장일진 모르지만 그가 월급 이상 돈을 쓰며 살았다는 것은 확실했다.

이러한 분위기는 나에게 독약 같은 것이어서 어떻게 하면 상처입지 않고 살아남을까 하는 것이 궁극적인 문제였다.

나는 완전히 기가 죽었고 형은 분명히 그 사실을 알았다. 내가 만일 직업을 갖게 되면 이러한 음모의 분위기에서 벗어나리라고 우리는 생각했다. 그러나 음모 없이 장관이나 판사가 될 수는 없었다. 그리고 영국 관리와의 싸움 때문에 일을 제대로 할 수 없었다.

당시 포르반다르는 위탁통치령이어서 나는 군주의 권한을 확대하기 위한 일을 하고 있었다. 또 주민들(Mers)에게 징수하는 토지임대료(vighoti)가 너무 높아서 나는 행정관을 만나야 했다. 행정관은 인도인이었지만 주재관보다 더 거만하다는 것을 알았다. 그는 유능했지만 그 능력 덕분에 농민들이 잘사는 것 같지는 않았다. 나는 군주(Rana)를 위해 더 많은 권한을 찾는 데 성공했지만 주민들을 위해서는 나아진 점이 없었다. 심지어 그들의 사정이 세밀하게 조사되지 못했다는 점에 나는 놀랐다.

그래서 나는 그 일에서도 상당히 실망했다. 나는 의뢰인들이 정의롭지 못한 대우를 받는다고 생각했으나, 정의를 확보할 방법이 없었다. 최선의 방법이 주재관이나 지사에게 탄원하는 것인데, 그래봐야 그들은 "우리는 관여하고 싶지 않다"고 하며 기각할 것이다. 그런 결정을 규제할 규칙이나 법규가 있으면 무언가 가능할지 몰라도 여기서는 주재관의 의사가 곧 법이었다.

나는 화가 났다.

그러는 동안 형은 포르반다르의 메만 회사에서 다음과 같은 제의를 받았다. "우리는 남아프리카[15]에서 사업을 하고 있습니다. 회

---

15 여기서 말하는 남아프리카는 1961년에 건국한 현재의 Republic of South Africa와는 다르다. 현재의 그 지역에 처음 들어간 유럽인은 1652년의 네덜란드인들이었고 그 뒤로 프랑스와 독일의 신교도들이 들어갔다. 주로 농업에 종사한 그들은 '보어'라고 자칭했는데 이는 네덜란드어로 '농부'를 뜻했다. 보어인은 말레이반도와 자바를 비롯한 태평양의 섬에서 노예를 데려왔다. 농토를 둘러싸고 원주민과의 싸움이 100년 이상 계속되었으나 1815년에는 영국이 현재의 케이프타운에 케이프 식민지를 수립했고 1843년에는 나탈까지 점령했다. 그래서 케이프와 나탈에 영국 식민지가 형성되었다. 한편 영국의 노예해방과 자유주의 정책을 싫어한 보어인은 1830년대부터 내륙으로 이동했고 당시 북에서 남하한 원주민과 싸

사는 매우 크고 그곳 법원에서 4만 파운드를 청구하는 중요한 소송을 장기간 하고 있습니다. 우리는 최고의 변호사들과 일하고 있습니다. 만일 당신의 동생을 그곳에 보내주시면 그가 우리에게 도움이 되고 동시에 자기 자신에게도 도움이 될 겁니다. 그는 우리보다 더 잘 우리 변호사들에게 지시를 할 수 있을 겁니다. 그리고 그에게는 세계의 새로운 부분을 보고, 새로운 친구도 사귀는 기회가 될 겁니다."

형은 그 제안에 대해 나와 상의했다. 내가 변호사들에게 지시만 하는지, 아니면 법정에도 출두해야 하는지 확실하지 않았다. 그렇지만 나는 끌렸다.

형은 나를 문제의 회사인 다다 압둘라 사의 공동 출자자였던 고(故) 압둘 카림 자벨리 호상에게 데려갔다. 그는 나에게 자신 있게 말했다. "그건 어려운 일이 아닙니다. 우리는 유럽인 거물들을 친구로 두고 있는데, 당신은 그들과 알게 될 겁니다. 당신은 우리 회사에 도움이 될 수 있습니다. 우리 통신의 대부분은 영어여서 그 점에서도 당신은 우리를 도울 수 있습니다. 물론 당신은 우리의 손님이기 때문에 비용이 들지도 않습니다."

"얼마나 오래 일하기를 바라십니까?" 내가 물었다. "그리고 보수

우면서 트란스발공화국(1852)과 오렌지자유국(1854)을 세웠다. 영국인들은 나탈에서 사탕수수, 차, 커피를 재배할 수 있음을 알았으나 흑인들은 그들을 위해 열심히 일하려 하지 않았고 자기 땅에서 경작하는 것에 만족했다. 그래서 인도의 영국인들이 인도인을 계약노동자로 남아프리카로 보내어 1860년에 최초의 계약노동자들이 나탈에 왔다. 이어 영국은 오렌지자유국의 킴벌리에서 다이아몬드 광산이 발견되자 1871년 영국령으로 삼았고, 1886년 트란스발에서 금광이 발견되자 역시 점령하려 했지만 실패했다. 1899년에 터진 보어전쟁이 1902년 영국의 승리로 끝나면서 두 공화국은 영국의 식민지가 되었다.

는 얼마인가요?"

"일년 이상은 아닙니다. 보수는 1등 선실비와 의식주 외에 105파
운드입니다."

이는 변호사로 가는 것이 아니라 회사의 하인으로 가는 것이었
다. 그러나 나는 어떻게든 인도를 떠나고 싶었다. 또 새로운 나라를
보고 새로운 경험을 쌓는 기회라는 점에도 끌렸다. 게다가 형에게
105파운드를 보내어 집안 살림도 도울 수 있었다. 나는 흥정도 하지
않고 제의를 받아들이고서 남아프리카로 떠날 준비를 했다.

6. 나탈 도착

남아프리카로 떠날 때는 영국으로 떠날 때처럼 이별의 슬픔을 느
끼지 않았다. 어머니는 돌아가셨고, 나는 세상과 외국 여행에 대해
좀 더 알았으며, 라지코트에서 뭄바이로 가는 것도 특별한 일이 아
니었다.

이번에는 아내와 헤어지는 것이 괴로울 뿐이었다. 영국에서 돌아
온 뒤 다시 아기가 태어났다. 우리의 사랑은 아직 정욕을 떠나지 못
했지만 조금씩 순화되어갔다. 유럽에서 돌아온 뒤 우리는 함께 지
낸 적이 거의 없었다. 게다가 이제는 비록 변변치는 못하지만 그녀
의 선생이었고, 그녀의 개선을 도왔으며, 계속해서 개선을 돕기 위
해서 함께 있을 필요를 느꼈다. 그러나 남아프리카의 매력 때문에
이별을 참을 수 있었다. 나는 "일년 안에 만날 수 있어"라고 말하며
아내를 위로하고 라지코트를 떠나 뭄바이로 갔다.

뭄바이에서 나는 다다 압둘라 사 대리인을 통해 배표를 구입하기로 되어 있었다. 침대석을 얻을 수 없었으나 만일 그 배로 떠나지 않는다면 뭄바이에서 오도 가도 못할 신세였다. "일등표를 얻으려고 최선을 다했습니다만, 구하지 못했습니다. 갑판에 오르지 않는 한 자리가 없습니다. 식사는 식당에서 할 수 있습니다." 그 무렵 나는 항상 일등석으로 여행했는데, 변호사가 어떻게 갑판 승객이 될 수 있겠는가? 그래서 나는 그 제안을 거절했다. 나는 대리인의 진의를 의심했다. 일등석을 구할 수 없다는 말을 믿을 수 없었기 때문이다. 대리인의 동의를 얻어 나는 스스로 표를 구하기로 했다. 배에 올라 책임자를 만났다. 그는 나에게 솔직하게 말했다. "보통은 이렇게 붐비지 않습니다. 그러나 모잠비크 총독이 타서 침대석은 다 예약되었습니다."

"나 하나 어떻게 할 수 없습니까?" 내가 물었다.

그는 나를 아래위로 훑어보더니 웃으며 말했다. "한 가지 방법밖에 없습니다. 제 방에 여분 침대가 있는데 보통은 승객에게 주지 않습니다. 그러나 당신에게 그 침대를 드리지요." 나는 그에게 감사를 표하고 대리인에게 표를 사게 했다. 1893년 4월, 나는 남아프리카에서 나의 행운을 시험하고자 희망에 부풀어 출발했다.

약 13일 만에 첫 기항지 라무에 닿았다. 그 무렵 선장과 나는 친해졌다. 그는 체스 두기를 좋아했으나, 정말 초보자라서 상대도 이제 막 체스를 시작한 초보자를 원했기에 나를 초대했다. 나는 그 놀이에 대한 이야기는 많이 들었지만 해본 적은 없었다. 그 놀이를 하는 사람들은 그것이 머리를 좋아지게 해주는 면이 많다고들 했다. 선장이 나에게 가르쳐주겠다고 해서 내가 한없이 참았기 때문에 선장은 나를 좋은 학생으로 알았다. 언제나 내가 졌는데, 그 점이 그로 하여금 나를 더욱 열심히 가르치게끔 만들었다. 나는 그 놀이를 좋아했지만, 배 밖에서 하지는 않았고, 말을 움직이는 것 말고는 아는 것도 없었다.

라무에서 배의 닻이 내려지고 서너 시간 머물렀으므로 나는 항구를 구경하려고 배에서 내렸다. 선장도 내렸지만, 항구는 믿을 수 없는 곳이니 빨리 돌아가야 한다고 나에게 경고했다.

항구는 매우 작았다. 나는 우체국에 인도인 직원들이 있는 것을 보고 반가워서 그들과 이야기를 했다. 또 아프리카 사람들을 보고 너무나도 흥미로운 그들의 생활 방식을 알려고 노력했다. 그러는 동안 시간이 꽤 지났다.

갑판 손님 가운데 알게 된 사람들이 있었다. 그들은 물가에서 음식을 요리해 조용히 먹으려고 배에서 내렸다. 이제 그들은 배로 돌아갈 참이었다. 그래서 우리 모두 같은 보트를 탔다. 항구에는 파도가 높았고, 보트는 너무 무거웠다. 파도가 너무 심해 보트를 배의 사다리에 묶을 수 없었다. 사다리에 닿았다가도 파도에 다시 밀렸다.

출발을 알리는 첫 고동이 이미 울렸다. 나는 걱정이 되었다. 선장은 배다리에서 우리가 고생하는 것을 보고 있었다. 그는 5분 더 배에서 기다리도록 명했다. 배 곁에 다른 보트가 있었다. 내 친구가 나를 위해 그 보트를 10루피에 빌렸다. 나는 그 보트로 옮겨 탔다. 사다리는 이미 걷혔다. 그래서 나는 밧줄로 들어 올려졌고 배는 곧 출발했다. 다른 승객들은 뒤에 남았다. 그때 비로소 나는 선장의 경고를 깨달았다.

라무 다음의 기항지는 몸바사였고 그 다음이 잔지바르였다. 그곳에서는 8일인가 10일 동안 오래 쉬었다. 그리고 다른 배로 옮겨 탔다.

선장은 나를 매우 좋아했으나, 그것이 반갑지 않은 일로 돌아왔다. 그가 영국인과 나에게 외출하자고 해서 그의 보트를 타고 항구로 갔다. 외출의 뜻이 무엇인지 나는 전혀 몰랐다. 그리고 선장은 내가 그런 일에 완전히 문외한임을 몰랐다. 그는 우리를 흑인 여인들의 집으로 안내했다. 우리는 각자 다른 방으로 갔다. 나는 부끄러워서 입을 다물고 서 있을 뿐이었다. 그 불쌍한 여인이 나를 어떻게 생각했을까?

선장이 나를 찾았을 때 나는 들어갈 때와 마찬가지로 밖으로 나왔다. 그는 내가 그냥 나왔다는 걸 알아차렸다. 처음에 나는 너무나 창피했으나, 소름이 끼쳐 그런 일은 생각도 못했으므로 부끄러움은 사라졌다. 그리고 여자를 보고도 내 마음이 하나도 움직이지 않은 것에 대해 신에게 감사했다. 나는 나의 나약함에 진저리를 쳤고 그 방에 들어가는 걸 거절할 용기를 갖지 못한 자신이 가여웠다.

이것이 그런 종류로 세 번째 시련이었다. 많은 젊은이들이 처음에는 순수했다가 이 잘못된 부끄러움 때문에 죄악에 끌려가기 마련이다. 몸을 더럽히지 않았다고 자랑할 게 없다. 그 방에 들어가기를 거절했다면 자랑스러웠으리라. 나는 나를 구원한 저 무한히 자비로운 이에게 온전히 감사해야 한다. 이 사건으로 신에 대한 나의 사랑은 커졌고, 잘못된 부끄러움을 버리도록 어느 정도 가르침을 받았다.

우리는 이 항구에 일주일을 머물러야 했으므로 나는 시내에 방을 얻고 돌아다니면서 그 부근을 구경했다. 잔지바르의 화려한 식물은 말라바르를 방불케 했다. 그 거대한 나무와 과일의 크기에 나는 너무나 놀랐다.

다음 기항지는 모잠비크였고 거기서 나탈에 도착한 것은 5월 마지막[16]이었다.

7. 몇 가지 경험

나탈[17]의 항구는 더반으로 나탈 항이라고도 했다. 압둘라 호상이 마중을 나왔다. 배가 부두에 닿은 후 나는 친구를 맞으려고 배에 오르는 사람들을 보고 있었는데, 인도인들이 제대로 대우받지 못한다는 걸 알았다. 압둘라 호상을 아는 사람들이 그를 대하는 태도에 속물성이 있는 걸 보면서는 불쾌했다. 압둘라 호상은 당연하게 받아들였다. 나를 보는 사람들은 상당히 이상하게 생각하는 듯했다. 내 옷은 다른 인도인과 달랐다. 프록코트에 터번을 쓴 나의 차림은 벵골 풍(pugree)이었다.

나는 회사에 갔고 압둘라 호상 방 옆에 나를 위해 마련한 방으로 안내되었다. 그는 나를 이해하지 못했고 나도 그를 이해하지 못했다. 그의 동생이 내 편에 보낸 글을 읽고 더욱 당황했다. 그는 자기 동생이 흰 코끼리를 보냈다고 생각했다. 그는 나의 옷차림과 생활 양식이 유럽인처럼 사치스러운 점에 놀랐다.

당시에는 내게 맡길 특별한 일이 없었다. 그들의 사건은 트란스

---

16 1893년 5월 23일.

17 남아프리카의 동부. 지금도 그렇지만 과거에도 아시아인이 흑인보다 많이 사는 곳이었다. 경제적으로 더반 항을 중심으로 산업화가 진행되었고, 트란스발과 오렌지자유국의 수출입을 담당했다. 1843년부터 영국의 식민지였다.

발에서 진행 중이었다. 그곳에 나를 즉시 보내는 것도 무의미했다. 게다가 나의 능력과 정직성을 어떻게 믿을 수 있을까? 나를 감시하기 위해 프리토리아에 갈 수도 없는 일이었다. 소송 상대는 프리토리아에 있었고, 그는 내가 그들에게 나쁜 영향을 받을지도 모른다고 의심할 수도 있었다.

게다가 만일 문제의 사건 관련 사무를 나에게 맡기지 않는다면, 나에게 무슨 사무를 줄 수 있을까? 다른 사무야 모두 그의 사무원들이 훨씬 더 잘할 수 있을 텐데 말이다. 사무원들이야 잘못하면 문책할 수 있다. 나도 잘못하면 그렇게 할 수 있을까? 따라서 그 사건과 관련한 업무를 나에게 주지 않는다면 나는 아무 일도 하지 않고 있을 수밖에 없었다.

압둘라 호상은 사실 문맹이었으나 풍부한 경험이 있었다. 그에게는 예리한 지성이 있었고 자신이 그것을 잘 알았다. 실제 경험으로 얻은 회화용 영어를 주워섬겼는데, 그것으로 은행 중역을 만나든, 유럽 상인을 만나든, 변호사에게 사건을 설명하든 모든 업무를 처리할 수 있었다. 인도인들은 그를 높이 존경했다. 그의 회사는 당시 인도 회사 가운데 최대였고, 아니면 적어도 최대 가운데 하나였다. 이 모든 장점과 함께 단점도 있었다. 즉 천성적으로 의심이 많았다.

그는 이슬람교도인 것을 자랑했고 이슬람 철학에 대해 토론하기를 즐겼다. 그는 아라비아어는 몰랐지만 코란과 이슬람 문학 일반에는 정통했다. 사례를 많이 알고 있어서 언제나 척척 내놓았다. 그와 접촉한 결과 나는 이슬람교에 대한 실제 지식을 많이 갖게 되었다. 더욱 가까워진 뒤에 우리는 종교 문제에 대해 긴 토론을 했다.

내가 도착하고 2, 3일 지나 그는 나를 더반 법정에 데려갔다. 거기서 나를 여러 사람에게 소개했고, 그의 변호사 옆에 나를 앉혔다. 치안판사가 나를 쳐다보더니 결국은 터번을 벗으라고 요구했다. 그러나 나는 거부하고 법정을 나왔다.

여기서도 나는 운명적으로 싸우게 되었다.

압둘라 호상은 인도인들이 터번 벗기를 요구받는 이유를 설명했다. 이슬람교도의 복장이라면 터번을 써도 무방하지만 그 밖의 인도인은 법정 내에 들어가면 반드시 터번을 벗어야 한다는 것이었다.

이 미묘한 차별을 이해하려면 조금 상세히 말할 필요가 있다. 2, 3일 동안 나는 인도인들이 서로 다른 단체들로 갈라져 있음을 알게 되었다. 그 하나가 이슬람교 상인들 단체로 스스로 '아랍인'이라고 했다. 다른 하나는 힌두교 상인 단체였고, 또 하나는 파르시교 사무원 단체였다. 힌두교 사무원들은 '아랍인'과 운명을 같이하지 않는 한 그 어느 단체에도 들지 않았다. 파르시교 사무원들은 스스로 페르시아인이라고 했다. 이 세 단체는 사회적으로 서로 연관되었다.

그러나 가장 큰 단체는 타밀, 텔루구, 북인도인 계약노동자와 자유노동자로 구성되었다. 계약노동자란 5년간 노동한다는 계약을 맺고 나탈에 온 사람들로서 '기르미티야'라고 부른다. 이 말은 기르미트, 즉 영어의 '어그리먼트(agreement, 계약)'를 잘못 부른 말에서 나왔다. 다른 세 단체는 이 단체와 사업상 연관될 뿐이다.

영국인은 그들을 '쿨리'[18]라고 불렀다. 인도인 대부분이 노동자였기 때문에 인도인은 모두 '쿨리'나 '세미'로 불렸다. 세미란 주로 타

---

18 Cooley. 노동자를 뜻하는 고력(苦力)이라는 한자를 중국어로 발음한 것에서 비롯되었다. 서양인이 중국 노동자를 멸시하여 이 말을 썼으나 그 후 유색인종 일반을 모욕하는 말로 사용되었다.

밀 사람들 이름 끝에 붙는 호칭으로 산스크리트어의 스와미, 즉 주인이라는 뜻이다. 따라서 인도인이 '세미'란 소리를 들으면 화를 내거나, 재치 있는 경우라면 이렇게 대답한다. "나를 세미라고 부르지만, 당신은 세미가 주인이란 뜻임을 잊었군요. 나는 당신의 주인이 아니오!" 어떤 영국인은 이 말을 듣고 부끄러워하지만 화를 내고 욕을 하며, 심지어는 때리기까지 하는 영국인도 있다. 영국인이 세미라고 한 건 모욕을 주기 위해서였는데, 그것을 주인이라고 해석한다면 도리어 자기를 모욕하는 게 되기 때문이다!

그래서 나는 '쿨리 변호사'로 알려졌고 상인은 '쿨리 상인'으로 불렸다. 그렇게 '쿨리'란 말의 본뜻은 잊히고 모든 인도인의 통칭이 되었다. 이슬람 상인들은 그것이 싫어서 "나는 쿨리가 아니라 아랍인이오" 또는 "나는 상인이오"라고 한다. 그런 경우 예의 바른 영국인이라면 사과를 한다.

이러한 상황에서 터번을 쓴다는 것은 매우 중요한 일이다. 자신이 쓴 터번을 벗는다는 것은 모욕을 감수한다는 뜻이다. 그래서 나는 인도 터번에 안녕을 고하고, 영국 모자를 쓰기로 했다. 그러면 모욕을 면하고 불필요한 논쟁을 피할 수 있기 때문이다.

그러나 압둘라 호상은 이 생각에 반대하며 말했다. "그런 짓을 하면 매우 나쁜 결과를 불러올 겁니다. 인도 터번을 써야 한다고 고집하는 사람들에게 타격을 줄 테니까요. 그리고 당신 머리에는 인도 터번이 잘 어울립니다. 영국 모자를 쓰면 웨이터로 알 겁니다."

그 말에는 실제적인 지혜, 애국심, 그리고 약간의 편협함이 들어 있었다. 지혜임은 분명했고, 애국심 없이는 인도 터번을 고집하지 못했기 때문이며, 웨이터라는 언급에는 편견이 들어 있다.

계약노동자에는 세 종류가 있었다. 힌두교도, 이슬람교도, 그리고 기독교도였다. 기독교도는 기독교로 개종한 계약 인도인의 자손이었다. 1893년에도 그 수는 많았다. 그들은 영국 옷을 입고 대부분 호텔 웨이터로 일해 생활비를 벌었다. 압둘라 호상의 영국 모자에 대한 비평은 이 계급에 대한 것이었다. 호텔에서 웨이터로 일을 하면 천대를 받았다. 이런 생각은 지금도 많은 사람들이 품은 생각이다.

그러나 나는 압둘라 호상의 충고가 옳다고 생각했다. 나는 그 일에 대해 신문에 글을 쓰면서 내가 법원에서 터번 쓴 것을 옹호했다. 그 문제는 많은 논의를 불러일으켰고, 신문은 나를 '불청객'이라고 불렀다. 때문에 그 사건으로 인해 나는 남아프리카에 간 지 며칠 안 되어 기대하지도 않았던 선전을 한 셈이 되었다. 나를 지지하는 사람도 있었지만, 만용을 부린다고 혹독하게 비판한 사람들도 있었다.

나는 남아프리카에 있던 마지막 날까지 터번을 썼다. 언제 왜 그 것을 벗었는가에 대해서는 다음에 이야기하겠다.

8. 프리토리아로 가는 길

나는 곧 더반에 사는 기독교도 인도인들과 접촉했다. 법정 통역인 폴 씨라는 가톨릭 신자와도 알게 되었다. 또 당시 프로테스탄트 선교사 학교 교사이자 1924년에 남아프리카 대표단의 일원으로 인도를 방문했던 제임스 고드프리 씨의 아버지인 서번 고드프리 씨와도 알게 되었다. 같은 시기에 마찬가지로 고(故) 파르시 루스톰지와 아담지 미야칸을 만났다. 그 모든 친구들은 그때까지 사업상으로만 만났지만, 나중에 설명하듯이 결국에는 가까운 친구가 되었다.

이처럼 친구를 많이 사귀는 동안, 회사 변호사로부터 사건 준비를 마쳤으니 압둘라 호상이나 대리인이 프리토리아[19]로 가야 한다는 편지가 회사로 왔다.

압둘라 호상은 그 편지를 나에게 읽으라고 주었고, 프리토리아로 가겠느냐고 물었다. 나는 답했다. "당신에게 사건에 대해 듣고 이해한 후에야 답할 수 있습니다. 지금 나로서는 내가 그곳에서 무엇을 해야 하는지 알 수 없습니다." 그러자 그는 서기에게 설명해주도록 지시했다.

그 사건을 조사하자마자 나는 처음부터 다시 시작해야 한다고 생각했다. 내가 잔지바르에 있던 며칠 동안 그곳 법원을 방문해 살펴보았다. 어느 파르시 교도 변호사가 증인신문을 하면서 장부의 차변과 대변에 대한 질문을 했다. 나는 그것을 하나도 이해하지 못했다. 나는 학교에서나 영국에서나 회계에 대해 배운 적이 없었다. 그런데 내가 남아프리카에서 처리해야 하는 사건은 회계에 대한 것이었다. 회계를 아는 사람만이 그 사건을 이해하고 설명할 수 있었다.

서기는 이 차변, 저 대변 하며 계속 말했는데, 나는 더욱더 알 수 없었다. 나는 P. 어음이 무엇인지 몰랐다. 나는 사전에서 그 말을 찾을 수가 없었다. 내 무지를 서기에게 털어놓았더니 그것이 약속어음을 뜻한다고 했다. 나는 회계 책을 사서 공부했다. 그래서 약간 자신이 생겼다. 사건도 이해했다. 압둘라 호상은 회계를 몰랐지만 경

---

19 1852년부터 1902년까지 존재한 트란스발공화국의 대도시. 네덜란드계 이민들이 세운 이 나라는 1860년 다이아몬드 광산 발견으로 영국에 병합되었다가 1881년에 다시 독립했으나 보어 전쟁(1899~1902)에 패해 영국령이 되었다.

험이 풍부하여 어려운 회계 문제를 재빨리 풀었다. 나는 그에게 프리토리아로 갈 준비가 되었다고 말했다.

"어디에 묵을 건가요?" 호상이 물었다.

"당신이 원하는 곳이라면 어디든 좋습니다." 내가 말했다.

"그럼 우리 변호사에게 편지를 쓰지요. 그가 숙소를 준비할 거요. 또 그곳 메만 회사 친구들에게도 편지를 쓰겠지만 거기 묵으라고 하고 싶지는 않소. 상대는 프리토리아의 큰 세력입니다. 그들 중 누군가가 우리의 개인 편지를 읽게 되면 우리에게 큰 피해가 될 것입니다. 그들을 멀리하면 할수록 우리에게는 득이 됩니다."

"변호사가 지정해주는 곳에 묵든가 아니면 떨어진 하숙을 구하겠습니다. 염려 마십시오. 우리 사이의 비밀은 누구에게도 알리지 않겠습니다. 그러나 저는 상대방과 기꺼이 친교를 맺을 생각입니다. 나는 그들과 친구가 되고 싶습니다. 그리고 가능하면 사건을 법정 밖에서 해결하도록 노력하겠습니다. 여하튼 테브 호상은 당신의 친척입니다."

테브 하지 칸 무함마드 호상은 압둘라 호상의 가까운 친척이었다.

가능하면 화해하겠다는 말에 호상은 다소 놀란 듯했다. 그러나 내가 더반에 있은 지 6, 7일이 되었고, 이제 우리는 서로를 이해했다. 이제는 더는 '흰 코끼리'가 아니었다. 그래서 그는 이렇게 말했다.

"네…… 알겠소. 법정 밖에서 해결하는 것이 최선이지요. 그러나 우린 모두 친척이고, 사실 서로 잘 압니다. 테브 호상은 쉽게 화해하는 것에 만족할 사람이 아니지요. 우리가 조금이라도 방심하면 그는 우리에게 모든 것을 짜내어 결국은 우리를 거꾸러뜨리고 말 겁니다. 그러니 무슨 일이든 하기 전에 제발 다시 한번 생각하십시오."

내가 말했다. "걱정 마세요. 테브 호상에게는 물론 다른 누구에게
도 사건에 대해서는 말할 필요가 없습니다. 나는 오로지 그에게 서
로에 대한 이해를 통해 불필요한 소송을 줄일 것을 제안하려 할 뿐
입니다."

도착한 지 7, 8일 뒤에 나는 더반을 떠났다. 일등석 기차표를 받았
다. 침대를 사용하려면 5실링을 더 내야 했다. 압둘라 호상은 침대
표를 사라고 했지만 나는 자존심 때문에, 그리고 돈을 아끼고 싶어
서 듣지 않았다. 압둘라 호상이 경고했다. "여기는 인도와 다른 나라
입니다. 다행히 우리에게는 돈이 충분하니 필요하다면 너무 아끼지
마십시오."

나는 그에게 감사하고 걱정하지 말라고 했다.

기차는 9시에 나탈의 수도인 마리츠버그에 도착했다. 보통 그곳
에서 침대를 준비했다. 역무원이 와서 침대표를 사지 않겠느냐고
물었다. 나는 "이미 가지고 있습니다"라고 답했다. 그는 가버렸다.
이어서 승객 한 사람이 오더니 나를 위아래로 훑어보았다. 그는 내
가 '유색'임을 알았다. 그는 심란해졌다. 그는 밖으로 나가더니 역무
원 한두 명과 함께 돌아왔다. 그들 모두 침묵했다. 다른 역무원이 나
에게 와서 말했다. "함께 갑시다. 당신은 짐칸으로 가셔야 합니다."

내가 말했다. "그러나 나는 일등표를 가지고 있습니다."

"그건 문제가 안 됩니다." 다른 사람이 합세했다. "당신은 짐칸으
로 가야 한다고 내가 말했지요."

"분명히 말하지만 나는 더반에서 이 칸에 타도록 허락을 받았습
니다. 따라서 그대로 가겠습니다."

"아니, 그럴 수 없어요." 역무원이 말했다. "당신은 여기서 떠나야 합니다. 안 그러면 경찰을 불러서 밖으로 쫓아내겠습니다."

"그래, 마음대로 해보시오. 내 발로는 나가지 않겠습니다."

경찰이 왔다. 그는 내 손을 잡아 밖으로 끌어냈다. 내 짐도 내팽개쳐졌다. 나는 다른 칸으로 가는 걸 거절했고 기차는 떠났다. 나는 대합실에 가서 앉았다. 손가방을 들고 있었지만 다른 짐은 내버려두었다. 철도원들이 그 짐을 보관해주었다.

겨울이었다. 남아프리카 높은 지대의 겨울은 특히 추웠다. 마리츠버그는 높은 곳에 있어서 지독하게 추웠다. 외투는 짐 속에 있었는데 꺼내달라고 했다가 다시 모욕을 당할까봐 그냥 앉아서 떨었다. 대합실에는 등불도 없었다. 자정쯤 어느 승객이 들어와 나와 이야기를 하고 싶어 했다. 그러나 나는 말할 기분이 아니었다.

나는 나의 의무에 대해 생각하기 시작했다. 내 권리를 위해 싸워야 하느냐, 아니면 인도로 돌아갈 것이냐, 아니면 모욕에 대해서는 생각하지 말고 계속 프리토리아로 가서 사건을 끝내고 인도로 돌아가야 하느냐? 나의 의무를 완수하지 않고 인도로 돌아간다는 건 비겁하다. 내가 당한 고통은 피상적인 것에 불과하다. 그것은 유색인종에 대한 편견이라는 깊은 병의 증상에 불과하다. 어떤 고통을 겪는다고 해도 가능하면 그 병의 뿌리를 뽑도록 노력해야 한다. 잘못에 대한 보상은 인종 편견을 제거하기에 필요한 정도로만 요구하기로 했다.

그래서 나는 프리토리아로 가는 다음 기차를 타기로 결심했다.

다음날 아침, 철도청장에게 긴 전보를 치고 압둘라 호상에게도 알렸다. 호상은 즉시 철도청장을 만났다. 철도청장은 철도원의 행위를 정당화했으나 내가 목적지에 안전하게 도착하도록 역장에게 이미 지시했다고 말했다. 압둘라 호상은 마리츠버그에 있는 인도 상인들과 다른 곳의 친구들에게 전보를 쳐서 나를 만나 돌보라고 했다.

상인들이 역으로 마중을 나와서 그들이 겪은 고통을 말하고, 나에게 생긴 일은 특별한 것이 아니라고 설명하면서 나를 위로하려고 노력했다. 또 일, 이등표로 여행하는 인도인은 역무원이나 백인 승객에게 천대받는 것을 각오해야 한다고 말했다. 그날은 그런 불행한 이야기를 들으며 보냈다. 저녁차가 도착했다. 나를 위해 예약된 침대가 있었다. 나는 더반에서 거절한 침대표를 마리츠버그에서 샀다.

기차는 나를 찰스타운에 데려다주었다.

9. 아직도 남은 고난

기차는 아침에 찰스타운에 닿았다. 당시 찰스타운과 요하네스버그 사이에는 기차가 없어서 역마차만이 다녔고, 그 역마차는 스텐더턴에서 밤을 지냈다. 나는 역마차표를 가지고 있었다. 그것은 내가 마리츠버그에서 하루 쉰다고 해도 무효가 되지 않는 것이었고, 또한 압둘라 호상이 찰스타운 역마차 관리자에게 전보까지 쳤다.

그러나 관리자는 나를 떼어버릴 구실이 필요해, 내가 낯선 사람임을 알자 내 표가 취소되었다고 말했다. 나는 그에게 적당하게 대답을 했다. 그러나 그의 속셈은 자리가 없어서가 아니라 정말 다른 것이었다. 승객들은 역마차 안에 태워야 했지만 나는 '쿨리'였고 낯선 자였기 때문에 백인 '리더'는 나를 백인 승객 옆에 앉게 하려 하지 않은 것이다. 마부 자리 양 옆에 자리가 있었다. 리더는 그 중 하나에 앉는 것이 보통이었다. 그런데 오늘은 그가 마차 안에 앉고 나에게 자기 자리를 주었다.

나는 그것이 매우 부당하고 모욕인 줄 알았지만 참는 편이 낫다고 생각했다. 억지로 마차 안에 들어갈 수도 없었고, 만일 항의를 한다면 역마차는 나를 버리고 떠날 것이었다. 이는 다시 하루를 더 잃는 것을 뜻했고, 그 다음날에도 무슨 일이 생길지 아무도 몰랐다. 그래서 마음속에서 화가 들끓었지만, 나는 마부 옆에 조심스럽게 앉았다.

3시쯤 마차는 파르데코프에 도착했다. 이제 리더는 내 자리에 앉고 싶어 하는 듯했다. 담배를 피우고 싶었는지 아니면 신선한 공기라도 쐬고 싶었는지 모른다. 그래서 그는 마부에게 더러운 베 조각을 얻어 바닥에 깔고는 나에게 말했다. "야, 여기 앉아. 내가 마부 곁에 앉아야겠어." 그런 모욕은 도저히 견딜 수 없었다. 두려움에 몸을 떨면서 그에게 말했다. "내가 안에 앉아야 했지만 여기 앉게 한 것은 당신이었소. 나는 그 모욕을 참았소. 이제 당신이 밖에 앉아 담배를 피우려고 나를 당신 발밑에 앉으라니. 나는 그렇게 할 수 없소. 안에 들어가 앉겠소."

내가 간신히 이렇게 말하자 그가 나에게 내려와 따귀를 후려갈겼다. 그리고 내 팔을 잡아 끌어내리려 했다. 나는 마부석의 쇠 손잡이를 부여잡고 손목뼈가 부러져도 놓지 않기로 결심했다. 승객들이 우리를 보았다. 그자는 나에게 욕설을 퍼붓고 끌어당기면서 때렸으나 나는 가만히 있었다. 그는 강하고 나는 약했다. 승객 중 더러는 나를 동정하여 외쳤다. "그만두세요. 때리지 말아요. 그에게는 죄가 없어요. 그가 옳아요. 거기 있을 수 없다면 여기 와서 우리와 함께 앉게 하세요." 그러자 남자가 말했다. "아니오." 그러나 조금은 기가 죽은 듯이 더는 때리지 않았다. 그는 내 팔을 놓고 욕설을 좀 더 퍼붓더니 마부석 다른 쪽에 앉았던 호텐토트인[20]을 바닥에 앉히고는 그 자리에 가서 앉았다.

승객들이 자기 자리에 앉고 호각이 울리자 마차는 덜컹거리며 떠났다. 나의 가슴은 방망이질을 하고 살아서 목적지에 갈 수 있을지 두려웠다. 그자는 가끔 화난 눈으로 나를 노려보고 손가락질하며 으르렁거렸다. "조심해, 스텐더턴에 가서 다시 맛 좀 보여주마." 나는 말없이 앉아서 신에게 도와달라고 빌었다.

어두워진 뒤 스텐더턴에 닿자 인도인 얼굴이 더러 보여 나는 안도의 한숨을 쉬었다. 내가 내리자마자 그 친구들이 말했다. "당신을 마중 나왔습니다. 우리는 당신을 이사 호상에게 데려가겠습니다. 다다 압둘리의 전보를 받았습니다." 나는 너무나 기뻤고, 그들과 함께 이사 하지 수마르 호상의 상점으로 갔다. 호상과 그의 서기들이 나를 둘러쌌다. 나는 그들에게 내가 겪은 모든 일을 말했다. 그 이야기를 듣고 매우 안타까워한 그들은 그들이 겪었던 일을 이야기하면서 나를 위로했다.

나는 역마차 회사의 사장에게 전모를 알리고 싶었다. 그래서 그에게 편지를 써서 사건 전부를 설명하고, 그가 고용한 사람이 내게 어떤 위협을 했는지 주의를 환기시켰다. 또한 다음날 아침 우리가 떠날 때는 내가 다른 승객과 함께 마차 안에 앉아서 갈 수 있도록 해달라고 요구했다. 사장은 다음과 같이 답했다. "스텐더턴부터는 다

---

20 남아프리카 원주민.

른 사람이 탄 큰 마차가 갑니다. 문제 인물은 내일 타지 않을 것이고, 당신은 다른 승객들과 함께 자리에 앉게 될 겁니다." 이 말에 조금은 마음이 풀렸다. 물론 나는 나를 폭행한 그자를 고소할 생각이 없었으므로 그것으로 끝냈다.

아침에 이사 호상의 사람이 나를 마차로 데려갔다. 나는 좋은 자리에 앉아 그날 밤 너무나 안전하게 요하네스버그에 도착했다.

스텐더턴은 작은 마을이었고 요하네스버그는 큰 도시였다. 압둘라 호상은 요하네스버그에도 전보를 쳐서 그곳의 무함마드 카삼 캄루딘 회사의 이름과 주소를 알려주었다. 그 회사 사람이 나를 마중 나왔지만 우리는 서로 알아보지 못했다. 그래서 나는 호텔에 가려고 했다. 나는 호텔 이름을 몇 개 알고 있었다. 택시를 잡아 그랜드 내셔널 호텔에 가자고 했다. 그곳 관리자에게 방을 달라고 했다. 그는 나를 잠시 바라보더니 정중하게 말했다. "대단히 죄송하지만 만원입니다." 그리고 잘 가라고 인사를 했다.

그래서 나는 택시 운전사에게 무함마드 카삼 캄루딘 상점으로 가자고 했다. 그곳에서 나를 기다린 압둘 가니 호상을 만났고, 그는 나에게 친절하게 인사했다. 그는 내가 호텔에서 겪은 경험담을 듣고 껄껄 웃으며 말했다. "당신은 어떻게 호텔에서 받아주리라 생각했습니까?"

"왜 안 됩니까?" 내가 물었다.

"여기 며칠만 묵으면 아시게 될 겁니다. 우리니까 이런 나라에 살고 있습니다. 돈을 벌려고 우리는 모욕을 참는 것쯤 신경 쓰지 않습니다. 그래서 여기 사는 거죠." 그러고는 남아프리카 인도인들이 겪는 고난 이야기를 들려주었다.

압둘 가니 호상에 대해서는 앞으로 좀 더 이야기하겠다.

그가 말했다. "이 나라는 당신 같은 분에게는 맞지 않습니다. 보세요, 내일 프리토리아에 가서야 합니다. **반드시** 삼등표로 가서야 합니다. 트란스발은 나탈보다 더 형편이 나쁩니다. 일, 이등표는 인도인에게 팔지 않습니다."

"당신은 이 방면에서 끈질기게 노력하지 않았군요."

"대표를 보낸 적도 있습니다만, 솔직히 말해 우리도 일, 이등표로 여행하길 원하지 않습니다."

나는 철도 규정을 가져와 읽어보았다. 거기에 허점이 있었다. 전에 제정된 트란스발 법령의 말은 정확하지도 분명하지도 않았는데 철도 규정은 그보다도 못했다.

나는 호상에게 말했다. "나는 일등차로 가겠습니다. 그럴 수 없으면 차라리 마차를 티고 프리토리아에 가겠습니다. 기껏해야 37마일 정도니까요."

압둘 가니 호상은 그럴 경우 시간과 돈이 더 많이 든다고 했지만, 일등표로 가겠다는 것에 동의했고 우리는 역장에게 편지를 썼다. 거기서 나는 내가 변호사고 언제나 일등표로 여행한다고 했다. 또한 되도록이면 빨리 프리토리아에 도착해야 하고, 그의 답장을 기다릴 여유가 없기 때문에 차표는 역에서 직접 받겠으며, 일등표를 기대한다고도 썼다.

내가 직접 역에서 답을 듣겠다고 한 데는 물론 목적이 있었다. 만일 역장이 편지로 답하면 분명히 '안 된다'고 할 것이다. 특히 그는 '쿨리' 변호사에 대한 나름의 관점을 가지고 있을 터였다. 따라서 내가 완벽한 영국인 복장으로 나타나면 그를 설득하여 일등표를 주도록 할 수 있을 것이다. 그래서 나는 프록코트에 넥타이를 매고 역에 가서, 금화 한 닢을 카운터에 놓고 일등표를 달라고 했다.

"당신이 그 편지를 보냈나요?" 그가 물었다.

"그렇습니다. 표를 주시면 대단히 고맙겠습니다. 저는 오늘 프리토리아에 가야 합니다."

그는 웃으며 동정적으로 말했다. "저는 트란스발 사람이 아닙니다. 네덜란드 사람입니다. 당신의 심정을 이해하고, 당신을 동정합니다. 차표를 드리고 싶지만 조건이 있습니다. 혹시 차장이 삼등칸으로 가야 한다고 하면 나를 끌어들여선 안 됩니다. 즉 철도회사를 고소해서는 안 된다는 것입니다. 안전한 여행이 되길 빕니다. 저는 당신이 신사라고 믿습니다."

그는 이렇게 말하면서 차표를 끊어주었다. 나는 감사한 후 그를 안심시켰다.

압둘 가니 호상이 역으로 전송을 나왔다. 이야기를 들은 그는 놀라면서도 나에게 주의할 것을 당부했다. "프리토리아에 무사히 도착하길 빕니다. 차장이 일등칸에 두지 않을 것이고, 설령 그가 그렇게 한다고 해도 승객이 허용하지 않을 겁니다."

나는 일등칸에 앉았고 기차는 출발했다. 저미스턴에서 차장이 표 검사를 하러 왔다. 나를 보자 화를 내며 손가락으로 삼등칸으로 가라고 손짓했다. 나는 그에게 나의 일등표를 보였다. "그게 문제가 아닙니다. 삼등칸으로 옮기세요." 그가 말했다.

그 칸에는 영국인 승객 한 사람뿐이었다. 그가 차장에게 말했다. "왜 그 신사를 귀찮게 하나요? 그에게 일등표가 있다는 걸 모르나요? 저는 그와 함께 가는 것에 개의치 않습니다." 그리고 나를 보고 말했다. "편안히 앉아 계세요."

차장이 투덜거렸다. "쿨리와 함께 가겠다는데 뭘 상관하겠소?" 그러고는 사라졌다.

저녁 8시쯤 기차는 프리토리아에 도착했다.

10. 프리토리아에서의 첫날

나는 다다 압둘라의 변호사를 대신해 누군가 프리토리아 역에 마중을 나오리라고 기대했다. 나는 인도인이 오지 않을 것을 알고 있었다. 왜냐하면 인도인 집에서는 묵지 않겠다고 미리 약속했기 때문이다. 그러나 변호사는 아무도 보내지 않았다. 나중에야 알았지만 내가 일요일에 도착했기 때문에 누구에게도 부탁할 수가 없어 못보냈다는 것이다. 나는 당황했고 어디로 가야 할지 몰랐다. 호텔에서 받아주지 않을 것 같아서였다.

1893년의 프리토리아 역은 1914년과 매우 달랐다. 불빛은 어두웠다. 여행객도 소수였다. 나는 승객들이 다 나간 뒤에 검표원이 쉬게 되면 그에게 차표를 주면서 내가 묵을 만한 작은 호텔이나 그 비슷한 곳에 안내해달라고 청할 생각이었다. 그렇지 않으면 나는 역에서 밤을 보내야 했다. 그러나 그렇게 하는 것도 두려웠음을 고백하지 않을 수 없다. 모욕을 당할까봐 두려웠기 때문이다.

승객이 다 가고 역이 텅 비었다. 나는 검표원에게 표를 주고 물어보았다. 그는 나에게 정중하게 답했으나 아무런 도움이 되지 못했다. 그런데 미국 흑인이 옆에 서 있다가 말했다.

"여기 처음이시고 친구가 없군요. 저와 함께 가시면 작은 호텔을 소개하겠습니다. 미국인이 경영하는 곳인데 잘 아는 사람입니다. 아마 받아줄 겁니다."

그 말을 믿기 어려웠지만 그에게 감사하고 그의 제안에 따랐다. 그는 나를 존스턴 가족호텔로 데려갔다. 그는 존스턴 씨에게 뭐라고 말했고 존스턴 씨는 그날 밤 나를 재워주기로 했다. 단, 식사는 내 방에서 해야 한다는 조건이었다. 그가 말했다.

"저는 인종에 대한 편견이 없습니다. 그러나 저는 유럽인 손님만 받습니다. 만일 제가 당신을 식당에서 식사하시게 하면 손님들이 항의를 하고 가버릴 수도 있습니다."

내가 말했다. "하룻밤 재워주시는 것만도 고맙습니다. 저도 이제 이곳 형편에 익숙해져서 당신의 고충을 이해합니다. 방에서 식사하는 건 괜찮습니다. 내일이면 다른 방법이 생길 것입니다."

나는 방으로 안내받았다. 혼자서 저녁 식사를 기다리며 생각에 잠겼다. 호텔에는 손님이 많지 않았고 웨이터가 곧 식사를 가져오리라 기대했다. 그런데 존스턴 씨가 나타나 말했다. "여기 방에서 식사를 하시라고 했던 게 부끄러웠습니다. 그래서 다른 손님들에게 당신에 대해 말씀드리고 당신이 식당에서 식사를 해도 될지 물어보았습니다. 아무도 반대하지 않았고 얼마든지 오래 머물러도 좋다고들 하십니다. 그러니 식당으로 가시고 원하시는 대로 여기서 묵으십시오."

나는 다시금 그에게 감사하고 식당으로 가서 배불리 먹었다.

다음날 아침 변호사 A. W. 베이커 씨를 찾아갔다. 압둘라 호상이 그에 대한 이야기를 했었기 때문에 그의 극진한 대접에 놀라지 않왔다. 그는 나를 따뜻하게 맞아주었고 친절하게 물었다. 나는 나에 대해 모든 것을 설명했다. 그러자 그가 말했다.

"여기선 당신이 변호사로 하실 일이 없습니다. 왜냐하면 최고의 변호사가 있기 때문입니다. 사건은 오래되고 복잡합니다. 따라서 필요한 정보를 얻는 정도로만 도와주시길 빕니다. 이제 저는 그에게서 제가 원하는 모든 정보를 당신을 통해 얻겠습니다. 물론 당신은 저를 위해 저의 고객과 통신을 해주시길 바랍니다. 그것이 정말 유익할 겁니다. 저는 아직 당신의 방을 잡지 못했습니다. 당신을 만난 뒤에 찾을 생각이었습니다. 이곳의 인종 편견은 대단하기에 당신 같은 분을 위해 방을 잡기란 쉽지 않습니다. 저는 가난한 부인 한 분을 압니다. 빵집을 하시는 분이죠. 그분이 당신을 받아줄 겁니다. 동시에 그분 수입에도 보탬이 되겠죠. 그녀 집으로 갑시다."

그는 나를 데리고 그녀 집으로 갔다. 그는 그녀에게 나에 대해 은밀히 말했다. 그녀는 식사를 포함해 일주일 35실링에 나를 받아주기로 했다.

베이커 씨는 변호사인 동시에 열렬한 평신도 전도사였다. 그는 지금도 살아 있고 변호사업을 관두고 선교 사업에만 종사한다. 그는 정말 잘살고 있다. 나와는 여전히 연락을 한다. 그는 편지에서 언제나 같은 주제만을 생각한다. 그는 여러 가지 측면에서 기독교가 우월하다고 믿으며, 예수를 신의 유일한 아들이자 인류의 구제자로 받아들이지 않으면 영원한 평화를 찾을 수 없다고 주장한다.

첫 만남에서부터 베이커 씨는 나의 종교관을 알았다. 나는 그에게 말했다. "저는 힌두교도로 태어났습니다. 그러나 아직도 힌두교에 대해 잘 모르고, 다른 종교는 더욱더 모릅니다. 사실 저는 제가

188

어디에 있고, 저의 신앙이 무엇이고 무엇이어야 하는지 모릅니다. 저는 제 자신의 종교에 대해 자세히 연구하고 싶고 가능하면 다른 종교도 연구하고 싶습니다."

베이커 씨는 그 모든 것에 기뻐하며 말했다. "저는 남아프리카 선교총회 간부입니다. 저는 제 돈으로 교회를 세웠고 거기서 규칙적으로 설교합니다. 저에게는 인종 편견이 없습니다. 협조자가 몇 사람 있고 매일 1시에 잠깐씩 만나 평화와 빛을 위해 기도합니다. 거기 와주시면 고맙겠습니다. 저는 당신을 제 협조자들에게 소개하겠습니다. 그들은 당신을 만나면 좋아할 테고, 당신도 그들을 좋아하시리라 믿습니다. 그 밖에 종교 책을 몇 권 드릴 터이니 읽어보십시오. 물론 책 중의 책은 《성경》입니다. 그 책을 특별히 권합니다."

나는 베이커 씨에게 감사하고 되도록이면 1시 기도에 항상 참가하겠다고 했다.

"그럼 내일 1시에 여기서 기다리지요. 같이 기도하러 갑시다." 베이커 씨는 그렇게 말하고 나와 헤어졌다.

나는 그때까지 반성할 시간을 거의 갖지 못했다.

나는 존스턴 씨에게 가서 호텔비를 지불하고 새 하숙으로 옮겨 그곳에서 점심을 먹었다. 주인 여자는 착한 사람이었다. 그녀는 나를 위해 채식 음식을 요리했다. 나는 금방 그 가족과 친해졌다.

그 다음 나는 다다 압둘라가 편지를 보낸 친구를 찾아갔다. 그에게서 남아프리카 인도인이 처한 어려움에 대해 많은 이야기를 들었다. 그는 내가 그와 함께 있어야 한다고 주장했다. 나는 그에게 감사하고 이미 집을 마련했다고 답했다. 그는 필요한 게 있으면 뭐든 말하라고 했다. 이제 어두워졌다. 나는 집으로 돌아와 저녁을 먹고 내 방으로 가서 깊이 생각했다. 내가 당장 해야 할 일은 없었다. 나는 압둘라 호상에게 그렇게 전했다. 나는 베이커 씨가 나에게 왜 흥미를 갖는지를 생각해보았다. 그의 종교적 협조자들에게 무엇을 얻을 것인가? 기독교에 대해 얼마나 연구해야 할까? 힌두교에 대한 문헌을 어떻게 얻을까? 내 종교도 완전히 모르면서 어떻게 기독교의 올바른 모습을 이해할 수 있을까?

나는 한 가지 결론에 이를 수밖에 없었다. 즉 내 앞에 닥친 모든 것을 냉철하게 연구해야 하고, 신이 나를 인도하는 대로 베이커 씨 모임을 대해야 한다. 그리고 내 종교를 완전히 이해하기 전에 다른 종교를 받아들여서는 안 된다.

그렇게 생각하며 나는 잠이 들었다.

11. 기독교도와의 접촉

다음날 1시, 나는 베이커 씨의 기도 모임에 갔다. 거기서 해리스 씨, 가브 씨, 코츠 씨 등을 소개받았다. 모두 무릎을 꿇고 기도했고 나도 따라했다. 기도자는 각자의 희망에 따라 여러 가지를 신에게 빌었다. 보통은 그날이 무사하기를, 마음의 문을 열어주기를 신에게 비는 것이었다.

그리고 나서 어느 기도자가 나의 행복을 빌었다. "주여, 우리에게 온 새 형제에게 길을 보여주소서. 주여, 당신께서 우리에게 주신 평화를 그에게도 주소서. 우리를 구원해주신 주 예수께서 그도 구원하소서. 우리는 이 모든 것을 예수님의 이름으로 빕니다."

그 모임에서는 찬송가를 비롯해 어떤 노래도 부르지 않았다. 매일 특별한 무엇을 빌고 난 뒤에 헤어져 점심을 먹으러 갔다. 기도는 5분 이상 끌지 않았다.

해리스와 가브는 모두 미혼의 중년 여성이었다. 코츠 씨는 퀘이커 교도였다. 두 숙녀는 함께 살았고 매주 일요일 오후 4시 차 마시는 시간에 나를 초대했다.

일요일에 만났을 때 나는 코츠 씨에게 내가 매주 쓴 종교 일기를 보여주었고, 내가 읽은 책과 그 느낌에 대해 그와 토론했다. 숙녀들은 자신들의 귀한 경험과 그들이 찾은 평화에 대해 이야기했다.

코츠 씨는 솔직하고 강직한 젊은이였다. 우리는 함께 산책을 하고, 그는 나를 다른 기독교도 친구에게 소개하기도 했다.

서로 가까워지면서 그는 자기가 선택한 책을 주기 시작했고 내 책꽂이는 그 책들로 가득 찼다. 다시 말해 그는 내게 짐을 지운 것이다. 순수한 신앙에서 나는 그 모두를 읽기로 했고 책을 읽어가면서 우리는 토론을 했다.

1893년, 나는 그런 책들을 많이 읽었다. 제목을 모두 기억하지는 못하지만, 그 중에는 런던 교회 파크 박사의 《주석》, 피어슨의 《수많은 참된 증거》, 버틀러의 《유추》가 있었다. 그 중 일부는 이해하지 못했다. 어떤 것은 좋았지만, 싫은 것도 있었다.

《수많은 참된 증거》는 저자 나름대로 이해하는 《성경》 신앙을 뒷받침하는 증거였다. 그러나 나에게는 소용이 없었다. 파커의 《주석》은 도덕적으로는 자극적이었으나 기독교 신앙을 갖지 않은 사람에게는 도움이 되지 못했다. 버틀러의 《유추》는 매우 해박하고 어려운 책이라는 인상을 주었고, 제대로 이해하려면 네댓 번 읽어야 했다. 그것은 무신론자를 유신론자로 바꾸려고 쓴 책인 듯했다. 신의 존재를 증명하고자 전개한 논리는 나에게 불필요했다. 당시 나는 불신의 단계를 지났기 때문이었다. 그러나 예수가 신의 유일한 모습이고 신과 인간 사이의 중개자라는 것을 증명하기 위한 논의는 나를 움직이지 못했다.

하지만 코츠 씨는 쉽게 물러날 사람이 아니었다. 그는 나를 끔찍이 생각했다. 그는 내 목에 걸린 툴라시 염주로 만든 바이슈나바 목걸이를 미신이라고 생각하고서 고민했다. "이런 미신은 당신에게 맞지 않습니다. 내가 그것을 없애버리지요."

"아뇨. 그러면 안 됩니다. 어머니가 주신 거룩한 선물입니다."

"그러나 그걸 믿습니까?"

"나는 그 신비한 의미는 모릅니다. 그걸 걸지 않으면 해가 되리라고는 생각하지 않습니다. 그러나 충분한 이유 없이 어머니가 사랑으로, 그리고 저의 행복에 도움이 되리라 확신해 걸어주신 이 목걸이를 버릴 수는 없습니다. 세월이 흘러 낡아서 저절로 부셔지면 나는 새로운 것을 걸 생각은 없습니다. 그러나 이것을 부술 수는 없습니다."

코츠 씨는 내 말을 이해하지 못했다. 내 종교를 대수롭지 않게 생각한 탓이다. 그는 나를 무지의 심연에서 구제하려고 했다. 그는 다른 종교에 약간의 진실이 있다고 해도 내가 기독교를 믿지 않는 한 구제될 수 없다고 나를 확신시키려 했다. 즉 기독교가 진리 그 자체고 예수의 중개 없이 나의 죄를 씻을 수 없으며 모든 선행도 무용하다는 것이었다.

나에게 여러 책을 소개했듯이 그는 나에게 자신이 확고한 기독교인이라고 생각하는 친구들을 소개했다. 그 중 하나가 기독교 종파인 플리머스 형제교회에 속한 가정이었다.

코츠 씨로 인한 교제의 대부분은 좋았다. 그들이 신을 두려워한다는 점은 나에게 충격이었다. 그런데 그 가족과 사귀는 동안 그 교회의 어떤 사람이 나로서는 전혀 생각지도 못한 논쟁을 제기했다.

"당신은 우리 종교의 아름다움을 이해할 수 없습니다. 당신의 말을 들어보면 당신은 평생 죄를 들여다보면서 언제나 고치고 속죄해야 하는 듯이 보입니다. 이런 끝없는 행동의 되풀이로 어떻게 속죄에 이르겠습니까? 당신은 절대로 평화를 가질 수 없습니다. 당신은 우리 모두 죄인임을 인정합니다. 이제 우리 믿음의 완전함을 보세요. 개선과 속죄를 향한 노력은 무용합니다. 그러나 우리는 속죄를 받아야 합니다. 그 죄의 짐을 우리가 어떻게 견딜 수 있습니까? 우리는 그것을 예수님에게 맡길 뿐입니다. 그는 신의 죄 없는 유일한 아들입니다. 그를 믿는 사람은 영원한 삶을 갖는다는 것이 그의 말입니다. 그 속에 신의 무한한 자비가 있습니다. 우리가 예수의 속죄를 믿음으로써 우리의 죄는 우리를 구속하지 못합니다. 우리는 반드시 죄를 짓습니다. 죄를 짓지 않고 이 세상에서 살 수 없습니다. 따라서 예수는 인류의 모든 죄를 위해 고난을 받고 속죄했습니다. 그의 위대한 속죄를 받아들이는 사람만이 영원한 평화를 얻을 수 있습니다. 당신의 삶이 얼마나 불안한지, 우리가 어떤 평화의 약속을 갖고 있는지 생각해보세요."

그런 주장에도 나는 확신을 갖지 못했다. 나는 겸손하게 답했다.

"만일 이것이 모든 기독교인이 인정하는 기독교 신앙이라면 나는 받아들일 수 없습니다. 나는 내 죄의 결과에서 벗어나려고 하지 않습니다. 나는 죄 자체에서, 또는 죄의식 그 자체에서 해방되기를 원합니다. 목적에 이르기까지 불안해도 만족하겠습니다."

이에 대해 그는 대답했다. "당신의 노력은 헛된 것이라고 나는 확신합니다. 내가 한 말을 다시 생각해보세요."

그리고 그는 자기 말대로 실천했다. 즉 일부러 죄를 범하고는, 그것에 대한 생각으로 고민하지 않는 모습을 보여주었다.

그러나 나는 이 친구들을 만나기 전부터, 모든 기독교인이 그런 속죄의 교리를 믿지는 않는다는 걸 알고 있었다. 코츠 씨 자신은 신을 두려워하며 살고 있었다. 그의 마음은 순결했고 자기 정화의 가능성을 믿고 있었다. 두 숙녀도 같은 믿음을 공유했다. 내가 읽은 책 중에도 경건한 신앙으로 가득 찬 책이 있었다.

그래서 비록 코츠 씨가 앞서 말한, 내가 최근 겪었던 일 때문에 걱정을 많이 했지만, 나는 그 교회 사람의 왜곡된 신앙이 나에게 기독교에 대한 편견을 심어주지 못했다고 그를 다시 확신시킬 수 있었다.

나의 어려움은 다른 곳에 있었다. 그것은 《성경》과 그 공인된 해석에 대한 것이었다.

12. 인도인과의 접촉 시도

기독교인들과의 접촉에 대해 더 쓰기 전에 나는 같은 시기의 다른 경험에 대해 기록하고자 한다.

호상 테브 하지 칸 무함마드는 다다 압둘라가 나탈에서 누린 것과 같은 지위를 프리토리아에서 누리고 있었다. 그를 빼고는 어떤 공적 운동도 이끌 수 없었다. 나는 첫 주부터 그와 가까워졌는데 그에게 프리토리아의 모든 인도인을 만나고 싶다고 말했다. 내가 그곳 인도인의 실태를 조사하고 싶다고 하면서 도움을 요청하자 그는 기꺼이 동의했다.

나의 첫 번째 단계는 프리토리아에 있는 모든 인도인의 모임을 열어 그들에게 트란스발에서의 자기네 실태를 보여주는 것이었다. 그 모임은 호상 하지 무함마드 하지 주삽의 집에서 열렸다. 나는 그에게 줄 소개장을 가지고 있었다. 거기에는 메만 회사 상인들이 주로 참석했고, 힌두교도도 조금 있었다. 프리토리아의 힌두 교인은 사실 극소수였다.

그 모임에서 내가 한 연설은 아마도 내 일생 최초의 공적 연설이라고 할 수 있으리라. 나는 열심히 준비해 갔다. 주제는 장사를 하며 진실을 지키자는 것이었다. 나는 언제나 상인들이 장사에서는 진실이 불가능하다고 하는 소리를 들었다. 나는 당시에도 그렇게 생각하지 않았고 지금도 마찬가지다. 지금도 진실과 장사는 일치할 수 없다고 주장하는 상인 친구들이 있다. 그들은 말한다. 장사란 매우 실제적인 일이고 진실은 종교의 문제라고. 따라서 실제 문제를 종교와 같이 생각해서는 안 된다고 한다. 그들에 따르면 순수한 진실은 장사에서는 문제가 될 수 없고, 장사에 방해가 되지 않는 한에서만 가능하다는 것이었다.

나는 연설에서 그러한 생각에 강력하게 반대했고, 상인들에게 이중의 의무감을 촉구했다. 즉 외국에 와 있는 사람들이 진실해야 할 책임은 더욱 크다고 했다. 이유는 그곳 소수 인도인의 행동은 몇천만 동포의 척도가 되기 때문이다.

나는 우리 인도인의 습관이 그들을 둘러싼 영국인에 비해 비위생적임을 알았기에 이에 대한 관심을 촉구했다. 그리고 힌두교도, 이슬람교도, 파르시 교도, 기독교도, 구자라트인, 마드라스인, 펀자브인, 신드인, 카치인, 수르트인 등의 모든 차별을 철폐할 필요성을 강조했다.

결론으로 나는 인도 이주민의 고통에 대해 관련 당국과 교섭하기 위한 협의회를 조직하자고 제의하고, 이를 위해 최대한 나의 시간과 노력을 쏟겠다고 약속했다.

나는 청중이 상당히 감동한 것을 알았다.

내 연설 뒤에 토론이 이어졌다. 실상을 말하겠다는 사람도 있었다. 나는 용기를 얻었다. 나는 청중 가운데 영어를 아는 사람이 극소수임을 알았다. 그 나라에서는 영어 지식이 유용하다고 느꼈기 때문에 여가 시간이 있는 사람들은 영어를 배우라고 충고했다. 나는 그들에게 나이가 들어도 언어를 배울 수 있다고 말하고, 그런 사람들의 예를 들었다. 뿐만 아니라 영어 공부반이 형성되면 나도 한 반을 맡고, 또는 말을 배우고자 하는 개인에게도 가르칠 수 있다고 말했다.

반은 형성되지 않았으나 세 젊은이가 자기 집에서 가르쳐주면 배우겠다고 했다. 그 중 두 사람은 이슬람교도로 이발사와 사무원이었다. 나머지 한 사람은 힌두교도로 작은 가게 주인이었다. 나는 각자에 맞게 가르치기로 했다. 나의 가르치는 능력에 대해서는 걱정이 없었다. 학생은 지치기도 했으나 나는 그렇지 않았다.

그곳에 갔을 때 그들이 아직 일을 하고 있는 경우도 있었다. 그래도 나는 참았다. 세 사람 모두 영어를 깊이 배우려고 하지는 않았지만, 두 사람은 8개월 만에 상당히 나아졌다. 둘은 장부를 쓰고 일상적인 상용편지도 썼다. 이발사의 욕심은 손님을 대할 때 필요한 영어 이상이 아니었다. 공부 결과 두 사람은 수입이 상당히 늘어나게 되었다.

나는 모임 결과에 만족했다. 그런 모임을 일주일이나 한 달에 한 번씩 갖기로 결정했던 것으로 기억한다. 모임은 비교적 정기적으로 열렸고 자유롭게 의견이 교환되었다. 그 결과 프리토리아에서 내가 모르는 인도인은 없게 되었고, 내가 사정을 모르는 사람도 없게 되었다. 이로 인해 나는 프리토리아의 영국 주재관 야코버스 드 웨트 씨도 알게 되었다. 그는 인도인을 동정했으나 영향력은 거의 없었다. 그러나 그는 최대한 우리를 도와주기로 약속했고, 언제라도 내가 원하면 만나주었다.

나는 철도 당국과도 교섭하여, 인도인이 자유롭게 여행하는 능력을 갖지 못해서 당하는 고통은, 영국 법규 밑에서도 정당화될 수 없다고 말했다. 나는 이에 대해, 적절한 복장을 갖춘 인도인에게는 일, 이등표를 팔겠다는 답을 받았다. 이는 진정한 개선은 아니었다. 누가 '적절한 복장'을 갖추었느냐를 판단하는 것은 역장의 몫이었기 때문이다.

영국 주재관은 인도인 문제를 다룬 신문을 보여주었다. 테브 호 상도 같은 신문을 보여주었다. 나는 그것들을 읽고 오렌지자유국에서 인도인들이 얼마나 잔혹하게 내몰렸는지를 알게 되었다.

요컨대 프리토리아에 머물렀기에 나는 트란스발과 오렌지자유국에 사는 인도인의 사회적·경제적·정치적 상황을 깊이 연구할 수 있었다. 나는 이 연구가 미래의 나에게 무한한 도움이 되리라고는 생각지 못했다. 만일 그 소송이 연말 전에 끝나지 않으면 그전에라도 귀국할 생각이었기 때문이다.

그러나 신의 뜻은 달랐다.

13. '쿨리' 경험

트란스발과 오렌지자유국에 살던 인도인의 상황이 어땠는지 여기서 완벽하게 서술할 필요는 없으리라. 더욱 자세히 알고 싶으면 내가 쓴《간디, 비폭력 저항운동 ─ 남아프리카에서의 사티아그라하》를 읽기를 권한다. 그러나 여기서 간단히 설명할 필요는 있다.

오렌지자유국에서 인도인은 1888년이나 그전에 제정된 특별법에 따라 그들의 모든 권리를 박탈당했다. 만일 그들이 그곳에서 계속 살려면 오로지 호텔 웨이터로 살거나 그 비슷한 천한 직업에 종사해야만 했다. 상인들은 명목상 보상금을 받고 쫓겨났다. 그들은 진정도, 탄원도 했으나 소용없었다.

1885년 트란스발에서 매우 가혹한 법이 제정되었다. 그것은 1886년 약간 개정되어, 트란스발에 들어오는 모든 인도인에게 입국료로 3파운드의 인두세를 내도록 규정했다. 그들은 그들을 위해 분리된 지역 말고는 토지를 소유할 수도 없으며, 그것도 실제로는 소유권이라고 할 수 없었다. 그들에게는 선거권도 없었다.

이 모두는 아시아인에 대한 특별법이었고, 또 아시아인에게는 유색인종법도 적용되었다. 유색인종법에 따르면 인도인은 공용도로를 걸을 수도 없고, 오후 9시 이후에는 허가 없이 외출할 수도 없었다. 그 법은 인도인에게만 신축성 있게 적용되었다. 단 '아랍'으로 통하는 경우에는 예외였다. 물론 그 예외란 경찰이 결정하는 것이었다.

나는 이 두 가지 법을 경험해야 했다. 나는 밤에 종종 코츠 씨와 산책을 했고, 10시 전에 돌아오는 경우는 드물었다. 만일 경찰이 나를 체포한다면 어떻게 되는가? 코츠 씨는 나보다도 더 이 점에 대해 걱정했다. 그는 흑인 하인에게는 통행증을 만들어주어야 했다. 그러나 어떻게 나에게 그것을 써줄 수 있겠는가? 주인만이 하인에게 허가할 수 있다. 설령 내가 원하고 코츠 씨가 그렇게 할 마음이 있다 해도, 그는 그럴 수 없었다. 왜냐하면 그것은 부정한 일이기 때문이다.

그래서 코츠 씨나 그의 친구가 나를 사법장관(State Attorney)인 크라우제 박사에게 데려갔다. 우리는 같은 법학원[21] 출신임을 알았다. 내가 9시 이후 외출하려면 통행증이 필요하다는 사실은 그에게 매우 민망한 일이었다. 그는 나를 동정했다. 그는 내게 통행증을 발급하는 대신, 경찰의 간섭 없이 언제나 외출할 수 있다는 허가증을 주었다. 나는 외출할 땐 언제나 그것을 지녔다. 내가 그것을 한 번도 사용하지 않았다는 건 단순히 우연에 불과했다.

크라우제 박사는 나를 자택에 초대했고, 우리는 친구가 되었다. 나는 그를 종종 방문했고, 그를 통해 요하네스버그 검사로 더욱 유명했던 그의 형을 소개받았다. 보어 전쟁 때 그는 영국 관리를 살해할 음모를 꾸몄다는 이유로 군법회의에서 7년형을 받았다. 그리고 변호사 자격을 박탈당했다. 그는 전쟁이 끝난 뒤 석방되어 트란스발 변호사 자격을 다시 얻어 개업했다.

이런 교우관계가 뒤에 나의 공적 생활에 도움이 되었고, 내 일을 매우 쉽게 만들어주었다.

보행도로 사용에 대한 법규 때문에 매우 귀찮은 일이 생겼다. 나는 언제나 프레지던트 거리를 통해 야외로 산책했다. 그 거리에는 크뤼거 대통령의 집이 있었다. 뜰도 없이 매우 아담하고 단조로운 건물로 부근 집들과 다를 바 없었다. 프리토리아의 많은 부자들의 집은 훨씬 더 화려했고 뜰이 둘러싸고 있었다. 사실 대통령의 검소함은 유명했다. 집 앞에 경찰 초소가 있다는 점만이 관리의 집임을 나타냈다. 나는 거의 언제나 보행도로를 따라 그 초소를 지나갔는데, 제지나 방해를 받은 적은 없었다.

그런데 그 초소 경찰은 교대를 했다. 한번은 경찰이 아무 경고도 없이, 도로를 떠나라는 요청도 없이, 나를 밀고 차서 거리로 내쫓았다. 나는 너무 놀랐다. 내가 그의 행동에 항의하기도 전에 마침 말을 타고 그곳을 지나던 코츠 씨가 나에게 소리쳤다.

"간디, 나는 다 보았습니다. 만일 저 사람을 고소한다면 기꺼이 법원에서 증언하겠습니다. 너무나도 야만적인 폭행을 당해 미안합니다."

내가 말했다. "미안해할 필요 없습니다. 저 불쌍한 사람이 무엇을 알겠습니까? 그에게는 모든 유색인종이 똑같습니다. 그는 흑인도 나처럼 대할 것입니다. 나는 개인적인 억울함 때문에는 법정에 가지 않기로 했습니다. 따라서 그를 고소하지 않겠습니다."

코츠 씨가 말했다. "당신다운 말씀이군요. 그러나 다시 생각해보세요. 우리는 그런 사람에게 가르쳐야 합니다." 이어 그는 경찰관을 꾸짖었다. 경찰관은 보어인이었고 그들이 네덜란드 말을 사용했기에 나는 알아듣지 못했다. 경찰관은 나에게 사과했는데 그럴 필요가 없었다. 나는 이미 그를 용서했다.

그러나 나는 다시는 그 거리를 지나가지 않았다. 다른 사람이 그 경찰관 앞을 지나가면 그 일을 잊고 똑같은 행동을 하리라. 쓸데없이 발길질을 자초할 필요가 있을까? 그래서 나는 다른 길을 택했다.

그 사건으로 인도 이주민에 대한 동정이 더욱 깊어졌다. 이 법과 관련해 영국 주재관을 만난 뒤에, 필요하다면 하나의 시범 케이스를 만들 만하다고 인도인들과 토론한 적이 있다.

이렇게 나는 인도 이주민들의 어려운 상황에 대해 읽고 들었을 뿐만 아니라 개인적인 경험을 통해 더 잘 알게 되었다. 자존심이 있는 인도인에게 남아프리카란 살 곳이 아님을 나는 알았고, 내 마음은 이런 상태를 어떻게 개선할 수 있을까 하는 의문으로 점점 가득 차게 되었다.

그러나 당시 나의 주된 의무는 다다 압둘라의 소송을 처리하는 것이었다.

14. 소송 준비

그해 프리토리아 체류는 내 일생에서 가장 가치 있는 경험이었다. 여기서 나는 공적인 일을 배울 기회를 가졌고, 그것을 위한 능력을 어느 정도 얻었다. 내 속의 종교 정신이 살아 있는 힘이 된 곳도 여기였고, 법 실무의 참된 지식을 얻은 곳도 여기였다. 신참 변호사가 고참 변호사의 방에서 배우는 것을 익힌 곳도 여기였고, 변호사로서 결코 실패하지 않겠다는 확신을 얻은 곳도 여기였다. 변호사로 성공할 수 있는 비밀을 배운 곳도 여기였다.

다다 압둘라의 소송은 작은 것이 아니었다. 4만 파운드라는 이권이 걸려 있었다. 사업 거래에서 비롯되었기에, 복잡한 계산 문제로 가득 차 있었다. 원고 측 주장의 일부는 약속어음에 근거했고, 다른 일부는 약속어음을 넘겨주겠다는 특정한 약속의 이행에 근거했다. 피고 측 항변은 그 약속어음이 잘못 발행되었으니 충분한 근거가 없다는 것이었다. 이 복잡한 사건에는 사실과 법에 관련된 여러 가지 문제가 걸려 있었다.

양쪽 모두 뛰어난 법정변호사와 사무변호사를 두었다. 그래서 나에게는 그들의 일을 배우는 중요한 기회가 되었다. 내가 맡은 일은, 사무변호사를 위해 원고 측 서류를 준비하고 증거 사실을 수집하는 것이었다. 내가 준비한 것을 사무변호사가 얼마나 받아들이고 거부하는지, 또 사무변호사가 준비한 자료를 법정변호사가 얼마나 이용하는가를 보는 것이 공부가 되었다. 소송을 위한 이러한 준비는 이해력과 증거 정리 능력을 상당히 증진시켜주었다.

나는 이 소송에 엄청난 흥미를 느꼈다. 사실 그 일에 완전히 몰두했고 거래와 관련된 모든 서류를 읽었다. 나의 사건 의뢰인은 탁월한 능력의 소유자고, 나를 절대적으로 신임했기에 나는 일을 쉽게 할 수 있었다. 나는 회계를 열심히 공부했다. 대부분 구자라트어로 된 통신을 번역함에 따라 나의 번역 능력도 향상되었다.

앞에서 말했듯이 나는 종교 단체와 공적인 일에 관심이 커서 언제나 그쪽에 시간을 썼지만 당시에는 그것이 주된 관심사이지는 않았다. 주된 관심사는 그 소송이었다. 필요하면 법률을 읽고 판례를 찾는 데 언제나 가장 많은 시간을 보냈다. 그 결과 원고도 피고도 모르는 것처럼 보이는 사건의 진상을 알게 되었다. 그것은 내가 양쪽 서류를 모두 보관한 덕분이었다.

나는 고(故) 핀커트 씨의 조언을 기억했다. 그는 사실이야말로 법의 4분의 3이라고 했다. 이는 뒤에 남아프리카의 저명한 변호사인

고(故) 레너드 씨가 분명히 증명했다. 내가 맡은 어느 소송에서 정의는 내 의뢰인 편이었으나, 법은 그에게 불리하게 보였다. 나는 어쩔 수 없이 레너드 씨에게 찾아가 도움을 구했다. 그 역시 소송에서 사실이 매우 중요하다고 하며 말했다. "간디, 나는 한 가지를 배웠습니다. 그것은 우리가 사실을 정확하게 파악하면 법은 저절로 우리 편이 된다는 것입니다. 사실을 더욱더 깊이 파고듭시다." 그리고 그는 사실을 더 조사해서 자기를 찾아오라고 했다.

사실을 다시 조사했더니 사건이 완전히 새롭게 비쳤다. 동시에 이와 관련된 남아프리카의 옛 사건이 생각났다. 나는 기뻐서 레너드 씨를 찾아가 모두 말했다. "맞아요." 그가 말했다. "우리는 이길 겁니다. 이젠 오로지 어느 판사가 맡느냐만 신경 쓰면 됩니다."

내가 다다 압둘라 사건을 준비할 때에는 아직 사실이 그렇게 중요하다는 것을 충분히 깨닫지 못했다. 사실은 진실을 뜻하고, 일단 우리가 진실 편에 서면 법은 당연히 우리 편이 된다. 나는 다다 압둘라 사건의 진실이 정말 매우 강력하고, 법이 그편을 들게 마련임을 알았다. 동시에 나는 소송이 계속된다면 서로 친척이고 같은 도시에 사는 원고와 피고는 결국 몰락하리라는 것도 알았다.

아무도 그 소송이 얼마나 계속될지 몰랐다. 법정에서 계속 싸우도록 내버려둔다면 무한정 지속되고, 양쪽 모두에게 득이 될 것이 없었다. 따라서 양쪽 모두 되도록이면 빨리 끝내고 싶어 했다.

나는 테브 호상에게 접근하여 화해 쪽으로 가자고 요구하며 충고했다. 그에게 변호사를 만나보라고 했다. 그리고 만일 양쪽 신임을 받는 중개자를 내세울 수 있다면 사건은 빨리 끝난다고 말했다. 변호비가 너무나도 빨리 늘어나 거상인 의뢰인들을 파산시킬 정도였다. 그들은 소송에 정신이 뺏겨 다른 일을 하지도 못했다.

그러는 동안 서로의 나쁜 감정은 더욱 커졌다. 나는 내 직업이 싫어졌다. 양쪽 변호사들은 그들 각각의 의뢰인을 위해 법의 세세한 점을 들추어냈다. 나는 처음으로 승소한 측도 소송 비용을 모두 찾을 수 없음을 알았다. 쌍방에 허용되는 비용 규모가 재판 수수료 규정에 정해져 있었지만, 변호사와 의뢰인 사이의 실제 비용은 너무나도 많았다. 이는 내가 더욱 참을 수 없는 일이었다.

나는 당사자를 화해시켜 화합하게 하는 것이 나의 의무라고 생각했다. 타협을 위해 나는 온 신경을 집중했다. 결국 테브 호상이 동의했다. 선정된 중재인이 사건을 판단하여 다다 압둘라에게 손을 들어주었다.

그러나 나는 그것에 만족하지 못했다. 내 의뢰인이 즉각 변상을 요구하게 되면, 테브 호상에게는 지불 능력이 없었다. 그런데 포르반다르 메만 회사 상인들 사이에는 파산당하느니 자살을 택한다는 불문율이 있었다. 테브 호상은 3만7천 파운드와 비용을 지불할 수 없었다. 그는 총액에서 한 푼도 덜 내려 하지도 않았고, 파산선고를 받으려고 하지도 않았다.

따라서 길은 하나뿐이었다. 즉 다다 압둘라가 적절하게 분납하도록 허용하는 길이었다. 그에게는 그만한 도량이 있어서 테브 호상에게 장기간에 걸쳐 분납하도록 허용했다. 내가 분납 지불을 설득하기는, 양쪽을 중재에 동의하게 하는 것보다 힘들었다.

그러나 양쪽은 결과에 만족했고, 모두 다 공적인 신임을 얻게 되었다. 나의 기쁨도 컸다. 나는 법의 참된 적용에 대해 배웠다. 또한 인간성의 좋은 점을 발견하고, 인간의 마음속에 들어가는 것을 배웠다.

나는 변호사의 참된 역할은 서로 갈라진 당사자를 결합하는 것임을 깨달았다. 그 교훈은 너무나도 분명하게 나에게 낙인찍혀 변호사로 20년간 일하며 대부분의 시간을 몇백 건 사건을 화해하는 데 쓰게 되었다. 그로 인해 손해 본 것은 없었다. 돈뿐만 아니라 영혼의 측면에서도.

15. 종교 탐구

이제 다시 기독교 친구들과의 경험 이야기로 돌아가자.

베이커 씨는 나의 미래를 걱정했다. 그는 나를 웰링턴 종교회의에 데려갔다. 프로테스탄트 기독교인들은 종교적 계몽, 즉 자기 정화를 위해 몇 년마다 그렇게 모였다. 이는 종교적 복귀나 부활이라고 할 수 있는 것이다. 웰링턴 종교회의도 그런 것이었다. 의장은 그곳의 유명한 성직자인 앤드루스 머리 목사였다. 베이커 씨는 그 회의의 종교적 격앙 분위기와 회의에 참석하는 사람들의 열정과 정성에 의해 내가 기독교에 입문하게 되리라 기대했다.

그렇긴 해도 그의 마지막 희망은 기도의 효험이었다. 그는 기도에 대해 확고히 믿었다. 신은 열렬한 기도를 받아들이지 않을 수 없다고 그는 강하게 확신했다. 그는 세속사에 대해서도 기도에만 의존하는 브리스톨의 조지 멀러 같은 사람을 예로 들었다. 나는 기도의 효험에 대한 그의 이야기를 편견 없이 들었고, 내가 신의 부름을 듣게 되면 기독교를 받아들이겠다고 그에게 확신을 주었다. 나는 오랫동안 마음의 목소리에 따르도록 스스로 훈련해왔기 때문에 그에게 그런 확신을 주는 것을 조금도 주저하지 않았다. 나는 그것에 따르는 것이 기뻤다. 거기에 반해 행동한다면 어렵고 고통스러웠다.

그래서 우리는 웰링턴에 갔다. 그의 동료로 나 같은 '유색인종'을 데려가는 건 베이커 씨로서 힘든 일이었다. 그는 오로지 나 때문에 여러 가지 어려움을 겪었다. 우리는 도중에 여행을 멈추어야 했다. 그날은 일요일이었고 베이커 씨와 그 일행은 안식일에는 여행을 하지 않기 때문이다. 역 호텔 지배인은 오랜 논의 끝에 나를 받아들이기로 했으나, 내가 식당에 들어가는 것만은 절대로 거부했다. 베이커 씨는 쉽게 물러날 사람이 아니었다. 그는 호텔 손님의 권리를 주장했다. 나는 그의 어려움을 잘 알았다.

웰링턴에서도 나는 베이커 씨와 같이 묵었다. 그가 자청한 사소한 불편을 숨기려고 최대한 노력했음에도 나는 그 모든 것을 알았다.

이 회의는 독실한 기독교인들의 모임이었다. 그들의 믿음을 보며 나는 기뻤다. 나는 머리 목사를 만났다. 많은 사람들이 나를 위해 기도하는 것을 보았다. 나는 그들의 찬송가 중 매우 아름다운 몇 곡을 좋아했다.

이 회의는 사흘 동안 계속되었다. 나는 그곳에 모인 사람들의 믿음을 이해했고 칭찬했다. 그러나 내 신앙, 내 종교를 바꿀 어떤 이유도 찾지 못했다. 나는 내가 기독교인이어야만 천국에 갈 수 있고 구원받을 수 있다는 것을 믿을 수 없었다. 내가 훌륭한 기독교인 친구 몇 명에게 그렇게 말하자 그들은 충격을 받았다. 그러나 어쩔 도리가 없었다.

나의 고민은 더 깊은 데 있었다. 나는 예수만이 신으로 화한 유일한 아들이고, 예수를 믿는 사람만이 영원한 삶을 살 수 있다고 믿을 수 없었다. 신에게 아들이 있다면 우리 모두 그의 아들일 수 있었다. 만일 예수가 신과 같거나 신 자신이라면 모든 사람이 신과 같고, 신 자신일 수 있었다.

나의 이성은, 예수가 그의 죽음과 피로 세상의 죄를 대신 속죄했다는 것을 글자 그대로 믿을 수 없었다. 이를 비유로 본다면 거기에는 다소 진실이 있을 수 있겠지만. 또 기독교에서 인간만이 영혼을 가지고, 다른 존재에게 죽음이란 완전한 끝을 뜻한다고 하는 점과도 나의 믿음은 반대였다.

나는 예수를 순교자, 희생의 화신, 성스러운 스승으로 받아들일 수는 있지만 지금까지 살았던 인간 중에서 가장 완벽한 인간으로 받아들일 수는 없었다. 그가 십자가 위에서 죽은 것은 세상에 위대한 모범이 되었으나, 그것이 어떤 신비롭고 기적적인 영향을 초래했다는 점을 내 마음은 받아들일 수 없었다.

다른 종교 사람들의 일생에서는 보지 못했는데 경건한 기독교인의 일생에서만 찾을 수 있었던 건 없었다. 내가 기독교인들 사이에서 들은 것과 똑같은 개혁을 다른 사람들의 일생에서도 보았다. 철학적으로 보면 기독교 원리에는 특별한 것이 없었다. 희생이라는 관점에서 보면 힌두교가 기독교보다 더욱 뛰어났다. 나는 기독교를 모든 종교 중에서 완벽한 것이라거나 가장 위대한 것이라고 볼 수 없었다.

나는 기회가 될 때마다 나의 기독교 친구들에게 이러한 마음의 동요를 말했으나, 그들의 답은 만족스럽지 못했다.

이처럼 나는 기독교를 완전하거나 가장 위대한 종교로 받아들이지 못했지만, 그렇다고 힌두교를 그렇게 확신하지도 못했다. 힌두교의 결점은 너무나도 분명했다. 만일 불가촉천민이 힌두교의 일부가 될 수 있다면 그것은 썩어빠진 부분이거나 군더더기일 것이다. 나는 힌두교에 수많은 종파와 카스트가 있는 이유를 이해할 수 없었다.《베다》가 신의 영감으로 된 말이라는 것에 무슨 의미가 있을까? 만일 그것이 영감을 받은 것이라면《성경》이나《쿠란》도 마찬가지 아니겠는가?

기독교 친구들이 나를 개종시키려고 노력했듯이, 이슬람교 친구들도 노력했다. 압둘라 호상은 이슬람을 연구하라고 계속 권했고, 물론 언제나 그 아름다움에 대해 말했다.

나는 내 고민을 라이찬드바이에게 편지로 썼다. 인도의 다른 종교 권위자에게 편지를 썼고 답장도 받았다. 라이찬드바이의 편지는 나를 상당히 안심시켰다. 그는 나에게 인내심을 가지고 힌두교를 더 깊이 공부하라고 했다. 그 중 한 구절은 다음과 같다. "그 문제를 냉징하게 생각한 끝에 나는 어떤 다른 종교도 영혼의 쾬점이나 지비가 힌두교의 오묘하고 근원적인 사상을 갖지 못한다고 확신하게 되었습니다."

나는 세일이 번역한《코란》을 사서 읽기 시작했다. 이슬람교에 대한 다른 책도 구했다. 그리고 영국에 있는 기독교 친구들과도 편지를 주고받았다. 그 중 한 사람이 나를 에드워드 메이틀랜드에게 소개해 그와도 편지를 주고받았다. 그는 나에게 애너 킹스퍼드와 함께 쓴《완전한 길》을 보내주었다. 그 책에서는 현대 기독교를 비판했다.《성경의 새로운 해석》도 보내주었다. 나는 두 권 모두 좋아했다. 둘 다 힌두교를 지지하는 듯이 보였다.

톨스토이의《신의 나라는 네 안에 있다》는 나를 뒤흔들었다. 그 책에서 받은 감동은 엄청났다. 그 책의 독창적인 발상, 원숙한 도덕관,

진실성 앞에서는 코츠 씨가 준 모든 책이 무의미하게 생각되었다.

이처럼 나의 공부는 기독교 친구들이 생각지도 못한 방향으로 나를 이끌었다. 메이틀랜드와의 편지는 상당히 오래 계속되었고, 라이찬드바이와의 편지도 그가 죽을 때까지 이어졌다. 나는 그가 보내준 책들을 읽었다. 그 중에 《다섯 가지 분석》, 《마니 보석반지》, 요가바시시타의 《무무크슈 프라카란》, 하리바드라 수리의 《샷다르샤나 사무차야》[22]가 있었다.

기독교도들이 생각하지 않은 길을 내가 택하게 되었지만, 그들이 나에게 일깨워준 종교적 탐구에 대해 그들에게 진 빚은 영원히 남았다. 그들과의 접촉은 언제나 기억하리라. 그 뒤로는 그때보다 더 아름답고 성스러운 교제가 나를 기다리고 있었다.

16. 인간은 제안하고, 신은 처리한다

소송이 끝나자 프리토리아에 머물 이유가 없어졌다. 그래서 나는 더반으로 가 인도로 돌아갈 준비를 하기 시작했다. 그러나 압둘라 호상은 전송도 없이 나를 보낼 사람이 아니었다. 그는 나를 위해 시드넘에서 송별연을 베풀었다.

나는 하루 종일 그곳에서 보내게 되었다. 거기서 신문을 뒤적이다가 우연히 한구석에 나와 있는 '인도인의 선거권'이라는 제목의

---

22 *Panchikaran*, *Maniratnamaia*, Yogavasistha의 *Mumukshu Prakaran*, Haribhadra의 *Schaddarshana Samuchchaya*.

기사를 보았다. 당시 나탈 의회에 제출된 법안에 대한 것으로, 의회 선거에서 인도인의 선거권을 박탈하려는 것이었다. 나는 그 법안에 대해 몰랐고, 온 손님들도 모르고 있었다.

내가 압둘라 호상에게 물었더니 그가 이렇게 답했다. "우리가 어떻게 알 수 있겠습니까? 우리는 장사에 대해서만 알 뿐입니다. 아시다시피 오렌지자유국에서 우리 장사는 모두 몰수당했습니다. 항의했지만 소용이 없었습니다. 우리는 글자를 모르니 불구자들이지요. 우리는 보통 날마다 시장 물가나 보려고 간단하게 신문을 훑어봅니다. 입법에 대해 어떻게 알겠습니까? 여기 유럽 변호사들이 우리의 눈과 귀입니다."

내가 말했다. "그러나 여기서 태어나 교육받은 많은 인도 청년들이 있습니다. 그들이 도와주지 않습니까?"

"그들은!" 압둘라 호상이 절망하듯 부르짖었다. "우리에게 오려고 하지도 않고, 사실을 말하자면 우리도 그들을 인정하지 않습니다. 그들은 기독교도기 때문에 백인 성직자 손에 놀아나고, 그 성직자는 정부 밑에 있습니다."

나는 눈이 번쩍 뜨였다. 나는 그들이 인도인임을 주장해야 한다고 생각했다. 그렇게 하지 않는 것이 기독교의 뜻일까? 그들이 기독교인이 되었다고 해서 인도인이 아닌 걸까?

그러나 나는 인도로 돌아갈 참이었기 때문에 그 문제에 대해 생각한 것을 발표하기가 주저되었다. 압둘라 호상에게만 간단하게 말했다. "만일 이 법안이 통과된다면 우리 처지가 너무나 어려워집니다. 그것은 우리의 관에 박히는 최초의 못입니다. 우리 자존심의 뿌리를 자르는 일입니다."

"그렇습니다." 압둘라 호상이 응수했다. "선거권 문제에 어떤 내력이 있는지 말씀드리지요. 우리는 전혀 몰랐습니다. 당신도 아시는 우리의 뛰어난 변호사 에스콤 씨가 우리에게 말해주었습니다. 그렇게 해서 시작된 것입니다. 그는 놀라운 투쟁가이고, 그와 부두 관리인은 냉랭한 사이였는데, 그는 선거에서 관리인이 자기 표를 빼앗아 이기는 것을 두려워했지요. 그래서 그는 우리의 자격에 대해 말해주었고, 그의 간청에 따라 선거권자로 등록해서 그에게 표를 던졌습니다. 이제 당신이 생각하는 것만큼 우리가 선거권에 대한 가치를 두지 않았다는 걸 아시겠죠. 그러나 지금은 말씀하시는 바를 알겠습니다. 그래요, 그렇다면 당신의 충고는 무엇입니까?"

다른 손님들도 우리의 이야기를 주의 깊게 듣고 있었다. 그 중 한 사람이 말했다. "무엇을 해야 할지 말씀드릴까요? 당신의 배표를 취소하고 여기 한 달만 더 머무르십시오. 그러면 우리가 당신이 이끄는 대로 싸우겠습니다."

모두가 찬성했다. "그래요, 그래요, 압둘라 호상, 간디 씨를 잡아야 합니다."

호상은 눈치가 빨랐다. 그가 말했다. "나는 지금 그를 잡을 수 없습니다. 도리어 여러분에게 그런 권리가 있습니다. 그러나 여러분은 정말 옳습니다. 우리 **모두** 그가 머물도록 설득합시다. 그러나 여러분은 그가 변호사임을 아셔야 합니다. 그의 보수는 어떻게 하시겠습니까?"

보수란 말이 나를 괴롭혔고 가로막았다. "압둘라 호상, 보수는 문제가 안 됩니다. 공적인 일에 보수는 있을 수 없습니다. 만일 머물러야 한다면 저는 심부름꾼으로 머물겠습니다. 아시다시피 저는 여러분 모두를 알지 못합니다. 그러나 여러분께서 그들이 협력하리라 믿으신다면 저는 한 달 더 머물겠습니다. 그러나 한 가지 문제가 있습니다. 저에게 아무것도 주실 필요는 없지만, 우리가 생각하는 일은 본래 출발기금 없이는 할 수 없습니다. 우리는 전보도 쳐야 하고, 인쇄도 해야 하며, 출장도 가야 하고, 각지에 있는 변호사와 상의도 해야 하며, 제가 이곳 법에 대해 모르기 때문에 참고를 위한 법률 책도 필요합니다. 이 모든 것은 돈 없이 불가능합니다. 그리고 이런 일을 하려면 한 사람만으로는 충분하지 않다는 것도 분명합니다. 많은 사람들이 저를 도와주려고 오셔야 합니다."

그러자 모두 합창했다. "알라는 위대하고 자비롭습니다. 돈이 생길 것입니다. 필요하신 만큼 사람도 올 겁니다. 허락만 하시면 모두 잘될 겁니다."

그래서 송별연이 실행위원회로 변했다. 나는 만찬 따위는 끝내고 빨리 집으로 돌아가자고 제의했다. 나는 마음속으로 운동 계획을 짰다. 선거인 명부에 있는 사람들 이름을 확인하고 한 달 더 머물기로 결심했다.

그렇게 신은 내가 남아프리카에서 살아갈 기초를 만들어주었고, 민족의 자존심을 위한 싸움의 씨를 뿌려주었다.

17. 나탈 정착

호상 하지 무함마드 하지 다다는 1893년 인도인 사회에서 가장 뛰어난 지도자였다. 경제적으로는 압둘라 호상 하지 아담이 그들

중에서 으뜸이었지만, 그를 비롯한 모든 사람들은 공적인 일에서는 호상 하지 무함마드를 으뜸으로 쳤다. 그래서 압둘라 호상 집에 모여 호상 하지를 회장으로 추대하고 선거권 법안에 반대하기로 결의했다.

자원봉사자를 등록했다. 대부분이 기독교 인도인 청년들인 나탈에서 태어난 인도인들이 그 모임에 참여하도록 초대되었다. 더반 법원 통역인 폴 씨, 기독교 학교 교장인 서반 고드프리 씨가 출석했고, 그들 덕분에 많은 기독교 청년들이 그 모임에 참석했다. 그들 모두가 자원봉사자로 등록했다.

물론 많은 상인들도 등록했는데 그 중에는 호상 다우드 무함마드, 무함마드 카삼 캄루딘, 아담지 미야칸, A. 코란다벨루 필라이, C. 라키람, 란가사미 파디아치, 아마드 지바가 중요했다. 파르시 교도인 루스톰지도 물론 거기 있었다. 사무원 중에는 마네크지, 조시, 나신람 등 다다 압둘라 회사와 그 밖의 큰 회사 사람들이 있었다. 그들은 자신들이 공적인 일에 참여한다는 점에 모두 똑같이 놀랐다. 그렇게 초대받아 참여한다는 것은 그들 생애에 새로운 경험이었다.

그 사회에 밀어닥친 불행에 직면해 높은 사람과 낮은 사람, 시시한 사람과 위대한 사람, 주인과 하인, 힌두교·이슬람교·파르시교·기독교, 구자라트인·마드라스인·신드인 사이의 모든 차별이 잊혔다. 모두가 똑같이 조국의 아이들이자 하인이었다.

법안은 벌써 제2독회를 통과했거나 통과할 참이었다. 그 연설에서는, 인도인들이 그 가혹한 법안에 반대하지 않는다는 사실을 들어, 그들이 선거권을 가질 자격이 없다는 주장이 제기되었다.

나는 모임에서 그 상황을 설명했다. 먼저 우리는 국회의장에게 전보를 쳐서 법안 심의의 연기를 요구했다. 같은 전보를 수상인 존 로빈슨 경에게 보냈고, 또 하나는 다다 압둘라의 친구인 에스콤 씨에게 보냈다. 의장은 즉시 우리에게 법안 심의를 이틀 연기하겠다고 답했다. 우리는 기뻐했다.

국회에 제출할 청원서를 준비했다. 석 통을 준비해야 했고, 언론사에 보낼 또 한 통이 필요했다. 그리고 되도록이면 많은 사람의 서명을 받아야 했고, 그 모든 일이 하룻밤 새 이루어져야 했다. 영어를 아는 자원봉사자와 몇 사람이 밤을 새웠다. 글씨를 잘 쓰는 것으로 유명한 아더 노인이 원본을 썼다. 나머지는 다른 사람들이 받아썼다. 그래서 다섯 통이 동시에 마련되었다.

자원봉사자 상인들이 자신들의 마차 혹은 돈을 주고 빌린 마차를 타고 청원서 서명을 받았다. 이 일은 재빨리 이루어져 청원서가 제출되었다. 신문들은 호의적인 논평과 함께 보도해주었고 국회도 비슷한 반응이었다. 이는 원내에서 토론되었다. 법안 지지파는 그 청원서의 주장에 답하면서 방어했는데 분명 불충분했다. 그러나 법안은 통과되었다.

우리 모두는 그것이 미리 정해진 결론임을 알았으나, 그 움직임은 인도인 사회에 새로운 활기를 불어넣었다. 그리고 그 사회는 하나지 나뉠 수 없고, 상업의 권리와 마찬가지로 정치적 권리를 위해서도 싸우는 것이 의무라는 확신을 주었다.

당시 리펀 경이 식민상[23]이었다. 그래서 그에게도 장문의 청원서를 보내기로 했다. 이는 작은 일이 아니고, 하루 만에 할 수 있는 일

---

23 영국 정부의 Secretary of State for the Colonies.

도 아니었다. 모집된 자원봉사자가 각자 자기 일을 했다.

나는 그 청원서를 작성하는 것에 상당히 고심했다. 그러한 주제에 유용한 모든 문헌을 읽었다. 나의 주장은 원칙론과 현실론으로 짜였다. 먼저 우리는 인도에서도 선거권을 가지므로 나탈에서도 선거권을 가질 권리가 있다고 주장했다. 또 선거권을 행사하는 인도인은 극소수이므로 그것을 유지시켜도 현실적으로 문제가 없다고 주장했다.

2주일 만에 1만 명이 서명했다. 그 지역 전체에서 그 정도 서명을 받기란 쉬운 일이 아니었고, 특히 그 사람들이 그런 일에 완전히 생소했음을 고려하면 더욱 그러하다. 우리는 청원서를 완전히 이해하지 못한 사람에게는 서명을 받지 않기로 했으므로 특별히 유능한 자원봉사자를 선발해야 했다.

사람들이 사는 마을들은 서로 먼 거리에 떨어져 있었다. 일을 신속하게 하려면 몇 사람이 전력을 기울여야 했다. 그들은 그렇게 했다. 모두 열렬하게 자기 일을 했다. 그 중에서도 호상 다우드 무함마드, 루스톰지, 아담지 미야칸, 아마드 지바의 모습이 내 마음에 뚜렷이 나타난다. 그들이 서명을 가장 많이 받아왔다.

다우드 호상은 하루 종일 마차를 타고 다녔다. 어느 누구도 자기가 쓴 비용을 요구하지 않고 사랑으로 일했다. 다다 압둘라의 집은 한동안 무료 숙박소이자 공공 사무소로 변했다. 나를 도와준 유식한 친구들과 많은 사람들이 그곳에서 식사를 했다. 이렇게 모든 협조자들이 상당한 돈을 썼다.

청원서는 마침내 제출되었다. 천 통이나 인쇄해 돌렸고 나누어주었다. 인도 일반인들이 처음으로 나탈 형편을 알게 되었다. 나는 그

사본을 내가 아는 모든 신문사와 사회운동가들에게 보냈다.

《인도 타임스(The Times of India)》는 그 청원서에 대한 최초의 논설에서 인도인의 요구를 강력하게 지지했다. 복사본이 영국 내 여러 정당을 대표하는 잡지와 사회운동가들에게 보내졌다. 런던 《타임스》는 우리의 주장을 지지했고, 그래서 우리는 법안이 거부될 수 있다는 희망을 갖기 시작했다.

이제 나는 나탈을 떠날 수 없게 되었다. 인도 친구들이 사방에서 나를 둘러싸고 그곳에 영주하라고 강하게 요구했다. 나는 어렵다고 했다. 그리고 공공 비용으로 머물지는 않겠다고 결심했다. 또 독립된 가정을 이룰 필요가 있다고 생각했다. 나는 집이 좋아야 하고, 좋은 곳에 있어야 한다고 생각했다. 또 내가 변호사에 어울리게 살지 않으면 사회의 신뢰를 얻을 수 없다고 생각했다. 그런 가정을 꾸리려면 일년에 300파운드 이하로는 불가능할 것 같았다. 그래서 나는 그곳 상인들이 그 정도로 최소한의 법적 일을 보장해주면 머물겠다고 결심하고, 그들에게 그렇게 말했다.

그들이 말했다. "그러나 우리는 당신이 공적인 일을 하는 대가로 그만한 돈을 드리겠습니다. 우리가 그 정도는 쉽게 모을 수 있습니다. 물론 그건 당신이 사적인 법률 업무로 버는 돈과는 별도입니다."

"아닙니다. 제가 공적인 일의 대가로 여러분에게 돈을 받을 수는 없습니다." 내가 말했다. "그 일은 변호사로서의 기술을 많이 요구하는 것이 아닙니다. 내 일은 주로 여러분 모두가 일을 하게 하는 것입니다. 그러니 어떻게 여러분에게 돈을 받겠습니까? 그리고 저는 여러분에게 그 일을 위한 기금을 자주 요구할 것입니다. 그러니 여러분에게 제 생활비를 받게 되면 많은 돈이 필요할 때 그러기 어려울 테고,

그러면 우리는 결국 중단하게 될 겁니다. 뿐만 아니라 나는 우리 사회가 공적 일을 위해 매년 300파운드를 내주기를 바랍니다."

"이제 우리는 상당 기간 당신을 알고 지냈고, 당신이 필요하지 않은 걸 내라고 하지 않는다는 걸 압니다. 우리가 여기 머물러달라고 부탁하면서 당연히 비용을 내야지요."

"그렇게 말씀하시는 것은 저를 사랑하시기 때문이고 현재의 열정 때문입니다. 그러나 누가 그 사랑과 열정이 영원히 계속된다고 보장하겠습니까? 게다가 여러분의 친구이자 하인으로서 나는 가끔 여러분에게 심한 말도 할 것입니다. 그래도 여러분의 사랑을 계속 받을지는 신만이 압니다.

그러나 나는 공적 일로 어떤 보수도 받을 수 없습니다. 여러분 모두가 제게 여러분의 법률 업무를 맡긴다고 동의하는 것으로 제게는 충분합니다. 그것도 어려울 겁니다. 또 하나는 제가 백인 변호사가 아니라는 점입니다. 법정이 나를 받아주리라 누가 확신하겠습니까? 저 또한 제가 변호사로서 공정하리라 확신할 수 없습니다. 따라서 제게 일거리를 준다는 점도 위험할 수 있습니다. 저는 여러분이 그런 일거리를 준다는 것 또한 공적 업무에 대한 보답으로 생각해야 합니다."

토의 결과 20명가량의 상인들이 일년간 그들의 법률 업무를 내게 맡긴다고 했다. 그 밖에 다다 압둘라는 내가 떠나면 주려고 한 사례금으로 필요한 가구를 사주었다.

이렇게 해서 나는 나탈에 정착했다.

18. 유색인 변호사

법원의 상징은 저울이다. 저울은 장님이면서 총명한 여인이 반듯하게 들고 있다. 운명이 고의로 그녀를 눈멀게 했다. 그녀가 사람을 외모가 아니라, 내면의 가치로 판단하도록 하기 위해서였다. 그러나 나탈 변호사회는 대법원으로 하여금 이 원칙을 위배하고 그 상징을 거짓으로 만들려는 설득을 시작했다.

나는 대법원에 변호 허가를 신청했다. 나에게는 뭄바이 법원의 허가증이 있었다. 영국 면허증은 내가 뭄바이 법원에 등록할 때 첨부했다. 허가 신청에는 두 사람의 보증이 필요했다. 나는 그들이 유럽인이면 더욱 무게가 실리리라 생각해 압둘라 호상을 통해 알게 된 유명한 유럽인 상인 두 사람에게 보증을 받았다. 신청은 변호사회 회원을 통해 해야 하는데, 보통은 법무부장관이 무료로 해주었다. 앞에서 말했듯이 에스콤 씨는 다다 압둘라 회사의 법률고문이자 법무부장관이었다. 그를 찾아갔더니 그는 신청서를 내는 데 기꺼이 동의했다.

그런데 변호사회가 갑자기 내 신청에 반대한다고 통지하여 놀랐다. 영국 면허증 원본이 신청서에 첨부되지 않았다는 것이 이유 가운데 하나였다. 그러나 더욱 중요한 이유는 변호 허용에 대한 규정을 만들 때 유색인이 있을 수 있다는 가능성이 고려되지 않았다는 점이었다. 나탈의 발전은 유럽 기업에 달려 있었고, 따라서 변호사회에서도 유럽인들이 세력을 가져야 한다는 것이었다. 만일 유색인이 허용되면 점차 그들이 유럽인 수를 능가하게 되고, 자신들을 보호하는 보루가 파괴된다는 것이다.

변호사회는 반대를 주장하려고 유명한 변호사를 고용했다. 그도 다다 압둘라와 관련이 있어서 압둘라 호상을 통해 나에게 만나자고 연락했다. 그는 나와 매우 솔직하게 이야기했고, 나의 전력을 묻기에 나는 대답해주었다. 그러자 그가 말했다.

"나는 당신에게 반대할 생각은 없습니다. 다만 당신이 식민지 태생의 사기꾼이 아닌지 의심했을 뿐입니다. 당신의 신청서에 면허증 원본이 첨부되지 않아 그랬습니다. 자기 것이 아닌 면허증을 사용하는 사람들이 많아서요. 당신이 제출한 유럽 상인들의 신원 보증은 나에게는 가치가 없습니다. 그들이 당신에 대해 무엇을 압니까? 그들이 당신을 어느 정도로 알겠습니까?"

내가 말했다. "그러나 이곳의 모든 사람은 저에게 낯선 사람입니다. 압둘라 호상도 여기서 처음으로 알았습니다."

"하지만 당신은 그가 당신과 같은 고향 출신이라고 하셨지요? 만일 당신 아버지가 그곳 수상이었다면 압둘라 호상은 당연히 당신 가족을 알았겠지요. 만일 당신이 그의 보증서를 받아냈다면 나는 절대로 반대하지 않았을 겁니다. 그러면 당신의 신청을 반대할 수 없다고 변호사회에 통지했을 것입니다."

이 말에 나는 분노했지만 감정을 억누르며 스스로에게 말했다. '내가 설령 다다 압둘라의 보증서를 첨부했다 해도 거부당했을 것이다. 그랬으면 유럽인의 보증서를 가져오라고 했으리라. 게다가 변호 허가를 받는데 내 출생과 경력이 무슨 상관인가? 내가 천하게 태어났건 못마땅하게 태어났건 반대 이유가 될까?' 그러나 나는 참으면서 조용히 답했다.

"저는 그 모든 것을 상세히 물을 자격이 변호사회에 있다고 보지 않지만, 당신이 원하는 보증서를 내도록 하겠습니다."

나는 압둘라 호상의 보증서를 만들어 변호사회 대표에게 냈다. 그는 충분하다고 했다. 그러나 변호사회는 그렇지 않았다. 그들은 대법원에서 나의 신청에 반대했고, 대법원은 에스콤 씨의 답을 듣지도 않고 그 반대를 물리쳤다. 대법원장은 다음과 같이 말했다.

"신청인이 면허증 원본을 첨부하지 않았다는 반대 이유에는 아무런 근거가 없습니다. 만일 그가 허위 보증서를 만들었다면 그는 기소될 수 있고, 그가 유죄 판결을 받으면 그의 이름은 삭제될 것입니다. 법에서는 백인과 유색인의 차별이 인정되지 않습니다. 따라서 대법원은 간디 씨의 변호 등록을 막을 권한이 없습니다. 우리는 그의 신청을 허락합니다. 간디 씨, 선서하십시오."

나는 일어서서 등록관 앞에서 선서했다. 선서를 마치자 대법원장이 나에게 말했다.

"간디 씨, 이제 터번을 벗으세요. 실무 변호사가 입는 복장은 법원의 규율에 따라야 합니다."

별도리가 없었다. 지방 치안법원에서 벗지 않겠다고 고집한 터번을 대법원의 명령에 따라 벗었다. 내가 그 명령에 거부했다고 해서 그 거부를 정당화할 수 없는 것은 아니었다. 그러나 나는 더 큰 싸움을 위해 힘을 아끼고 싶었다. 내 능력을 터번을 위한 투쟁에 소모할 수 없었다. 더 중요한 일을 위해 아껴야 했다.

압둘라 호상과 그 밖의 친구들은 나의 굴복(또는 나의 무력함?)을 좋아하지 않았다. 그들은 내가 법정에서 변호하면서도 나의 권리로 터번 쓰기를 주장해야 한다고 생각했다. 나는 그들을 납득시키려고 노력했다. 그들에게 "로마에 가면 로마법을 따르라"는 격언의 진실을 이해시키려고 했다. "만일 인도에서 영국 관리나 판사가 터번을 벗으라고 명령한다면 거부하는 게 옳습니다. 그러나 나탈 지방 법원의 관리로서 그 법원의 관습을 무시하는 것은 도리가 아닙니다."

나는 이 비슷한 논거로 어느 정도 친구들을 달랬지만 이 경우, 사정이 다를 땐 상이한 관점에서 사물을 보아야 한다는 원칙의 적용에 대해 그들을 완전히 확신시켰다고 생각하지 않는다. 그러나 나의 일평생, 진실을 관철하려고 주장한 바로 그 노력이 나에게 타협의 아름다움을 느끼도록 가르쳐주었다. 나는 뒷날에야 이 정신이 사티아그라하의 본질임을 알았다. 그것은 종종 내 생명의 위협을 뜻했고, 친구들을 불쾌하게 만들기도 했다. 그러나 진실이란 금강석처럼 딱딱하면서도 꽃처럼 부드럽기도 하다.

변호사회의 반대는 남아프리카에서 나를 다시 선전하는 계기가 되었다. 대부분의 신문이 변호사회의 반대를 비난하고, 그 질시를 공격했다. 그 선전은 어느 정도 내 일을 쉽게 만들어주었다.

19. 나탈인도국민회의

변호사 일은 나에게 부업이었다. 나탈에 머무는 것을 정당화하려면 공적 일에 집중할 필요가 있었다. 선거권 박탈 법안에 대해 청원서를 제출하는 것만으로는 충분하지 못했다. 본국의 식민상에게 강한 인상을 주려면 지속적인 운동이 필요했고 이를 위해 항구적인 조직체를 만들 필요가 있었다. 그래서 나는 압둘라 호상 등의 친구들과 상의해 항구적 성격의 공적 조직을 만들기로 결심했다.

새로운 조직의 이름을 찾는 데 나는 상당히 고심했다. 그것은 어떤 특별한 당파와도 관련될 수 없었다. 영국 보수파에게는 '국민회의'[24]라는 말의 평이 좋지 못하다는 것을 알았지만, 그래도 인도의 생명 그 자체였다. 나는 그것을 나탈에서도 뿌리 내리고 싶었다. 그 이름의 사용을 주저한다는 건 비겁하다는 느낌이 들었다. 따라서 이유를 충분히 설명한 뒤 나는 나탈인도국민회의라는 이름을 추천했다. 그래서 5월 22일 나탈인도국민회의가 발족했다.

그날 다다 압둘라의 큰 방이 사람들로 가득 찼다. 그곳에 참석한 모든 사람이 그 국민회의를 받아들였다. 규약은 간단했으나 회비는 무거웠다. 매월 5실링을 내야만 회원일 수 있었다. 부유한 사람들은 되도록이면 많이 내도록 설득했다. 압둘라 호상이 매달 2파운드로 선두에 섰다. 다른 두 사람도 같은 액수를 약속했다. 나도 아껴서는 안 된다고 생각해 매월 1파운드를 약속했다. 나에게는 적은 액수가 아니었다. 그러나 생계를 꾸려가는 한 무리가 아니라고 생각했다. 그리고 신의 도움을 받았다. 그렇게 우리는 매달 1파운드를 내겠다는 회원을 상당수 모았다. 10실링을 약속한 사람들은 더 많았다. 그 밖에 찬조금도 기꺼이 받았다.

단순한 요구를 한다고 해서 회비를 내는 사람이 없음을 경험할 수 있었다. 더반 밖에 사는 회원들은 자주 찾아가기 힘들었다. 첫 순간의 열의도 시간이 지나면 식는 법이다. 더반에 사는 회원들도 독촉을 몇 번이나 받아야 회비를 냈다.

---

24 Congress라는 명칭은 의회라고 번역되기도 했다. 그러나 의회란 국회를 뜻하는 것이 보통이므로 여기서는 국민회의라고 번역한다.

내가 간사였기 때문에 회비 징수의 책임을 졌다. 우리는 회비 징수를 전담하는 서기를 따로 두어야 할 형편이 되었다. 그러나 그 역시 지쳐, 상황을 개선하려면 징수 단위를 달이 아니라 년 단위로 해야 하고, 그것도 선불로 엄격하게 해야 한다고 생각하게 되었다. 그래서 회의를 열었다. 모든 회원이 회비를 월별이 아니라 년별로 징수하고 최소 3파운드로 정하는 것에 찬성했다. 그래서 회비 징수는 상당히 편하게 되었다.

나는 출발부터 공적 일은 돈을 빌려서 해서는 안 된다는 것을 배웠다. 돈에 관련되는 한 약속을 믿어서는 안 된다. 나는 지금까지 내겠다고 약속한 액수를 제때 내는 사람을 본 적이 없다. 나탈인도국민회의도 마찬가지였다. 따라서 현금이 없는 한 어떤 일도 하지 않기로 했기 때문에 나탈인도국민회의는 빚을 진 적이 없었다.

나의 협력자들은 엄청난 열의로 회원을 끌어들였다. 그것은 그들에게 흥미로우면서도 한없이 귀한 경험이었다. 수많은 사람들이 즐겁게 현금 회비를 내면서 이름을 등록했다. 먼 내륙 지역에서 일하기는 더욱 어려웠다. 사람들은 공적 일의 성격을 몰랐다. 그래서 유력한 상인들의 호의로 먼 벽지까지 초대를 받아 가기도 했다.

이러한 여행 중에 한번은 애를 많이 먹었다. 우리는 찾아간 사람에게 6파운드의 찬조금을 기대했으나 그는 3파운드 이상 내는 걸 거부했다. 우리가 그것만 받게 되면 다른 사람들도 따라하게 되어 모금에 실패하고 만다. 이미 밤이 깊었고 우리 모두 배가 고팠다. 그러나 처음에 받아내려고 마음먹은 액수를 받지도 못하고 어떻게 밥을 먹을 수 있겠는가? 아무리 설득해도 소용이 없었다. 그는 철석같아 보였다. 마을의 다른 상인들도 그에게 설득을 했고, 우리는 밤을 꼬박 새웠다.

그나 우리나 한 치도 물러나지 않겠다고 결심했다. 우리 협력자 대부분은 화가 났지만 훌륭하게 참았다. 마침내 동이 트자 그가 양보하여 6파운드를 냈고, 식사도 대접했다. 이는 통가트에서 생긴 일이었는데, 그 영향은 북해안의 스탠저와 내륙의 찰스타운에까지 미쳤다. 그것은 우리 모금 사업을 촉진했다.

그러나 할 일은 모금만이 아니었다. 사실 나는 오랫동안 필요 이상으로 돈을 손에 가져서는 안 된다는 원칙을 배워왔다.

회의는 매월 한 번 하되, 필요하면 매주 한 번 열리기도 했다. 이전 회의의 회의록을 읽고서 여러 가지 문제를 토론했다. 사람들은 공적 토론에 참가하거나 간단하게 요점을 말해본 경험이 없었다. 모두 일어나서 말하는 것을 망설였다. 나는 그들에게 회의 절차 규칙을 설명했고, 그들은 그 규칙을 존중했다. 그들은 그것이 교육이라는 걸 알게 되었고, 전에는 청중 앞에서 말하는 데 익숙하지 못했던 다수가 곧 공적 이익 사항에 관해 공적으로 생각하고 말하는 습관을 갖게 되었다.

공적인 일에서는 사소한 비용이 종종 거액에 달하게 되는 것을 알았기 때문에, 처음에 나는 영수증도 인쇄하려 하지 않았다. 나는 사무실에 등사기를 두고 영수증과 보고서 사본을 찍었다. 이런 것을 인쇄하기 시작한 것은 오로지 국민회의 재정이 넉넉해지고 회원 수와 일 규모가 커지고 난 뒤부터였다. 그런 절약은 모든 조직에 필수지만, 언제나 지켜지지 않았다. 내가 이처럼 작지만 성장하는 조직 초기의 사소한 일들을 언급하려는 이유는 바로 그 점에 있다.

사람들은 자기들이 낸 돈의 영수증을 받으려고 하지 않았지만, 우리는 언제나 영수증을 받아야 한다고 주장했다. 그래서 마지막 한 푼까지 분명히 기록했고, 1894년의 금전출납부는 지금도 나탈인도국민회의 기록 속에 그대로 완벽하게 있다고 나는 말할 수 있다. 장부를 철저히 기록하는 것은 어느 조직에서나 필수다. 장부가 없으면 오해를 산다. 바르게 기록된 장부 없이 진실을 깨끗이 지킬 수 없다.

국민회의의 또 다른 활동은 식민지에서 태어나 교육받은 인도인에 대한 봉사였다. 국민회의 밑에 식민지 출신 인도인교육협회를 조직했다. 회원은 대부분 교육받은 청년들로 구성되었다. 회비는 매우 적었다. 협회는 그들의 요구와 불만을 털어놓도록 하고, 그들 사이에 사상을 고취하며, 인도인 상인들과 접촉하고 인도인 사회에 봉사하는 기회를 제공했다. 그것은 일종의 토론 모임이었다. 회원들은 정기적으로 만나 여러 주제에 대해 말하거나 글을 낭독했다. 협회에는 작은 도서관도 있었다.

국민회의의 세 번째 활동은 홍보였다. 이는 남아프리카와 영국에 있는 영국인들과 인도 국내의 인도인들에게 나탈의 실정을 알리는 것이었다. 이를 위해 나는 두 권의 팸플릿을 썼다. 하나는《남아프리카 영국인에게 보내는 호소》였다. 이는 나탈 인도인의 일반 상황을 여러 증거를 들어 설명한 것이었다. 또 하나의 제목은《인도인의 선거권 호소》였다. 이는 나탈의 인도인 선거권의 간단한 역사를 실례와 숫자로 설명한 것이었다. 나는 그 두 권을 쓰느라 상당히 연구하고 노력했고, 그런 노력만큼 성과도 있었다. 그 두 권은 널리 읽혔다.

이 모든 활동의 결과 남아프리카에서 수많은 친구를 얻고, 인도 각층에서 적극적인 관심을 샀다. 또한 남아프리카 인도인에게 명확한 행동 노선을 열어줄 수 있었다.

20. 발라순다람

마음속 성실하고 순수한 바람은 언제나 이루어진다. 나는 이 법칙이 증명되는 것을 여러 번 경험했다. 가난한 사람을 돕는 것이 내 바람이었기 때문에 나는 언제나 그들 사이로 뛰어들 수 있었고, 나를 그들과 하나로 만들 수 있었다.

나탈인도국민회(이하 회의)의 회원에는 식민지 출생 인도인과 사무원들이 포함되었지만, 기술 없는 날품팔이와 계약노동자들은 아직도 그 울타리 밖에 있었다. 국민회의는 아직도 그들의 것이 아니었다. 그들은 가입비를 낼 여유가 없어서 회원이 될 수 없었다. 회의는 봉사를 통해서만 그들과 접촉할 수 있었다. 회의도 나도 그 점에 대해 정말 아무런 준비가 없었을 때 한 번의 기회가 왔다. 내가 개업한 지 서너 달밖에 안 되고, 회의도 시작된 지 얼마 안 되었을 때였다. 어느 타밀 사람이 찢어진 옷을 입고 터번을 손에 든 채 앞니 두 개가 부러져 피를 흘리면서 나타나 떨면서 울었다. 주인에게 엄청나게 맞은 것이었다. 나는 타밀 사람인 서기를 통해 그에 대해 자세히 알게 되었다. 그의 이름은 발라순다람이었고 더반에 사는 유명한 유럽인 밑에서 일하는 계약노동자였다. 화가 난 주인이 자제력을 잃고 그를 심하게 구타해 앞니 두 개를 부러뜨린 것이다.

나는 그를 의사에게 보냈다. 그때는 백인 의사밖에 없었다. 나는 의사에게 발라순다람이 입은 상처에 대한 증명서를 부탁했다. 그 증명서를 받은 후 부상자를 치안판사에게 데리고 가서 보여주었다. 치안판사는 그것을 보고 분개하며 사용자에게 소환장을 발부했다.

나는 사용자를 처벌할 생각이 없었다. 단지 발라순다람을 그에게서 해방시키고 싶을 뿐이었다. 나는 계약노동에 대한 법률을 읽었다. 일반 하인이 통지 없이 직무를 벗어나면 주인은 민사법원에 고소할 수 있었다. 그러나 계약노동자는 완전히 달랐다. 동일한 경우에 그는 형사법원에 기소되어 유죄가 되면 투옥되었다. 그래서 윌리엄 헌터 경은 계약노동을 노예제와 마찬가지로 사악하다고 보았다. 계약노동자는 노예처럼 주인의 소유물이었다.

발라순다람을 해방시키려면 두 가지 방법밖에 없었다. 하나는 계약노동자 보호관에게 발라순다람의 계약 기간을 취소하게 하거나, 그를 다른 사람에게 넘기게 하는 것이고, 또 하나는 사용자에게 그를 놓아주도록 하는 것이었다. 나는 사용자를 찾아가 말했다.

"나는 당신을 고소해서 처벌받게 하고 싶지 않습니다. 당신이 그를 심하게 때렸다는 걸 당신이 깨달았다고 생각합니다. 그를 다른 사람에게 넘겨주면 그것으로 만족하겠습니다." 그는 이에 기꺼이 동의했다. 이어서 나는 보호관을 만났다. 그도 내가 다른 사용자를 찾는다는 조건하에 동의했다.

그래서 나는 사용자를 찾아 나섰다. 그는 유럽인이어야 했다. 인도인은 계약노동자를 고용할 수 없기 때문이었다. 당시 내가 아는 유럽인은 극소수였다. 그중 한 사람을 만났다. 그는 매우 친절하게 발라순다람을 맡겠다고 했다. 나는 그의 친절에 진심으로 감사했다. 치안판사는 발라순다람의 사용자에게 유죄를 선고하고, 계약노동을 다른 사람에게 넘기기로 했다고 기록했다.

발라순다람 사건은 모든 계약노동자에게 알려졌고, 나는 그들의 친구로 여겨졌다. 나는 이 인연을 기쁘게 환영했다. 계약노동자들이 끊임없이 나를 찾아오기 시작했고, 나는 그들의 직업과 슬픔을 알 수 있게 되었다.

발라순다람 사건은 멀리 마드라스까지 메아리쳤다. 그 지역의 여러 곳에서 나탈로 오는 계약노동자들은 그들의 동료에게서 듣고 이 사건을 알게 되었다.

사건 자체에는 특별한 점이 없었다. 그러나 나탈에서 어떤 사람이 그들을 걱정하고 그들을 위해 공적으로 일한다는 사실이 계약노동자들에게 즐거운 놀라움을 주고 희망을 불러일으켰다.

나는 앞에서 발라순다람이 터번을 들고 사무실에 왔다고 했다. 여기에 우리의 모욕을 다시 보여주는 특별한 아픔이 있다. 앞서 나는 터번을 벗으라고 요구받았던 사건을 말했다. 모든 계약노동자나 낯선 인도인은 유럽인을 방문할 때 모자든, 터번이든, 머리를 두른 스카프든 머리에 쓴 것을 벗어야 한다고 강요받았다. 두 손으로 절하는 것만으로 충분하지 못했다.

발라순다람은 심지어 내 앞에서도 그 관례에 따라야 한다고 생각했다. 나로서는 처음 겪는 일이었다. 나는 모욕감을 느껴 그에게 터번을 두르라고 했다. 그렇게 하면서 망설이는 기색이 없진 않았지만, 그는 얼굴에서 기쁨도 감추지 못했다.

나는 왜 사람이 다른 사람을 천대하면서 명예로움을 느끼는지 항상 의문을 가져왔다.

21. 세금 3파운드

발라순다람 사건으로 나는 계약노동 인도인들과 접촉하게 되었다. 그러나 그들의 상황을 깊게 연구하도록 이끈 것은 그들에게 특별히 과중한 세금을 부과하려는 움직임이었다.

같은 해인 1894년, 나탈 정부는 계약노동 인도인에게 매년 25파운드를 세금으로 부과하려 했다. 나는 그 제안에 놀랐다. 나는 이에 대해 국민회의에서 토의하도록 했고, 회의에서는 즉시 필요한 반대운동을 조직하자고 결의했다.

먼저 그 세금의 유래에 대해 간단히 설명해야 한다.

1860년경 나탈의 유럽인들은 사탕수수를 재배하면 매우 이익을 보리란 걸 알았으나, 노동력이 부족했다. 밖에서 노동력을 가져오지 않고서는 사탕수수나 사탕을 제조할 수 없었다. 왜냐하면 나탈의 원주민인 줄루인들은 그런 노동에 적합하지 않았기 때문이었다. 그래서 나탈 정부는 인도 정부와 교섭하여 인도인 노동력 모집 허가를 얻었다.

응모자들은 나탈에서 5년간 일한다고 계약했고, 그 기간이 끝나면 자유롭게 그곳에 머물며 토지를 소유할 수 있는 권리를 가졌다. 이는 그들을 유인하려는 미끼였다. 당시 백인들은 계약노동 기간이 끝난 뒤에 인도 노동력의 근면함을 이용하여 자기네 농업을 발전시키겠다는 기대를 품었기 때문이다.

그러나 인도인들은 기대 이상의 결과를 낳았다. 그들은 채소를 다량으로 재배했다. 그들은 인도의 여러 식물을 가져왔고, 지방 토산물을 더욱 헐값에 재배했다. 망고를 가져와서 재배하기도 했다. 그들의 사업은 농업에만 그치지 않았다. 그들은 상업에도 뛰어들었다. 그들은 집을 지으려 땅을 샀고, 많은 사람들이 노동자에서 토지와 가옥의 소유자로 지위가 격상되었다. 그들에 이어 인도에서 상인들이 와서 상업으로 정착했다. 고(故) 아부바카르 아모드는 그들 중 으뜸이었다. 그는 곧 거대한 기업을 세웠다.

백인 상인들은 놀랐다. 그들이 처음 인도인의 노동력을 받아들였을 때, 그들은 인도인의 사업 재능을 고려하지 못했다. 그들이 독립 농민에 그쳤다면 참을 수 있었으나, 장사에서 경쟁한다는 건 참을 수 없었다.

이것이 인도인에 대한 적대감의 불씨가 되었다. 그 밖에 수많은 요소가 더해져 적대감은 더욱 커졌다. 인도인의 상이한 생활양식, 단순함, 조그마한 이득에 대한 만족, 건강과 위생 원리에 대한 무관심, 주위를 깨끗하고 산뜻하게 유지하는 것에 대한 게으름, 집을 훌륭하게 보수하는 것에 대한 인색함, 이 모든 것에 상이한 종교까지 합쳐져서 적대감이라는 불길을 부채질했다. 이 적대감은 선거권을 박탈하는 법안과, 계약노동 인도인에 대한 세금을 부과하는 법인으로 단생했다. 입법 외에도 이미 인도인을 박해하는 정책이 생겨났다.

최초의 제안은 인도 노동자들을 강제로 본국에 소환해 인도에서 계약 기간을 끝내도록 하는 것이었다. 인도 정부는 그 제안을 받아들이려 하지 않았다. 그래서 다음과 같은 제안이 나왔다.

1. 계약노동자는 계약 기간이 끝나면 본국에 돌아갈 것.
2. 2년마다 계약을 갱신하고 계약할 때마다 계약금을 올릴 것.
3. 인도로 돌아가기를 거부하거나 계약 갱신을 거부하면 매년 25파운드의 세금을 낼 것.

핸리 빈스 경과 메이슨 씨로 구성된 대표단이 인도 정부에게 그

230

제안에 대한 동의를 얻어내고자 인도에 파견되었다. 당시 인도 총독은 엘긴 경이었다. 그는 25파운드 과세에는 반대했으나 3파운드 인두세에는 찬성했다. 지금도 그렇지만 당시 나는 그것이 총독의 큰 실책이라고 생각했다. 그런 제안을 했을 때 그는 인도의 이익을 하나도 고려하지 않았다. 그렇게 나탈 유럽인에게 유익하게 하는 것은 그의 의무가 아니었다.

3, 4년이 지나면 계약노동자는 아내와 열여섯 살 이상 된 아들, 열세 살 이상 된 딸의 몫까지 세금을 내야 한다. 남편의 평균 월수입이 14파운드가 넘지 않는데도 남편, 아내, 두 자녀로 이뤄진 4인 가족이 매년 각 3파운드씩을 내야 하니, 세계에서 유례없이 가혹한 것이었다.

우리는 이 세금에 반대하는 치열한 운동을 조직했다. 나탈인도국민회의가 그 문제에 침묵했다면 총독은 25파운드 과세도 인정했을 것이다. 25파운드에서 3파운드로 내려간 것은 오로지 국민회의 운동 덕분이었으리라. 아니면 내가 잘못 생각한 것일지도 모른다. 즉 인도 정부는 처음부터 25파운드 과세안에 반대했고, 3파운드로 내린 것이 국민회의의 반대와 무관한 것이었는지도 모른다. 여하튼 인도 정부는 신의를 저버린 것이다. 인도 복지의 책임자로서 총독은 그런 비인간적인 과세를 인정해서는 안 되었다.

국민회의는 세금을 25파운드에서 3파운드로 내린 것을 대단한 성공이라고 생각할 수 없었다. 계약노동자의 이익을 완벽하게 옹호하지 못한 건 유감이었다. 세금을 철폐해야 한다는 결의는 여전히 남아 있었으나, 그 결의가 실현된 것은 20년 뒤였다. 또 그것은 나탈 인도인만이 아니라 남아프리카의 모든 인도인이 노력한 결과였다.

마지막 투쟁은 고(故) 고칼레 씨에 대한 배신을 계기로 일어났고, 거기에 모든 계약노동자가 참여했다. 당시 정부의 발포로 몇 사람이 목숨을 잃었고, 1만 명 이상이 투옥되는 고통을 겪었다.

진실은 끝내 승리했다. 인도인의 고난은 그 진실의 표현이었다. 그러나 물러설 줄 모르는 신앙, 위대한 인내와 부단한 노력 없이는 승리할 수 없었다. 인도인 사회가 그 투쟁을 포기했다면, 국민회의가 운동을 중단하고 세금이 불가피하다며 항복했다면, 그 원한의 세금은 지금까지도 계약노동자에게 부과되었을 것이고, 남아프리카 인도인과 전체 인도인의 영원한 치욕으로 남았으리라.

22. 종교 비교 연구

나는 인도인 사회에 대한 봉사에 완전히 몰두했지만, 그 밑바탕에는 자아실현을 향한 나의 욕구가 숨어 있었다. 나는 신은 오직 봉사를 통해 실현된다고 생각했기 때문에 봉사의 종교를 내 종교로 삼았다. 그 봉사란 인도에 대한 봉사였다. 내 천성이 봉사에 맞았기에 일부러 찾지 않아도 그것이 저절로 내게 왔다. 내가 남아프리카로 간 것은, 여행을 하고, 카티아와르의 갈등에서 벗어나고, 생계 수단을 찾기 위해서였다. 그러나 이미 말한 대로 나는 신을 찾고 자아실현을 위해 노력했다.

기독교 친구들은 나의 지식욕을 자극해 그것이 만족을 모를 정도가 되었다. 설령 내가 무관심했다고 해도 나를 가만두지 않았으리라. 남아프리카 선교총회 회장인 스펜서 월턴 씨가 더반의 나를 찾아왔다. 우리는 거의 가족처럼 가까워졌다. 그렇게 친해진 배경에는 물론 내가 프리토리아에서 만난 기독교도와의 접촉이 있었다.

월턴 씨는 매우 특이했다. 그가 나에게 기독교를 믿으라고 말한 기억은 없다. 그러나 그는 마치 책을 펼치듯이 나에게 그의 생활을 모두 보여주었고, 그의 움직임을 모두 보게 했다. 월턴 부인은 매우 친절하고 재능이 있었다. 나는 그 부부의 태도를 좋아했다. 우리는 서로 근본적으로 다르다는 것을 알았다. 어떤 토론으로도 그 차이를 없앨 수 없었다.

그러나 서로 관용하고 자비롭고 진실하면 상이한 것도 유익하다. 나는 그 부부의 겸손, 인내, 일에 대한 열성을 좋아했고, 자주 그들을 만났다.

그 우정은 종교에 대한 나의 흥미를 늘 살아 있게 했다. 이제는 프리토리아에서처럼 여유를 가지고 종교를 연구할 수 없었지만 아무리 작은 시간이라도 틈나는 대로 연구했다. 종교적인 내용의 편지도 계속 주고받았다. 라이찬드바이가 그렇게 하도록 나를 이끌었다. 어떤 친구는 나르마다샨케르의 《종교 사상(Dharma Vichar)》을 보내주었다. 그 책의 머리말은 매우 유익했다. 나는 그 시인의 방랑자적인 삶에 대해 들었고, 머리말에서 그가 종교를 연구하다가 영감을 얻어 생활을 혁신했다는 이야기에 사로잡혔다. 그 책을 좋아하게 되어 처음부터 끝까지 주의 깊게 읽었다. 막스 뮐러의 《인도, 우리에게 무엇을 가르칠 수 있는가?》와 신지학회가 발간한 《우파니샤드》의 번역본도 읽었다.

이 모든 책이 힌두교에 대한 존경심을 더해주었고, 그 아름다움이 내 마음속에 자라기 시작했다. 그러나 그것이 다른 종교에 대한 편견을 심어준 것은 아니다. 나는 워싱턴 어빙의《마호메트의 일생과 그의 후계자들》과 칼라일이 예언자를 찬양한 글을 읽었다. 그 책들은 나에게 마호메트에 대한 존경심을 불러일으켰다. 또《자라투스트라의 말씀》이라는 책도 읽었다.

그 결과 나는 다른 종교에 대해서도 더 많이 알게 되었다. 그 연구에 자극받아 자신을 살피게 되었고, 공부에서 감동한 것이라면 무엇이든 실천하는 버릇을 갖게 되었다. 그렇게 힌두교 책을 읽어 이해함에 따라 요가 실습도 약간 하기 시작했다. 그러나 도저히 깊이 들어갈 수가 없어서 인도에 돌아가면 전문가의 도움을 받겠다고 마음먹었다. 그러나 그 다짐을 이루지는 못했다.

나는 또 톨스토이 책을 열심히 탐구했다.《간추린 복음서》와《무엇을 해야 할까?》그리고 그 밖의 책들을 읽고 깊은 인상을 받았다. 나는 보편적인 사랑의 무한한 가능성에 대해 점차 깨닫기 시작했다.

비슷한 시기에 나는 다른 기독교 가족과도 접촉했다. 그들의 권유로 일요일마다 웨슬리 교회에 갔고 그때마다 만찬에 초대받았다. 교회에 대해 좋은 인상을 받지는 못했다. 설교에도 영감이 있는 것 같지 않았다. 모임도 특별히 종교적이라는 느낌을 받지 못했다. 그것은 헌신적인 영혼들의 모임이 아니었다. 도리어 재미를 위해 습관적으로 교회에 가는 세속적인 사람들로 보였다.

그곳에서 나는 가끔 어쩔 수 없이 졸았다. 나는 부끄러웠지만 내 이웃 중에도 그런 사람들이 있어서 조금 덜 부끄럽기도 했다. 이런 식으로는 계속할 수 없어서 예배 참석을 중단했다.

일요일마다 방문하던 가족과의 끈도 별안간 끊어졌다. 사실 더는 찾아오지 말라는 말을 들었다. 그 경위는 다음과 같다. 그 집 부인은

착하고 소박했으나 조금은 편협한 편이었다. 우리는 언제나 종교 문제를 토론했다. 그때 나는 아널드의 《아시아의 빛》을 다시 읽고 있었다. 언젠가 우리는 예수와 부처의 삶을 비교하기 시작했다. 내가 말했다.

"부처(Gautama)의 자비를 보십시오! 그것은 인류에 한정된 것이 아니라 모든 생물에 미치는 것입니다. 그의 어깨 위에 즐겁게 앉아 있는 어린 양을 생각하면 마음이 얼마나 사랑으로 넘칩니까? 그러나 예수의 삶에서는 모든 생물에 대한 이러한 사랑을 볼 수 없습니다."

이런 비교가 그 착한 부인의 마음을 아프게 했다. 나는 그녀가 받은 느낌을 이해할 수 있었다. 그래서 이야기를 중단하고 함께 식당으로 갔다. 다섯 살가량 된 그녀 아들도 함께였다. 나는 아이들 속에 있으면 가장 행복했고, 그 아이와는 오랜 친구였다. 내가 그 아이 접시에 있는 고기 한 조각을 가리키며 나쁜 것이라고 말하고, 내 접시의 사과를 좋은 것이라고 했다. 순진한 아이는 그 말에 끌려 자신도 과일이 좋다고 했다.

그러나 어머니는? 그녀는 내 행동에 너무 놀랐다.

나는 주의를 받았다. 나는 조심하면서 말머리를 돌렸다. 그 다음 주에도 그 가족을 찾아갔다. 불안감이 없진 않았으나 그곳에 가지 말아야 할 이유도 없었고, 그것이 옳다고도 생각되지 않았다. 그러나 착한 부인이 나를 편안하게 해주었다.

그녀가 말했다. "아들이 당신처럼 하지 않는 것이 좋을 것 같아요. 이런 말씀 드리는 걸 나쁘게 생각하지 말아주세요. 아이가 매일 고기는 먹지 않고 과일만 먹으려 해요. 간디 씨가 해주신 말씀을 얘기하면서요. 큰일이지요. 고기를 안 먹으면 병까지는 몰라도 허약해지기 마련입니다. 그걸 어떻게 참을 수 있겠어요? 그러니 앞으로 토론은 우리 어른들끼리만 하기로 해요. 아이들에게 나쁜 영향을 끼칠게 틀림없어요."

내가 답했다. "부인, 죄송합니다. 저 역시 아이가 있으므로 부모인 당신 마음을 이해할 수 있습니다. 이런 불쾌한 상태는 아주 쉽게 끝낼 수 있습니다. 제 말보다도 제가 무엇을 먹고 먹지 않느냐 하는 것이 아이에게 더 큰 영향을 미칠 것입니다. 따라서 가장 좋은 건 이 방문을 그만두는 겁니다. 그건 우리의 우정에는 아무런 영향을 미치지 않을 것입니다."

"고맙습니다." 그녀는 안심하며 답했다.

23. 살림 꾸리기

내가 살림을 꾸린 것이 처음은 아니었다. 그러나 나탈에서 살림을 꾸린 것은 뭄바이나 런던에서 한 것과는 달랐다. 이번에는 그 비용 일부를 오로지 위신을 세우려고 사용했다. 나는 나탈의 인도인 변호사로서, 또 인도인 대표로서 내 지위에 맞는 살림을 꾸릴 필요가 있다고 생각했다. 그래서 나는 고급 지대에 멋지고 아담한 집을 마련했다. 가구도 적절하게 갖추었다. 먹는 것은 간소했지만 자주 영국인 친구와 인도인 협력자를 초대했기 때문에 생활비는 언제나 상당히 많이 들었다.

어느 가정에나 좋은 하인은 필수다. 그러나 나는 사람을 하인으로 부릴 줄 몰랐다.

　동료이자 협력자로 친구를 한 사람 두었고, 요리사 한 사람이 가족이 되었다. 또 숙식을 함께하는 사무서기도 있었다.

　이러한 시도가 상당히 성공했다고 생각하지만, 약간 쓰라린 경험을 겪기도 했다.

　나의 동료는 매우 똑똑하고 내 생각에는 나에게 충실했다. 그러나 나는 속았다. 그는 나와 함께 있는 사무서기에게 질투심을 불어넣고 교묘한 모략으로 내가 서기를 의심하게 만들었다. 서기는 자존심이 셌다. 그는 의심받는다는 것을 알자마자 집과 사무실을 떠나버렸다. 나는 괴로웠다. 내가 그에게 공정하지 못했으리라는 생각에 항상 양심에 걸렸다.

　그때 휴가가 필요했거나 다른 이유로 요리사가 며칠 집을 비웠다. 그가 없는 동안 다른 사람을 구해야 했는데 나중에 알고 보니 그는 뜨내기였다. 그러나 내게는 신이 보낸 사람이었다. 그는 내 집에 온 지 2, 3일 만에 나 몰래 내 지붕 아래 이상한 일이 벌어지고 있음을 발견하고 나에게 알리겠다고 결심했다.

　나는 남의 말을 잘 듣긴 해도 곧은 사람이라는 평판을 들어왔다. 따라서 그는 자신이 발견한 사실에 더욱 놀랐다. 나는 매일 1시에 점심을 먹으러 사무실에서 집으로 갔다. 어느 날 12시쯤 요리사가 숨을 헐떡이며 사무실에 와서는 말했다. "빨리 집으로 가보세요. 놀랄 일이 있어요."

　"무슨 일인가요?" 내가 물었다. "무슨 일인지 말해야지요. 지금 어떻게 사무실을 비우고 집으로 갈 수 있나요?"

　"안 가면 후회할 겁니다. 제가 말할 수 있는 건 이게 전부입니다."

그가 우기는 것을 보고 심상치 않다고 느꼈다. 나는 서기와 함께 요리사를 따라 집으로 갔다. 그는 곧바로 이층으로 올라가 내 친구 방을 가리키며 말했다. "이 문을 열고 직접 보세요."

모든 걸 알 수 있었다. 문을 두드렸다. 답이 없었다! 벽이 흔들릴 정도로 세게 두드리니 문이 열렸다. 그곳에는 창녀가 있었다. 나는 그녀에게 즉시 떠나고 다시는 오지 말라고 했다.

그리고 친구에게 말했다. "지금부터 나는 자네와 아무 관련이 없네. 나는 완전히 속았고 바보였어. 자네에 대한 내 믿음을 어떻게 이렇게 갚을 수가 있는가?"

그는 정신을 차리기는커녕 나에 대해 폭로하겠다고 위협했다.

내가 말했다. "난 감출 게 아무것도 없네. 하지만 자넨 당장 날 떠나야 해."

이 말에 그는 더욱 난폭해졌다. 별도리가 없었다. 그래서 나는 아래층에 서 있던 서기에게 말했다. "경찰서장에게 가서 인사 하고 나와 함께 살던 사람이 나쁜 일을 저질렀다고 전하세요. 나는 그를 내 집에 두고 싶지 않은데 그가 떠나려 하지 않는다고요. 그를 내보내도록 경찰이 도와주면 고맙겠다고 전하세요."

이 말에 그는 내 말이 진심임을 깨달았다. 죄를 지은 탓에 그는 기가 죽었다. 그는 내게 사과하고 경찰에는 알리지 말아달라고 부탁한 뒤 즉시 집을 떠나기로 하고 그대로 했다.

그 사건은 내 삶에 때맞춰 온 경고였다. 그제야 나는 그 악의 천재에게 얼마나 철저하게 속았는지 알 수 있었다. 그를 내 집에 두어 좋은 목적에 나쁜 수단을 택한 셈이었다. 나는 '엉겅퀴에서 무화과를 따려고' 했다. 나는 그의 성격이 나쁘다는 것을 알면서도 나에 대한 그의 신의를 믿었다. 그를 고치려고 하다가 나 자신을 망칠 뻔했다. 나는 친절한 친구들의 경고까지 무시했다. 그에게 홀려 완전히 눈이 멀었던 것이다.

새로 온 요리사가 아니었으면 나는 끝내 진실을 몰랐을 것이고, 그 친구의 영향 아래에서는 당시 내가 시작한 초탈한 생활도 할 수 없었으리라. 언제나 그 친구로 인해 시간만 낭비했으리라. 그는 나를 어둠 속에 있게 하고 잘못을 저지르게 하는 힘을 가졌다.

그러나 그전처럼 나를 구하려고 신이 왔다. 내 의도는 순수했기에 실수를 했는데도 구원을 받았다. 그리고 이 초기의 체험이 미래를 위한 완벽한 경고가 되었다.

그 요리사는 거의 신이 보낸 사자였다. 그는 요리를 몰랐다. 어디서도 요리사로 남아 있을 수 없었다. 그러나 그 아닌 다른 누구도 내 눈을 열 수 없었다. 창녀가 내 집에 온 것이 그때가 처음이 아니었음을 얼마 후에 알았다. 그전에도 종종 왔지만, 내가 그 친구를 얼마나 무조건 믿는지를 알았기 때문에 누구도 요리사처럼 용감하지 못했다. 요리사는 정말 그 일을 위해 신이 보낸 사람이었다. 왜냐하면 바로 그 순간 그가 떠나겠다고 했기 때문이다.

"저는 이 집에 있을 수 없습니다." 그가 말했다. "당신은 남의 말에 너무 쉽게 넘어갑니다. 이곳은 제가 있을 곳이 아닙니다."

나는 그가 가도록 내버려두었다.

그제야 내 귀에 독약을 부어 서기를 내쫓게 한 사람도 그 친구였음을 깨달았다. 나는 서기에게 부당하게 대한 것을 고쳐보려고 매우 열심히 노력했다. 그러나 그를 완전히 만족시킬 수 없다는 사실에 영원히 후회할 수밖에 없었다. 어떻게 꿰맨다 해도 상처는 상처다.

24. 조국행

그때까지 남아프리카에서 3년을 지냈다. 나는 인민을 알게 되었고 인민은 나를 알게 되었다. 1896년 나는 6개월간 조국 방문을 요청했다. 남아프리카에 오래 있어야 한다는 걸 알았기 때문이다. 변호 사업을 제자리에 올려놓았고, 사람들이 내가 있기를 원한다는 것도 알 수 있었다. 그래서 나는 조국에 가서 아내와 아이들을 데리고 돌아와 정착하고자 결심했다.

또한 조국에 가면, 조국에서 여론을 일으키고 남아프리카 인도인에 대해 더 많은 관심을 불러와 공적인 일을 할 수 있으리라 생각했다. 3파운드 세금 문제도 아직 그 상처가 아물지 않았다. 그것이 철폐되지 않는 한 평화는 있을 수 없었다.

그러나 내가 없는 동안 누기 국민회의외 교육협회 일을 맡아야 하는가? 나는 두 사람을 생각했다. 아담지 미야칸과 파르시 루스톰지였다. 이제는 상인 계급에도 일꾼이 많았다. 그러나 그중에서도 규칙적으로 간사 업무를 전담할 수 있고, 인도인 사회에서 가장 신임을 받는 사람이 그 두 사람이었다. 간사에게는 실무 영어 지식이 필요했다.

나는 고(故) 아담지 미야칸을 국민회의에 추천했고 회의에서는 그를 간사로 임명했다. 그 선택이 탁월했음을 경험이 입증했다. 아담지 미야칸은 인내력과 관대함과 온화함과 공손함으로 모든 사람을 만족시켰고, 간사 일에는 변호사나 영국의 고등교육을 받은 사람이 필요하지 않음을 모든 사람에게 증명했다.

1896년 중반쯤 나는 콜카타행 기선 퐁골라호를 타고 인도로 갔다.

승객은 매우 적었다. 그중 두 영국인 관리와 친해졌다. 한 사람과는 매일 한 시간씩 체스를 두었다. 기선 의사가 《타밀어 자습서》를 줘서 공부를 시작하기도 했다. 나탈에서의 경험으로 이슬람교도와 가깝게 지내려면 우르두어 지식이 필요하고, 마드라스 인도인과 가깝게 지내려면 타밀어가 필요하다는 것을 알았다.

나와 함께 우르두어를 공부하던 영국인 친구의 요청으로 갑판 승객 중에서 우르두인 학생을 찾았다. 그리고 우리의 공부는 눈부시게 발전했다. 관리는 나보다 기억력이 좋았다. 그는 한번 본 단어는 잊지 않았다. 나는 우르두어 문자를 잘 읽지도 못했다. 나는 분발했지만 그 관리를 따라갈 수 없었다.

타밀어도 상당히 잘하게 되었다. 다른 도움을 얻을 수는 없었지만 《타밀어 자습서》는 좋은 책이어서 외부의 도움이 필요하다고 느끼지 않았다.

인도에 가서도 이 공부를 계속하고 싶었지만 불가능했다. 1893년 이래 내 독서의 대부분은 감옥에서 이루어졌다. 타밀어와 우르두어 공부도 감옥에서 더 나아졌다. 타밀어는 남아프리카 감옥, 우르두어는 예라브다 감옥에서 익혔다. 그러나 타밀어 회화는 배우지 못했고, 조금이나마 읽을 수 있었던 것도 실제로 쓰지 않으니 점점 잊고 있다.

지금도 타밀어나 텔루구어를 모르기 때문에 어려운 점이 많다. 남아프리카에 살던 드라비다인들이 보여준 사랑을 나는 지금도 잊지 않고 기억한다. 타밀인이나 텔루구인 친구를 만날 때면 나는 남아프리카의 그 수많은 동포들이 보여준 신의와 인내심과 자기희생을 떠올리지 않을 수 없다.

그들 대부분은 남녀 가릴 것 없이 글자를 몰랐다. 남아프리카의 싸움이란 그런 사람들을 위한 것이었고, 그들 무식한 졸병들에 의한 것이었다. 그것은 가난한 사람들을 위한 싸움이었고, 가난한 사람들이 그 싸움에 완전히 참여했다. 글은 몰랐지만 그 단순하고 선량한 시골 사람들의 마음을 얻는 데 어떤 장애도 없었다. 그들은 서투른 힌두스탄어와 영어로 말했고, 일을 하는 데는 아무런 지장이 없었다.

그러나 나는 타밀어와 텔루구어를 배워 그들의 사랑에 보답하고 싶었다. 앞서 말했듯이 타밀어는 조금 배웠으나 텔루구어는 인도에서 배우려고 했지만 알파벳 수준을 벗어나지 못했다. 이제는 도저히 배울 수 없을 것 같다. 그러니 드라비다인들은 힌두스탄어를 배우기 바란다. 남아프리카 사람들 가운데 영어를 쓰지 않는 사람들은 서투르게나마 힌두어나 힌두스탄어를 쓴다. 그걸 배우지 않는 이들은 오로지 영어를 사용하는 자뿐이다. 아마도 영어 지식이 우리말을 배우는 데 장애인 듯하다.

이야기가 옆길로 새버렸다. 항해 이야기를 끝내도록 하자. 나는 독자들에게 퐁골라호 선장을 소개하고자 한다. 우리는 친구가 되었다. 그 착한 선장은 플리머스 형제교회의 교인이었다. 우리는 항해보다 정신적인 문제에 대해 더 많은 이야기를 나눴다. 그는 도덕과 믿음 사이에 경계선을 그었다. 《성경》의 교훈이란 그에게 어린이 장난 같은 것이었다. 그 아름다움은 단순함이라고 했다. 남녀노소 불문하고 예수와 그의 희생을 믿으면 그들의 죄는 분명히 씻긴다고 말했다.

이 친구는 프리토리아의 플리머스 형제교회에 대한 기억을 돌이키게 했다. 어떤 도덕적 제한을 가하는 종교는 그에게 좋은 것이 아니었다. 나의 채식주의 식사가 언제나 그런 토론에서 화제가 되었다. 왜 고기를 먹어서는 안 되는가, 소고기는 왜 안 되는가? 신은 인간이 즐기라고 식물을 창조했듯이 하등동물을 창조하지 않았는가? 이 문제는 어쩔 수 없이 종교 문제로 흘러갔다.

우리는 서로를 납득시킬 수 없었다. 나는 종교와 도덕이 같은 것이라고 확신했다. 선장은 그 반대가 옳다는 데 어떤 의심도 하지 않았다.

24일 만에 즐거운 항해는 끝나고, 나는 후글리의 아름다운 경치에 감탄하면서 콜카타에 내렸다. 같은 날 기차를 타고 뭄바이로 갔다.

25. 인도에서

뭄바이로 가는 길에 기차가 알라하바드에서 45분간 정차했다. 나는 그 틈을 이용해 시내를 돌기로 했다. 약방에서 사야 할 약도 조금 있었다. 약사가 반쯤 조는 바람에 약 짓는 데 시간이 다 갔다. 그 결과 역에 도착해보니 기차가 떠나고 없었다. 역장은 친절하게도 나를 위해 1분을 지체시켰으나 내가 오지 않자 내 짐을 기차에서 내리도록 조심스럽게 지시했다.

나는 켈러 씨 집에 방을 얻어, 거기서 바로 일을 시작했다. 나는 알라하바드에서 간행하는 《파이어니어》에 대해 많은 이야기를 들었다. 나는 그 신문이 인도인 인권 향상 운동에 반대한다고 들었다. 당시의 발행인은 체스니 2세였던 것 같다. 나는 모든 당파의 지원을 얻고자 했다. 그래서 체스니 씨에게 기차를 놓쳤다는 이야기를 하고, 다음날 떠나기 전에 만날 약속을 할 수 있겠냐고 부탁했다. 그가 즉시 나에게 답을 해주어 기뻤고, 특히 그는 내 이야기를 끈기 있게 들어주었다. 그는 내가 쓴 글이면 무엇이든 자기 신문에 싣겠다고 약속했으나, 인도인의 요구 전부를 옹호하겠다는 약속을 할 수는 없다고 했다. 식민지 당국의 견해도 이해해주고 적절하게 존중해야 하기 때문이라는 것이다.

"그것으로 충분합니다." 내가 말했다. "당신은 그 문제를 연구하고 신문에서 논의하는 것으로 충분합니다. 나는 우리를 공정하게 판단하는 것 말고는 아무것도 바라지 않습니다."

그날 나머지 시간 동안 시내를 돌며 세 줄기의 강,[25] 즉 트리베니가 합류하는 장관을 보고 눈앞의 일을 계획했다.

예기치 못한 《파이어니어》 편집인과의 회견은, 나탈에서 내가 린치를 당하기까지 일련의 사건들의 기초가 되었다.

나는 뭄바이에 들르지 않고 바로 라지코트까지 갔다. 그리고 남아프리카 상황에 대한 팸플릿을 집필할 준비를 시작했다. 팸플릿의 집필과 출판에 거의 한 달이 걸렸다. 이것은 표지가 녹색이어서 후에 **녹색 팸플릿**으로 알려졌다. 그 팸플릿에서 나는 남아프리카 인도인의 상황을 의도적으로 부드럽게 묘사했다. 어조도 앞서 언급한 두 팸플릿[26]보다 훨씬 부드러웠다. 멀리서 듣는 이야기는 언제나 더 크게 들리기 때문이다.

이를 1만 부 인쇄해 인도의 모든 신문사와 모든 당파의 지도자에

---

25 갠지스강, 야무나강, 사루스와티강.

26 2부 19장에 나온 《남아프리카 영국인에게 보내는 호소》와 《인도인의 선거권 호소》를 뜻한다.

게 보냈다. 사설에서 최초로 그것을 다룬 신문은 《파이어니어》였다. 그 기사의 요약문을 로이터 통신이 영국에 보냈고, 그 요약문을 요약한 것을 런던 로이터 사무실에서 나탈로 보냈다. 전문이 인쇄해서 석 줄이었다. 그것은 나탈의 인도인들이 당한 대우를 묘사한 내 글의 축소판이었으나 과장된 것이었고 내 어투도 아니었다. 그것이 나탈에서 어떤 결과를 초래했는지는 곧 알게 되리라. 그러는 동안 중요한 모든 신문이 이 문제에 대해 상세히 논평했다.

이 팸플릿을 우편으로 보내기란 사소한 일이 아니었다. 돈을 주고 포장 등을 시켰다면 비용도 컸으리라. 그러나 대단히 간단한 방법이 떠올랐다. 학교에 가지 않는 날, 우리 마을 아이들을 불러 아침에 두세 시간 자원봉사를 요청했다. 그들 모두 기꺼이 동의했다. 나는 그들을 축복하고, 보상으로 내가 편지에서 떼어내 모은 우표를 주겠다고 약속했다. 그들은 금방 일을 해치웠다. 이는 내가 어린이들에게 자원봉사를 시킨 첫 시도였다. 그중 둘은 지금 나의 협력자다.

그 무렵 뭄바이에 페스트가 돌았고, 일대가 공포에 휩싸였다. 라지코트로 퍼질 우려가 있었다. 나는 위생 당국에 도움을 줄 수 있겠다고 생각해 지원 신청을 했다. 그들은 나를 받아들여 사태조사위원회에 배치했다. 나는 특히 화장실 청결을 강조했고 위원회는 모든 거리의 화장실을 조사하기로 했다. 빈민들은 화장실 검사에 반대하지 않았고, 심지어 그들에게 제시한 개선책을 이행했다.

그러나 우리가 상류층 주택을 검사하러 갔을 때에는 일부가 우리의 출입 자체를 거부했고, 우리의 개선책은 아예 들으려고 하지도 않았다. 부자들의 화장실이 더 더럽다는 것을 우리는 일상의 경험을 통해 알았다. 어둡고 냄새가 지독했으며 오줌과 똥이 흘러넘쳤고 구더기도 들끓었다.

우리가 제시한 개선책이란 너무나 간단했다. 가령 대변을 땅에 보지 말고 통을 준비해서 볼 것, 소변도 땅에 보아 젖게 하지 말고 통을 준비해서 볼 것, 바깥 담과 화장실 사이의 벽을 없애 화장실을 더욱 밝게 하고 공기가 잘 통하도록 할 것, 청소부가 화장실을 적당하게 청소할 수 있게 할 것 등이었다. 상류 계층은 이 마지막 개선책에 여러 가지로 반대했고 대부분 이행하지 않았다.

위원회는 불가촉천민 지역 화장실도 조사해야 했다. 딱 한 사람이 나와 함께 그곳에 가겠다고 했다. 나머지에게는 그 지역을 방문하는 것조차 상상도 할 수 없는 일이었으니 그들의 화장실이란 더욱더 그러했다. 그러나 나는 그 지역을 보고 기분이 좋을 정도로 놀랐다. 이번이 평생 그런 곳에 처음 가본 것이었다. 그곳에 사는 남성과 여성 들은 우리를 보고 놀랐다. 나는 그들에게 화장실을 조사하게 해달라고 요청했다.

"우리 화장실이라니요!" 그들은 놀라 소리쳤다. "우리는 밖에서 그냥 합니다. 화장실이란 당신들 대단한 사람들 집에나 있지요."

"그럼 방을 보여주시겠어요?" 내가 물었다.

"물론입니다요. 우리들 집 구석구석까지 다 보세요. 우리 것은 집이 아니라 굴이지요."

안으로 들어간 나는 안이 바깥처럼 깨끗한 걸 보고 놀랐다. 출입구도 깨끗이 쓸었고, 방바닥은 쇠똥으로 아름답게 발랐으며, 몇 개안 되는 그릇과 냄비는 깨끗하고 윤이 났다. 그 지역에선 전염병이번질 우려가 없었다.

상류층 지역에서 본 어느 화장실에 대해 조금 상세히 묘사하지

246

않을 수 없다. 방마다 물과 소변을 함께 버리는 하수 시설이 있어서, 집 전체에 코를 찌르는 냄새가 났다. 그러나 어떤 집에는 침대가 아래위층에 있었고 방 안에 대소변을 함께 보는 하수 시설이 있었다. 그 하수구 파이프가 아래층에 내려와 있었는데, 고약한 냄새 때문에 그 방에 서 있을 수가 없었다. 그곳에 사는 사람이 어떻게 잠을 잘 수 있었는지는 독자의 상상에 맡긴다.

위원회는 바이슈나바의 하벨리도 방문했다. 하벨리의 주지는 내 가족과 매우 친했다. 그래서 그는 우리가 모든 것을 검사하게 해주었고 우리가 제시하는 어떤 개선책에도 동의했다. 하벨리 구내에는 주지가 한 번도 보지 못한 곳도 있었다. 그것은 쓰레기와 식사용 잎[27]을 담 밖으로 버리는 곳이었다. 거기에 까마귀와 독수리 들이 몰려들었다. 화장실은 물론 더러웠다. 나는 곧 라지코트를 떠났기 때문에 우리가 제시한 것을 그가 얼마나 이행했는지는 알 수 없었다.

예배하는 곳이 그렇게도 더럽다는 것을 알고 나는 마음이 아팠다. 성스러운 곳에서는 청결과 위생의 규칙이 잘 지켜진다고 생각할 것이다. 당시에도 알았지만《스미르티》의 저자는 안팎의 청결을 가장 크게 강조했다.

26. 두 가지 열망

지금까지 나는 나만큼 영국 헌법에 충성한 자를 보지 못했다. 지

---

27 바나나 파토 등의 잎을 둥글게 말아 접시 대신 사용하는 것.

금은 그 충성의 근원에 진실에 대한 나의 사랑이 있었음을 알고 있다. 나는 한 번도 겉으로만 충성한 적이 없었다. 이는 다른 덕의 경우도 마찬가지였다. 내가 나탈에 있을 때 어떤 모임에 가더라도 사람들은 국가를 노래했다. 그때, 나도 함께 불러야 한다고 생각했다. 영국의 통치에 잘못이 있음을 몰라서가 아니라 전반적으로는 받아들일 만하다고 생각했기 때문이다. 당시 나는 영국의 지배가 전반적으로 인도인에게 유익하다고 믿었다.

나는 남아프리카에서 본 유색인종에 대한 편견은 영국 전통에 반하는 것이라고 생각했다. 따라서 그것은 일시적이고 지역적인 것에 불과하다고 믿었다. 그래서 영국인에게 지지 않을 정도로 왕에게 충성했다. 나는 국가(國歌)의 곡조를 끈기 있게 철저히 익혔고, 그 노래를 부르는 어떤 경우에도 참여했다. 충성을 표현해야 하는 경우에는 소란스럽거나 형식적이지 않게 진심으로 함께했다.

나는 평생 그 충성을 이용한 적이 없고, 그것을 수단 삼아 이기적인 목적을 이루고자 한 적도 없었다. 의무로 한 것이기에 어떤 대가를 바란 적도 없었다.

내가 인도에 도착했을 때 빅토리아 여왕의 즉위 60주년 연회 준비가 한창이었다. 나는 이를 경축하기 위한 라지코트위원회에 참석해달라는 요청을 받았다. 이를 수락했으나 그 연회가 대체로 허례허식이 되지 않을지 의심했다. 나는 거기에 많은 음모가 있음을 알고 상당히 괴로웠다. 그래서 위원회에 남아 있어야 할지 떠나야 할지 고민했으나, 결국 내 역할만 하는 것에 만족하고 남아 있기로 결심했다.

연회 행사 가운데 하나가 나무 심기였다. 나는 많은 사람들이 허식으로 관리들에게 잘 보이려고 나무를 심는다는 걸 알았다. 그래서 그들에게 나무 심기는 강제가 아니라 단순한 권고에 불과하니 하려면 열심히 하고 아니면 그만두라고 설득했다. 그러나 그들은 나를 비웃었다. 나는 내게 배당된 나무를 열심히 심었고, 조심스럽게 물도 주고 손질했음을 지금도 기억한다.

나는 내 아이들에게도 국가를 가르쳤다. 지방의 직업학교에서도 학생들에게 가르친 기억이 있으나, 그것이 60주년 때였는지 에드워드 7세가 인도 황제로 즉위할 때였는지는 잊어버렸다. 그러나 나중에는 그 가사가 못마땅했다. 비폭력에 대한 생각이 깊어짐에 따라 생각하고 말하는 데 더욱더 조심하게 되었다. 따라서 국가의 다음 가사가 특히 비폭력에 대한 나의 생각에 거슬렸다.

적들을 흐트러뜨려버리고
그들을 멸망시켜라.
그 정부를 뒤엎고
간악한 흉계를 꺾어라.

그런 느낌을 부스 의사에게 말했더니 그도 동의하면서 비폭력 신봉자가 그런 노래를 부르는 건 옳지 못하다고 했다. 소위 '적'이라고 해서 반드시 '간악'하다고 가정할 수 있는가? 그들이 적이기 때문에 반드시 나쁘다고 할 수 있는가? 오로지 신에게만 우리는 정의를 요구할 수 있다. 부스 의사는 내 생각을 전적으로 지지했고, 동료들을 위해 새로운 노래를 만들었다. 부스 의사에 대해서는 나중에 다시 말하겠다.

충성심과 마찬가지로 누구를 간호하는 것도 내 천성에 깊이 뿌리 내린 것이었다. 나는 친구든 남이든 간에 간호하기를 좋아했다.

라지코트에서 남아프리카에 대한 팸플릿 때문에 바쁘게 지내는 동안, 뭄바이에 잠깐 다녀왔다. 그 문제에 대한 집회를 조직해 도시의 여론을 일으키자는 의도에서 뭄바이를 첫 장소로 택한 것이다. 먼저 나는 라나데 판사를 만났다. 그는 내 이야기를 경청하고 페로제샤 메타 경을 만나보라고 권했다. 그 다음에 만난 바드루딘 탸브지 판사도 똑같이 권했다.

"라나데 판사와 저는 당신을 도와드릴 수 없습니다." 그가 말했다. "당신은 우리 지위를 아시지요. 우리는 공적인 일에 적극적인 역할을 할 수 없지만, 마음은 당신과 같습니다. 당신을 가장 훌륭하게 인도할 사람은 페로제샤 메타 경입니다."

나도 그전부터 페로제샤 메타 경을 만나고 싶어 했으며 두 선배가 그의 충고에 따르라고 권하는 것을 보고 그가 얼마나 공적으로 엄청난 영향력을 가지고 있는지 잘 알게 되었다. 그 뒤 그를 만났다. 그 앞에서는 두려울 것이라고 예상했다. 그가 어떤 칭호를 갖는지 들었기에 내가 '뭄바이의 사자' '무관의 왕'을 보게 된다는 것을 알았다. 그러나 그 왕은 나를 압도하지 않았다. 그는 사랑하는 아버지가 장성한 아들을 만나듯이 나를 대했다. 우리는 그의 방에서 만났다. 그의 주위에는 친구들과 추종자들이 있었다. 그중 D. E. 와차 씨와 카마 씨를 소개받았다. 와차 씨에 대해서는 알고 있었다. 그는 페로제샤 경의 오른팔로 알려졌고, 비르찬드 간디 씨는 나에게 그가 위대한 통계학자라고 말한 적이 있었다. 와차 씨는 나에게 말했다. "간디, 우리는 다시 만나야 합니다."

이 만남은 2분도 걸리지 않았다. 페로제샤 경은 내 이야기를 경청했다. 나는 그에게 라나데 판사와 탸브지 판사를 만났다고 했다. 그가 말했다. "간디, 당신을 꼭 도와드리지요. 여기서 공개 집회를 열겠습니다." 그리고 비서인 문시 씨에게 집회 날짜를 정하라고 말했다. 날짜가 정해지고, 그는 나에게 인사를 하며 집회 전날 다시 찾아오라고 했다. 이 만남으로 나의 두려움은 사라졌고 나는 기쁘게 집으로 돌아갔다.

뭄바이에 있으면서 나는 병석에 있는 매부를 찾아갔다. 그는 재산도 없고 나의 누이인 그의 아내는 그를 제대로 간호하지도 못했다. 그의 병이 중해서 나는 라지코트로 가자고 권했다. 그는 동의했고 나는 누이 부부와 함께 집으로 돌아왔다. 병은 내가 예상한 것보다 오래갔다. 내 방에 매부를 누이고 밤낮 그와 함께 지냈다. 밤에도 한동안 깨어 있어야 했고, 그를 간호하면서 남아프리카 일 몇 가지를 처리해야 했다. 그럼에도 결국 환자는 죽었지만, 마지막의 그를 간호한 것이 나에게는 큰 위안이었다.

간호하기 좋아하는 버릇은 점차 하나의 열정으로 발전해 일을 소홀하게 할 정도였다. 가끔은 아내만이 아니라 온 집안 식구를 그 일에 끌어들였다.

그런 봉사는 즐겁게 하지 않으면 의미가 없다. 남에게 보이려고 하거나 여론이 두려워서 하게 되면 이는 봉사하는 사람을 해치고 그 정신을 파괴한다. 기쁨 없이 하는 봉사는 봉사하는 사람이나 봉사를 받는 사람 누구에게도 도움이 되지 않는다. 반면 기쁜 마음으로 한 봉사 앞에서는 모든 쾌락과 소유가 무의미해진다.

27. 뭄바이 집회

매부가 죽고 바로 이튿날 나는 공개 집회 때문에 뭄바이로 가야 했다. 연설에 대해 생각할 시간도 없었다. 여러 날 동안 밤낮 불안한 마음으로 간호한 탓에 나는 완전히 지쳤고, 목도 쉬어버렸다. 그러나 나는 오로지 신을 믿으며 뭄바이로 갔다. 연설 원고 작성은 꿈도 꾸지 못했다.

페로제샤 경의 말대로 나는 집회 전날 오후 5시에 그의 사무실을 찾아갔다.

"간디, 연설 준비는 했습니까?" 그가 물었다.

"아니오." 내가 두려움에 떨며 답했다. "그냥 즉흥적으로 하려고 합니다."

"뭄바이에서는 그렇게 할 수 없습니다. 보도가 제대로 되지 않기 때문에 집회를 잘하려면 반드시 연설문을 써야 하고 내일 아침까지 인쇄해야 합니다. 그렇게 할 수 있겠지요?"

나는 상당히 불안했으나 노력하겠다고 답했다.

"그럼 말해보세요. 문시 씨가 언제 원고를 가지러 갈까요?"

"오늘 밤 11시에 오시면 됩니다." 내가 말했다.

다음날 집회에 가서야 나는 페로제샤 경의 충고가 옳았음을 깨달았다. 집회는 코와스지 제한기르 경 연구소 강당에서 열렸다. 페로제샤 경이 집회에서 연설을 하면 대부분 그의 말을 들으려고 온 학생들로 가득 차서 발 디딜 틈도 없다는 이야기를 들었다. 나로서는 평생 처음 겪는 집회였다. 내 목소리는 몇 사람에게만 들린다는 것을 알게 되었다. 연설문을 읽기 시작하자 몸이 떨렸다. 페로제샤 경은 더 크게 말하라고 격려했다. 그러나 용기가 나기는커녕 목소리가 더 낮아지는 것을 느꼈다.

오랜 친구인 캐샤브라오 데슈판데 씨가 나를 구해주려고 나왔다. 나는 그에게 연설문을 넘겼다. 그의 목소리는 알맞았다. 그러나 청중이 들으려 하지 않았다. 강당은 "와차" "와차"라는 소리로 떠나갈 듯했다. 그래서 와차 씨가 올라와 연설문을 읽었고 너무 놀라운 일이 발생했다. 청중은 완전히 조용해져서 연설 마지막까지 경청했다. 가끔 박수를 쳤고 "부끄러움을 알라"는 외침이 들렸다. 너무나 기뻤다.

페로제샤 경도 연설에 만족했다. 나는 무척 행복했다.

그 집회로 인해 나는 데슈판데와 어느 파르시 교도 친구에게 열렬한 호응을 얻었다. 그 파르시 교도는 지금 정부 고관으로 있기 때문에 이름을 밝히고 싶지 않다. 두 사람 모두 나와 함께 남아프리카로 가겠다고 했다. 그러나 파르시 교도 친구는 결혼을 할 참이어서 당시 소액사건 법원 판사였던 C. M. 쿠르셋지 씨가 그를 설득하여 가지 못하게 했다. 그는 결혼과 남아프리카행 중에 선택해야 했는데, 결국 전자를 택했다.

그러나 파르시 루스톰지가 그 깨어진 결심을 보상했다. 파르시 교도 자매들도 지금 카디[28] 일에 헌신하면서 그 결심이 깨어지도록 한 여성의 몫을 보상하고 있다. 그래서 나는 그 부부를 기꺼이 용서했다.

데슈판데 씨에게는 결혼의 유혹이 없었지만 그도 남아프리카로 오

---

28 이슬람 국가에서 법관의 역할을 하는 사람. 이슬람법 안의 민사사건이나 형사사건을 관장한다.

지 못했다. 그 역시 약속을 깬 것에 대해 충분히 보상하고 있다.

남아프리카로 돌아가는 도중 잔지바르에서 탸브지 집안 사람을 만났다. 그도 남아프리카에 와서 나를 돕겠다고 약속했으나 오지 않았다. 압바스 탸브지 씨가 그 잘못을 속죄하고 있다. 이렇게 변호사들을 남아프리카로 오게 하려 한 나의 세 번에 걸친 노력은 모두 실패로 끝났다.

이와 관련해 페스톤지 파드샤 씨가 기억난다. 나는 영국에 있을 때부터 그와 친하게 지냈다. 나는 런던의 채식 식당에서 그를 처음 만났다. 그의 형 바르조르지 파드샤 씨가 '기인'이라는 말을 들었다. 그를 만난 적은 없으나, 친구들이 그가 기이하다고 말했다. 말을 동정하여 마차를 타지 않고, 놀라운 기억력을 가졌음에도 학위 받기를 거부하며, 독립 정신이 강하고, 파르시 교도이면서도 채식주의자였다.[29] 페스톤지는 기인이라는 말을 듣진 않았지만 그의 박학다식함은 런던에서도 유명했다. 그러나 우리 사이의 공통점은 채식주의였지 학문이 아니었다. 학문에서 나는 도저히 그에게 근접할 수 없었다.

나는 뭄바이에서 그를 다시 만났다. 그는 법원 서기였다. 내가 그를 만났을 때 그는 구자라트어 대사전 편찬에 종사하고 있었다. 나는 모든 친구에게 남아프리카 일을 도와달라고 했다. 그러나 페스톤지 파드샤는 도와주기를 거부했을 뿐만 아니라, 심지어 나에게 남아프리카로 돌아가지 말라고 충고했다.

"나는 당신을 도울 수 없습니다." 그가 말했다. "그러나 나는 **당신**

---

29 파르시 교도는 육식을 했다.

만 한 사람이 남아프리카로 가는 것도 싫습니다. 우리 나라에 할 일이 그리도 없나요? 자, 보세요. 우리 나라 말만 해도 할 일이 적지 않습니다. 나는 과학 용어를 찾아야 합니다. 그러나 이는 그야말로 그 일의 일부에 불과합니다. 이 나라의 가난을 생각해보세요. 물론 남아프리카의 우리 동포도 어렵지만, 당신 같은 분이 그런 일에 희생되는 것을 원치 않습니다. 우선 여기서 자치부터 쟁취합시다. 그러면 자동적으로 그곳 동포도 돕게 됩니다. 내가 당신을 설득할 수 없음을 알지만, 당신과 비슷한 유형의 사람들이 당신과 운명을 같이하도록 권할 수는 없습니다."

나는 그 충고가 싫었지만 그로 인해 페스톤지 파드샤를 더욱더 존경하게 되었다. 나는 조국과 모국어에 대한 그의 사랑에 감동했다. 그 일 덕분에 우리는 더욱 가까워졌다. 나는 그의 처지를 이해할 수 있었다. 그러나 남아프리카 일을 포기하기는커녕 내 결심을 더욱더 굳혔다. 애국자라면 누구나 모국에 대한 어떤 종류의 봉사도 무시할 수 없다. 《기타》의 다음 구절이 나에게는 명백하고 중요했다.

마지막으로 이것이 가장 좋은 길이다.

즉 실패하더라도 자기 일을 하는 것이

아무리 좋은 것이라도 남 일을 하는 것보다 낫다.

의무를 다하다 죽으면 나쁘지 않으나

다른 길을 찾는 자는 항상 헤맨다.

28. 푸나와 마드라스

페로제샤 경은 나의 길을 쉽게 만들어주었다. 그래서 나는 뭄바이에서 푸나로 갔다. 그곳에는 두 파가 있었다. 나는 모든 파의 도움을 원했다. 먼저 나는 로카만야 틸라크를 만났다. 그가 말했다.

"당신이 모든 파의 도움을 얻고자 하는 것은 옳습니다. 남아프리카 문제에 대해서는 모두 의견이 다를 수 없습니다. 그러나 우두머리는 어느 파도 아닌 자여야 합니다. 반다카르 교수를 만나십시오. 그는 최근 어떤 공적 운동에서도 특정 파에 속하지 않았습니다. 그러나 이 문제는 그를 밖으로 끌어낼 수 있을 것입니다. 그를 만나보고 그가 무슨 말을 하는지 내게 말해주세요. 나는 당신을 힘껏 돕겠습니다. 물론 언제든지 찾아오세요. 마음대로 이용하세요."

그것이 로카민야와의 첫 만남이었다. 그 만남을 통해 나는 그의 특별한 대중성의 비밀을 알게 되었다.

그 다음으로 고칼레를 만났다. 페르구손대학에서였다. 그는 나를 따뜻하게 맞아주었고 그의 태도에 금방 마음이 끌렸다. 그와도 처음 만난 것인데, 마치 오랜 우정을 되살리는 것 같았다.

페로제샤 경이 나에게 히말라야 같았다면, 로카만야는 바다 같았다. 그러나 고칼레는 갠지스강 같았다. 거룩한 강에서는 누구나 원기를 새롭게 하는 목욕을 할 수 있다. 히말라야는 기어오를 수 없고, 바다에 배를 띄우기도 쉽지 않지만 갠지스는 누구에게나 가슴을 벌린다. 그 위에 배를 띄우고 노를 젓는 건 너무나도 즐거운 일이다. 고칼레는 마치 교장이 입학 허가를 내리려고 학생을 조사하듯이 나를 상세히 조사했다.

그는 누구와 가까이 해야 하고 어떻게 가까이 갈 것인지를 말해 주었다. 그리고 연설문을 보자고 했다. 그는 대학을 구경시켜주고 언제든지 찾아와도 좋다고 한 뒤에 반다카르 박사와의 회견 결과를 알려달라고 했다. 정치 영역에서 고칼레는 생존했을 때나 지금이나 내 마음을 차지하고 있고, 그것은 절대적으로 특별하다.

반다카르 박사는 아버지처럼 따뜻하게 맞아주었다. 그를 찾았을 때는 정오였다. 그런 시간에 찾아가야 할 정도로 내가 바쁘다는 사실 자체가 이 지칠 줄 모르는 대학자를 감동시켰고, 집회 회장은 어느 파에도 속하지 않는 사람이어야 한다는 주장에는 즉시 찬성했다. "그래, 그래"라는 소리가 저절로 터져 나왔다.

내 말이 끝나자 그가 말했다. "내가 정치에 관여하지 않는다는 소리를 들었을 것입니다. 그러나 당신을 거부할 순 없군요. 당신의 주장은 매우 강력하고 당신의 일은 너무나 훌륭하기 때문에 당신 집회에 참여하지 않을 수 없습니다. 틸라크와 고칼레에게 상의하길 잘했습니다. 그들에게 내가 두 사바[30]가 주최한 강연회에서 사회를 보겠다고 한다고 전하세요. 집회 시간을 내게 정하라고 할 필요는 없습니다. 그들에게 맞으면 나에게도 맞습니다." 그러고 나서 그의 감사와 축복을 받으며 헤어졌다.

학식 많고 사심 없는 이 푸나의 일꾼들은 아무런 잡음 없이 조촐하고 작은 곳에서 집회를 열어주었고, 나는 기쁨과 내 사명에 대한 확신을 가지고 그곳을 떠났다.

다음으로 마드라스에 갔다. 그곳은 열정으로 들떠 있었다. 발라순

---

30 Sabha. 계급을 초월한 자치 단체.

다람 사건이 집회에 큰 영향을 끼쳤다. 내 연설문이 인쇄되어 있었는데 나에게는 상당히 긴 것이었다. 그러나 청중은 모든 단어를 주의 깊게 경청했다. 집회 마지막에는 언제나 '녹색 팸플릿'을 팔았다. 나는 제2판이자 개정판을 1만 부 가지고 갔다. 그것은 갓 구운 과자처럼 팔렸으나, 그렇게 많이 인쇄할 필요가 없음을 알았다. 스스로 열의에 젖어 필요한 부수를 지나치게 계산한 것이었다. 내 연설은 영어 사용 청중만을 대상으로 한 것인데 마드라스에는 그런 사람이 다 합쳐도 1만 명이 되지 않았다.

그곳에서 가장 큰 도움을 준 사람은 《마드라스 스탠더드》 편집인인 고(故) G. 파라메슈바란 필라이 씨였다. 그는 그 문제를 철저히 연구했고 종종 나를 사무실로 초대해 지도해주었다. 《힌두》의 G. 수브라마니암 씨와 수브라마니암 박사도 나에게 공감했다. 파라메슈바란 필라이 씨는 《마드라스 스탠더드》 지면을 마음대로 쓰도록 해주었고, 나는 그것을 자유롭게 썼다. 파차이아파 강당에서 열린 강연회에서는 수브라마니암 박사가 사회를 보았던 것으로 기억한다.

내가 만난 친구들 대부분은 나에게 사랑을 보여주었고, 그 일에 매우 열심이었기 때문에 그들과 영어로 말할 수밖에 없었어도 하나도 어색하지 않았다. 사랑으로 깨뜨릴 수 없는 장벽이 있을 수 있을까?

29. "빨리 돌아오세요……"

마드라스에서 콜카타로 갔을 때 난관에 부딪혔다. 아는 사람이 아무도 없었다. 그래서 그레이트 이스턴 호텔에 방을 잡았다. 콜카타에서 《데일리 텔레그래프》의 대리인 엘러도르프 씨를 알게 되었다. 그는 자신이 머물던 벵골 클럽에 나를 초대했다. 당시 그는 그 응접실에 인도인은 들어갈 수 없다는 것을 몰랐다. 그런 제한을 알게 된 그는 나를 자기 방으로 데리고 갔다. 그는 그 지역 영국인의 차별에 유감을 표명하며 나를 응접실로 데려가지 못한 것에 사과했다.

나는 물론 '벵골의 우상'인 수렌드라나드 바네르지를 만나야 했다. 내가 그를 만났을 때 그는 친구들에게 둘러싸여 있었다. 그가 말했다.

"사람들이 당신 일에 흥미를 갖지 않을 것 같아 두렵습니다. 아시다시피 이곳의 어려움도 적지 않습니다. 당신이 할 수 있는 최선의 노력을 해야 합니다. 반드시 토후국 왕[31]들의 공감을 얻어야 합니다. 영국 – 인도 협회 대표와도 만나야 합니다. 또 퍄리모한 무카르지 왕과 타고르 경을 만나야 합니다. 두 사람 다 개방적이고 공적인 일에도 많이 참여합니다."

나는 그들을 만났으나 아무 성과가 없었다. 모두 나를 냉담하게 대했고 콜카타에서 대중 집회를 열기가 쉽지 않다고 했으며, 성사된다고 해도 오로지 수렌드라나드 바네르지에 달린 문제라고 했다.

나는 일이 점점 어려워진다는 것을 알았다. 암리트 바자르 파트리카 신문사를 찾아갔으나 거기서 만난 신사는 나를 방랑하는 유태인 취급했다. 방가바시 신문사는 더 심했다. 편집장을 한 시간이나 기다렸다. 분명히 방문자가 많긴 했으나, 다른 사람들을 모두 만난

---

31 Maharaja. 마하는 크다는 뜻이고, 라자는 왕을 뜻한다.

뒤에도 그는 나를 거들떠보지 않았다. 기다리다 못해 내가 용기를 내어 이야기를 끄집어내자 그가 말했다.

"너무나 바쁜 게 보이지 않나요? 당신 같은 방문객은 끝이 없어요. 돌아가세요. 당신 이야기를 들을 생각이 없어요." 한순간 화가 났지만 나는 곧 그의 처지를 이해했다. 나는 《방가바시》의 명성을 알고 있었다. 그곳에서 수없이 많은 방문객을 보았다. 그들은 모두 그와 잘 아는 사이였다. 그가 신문에서 다룰 소재는 얼마든지 있었다. 그러나 남아프리카는 전혀 알려지지 못했다.

당하는 사람 처지에서야 아무리 심각한 불평거리라 해도, 그는 제 나름대로 불평을 가지고 편집실을 드나드는 수많은 방문객 가운데 한 사람에 불과하다. 편집자가 어떻게 그들 모두와 만나겠는가? 나아가 불평자들은 편집자가 나라에서 대단한 힘을 갖는다고 상상한다. 그러나 편집자 자신만은 자신의 힘이 사무실을 벗어날 수 없음을 안다.

그러나 나는 실망하지 않았다. 나는 다른 신문사의 편집자를 계속 찾아다녔다. 그전처럼 나는 인도에 와 있는 영국인 편집자들도 만났다. 《스테이츠먼》과 《잉글리시먼》이 문제의 중요성을 알아주었다. 그들과 긴 인터뷰를 했고 그 전문이 신문에 실렸다.

《잉글리시먼》 발행인 사운더스 씨와 특히 친해졌다. 그는 자기 사무실과 신문을 마음대로 이용하라고 했다. 심지어 그 문제에 대해 쓴 자기 사설의 교정쇄를 미리 보내주면서 마음대로 고치라고 했다. 우리 사이에 우정이 자랐다고 해도 과언이 아니었다. 그는 가능한 나를 돕겠다고 약속했고, 글자 그대로 약속을 이행했으며, 중병에 걸리기 전까지 나와 편지를 교환했다.

평생 동안 나에게 주어진 그런 수많은 우정의 특권은 정말 기대하지도 못한 경우에 생겨났다. 사운더스 씨가 나를 좋아한 이유는 내가 과장하지 않고 진실에 헌신한다는 점 때문이었다. 그는 나에게 공감하기 전에 나에 대해 상세히 캐물었다. 그래서 그는 내가 그에게 남아프리카 문제에 대해 공정하게 설명하려고, 심지어 남아프리카의 백인에 대해서도 그러려고 의지와 노력을 아끼지 않았다는 것을 알게 되었고, 그 점에 감사했다.

내 경험에 따르면 우리가 상대를 공정하게 대해주면 바로 공정한 대우를 받게 된다. 기대하지 않았던 사운더스 씨의 도움으로 용기를 얻어 콜카타에서 집회를 열게 되리라고 생각한 시점에 더반에서 전보를 받았다. "1월에 의회 개정. 빨리 돌아오세요."

그래서 갑자기 콜카타를 떠나게 되는 이유를 설명한 편지를 신문사에 보내고 뭄바이로 갔다. 출발 전에 다다 압둘라 회사의 뭄바이 출장소에 전보를 쳐서 남아프리카로 가는 제일 빠른 배표를 마련해 달라고 부탁했다. 다다 압둘라는 바로 그때 증기선 쿨랜드호를 샀기 때문에 나와 가족을 무료로 태워주겠다고 했다. 나는 기꺼이 그 제의를 받아들여 아내와 두 아들 그리고 과부가 된 누이의 외아들을 데리고 12월 초에 남아프리카로 두 번째 여행을 떠났다. 다른 증기선 나데리호도 같은 시간에 더반으로 떠났다. 그 배는 다다 압둘라 회사 소속이었다. 두 배의 승객을 다 더하면 800명은 되었을 것이고, 그중 반은 트란스발로 가는 사람들이었다.

3부

《간디 자서전》3부의 이야기는 영화 〈간디〉에서 다루어지는 것이 거의 없을 정도로 별로 흥미롭지 않다. 영화 〈간디〉에 나오는 유일한 장면은 간디가 화장실 청소를 둘러싸고 아내와 대립하는 장면이다. 이 사건은 실제로는 1898년에 일어났으며 《간디 자서전》 4부 10장에 소개되어 있으나, 영화에서는 1910년 전후 아슈람에서 생긴 사건으로 묘사되어 있다.

그러나 남아프리카에서 간디는 더욱 유명해지고 인도에서 돌아오는 첫날부터 탄압을 받는다. 이는 당시 남아프리카에 사는 인도인이 그만큼 강해졌음을 반영한다. 1896년 당시 더반에 사는 영국인은 5만 명이었으나 인도인은 5만1천 명, 줄루인은 40만 명이었다.

1897년 1월 13일, 인도에 있던 간디는 급히 남아프리카에 돌아가 나탈의 인도인 선거권 투쟁을 벌이고 보어 전쟁에도 간호 부대를 조직해 참전했으며, 전후 위생 사업과 기근 구제 사업을 벌이고 인도에 가서 국민회의를 통해 남아프리카에 대한 여론을 불러일으키는 데 성공한다. 인도에서 각지를 여행하고 콜카타 국민회의에 참석한 간디는 지도자들의 사치와 교만에 실망하게 된다. 물론 고칼레 같은 훌륭한 지도자를 만나기도 한다. 그리고 1902년 12월에 영국인이 인도인을 더욱더 탄압하게 되자 간디는 남아프리카 인도인 단체의 요청으로 다시 남아프리카로 간다.

3부에서는 2부에서의 독신생활을 청산하고 인도에서 가족을 데려와 함께 살게 된다. 간디는 영국에 갈 때나 남아프리카에 갈 때 양복을 입었던 것과는 달리 이번에는 인도 전통복장을 하고 온다. 그러나 간디는 여전히 변호사로서의 체면을 생각한다. 그리고 아이들 교육도 중요하게 다루어지나 간디는 기존 학교를 부정하고 스스로 교육을 한다. 그 무렵 장남 하랄랄은 열 살 전후였고 차남 마닐랄은 네 살이 못 되었으며 삼남 람다스는 막 태어났다. 따라서 교육은 하랄랄 중심으로 이루어졌겠는데 사실 그 교육은 실패로 드러난다.

1897년(28세) 가족과 함께 다시 남아프리카로 감.

1898년(29세) 차별 법률에 대한 청원서 제출.

1899년(30세) 간호 부대를 조직해 보어 전쟁에 참전.

1901년(32세) 다시 남아프리카로 온다는 약속을 하고 귀국하여 국민회의에 남아프리카에 대한 결의안을 제출.

1902년(33세) 다시 남아프리카로 감.

1. 폭풍 전야

이는 아내와 아이들을 데리고서는 처음으로 하는 여행이었다. 나는 지금까지 이야기를 해오면서 중산계급 힌두교도들의 조혼으로 인해 남편은 글자를 깨치지만 아내는 사실상 글자를 모르게 된다는 점을 종종 지적했다. 그리하여 둘 사이의 격차가 너무 커져 남편은 아내의 교사가 되어야 했다. 그래서 나는 아내와 아이들이 입어야 할 옷, 먹어야 할 음식, 그들의 새로운 환경에 적합한 태도를 세부적으로 생각해야 했다. 당시 일들을 되돌아보면 아주 재미있다.

힌두교도 아내는 남편에 대한 절대 복종을 최고의 종교로 생각한다. 반면 남편은 자신을 아내의 주인이자 상전으로 생각하므로 아내는 언제나 남편의 기분대로 춤을 추어야 한다.

지금 내가 이야기하는 그 시절, 나는 문명인으로 보이려면 우리의 옷차림과 몸가짐을 되도록이면 유럽인 기준에 맞추어야 한다고 믿었다. 왜냐하면 오로지 그렇게 할 때만이 우리가 영향력을 가질 수 있고, 영향력 없이는 사회에 봉사할 수 없다고 생각했기 때문이다.

그래서 나는 아내와 아이들의 차림새를 결정했다. 나는 그들이 카티아와르 상인계급으로 알려지는 것이 싫었다. 당시에는 인도인 중에서 파르시 교도가 가장 문명화되었다고들 했다. 완전한 유럽식은 적절하지 못한 것 같아 우리도 파르시 교도의 차림을 따르기로 했다. 그래서 아내는 파르시 교도의 사리를 입었고, 아이들도 파르시 교도의 저고리와 바지를 입었다. 물론 누구나 구두와 양말을 신어야 했다. 아내와 아이들이 그것에 익숙해지는 데는 오랜 시간이 걸렸다. 구두는 발을 죄었고 양말엔 땀이 배어 냄새가 났다. 발가락은 자꾸 부르텄다.

이 모든 불평에 대해서 나는 언제나 미리 답을 준비해야 했다. 그러나 내가 생각하기에도 그것은 정당한 답이었다고 하기보다는 강제로 명령하여 내 소신을 이행한 것에 불과했다. 옷을 바꾸는 것에 대해서는 다른 도리가 없었기 때문에 내 말을 그대로 따랐다. 나이프와 포크를 사용[1]하는 것은 같은 이유로 따랐지만 더욱더 하기 싫어했다.

---

1 인도인은 지금도 손으로 식사를 한다.

그 후 문명의 표를 내자는 나의 열의가 식어버리자 그들은 나이프와 포크를 버렸다. 새로운 방식에 오랫동안 젖어 있다가 본래 방식으로 돌아가는 것도 그만큼 힘든 일이었으리라. 그러나 지금 생각해보면 그런 '문명'의 겉치레를 포기한 것은 매우 자유롭고 가벼운 느낌이었다.

우리가 탄 증기선에는 친척과 지인 들이 있었다. 그들과 함께 다른 갑판 승객들을 자주 만났다. 이 배는 나의 의뢰인 친구의 것이어서 나는 어디나 자유롭게 나다닐 수 있었다.

그 증기선은 나탈 직행으로 도중에 항구에 들르지 않았기 때문에 항해는 18일 만에 끝날 참이었다. 그러나 우리가 곧 육지에서 만나게 될 진짜 폭풍을 경고하기라도 하듯이, 나탈에 도착하기 4일 전에 무서운 강풍이 우리를 덮쳤다. 남반구에서는 12월이 여름 계절풍 달이어서 그 무렵 남쪽 바다에는 크고 작은 강풍이 흔했다. 우리를 덮친 강풍은 매우 격렬했고 오래 끌었기 때문에 승객들은 무서워했다. 그것은 엄숙한 광경이었다.

그 공통의 위험에 직면하자 모두 하나가 되었다. 그들은 이슬람교도, 힌두교도, 기독교도 등 자신들의 차이를 잊고 오직 하나의 신을 생각하기 시작했다. 여러 가지 맹세를 하는 사람들도 있었다. 선장도 승객과 함께 기도에 참석했다. 선장은 승객들에게 폭풍이 위험하지 않은 것은 아니지만 자신은 그보다 더 심한 것도 겪었다고 확신시키고, 또 그들에게 잘 만들어진 배는 어떤 기후에도 끄떡없다고 설명했다.

그러나 승객들은 안심하지 못했다. 시시각각 파선과 침몰의 전조인 굉음이 들려왔다. 배는 누웠다 일어났다 하며 금방이라도 뒤집힐 것 같았다. 갑판에 나간다는 건 누구도 생각할 수 없었다. 모두의 입에서 나오는 유일한 소리는 "신의 뜻대로 하소서"였다. 그런 상태가 24시간은 계속되었다고 기억한다.

마침내 날이 개고 태양이 모습을 나타내자 선장은 폭풍이 지나갔다고 말했다. 사람들의 얼굴은 기쁨으로 빛났고 위험이 사라지는 순간 그와 동시에 그들의 입술에서 신의 이름도 사라졌다. 그 후 먹고 마시고 노래하고 즐기는 것이 다시금 나날의 행사가 되었다. 죽음의 공포가 사라지자 한때의 열렬했던 기도 분위기도 사라지고 마야[1]가 나타났다. 물론 항상 하는 나마즈[2]와 기도가 있었지만 그 무서운 순간에 있었던 엄숙함은 없었다.

그러나 그 폭풍은 나와 승객을 하나로 만들었다. 나는 그전에도 비슷한 경험을 한 적이 있어서 조금도 폭풍을 겁내지 않았다. 또 배를 잘 다기 때문에 뱃멀미를 하지도 않았다. 그래서 나는 겁 없이 승객들 사이를 다니며 위로하고 격려했으며 때때로 선장의 말을 전하기도 했다. 나중에 보게 되겠지만, 그렇게 형성된 우정은 나에게 큰 도움이 되어주었다.

배는 12월 18일인지 19일인지 더반 항에 닻을 내렸다. 나데리호도 같은 날 도착했다.

그러나 진짜 폭풍은 이제부터였다.

---

1) Maya. 힌두 철학에서 유명한 말로, 번역하기가 어려우나 영어로는 delusion(미망)이나 illusion(환상)으로 번역된다.

2) Namaz.《쿠란》에 규정된 기도.

2. 폭풍

앞에서 보았듯이 두 배는 12월 18일경 더반 항구에 닻을 내렸다. 어떤 승객도 완전한 검역을 받기 전에는 남아프리카의 어느 항구에도 내릴 수 없었다. 만일 배에 전염병에 걸린 승객이 있다면 배는 일정 기간 검역을 받아야 했다. 우리가 뭄바이를 떠날 때 페스트가 돌았기 때문에 우리는 검역을 당할지 모른다고 걱정했다. 검역 전에는 모든 배가 노란 깃발을 달아야 했고, 의사가 그 배는 건강하다고 보증해야만 깃발을 내릴 수 있었다. 승객의 친척과 친구 들도 노란 깃발이 내려져야만 배에 오를 수 있었다.

그랬기에 우리 배가 노란 깃발을 달고 있을 때 의사가 와서 우리를 검역했다. 그는 5일간의 검역을 명했다. 페스트균이 발병하는 데 최대한 23일이 걸린다고 그가 생각한 탓이었다. 따라서 우리 배는 뭄바이를 떠난 지 23일이 되는 날까지 검역을 받았다. 그러나 이 검역 기간 명령에는 보건상의 이유만이 아니라 다른 이유가 있었다.

더반에 사는 백인들이 우리를 본국으로 보내라고 시위한 것도 그 이유 가운데 하나였다. 다다 압둘라 회사는 마을에서 매일 벌어지는 일을 계속 알려주었다. 백인들은 날마다 대규모 집회를 열었다. 그들은 다다 압둘라 회사에 갖은 협박을 하고, 종종 유혹도 했다. 배 두 척을 되돌려 보내면 회사에 변상을 하겠다고도 했다.

그러나 다다 압둘라 회사 사람들은 위협을 두려워할 사람들이 아니었다. 호상 압둘 카림 하지 아담은 당시 그 회사의 전무였다. 그는 배를 부두에 정박시키고 무슨 일이 있어도 승객을 상륙시키겠다고 결심했다. 그는 나에게 매일 상세한 편지를 보냈다. 다행히도 고(故)

만수클랄 나자르 씨가 나를 만나려고 더반에 왔다. 그는 유능하고 용감했으며 인도인 사회의 지도자였다. 그들의 변호사인 로턴 씨도 마찬가지로 용감했다. 그는 백인 주민들의 행동을 비난하고, 단순히 고용된 변호사로서가 아니라 그들의 참된 친구로서 인도인 사회에 충고했다.

그래서 더반은 서로 적수가 안 되는 사람들의 격투장이 되었다. 한쪽에는 한 줌도 안 되는 인도인과 그들의 영국인 친구가 소수 있었고, 다른 한쪽에는 무력으로나 수로나 교육으로나 경제적으로나 강력한 백인들이 진을 치고 있었다. 또 그들 뒤에는 국가가 있었다. 왜냐하면 나탈 정부가 공개적으로 그들을 도왔기 때문이다. 각료 중에서 가장 강력한 해리 에스콤 씨는 백인 모임에 공공연히 참석했다.

이처럼 검역 기간의 참된 목적은 승객이나 선박회사를 협박해서라도 인도로 되돌아가게 하려는 것이었다. 그리고 마침내 우리를 협박하기도 했다. "돌아가지 않으면 바다에 몰아넣겠다. 하지만 돌아간다면 여비도 돌려주겠다." 나는 쉬지 않고 승객들 사이를 돌아다니며 그들을 격려했다. 또 나데리호 승객들에게도 위로의 안부를 전했다. 모두 침착했고 용감했다.

우리는 승객들을 위로하려고 배 위에서 갖가지 놀이를 마련했다. 크리스마스에는 선장이 일등 승객들을 만찬에 초대했다. 주빈은 나와 우리 가족이었다. 식사 후 연설에서 나는 서양 문화에 대해 말했다. 심각한 연설을 할 자리가 아님을 알았지만 그렇게 하지 않을 수 없었다. 나는 놀이에도 참여했지만 내 마음은 더반에서 진행 중인 싸움에 있었다. 왜냐하면 내가 그 싸움의 진짜 목표였기 때문이다. 나에 대한 비난은 다음 두 가지였다.

1. 내가 인도에서 나탈의 백인들을 함부로 비난했다.
2. 내가 나탈을 인도인으로 들끓게 할 생각으로 그곳에 정착할 승객을 두 배나 싣고 왔다.

나는 책임을 느꼈다. 나 때문에 다다 압둘라 회사는 큰 위험에 빠졌고, 승객들 생명이 위험해졌으며, 식구들을 데려와 그들도 위험에 빠뜨렸다는 걸 알았다.

그러나 나는 맹세코 결백했다. 나는 그 누구에게도 나탈로 가자고 하지 않았다. 승객이 배를 탈 때 그들을 전혀 몰랐다. 친척 부부를 제외하면 몇백 명 승객의 이름이나 주소를 전혀 몰랐다. 그리고 인도에서는 나탈에서 이미 말한 것 말고는 나탈의 백인에 대해 한 말이 없었다. 그리고 내가 말한 모든 것의 명백한 증거가 있었다.

따라서 나는 나탈의 백인이 대표하는, 그들이 옹호하고 그 열매가 된 그들의 문명을 개탄했다. 나는 언제나 그 문명을 생각했기에 그 조그만 모임에서도 그것에 대해 말했다. 선장과 친구들은 인내하며 들었고, 내가 전하려는 정신 그대로 이해했다. 그것이 그들 삶에 어떤 영향을 끼쳤는지는 모르지만 그 후에도 나는 선장이나 다른 직원들과 함께 오랫동안 서양 문명에 대해 토론했다. 나는 서양 문명이 동양 문명과 달리 주로 폭력에 근거한다고 말했다. 질문자들은 내 말을 절대로 믿었고, 그중 한 사람(선장이라고 기억되는데)은 다음과 같이 말했다.

"가령 백인들이 그들이 협박한 대로 이행한다고 합시다. 그랬을 때 당신은 비폭력이라는 당신의 원칙으로 어떻게 대항하시겠습니까?"

이에 나는 답했다. "나는 신이 나에게 그들을 용서하고 법에 넘기지 않게 할 용기와 분별력을 주기 바랍니다. 나는 그들에게 분노하지 않습니다. 오직 그들의 무지와 편협을 안타까워할 뿐입니다. 나는 지금 그들이 정말로 자신들이 하는 일이 옳고 정당하다고 믿고 있음을 압니다. 따라서 그들에게 화를 낼 이유가 없습니다."

질문자는 못 믿겠다는 듯이 웃었다.

그렇게 그 지루한 나날이 흘러갔다. 검역 기간이 언제 끝날지 여전히 불확실했다. 검역관은 문제가 자신의 손을 벗어났고, 정부의 연락을 받는 대로 상륙을 허가하겠다고 말했다.

마침내 최후통첩이 승객과 나에게 전달되었다. 목숨을 건지려면 항복하라는 것이었다. 이에 대해 승객과 나는 나탈 항에 내릴 권리가 있음을 주장하고, 어떤 위험이 있어도 나탈에 들어가겠다고 했다.

23일이 끝난 날, 두 배의 입항이 허가되고 승객들의 상륙 허가도 내려졌다.

3. 시련

배가 부두에 들어오고 승객들이 상륙하기 시작했다. 그러나 에스콤 씨는 선장에게 백인들이 나에게 너무나도 분노하여 내 생명이 위험에 처했다고 하고, 나와 가족은 해 질 녘에 상륙하여 부두 감독인 타툼 씨의 호송을 받으라고 충고했다. 선장은 나에게 그 사실을 알려주었고 나도 그렇게 하겠다고 했다. 그러나 30분도 지나지 않아 로턴 씨가 선장에게 와서 말했다.

"간디 씨가 반대하지 않으면 내가 그를 데리고 가겠습니다. 기선 회사의 법률고문으로서 당신에게 말합니다. 당신은 에스콤 씨의 말에 따를 필요가 없습니다." 그 후 그는 나에게 와서 대략 다음과 같이 말했다.

"두렵지 않다면 간디 부인과 아이들은 차로 루스톰지 씨 댁으로 보내고, 당신과 나는 걸어서 갑시다. 나는 당신이 도둑처럼 밤에 도시에 들어간다는 생각에 도저히 찬성할 수 없습니다. 누군가 당신을 해칠 것을 두려워할 필요는 없습니다. 이제는 모두 조용합니다. 백인들은 모두 흩어졌습니다. 그러나 여하튼 나는 당신이 도둑처럼 도시에 들어가서는 안 된다고 확신합니다."

나는 기꺼이 동의했다. 아내와 아이들은 무사히 루스톰지 씨 집에 갔다. 선장의 허가를 받아 나는 로턴 씨와 함께 상륙했다. 루스톰지 씨 집은 부두에서 2마일 정도였다.

우리가 상륙하자마자 몇몇 젊은이들이 나를 알아보고 "간디, 간디" 하고 외쳤다. 대여섯 명이 몰려들어 같이 외쳤다. 로턴 씨는 군중이 몰려들자 겁이 나서 인력거를 불렀다. 나는 인력거를 탄다는 생각은 해본 적이 없었다. 아마도 최초의 경험이 될 것이다. 그러나 젊은이들이 나를 인력거에 오르지 못하게 했다. 그들이 인력거 소년에게 죽인다고 위협하자 그는 도망쳤다.

우리가 걸어가는 동안 군중은 점점 불어나서 더는 앞으로 갈 수 없게 되었다. 그들은 먼저 로턴 씨를 붙잡아 우리를 떼어놓았다. 이어서 나에게 돌이나 벽돌, 썩은 달걀 등을 던졌다. 누군가 나의 터번을 벗기자 다른 사람은 때리고 차기 시작했다. 나는 정신이 아찔해져 어느 집 앞 울타리를 붙잡고 그곳에 서서 숨을 돌리려고 했다. 그

273

러나 불가능했다. 그들은 나를 주먹으로 때려눕혔다.

그때 마침 나를 아는 경찰서장 부인이 그곳을 지나갔다. 용감한 부인이 달려와, 해도 없는데 양산을 펴서 군중과 나 사이를 막아섰다. 알렉산더 부인을 해치지 않고서는 나를 때릴 수 없었기 때문에 폭도의 폭행이 저지되었다.

그러는 동안 사건을 목격한 어느 인도인 청년이 경찰서로 달려갔다. 경찰서장 알렉산더 씨는 경찰차 한 대를 보내 나를 호위하고 목적지까지 안전하게 호송하게 했다. 그들은 시간에 맞춰 왔다. 경찰서는 우리가 가는 길에 있었다. 우리가 그곳에 도착하자 경찰서장은 경찰서에 피신하라고 했으나 나는 정중하게 거절했다.

"그들이 자신의 실수를 깨달으면 틀림없이 조용해질 것입니다." 내가 말했다. "나는 그들이 지각 있는 사람이라 믿습니다." 나는 경찰의 호송을 받아 디는 해를 입지 않고 루스톰지 씨 집에 도착했다. 온몸에 멍이 들었으나, 상처는 한 군데뿐이었다. 그곳에 있던 기선 의사 다디바르조르가 나를 치료해주었다.

집 안은 조용했지만 집 밖은 백인들이 둘러싸고 있었다. 밤이 깊어지자 군중이 소리쳤다. "간디를 내놔라." 눈치 빠른 경찰서장은 벌써 그곳에 와서 위협이 아니라 익살로 군중을 통제하려고 애쓰고 있었다. 그러나 아무 걱정이 없는 건 아니었다. 그는 나에게 다음과 같은 말을 전했다.

"만일 당신이 친구의 집과 재산을 구하려면, 또 당신 가족을 구하려면 내 말대로 변장을 하고 그 집에서 도망쳐야 합니다."

그렇게 나는 같은 날, 완전히 다른 두 가지 처지에 놓이게 되었다. 생명에 대한 위협이 상상에 불과하다고 생각되었을 때 로턴 씨는 당당하게 나가라고 충고했다. 나는 그 충고를 받아들였다. 위험이 정말 확실한 것이 되었을 때 또 다른 친구가 반대로 충고하자 나는 그것도 받아들였다. 내가 정말 생명이 위험하다고 생각했기 때문에 그렇게 했는지, 아니면 내 친구의 생명이나 재산 또는 내 아내와 아이들의 생명을 위험하게 만들고 싶지 않았기 때문에 그렇게 했는지 누가 알겠는가? 앞서 말했듯이 첫 번째 경우 군중에게 용감하게 직면했을 때와, 가면을 쓰고 도망칠 때 모두 내가 옳았다고 누가 확실하게 말하겠는가?

이미 발생한 일에 대해 옳고 그름을 가린다는 건 부질없는 일이다. 그러나 그 일들을 이해하고, 가능하면 그 일들에서 미래를 위한 교훈을 얻는 것은 유용한 일이다. 어떤 사람이 어떤 상황에서 어떻게 행동할 것이라고 단정하기란 어렵다. 또 사람을 그의 외부 행동을 보고 판단한다는 것은, 그것이 충분한 자료에 근거하지 않는 한, 믿을 수 없는 추리에 불과하다는 것도 알 수 있다.

그건 그렇다치고, 도망칠 준비를 하느라 나는 상처까지 잊었다. 경찰서장의 조언대로 나는 인도인 경찰복을 입고, 마드라스 스카프를 머리에 두르고서 그 한쪽 끝을 둘둘 감아 헬멧처럼 보이게 했다. 형사 두 사람이 나와 동행했다. 한 사람은 인도인 상인처럼 변장하고 얼굴에 칠을 해서 인도인처럼 보이게 했다. 다른 사람이 어떻게 변장했는지는 잊었다.

우리는 뒷길로 빠져 옆집 상점에 갔고, 창고 안에 쌓인 자루 사이를 지나 상점 문을 벗어났으며, 군중 사이를 뚫고 길 끝에 나를 위해 세워둔 자동차로 갔다. 그렇게 해서 우리는 조금 전에 알렉산더 씨가 나에게 피난처로 제공하려 했던 경찰서까지 갔다. 나는 서장과 직원들에게 감사했다.

내가 그렇게 도망치는 동안 알렉산더 씨는 다음과 같은 노래로
군중을 웃겼다.

　　늙은 간디 목을 졸라라.
　　신 사과나무 위에

내가 경찰서에 무사히 도착했다는 소식을 들은 알렉산더 씨는 군
중에게 그 소식을 전했다. "자, 여러분의 제물은 옆집 상점을 통해 멋
지게 도망쳤소. 이제는 집으로 돌아가시오." 그들 중에는 분노한 사
람들도 있었고, 웃는 사람들도 있었으며, 믿지 않는 사람들도 있었다.

"그렇다면," 서장이 말했다. "나를 못 믿겠다면 대표를 한두 명 뽑
으시오. 내가 그들을 집 안에 들여보내지요. 만일 그들이 간디를 찾
아내면 나는 기꺼이 그를 여러분에게 건네주겠소. 반대로 찾지 못하
면 여러분은 흩어져야 합니다. 나는 여러분이 루스톰지 씨의 집을 파
괴하거나 간디 씨의 가족에 해를 끼칠 생각이 없다고 확신합니다."

군중은 대표를 보내 집을 뒤지게 했다. 그들이 금방 실망스런 소
식을 전하며 돌아오자 마침내 군중은 흩어졌다. 대개는 서장의 교
묘한 처리에 감탄했지만, 몇몇은 투덜거렸다.

당시 식민상(植民相)이었던 고(故) 체임벌린 씨는 나탈 정부에 전
보를 쳐서 나의 가해자를 기소하라고 했다. 에스콤 씨는 사람을 보
내어 나를 불러 내가 부상당한 것에 유감을 표하며 말했다. "나를
믿으세요. 나는 당신이 입은 지극히 작은 상처 하나 때문에라도 조
금도 편할 수 없습니다. 물론 당신에겐 로턴 씨의 충고를 받아들여

가장 위험한 것에 직면할 권리가 있습니다. 그러나 당신이 만일 나의 제의를 받아들였다면 이런 불상사는 생기지 않았을 것입니다. 범인들을 확인해주시면 그들을 체포해 기소하겠습니다. 체임벌린 씨도 내가 그렇게 하기를 원합니다."

이에 대해 나는 다음과 같이 답했다.

"나는 그 누구도 기소하고 싶지 않습니다. 그들 가운데 한두 명 정도 확인할 수 있겠지만, 그들을 처벌하는 것이 무슨 소용 있겠습니까? 게다가 나는 그들을 비난할 생각도 없습니다. 그들은 내가 인도에서 나탈 백인들에 대해 과장된 이야기를 했고, 그들을 비방했다고 믿게 되었습니다. 만일 그들이 그러한 보도를 믿었다면 그들이 분노하는 것도 무리가 아닙니다. 이렇게 말해서 미안하지만 지도자들과 당신이 잘못한 것입니다. 당신들은 사람들을 바른 길로 인도할 수 있었습니다만, 당신들도 로이터 통신을 그대로 믿고 내가 과장했으리라 짐작했습니다. 나는 누구도 비난할 생각이 없습니다. 진실이 밝혀지면 그들은 자기 행동을 뉘우치리라 확신합니다."

"그 생각을 글로 써주시기 바랍니다." 에스콤 씨가 말했다. "체임벌린 씨에게 전보를 쳐야 하기 때문입니다. 급한 건 아닙니다. 원하신다면 마지막 결정을 내리시기 전에 로턴 씨나 다른 친구들과 상의하십시오. 그러나 솔직히 말해서 당신이 가해자를 처벌할 권리를 포기한다면 내가 평온을 찾는 걸 도와주시는 것입니다. 게다가 당신 명성도 높아질 것입니다." 내가 말했다. "누구와도 상의할 필요가 없습니다. 여기 오기 전에 이미 그 문제에 대해 결심했습니다. 가해자를 고소하지 않는다는 것은 나의 신조고, 지금 글로 써서 드리겠습니다."

나는 그에게 필요한 글을 써주었다.

4. 폭풍 뒤의 평온

내가 경찰서에 머문 지 이틀째 되던 날 에스콤 씨가 찾아왔다. 나를 보호하려고 경찰관이 두 명 왔지만 당시에는 그런 염려가 필요 없었다.

상륙하던 날, 노란 깃발이 내려지자 《나탈 애드버타이저》 기자가 나와 인터뷰하러 왔다. 그는 많은 질문을 했고, 나는 답을 하면서 나에게 씌워진 모든 비난에 낱낱이 반박할 수 있었다. 페로제샤 메타 경 덕분에 인도에서 나는 오직 미리 쓴 원고로만 연설을 했고, 사본들과 그 밖의 글들을 전부 가지고 있었다.

나는 기자에게 그 모두를 주었고, 내가 인도에서 한 말은 이미 남아프리카에서 했던 말이며 남아프리카에서 했던 말이 더욱 강력했음을 증명했다. 또한 쿨랜드 호나 나데리호 승객들이 남아프리카에 온 것이 나와는 완전히 무관하다는 걸 설명했다. 그들 중 상당수는 본래 이곳에 살던 사람들이고, 또 대부분 나탈이 아니라 트란스발로 가려는 사람들이었다. 당시에는 나탈보다 트란스발에서 장사가 더 잘되었기에 대부분의 인도인들은 그리로 갔다.

이 인터뷰, 그리고 내가 가해자를 고소하지 않은 점이 매우 강한 인상을 주어 더반에 사는 유럽인들은 자신들의 행동을 부끄러워했다. 신문은 내게 죄가 없음을 밝혀주었고, 도리어 난동자들을 비난했다. 따라서 매를 맞은 것이 결국은 나에게 축복이 되었다. 즉 내가 하는 일에 도움이 된 것이다. 그 결과 남아프리카 인도인 사회의 위상은 높아졌고 내가 하는 일은 쉬워졌다.

3, 4일 뒤 나는 집에 가서 다시 평온한 생활을 회복했다. 그 사건은 변호사 생활에도 도움이 되었다.

그러나 그 사건으로 인도인 사회의 지위가 올라간 반면, 인도인 사회에 대한 편견이 조장되기도 했다. 인도인도 남자답게 싸울 줄 안다는 것이 증명되자 이제는 위험한 존재로 간주되었다.

나탈 의회에 법안이 두 개 제출되었다. 하나는 인도인 상인에게 불리한 것이었고, 다른 하나는 인도인 이민을 심각하게 제한하는 것이었다. 선거권 투쟁의 결과 다행히도 인도인에게 불리한 그러한 법을 제정해서는 안 된다, 즉 피부색이나 인종을 이유로 차별해서는 안 된다는 결의가 통과되었다. 법안의 문구들은 누구에게나 적용되는 것이지만, 그 목적은 분명히 나탈 인도인에게 더욱더 제한을 가하려는 것이었다.

그 법안으로 인해 나의 공적 일은 상당히 많아졌고 인도인 사회는 자신들의 의무감에 대해 어느 때보다 활기를 띠었다. 우리는 그것을 인도 언어로 번역하고 상세히 설명해서 그 숨은 뜻이 무엇인지를 밝혔다. 우리는 식민상에게도 호소문을 보냈으나 그는 개입을 거부했고, 법안은 마침내 통과되었다.

이제는 공무가 내 시간의 대부분을 차지하게 되었다. 앞에서 말했듯이 만수클랄 나자르 씨가 벌써부터 더반에 나와 함께 머물면서 나의 공무를 도와주어 나의 짐은 어느 정도 가벼워졌다.

내가 없는 동안 호상 아담지 미야칸은 그의 임무를 정말 믿음직스럽게 수행했다. 그는 회원 수를 늘렸고 나탈인도국민회의 재산을

1천 파운드쯤이나 늘렸다. 법안과 기선 승객에 대한 폭동은 각성을 불러왔고 나는 이를 회원과 자금 모집에 이용해 기금이 5천 파운드에 이르렀다. 내 계획은 국민회의의 영구기금을 만들어 그 이자만으로 국민회의를 운영하려는 것이었다.

이는 내가 최초로 공공기관을 운영한 경험이었다. 내가 동료들에게 이를 제안하자 그들은 모두 환영했다. 구입한 재산을 임대해서 그 이자만으로 국민회의의 경비를 치르기에 충분했다. 재산은 얼마 전까지도 견실한 관리위원회에 맡겨졌으나, 그것이 내분의 원인이 되었기에 지금은 그 재산의 이자를 법원에 적립하고 있다.

이 슬픈 사태는 내가 남아프리카를 떠난 뒤 더욱 심해졌지만, 공공기관을 위해 영구기금을 만든다는 내 생각은 이런 불화가 생기기 전부터 달라졌다. 그리고 많은 공공기관을 관리해 본 결과, 나는 공공기관을 영구기금으로 운영하는 것이 좋지 않다는 것을 확신하게 되었다.

왜냐하면 영구기금 자체에 그 기관의 도덕적 타락이라는 씨앗이 들어 있기 때문이다. 공공기관이란 공중의 승인과 공중에서 나오는 기금으로 운영되는 기관이라는 의미를 갖는다. 그런 기관이 공중의 지지를 받지 못하게 되면, 기관이 존립할 정당성이 없어진다. 영구기금으로 운영되는 기관은 여론을 무시하는 경향이 있고, 여론에 반하는 처사에 책임을 져야 하는 경우도 흔하다.

우리 나라에서는 이를 흔하게 경험한다. 이른바 종교적 신탁의 경우 어떤 장부 정리도 하지 않는다. 신탁자가 소유자가 되어 그 무엇에도 책임을 지지 않는 것이다. 자연과 마찬가지로 공공기관도 그날 그날 살아가는 것이 이상적임을 나는 의심하지 않는다. 여론의 지지를 받지 못하는 기관은 그렇게 존재할 권리가 없다. 어느 기관이 매년 받는 가입 신청은 그것이 어느 정도로 지지를 받고 있고, 얼마만큼 정직하게 운영했는가를 보여주는 증거이며, 모든 기관은 그런 시험을 통과해야 한다고 나는 생각한다. 오해하지 말기 바란다. 내 말은 그 성격상 영구 건물 없이 운영될 수 없는 기관에는 해당되지 않는다. 내 말뜻은, 경상비는 매년 자진해서 내는 회비로 충당해야 한다는 것이다.

이 생각은 남아프리카에서 사티아그라하를 하던 동안에도 확인되었다. 6년 이상이 걸린 그 거대한 투쟁은 몇십만 루피가 필요했지만 영구기금 없이 수행되었다. 기부금이 없었다면 다음날 무슨 일이 생길지 모르던 날들을 나는 지금도 기억한다. 그러나 나는 미래를 미리 말할 생각은 없다. 독자는 이어지는 이야기에서 이러한 내 의견을 제시하는 과정을 보게 될 것이다.

5. 아이들 교육

1897년 1월 더반에 상륙했을 때, 세 아이들을 데리고 있었다. 열 살 된 조카와 아홉 살과 다섯 살 먹은 내 아들 둘이었다. 그들을 어디서 교육할 것인가?

나는 아이들을 유럽인 학교에 보낼 수 있었지만 이는 백인의 온정과 예외적 조치가 있었기에 가능했다. 인도인 자녀는 누구도 그곳에 갈 수 없었다. 기독교 선교회가 인도인 자녀를 위해 세운 학교가 있었지만 그 학교의 교육을 좋아하지 않아서 그곳에 보내고 싶지 않았다. 가령 전달의 수단은 오로지 영어나 부정확한 타밀어나 힌두어였고, 그나마 겨우 하는 정도였다. 나는 이런저런 문제점을 그대로 둘 수 없었다. 그러는 동안 스스로 가르쳐보려고도 했다. 그러나 그것은 아무래도 불규칙적이었고, 도저히 훌륭한 구자라트어 선생을 구할 수 없었다.

나는 어찌할 도리가 없었다. 나는 내 지시대로 아이들을 가르칠 영어 교사를 구하는 광고를 냈다. 교사가 규칙적으로 가르치고, 나머지는 내가 불규칙적으로 가르치면 아이들이 만족할 것 같았다. 그래서 나는 월 7파운드로 영어 가정교사를 채용했다. 얼마간 그렇게 했으나 만족스럽지 못했다.

아이들은 나와 대화할 때나 어울릴 때에 반드시 모국어를 사용했기 때문에 구자라트어는 어느 정도 알게 되었다. 나는 아이들을 인도로 보내고 싶지는 않았다. 그 당시에도 어린이들을 부모와 떼어놓아서는 안 된다고 믿었기 때문이다. 아이들이 훌륭한 가정에서 자연스럽게 얻는 교육을 기숙사에서는 얻을 수 없다. 그래서 아이들은 내가 데리고 있었다.

조카와 장남을 인도의 기숙학교에 몇 달 보낸 적이 있지만 곧 다시 데려왔다. 뒤에 장남은 나이가 들어 나를 떠나 인도로 가서 아메다바드의 중학교에 다녔다. 조카는 나의 교육에 만족하는 것 같았다. 불행히도 그는 한창 나이에 며칠 앓지도 않고 죽었다. 나머지 세 아들은 내가 남아프리카에서 사티아그라하를 하는 사람들의 자녀를 위해 시작한 학교에서 정규교육을 받은 것 말고는 공립학교에 다닌 적이 없다.

이 모든 시도는 모두 불충분했다. 나는 내가 아이들에게 주고 싶은 모든 시간을 바칠 수 없었다. 그들을 충분히 돌보기엔 능력도 부족했고, 그 밖의 불가피한 요인들 때문에 내가 원하는 학문 교육을 할 수 없었다. 아이들은 그 문제에 대해 나에게 불만을 가졌다. 그들은 석사나 학사, 심지어 고등학교 졸업자만 만나도 언제나 학교 교육을 받지 못한 것에 열등감을 느끼는 듯했다.

그럼에도 나는 내가 만일 그들을 어떻게든 공립학교에서 교육하고자 했다면, 그들이 경험의 학교나 부모와의 지속적인 접촉에서만 얻을 수 있는 훈련을 받지 못했으리라 생각한다. 또 지금처럼 내가 그들의 일에 대해 아무런 걱정 없이 지낼 수 없었을 것이다. 아이들이 나에게서 떨어져 나가 영국이나 남아프리카에서 인위적인 교육을 받았다면 지금 그들의 삶에서 보여주는 단순함과 봉사 정신을 배우지 못했을 것이며, 도리어 그 인위적인 삶의 방식은 나의 공무에 중대한 장애가 되었으리라. 따라서 비록 그들은 물론 나도 만족하지 못할 정도로 학문 교육을 하지 못했지만, 과거를 돌이켜보면 내가 그들에게 최선의 의무를 다하지 않았다는 생각은 정말 하지 않는다. 뿐만 아니라 그들을 공립학교에 보내지 않은 것도 후회하지 않는다.

지금 내가 장남에게 보는 바람직하지 못한 흔적은, 교육받지 못하고 틀이 잡히지 못한 나 자신의 젊은 시절의 반영이라고 늘 생각한다. 나는 그때를 불완전한 지식과 방종의 시기로 생각한다. 그것은 장남의 감수성이 가장 강했던 시기와 일치한다. 그래서 그는 당연히 그 시기를 나의 방종과 무경험의 시기로 보려고 하지 않는다. 반대로 그는 당시가 내 일생에서 가장 빛난 시기였고, 그 후의 변화는 망상과 잘못된 깨달음 탓이라고 본다. 사실 그로선 그럴 수 있다. 그가 내 젊은 시절을 깨달음의 시기로, 그리고 그 후의 급진적인 변화의 시기를 망상과 이기주의의 시기로 보지 못할 이유가 있을까?

가끔 친구들에게 여러 가지 어려운 질문을 받는다. 가령 내가 아이들에게 대학 교육을 시켰다면 무슨 해가 있었겠는가? 내가 그런 식으로 아이들의 날개를 잘라버릴 권리가 있단 말인가? 그들이 학위를 따고 그들 자신의 직업을 선택하는 데 내가 왜 방해를 하는가?

나는 그런 질문들이 그다지 중요하다고 생각하지 않는다. 나는 수많은 학생들을 알아왔다. 나 자신 또는 남을 통하여 나의 '유별난' 교육을 다른 아이들에게도 적용하려고 노력했고, 그 결과도 보았다. 내 아들들과 같은 또래의 젊은이들도 많이 안다. 나는 그들 각자가 내 아이들보다 낫다거나, 내 아이들이 그들에게서 많이 배워야 한다고 생각하지는 않는다.

그러나 내 시도의 궁극적인 결과는 미래라는 자궁 속에 있다. 내가 여기서 이 문제에 대해 논의하는 목적은, 문명사를 공부하는 학생들이 세련된 가정교육과 학교교육 사이에 차이가 있다는 점, 또 부모의 생활 변화가 자녀에게 영향을 미친다는 점을 어느 정도 알게 하자는 데 있다. 이 장의 목적은 또한 진실을 추구하는 사람들에게 그 진실의 시도 가운데 어느 정도 거리까지 들어가야 하는지를 보여주고, 마찬가지로 자유를 추구하는 사람들에게 그 엄격한 자유의 여신이 요구하는 희생이 얼마나 큰지를 보여주는 데 있다.

내가 자존심 없이, 다른 아이들이 얻을 수 없는 교육을 내 아이들에게 주는 것에 스스로 만족했다면, 내가 학문 교육 대신 그들에게 준 자유와 자존심의 실제 교육을 그들로부터 빼앗게 되었을 것이다. 그리고 자유와 지식 중에서 하나를 선택해야 한다면, 자유가 지식보다 몇천 배 귀하다고 하지 않을 사람이 있을까?

1920년, 내가 그 노예의 본거지, 즉 학교와 대학에서 불러내어 노예 사슬 속에서 학문 교육을 받으러 가는 것보다 차라리 자유를 위해 무식한 채로 돌을 깨는 쪽이 낫다고 충고한 젊은이들은 이제 내가 왜 그런 충고를 했는지 이해할 수 있으리라.

6. 봉사 정신

나의 변호사업은 충분히 발전했지만 그것에 만족할 수는 없었다. 내 생활을 더욱 단순하게 만들고 나의 동포에게 구체적인 봉사 활동을 해야 한다는 것이 계속 내 마음속에 있었다.

그때 한센병 환자 한 사람이 우리 집에 왔다. 나는 밥 한 끼로 보낼 수가 없었다. 그래서 그에게 잠자리를 주고 상처를 싸매주며 그를 돌봐주기 시작했다. 그러나 무한히 그럴 수는 없었다. 그럴 여유도 없었고 그를 언제나 데리고 있겠다는 의지도 없었다. 그래서 나는 그를 계약노동자를 위한 국립병원으로 보냈다.

그러나 여전히 마음이 불편했다. 나는 영구적인 성격의 인도적 사업을 하고 싶었다. 부스 의사는 성 에이던 선교회 책임자였다. 그는 친절한 사람으로 무료로 환자를 치료했다. 파르시 루스톰지의 자선 덕분에 부스 의사의 책임 아래 조그마한 자선병원을 열 수 있게 되었다. 나는 그 병원에서 간호사로 일하기를 간절히 바랐다. 약을 조제하는 데 하루 한두 시간이 필요해서 나는 변호사 업무 중에 시간을 내어 병원 부속 약제사 자리를 담당하기로 결심했다.

변호사 업무의 대부분은 서류 작성이나 조정과 같은 사무였다.

물론 법정에서 소송을 담당하기도 했지만 대부분은 그다지 문제가 없는 것들이었고, 나와 함께 남아프리카에 와서 당시 함께 있던 칸 씨가 내가 없을 때 일을 맡아주었다. 그래서 나는 작은 병원에서 봉 사할 수 있게 되었다.

이는 병원을 오가는 시간까지 포함해서 매일 아침 두 시간을 일 한다는 것이었다. 이 일은 나에게 평화를 주었다. 하는 일은 환자의 병세를 알아보고, 그것을 의사에게 보고하며, 처방에 따라 약을 조 제하는 것이었다. 그 결과 고통을 받는 인도인들을 가까이 접하게 되었다. 그들 대부분은 타밀, 텔루구, 북인도에서 온 계약노동자들 이었다. 그 경험은 나에게 큰 도움이 되었고 보어 전쟁 때 자원해서 병들고 부상당한 군인들을 간호할 수 있게 되었다.

아이들 양육 문제도 중요했다. 남아프리카에서 아들 둘을 낳았는 데, 병원 봉사가 아이들 양육 문제 해결에 도움이 되었다. 나의 독립 정신은 언제나 시련을 낳았다. 내 아내가 출산할 때 가장 뛰어난 의 술의 도움을 받고 싶었다. 하지만 바로 그 순간에 아내를 봐줄 의사 와 간호사가 없다면 어떻게 해야 할까?

게다가 간호사는 인도인이어야 했다. 훌륭한 인도인 간호사는 인 도에서도 구하기가 힘든 만큼 남아프리카에서는 더욱 구하기 힘들 다는 것은 쉽게 상상할 수 있다. 그래서 나는 순산을 위해 필요한 것 을 공부했다. 트리부반다스 의사가 쓴 《어머니가 알아둘 일》을 읽 고 그 지시에 따라 두 아이를 양육했으며 다른 데서 얻은 이런저런 경험을 참조했다. 간호사로서의 봉사가 유용했던 것은 주로 아내를 돕는 일이었으나, 두 아이를 양육하는 동안 각각 두 달 이상 가지는 않았다. 한편 아이들을 돌보는 데는 내가 도움이 되지 않았고, 그것은 나 스스로 했다.

막내를 낳을 때가 가장 어려웠다. 진통이 갑자기 왔다. 의사를 바로 부를 수도 없었고, 산파를 부르는 데도 시간이 꽤 걸렸다. 산파가 그 자리에 있었다고 해도 그녀는 출산을 도울 수 없었다. 나는 출산을 지켜보아야 했다. 트리부반다스 의사가 쓴 책을 주의 깊게 공부한 것이 큰 도움이 되었다. 나는 조금도 서두르지 않았다.

아이들을 잘 기르려면 부모가 아이 양육에 대해 일반적인 지식을 가져야 한다고 나는 확신한다. 주의 깊게 공부했기에 모든 단계에서 도움을 받았다. 내가 그것을 공부하지 않았거나 그 지식을 활용하지 못했다면 아이들은 지금처럼 정상적인 건강을 누리지 못했으리라. 우리는, 아이가 태어나고 첫 5년간은 아무것도 배우지 못한다는 미신에 사로잡혀 있었다. 사실은 그와 반대로 아이가 처음 5년 동안 배우는 것을 그 후에는 결코 배울 수 없다.

아이의 교육은 임신과 동시에 시작된다. 임신 당시 부모의 육체적·정신적 상태는 아이에게 그대로 나타난다. 이어 임신 기간 동안, 어머니의 기분, 욕망, 성질, 생활 방식이 영향을 미친다. 출생 후 아이는 부모를 모방하고 몇 년간의 성장은 부모에게 완전히 의존한다.

이를 아는 부부는 자녀를 낳으려는 경우를 제외하고, 육욕을 채우기 위해서는 성교를 하지 않는다. 성교를 자고 먹는 것과 같이 필수적인 자율 기능으로 믿는 것은 무지의 절정이라고 생각한다. 세계의 존속은 생식 행위에 달려 있고, 세계란 신의 놀이터이며 그 영광의 반영이라고 하면, 생식 행위는 세계의 옳은 성장을 위해 반드시 통제되어야 한다. 이를 아는 사람은 어떻게 해서든 육욕을 통제할 것이고, 후손의 육체적·정신적·영적 행복에 필요한 지식을 갖추어 그 지식의 혜택을 후손에게 남길 것이다.

7. 금욕 맹세 — 하나

이제 우리는 내가 금욕을 맹세하고자 심각하게 고려하기 시작한 단계를 이야기하기에 이르렀다. 나는 결혼 후 지금까지 일부일처제의 이상을 지켜왔고, 아내에 대한 신의는 진실한 사랑의 일부였다. 그러나 아내에게도 금욕을 지켜야 한다는 중요한 사실을 깨닫게 된 것은 남아프리카에 와서였다. 어떤 상황이나 책이 나를 그렇게 이끌었는지 분명히 말할 수는 없지만 중요한 요인은, 앞서 말한 라이찬드바이의 영향이었다고 기억한다.

그와 함께 헸던 이야기를 지금도 기익한다. 나는 글래드스턴 부인이 남편에게 헌신한 것을 칭찬했다. 어디선가 글래드스턴 부인이 글래드스턴 씨를 위해 하원 의사당까지 차를 준비해 갔고, 그것이 규칙적인 행동으로 유명한 그 부부의 또 하나의 규칙이 되었다는 이야기를 읽은 적이 있었다. 나는 시인에게 그 이야기를 하면서 부부의 사랑을 예찬했다.

"그중 어느 쪽을 더 칭찬하십니까?" 라이찬드바이가 물었다. "글래드스턴 부인의 아내로서의 남편에 대한 사랑과, 글래드스턴 씨와는 상관없는 그녀의 헌신적인 사랑 가운데서 말입니다. 부인이 누이나 헌신적인 하인으로서 똑같은 정성으로 그를 섬겼다면 뭐라고 하시겠습니까? 그런 헌신적인 누이나 하인의 예도 있지 않습니까? 당신이 남자 하인에게서 똑같은 사랑을 받았다고 하면, 글래드스턴 부인의 경우와 마찬가지로 기쁨을 느끼겠습니까? 내가 말한 관점을 생각해보세요."

라이찬드바이는 기혼자였다. 그 순간 그의 말이 심하다는 느낌을 받았으나, 어쩔 수 없이 그 말에 사로잡혔다. 하인의 헌신은 아내가 남편에게 헌신하는 것보다 몇백 배 칭찬할 만하다고 생각했다. 아내가 남편에게 헌신한다고 해서 놀라울 것은 없다. 두 사람 사이에는 불가분의 관계가 있기 때문이다. 따라서 헌신이란 지극히 당연한 것이었다. 그러나 주인과 하인 사이에서 똑같은 헌신이 있으려면 특별한 노력이 필요하다. 시인의 견해가 점차 내 속에서 자라기 시작했다.

그러면 나와 아내의 관계는 어떠해야 할지 자문했다. 아내에 대한 신의는 그녀를 육욕의 도구로 삼으려는 것이 아니었을까? 내가 육욕의 노예인 한, 나의 신의란 값어치가 없었다. 아내를 공정하게 말하자면 그녀는 요부가 아니었다. 따라서 내가 의지를 가지면 금욕 맹세를 하기란 너무나 쉬웠다. 장애물은 내 약한 의지와 육욕에 대한 집착이었다.

이 문제에 대해 양심이 깨인 뒤에도 나는 두 번이나 실패했다. 왜냐하면 그 노력의 동기가 내게 가장 높은 것이 아니었기 때문이다. 나의 중심 목표는 더는 아이를 갖지 않는 것이었다. 영국에 있을 때 나는 피임에 대해 읽은 적이 있었다. 앞의 채식주의에 대한 장에서 나는 이미 엘린슨 의사의 산아제한 선전에 대해 언급했다. 그것은 나에게 일시적인 영향을 끼쳤을 뿐이다. 도리어 그러한 방법에 대한 힐씨의 반대와, 외부적 방법에 반대하는 내적 노력의 옹호, 즉 자기통제가 내게는 더욱 큰 영향을 미쳤으며, 날이 갈수록 더욱 강해졌다.

따라서 더는 아이를 원하지 않았던 나는 자기통제를 위해 노력하기 시작했다. 그건 너무나 어려웠다. 우리는 따로 자기 시작했다. 나는 하루 일로 완전히 지친 후에야 침대에 들기로 결심했다. 이 모든 노력은 크게 효과가 있는 것 같지 않았지만, 과거를 돌아볼 때 최종 결심은 이처럼 성공하지 못한 노력이 축적된 결과였다고 생각한다.

최종 결심은 1906년에 와서야 가능했다. 그때는 사티아그라하를 아직 시작하지도 않았을 때였다. 그런 것이 오리라고는 생각지도 못했다. 보어 전쟁이 끝나고 나탈에서 터진 줄루 '반란'[2] 때에 요하네스버그에서 변호사로 일하고 있었다. 그때 나는 나탈 정부에 가담해야 한다고 생각했다. 나중에 다른 장에서 보겠지만 나의 제안은 수락되었다. 그런데 그 일이 자기통제를 심각하게 생각하게 했고, 언제나 그러했듯이 동료들과 이 문제를 토의했다.

나는 출산과 그 결과인 자녀 양육이 공공 봉사와 합치할 수 없다고 확신하게 되었다. '반란' 기간에 봉사할 수 있으려면 요하네스버그에서 살림을 중단해야 했다. 종군 한 달 만에 나는 그렇게도 공들인 집을 포기해야 했다. 아내와 아이들을 피닉스에 데려다놓고, 나는 나탈군의 인도인 환자 수송대 지휘를 맡았다. 그때 해야만 하는 어려운 행진을 하는 중에, 이런 식으로 사회 봉사에 헌신하기를 원한다면 자녀와 재산에 대한 욕심을 포기하고 바나프라스다[3], 즉 가사에서 물러난 생활을 해야 한다는 생각이 스쳐갔다.

나는 그 반란으로 인해 6주 정도 봉사했으나, 그 짧은 기간은 내

---

2 1879년 아프리카 동해안의 줄루공화국이 분할되어 각각 트란스발공화국과 영국령 나탈에 병합된 사건.

3 Vanaprastha. 인도인이 나누는 인생의 네 단계 중 3단계인, 삼림에서 은둔하는 단계를 말한다. 인생의 목표인 모크샤(해탈)는 이때부터 허용된다.

인생에서 가장 중요했다. 맹세의 중요성이 그전보다 더욱 명확하게 자라났다. 맹세란 참된 자유를 향한 문을 닫기는커녕 그것을 열어준다는 것을 깨달았다. 그때까지 내가 성공하지 못한 것은 의지가 없어서였다. 스스로를 믿지 못하고, 신의 은총도 믿지 못해 마음이 의심의 거친 바다 위에서 흔들렸기 때문이었다. 맹세하기를 거부하면 유혹에 빠져들고, 맹세에 구속되면 방종에서 빠져나와 참된 일부일처제로 가는 것임을 깨달았다.

"나는 노력을 믿지, 스스로 맹세에 구속당하고 싶지 않다"고 함은 약자의 심리 상태이고, 피한다고 말하는 것을 사실은 은근히 바라고 있음을 보여준다. 그렇지 않으면 최종 결심을 하는 데 무슨 어려움이 있겠는가? 나는 뱀이 나를 문다는 것을 알기 때문에 뱀에게서 도망갈 것을 맹세하는 것이지, 단순히 뱀에게서 도망가고자 노력하는 것이 아니다. 단순한 노력이란 확실한 죽음을 의미한다. 단순한 노력이란, 뱀이 나를 결국 죽인다는 사실을 모르는 것을 뜻한다.

따라서 내가 그저 노력하는 것에 만족한다는 것은, 내가 아직 결정적인 행동의 필요성을 깨닫지 못하고 있다는 뜻이다. "그러나 앞으로 내 생각이 달라질 수 있는데, 어떻게 맹세에 구속될 수 있겠는가?"라는 의심이 종종 우리를 주저하게 한다. 그러나 그런 의심 역시, 특별한 것을 버려야 한다는 분명한 인식이 결여되어 있음을 보여준다. 그래서 니슈쿨라난드가 이렇게 노래했다.

혐오 없이는 금욕을 유지할 수 없다.

따라서 욕망이 사라질 때, 금욕 맹세는 자연적이고 필연적으로

291

오는 결과다.

8. 금욕 맹세 — 둘

충분히 토론하고 깊이 생각한 후에 1906년 나는 맹세를 했다. 그때까지 나는 아내와 그런 생각을 의논하지 않았고, 맹세할 때 상의했을 뿐이다. 아내는 반대하지 않았다. 그러나 최종 결심을 할 때 정말 힘들었다. 내게는 필요한 힘이 없었다. 내 정욕을 어떻게 통제할 수 있을까? 당시에는 자기 아내와 육체관계를 하지 않는 것이 이상하게 여겨졌다. 그러나 나는 나를 붙잡아주는 신의 힘을 믿고 걸음을 내디뎠다.

그 맹세로부터 지난 20년을 되돌아보면 나는 기쁨과 놀라움으로 가득 찬다. 자기통제가 다소간 성공한 것은 1901년부터였다. 그러나 맹세 이후에 온 자유와 즐거움은 1906년 이전에는 경험하지 못했다. 맹세 이전에는 언제나 유혹에 넘어가기 마련이었다. 이제 맹세는 유혹에 대해 확실한 방패가 되었다. 금욕 맹세의 위대한 잠재력이 나에게 나날이 분명하게 나타났다.

나는 피닉스에 있을 때 맹세를 했다. 환자 수송 일이 끝나자 피닉스로 갔다가 요하네스버그로 돌아가야 했다. 그곳에 돌아간 지 한 달쯤 뒤에 사티아그라하의 기초가 놓였다. 금욕 맹세가 나도 모르게 그것을 준비하게 했다. 사티아그라하는 미리 계획한 것이 아니었다. 내가 바라지도 않았는데 저절로 왔다. 그러나 그전에 디뎠던 모든 발걸음이 그 목표로 이끌었다. 요하네스버그에서 과중한 가사 소비를 잘라버리고 피닉스로 간 것은, 마치 금욕 맹세를 하기 위한 것 같았다.

금욕 맹세를 완벽하게 준수하는 것이 브라만의 실현을 뜻한다는 걸 알게 된 것은 경전을 연구해서가 아니었다. 그것은 경험을 통해 서서히 형성되었다. 그 주제에 대해서라면 경전은 훨씬 나중 일이었다. 매일 맹세를 지킴에 따라 나는 금욕 맹세 안에 몸과 마음과 영혼을 지켜주는 것이 있음을 더욱더 잘 알게 되었다. 왜냐하면 이제 금욕 맹세는 힘든 고행의 과정이 아니라, 하나의 위로이고 즐거움이었기 때문이다. 하루하루가 새로운 아름다움이었다.

그러나 그것이 항상 자라나는 즐거움이라고 해서 나에게 매우 쉬운 일이라고 생각해서는 안 된다. 쉰여섯 살을 넘긴 지금도 그것이 얼마나 어려운지를 안다. 매일 나는 그것이 칼날 위를 걷는 것과 같음을 더욱 깊이 깨닫고, 매 순간 영원히 경각심이 필요함을 안다.

미각 통제는 맹세의 준수에 가장 필수적이다. 미각을 완전하게 통제해야 이를 준수하기가 매우 쉬워진다. 그래서 지금 나는 단순히 채식주의자로서가 아니라 금욕 맹세자의 관점에서 음식 실험을 하고 있다. 이런 실험의 결과 나는 금욕 맹세자의 음식은 많지 않고 간단하며 양념 없이 되도록이면 생식이어야 함을 알았다.

6년간의 실험 결과 금욕 맹세자의 이상적인 음식은 신선한 과일과 열매임을 알게 되었다. 이 음식을 먹고 살던 시절에 나는 정욕으로부터 해방감을 느꼈으나, 음식을 바꾼 뒤에는 그렇지 못했다. 남아프리카에서 과일과 열매만을 먹고 살 때는 금욕 맹세를 위해 내가 특별히 노력할 필요는 없었다. 그러나 우유를 마시기 시작하고부터는 엄청난 노력을 해야 했다. 과일만 먹다가 어떻게 우유를 마시게 되었는지는 앞으로 적당한 곳에서 말하겠다. 여기서는 다만 우유를 마시면 금욕 맹세를 지키기 어렵다는 것이 확실하다는 점만 지적해둔다.

그렇다고 해서 모든 금욕 맹세자가 우유를 포기해야 한다는 결론을 내리지 말기 바란다. 금욕 맹세자는 각 음식이 어떤 영향을 미치는지 다양한 실험을 거친 후에야 판단해야 한다. 나는 우유를 대신할 만큼 근육 형성에 뛰어나고 쉽게 소화되는 과일을 아직까지 찾지 못했다. 서양 의사도, 인도 의사도, 이슬람교 의사도 모두 가르쳐주지 못했다. 따라서 우유가 조금은 자극적이지만 당분간은 그것을 포기하라는 충고를 할 수 없다.

단식은 금욕 맹세를 밖에서 돕는 것으로서, 음식 선택이나 제한과 함께 필요하다. 감각이란 너무나도 강력한 것이어서 위에서 아래까지 모든 방향에서 완전하게 포위해야만 통제될 수 있다. 음식 없이는 힘을 쓸 수 없다는 것이 상식이고, 따라서 감각을 통제하려고 단식을 하는 것은 확신히 매우 유용하다.

사람에 따라서는 단식이 무용할 수도 있다. 오직 기계적 단식만이 감각에서 해방시켜준다고 가정하고는 음식을 먹지 않을 뿐 마음속에서 갖가지 맛있는 것으로 잔치를 벌이면서 단식하는 내내 단식이 끝나고 나서 먹고 마실 생각만 하기 때문이다. 그런 단식은 식욕과 육욕을 통제하는 데 도움이 되지 않는다. 단식이 유효하려면 마음이 굶고 있는 몸과 협력해야 한다. 즉 몸이 거부하는 음식을 마음도 싫어해야 한다. 마음은 모든 감각의 뿌리다. 따라서 단식을 하는 사람이 계속 욕심의 지배를 면할 수 없기 때문에 단식은 제한된 효력을 가질 뿐이다.

그러나 성욕의 근절은 단식 없이 불가능하다는 것이 하나의 법칙이고, 금욕 맹세의 준수에 불가피하다고 할 수 있다. 금욕 맹세를 한 뒤 그 맹세자들이 실패하는 이유는, 그것을 지키지 않는 사람과 마찬가지로 그들이 이행하고자 원하는 다른 감각을 사용하기 때문이다. 따라서 그들의 노력은 마치 7, 8월의 불볕 밑에서 한겨울 추위를 맛보려고 애쓰는 것과 같다.

금욕 맹세를 준수하는 사람과 준수하지 않는 사람 사이에는 명백한 경계선이 있어야 한다. 그 둘이 비슷하게 보이는 것은 바깥 모습뿐이다. 그 차이는 대낮처럼 명백해야 한다. 둘 다 시력을 사용하지만, 금욕 맹세자는 신의 영광을 보려고 그것을 사용하는 반면, 그렇지 않은 사람은 자기 주위의 시시한 것들을 보려고 사용한다. 둘 다 귀를 쓰지만 한쪽은 오로지 신의 찬양만 듣고, 다른 쪽은 더러운 소리만 듣는다. 둘 다 늦도록 깨어 있지만 한쪽은 그 시간에 기도를 하고, 다른 쪽은 사납고 거친 쾌락에 시간을 낭비한다. 둘 다 배를 채우지만 한쪽은 신의 사원을 깨끗이 유지하기 위해서고 다른 쪽은 게걸스럽게 먹어 거룩한 그릇을 냄새나는 시궁창으로 만든다. 이처럼 둘은 대립하는 양극처럼 살기에 둘 사이의 거리는 시간이 흐르면서 더욱 멀어질 뿐 결코 가까워지지 않는다.

금욕 맹세란 생각이나 말이나 행동에서 감각을 통제하는 것을 뜻한다. 나는 매일 위에서 설명한 통제의 필요성을 더욱 절실히 느껴왔다. 금욕 맹세의 가능성에도 한계가 없듯이 극기의 가능성에는 아무런 한계가 없다. 그런 금욕 맹세는 제한된 노력으로는 성취할 수 없다. 많은 사람들에게 그것은 이상으로만 머물기 마련이다. 금욕 맹세에 정진하는 사람은 언제나 자신의 부족함을 느끼고, 자기 마음속 깊은 곳에 남아 있는 욕심을 찾아내어 그것을 없애려고 끝없이 노력할 것이다.

생각을 의지의 완벽한 통제하에 두지 않는 한, 완전한 금욕 맹세는 있을 수 없다. 본의가 아닌 생각은 마음의 병이다. 따라서 생각의 억제는 마음의 억제를 뜻하고, 마음을 억제하기란 바람을 억제하기보다 어렵다. 그럼에도 우리 안에 있는 신은 마음의 통제도 가능하게 한다. 어렵다고 해서 불가능하다고 생각해서는 안 된다. 그것이 최고의 목표고, 그곳에 이르기 위해 최선의 노력이 필요한 것이 당연한 일이다.

그러나 인도에 돌아와서야 그런 금욕 맹세가 단순한 인간의 노력으로는 불가능하다는 것을 깨달았다. 그때까지 나는 과일을 먹는 것만으로 모든 욕심을 제거할 수 있다는 망상 속에서 노력했고, 그 이상 할 것이 없다는 자기기만에 빠져 있었다.

그러나 나의 싸움에 대해 여기서 말할 필요는 없다. 여기서는 신을 실현하려는 목적으로 금욕 맹세를 준수하고자 하는 사람은, 사신의 노력에 확신을 가지고 신을 믿는 한 실망할 필요가 없다는 점만을 명백히 밝혀두겠다.

절제하는 영혼 앞에서는
감각의 대상이 사라지지만
그 맛은 남아 있다.
가장 높은 이를 깨달을 때
그 맛도 사라진다.[4]

---

4 《바가바드기타》 3장 59절.

따라서 구원을 향해 정진하는 자가 최후로 의지할 곳은 신의 이름과 그 은총이다. 이러한 진실은 인도에 돌아온 후에야 알게 되었다.

9. 소박한 생활

나는 안락한 생활을 시작했지만 그 시도는 오래가지 못했다. 정성 들여 집을 꾸몄지만 마음을 두지는 못했다. 그런 생활을 시작하자마자 곧 생활비를 줄여나갔다. 세탁비가 많이 들었고 세탁소 사람이 약속 시간을 잘 지키지 않았기 때문에 심지어 셔츠나 칼라가 20~30개나 있어도 부족했다. 칼라는 매일 갈아야 했고 셔츠는 이틀 만에 바꿔 입어야 했다. 이는 이중으로 비용을 부담하는 것으로 사실 불필요했다. 그래서 나는 비용을 절약하려고 세탁 기구를 마련했다. 나는 세탁에 대한 책을 사서 그 기술을 익히고 아내에게도 그것을 가르쳤다. 그래서 내 일이 늘어났지만 그 일의 새로움은 즐거웠다.

나 스스로 빤 최초의 칼라를 잊을 수 없다. 필요 이상으로 풀을 많이 먹이고 다리미를 충분히 달구지 못했으며 탈까봐 두려워 충분히 누르지도 못했다. 그 결과 칼라는 뻣뻣해졌지만 지나치게 먹인 풀가루가 계속 떨어졌다. 그런 칼라를 하고 법정에 갔으니 동료 변호사들의 비웃음을 자청한 셈이었지만 그럴 때도 나는 그 비웃음에 끄떡도 하지 않았다.

내가 말했다. "그래요. 이건 내가 처음 빨아본 칼라라서 풀기가 빠졌어요. 내게는 상관없지만 여러분을 웃길 수 있었으니 좋은 일 아닌가요?"

"근데 정말 여기 세탁소가 없나요?"

내가 말했다. "세탁비가 엄청납니다. 칼라 하나 빠는 값이 거의 칼라 값과 같고, 게다가 세탁소에 오랜 시간 매달려 있어야 해요. 차라리 내 물건은 내 손으로 빠는 게 낫지요."

그러나 나는 친구들에게 자조(自助)의 아름다움을 이해시킬 수 없었다. 그사이에 나는 나름대로 전문 세탁인이 되었고 내 빨래는 결코 세탁소에서 한 것에 비해 떨어지지 않았다. 내 칼라는 남의 것 못지않게 빳빳하고 빛이 났다.

고칼레가 남아프리카에 왔을 때, 그는 마하데오 고빈드 라나데가 선사한 목도리를 가지고 있었다. 그는 그 선물을 소중하게 간직했고 특별한 경우에만 둘렀다. 그 가운데 하나가 요하네스버그 인도인들이 그를 환영하는 연회를 베푼 자리였다. 그런데 목도리가 구겨져서 다리미질을 해야 했다. 하지만 세탁소에 보낼 시간이 없었다. 내가 해보겠다고 했다.

고칼레가 말했다. "당신의 변호 능력은 믿을 수 있지만, 세탁 능력은 믿을 수 없습니다. 망치면 어떻게 하죠? 그 목도리가 내게 어떤 물건인지 아십니까?"

이어 그는 선물의 유래를 즐겁게 설명했다. 그래도 나는 내 솜씨를 장담했고, 그의 허락을 얻어 다리미질을 해서 그에게 인정을 받았다. 그 후로는 세상 모두가 나를 인정하지 않아도 상관없었다.

세탁인의 노예에서 벗어나 자유롭게 된 것과 같은 식으로 나는 이발사에 대한 의존을 버렸다. 영국에 가는 모든 사람은 그곳에서 최소한 면도술을 배우지만, 내가 아는 한 스스로 머리 깎는 법을 배우는 사람은 없다. 나는 그것도 배워야 한다고 생각했다. 프리토리아에서 영국인 이발사에게 간 적이 있었다. 그는 경멸하면서 머리 깎기를 거부했다. 나는 몹시 불쾌했으나 곧 이발 기구 한 벌을 사서 거울 앞에서 머리를 깎았다. 그럭저럭 앞머리는 깎았으나 뒷머리는 잘되지 않았다. 법정 친구들이 껄껄 웃었다.

"간디 씨, 머리를 어떻게 한 겁니까? 쥐가 뜯어 먹었나요?"

내가 말했다. "아뇨. 백인 이발사가 내 검은 머리를 만지지 않겠다고 해서, 내가 깎은 탓에 흉합니다."

내 답에 친구들은 놀라지 않았다. 이발사가 머리 깎기를 거부한 건 잘못이 아니다. 검둥이에게 봉사하면 모든 손님을 잃게 마련이다. 우리도 이발사가 불가촉천민에게 봉사하는 것을 허용하지 않는다. 나는 남아프리카에서 한 번이 아니라 여러 번 그 대가를 치렀지만, 그것을 우리 자신이 지은 죄에 대한 처벌이라고 생각해 조금도 화내지 않았다.

자조와 소박한 생활에 대한 나의 열의가 초래한 극단적인 모습에 대해서는 앞으로 적당한 때 말하겠다. 그 씨는 오래전에 뿌려졌다. 그것이 뿌리내리고 꽃을 피우며 열매를 맺는 데에 오로지 물이 필요했을 뿐이다. 그 물은 적당한 때에 뿌려졌다.

10. 보어 전쟁

1897년에서 1899년 사이에 겪었던 여러 경험은 생략하고 바로 보어 전쟁[5]으로 들어가겠다.

전쟁이 선포되었을 때, 나는 개인적으로 보어인 편이었지만, 당시에는 그런 경우 내게 개인적 확신을 강조할 권리가 없다고 믿었다. 이에 대한 내부 갈등에 관해서는 《간디, 비폭력 저항운동―남아프리카에서의 사티아그라하》에서 상세히 다루었기 때문에 여기에 되풀이하지는 않겠다. 그것에 흥미를 갖는 분들은 그 책을 보기 바란다.[6]

여기서는 영국의 지배에 대한 나의 충성심이 그 전쟁에서 영국 편을 들게 했다고 말하는 것으로 충분하다. 내가 영국 국민으로서 권리를 주장한다면 마찬가지로 대영제국의 방어에 참여하는 것도 나의 의무라고 생각했다. 당시 나는 인도가 완전히 해방되는 것은 오로지 대영제국 안에서, 대영제국을 통해서만 가능하다고 생각했다. 그래서 최대한 많은 동지를 모아서 환자 수송대에 지원했고, 어렵게 허락을 받았다.

영국인들은 보통, 인도인이란 비겁하고 눈앞의 이익만 생각하지 위험을 무릅쓸 수 없다고 생각했다. 그래서 많은 영국인 친구들이 내 계획에 반대했다. 그러나 부스 의사는 진심으로 나를 지지했다. 그는 우리에게 환자 수송 일을 가르쳤다. 우리는 의료 봉사 자격증을 얻었다. 로턴 씨와 고(故) 에스콤 씨가 열성적으로 그 계획을 지지했고, 마침내 우리는 일선 봉사를 지원했다. 정부는 우리의 신청에 감사했으나 당시에는 필요 없다고 거절했다.

---

5 영국의 남아프리카 침략 전쟁(1899~1902). 트란스발과 오렌지자유국이 동맹하여 트란스발공화국을 지배하고자 한 영국에 저항했으나 패배하여 모두 영국 식민지가 되었다.

6 간디는 보어인들이 인종차별주의자면서 제국건설자라는 점에서 비판했다. 동시에 그들이 전통적이고 예의가 바르며 근대 문명에 저항한다는 점, 규율과 투쟁 정신, 특히 전쟁이 터지자 남자 모두가 전쟁에 참여한 것에 대해 호감을 가졌다. 그러나 인도인이 영국인으로 대접받으려면 전쟁에도 참여해야 한다고 생각했고, 그래야 궁극적으로 독립이 가능하다고 보았다.

그러나 나는 가만있을 수 없었다. 부스 의사의 소개로 나탈 주교를 찾아갔다. 우리 부대에는 기독교도 인도인이 많았다. 주교는 내 제안에 기뻐하며 우리의 봉사를 받아들이도록 돕겠다고 약속했다.

시간도 우리 편이었다. 보어인들은 예상과 달리 매우 억세고 결단력이 있었으며 용감했다. 그래서 우리의 봉사가 필요하게 되었다.

우리 부대는 장교 40명과 병사 1,100명으로 구성되었다. 그중 300명은 자유 인도인이었고 나머지는 계약노동자였다. 부스 의사도 우리와 함께였다. 부대는 잘해나갔다. 우리는 전선 밖에서 일했고 적십자의 보호를 받았지만 위급할 때는 전선 안에서 일하도록 요청받았다. 전선 밖에 있었던 것은 우리가 요구해서가 아니었다. 우리가 전선 안에 들어가는 것을 당국자가 원하지 않은 까닭이었다.

그러나 스피온 콥에서 격퇴당한 후 상황은 달라져서 불러 장군이 우리에게 위험을 무릅쓸 필요는 없지만 전선에서 부상자를 날라주면 정부로서는 고맙겠다는 메시지를 보냈다. 우리는 지체하지 않았고 그 결과 스피온 콥에서는 전선 안에서 활동하게 되었다. 그때 우리는 들것에 부상병을 싣고 하루 20마일에서 25마일까지 행진해야 했다. 부상자 중에는 영광스럽게도 우드게이트 장군 같은 이도 있었다.

부대는 6주간의 봉사 이후 해산되었다. 스피온 콥과 발크란즈 패전 이후 영국 사령관은 총공격으로 레이디스미스 등을 탈환하려는 계획을 포기하고, 영국과 인도에서 증원군이 오기를 기다리며 천천히 진군하기로 결정했다.

우리의 보잘것없는 일은 당시 크게 칭송되었고, 인도인의 위신이 올라갔다. 신문들은 "우리 모두 제국의 아들이다"라는 후렴구의 찬양가를 실었다.

불러 장군은 자신이 위급했을 때 부대가 한 일을 칭찬했고, 장교들은 훈장을 탔다.

인도인 사회도 개선되었다. 나는 계약노동자들과 좀 더 가까워졌다. 그들 사이에 커다란 각성이 일어났고, 힌두교도, 이슬람교도, 기독교도, 타밀인, 구자라트인, 신드인이 모두 인도인이고 같은 나라의 자녀라는 생각이 그들 사이에 뿌리내렸다. 이제는 인도인의 불평이 확실히 해결되리라 모두 믿었다. 당시 백인들의 태도도 확실히 달라진 듯이 보였다. 전쟁 동안 백인과 맺은 관계는 매우 아름다웠다. 우리는 몇천 명의 영국군과 접촉했다. 그들은 우리에게 다정했고 그들에게 봉사하고자 그곳에 와준 것에 감사했다.

나는 시련의 순간에 인간성이 최고로 발휘되는 것을 보았던 아름다운 회상을 기록하지 않을 수 없다. 우리가 치블리 부대를 향해 행진할 때였다. 거기서 로버트 경의 아들인 로비트 중위가 치명상을 입었다. 우리는 영광스럽게도 전선에서 그를 이송했다. 우리가 행진한 날은 몹시 더웠다. 모두 목이 말랐다. 그러다 목을 축일 수 있는 작은 시냇물을 만났다. 그러나 누가 먼저 마셔야 하는가? 우리는 영국군이 마시고 나면 마시겠다고 했다. 그러나 그들은 먼저 마시지 않고 우리보고 먼저 마시라고 했다. 그래서 한동안 서로 사양하는 아름다운 다툼이 벌어졌다.

11. 위생 개량과 기근 구제

나는 언제나, 소용없이 남아 있는 정치 조직의 일원으로는 만족

302

할 수 없었다. 나는 어떤 사회의 약점을 감추거나 그 잘못을 바로잡지 않고 권리만을 주장하는 것을 싫어했다. 따라서 나탈에 살고부터 인도인 사회에 퍼부어지는 비난을 씻어보려고 노력했다. 그것은 대부분 사실이었다. 그중 하나는 인도인이 게을러서 자신의 집과 주위를 깨끗이 하지 않는다는 것이었다.

따라서 인도인 사회의 중요 인사들은 각자 집을 깨끗이 정리하기 시작했으나, 모든 집을 조사하게 된 것은 더반에 페스트가 발생했다는 보도가 나온 후였다. 이는 시의 원로들과 의논해서 찬성을 얻은 후에 가능했다. 그들은 우리의 협조를 바랐다. 우리가 협조했기 때문에 그들 일이 쉬워졌고, 우리의 어려움도 가벼워졌다. 전염병이 발생하면 언제나 관료들은 대체로 신경질적이 되고, 많은 사람들이 불쾌할 정도로 지나친 수단과 행동을 감행했다. 인도인 사회가 자발적으로 위생 조치를 했기 때문에 그러한 압박을 피할 수 있었다.

그러나 나는 몇 가지 쓰라린 경험을 했다. 인도인 사회의 권리를 주장할 때는 힘을 빌리기 쉽지만, 의무를 다하도록 주장할 때는 힘을 빌리기 어렵다는 것을 알았다. 모욕을 당하기도 했고 묵살당하기도 했다. 인민들에게 자기 주위를 깨끗이 하도록 노력하게 만드는 것은 너무 힘들었다. 그 일을 위해 돈을 내리라 기대한다는 건 말도 안 되는 일이었다.

이런 경험을 통해 그전보다 더욱 잘 알게 된 것은, 인민들에게 어떤 일을 하도록 기대하는 건 무한한 인내 없이는 불가능한 일이라는 사실이었다. 개혁을 하고자 하는 자는 개혁가이지 사회가 아니고, 개혁가는 사회로부터 반대와 증오, 심지어 목숨까지 빼앗는 박해 이상의 것을 기대해서는 안 된다. 개혁가가 생명처럼 중히 여기는 것도 사회는 퇴보라고 보는 것이다.

그럼에도 이 운동의 결과 인도인 사회는 자신들의 집과 주위를 깨끗이 할 필요성을 다소간 인식하게 되었다. 나는 당국의 인정을 받았다. 즉 당국은 내가 하는 일이 불만을 터뜨리고 권리를 주장하는 것만이 아니라, 그 못지않게 자기 정화를 역설하고 그것을 위해 노력한다는 것을 인정했다.

그러나 해야 할 일이 하나 더 있었다. 인도인 이주민들에게 조국에 대한 의무감을 각성시키는 것이었다. 인도는 가난하다. 인도인 이주민들은 돈을 벌기 위해 남아프리카에 왔다. 따라서 동포가 재난에 빠지면 그들을 돕기 위해 자기 수입의 일부를 내야 한다. 1897년과 1899년의 대기근 때 그들은 그렇게 했다. 기근 구제를 위헤 그들은 상당한 돈을 냈고 1899년에는 1897년보다 더 많이 냈다.

우리는 영국인에게도 기부를 호소했고, 그들도 잘 협력했다. 심지어 인도인 계약노동자들도 기부했다. 기근 당시 시작된 기부는 지금까지도 계속되고 있으며, 우리는 남아프리카 인도인이 인도에 자연재해가 발생할 때마다 상당한 기부를 해왔음을 알고 있다.

그래서 남아프리카 인도인의 봉사는 언제나 내게 진실의 새로운 의미를 보여주었다. 진실은 거대한 나무와 같아서 잘 가꾸면 더욱 많은 과실을 열게 하고 열매를 맺게 한다. 진실의 광산은 깊이 파면 팔수록 그 속에 묻힌 보석을 더 많이 캘 수 있다. 그것은 갈수록 늘어나는 다양한 봉사다.

12. 인도 귀국

군대 일이 끝나자 남아프리카에서 더 일하지 않고 인도에서 일해야 한다고 생각했다. 남아프리카에 할 일이 없어서가 아니라, 주업이 단순한 돈벌이로 그치는 것이 아닐지 두려웠기 때문이다.

조국의 친구들도 돌아오기를 권했고, 나도 인도에서 할 일이 더 많다고 생각했다. 게다가 남아프리카 일은 칸 씨나 만수클랄 나자르 씨가 있으니 당연히 잘될 것이다. 그래서 나는 협력자들에게 나를 놓아달라고 부탁했다. 엄청난 어려움 끝에 조건부 승낙을 받았다. 그 조건이란 인도인 사회에 내가 필요하면 일년 이내에 돌아와야 한다는 것이었다. 매우 어려운 조건이었지만 인도인 사회에 대한 사랑 때문에 받아들였다. 미라바이는 다음과 같이 노래했다.

신은 사랑의 무명실로
나를 묶었으니
나는 그의 종이다.

나에게도 인도인 사회와 묶은 사랑의 무명실이 끊을 수 없을 정도로 강했다. 인민의 소리는 신의 소리고, 인도 친구들의 소리도 거절하기에는 너무나 참된 것이었다. 나는 그 조건을 받아들이고 귀국 허가를 받았다.

당시 나는 나탈 사람들과만 가깝게 지냈다. 나탈 인도인들은 내게 사랑의 감로수를 퍼부었다. 모든 곳에서 송별연이 열렸고 비싼 선물도 받았다.

1899년 인도로 돌아갈 때도 선물을 받았지만 이번 송별연은 정말 대단했다. 선물에 금은붙이는 물론이고 비싼 다이아몬드 제품도 있었다.

이 모든 선물을 받을 자격이 내게 있을까? 그걸 받으면서 어떻게 내가 보수 없이 인도인 사회를 위해 봉사했다고 스스로 말할 수 있을까? 내 의뢰인들에게 받은 약간의 선물을 제외하면 모두 오로지 인도인 사회에 대한 봉사 때문에 받은 것이었고, 나는 의뢰인과 협력자를 구별할 수 없었다. 소송 의뢰인들도 나의 공적 일을 도왔기 때문이다.

선물 중 하나는 50기니나 하는 금목걸이로서 아내에게 준 것이었다. 그러나 그 선물의 이유 역시 나의 공적 일이었기에 다른 것과 다르지 않았다.

그 엄청난 선물들을 받은 날 밤, 나는 잠을 이루지 못했다. 몹시 흥분하여 방안을 왔다 갔다 했지만 해결책이 없었다. 값비싼 선물들을 버리기는 어려웠고, 가지기는 더욱 어려웠다.

설령 가진다고 해도, 아이들에게 어떻게 말할 것인가? 아내에게는 어떻게 말할까? 그들은 지금까지 봉사생활에 익숙해져왔고 봉사는 그 자체가 보답이라고 알아왔다.

우리 집에는 비싼 장식품이 없었다. 우리는 우리 생활을 빠르게 단순화했다. 그런데 우리가 어떻게 금시계를 찰 수 있을까? 어떻게 금목걸이와 다이아몬드 반지를 찰 수 있을까? 게다가 당시 나는 보물에 대한 집착을 극복하자고 권했다. 그렇다면 지금 나에게 생긴 보물을 어떻게 해야 할까?

나는 그것을 가질 수 없다는 결론을 내렸다. 문서를 작성해 인도인 사회를 위해 보물들을 맡기기로 하고 파르시 루스톰지와 몇몇 사람들을 보관인으로 지명했다. 다음날 아침 아내와 아이들에게 상의한 뒤 그 무거운 짐을 벗기로 했다.

아내를 설득하기가 좀 어렵다는 것을 알았고, 아이들에게는 별로 문제가 없음이 확실했다. 그래서 아이들을 내 편으로 만들기로 결심했다.

아이들은 기꺼이 내 제안에 찬성했다. "우리에게는 이런 값비싼 선물이 필요 없으니 돌려보내는 것이 좋겠어요. 만약 그런 것이 필요하면 쉽게 살 수 있을 거예요." 그들이 말했다.

나는 기뻤다. "그럼 어머니에게도 그렇게 말해보지 않으련?" 내가 그들에게 청했다.

아이들이 말했다. "네. 그게 우리가 할 일이지요. 어머니는 그런 사치품을 걸 필요가 없어요. 우릴 위해 보관하시고 싶겠지만, 우리가 원하지 않는다면 어머니도 당연히 내놓으려고 하실 거예요."

그러나 말처럼 쉽지는 않았다.

아내가 말했다. "당신에겐 필요 없겠죠. 아이들에게도 필요 없겠지요. 애들은 당신 장단에 춤추겠죠. 내가 그런 것을 하고 다니는 걸 당신이 허락하지 않으리란 것도 알아요. 그러나 며느리들은 어떻게 하지요? 며느리들에게는 필요할 거예요. 그리고 내일 일을 누가 알겠어요? 그렇게 사랑으로 보내준 선물들을 난 내놓을 수 없어요."

그래서 논쟁의 격류는 계속 흘렀고, 마지막에는 눈물도 흘렸다. 그러나 아이들은 요지부동이었다. 나도 흔들리지 않았다. 나는 부드럽게 말했다.

"아이들이 결혼하려면 아직 멀었어요. 조혼은 안 돼요. 아이들이

자라면 스스로 돌볼 수 있겠지요. 자식을 위해서도 며느리들이 장식품을 좋아해서는 안 돼요. 여하튼 그들에게 장식품을 사줄 필요가 있다면 내가 있잖아요. 사달라고 하면 되지요."

"사달라고 하라고요? 이만하면 당신을 알겠어요. 당신은 내 장식품을 모두 빼앗았어요. 내가 가지고 있는 것도 그냥 내버려두지 못하지요. 당신이 며느리에게 장식품을 사준다고요! 오늘 당장 네 자식들을 수도승으로 만들려고 하는 당신이! 안 돼요. 돌려보낼 수 없어요. 게다가 내 목걸이인데 당신이 무슨 권리로 그러세요?"

내가 대꾸했다. "그러나 그 목걸이는 당신의 봉사 때문에 준 것이오? 아니면 내 봉사 때문에 준 것이오?"

"그래요. 그러나 당신의 봉사나 나의 봉사나 같아요. 나는 밤낮으로 당신을 위해 뼈 빠지게 일했어요. 그건 봉사가 아닌가요? 당신이 니에게 모든 것을 맡겨 비참하게 울기도 했고, 노예처럼 일했어요."

그 말은 가시처럼 찔렸고, 내 마음에 깊이 울렸다. 그러나 나는 그 장식품들을 돌려주겠다고 결심했다. 여하튼 결국 아내의 허락을 받았다. 1896년과 1901년에 받은 선물은 모두 반납했다. 신탁증서를 준비해 은행에 예치하고, 나나 신탁인의 뜻에 따라 인도인 사회의 봉사를 위해 사용하기로 했다.

종종 공적 목적으로 기금이 필요하게 되면 위탁금을 찾아야 한다고 생각하다가도, 어떻게 해서든 필요 금액을 만들어서 그 위탁금에는 손을 대지 않았다. 기금은 아직도 그대로 있다. 필요하면 언제나 활용하면서 정기적으로 적립되었다.

나는 그 조치를 후회한 적이 없고, 세월이 지나면서 아내도 그것이 옳았음을 알게 되었다. 그로 인해 우리는 수많은 유혹에서 벗어났다.

공공 사업가는 절대로 값진 선물을 받아서는 안 된다고 나는 확신한다.

13. 다시 인도에서

그렇게 나는 조국으로 출항했다. 도중에 들르는 항구 가운데 하나인 모리셔스에서 배가 오래 머물렀기 때문에 상륙해서 그 지역 사정을 자세히 알게 되었다. 어느 날 밤에는 그곳 총독인 찰스 브루스 경의 초대를 받았다.

인도에 도착[7]한 뒤 얼마 동안 조국을 여행하며 지냈다. 그때는 1901년으로 딘쇼 와차 씨(뒤에 경이 됨)가 의장인 국민회의가 콜카타에서 열렸다. 나는 물론 참석했다. 그것이 내가 처음으로 경험한 국민회의였다.

뭄바이에서부터는 페로제샤 메타 경과 같은 열차로 여행했다. 그에게 남아프리카 상황을 설명하기 위해서였다. 나는 그가 화려하게 산다는 것을 알고 있었다. 그는 자기를 위해 특별실을 예약하고 나에게는 어느 구간에서 자기 특별실에 와서 이야기하도록 했다. 그래서 나는 지정된 역에서 그의 객실로 갔다. 그의 객실에는 와차 씨와 치만랄 세탈바드 씨도 함께 있었다. 그들은 정치에 대해 토론했다. 페로제샤 경이 나를 보자 말했다. "간디, 당신을 위해 아무것도 할 수 없

---

7 1901년 10월 18일.

겠군요. 물론 우리는 당신이 원하는 결의안을 통과시켜줄 수는 있어요. 그러나 이 땅에서 우리에게 무슨 권리가 있겠어요? 우리 땅에서 권력을 갖지 못하는 한 식민지에서보다 나을 게 없습니다."

나는 깜짝 놀랐다. 세탈바드 씨도 동의하는 듯했다. 와차 씨는 나를 안타깝게 바라보았다.

나는 페로제샤 경에게 간청하려고 노력했지만 나 같은 존재가 뭄바이의 무관의 왕을 설득하기란 불가능했다. 나는 결의안 제출 기회를 갖는 것에 만족해야 했다.

"결의안을 보여주세요." 와차 씨가 나를 격려하며 말했다. 나는 감사하고 다음 역에서 내렸다.

우리는 콜카타에 도착했다. 의장은 영접위원회의 열렬한 박수를 받으며 숙소로 안내되었다. 어느 자원봉사자에게 내가 갈 곳이 어딘지 물었다. 그는 나를 대의원들이 많이 있는 리폰대학으로 데려갔다. 나는 운이 좋았다. 로카만야 씨와 같은 구역에 들었던 것이다. 그는 나보다 하루 늦게 왔던 것으로 기억한다.

당연히 로카만야는 그를 둘러싼 사람들과 함께 있었다. 내가 화가였다면 침대 위에 앉아 있던 그를 그대로 그릴 수 있으리라. 그만큼 모든 광경이 생생하다. 그를 찾아온 수많은 사람들 중에서 지금 나는 오직 한 사람만을 기억한다. 즉 《암리타 바자르 파트리카》 편집인이었던 고(故) 바부 모틸랄 고세 씨였다. 그들의 커다란 웃음소리와 지배계급의 비행에 대한 그들의 토론을 잊을 수 없다.

그러나 이 숙소의 일에 대해 더욱 상세히 말하고 싶다. 자원봉사자들은 서로 부딪혔다. 어떤 사람에게 무엇을 부탁한다고 하자. 그는 그것을 다른 사람에게 넘기고 다른 사람은 제3자에게 다시 그것을 넘기는 식이었다. 그리고 대의원은 어디에도 남아 있지 않았다.

나는 몇몇 자원봉사자와 친구가 되었다. 남아프리카에 대해 말했더니 그들은 부끄러워하는 듯했다. 나는 그들에게 봉사의 비밀을 알려주려고 노력했다. 그들은 이해하는 듯했지만, 봉사란 버섯처럼 자라는 것은 아니다. 무엇보다도 의지가 먼저 있어야 하고, 그 다음에 경험이 있어야 한다. 선량하고 단순한 정신을 가진 청년에게는 의지가 없는 편이 아니지만, 경험은 거의 없었다.

국민회의는 매년 3일씩 열리고 나머지는 쉬었다. 일년에 사흘 하는 쇼로 무슨 훈련이 되겠는가? 대의원들도 자원봉사자와 마찬가지였다. 그들은 더 나은, 더 오랜 훈련을 받지 않았다. 그들은 자기 스스로 아무것도 하려고 하지 않았다. "자원봉사자, 이것 좀 하세요" "자원봉사자, 저것 좀 하세요" 같은 지시를 할 뿐이었다.

여기서도 불가촉천민의 비참한 처지를 많이 목격했다. 타밀인의 부엌은 다른 사람들보다 훨씬 멀었다. 대의원 중에는 타밀인이 밥 먹는 것을 보기만 해도 불결하다는 사람이 있었다. 그래서 그들을 위한 특별한 부엌이 대학 구내에 버들가지로 울타리를 쳐서 마련되었다. 그곳은 연기로 가득 차 숨이 막힐 지경이었다. 부엌, 침실, 화장실을 한곳에 모아서 닫힌 금고처럼 나갈 곳이 없었다.

나에게는 그곳이 바르나다르마[3]의 유치한 모방으로 보였다. 국민회의 대의원 사이에서도 그런 천민성이 존재하는데, 그들을 선출한 주민들 사이에서는 더욱 심할 것 같았다. 그래서 한숨을 쉴 수밖에 없었다.

---

3) Varnadharma. 힌두 사회의 네 카스트가 지켜야 하는 의무. 10월 18일.

비위생적인 것은 말로 다할 수 없었다. 모든 곳이 물구덩이였다. 화장실은 몇 개 없었고, 그 냄새는 지금까지도 구역질이 난다. 나는 그 점을 자원봉사자들에게 지적했다. 그러나 그들은 잘라 말했다. "그건 우리 일이 아니라 청소부가 할 일입니다." 나는 빗자루를 달라고 했다. 그 사람은 놀라서 나를 쳐다보았다. 나는 내 손으로 빗자루를 찾아 화장실을 청소했다.

그러나 그것은 나 자신을 위한 것이었다. 몰려드는 인파는 엄청난데, 화장실은 너무 적어 청소는 끝없이 해야 했다. 그러나 그 모두를 내가 할 수는 없었다. 그래서 나는 내가 쓸 곳만 하는 데 만족했다. 그리고 다른 사람들은 냄새와 불결에 신경 쓰지 않는 것처럼 보였다.

그러나 그것이 전부가 아니었다. 어떤 대의원들은 방 앞 베란다를 밤 동안 생리 현상을 해결하는 데 쓰는 것조차 꺼리지 않았다. 아침에 나는 자원봉사자들에게 그런 곳을 지적했다. 누구도 그곳을 청소하려고 하지 않았고, 내가 하는 것을 보고도 나와 함께하는 영광을 나누려는 사람도 없었다. 그 후 상당히 개선되었지만 지금도 아무 데서나 소변을 보아 국민회의 숙소를 더럽히는 생각 없는 대의원들이 없어지지 않았다. 그리고 자원봉사자도 치우려고 하지 않는다.

만일 국민회의 개회 기간이 길어진다면 전염병이 발생하기에 가장 좋은 조건이라고 나는 생각했다.

14. 서기와 하인

국민회의 회기가 열리려면 아직 이틀이 더 있어야 했다. 나는 경험을 얻고자 국민회의 사무실에서 봉사하기로 결심했다. 그래서 콜카타에 도착해 날마다 하는 재계(齋戒)를 마치자마자 국민회의 사무실로 갔다.

부펜드라나드 바수 님[8]과 고살 씨가 책임자였다. 나는 부펜 님에게 가서 봉사하겠다고 제의했다. 그는 나를 보더니 말했다. "이곳엔 일이 없지만 고살 님이 뭐든 일거리를 줄 거요. 그에게 가보세요."

그래서 나는 그에게 갔다. 그는 나를 훑어보더니 웃으며 말했다. "서기 일밖에 없군요. 하시겠어요?"

나는 말했다. "네. 제 능력을 벗어나지 않는 것이라면 하려고 왔습니다."

"젊은이, 올바른 정신이오." 그가 말했다. 그리고 그를 둘러싼 자원봉사자들에게 덧붙였다. "이 젊은이가 한 말을 들었지요?"

그리고 나를 보더니 계속 말했다. "자, 처리해야 할 편지 뭉치들이 여기 있소. 저 의자를 가져다가 시작하세요. 보시다시피 수많은 사람들이 나를 찾아옵니다. 내가 어떻게 해야 할까요? 그들을 만나야 할까요? 아니면 나를 편지로 홍수에 빠뜨리는 사람들에게 회답을 해야 할까요? 이 일을 맡길 서기가 없어요. 이 편지들은 대부분 별 내용이 없지만, 죽 읽어보세요. 가치가 있으면 알려주고, 회답할 필요가 있는 것도 말해주시오."

그의 신뢰에 나는 기뻤다.

고살 씨는 그 일을 맡길 때 내가 누군지 몰랐다. 나중에야 그는 나

---

8 Babu라고 한다. 간디도 뒤에 바부라고 불렸는데 공경하는 뜻의 호칭이므로 '님'으로 번역했다.

에 대해 물었다.

편지 뭉치를 처리하는 일은 매우 쉬웠다. 나는 금방 해치웠다. 고살 씨는 매우 좋아했다. 그는 말이 많았다. 아마 몇 시간이라도 말할 것이다. 나에게 경력을 들어 나에 대해 좀 안 뒤에는 서기 일을 맡긴 것에 미안해했다. 그러나 나는 그를 안심시켰다.

"조금도 미안해하지 마세요. 선생님 앞에서야 저 같은 게 무엇입니까? 국민회의에 대한 봉사로 백발이 되셨고 대선배이십니다. 저는 경험 없는 젊은이에 불과합니다. 저를 믿으시고 이 일을 시켜주셔서 저는 빚을 졌습니다. 저는 국민회의 일을 해보고 싶었는데 쉽지 않은 기회를 주셔서 자세히 알 수 있게 되었습니다."

고살 씨가 말했다. "사실을 말하자면 그것이 옳은 정신이오. 그러나 오늘의 청년들은 그걸 깨닫지 못하고 있어요. 물론 나는 국민회의를 처음부터 알고 있소. 사실 나는 이 국민회의를 창립하는 데 휴 씨와 함께 한몫했지요."

그래서 우리는 좋은 친구가 되었다. 그는 점심을 같이하자고 했다.

고살 씨는 하인에게 단추를 채우라고 했다. 나는 내가 하겠다고 나섰다. 나는 언제나 어른을 존경했기에 그 일을 하고 싶었다. 그는 내 뜻을 안 뒤로 그를 위해 내가 개인적으로 봉사하는 사소한 일들에 신경 쓰지 않았다. 사실은 좋아했다. 나에게 단추를 채워달라고 하면서 그가 말했다. "국민회의 간사는 단추 채울 시간도 없어요. 언제나 할 일이 있어요." 고살 씨의 성격은 재미있었다. 그는 그런 봉사를 싫어한 적이 없었다. 이런 봉사로 내가 얻은 이익은 정말 엄청났다.

며칠 사이에 국민회의가 어떻게 움직이는지를 알게 되었다. 대부분의 지도자들을 만났고, 고칼레나 수렌드라나드 같은 거물들의 움직임도 보았다. 또한 그곳의 엄청난 시간 낭비도 목격했다. 게다가 당시 우리 일에 영어가 차지하는 압도적인 위치를 알고 슬픔을 느끼기도 했다. 힘의 효율적인 사용에 대해서는 조금도 고려하지 않았다. 한 사람이 해도 충분할 일을 몇 사람이 하고, 수많은 중요사들을 하나도 돌보지 않는 경우도 많았다.

이런 것들을 볼 때마다 내 마음은 비판적이었지만 동정이 가는 점도 많았다. 그래서 그런 조건에서는 잘해보려고 노력해도 어떻게 할 수 없다고 생각했고, 그랬기에 어떤 일도 과소평가하지는 않았다.

15. 국민회의에서

마침내 국민회의가 열렸다. 거대한 방청석과 당당하게 줄을 선 유지들, 의석에 자리한 원로들이 나를 압도했다. 이 광대한 모임에서 내가 어디에 있어야 할지 알지 못했다.

의장의 개회사는 그 자체로 한 권의 책이었다. 그걸 처음부터 끝까지 읽는다는 건 말도 안 되는 일이었다. 그래서 단 몇 줄만 읽었다.

그 후 의사위원회가 선출되었다. 고칼레는 나를 그 모임에 데려갔다.

페로제샤 경은 물론 나의 결의안을 받아주겠다고 동의했지만 누가 언제 그것을 의사위원회에 상정할지 나는 알지 못했다. 결의안마다 긴 연설이 따랐고, 그것도 모두 영어로 했으며, 결의안마다 배경에 유명한 지도자가 있었기 때문이다. 내 결의안은 그러한 정예부대의 북소리 사이에서 가느다란 피리 소리에 불과했다.

밤이 다가올수록 가슴이 빠르게 뛰었다. 마지막 결의안들은 전격적으로 처리되었던 것으로 기억한다. 모두들 어서 가려고 서둘렀다. 11시가 되었다. 나는 말할 용기도 없었다. 나는 이미 고칼레를 만나 그에게 결의안을 보였다. 그래서 그의 자리 가까이 가서 그에게 속삭였다. "저를 도와주십시오." 그러자 그가 말했다. "당신 결의안을 잊지 않고 있습니다. 보시다시피 저렇게들 서두르잖아요. 그러나 당신 것이 그냥 지나가도록 내버려두지는 않겠습니다."

"그럼 다 처리했나요?" 페로제샤 메타 경이 말했다.

"아뇨. 아직 남아프리카 결의안이 남아 있습니다. 간디 씨가 오래 기다리셨습니다." 고칼레가 소리쳤다.

"그걸 보셨나요?" 페로제샤 경이 물었다.

"물론이지요."

"마음에 드십니까?"

"매우 훌륭합니다."

"그럼 들어보지요, 간디."

나는 떨면서 읽었다. 고칼레가 동의했다.

"만장일치로 통과요." 모두가 외쳤다.

"간디에게 5분간 발언 시간을 주겠소." 와차 씨가 말했다.

나는 그런 절차를 싫어했다. 아무도 그 결의안을 이해하려 하지 않았고, 집에 돌아가기만을 서둘렀으며, 고칼레가 보았다고 했으니 나머지 사람들이 보거나 이해할 필요는 없다고 생각했다.

새벽이 되니 연설이 걱정되었다. 5분간 무슨 이야기를 해야 할까? 마음을 단단히 먹었지만 말이 잘 나올 것 같지 않았다. 나는 원고를 읽지 않고 즉석에서 말하기로 결심했다. 그러나 남아프리카에서 익힌 연설 솜씨가 그 순간 사라진 듯이 느껴졌다.

내 결의안 차례가 오자 와차 씨가 내 이름을 불렀다. 나는 일어섰다. 머리가 돌았다. 결의안은 그럭저럭 읽었다. 누가 외국 이주를 찬양하는 시를 지어 인쇄해서 대의원들에게 나눠주었다. 나는 그 시를 읽고 남아프리카 이주민의 고통에 대해 언급했다. 그 순간 와차 씨가 종을 울렸다. 나는 5분을 말하지 않았다고 확신했다. 나는 그 종이 앞으로 2분 내에 끝내라고 경고하는 종인 줄 몰랐다. 다른 사람은 반 시간이나 45분간 말했지만 아무 종도 울리지 않았다. 나는 화가 나서 종이 울리자마자 앉아버렸다. 그러나 당시 나의 유치한 판단으로도 그 시에 페로제샤 경에 대한 답이 포함되어 있었다.[4]

결의안 통과에 대해 어떤 질문도 없었다. 당시에는 방청객과 대의원이 제대로 구분되지도 않았다. 모두가 손을 들었고 모든 결의안이 만장일치로 통과되었다. 내 결의안도 그렇게 통과되어 내게 어떤 중요성을 지녔는지 모두 잊어버렸다.

그러나 그것이 국민회의에서 통과되었다는 사실 자체가 나를 기쁘게 하기에 충분했다. 국민회의의 인정이 곧 나라 전체의 인정이라는 것을 안다면 누구라도 기뻐하기에 충분하다.

16. 커즌 경과의 만남

국민회의는 끝났지만, 나는 상공회의소와 남아프리카 일에 관련

---

4) 13장 3절 참조.

된 여러 사람을 만나려고 콜카타에 한 달 머물렀다. 이번에는 호텔이 아니라 인도클럽의 방을 소개받았다. 회원 중에는 중요한 인도인들이 있었고, 나는 그들과 접촉해 그들이 남아프리카 일에 흥미를 갖게 하겠다고 마음먹었다.

고칼레는 종종 당구를 치려고 그 클럽에 들렀다. 내가 콜카타에 당분간 있으리란 걸 안 그는 같이 지내자고 초대했다. 나는 초대에 감사했지만 스스로 거기에 가는 것은 적절하지 않다고 생각했다. 그는 하루 이틀 기다리다가 나를 직접 데리고 갔다. 그는 내가 머뭇거리는 것을 보고 말했다. "간디, 당신은 이 나라에 있어야 하고, 그렇게 머뭇거려서는 안 됩니다. 되도록이면 많은 사람을 만나야 합니다. 나는 당신이 국민회의에서 일하기 바랍니다."

내가 고칼레와 함께 지낸 이야기를 하기 전에 인도클럽에서 있었던 사건 하나를 소개하겠다.

그 무렵 커즌 경[9]이 접견회를 열었다. 거기 초대된 토후국 왕들 중에는 인도클럽 회원도 있었다. 나는 클럽에서 언제나 그들이 멋진 벵골 도티와 셔츠와 목도리를 입고 있는 것을 보았다. 그날은 하인(khansama)이나 입을 바지를 입고 번쩍거리는 장화를 신고 있었다. 나는 그것이 너무 싫어서 그 중 한 사람에게 그렇게 바꾼 이유를 물었다.

"우리의 기막힌 사정은 우리만이 압니다. 우리의 재산과 지위를 유지하려고 참아야 하는 모욕은 우리만이 압니다." 그가 답했다.

"그러나 그 하인 터번과 번쩍거리는 장화는 무엇입니까?" 내가

---

9 Lord Curzon. 인도 총독(1898~1905)과 외무성장관(1919~1924)을 지낸 영국의 정치인.

물었다.

"하인과 우리 사이에 무슨 차이가 있나요?" 그렇게 답하면서 그는 말을 이어갔다. "그들이 우리의 하인이라면 우리는 커즌 경의 하인이지요. 우리가 접견에 빠지면 대가를 치러야 합니다. 내가 평상복으로 거기 참석하면 모독 행위가 됩니다. 게다가 내가 커즌 경과 이야기를 하러 거기에 가는 줄 아십니까? 천만에요."

이 솔직한 친구에게 동정이 갔다.

이는 나에게 또 다른 접견을 생각하게 한다.

하딩게 경[10]이 힌두대학의 초석을 놓을 때 접견회가 열렸다. 그때도 토후국 왕들이 참석했지만 판디트 말라비야지가 나를 참석하라고 특별히 초대해 그렇게 했다.

그때 왕들이 여자처럼 단장한 것을 보고 나는 괴로웠다. 비단 바지에 비단 아치칸[11], 목에 건 진주목걸이와 손목의 팔찌, 터번 위의 진주와 다이아몬드 술, 허리띠에는 손잡이가 금으로 된 칼을 늘어뜨렸다.

그것은 그들이 왕임을 드러내는 것이 아니라 노예임을 보여주는 표지임을 나는 알았다. 나는 그들이 자기 자신의 자유의지로 그런 무력의 상징을 보였어야 한다고 생각했다. 그러나 값비싼 보석을 그런 기능으로 다는 것이 왕들에게는 의무라고 들었다. 게다가 왕들 중에는 그런 보석을 달기 싫어서 접견 같은 경우를 제외하고는 절대로 달지 않는다는 이야기도 들었다.

---

10 Lord Hardinge (1858~1944)는 영국의 외교관이자 군인으로 1910년에서 1916년까지 인도 총독을 지냈다.

11 깃이 높은 인도 남성의 웃옷.

그것들이 얼마나 정확한지 나는 모른다. 그러나 다른 경우에 그렇게 달든 말든 간에, 총독 접견시에 왕들이, 일부 여성만이 다는 보석을 달고 참석한다는 것은 대단히 불쾌한 일이다.

부와 권력과 특권이 인간에게서 짜내는 죄와 허물의 세금은 얼마나 무거운 것인가!

17. 고칼레와의 한 달 — 하나

고칼레는 함께 지내는 첫날부터 너무나도 편하게 해주었다. 그는 나를 동생처럼 대우했고, 내가 필요한 것을 스스로 알아서 그 모두를 내가 갖도록 해주었다. 다행히 나에게 필요한 것은 많지 않았고, 나는 자조하는 버릇을 키워왔기 때문에 그가 식섭 해술 것은 거의 없었다. 그는 스스로 살아가는 나의 버릇, 몸을 깨끗이 함, 인내하고 규칙적으로 생활하는 것에 깊이 감동하여 가끔은 칭찬도 했다.

그는 나에게 비밀로 하는 것이 없는 듯했다. 자기를 찾아오는 모든 중요 인물에게 나를 소개했다. 그 중에 가장 기억에 남는 사람은 물론 P. C. 레이 의사였다. 사실 그는 바로 옆집에 살아서 자주 찾아왔다.

고칼레는 레이 의사를 다음과 같이 소개했다. "이분은 레이 교수인데 월급을 800루피나 받지만 그 중에 40루피만 자신을 위해 쓰고 나머지는 공적 목적을 위해 씁니다. 그는 결혼을 안 했고 앞으로도 안 할 것입니다."

레이 의사는 그때나 지금이나 다름이 없다. 그의 옷은 그때도 지금처럼 단순했다. 지금은 카디지만 그때는 인도 방직공장의 제품이었던 점이 달랐다. 고칼레와 레이 의사의 이야기는 아무리 들어도 싫증이 나지 않았다. 그 모두는 공공선이나 교육적 가치를 갖는 것이었다. 때로는 가슴이 아프기도 했다. 이는 그들이 사회 명사들에 대해 비판할 때다. 그 결과 전에 견실한 투사로 생각했던 사람들이 정말 우습게 보이기 시작했다.

고칼레가 일하는 것을 보면 즐겁기도 했지만 교육이 되기도 했다. 그는 단 1분도 낭비하지 않았다. 사적 관계나 교우관계도 모두 공익을 위한 것이었다. 그의 말은 오로지 나라의 이익을 위한 것이었고 어떤 허위나 불성실과도 완전히 무관했다. 인도의 가난과 속박만이 그의 영속적이고 지대한 관심사였다. 온갖 사람들이 갖가지 일로 그의 관심을 끌고자 했다. 그러나 그는 그 모두에게 똑같은 답을 했다.

"그건 당신 자신이 하십시오. 나는 내 일을 하게 두세요. 내가 원하는 것은 이 나라의 자유입니다. 그것을 쟁취한 뒤에 우리는 다른 것을 생각할 수 있습니다. 지금은 나의 시간과 힘을 모두 거기에 쏟아도 모자랍니다."

라나데에 대한 그의 존경은 언제나 볼 수 있었다. 모든 문제에서 라나데의 권위가 최종적이었고, 걸을 때마다 그를 인용했다. 라나데 죽음(또는 생일인지 잊었다)의 기념일이 내가 고칼레와 있는 동안에 돌아왔는데 고칼레는 규칙적으로 그날을 지켰다. 당시에는 나 말고도 그의 친구인 카다바테 교수와 어느 판사보도 함께 있었다. 고칼레는 우리를 기념식에 초대해 기념사를 통해 라나데에 대한 추억을 들려주었다.

그는 라나데를 텔랑과 멘들릭에 비교하기도 했다. 텔랑의 매력적인 모습과 멘들릭의 위대한 개혁성을 찬양했다. 멘들릭이 소송 의뢰인에게 얼마나 성실했는지를 보여주는 일화를 소개했다. 언젠가는 멘들릭이 항상 타던 기차를 놓치자 의뢰인의 일이 잘못되지 않도록 법정에 가려고 특별기차를 섭외해서 갔다는 것이다.

반면 라나데는 그들 모두를 뛰어넘는 다방면의 천재라고 고칼레가 말했다. 라나데는 위대한 판사였을 뿐 아니라 마찬가지로 위대한 역사가이자 경제학자이자 개혁가라고 했다. 그는 판사면서도 두려움 없이 국민회의에 참가했고, 모든 사람이 그의 총명함을 믿었기 때문에 그의 판결을 이의 없이 받아들였다. 고칼레는 머리와 마음이 하나로 결합되어 이룬 스승의 인격을 묘사하며 좋아서 어쩔 줄 몰랐다.

당시 고칼레는 자가용 마차를 타고 다녔다. 그가 어떤 사정으로 자가용 마차를 타게 되었는지 몰라 그에게 항의했다. "여기서기 다니실 때 전차를 이용하실 순 없습니까? 그러면 지도자의 위신이 떨어집니까?"

그가 조금 괴로운 표정으로 말했다. "당신도 나를 이해하지 못하는군요! 나는 평의원회 보수를 개인적 안락을 위해 쓰지는 않습니다. 나는 당신이 자유롭게 전차를 타고 다니는 것이 부럽지만 나는 그렇게 하지 못해 유감입니다. 당신도 나처럼 널리 알려지면 전차를 타고 다니는 게 불가능하지는 않아도 어려워질 겁니다. 지도자가 하는 모든 일을 개인적 쾌락을 위한 것이라고 생각할 이유가 없습니다. 나는 당신의 간소한 습성을 좋아합니다. 나도 되도록이면 간소하게 살고 있지만 나 같은 사람에게는 어쩔 수 없는 낭비도 조금 있습니다."

그렇게 그는 나의 불평 하나에는 충분히 해명했다. 하지만 다른 하나에는 그렇지 못했다.

내가 말했다. "그러나 당신은 산책을 전혀 하지 않습니다. 따라서 언제나 몸이 불편하다고 해서 놀라울 것도 없지 않습니까? 공적 일 때문에 운동하실 시간도 없습니까?"

"나한테 산책을 할 여유가 있던가요?"그가 답했다.

나는 고칼레를 너무나 존경했기 때문에 그에게 맞선 적이 없다. 그의 답에 만족하지 못했지만 그대로 침묵했다. 아무리 일이 많아도 식사와 마찬가지로 항상 운동을 해야 한다고 당시에도 믿었지만 지금도 믿는다. 내 좁은 생각으로는 그것이 일의 역량을 더해주기는 해도 감소시키지는 않는다.

18. 고칼레와의 한 달 ─ 둘

고칼레의 집에 살면서 나는 집 안에만 있지 않았다.

남아프리카 기독교 친구들에게, 인도에 가면 기독교도 인도인들을 만나서 그들의 사정을 알아보겠다고 말했다. 나는 칼리차란 바네르지 님에 대해 들은 적이 있고 그를 매우 존경했다. 그는 국민회의에서도 중요한 인물이었으므로 그에 대해, 국민회의와도 멀리하고 힌두교도나 이슬람교도와도 무관하게 사는 일반 기독교 인도인에게 갖는 언짢은 생각을 하지는 않았다.

고칼레에게 그를 만날 생각이라고 말했다. 그가 말했다. "그를 만나서 좋을 게 있을까요? 그는 훌륭한 사람이지만 당신 마음에 들지 않을 거요. 나는 그를 잘 압니다. 그러나 원하신다면 염려 말고 만나세요."

내가 만나고자 했더니 그는 기꺼이 수락했다. 내가 갔을 때 그의 아내가 죽어가고 있었다. 그의 집은 간소했다. 국민회의에서 그를 보았을 때 양복을 입고 있었는데, 지금은 벵골 도티와 셔츠를 입고 있어서 반가웠다. 당시 나는 파르시 교도 저고리와 바지를 입고 있었지만 그의 수수한 옷차림이 좋았다. 장황한 서두는 관두고 내 고민을 말했다. 그가 물었다. "당신은 원죄 교리를 믿습니까?"

"네, 믿습니다." 내가 말했다.

"그렇다면 다음, 힌두교는 원죄에서 벗어나는 길을 가르쳐주지 않지만 기독교는 가르쳐줍니다." 그리고 말을 이었다. "죄의 값은 죽음입니다.《성경》은 유일한 구원은 예수 앞에 항복하는 것이라고 했습니다."

나는《바가바드기타》의 '헌신의 길(Bhakti-marga)'을 소개했지만 소용없었다. 나는 그에게 감사했다. 나는 그에게 만족하지 못했지만 유익한 만남이었다.

당시 나는 콜카타 거리를 걸어서 오르내렸다. 나는 대부분 걸어 다녔다. 남아프리카 일을 도움받으려고 미테르 판사와 구루다스 바네르지 경을 만났다. 또 토후국 왕인 퍄리모한 무카르지 경도 만났다.

칼리차란 바네르지가 칼리[12] 사원에 대해 말해주었는데 책에서 읽은 적이 있어서 꼭 가보고 싶었다. 그래서 그곳에 갔다. 미테르 판

---

12 Kali. 산스크리트어로 '검은 빛'이라는 뜻으로 대지의 여신을 말한다. 칼리 사원이란 콜카타의 Kalighat를 말한다.

사 집이 그 부근이어서 그를 찾아간 날 사원에 갔다. 가는 길에 칼리에게 제물로 바칠 양들이 줄지어 가는 것을 보았다. 거지 떼가 사원 가는 길에 늘어서 있었다. 탁발 중들도 있었는데 당시에도 나는 살찐 거지들에게 동냥하는 것을 강력하게 반대했다.

거지 떼가 나를 따라왔다. 그 중 한 사람이 베란다 위에 앉아 있었다. 그는 나를 가로막고 말을 걸었다. "여보게, 어디 가는 건가?"

내가 답을 했다.

그가 내 동행과 나더러 앉으라고 해서 우리는 앉았다.

내가 물었다. "이렇게 제물을 바치는 게 종교라고 생각합니까?"

"동물 살해를 누가 종교라고 할까?"

"그럼 왜 그렇게 하지 말라고 설교하지 않나요?"

"그건 내 일이 아니야, 내 일은 신을 섬기는 것이야."

"그러나 신을 섬길 곳이 달리 없나요?"

"모든 곳이 우리에게는 똑같이 좋아. 사람도 양 떼와 마찬가지로 지도자가 이끄는 대로 가. 그건 우리 사두[13]의 일이 아니야."

우리는 더 이야기하지 않고 사원으로 갔다. 우리를 맞은 것은 피의 강이었다. 나는 화가 나서 거기 있을 수 없었다. 나는 그 광경을 영원히 잊지 못했다.

바로 그날 밤, 벵골 친구들의 저녁 식사 초대를 받았다. 거기서 한 친구에게 그 잔인한 예배에 대해 말했다. 그가 말했다. "양은 아무것도 느끼지 못합니다. 소음과 북소리에 모든 고통을 잊게 됩니다."

나는 그냥 들을 수 없었다. 만일 양이 말을 하면 다르게 이야기할

---

13 Sadhu. 신통력을 가진 사람이라는 뜻.

거라고 했다. 나는 그 잔인한 관습은 없어져야 한다고 생각했다. 부처 이야기를 생각했지만 그 과제는 역시 내 능력 밖이라고 생각했다.

나는 지금도 그때와 마찬가지로 생각한다. 내 마음속에서는 양의 목숨도 인간의 목숨처럼 소중하다. 인간의 몸을 위해 양의 목숨을 빼앗아서는 안 된다. 연약한 존재일수록 인간의 잔인함으로부터 보호받을 자격이 있다고 생각한다.

그러나 그런 봉사를 할 자격을 스스로 갖지 못한 사람은, 그렇게 보호할 수 없다. 이 양들을 그 성스럽지 못한 제물에서 구하려 하기 전에, 나는 반드시 자기 정화와 희생의 길을 닦아야 한다. 지금 나는 이 자기 정화와 희생 때문에 헐떡이다가 죽을 거라고 생각한다.

남자든 여자든 간에, 거룩한 자비에 불타는 위대한 정신이 이 땅에 태어나서, 우리를 이 극악무도한 죄에서 건져주고, 저 무고한 생물들의 목숨을 구해주며, 서 사원을 깨끗하게 해주기를 나는 끝없이 기도한다. 학식과 지혜와 희생과 정서가 풍부한 벵골인이 사원의 그런 불상사를 어떻게 참고 있는지 정말 이해할 수 없다.

19. 고칼레와의 한 달 — 셋

종교라는 이름으로 칼리에게 바쳐진 그 끔찍한 제물은 벵골 생활에 대해 알고자 하는 욕구를 부채질했다. 나는 브라모 사마지[14]에

---

14 Brahmo Samaj. 1828년 Rammohan Ray가 콜카타에서 일으킨 힌두교 개혁운동으로 인도 근대화운동의 발단이 되었다. 브라만의 유일성을 주장하고 우상숭배와 카스트 제도를 부정했다. 타고르가 그 운동을 이었다.

대해 많이 읽고 들었다. 프라타프 찬드라 마줌다르의 삶에 대해서도 좀 알았다. 나는 그의 연설회에도 몇 번 참석했다. 그가 쓴 캐샤브 찬드라 센의 전기를 구해 매우 흥미롭게 읽고 사다란 브라모 사마지와 아디 브라모 사마지의 차이에 대해 이해했다.

나는 판디트 시바나드 샤스트리를 만나 카다바테 교수와 함께 데벤드라나드 타고르 선생을 보러 갔으나, 당시에는 어떤 만남도 불가능했다. 그러나 우리는 그 집에서 열린 브라모 사마지 축하연에 초대를 받아 아름다운 벵골 음악을 들었다. 그 후 나는 벵골 음악을 사랑하게 되었다.

브라모 사마지에 대해 충분히 보고 나니, 비베카난다 선생을 보지 않고는 만족할 수 없었다. 그래서 대단한 열의로 벨루르 마드까지 대부분을 또는 전부를 걸어갔다. 나는 마드의 한적한 경치를 사랑했다. 선생이 콜카타 자택에서 앓고 있어서 만날 수 없다는 말을 듣게 되니 실망스럽고 섭섭했다.

이어 나는 니베니타 수녀의 집을 알게 되어 초링기 저택에서 그녀를 만났다. 그녀를 둘러싼 호화찬란함에 나는 깜짝 놀랐다. 심지어 우리의 대화는 근본적으로 맞지 않았다. 내가 이를 고칼레에게 말하자 그는, 그녀처럼 '들뜬'[5] 사람과 내가 서로 맞지 않는다는 걸 조금도 이상하게 여기지 않는다고 했다.

나는 페스톤지 파드샤 씨 집에서 그녀와 다시 만났다. 마침 그때 그녀가 파드샤 씨의 노모와 대화 중이어서 내가 두 사람의 통역을

---

5) '들뜬'이라는 말을 사용한 것에 대해서는 《영 인디아》 1927년 6월 30일자 'In Justice of Her Memory'를 참조할 것.

맡게 되었다. 나는 그녀와의 일치점을 전혀 찾지 못했지만 힌두교에 대한 그녀의 넘치는 사랑에는 탄복하지 않을 수 없었다. 그 뒤에 그녀의 저서들을 알게 되었다.

나는 하루를 둘로 나누어, 반은 남아프리카 일과 관련이 있는 콜카타의 명사들을 찾아보고, 다른 반은 그 도시의 종교기관과 공공기관을 찾아 연구하는 데 썼다. 한번은 물릭크 의사가 사회를 맡은 어느 모임에서 보어 전쟁 때의 인도인 환자 수송대 활동에 대해 강연을 했다. 이때 내가 《잉글리시먼》지와 친분이 있었던 점이 큰 도움이 되었다. 사운더스 씨는 당시 병석에 있었는데도 1896년과 마찬가지로 많은 도움을 주었다. 고칼레는 그 강연을 좋아했고, 레이 의사가 칭찬했다는 말을 듣고 매우 기뻐했다.

이처럼 내가 고칼레 집에 묵은 것이 콜카타에서의 내 일을 매우 쉽게 해주었고, 뛰어난 벵골 사람들을 만나게 해주었으며, 벵골과 친밀하게 접촉하게 해주었다.

이 기념할 만한 한 달에는 많은 추억이 있지만 건너뛸 필요가 있다. 그러나 배로 미얀마에 가서 그곳 승려들(foongis)을 만난 이야기만 하겠다. 그들의 무기력한 모습에 가슴이 아팠다. 황금탑도 보았다. 절 안에 켜놓은 수많은 작은 촛불은 마음에 들지 않았고, 성전 주변을 뛰어다니는 쥐들은 다야난드 선생이 모르비에서 경험한 일을 생각나게 했다.

미얀마 남자들의 무기력은 싫었지만 여자들의 자유롭고 활기찬 모습은 매력적이었다. 짧은 체류 기간 동안, 뭄바이가 인도가 아니듯이, 양곤도 미얀마가 아님을 알았다. 또 우리가 인도에서 영국 상인의 위탁 판매인이 된 것처럼, 미얀마에서 우리는 영국 상인과 결탁하여 미얀마 인민을 우리의 위탁 판매인으로 만들어놓고 있기까지 했다.

미얀마에서 돌아오자 나는 고칼레와 헤어졌다. 헤어지기 싫었지만 벵골과 콜카타에서 내가 할 일이 끝나, 더 머물 필요가 없었다.

그렇게 하기 전에 나는 삼등열차로 인도 전역을 여행해 삼등 승객의 고통을 스스로 느껴보겠다고 생각했다. 이를 고칼레에게 말했다. 그는 처음부터 비웃었으나, 내가 무엇을 보고 싶어하는지 설명하자 기꺼이 찬성했다. 나는 먼저 바라나시로 가서 당시 병중이던 베전트 부인에게 경의를 표하고자 했다.

삼등열차 여행을 위해서는 나 자신을 새롭게 만들 필요가 있었다. 고칼레는 나에게 사탕과 푸리로 가득 채운 금속 도시락을 주었다. 나는 12안나를 주고 모직 가방 하나와 차야[6] 양털로 짠 긴 외투를 샀다. 가방은 외투, 도티, 수건, 셔츠를 넣기 위한 것이었다. 몸을 덮을 담요와 물주전자도 있었다.

그렇게 준비하고서 나는 여행을 시작했다. 고칼레와 레이 의사가 역에서 전송해주었다. 나는 오지 말라고 했지만 그들은 고집했다. "일등칸으로 간다면 나오지 않았겠지만 지금은 나와야지요." 고칼레가 말했다.

고칼레가 플랫폼에 들어가는 것을 아무도 막지 않았다. 그는 비단 터번에 재킷과 도티를 입고 있었다. 레이 의사는 벵골 옷차림이었다. 개찰원이 그를 막았지만, 고칼레의 친구라고 하자 허락되었다.

그렇게 나는 그들의 훌륭한 희망과 함께 내 여행을 시작했다.

---

6) 올이 굵은 모직물 생산지로 유명한 포르반다르의 지역.

20. 바라나시에서

여행은 콜카타에서 라지코트까지였고, 그사이 바라나시, 아그라, 자이푸르, 파란푸르에 들를 계획이었다. 그보다 더 많은 곳을 볼 시간은 없었다. 각 도시마다 하루씩 묵었는데 파란푸르를 제외하고는 보통 순례자처럼 무료 숙박소[15]에서 묵거나 승려(pandas)들과 함께 지냈다. 내 기억으로는 기차 삯을 합해 31루피 이상을 경비로 쓰지 않았다.

삼등열차로 가면서도 우편열차보다는 보통열차를 주로 이용했다. 우편열차는 손님도 더 많고 값도 비쌌기 때문이었다.

지금도 그때같이 삼등 객실은 불결하고 화장실도 최악이다. 지금은 약간 개선되었지만 삼등칸과 일등칸의 시설 차이는 그 값 차이보다 훨씬 심하다. 삼등칸 승객은 양 떼 같은 대우를 받는다. 그들이 만족을 느낀다면 양 떼가 만족하는 것과도 같다. 유럽에서도 나는 삼등칸으로 여행했고 일등칸은 단 한 번 그것이 어떤지를 보려고 탔는데, 그 둘 사이에는 그리 큰 차이가 없었다. 남아프리카의 삼등칸 승객은 주로 흑인들이지만, 삼등칸 시설은 인도보다 훨씬 좋았다. 남아프리카에는 침대 시설이 된 삼등칸도 일부 있었고, 좌석에 쿠션을 댄 경우도 있었다. 또 승객이 넘치는 것을 막기 위한 규정도 있는 데 반해, 인도에서는 언제나 정원 초과였다.

삼등칸 승객의 편의에 대한 철도 당국의 무관심에 승객 자신들의 불결함과 몰상식한 습관까지 겹쳐서 깨끗하게 여행하려는 삼등칸

---

15 dharmashalas. 함석헌은 수도원이라고 번역했다.

승객을 괴롭힌다. 그 불쾌한 습관이란 보통 남의 편의나 안락을 생각하지 않는 다음과 같은 것들이다. 곧 객실 바닥에 쓰레기를 버리는 것, 언제 어디서나 담배를 피우는 것, 후추와 담배를 씹는 것, 좌석을 모두 쓰레기통으로 만드는 것, 크게 떠들고 웃는 것이다. 나는 1902년 삼등칸에서 여행했을 때와, 1915년에서 1919년 사이에 삼등칸에서 여행했을 때 얻은 경험에 아무런 차이가 없음을 알았다.

내가 이 엄청난 사태를 위한 구제책으로 생각할 수 있는 건 오직 하나뿐이다. 교육받은 사람들이 삼등칸으로 여행하면서 인민의 습관을 지적해주고, 필요한 경우 불평함으로써 철도 당국이 가만히 있지 않도록 하며, 뇌물 등의 방법으로 자신만의 편리를 도모하지 말고, 관련된 사람들이 법을 어길 때 절대로 참지 않는 것이다. 그렇게 하면 상당히 개선되리라 확신한다.

1918년부터 1919년까지 매우 아팠기에 불행히도 삼등칸 여행을 중단해야 했다. 그것이 언제나 고통스럽고 부끄러웠다. 특히 삼등칸 승객들의 불편을 제거하기 위한 움직임이 생기기 시작했을 때의 일이기 때문이다. 자신들의 습관 때문에 더욱 심해지는 기차와 기선 이용 빈민의 고통, 정부가 외국 상사에 제공하는 부당한 혜택 등이 중요한 문제들을 만들어낸다. 결단력 있고 꾸준한 한두 명의 일꾼이 전력을 기울일 만한 일이다.

그러나 삼등칸 승객 이야기는 그치고, 바라나시의 경험에 대해 말해보겠다. 나는 그곳에 아침에 도착했다. 나는 어느 승려 집에 머물기로 했다. 기차에서 내 주위의 수많은 브라만 가운데 다른 사람들보다 비교적 깨끗하고 훌륭한 사람을 골랐다. 내 선택은 바로 들어맞았다. 그의 집 마당에는 암소가 한 마리 있었고, 내가 하숙한 곳은 그의 집 이층이었다. 나는 정통 예법에 따라 갠지스 강에서 목욕하기 전에는 음식을 먹고 싶지 않았다. 승려가 준비해주었다. 나는 그전에 그에게 1루피 4안나밖에 보시[7]할 수 없으니, 그 점을 염두에 두라고 말했다.

승려는 기꺼이 받아들였다. 그가 말했다. "순례자가 부자건 가난하건, 예배는 언제나 같습니다. 그러나 보시는 순례자의 뜻과 능력에 따라 받습니다." 그가 보통 하는 것을 나의 경우에도 빠뜨리지 않았음을 알 수 있었다. 예배[8]는 12시에 끝났고 나는 카시 비슈바나드 사원을 구경하러[16] 갔다. 나는 그곳에서 본 것 때문에 마음이 너무 아팠다. 1891년에 뭄바이에서 변호사 일을 할 때, 나는 프라르타나 사마지 홀에서 '카시 순례'라는 강연을 들었다. 그래서 어느 정도 실망은 각오했었다. 그러나 실제로 보니 실망은 훨씬 컸다.

들어가는 길은 좁고 미끄러웠다. 전혀 조용하지도 않았다. 파리떼가 날고 상인들과 순례자들의 소음으로 정말 견딜 수 없었다. 명상과 영적 교류 분위기를 기대했으나 그런 건 전혀 없었다. 그것은 자신의 영혼 속에서 찾아야 했다. 그런 환경 속에서도 명상에 잠긴 신앙 깊은 자매들이 보였다. 그렇다고 사원 당국이 떳떳할 순 없다. 당국은 사원을 도덕적으로나 물질적으로나 순수하고 상쾌하며 단정한 분위기로 만들고 유지할 책임을 진다. 그러나 그 대신 나는 교활한 장사꾼들이 단 것과 최신 유행 장난감을 파는 시장을 보았다.

내가 사원에 도착하자 입구에서 나를 맞은 것은 악취가 코를 찌

---

7) dakshina. 선물. 보시(布施)라고도 함.

8) pusa. 예배.

16 for darshan을 함석헌은 "다르산을 받기 위해서"라고 옮겼다.

르는 썩은 꽃들이었다. 바닥은 멋진 대리석으로 깔았는데, 심미적인 취향이 전혀 없는 신자들이 그것을 파괴하고 더러운 돈을 쌓았다.

나는 지혜의 섬(Jnana-vapi) 가까이 갔다. 그곳에서 신을 찾았으나 실패했다. 그래서 특별히 좋은 기분이 아니었다. 주변도 더러웠다. 보시할 마음이 전혀 생기지 않았다. 그래서 1파이[17]를 냈다. 그 돈을 받은 승려는 화를 내며 집어던졌다. 그는 나에게 맹세하듯 말했다. "이런 모욕을 준 당신은 지옥에 떨어질 거야."

그 말에 나는 화를 내지 않고 답했다. "스님, 내 운명이 어떻든 간에 당신들 같은 계급에 있는 사람들이 그런 말을 함부로 해서는 안 되지요. 이 파이라도 가지려면 가지세요. 아니면 그것도 잃을 거요."

"가세요. 당신의 파이를 받을 생각은 없어요." 그가 답했다. 그리고 심하게 욕을 했다.

나는 그 파이를 집어 들고 그는 파이를 잃었지만 나는 얻었다고 자부하며 길을 갔다. 그러나 그 승려는 파이를 버릴 사람이 아니었다. 나를 불러 세워 말했다. "좋아요. 파이를 여기 두시오. 내가 당신과 같을 수야 없지요. 내가 안 받으면 당신에게 좋지 않아요."

나는 아무 말 없이 파이를 그에게 주고 한숨을 내쉰 후 그곳을 떠났다.

그 후 나는 카시 비슈바나드에 두 번 더 갔지만 그때는 마하트마란 호칭 때문에 골치가 아프던 때여서 앞에서 상세히 말한 것 같은 경험을 할 순 없었다. 나의 보시를 받으려고 한 사람들은 내가 사원의 보시를 받도록 허용하지 않았다. 마하트마의 설움은 마하트마만

---

17 pie. 12분의1 안나.

이 안다. 그렇지 않으면 소음과 불결은 그전과 같았으리라.

신의 무한한 자비를 의심하는 사람이 있다면 이 거룩한 장소에 눈을 돌리게 하라. 그 요가의 왕자는 수많은 위선과 비종교적인 것이, 자기 이름 아래 판치는 것을 용납하는 것일까? 그는 벌써 옛날에 선언했다.

인간이 심은 것은 인간이 거둔다.

업의 법칙은 냉엄하고 피할 수 없다. 따라서 거기에는 신이 개입할 여지도 없다. 신은 그 법칙을 세워두고, 이른바 은퇴를 해버린 것이다.

사원을 방문한 뒤 베전트 부인을 찾았다. 그녀가 병에서 막 회복되었다는 건 알았다. 내 이름을 알리니 금방 나왔다. 나는 그냥 감사의 뜻만 전하려고 말했다. "건강을 보살펴야 하실 것으로 압니다. 존경의 뜻을 전하고 싶을 뿐입니다. 건강이 좋지 않으신데도 저를 맞아주셔서 고맙습니다. 이만 실례하겠습니다."

그렇게 말하고 나는 그녀를 떠났다.

21. 뭄바이에 정착?

고칼레는 내가 뭄바이에 정착하여 변호사 일을 하면서 그의 공적 일을 도와주길 바랐다. 당시의 공적 일이란 국민회의 일이었고, 그가 창립을 도운 그 기구의 주된 일은 국민회의의 행정을 수행하는 것이었다.

나는 고칼레의 권유에 기뻤으나 내가 변호사로 성공하리라 자신하지 못했다. 지난날의 실패에 대한 불쾌한 기억이 있었고 사건을 얻으려고 아첨하는 것이 여전히 독약처럼 싫었다.

그래서 나는 먼저 라지코트에서 시작하기로 결심했다. 마음으로부터 내가 영국에 가도록 원했던 케발람 마브지 다베가 그곳에 있었고, 그는 당장 세 가지 사건을 나에게 부탁했다. 그 중 둘은 카티아와르 사법 보좌관에게 공소된 사건이었고 나머지 하나는 본래 잠나가르에 제기된 사건이었다. 마지막 것이 특히 중요했다. 내가 그것을 정당하게 다룰 자신이 없다고 하자 케발람 다베가 소리쳤다. "이기고 지는 건 문제가 아니야. 자네는 최선을 다하기만 하면 돼. 물론 나도 자넬 돕겠네."

상대방 변호사는 사마르드 씨였다. 나는 열심히 준비했다. 나는 인도법에 대해 많이 몰랐지만 케발람 다베가 상세하게 가르쳐주었다. 남아프리카로 가기 전에 친구들이, 페로제샤 메타 경이 성공한 비결은 증거법을 너무나도 잘 알았기 때문이라고 하는 이야기를 들었다. 나는 그 말을 명심했고 여행하는 동안 인도 증거법을 주석서와 함께 열심히 공부했다. 물론 남아프리카에서의 법 실무도 도움이 되었다.

나는 승소했고 약간 자신감을 얻었다. 항소에도 두려움이 없었고 역시 승소했다. 이 모든 것이 나에게 희망을 불러일으켜 뭄바이에서도 실패하지 않겠다는 생각이 들었다.

그러나 내가 뭄바이로 가겠다고 결심하게 된 사정을 설명하기 전에 영국인 관리의 경솔과 무지에 대한 경험을 설명하겠다. 사법관부 판사법원은 순회제였다. 그는 계속 옮겨 다녔고, 변호사들과 소송 의뢰인들도 그를 따라다녔다. 변호사들은 본거지를 떠날 때 더 많은 비용을 요구했기 때문에 의뢰인들은 당연히 비용을 이중으로 써야 했다. 그러나 판사는 그런 것에 무관심했다.

내가 말하는 사건의 재판은 베라발에서 열렸다. 당시 그곳에는 페스트가 만연했다. 인구가 5천500명인 곳에 매일 50건의 사건이 있었다. 사실 그곳은 황폐했고, 나는 시내에서 좀 떨어진 초라한 다르마샬라에서 묵었다. 그러나 의뢰인들은 어디에 묵어야 할까? 그들이 가난한 사람들이라면 오로지 신의 자비를 믿을 수밖에 없다.

마찬가지로 그 법원의 소송을 담당한 친구가 페스트를 이유로 법원을 베라발에서 다른 곳으로 옮기도록 청원하라는 내용의 전보를 쳤다. 그래서 청원을 했더니 판사가 나에게 "두렵습니까?"라고 물었다.

나는 답했다. "내가 두려워하는 것이 문제가 아닙니다. 나는 갈 수 있지만 의뢰인들은 어떻게 합니까?"

"인도에는 언제나 페스트가 있습니다." 판사가 답했다. "왜 무서워하십니까? 베라발은 날씨가 매우 좋습니다. (판사는 시내에서 멀리 떨어진 해변에 궁궐 같은 텐트를 치고 살았다.) 따라서 사람들은 이런 전원에서 사는 걸 배워야 합니다."

이러한 철학에 대한 논의는 무용했다. 판사가 비서에게 말했다. "간디 씨 말을 적어두시오. 그리고 변호사나 의뢰인에게 불편하다면 내게 말해주시오."

판사는 물론 자기가 옳다고 생각한 것을 솔직히 말한 것이었다. 그러나 그가 가난한 인도인의 고통을 어떻게 알 수 있을까? 그가 어떻게 인민의 요구와 습관과 특이성과 풍속을 이해할 수 있을까? 지금까지 금화로 물건을 헤아리던 사람이 갑자기 시시한 잔돈으로 계산을 할 수 있을까? 코끼리가 개미의 척도로 생각하려면, 세상에서 최선의 의도를 가졌더라도 별도리가 없는 것처럼 영국인이 인도인의 방식으로 생각하려 하거나 법을 만들려고 하면 도저히 어쩔 수 없는 것이다.

그러나 여기서 본론으로 되돌아가자. 나의 성공과는 관계없이 라지코트에 조금 더 머물겠다는 생각을 하던 어느 날 케발람 다베가 와서 말했다. "간디, 우리는 자네가 여기 있는 것을 보고 있을 수 없어. 자네는 뭄바이로 가야 해."

"그러나 거기서 누가 내 일을 찾아주지요? 선생이 비용을 주실 건가요?" 내가 물었다. "그러지, 그러지. 내가 주지." 그가 말했다. "우리는 종종 자네를 일류 변호사로서 뭄바이에서 이곳으로 초청하고 문서 작성 일을 그곳의 자네에게 보내겠네. 법정변호사[18]가 잘되게 하거나 망치게 하는 것은 우리 사무변호사[19]에게 달려 있네. 자네는 잠나가르와 베라발에서 실력을 보였으니 자네에 대해서는 이제 걱정하지 않네. 자네는 공적 일을 할 사람이야. 따라서 자네가 여기 카티아와르에 묻혀 있게 할 수 없어. 그럼, 언제 뭄바이로 갈 건가?"

나는 "저는 나탈에서 보낸 돈을 기다리고 있습니다. 그걸 받으면 바로 가겠습니다" 하고 대답했다.

돈은 2주쯤 지나서 왔고 나는 뭄바이로 갔다. 나는 페인, 길버트,

---

18 함석헌은 고등법원 변호사로 번역한다.

19 함석헌은 지방변호사로 번역한다.

사야니 법률사무소에 자리를 잡았다. 이제 마치 정착한 듯이 보였다.

22. 신앙의 시련

시내에 사무소를 얻고 기르가움에 집을 세냈지만 신은 내가 그곳에 정착하게 하지 않았다. 새집에 이사하자마자 차남 마닐랄이 급성 장티푸스에 걸렸다. 그 애는 몇 년 전에 천연두에 걸린 적도 있는데 이번에는 폐렴까지 겹쳐 밤에는 헛소리도 했다.

의사를 불렀다. 그는 약은 별 소용이 없지만 계란과 닭국은 좋다고 했다.

마닐랄은 겨우 열 살이었다. 그의 의견을 물을 수는 없었다. 그의 보호자로서 내가 결정해야 했다. 의사는 매우 훌륭한 파르시 교도였다. 나는 그에게 우리는 모두 채식주의자니 아들에게 그 두 가지를 먹일 수 없다고 말했다. 그렇다면 그가 다른 것을 추천할 수 있을까?

"아드님의 생명이 위험합니다." 훌륭한 의사가 말했다. "우유를 물에 타서 먹일 수 있지만, 그게 충분한 영양이 될 순 없습니다. 아시다시피 저는 힌두 가정에도 자주 가는데 그들은 내 처방에 반대하지 않습니다. 당신이 아드님에게 그렇게 까다롭게 하지 않으셨으면 합니다."

내가 말했다. "말씀은 옳습니다. 의사로서는 달리 어쩔 수 없으시겠지요. 그러나 제 책임은 너무 중합니다. 아이가 다 컸다면 그의 희망을 확인하고 그걸 존중했겠지요. 그러나 지금은 그 애를 위해 제가 생각하고 결정해야 합니다. 제 생각에는 사람의 신앙이 참으로 시험받는 경우가 이런 경우입니다. 옳건 그르건 고기나 계란 같은 것을 먹지 않는 것이 제 종교적 확신의 일부입니다. 우리가 생명을 지키는 방법에도 한계가 있어야 합니다. 심지어 생명 자체를 위해서도 할 수 없는 일이 있습니다. 제가 이해하는 종교는 이런 경우에도 저나 가족이 고기나 계란을 먹는 걸 허용하지 않습니다. 그래서 저는 선생이 말씀하시는 위험을 무릅쓰지 않을 수 없습니다. 그러나 한 가지 부탁이 있습니다. 선생의 처방을 따를 수 없으니 제가 우연히 알게 된 물 치료법을 해보려고 합니다. 하지만 저는 아이의 맥박을 점검하거나 가슴이나 폐를 어떻게 진찰하는지 모릅니다. 그러니 가끔씩 친절하게 진찰을 해주시고 저에게 상태를 말씀해주신다면 정말 고맙겠습니다.”

그 훌륭한 의사는 나의 어려움을 이해하고 나의 요청에 동의했다. 비록 마닐랄이 스스로 선택할 수는 없었지만, 나는 의사와 나눈 말을 알려주고 의견을 물었다.

그가 말했다. “아버지의 물 치료법으로 해주세요. 계란이나 닭국은 먹지 않겠어요.”

그 말에 나는 기뻤다. 물론 내가 그 둘을 주었다면 그는 먹었을 것이다.

나는 쿠네의 치료법을 알고 있었기에 그것도 시도했다. 또한 단식도 효과가 있음을 알았다. 그래서 쿠네에 따라 마닐랄에게 하반신 목욕을 시키기 시작했다. 욕탕에는 3분 이상 두지 않았고 오렌지주스를 물에 타서 3일간 마시게 했다.

그러나 열은 여전했고 40도까지 올라갔다. 밤에는 헛소리를 했다. 걱정이 되기 시작했다. 사람들이 뭐라고 할까? 형은 나를 어떻게 생각할까? 다른 의사를 불러올 수 없을까? 왜 아유르베다 의사를 불러오지 않았을까? 아이를 마음대로 할 권리가 부모에게 있을까?

이런 생각이 나를 떠나지 않았다. 그리고 반대되는 생각이 들기 시작했다. 신은 내가 스스로에게 실시한 치료법과 같은 것을 아들에게 실시하는 것을 보고 기뻐하리라. 나는 물 치료법을 믿을 뿐 대증 치료법은 믿지 않는다. 의사가 회복을 보장할 수는 없다. 최선은 실험이다. 생명의 실은 신의 손에 있다. 왜 신에게 맡기지 못하고, 그의 이름으로 내가 옳은 치료법이라고 생각한 것을 지키지 못할까?

내 마음은 두 가지 생각의 갈등 속에서 찢어졌다. 어느 날 밤이었다. 나는 마닐랄의 침대 곁에 누워 있었다. 그에게 물수건 찜질을 해야겠다고 결심했다. 나는 일어서서 수건을 적셔서 물을 짜, 아이의 머리만을 내놓고 전신을 싼 후 다시 담요 두 장으로 덮어주었다. 머리에는 젖은 수건을 얹었다. 온몸이 불덩이처럼 뜨거웠고, 너무 건조했다. 땀은 한 방울도 나지 않았다.

나는 너무 지쳤다. 애를 아내에게 맡기고 차우파티로 산책을 나섰다. 10시쯤이었다. 걸어다니는 사람도 거의 없었다. 깊은 생각에 잠겨 그들을 보지 못했다. "신이여, 이 시련의 시간에 저의 명예는 당신 손에 달렸습니다"라고 스스로 되풀이했다. 라마나마를 외웠다. 잠시 후 뛰는 가슴을 안고 집으로 돌아왔다.

방 안에 들어서자마자 마닐랄이 말했다. "아버지, 오셨어요?"

"그래, 애야."

"좀 벗겨주세요. 너무 더워요."

"땀이 나니?"

"흠뻑 젖었어요. 일으켜주세요."

이마를 짚어보았다. 구슬땀으로 가득했다. 열이 내리고 있었다. 나는 신에게 감사했다.

"마닐랄, 이제 열이 내린다. 좀 더 땀을 내렴. 그럼 벗겨주마."

"아뇨, 제발, 이 불가마에서 나를 꺼내주세요. 싸주시려면 좀 있다가 하세요."

나는 몇 분 더 찜질을 하게 했다. 이마에서 구슬땀이 흘러내렸다. 덮은 것을 벗기고 몸을 닦았다. 아버지와 아들은 한침대에서 잠이 들었다.

그리고 각각 나무통처럼 잤다. 다음날 아침 마닐랄의 열은 더 내려갔다. 그렇게 그는 40일간 물 탄 우유와 과일주스로 지냈다. 이제 공포를 느끼지 않았다. 그것은 악성 열병이었는데 잡을 수 있었다.

지금 마닐랄은 아이들 중에서 가장 건강하다. 그의 회복이 신의 은혜 덕분인지, 물 치료 덕분인지, 아니면 식이요법과 간호 덕분인지는 모른다. 누구나 자기 믿음에 따라 결정하리라. 나라면 신이 나의 명예를 지켜주었다고 확신한다. 그리고 그 믿음은 지금까지도 변함이 없다.

23. 다시 남아프리카로

마닐랄의 건강은 회복되었으나 기르가움 집은 살기 좋은 집이 아님을 알았다. 습기가 많고 볕이 잘 들지 않았다. 그래서 나는 레바샹카르 자그지반에게 상의하여 뭄바이 근교의 환기가 잘되는 방갈로를 빌리기로 했다. 나는 반드라와 산타크루즈를 돌아다녔다. 반드라에는 도축장이 있어서 싫었다. 가다고파르와 그 부근은 바다에서 너무 멀었다. 마침내 산타크루즈에서 위생상 제일 좋은 멋진 방갈로를 찾았다.

나는 산타크루즈에서 처치게이트까지 일등 통근권을 끊었다. 객실에 일등칸 승객은 나 혼자여서 종종 자랑스러워했던 것을 기억한다. 이따금 반드라에서 처치게이트까지 가는 급행을 타려고 반드라까지 걸어갔다.

사업은 기대 이상으로 잘되었다. 남아프리카 의뢰인들이 일을 맡겨 그것만으로도 살기에 충분했다.

아직 법원에서 일을 찾지 못했지만 당시 흔했던 '모의' 재판에는 가보았다. 그러나 거기에 참여힐 생각은 없있다. 사미아브람 나나바이가 활약했던 것을 기억한다. 다른 신참 변호사들처럼 나도 법원 재판 심리를 방청했다. 그러나 지식을 얻었다고 하기보다도 졸리게 하는 바닷바람을 즐겼다고 하는 것이 옳았다. 그것을 즐기는 자가 나 혼자만이 아님을 알았다. 일종의 유행이었으니 부끄럽지 않았다.

그러나 나는 법원 도서관을 이용하고 새로운 친구들을 사귀기 시작했으며 조만간 법원에서 일을 얻을 것 같았다.

이처럼 한편으로 나는 내 일에 어느 정도 안심하게 되었으나, 다른 한편으로 언제나 나를 주시하던 고칼레는 나를 위한 계획을 세우는 데 바빴다. 그는 매주 두세 번은 내 사무실에 들렀고 그가 나에게 알려주고 싶은 친구들을 데려왔으며 자신의 일을 나에게 계속 알려주었다.

그러나 신은 내 계획대로 되도록 허용하지 않았다. 그는 자기 뜻대로 처리했다.

내 의도대로 정착하는 듯이 보이던 바로 그때, 남아프리카에서 뜻밖의 전보를 받았다. "체임벌린이 곧 올 예정. 즉시 돌아올 것." 나는 약속을 기억하고, 여비를 보내주면 바로 출발하겠다고 전보를 쳤다. 그들은 즉각 반응했고 나는 사무실을 포기한 채 남아프리카로 출발했다.

거기서 할 일이 적어도 일년은 걸릴 것 같아 가족은 방갈로에 그대로 있도록 했다.

당시 나는 국내에서 일자리를 얻지 못한 청년은 해외로 가야 한다고 생각했다. 그래서 청년을 서너 명 데리고 갔다. 그 중 하나가 마간랄 간디였다.

간디 집안은 그때나 지금이나 대가족이었다. 나는 많은 사람들이 구습을 버리고 해외에서 모험하기를 바랐다. 나의 아버지는 그들 상당수를 국사에 종사하게 했다. 나는 그들을 아버지의 주문에서 벗겨주고 싶었다. 그들에게 다른 일을 줄 수도 없고, 주고 싶지도 않았다. 나는 그들이 독립하기를 바랐다.

그러나 내 이상이 커짐에 따라 나는 그들의 이상이 내 이상을 따르도록 설득하려고 했고, 마간랄 간디를 인도하는 데 크게 성공했다. 그러나 그 이야기는 뒤에 하겠다.

아내와 아이들과 헤어지는 것, 자리 잡힌 일을 포기하는 것, 확실함에서 불확실함으로 뛰어드는 것, 이 모든 것은 한동안 고통이었으나, 나는 불확실한 생활에 익숙했다. 이 세상에서 확실함을 기대하는 건 잘못이라고 나는 생각한다. 진실인 신을 제외하고 모두 불확실하다. 우리 주위의 모든 것은 불확실하고 일시적이다. 그러나 하나의 확실로서 불확실한 것 뒤에 숨은 절대자가 있고, 우리가 그 확실성을 잠깐이라도 깨닫고 거기에 자기 수레를 맨다면 복을 받으리라. 진실의 탐구는 삶의 최고선이다.

나는 더반에 정확하게 도착했다. 일이 나를 기다리고 있었다. 체임벌린 씨를 맞을 대표단이 출발할 시기가 정해져 있었다. 나는 그에게 보낼 진정서를 쓰고 대표단을 따라야 했다.

4부

《간디 자서전》 4부는 다시 영화 〈간디〉에 등장하는 남아프리카 사티아그라하를 보여주는 시기에 해당한다. 영화에서 말을 더듬는 간디를 대신해 친구 상인이 성명서를 읽고 유색인종용 신분증을 소각하는 장면이 그것이다. 이어 남아프리카 사티아그라하가 매우 상세히 영화에 묘사된다. 그러나 이 부분은 《간디 자서전》에는 그리 자세히 나와 있지 않다. 왜냐하면 그것은 《간디, 비폭력 저항운동 ― 남아프리카에서의 사티아그라하》라는 간디의 다른 책에서 다뤄졌기 때문이다. 이 책은 2016년에 와서야 박홍규에 의해 우리말로 번역되었다.

1902년 말 남아프리카로 다시 돌아온 간디는 요하네스버그에 법률 사무소를 열고 주간지 《인디언 오피니언》을 간행하기 시작했다. 이어 1904년에는 러스킨의 책 《이 마지막 사람에게도》에 감동해 더반 부근에 자급자족 농원인 피닉스 정착촌을 건설했고, 1905년에는 나탈 인도인에 대한 인두세 징수법안에 반대했다. 또한 같은 해 영국이 인도에서 벵골 분할을 시도하자 국민회의는 스와라지(자주 독립), 스와데시(국산품 사용), 민족 교육을 주장하며 저항했고, 간디도 이를 지지했다.

1906년 남아프리카에서 줄루족 반란이 터지자 간디는 간호 부대를 조직해 참전했고, 이어 아시아인 법안에 반대하는 운동을 일으켰으며, 영국 정부에 탄원하려고 영국에 갔다. 1907년에는 인도인에게 재등록을 하지 말도록 요청하고 총파업을 하여 1913년 사티아그라하를 재개했으며 1914년 정부와 협상 타결 후 사티아그라하를 중지했다. 그 후 런던을 거쳐 인도에 영구 귀국했다. 그사이 간디는 1909년 영국에 갔다가 돌아오는 동안 《인도의 자치》를 집필했고, 1910년에 요하네스버그 부근에 톨스토이 농장을 세워 본격적인 집단농장 생활에 들어갔다. 영화 〈간디〉에서 중요하게 다루어지는 영국인 목사 앤드루스는 사실 간디가 1914년 남아프리카를 떠나기 직전 앤드루스가 그곳에 와서 만났으나 간디와의 관계는 사실 간디가 인도에 돌아간 뒤 중요했다. 따라서 영화에서 앤드루스는 과하게 강조된 면이 강하다. 영국에서 만든 영화라서 그렇다고 해도 필요 이상이고 사족이라는 느낌이 강하게 든다.

1903년(34세) 요하네스버그에 법률사무소를 열고 주간지《인디언 오피니언》간행.

1904년(35세) 러스킨 책에 감동해 더반 부근에 자급자족 농원 건설.

1905년(36세) 나탈 인도인에 대한 인두세 징수 법안에 반대.

1906년(37세) 간호 부대를 조직해 줄루족 반란에 참전하고 아시아인 법안에 수정을 탄원하고자 영국에 다녀옴.

1907년(38세) 인도인에게 재등록을 하지 말도록 요청하고 총파업을 하여 사티아그라하 개시.

1908년(39세) 2개월 투옥. 등록증명서 소각 선동. 등록증명서 미소지를 이유로 재투옥됨.

1909년(40세) 다시 두 번 투옥됨. 영국에 갔다가 돌아오던 중《인도의 자치》를 집필함.

1910년(41세) 요하네스버그 부근에 톨스토이 농장 설립.

1913년(44세) 사티아그라하 재개. 대행진 이후 투옥됨.

1914년(45세) 정부와 협상 타결 후 사티아그라하 중지. 런던을 거쳐 인도에 영구 귀국.

1. '사랑놀이의 헛수고?'

체임벌린 씨[1]는 3천500만 파운드를 징수하려고[2] 남아프리카에 왔고, 영국인과 보어인의 환심을 사려 했다. 그래서 그는 인도인 대표단을 냉정하게 대했다.

그가 말했다. "아시다시피, 제국 정부는 자치 식민지에 대해 권한이 없습니다. 여러분이 진심이란 걸 압니다. 내가 할 수 있는 일은 하겠지만 여러분이 유럽인 속에서 살려면 그들의 호의를 얻도록 최선을 다해야 합니다."

그 답은 대표단에게 실망을 주었다. 나도 실망했다. 그러나 그것이 하나의 각성제가 되어 나는 우리가 처음부터 일을 다시 시작해야 한다는 것을 깨달았다. 나는 동료들에게 상황을 설명했다.

사실 체임벌린의 답에는 틀린 점이 없었다. 도리어 꾸미지 않아 좋았다. 힘의 지배나 칼의 법이 정의라는 것을 좀 점잖은 방법으로 알려준 것이다.

그러나 우리에겐 칼이 없었다. 칼끝을 느낄 신경이나 근육조차 없었다.

체임벌린 씨는 잠시 머물 예정이었다. 슈리나가르에서 코모린 항구까지 1천900마일이고 더반에서 케이프타운까지 1천100마일이 못되는데 체임벌린 씨는 이 먼 거리를 질풍처럼 다녀야 했다.

그는 나탈에서 트란스발로 서둘러 갔다. 나는 그곳에서 인도인을

---

1 당시 영국의 식민상.

2 보어 전쟁의 비용을 전쟁 패배자인 보어인에게 돌려받는 것.

위한 청원서를 준비하여 그에게 제출해야 했다. 그러나 프리토리아에 가야 한다면 어떻게 될까? 그곳 동포들은 내가 제 시간에 거기 닿는 데 필요한 법적 절차를 밟는 것이 어려웠다. 전쟁 때문에 트란스발은 폐허로 변했다. 그곳에는 식량도 의복도 없었다. 텅 비거나 닫힌 상점뿐이었고 다시 상품을 쌓아 문을 열려면 시간이 걸렸다. 심지어 피난민조차 상점을 열 준비가 되어 있지 못하면 그곳에 돌아갈 수 없었다. 따라서 트란스발 사람들은 모두 거주허가증을 가져야 했다. 유럽인은 쉽게 가질 수 있었지만 인도인이 갖기는 매우 어려웠다.

전쟁 동안 많은 관리와 장병 들이 인도와 실론에서 남아프리카로 왔다. 그들이 그곳에 정착하도록 하는 것은 영국 당국의 의무로 생각되었다. 당국에겐 새로운 관리가 필요했고, 경험자들은 매우 유리한 위치에 있었다. 그 중 눈치 빠른 사람들은 새로운 부서를 만들었다. 그것이 그들의 재능을 보여주었다. 흑인을 위한 새로운 부서가 생겼다. 그렇다면 아시아인을 위한 부서를 만들지 못할 이유가 무엇인가? 이 주장은 그럴듯해 보였다.

내가 트란스발에 도착하자 이 새로운 부서가 이미 일을 시작해서 손길을 뻗치고 있었다. 돌아오는 피난민에게 거주허가증을 발급하는 관리는 그들 모두에게 거주허가증을 주어야 한다. 그런데 아시아인에 대해서는 새 부서의 개입 없이 그렇게 할 수 없다. 만일 새 부서의 추천으로 거주허가증이 발급된다면 거주 허가 관리의 책임과 부담이 가벼워질 수 있다는 것이 그들이 내세운 이유였다. 그러나 사실은, 새로운 부서에 일을 만들 구실이 필요했고, 그들은 돈을 원한 것이었다. 만일 일이 없다면 부서도 필요 없을 테고 따라서 없어져야 했다. 그래서 그들이 일부러 일을 만든 것이다.

인도인들은 그 부서에 신청해야 했다. 답은 언제나 며칠 뒤에 나왔다. 그리고 트란스발로 돌아가려는 사람들이 많아지자 소개자나 브로커가 많아져서 관리들과 짜고 가난한 인도인들에게서 엄청난 돈을 갈취했다. 배경이 없으면 거주허가증을 받을 수 없고, 배경이 있어도 몇백 파운드를 내야 한다는 소문이었다.

그래서 나로서는 도저히 그곳에 갈 수 없을 것 같았다. 나는 옛 친구인 더반 경찰서장을 찾아가서 말했다. "거주 허가 담당관에게 나를 소개하여 거주허가증을 얻도록 도와주게. 알다시피 나는 트란스발 주민이었네." 그는 즉시 모자를 쓰고 나가서 허가증을 얻어주었다. 내가 타야 할 기차의 출발 시간은 한 시간도 남지 않았다. 짐은 벌써 다 꾸려놓았다. 나는 경찰서장 알렉산더에게 감사 인사를 하고 프리토리아로 출발했다.

이제 내 앞에는 어려운 점이 많다는 것을 알게 되었다. 프리토리아에 도착하자 나는 청원서를 썼다. 더반에서는 인도인에게 대표 명단부터 제출하라는 요구가 없었던 걸로 기억하는데 여기서는 신설된 부서에서 그렇게 하도록 요구했다. 프리토리아 인도인들은, 관리들이 나를 내쫓으려 한다는 걸 이미 알고 있었다.

그러나 고통스러웠지만 즐거운 사건을 말하자면 다음 장이 필요하다.

2. 아시아에서 온 귀족들

신설된 부서의 관리들은 내가 트란스발에 어떻게 들어왔는지 의

아해했다. 그들에게 자주 오는 인도인들에게 물어보았지만 그 인도인들은 아무것도 분명하게 말하지 못했다. 관리들은 다만 나의 옛 인연으로 허가 없이 들어왔다고 짐작했다. 만일 그렇다면 나는 체포당해야 했다!

큰 전쟁이 끝나면 일정 기간 정부에 특권이 부여되는 게 보통이다. 남아프리카에서도 그러했다. 정부는 평화보호령을 선포했는데, 이는 허가 없이 트란스발에 들어온 자를 구속하고 구금하도록 했다. 그 법령에 따라 나를 구속하자는 이야기가 나왔으나 나에게 거주허가증을 보자고 할 용기를 가진 사람은 없었다.

물론 관리들은 더반에 전보를 쳤다. 내가 허가증을 가지고 들어온 걸 알고 그들은 실망했다. 그러나 그들은 그 정도 실망으로 끝낼 사람들이 아니었다. 내가 트란스발에 오는 데는 성공했지만 그들은 여전히 내가 체임벌린을 기다리지 못하게 할 수 있었다.

그래서 거류민단에 대표 명단을 제출하라는 명령이 내려졌다. 물론 남아프리카 어디서나 인종차별이 뚜렷했으나, 내가 인도에서 자주 본 관리들의 더럽고 부패한 행동을 여기서는 보기 어려웠다. 남아프리카에서 공공 부서는 주민의 이익을 위해 운영되고 여론에 책임을 졌다. 따라서 관련 관리들은 주민들에게 어느 정도 예의와 겸손을 갖추었고, 유색인 역시 다소간 그 혜택을 입었다.

그러나 아시아에서 관리들이 오면서 그 권위주의도 함께 왔고, 거기 배인 태도도 따라왔다. 남아프리카에는 일종의 책임정치나 민주주의가 있었으나, 아시아에서 수입된 것은 순수하고 단순한 권위주의였다. 아시아에서는 외국 정부가 통치했기 때문에 책임정치가 있을 수 없었다. 반면 남아프리카에는 유럽인이 이민으로 정착했다. 그들이 남아프리카 시민이기 때문에 공공기관을 감독했다. 그러나 이제 아시아에서 온 권위주의가 나타나 인도인들은 악마와 심해 사이에 끼이게 되었다.

나는 이 권위주의를 충분히 맛보았다. 먼저 실론에서 온 부서장에게 소환을 받았다. '소환을 받았다'고 하면 과장으로 보일 수 있으니 자세히 설명하겠다. 서류가 온 것은 아니었다. 인도인 지지자들은 종종 아시아 부서를 찾아가야 했다. 그 중에 고(故) 테브 하지 칸 마호메드 호상이 있었다. 부서장은 그에게 내가 누구며 무엇 때문에 왔는지를 물었다.

테브 호상이 말했다. "그는 우리 변호사입니다. 우리가 요청해서 왔지요."

"그럼 우리는 왜 이곳에 있습니까? 우리는 여러분을 위해 있는 것 아닌가요? 간디가 이곳 사정에 대해 뭘 압니까?" 그 독재자가 물었다.

테브 호상은 최대한 열심히 답했다. "물론 여러분도 계시지요. 그러나 간디는 우리 동포입니다. 그는 우리말을 알고 우리를 이해합니다. 당신은 결국 관리에 지나지 않고요."

그는 테브 호상에게 나를 데려오라고 했다. 나는 테브 호상 등과 함께 그에게 갔다. 그는 우리에게 자리를 권하지도 않고 끝까지 세워두었다.

"여기 왜 왔소?" 그가 나에게 물었다.

"동포들의 요청을 받고 그들을 도우려고 왔습니다." 내가 답했다.

"그러나 당신은 여기 올 권리가 없다는 걸 모르시오? 당신의 허가증은 실수로 발급되었소. 당신을 주민으로 볼 수 없소. 당신은 돌아가야 하오. 체임벌린 씨를 기다릴 수도 없소. 아시아부가 특별히 만들어진 것은 이곳 인도인을 보호하기 위해서요. 자, 가시오." 그리고 그는 나에게는 답할 기회도 주지 않고 인사를 했다..

그러면서 그는 나의 동료들을 잡아두었다. 그는 그들에게 욕설을 퍼부으면서 나를 보내라고 충고했다.

그들은 화를 내며 돌아왔다. 이제 우리는 예상치도 못한 일에 부딪히게 된 것이다.

3. 모욕을 참다

그 모욕에 화가 났지만, 나는 과거에 수없이 그런 일을 당할 때마다 참았다. 그래서 그것을 잊고 냉정히 판단하여 최선의 길을 택하기로 했다.

우리는 아시아 부장에게 편지를 받았다. 내용은 내가 이미 더반에서 체임벌린 씨를 만났으니 그를 기다리는 대표 명단에서 나를 빼라는 거였다.

그 편지는 내 동료들에게 참을 수 없는 것이었다. 그들은 대표단 구성이라는 생각 자체를 버리자고 제안했다. 나는 그들에게 그렇게 되면 거류민들이 난처한 처지에 놓이게 된다는 점을 지적했다.

내가 말했다. "여러분이 체임벌린 씨에게 청원하지 않는다면, 아무 문제도 없는 것이 됩니다. 청원은 결국 서면으로 제출해야 하고 우리는 이미 준비했습니다. 내가 그걸 읽든 다른 사람이 읽든 문제가 안 됩니다. 체임벌린 씨는 그것으로 우리와 토론을 하려고 하진 않을 겁니다. 우리는 그저 모욕을 감수해야 합니다."

내가 말을 마치기도 전에 테브 호상이 외쳤다. "당신에 대한 모욕은 거류민단에 대한 모독입니다. 당신이 우리 대표임을 우리가 어떻게 잊겠습니까?"

내가 말했다. "정말 옳은 말씀입니다. 그러나 거류민단도 이런 모욕을 참아야 합니다. 다른 대안이 있습니까?"

"마음대로 하라지요. 왜 우리가 이 엄청난 모욕을 참아야 하나요? 이보다 더 나쁜 일은 있을 수 없어요. 우리에게 빼앗길 권리나 있습니까?" 테브 호상이 물었다.

가슴을 치는 말이었지만 무슨 소용이 있는가? 나는 거류민단의 한계를 충분히 알았다. 나는 친구들을 진정시키고 나 대신 인도인 변호사 조지 고드프리 씨에게 대표를 맡게 하라고 권했다.

그래서 고드프리 씨가 대표단을 이끌게 되었다. 체임벌린 씨는 답변 중에 내가 빠진 데 대해 언급했다. "똑같은 대표에게 또 듣기보다 새로운 대표에게 듣는 것이 좋겠지요?"라고 하며 상처를 치유하고자 했다.

그럼에도 문제가 끝나기는커녕 거류민단의 일만 더 만들었고 나의 일도 늘어났다. 우리는 다시 시작해야 했다.

"우리가 전쟁에 협조한 것은 당신의 충고 때문이었습니다. 그러나 그 결과란 보다시피"라며 몇 사람이 나를 조롱했다. 그러나 그 조롱은 소용이 없었다. 내가 말했다. "나는 그렇게 충고했던 것을 후회하지 않습니다. 나는 지금도 우리가 전쟁에 참여한 것은 잘한 일이라고 생각합니다. 그렇게 해서 우리는 단순히 우리의 임무를 다한 것입니다. 우리는 우리의 노력에 어떤 보수도 기대해서는 안 됩니다. 그러나 나는 모든 선행에는 열매가 있음을 굳게 믿습니다. 과거는 잊고 우리 앞에 놓인 일을 생각합시다." 그 말에 모두 동의했다.

나는 말을 이었다. "솔직히 말씀드리자면 여러분이 저에게 요청한 일은 사실상 끝났습니다. 그러나 설령 여러분이 내가 조국에 돌아가도록 허용한다고 해도, 되도록이면 트란스발을 떠나지 않아야 한다고 나는 믿습니다. 과거처럼 나탈에서 일을 하지 않고, 이제 여기서 일하겠습니다. 일년 안에는 인도에 돌아갈 생각을 하지 않고 트란스발 대법원에 등록해야겠습니다. 나는 이 새로운 부서를 상대로 일할 자신이 있습니다. 만일 우리가 이 일을 하지 않으면 거류민단은 쫓겨날 것이고, 완전히 강탈당할 것입니다. 날마다 우리에게 새로운 모욕이 돌아올 것입니다. 체임벌린이 저를 만나기를 거절한 것이나, 관리가 저를 모욕한 것은 거류민단 전체가 당한 모욕에 비하면 아무것도 아닙니다. 앞으로 당하게 될 정말 비참한 개와 같은 생활을 참을 수 없게 될 것입니다."

그래서 나는 프리토리아와 요하네스버그의 인도인들과 상의하여 결국 요하네스버그에 사무실을 내기로 결심했다.

내가 트란스발 대법원에 등록할 수 있을지 정말 의문이었다. 그러나 변호사회가 나의 신청에 반대하지 않아 법원도 허용했다. 인도인으로서는 적절한 곳에 사무실을 찾기가 어려웠다. 그러나 나는 당시 그곳에서 장사를 하던 리치 씨와 매우 친밀해졌다. 그를 통해 알게 된 주택 중개인이 친절을 베풀어 시내 법무 지역에서 사무실로 쓸 적당한 방을 구하는 데 성공했다. 그리고 나는 변호사일을 시작했다.

4. 되살아난 희생 정신

트란스발 인도인의 권리 투쟁과 그들에 대한 아시아부의 대우에 대해 말하기 전에 나는 내 생활의 다른 면을 말해야겠다.

그때까지 나에게는 욕망이 뒤섞여 있었다. 미래를 위해 무엇인가 해야 한다는 욕망 때문에 자기희생 정신이 약화되었다.

내가 뭄바이에서 일할 때, 미국인 보험판매원이 찾아왔다. 애교 있는 얼굴에 말을 잘했다. 마치 우리가 옛 친구라도 되는 양 그는 내 미래의 행복에 대해 말했다. "미국에서는 당신 같은 지위에 있는 사람이면 모두 생명보험을 듭니다. 장래를 위해 들어야 하지 않겠습니까? 인생이란 불확실합니다. 미국에서는 보험에 드는 걸 하나의 종교적 의무로 생각합니다. 작은 것 하나라도 들지 않겠습니까?"

그때까지 나는 남아프리카와 인도에서 만난 보험판매원에게 냉정했다. 생명보험이란 공포와 신에 대한 불신을 뜻한다고 생각했기 때문이다. 그러나 그때 나는 그 미국인의 유혹에 넘어갔다. 그의 설명을 듣고 나는 아내와 아이들을 생각하지 않을 수 없었다. 나는 스스로에게 말했다. '여보게, 자넨 이미 아내의 패물을 모두 팔지 않았나. 무슨 일이라도 생기면 아내와 아이들의 생계라는 짐은 자네 불쌍한 형에게 떨어지지 않겠나. 그렇게도 의젓하게 아버지 역할을 해준 형에게 말이야. 그렇게 되면 어떻게 하지?' 이러면서, 또 그와 비슷한 이유를 대면서 나는 1만 루피짜리 보험에 들었다.

그러나 남아프리카에서 내 생활 방식이 변하면서 나의 인생관도 함께 변했다. 그 시련의 시기에 모든 발걸음은 신의 이름 아래 그를 섬기기 위해 내디딘 것이었다. 내가 남아프리카에 얼마나 있게 될지 몰랐다. 다시 인도에 갈 수 없을지 모른다는 두려움도 있었다. 그래서 가족을 데려와 그들이 살 만큼 벌어야겠다고 결심했다. 그렇게 계획을 세우니 생명보험에 든 것이 후회되고 보험판매원에게 걸려든 것이 부끄러워졌다.

나는 스스로에게 말했다. 만일 형이 정말 아버지와 같은 자리에 서게 되면 과부가 된 아내를 돌보는 것을 너무 무거운 짐으로 생각하지는 않을 거라고. 그리고 내가 다른 사람들보다 일찍 죽으리라 가정하는 이유가 무엇인가? 여하튼 진정한 보호자는 나도, 형도 아니고, 오직 신이다. 생명보험에 들어서 가족의 자립을 빼앗아버렸다. 왜 그들이 스스로를 돌보리라 기대해서는 안 되는가? 세상의 수없이 많은 가정에서 생기는 일은 무엇인가? 왜 나도 그 중 하나라고 생각해서 안 되는가?

이런 여러 가지 생각이 내 마음을 스치고 지나갔으나, 그대로 실행하지는 못했다. 나는 남아프리카에서 적어도 한 번은 보험료를 지불한 것으로 기억한다.

외부 사정도 이러한 생각의 변화를 도와주었다. 최초의 남아프리카 체류 때 나의 신앙심을 살아 있게 한 것은 기독교도의 영향이었다. 이제 그것을 더욱 강화한 것이 신지학파의 영향이었다. 리치 씨는 신지학파로서 요하네스버그 집회에 나를 데려갔다. 나는 생각이 달라 회원이 되지는 않았지만 신지학파 사람들 모두와 가깝게 지냈다. 나는 그들과 매일 종교 토론을 했다. 보통은 신지학파 책을 읽었고, 종종 집회에서 발언도 했다.

신지학파의 주된 일은, 동포애를 함양하고 증진시키는 것이었다. 이에 대해 우리는 많은 토론을 했고, 그 이상에 맞지 않는 듯이 행동하는 회원을 비판하기도 했다. 그러한 비판은 나에게도 유익했다. 그것은 나를 반성하게 했다.

5. 반성의 결과

1893년, 기독교인 친구들과 가까이 사귀게 되었을 때 나는 초보자에 불과했다. 그들은 나를 예수의 말씀에 끌어들여 받아들이도록 노력했고, 나는 그것을 열린 마음으로 겸손하게 정성으로 받아들였다. 당연히 당시의 나는 힌두교를 최대한 연구했고 다른 종교도 이해하려고 노력했다.

1903년에는 사정이 조금 변했다. 신지학파 친구들이 나를 그들 모임에 끌어들이려 했지만 그것은 힌두교도인 나에게서 무엇인가 얻기 위해서였다. 신지학 문헌에는 힌두교의 영향이 컸다. 그래서 그 친구들은 내가 그들에게 도움이 되리라 기대했다. 나는 나의 산스크리트 지식이 빈약하고 힌두 경전을 원전으로 읽지 못하며, 심지어 번역을 통한 지식도 얕다고 말했다. 그러나 내가 업(samskara:전생으로 인해 생기는 여러 경향)과 윤회(punarjanma:윤회나 재생)를 믿기 때문에 최소한의 도움을 주리라 생각했다. 그래서 나를 군계일학으로 여겼다.

나는 그들 중 몇몇 친구들과 비베카난다 선생의《라자요가》를 읽기 시작했고, 다른 몇몇 친구들과는 M. N. 드비베디의《라자요가》를 읽었다. 한 친구와는 파탄잘리[3]의《요가 수트라》를 읽어야 했고 다른 많은 사람들과는《바가바드기타》를 읽었다. 우리는 일종의 탐구자 클럽을 만들어 규칙적인 독서를 했다. 나는 이미《바가바드기타》를 믿고 있었고 거기에 매혹되어 있었다.

이제 나는 더 깊이 파고들 필요를 느꼈다. 한두 가지 번역본을 통해 산스크리트 원전을 이해하려고 노력했다. 또 매일 한두 구절 외우기로 결심했다. 이를 위해 나는 아침 목욕 시간을 이용했다. 35분이 드는 그 시간 중 15분은 양치에, 20분은 목욕에 썼다. 양치는 서양식으로 똑바로 서서 했다. 그래서 반대쪽 벽에다《기타》에 나오는 구절을 쓴 종이를 붙이고 가끔씩 그것을 외웠다. 그 시간이면 그날 치를 외우고 이미 외운 것을 복습하기에 충분했다. 그렇게 해서 열세 장을 외웠다고 기억된다. 그러나《기타》암기는 다른 일과 사티아그라하의 형성과 육성에 자리를 양보해야 했다. 사티아그라하는 나의 모든 사색 시간을 차지했고, 이는 지금도 마찬가지다.

이《기타》독서가 친구들에게 어떤 영향을 주었는지는 그들만이 알 수 있지만, 나에게《기타》는 완벽한 행동 지침이 되었다. 곧 내가 매일 찾아보는 사전이 되었다. 내가 이해하지 못하는 영어 단어의 뜻을 알려고 영어사전을 찾듯이, 나의 모든 문제와 시련에 대해 준비된 답을 찾고자 나는 이 행동의 사전을 찾았다.

무소유(aparigraha)와 한결같음(samabhava)[4]과 같은 낱말이 나를 괴롭혔다. 한결같음을 어떻게 기르고 유지하는가가 문제였다. 다음 세 사람, 즉 첫째 나를 모욕하는 오만하며 부패한 관리, 둘째 무의미한 반향을 일으키는 어제까지의 동료, 셋째 나에게 언제나 선량한 사

---

3 Patanjali. 기원전 2세기 또는 5세기에 살았다고 하는 인도 사상가로, Yoga Sutras와 Mahabhasya의 저자로 유명하다. Yoga Sutras는 요가에 대한 사상의 역사서다.

4 함석헌은 이를 평등관이라고도 번역하나 적합한지 의문이다.

람을 어떻게 한결같이 대할 수 있는가? 어떻게 하면 모든 소유를 버릴 수 있을까? 내 몸 자체부터 엄청난 소유가 아닌가? 가족은 소유가 아닌가? 내가 가진 책장도 모두 부수어야 하는가? 내가 가진 모든 것을 포기하고 그를 따라야 하나?

대답은 바로 왔다. 내가 가진 모든 것을 포기하지 않으면 그를 따를 수 없다. 영국법 공부가 도움이 되었다. 스넬의 형평법에 대한 격언 해설이 생각났다. 나는《기타》가 가르쳐주는, '관리자'라는 말이 내포한 뜻에 비추어 더욱 분명하게 이해할 수 있게 되었다. 법학에 대한 관심이 증대했고, 나는 그것을 종교에서 발견했다.

나는 무소유에 대한《기타》의 교훈을 이렇게 이해했다. 곧 구제를 바라는 자는, 관리인처럼 행동해야 한다. 관리인은 엄청난 재산을 관리하면서도 티끌조차 자기 것이라고 생각하지 않는다. 무소유와 한결같음은 먼저 마음의 변화, 태도의 변화를 요구한다는 것이 나에게 햇빛처럼 명확하게 되었다.

그래서 나는 레바샨카르바이에게 보험을 해약해달라고 하면서 조금이라도 되찾을 수 있으면 받고, 아니면 이미 지불한 것은 잃은 것으로 알겠다는 내용의 편지를 썼다. 그리고 그 이유는, 나나 가족을 창조한 신이 그들을 돌보아주리라 확신하기 때문이라고 했다.

그리고 나에게 아버지와 같았던 형에게 편지를 썼다. 그때까지는 내가 저축한 것을 모두 형에게 보냈지만 앞으로는 기대하지 말라는 내용이었다. 역시 그 이유는 앞으로 저축을 하게 되면 거류민단의 이익을 위해 쓰려 하기 때문이라고 설명했다.

이를 형에게 이해시키기란 쉽지 않았다. 그는 매우 엄격하게 그에 대한 내 의무를 강조했다. 그는 내게, 내가 아버지보다 더 현인이 되어서는 안 된다고 했다. 나도 형처럼 가족을 부양해야 한다고 했다. 나는 형에게 나도 아버지처럼 하려는 것이라고 말했다. '가족'이라는 말의 의미를 조금 넓게 해석하면, 내 행동이 옳다는 게 분명했다.

형은 나를 포기하고 실제로 소식을 끊었다. 나는 너무 괴로웠다. 그러나 스스로 의무라고 생각한 것을 포기하기란 더욱 괴로웠다. 그래서 나는 고통이 덜한 쪽을 택했다. 그러나 그 때문에 형에 대한 헌신에 영향을 받지는 않았고 그것은 과거처럼 순수하고 두텁게 남았다. 그의 고통의 뿌리에는 나에 대한 그의 위대한 사랑이 있었다. 그는 내게 돈을 바란 것이 아니라, 가족에게 옳게 행동하기를 바랐다.

만년에 그는 나의 생각을 이해했다. 임종이 가까워지자 내 행동이 옳았음을 알고 내게 깊은 사랑의 편지를 보냈다. 형은 아버지가 아들에게 사과하듯 나에게 사과했다. 그는 자기 아들들을 내게 부탁하고, 내가 적당하다고 생각하는 대로 기르라고 했으며, 너무 보고 싶다고 했다.

형은 남아프리카에 오고 싶다는 전보를 보내왔고 나는 그렇게 하라고 답했다. 그러나 그건 불가능했다. 아들들에 대한 희망도 이루어지지 못했다. 남아프리카로 오기 전에 그는 죽었다. 그의 아들들은 과거의 분위기에서 자랐고, 그들 삶을 바꾸지 못했다. 나는 그들을 내게 끌어오지 못했다. 그것은 그들 잘못이 아니다. "누가 감히 자신의 천성은 여기까지 흐르고 그 이상은 흐르지 않는다고 말할 수 있을까?" 누가 자기가 태어날 때의 인상을 지울 수 있는가? 자식이 자기와 같은 진화 과정의 방향을 따라오리라 기대하는 건 무용하다.

이 보기는 부모가 된다는 것이 얼마나 엄청난 책임인지를 보여주는 데 어느 정도 도움이 된다.

해설 ••

이 무렵 간디의 장남 하릴랄은 열여덟 살이 되었고 결혼을 해서 독
립생활을 하려고 인도로 돌아갔다. 그러나 간디는 결혼이 너무 이르다
고 생각해 아들과 의절했고, 그 불화는 평생 이어졌다. 그런 아들에 대
해 간디 자신은 부모로서 어떻게 느꼈을까?

•••

6. 채식주의를 위한 희생

희생과 간소한 생활이라는 이상이 더욱 구체화되고, 종교 의식
이 내 생활에서 더욱 높아지면서 하나의 사명으로 채식주의에 대한
열정이 더욱 커졌다. 나는 사명을 실천하는 한 가지 방법을 알았다.
스스로 보기가 되고, 거기에 대한 지식을 찾는 사람과 토론하는 것
이다.

요하네스버그에는 쿠네의 물 치료법을 믿는 독일인이 경영하는
채식 식당이 하나 있었다. 나는 그 식당에 영국 친구들을 데려가 도
와주었다. 그러나 언제나 재정적으로 어려워 오래갈 것 같지 않았
다. 나는 필요하다고 생각하는 만큼 도와주었고, 돈도 썼지만, 결국
문을 닫고 말았다.

신지학파 사람들은 대부분 채식주의자였다. 그 단체에 속한 어

느 여성 사업가가 대규모 채식 식당을 경영하게 되었다. 그녀는 예술을 사랑하고 호화로웠지만 계산에는 어두웠다. 그녀의 사업 범위는 매우 넓었다. 처음에는 작게 시작했으나 뒤에는 큰 방들을 잡아 확대하려고 했기에 나에게 도움을 요청했다. 그녀가 그렇게 나에게 접근했을 때 나는 그녀의 재정 상태를 전혀 몰랐고, 그녀가 상당히 정확하게 계산한다고 생각했다.

나는 그녀를 도와주게 되었다. 나의 의뢰인들이 나에게 큰돈을 맡기는 경우가 있었다. 그중 한 사람의 동의를 받아 그의 재산에서 1천 파운드 정도를 빌렸다. 그는 매우 관대하고 신뢰가 깊은 사람이었다. 본래 계약노동자로 남아프리카에 온 사람이었다. 그가 말했다. "선생님이 좋으시다면 그 돈을 주어버리세요. 나는 그쪽 일은 모릅니다. 나는 선생님을 알 뿐입니다." 그의 이름은 바드리였다. 뒤에 그는 사티아그라하에 중요한 역할을 했고 투옥되기도 했다. 그래서 나는 안심하고 그 돈을 빌려주었다.

두세 달 뒤 그 돈을 받을 수 없음을 알았다. 나는 손실을 계속 감당할 수 없었다. 그만한 돈이면 달리 쓸 곳이 많았다. 빚은 끝내 받지 못했다. 그러나 나를 믿은 바드리에게 어떻게 손해를 입힐 수 있는가? 그는 오로지 나를 알 뿐이었다. 나는 대신 그 손해를 갚았다.

내가 이 이야기를 어느 의뢰인에게 했더니 그는 나의 어리석음을 부드럽게 꾸짖었다. "형제여(다행히 그때까지 나는 마하트마나 바푸가 아니어서, 친구들은 나를 정답게 형제라고 불렀다), 그건 형제가 할 일이 아닙니다. 우리는 여러 가지로 당신에게 의존합니다. 형제는 그 돈을 받아내려고 하지 않습니다. 저는 당신이 당신 주머니에서 돈을 내어 바드리의 빚을 갚아 그를 슬프게 하지 않을 것임을 압니다. 그러나 개혁 사업을 하시기 위해 의뢰인들의 돈을 계속 활용하다가는 저 불쌍한 사람들은 모두 망하고, 당신은 곧 거지가 될 것입니다. 당신은 우리의 관리자고, 당신이 거지가 되면 우리의 공적 일도 모두 중단된다는 것을 아셔야 합니다."

고맙게도 그 친구는 지금도 살아 있다. 나는 남아프리카는 물론 다른 어디에서도 그보다 순수한 사람을 만난 적이 없다. 내가 알기로, 그는 누구를 의심했다가 그 의심이 근거 없음을 알게 되면 즉시 사과하여 깨끗이 처리하는 사람이다.

나는 그가 나에게 정확하게 충고했다고 생각한다. 왜냐하면 나는 바드리의 빚은 갚았지만 유사한 빚을 갚지 못할 수도 있고, 그러면 다시 빚을 져야 했기 때문이다. 나는 평생 빚을 지지 않았고 언제나 빚을 혐오했다. 나는 개혁 의지가 아무리 높아도 능력 이상으로 해서는 안 된다는 것을 깨달았다. 또한 나는 그렇게 많은 돈을 빌려주는 것이 《기타》의 가르침, 곧 한결같은 사람의 의무는, 결과를 바라지 않고 행동하는 것이라는 근본 가르침을 어겼다는 것도 깨달았다. 그 실수는 나에게 경고의 등대불이 되었다.

채식주의의 제단에 바친 이 희생은 고의도 아니고 예상한 것도 아니었다. 그것은 필연적인 공덕이었다.

7. 흙과 물 치료법 실험

나는 생활이 점점 단순해짐에 따라 약도 더욱더 싫어하게 되었다. 더반에서 무기력증과 류머티즘 염증을 앓았는데 마침 나를 보러 왔던 P. J. 메타 의사의 치료로 나았다. 그 뒤 인도에 돌아오기까지 이렇다 할 병에 걸린 적이 없다.

그러나 요하네스버그에서는 변비와 잦은 두통으로 고생했다. 가끔 설사약을 쓰고 음식 조절을 유지했다. 그러나 건강하다고는 할 수 없었고, 설사약이라는 마귀에서 언제 벗어날지를 걱정했다.

그 무렵 맨체스터에서 '아침 안 먹기 모임'이 만들어졌다는 기사를 읽었다. 발기인들은 영국인은 너무 자주 너무 많이 먹으며 밤늦게까지 먹기 때문에 의사에게 쓰는 돈이 많고, 이 상태를 개선하려 한다면 적어도 아침을 먹지 말아야 한다고 했다. 그 모든 것이 나에 대한 이야기는 아니었지만 부분적으로는 나에게도 맞다고 생각했다.

나는 하루 세 끼를 먹었고, 오후에 차도 마셨다. 결코 아껴 먹지 않았고 양념 없는 채식으로 맛있는 것을 많이 먹었다. 6시나 7시 이전에 일어나는 경우도 거의 없었다. 그래서 아침을 먹지 않으면 두통을 없앨 수 있으리라 생각하고 실험을 시도했다. 며칠은 괴로웠으나 두통이 완전히 사라졌다. 그 결과 나는 지금까지 필요 이상으로 많이 먹었다는 결론을 내렸다.

그러나 변비는 여전했다. 쿠네의 반신욕을 시도했지만 조금 나아졌을 뿐 완전히 치료 되지는 못했다. 그러는 동안 채식 식당을 하던 독일인 친구에게선지 누구에게선지 잊었지만, 저스트의《자연으로 돌아가라》라는 책을 얻었다. 그 책에서 나는 흙 치료에 대해 읽었다. 또한 저자는 신선한 과일과 딱딱한 열매를 인간의 자연적 식물로 권했다. 나는 완전한 과일식을 바로 시작하지는 못했으나, 흙 치료는 곧바로 시작했는데 놀라운 효과가 있었다.

이 치료법은 깨끗한 흙을 찬물로 이긴 후 깨끗한 베 헝겊에다가 찜질약처럼 펴서 배 위에 붙이는 것이다. 잠을 잘 때 붙였다가 밤중이나 아침에 깨면 떼냈다. 치료 효과는 대단했다. 그 후 나 자신과 친구들에게 그 치료법을 썼는데, 한 번도 후회하지 않았다. 인도에서는 똑같은 자신감을 가지고 이 치료법대로 해보지는 못했다. 실험을 하려고 어딘가에 앉을 만한 시간이 없었기 때문이다. 그러나 흙과 물 치료법에 대한 믿음은 여전히 변함없다. 심지어 지금도 흙 치료를 하고 있고, 동료들에게도 권한다.

나는 평생 두 번 크게 앓았지만, 약을 먹을 필요는 없다고 믿고 있다. 1천에 999는 음식 조절, 흙과 물 치료, 또는 비슷한 가정 요법으로 나을 수 있다. 조금만 아프면 양의니 한의니 하며 의사에게 달려가고, 갖가지 식물성, 동물성 약을 삼키는 사람은 목숨을 단축시킬 뿐만 아니라, 몸의 주인이 아니라 노예가 되어 자제력을 잃고 사람 노릇을 못하게 된다.

병상에서 이런 생각이 쓰였다고 해서 무시해서는 안 된다. 나는 내 병의 원인을 안다. 그 책임이 오로지 나에게 있음도 알고, 그렇기 때문에 고통을 이길 수 있다. 사실 그것을 신이 나에게 준 교훈으로 알고 감사했고, 수없이 많은 약의 유혹을 물리칠 수 있었다. 나는 종종 나의 고집으로 의사들을 괴롭혔음을 알고 있으나, 그들은 친절하게 참아주었고 나를 포기하지도 않았다.

그러나 너무 옆길로 새서는 안 된다. 더 나아가기 전에 독자에게 경고할 말이 있다. 이 책에서 강조된 저스트의 책을 산 사람은 그 속의 모든 것을 진리의 복음으로 생각해서는 안 된다. 글 쓰는 사람은 언제나 사물의 한 면만을 보여주지만, 모든 사안은 일곱 가지 이상으로 바라볼 수 있고, 그 모두가 나름대로 옳을 수 있다. 그러나 같은 시간, 같은 상황에서는 옳을 수 없다. 그리고 많은 책이 독자를 끌고 명예와 명성을 얻고자 쓰여진다.

따라서 그런 책을 읽는 사람들은 분별해서 읽어야 하고, 실험을 하기 전에 경험자의 충고를 듣든가, 인내심을 가지고 책을 완전히 소화한 뒤에 실행해야 한다.

8. 경고 한 가지

다음 장까지 여담을 계속해야 할 것 같아 유감이다. 흙 치료법 실험과 함께 식이요법도 실험해보았는데, 거기에 대해 나중에 다시 언급하겠지만 여기서 약간 관찰해보는 것도 나쁘지 않으리라.

그러나 여기서도 나중에도 식이요법 실험에 대해 상세하게는 말하지 않겠다. 그것에 대해 몇 년 전에《인디언 오피니언》의 구자라트 난에 연재한 적이 있고, 영어로는 보통《건강 지침》[1], [5]이라 알려진 책으로 출판되었기 때문이다. 내가 쓴 소책자 중에서 이 책이 동서양에서 가장 광범하게 읽히는데, 나는 그 이유를 모른다. 그것은《인디언 오피니언》독자들에게 유익하도록 쓴 것이었다. 그러나《인디언 오피니언》을 본 적도 없는 동서양 사람들의 삶에 근본적으로 영향을 주었다고 알고 있다. 그들이 그 문제에 대해 나와 편지를 주고받았기 때문이다.

---

[1] '건강의 열쇠'라는 제목으로 나바지반출판사에서 나왔다.

5   김남주 역,《마음을 다스리는 간디의 건강 철학》, 뜨란, 2000.

따라서 여기서 그 책에 대해 조금 말할 필요가 있다. 내가 그 책에서 보여준 견해를 바꿀 이유는 없지만, 실제로 해보았더니 근본적으로 달라진 것도 있다. 독자들이 모르는 것을 말해줄 필요가 있다고 본다.

나의 책이 모두 그렇듯이 그 책도 정신적인 목적에서 쓰여졌다. 그것은 언제나 내 행동의 모든 것을 자극했다. 따라서 책에 제시한 이론 중에 지금 내가 실행하지 못하는 것이 있다는 건 큰 고민거리다.

인간이 태어날 때 아기로서 먹는 어머니의 젖 외에 다른 젖은 필요치 않다는 것이 나의 확신이다. 그 밖의 음식은 햇볕에 익은 과일과 견과(堅果)여야 한다. 곧 포도 같은 과일이나 아몬드 같은 견과로 조직과 신경에 필요한 영양을 충분히 섭취할 수 있다. 그런 음식으로 사는 사람은 성욕 등의 열정을 억제하기 쉽다. 나의 동료와 나는 체험에 의해 사람은 먹는 대로 된다는 인도 속담이 진실임을 안다. 그리한 견해는 그 책에 자세히 설명되어 있다.

그러나 인도에서 나는 불행히도 그 중 어떤 것을 부정하게 되었다. 케다에서 모병운동을 할 때 음식 조절에 실패한 나는 앓아누워 죽음의 문턱까지 갔다. 쇠약해진 몸을 우유 없이 일으켜보려 했으나 소용이 없었다. 내가 아는 양의, 인도 의사, 과학자의 도움을 구해 우유를 대신할 것을 추천해달라고 했다. 멍물, 모우라 기름, 아몬드 우유를 권하는 사람들이 있었다. 이것저것 먹으면서 몸만 지쳤고, 어느 것도 나의 회복을 도와주지 못했다. 인도 의사들은 차라카[6]가 한 말들을 읽어주었으나, 그것은 식사에 대한 종교 계율이 치료에 소용없다는 걸 보여줄 뿐 우유 없이 살 수 있도록 나를 도와주지 못했다. 쇠고기

---

6 Charaka. 고대 인도의 위대한 의사.

즙이나 브랜디를 주저 없이 권하는 사람들이 어떻게 나를 우유 없이 살 수 있도록 도와주겠는가?

나는 맹세를 했기 때문에 소젖이나 물소젖을 마실 수는 없었다. 물론 맹세는 모든 젖을 마시지 않는 것을 뜻했으나, 내가 그 맹세를 할 때는 암소나 암물소를 생각했을 뿐이었다. 또 나는 살고 싶었기 때문에 나 자신을 조금 속여서 맹세라는 글자를 강조한 다음, 염소젖을 마시기로 결심했다. 암염소젖을 마셨을 때 내 맹세는 이미 깨어졌음을 충분히 알았다.

그러나 롤래트법안[7] 반대투쟁을 이끌어야 한다는 생각이 나를 사로잡았다. 그 생각과 함께 살고자 하는 욕망이 커졌다. 그 결과 내 생애 최대의 실험이 중단되고 말았다.

영혼은 먹지도 마시지도 않으므로 아무 상관이 없다든가, 밖에서 안으로 넣는 것이 아니라, 안에서 밖으로 나오는 것이 문제라는 주장이 있음을 안다. 물론 그런 주장에는 힘이 있다. 그러나 그런 토론을 하기보다는 도리어 확고한 신념을 표명하는 데 만족하면서 이렇게 말하고 싶다. 곧 신을 두려워하고 그와 얼굴을 맞대고 싶은 구도자에게, 양이나 질로나 음식을 절제하는 것이, 생각과 말을 절제하는 것과 마찬가지로 필수라는 점이다.

그러나 나의 이론이 실패했을 때, 나는 그 사실을 밝혀야 할 뿐만 아니라, 그것을 택하지 말도록 엄중히 경고해야 한다. 따라서 내가

---

7 시드니 롤래트를 위원장으로 한 인도치안문제조사위원회를 설치하여 인도 내의 반영운동을 탄압하고자 새로운 치안유지법의 제정을 시도했다. 체포영장 없는 체포와 재판 없는 투옥이 인도 총독의 권리로 부여되었다. 이로 인해 반영운동이 격화되었고 민족운동이 심화되었다.

세운 이론을 믿고 우유를 포기한 사람들에게 나는, 그것이 모든 면에서 유익하다는 걸 발견했다거나 경험 있는 의사의 조언을 받지 않는 한 그 실험을 계속하지 말라고 권하고 싶다. 지금까지 여기서 내가 경험한 바로는, 소화가 잘 안 되거나, 늘 병상에 누워 있는 사람에게는 소화가 쉽고 영양 많은 음식으로 우유에 비길 만한 것이 없다.

이쪽에 경험이 많고, 책이 아니라 경험을 통해 채식으로서 우유를 대신할 만한 영양가가 있고 소화도 잘되는 것이 있음을 아시면 연락해주시기를 빈다. 그러면 나는 정말 너무 고맙겠다.

9. 권력과의 대결

이제 아시아부로 돌아가자.

요하네스버그는 아시아 공무원들의 본거지였다. 나는 그들이 인도인이나 중국인 등을 보호하기는커녕 학대하는 걸 보았다. 나는 매일같이 다음과 같은 불평을 들었다. "자격 있는 자는 못 들어오는데 자격도 없는 자들이 100파운드를 내고 몰래 들어옵니다. 당신이 이런 상황을 바로잡지 않으면 누가 합니까?" 나도 공감했다. 만일 내가 이런 악을 몰아내는 데 성공하지 못하면 트란스발에서 내 삶은 무의미하다.

그래서 나는 증거 수집을 시작했고 상당한 증거가 수집되자 경찰국장을 찾아갔다. 그는 공정해 보였다. 나를 쌀쌀맞게 대하기는커녕 끈기 있게 내 말을 듣더니 내가 가진 증거를 모두 보여달라고 했다. 그는 직접 그 증거를 검토하고서 만족스러워했다. 그러나 그도 나처럼 남아프리카에서 유색인에 대한 백인 범죄자를 기소할 백인 판사를 구하기가 어렵다는 것을 알았다. 그가 말했다. "그래도 여하튼 노력해봅시다. 판사가 무죄 판결을 내리는 것이 두려워 그런 범죄자를 내버려둔다는 것은 옳지 않습니다. 나는 그들을 꼭 체포하겠습니다. 철저히 할 것을 약속합니다."

나는 약속까지 요구하진 않았다. 상당수 관리들이 의심스러웠지만, 그들 모두에 대한 확실한 증거가 없었기 때문에 구속영장은, 범죄를 전혀 의심할 바 없는 두 사람에게만 발부되었다.

나의 활동을 계속 비밀에 부칠 수는 없었다. 실제로 내가 매일 경찰서장에게 간다는 걸 많은 사람들이 알았다. 구속영장이 발부된 두 관리에게는 유력한 스파이들이 있었다. 그들은 내 사무실을 감시하면서 나의 움직임을 그 관리들에게 보고했다. 그러나 그 관리들은 너무 나쁜 사람들이라 스파이도 많이 두지 못했다. 인도인들과 중국인들이 나를 도와주지 않았다면 그들을 구속하지 못했으리라.

그중 한 사람은 달아났다. 경찰서장은 그에 대한 인도영장을 발부받아 그를 체포해 트란스발로 이송했다. 그들은 재판을 받았지만 강력한 반증이 있었음에도, 또한 그중 한 사람은 명백히 도주한 증거가 있었음에도 무죄를 선고받고 석방되었다.

나는 정말 실망했다. 경찰서장도 대단히 분개했다. 나는 법률가라는 직업에 구역질이 났다. 지식이라는 것이 도리어 범죄를 가려줄 정도로 타락한 것을 보니 지식 자체가 싫어졌다.

석방은 되었으나 두 관리의 범죄가 너무 명확해서 정부로서는 그들을 면직하지 않을 수 없었다. 두 사람이 없어지고 나자 아시아부는 비교적 깨끗해졌고, 인도인 거류민단도 어느 정도 안심하게 되었다.

이 사건으로 나의 위신이 높아졌고 일도 늘었다. 인도인 사회에서 매달 부정으로 빠져나간 몇백 파운드의 돈이 많이 되돌아왔다. 전액 모두 돌아오지 않았던 이유는 상거래에서 여전히 부정이 있었기 때문이다. 그러나 이제는 정직한 사람이 자신의 정직을 지킬 수 있게 되었다.

그 관리들은 정말 나빴지만 나는 개인적으로 그들을 미워하지 않았음을 말하고 싶다. 그들도 그것을 알았다. 그래서 그들이 어려울 때 나를 찾아왔고 나도 그들을 도와주었다. 그들이 요하네스버그 시청에 취직할 기회가 생겼을 때 나는 반대하지 않았다. 그들의 친구가 나를 찾아왔기에 나는 그들을 방해하지 않겠다고 했고 그들은 채용되었다.

나의 이러한 태도는 내기 접촉한 관리들을 완전히 안심하게 만들었고, 내가 종종 그들 부서와 싸우며 심한 말을 했어도 그들은 끝까지 좋은 친구로 남았다. 당시 나는 그런 행동이 내 천성임을 몰랐다. 훗날에야 나는 그것이 사티아그라하의 일부고, 비폭력의 속성임을 알았다.

사람과 그의 행위는 별개의 것이다. 선행은 칭찬받아야 하고 악행은 비난받아야 하지만, 행위자는 그 행위가 선하든 악하든 어떤 경우에나, 언제나 존중이나 동정을 받아야 한다. "죄를 미워하되 죄인을 미워하지는 말라"는 말은 이해하기 쉬우나 그 실행은 어렵다. 따라서 증오의 독이 세상에 가득 퍼졌다.

비폭력이야말로 진실 탐구의 기초다. 아힘사를 기초로 하지 않은 탐구란 허사임을 나는 매일 깨닫는다. 제도에 저항하고 공격하는 것은 지극히 당연하다. 그러나 그것을 만든 사람에게 저항하고 공격하는 것은 자기 자신에게 저항하고 공격하는 것과 같다. 왜냐하면 우리는 모두 동일한 붓으로 그려졌고, 하나의 같은 창조주의 자녀들이며 우리 속의 거룩한 능력도 무한하기 때문이다. 한 개인을 업신여김은 그 거룩한 능력을 업신여기는 것이고, 따라서 그 존재만이 아니라 그와 함께 세계 전체를 해치는 것이 된다.

10. 거룩한 회상과 참회

내 일생에 있었던 다양한 사건들로 인해 수많은 종교, 수많은 단체 사람들과 가깝게 접촉했다. 그리고 그들 모두와의 경험은 나에게 친척과 타인, 동포와 외국인, 백인과 유색인, 힌두교도와 타종교 인도인(이슬람교도, 파르시 교도, 기독교도, 유태인) 사이에 어떤 차별도 하지 않는다는 선언을 할 수 있게 했다. 내 마음이 그런 차별을 할 수 없었다고 하는 것이 옳으리라. 그것은 나의 어떤 노력의 결과라기보다도, 나의 천성 자체였기 때문에 하나의 특별한 덕성이라고 자랑할 수 없다. 그러나 비폭력, 금욕, 무소유 등의 중요한 덕성은 그 함양을 위해 꾸준히 노력했다.

내가 더반에서 일할 때[8] 사무실 서기들이 종종 나와 함께 기거했는데, 그들 중에는 힌두교도도 있었고 기독교도도 있었으며, 지역별로는 구자라트 사람, 타밀 사람도 있었다. 나는 그들을 일가친척처

---

8 이하 사건은 1898년의 것이다.

럼 대했지 달리 생각한 적이 없다. 나는 그들을 내 가족처럼 대했고 혹시 아내가 내가 그들을 그렇게 대하는 것을 방해하면 그녀를 나무랐다. 서기 가운데 한 사람은 불가촉천민[9] 부모에게 태어난 기독교도였다.

집은 서양식으로 지은 것[10]이었으나 방마다 하수 장치가 제대로 갖추어지지 못했다. 그래서 방마다 요강이 있었다. 요강 청소는 하인이나 청소부에게 맡기지 않고 아내나 내가 했다. 우리 집에 완전히 익숙해진 서기들은 자신들의 요강을 스스로 청소했지만 기독교인 서기는 새로 온 사람이어서 그 침실은 우리가 치워야 했다. 아내는 다른 사람의 요강은 치웠지만, 불가촉천민이 사용한 요강을 치우는 건 참을 수 없어 하는 듯했고, 결국 우리는 싸우게 되었다.

그녀는 내가 요강을 치우는 것도 참지 못했고, 자신도 하고 싶어 하지 않았다. 그녀가 나를 책망하던 모습이 지금도 눈에 선하다. 요강을 손에 들고 계단을 내려오는 그녀의 눈은 분노로 충혈되었고 구슬 같은 눈물이 두 뺨에 흘러내렸다. 그러나 나는 잔인할 정도로 친절한 남편이었다. 나는 스스로 그녀의 선생임을 자처했기 때문에 맹목적인 사랑으로 그녀를 괴롭혔다.

나는 그녀가 오로지 요강을 치우는 것으로는 만족할 수 없었다. 곧 그녀가 그 일을 즐겁게 하기 바랐다. 그래서 나는 목소리를 높여 외쳤다. "내 집에서 그렇게 터무니없는 일이 일어나는 것을 인정할 수 없어."

---

9 panchama. 제5의 카스트, 즉 불가촉천민의 일원.

10 침실이 다섯 개인 비치 그로브 빌라로서 수도가 없었고 유일한 목욕탕은 아래층에 있었다.

그 말이 그녀에게 화살처럼 박혔다.

그녀는 맞받아 외쳤다. "당신 혼자 잘 살아요. 나는 갈 테니까." 나는 나를 잊었고 동정의 샘은 마음속에서 말라버렸다. 그녀의 팔을 붙잡은 나는 그 불쌍한 여인을 계단 반대쪽 문으로 밀어내고자 문으로 끌고 가서 문을 열려고 했다. 그녀는 눈물을 비오듯 흘리며 울부짖었다. "부끄럽지도 않아요? 제정신이에요? 나더러 어디로 가라는 거죠? 나를 맞아줄 부모도 친척도 이곳에는 없어요. 아내기 때문에 당신의 주먹질이나 발길질을 참아야 한다고 생각하세요? 제발 점잖게 구세요. 문을 닫아요. 이런 꼴을 남에게 보이지는 맙시다!"

나는 태연한 척했으나 정말 부끄러워서 문을 닫았다. 아내가 나를 떠나지 못하듯이 나도 그녀를 떠날 수 없었다. 우리는 수없이 싸웠지만 끝에는 언제나 화해했다. 무한한 인내심을 가진 아내가 언제나 승리자였다.

오늘 나는 그 사건을 조금은 담담하게 말하는 위치에 있다. 이는 이미 그 일이 운 좋게 그 시대를 지나왔기 때문이다. 나는 이제 맹목적으로 열중하는 남편도 아니고, 아내의 선생도 아니다. 오늘날 카스트루바이는 자신이 원하기만 하면 과거에 내가 그녀에게 했듯이 나를 불쾌하게 만들 수 있다. 우리는 훈련된 친구들이고, 각자 상대를 더는 욕정의 대상으로 생각하지 않는다. 아내는 내가 앓는 동안, 어떤 보상도 생각하지 않고 봉사한 충실한 간호사였다.

문제의 사건은 1898년, 내가 아직 금욕을 생각하지 않을 때 생겼다. 그때 나는 아내란 남편의 성욕 대상이고 남편의 명령을 받들기 위해 태어났다고 생각했지, 남편과 고락을 함께하는 협조자나 동지나 동반자로 생각하지 않았다.

이러한 생각에 근본적인 변화가 온 것은 1900년이 지나서였고, 1906년에 그것이 구체적으로 나타났다. 그러나 이에 대해서는 다른 적당한 곳에서 말하겠다. 여기서는 단지 내 속에서 육욕이 점차 사라지면서 가정생활이 더욱더 평화롭고 사랑스러워지고 행복하게 되었다는 것을 말하는 것으로 충분하다.

이런 거룩한 화해 이야기를 한다고 해서 우리가 이상적인 부부라거나, 우리 사이에 이상이 완전히 일치한다는 식의 결론을 내려서는 안 된다. 카스투르바이 자신은 나와 다른 어떤 이상을 갖는지 아마도 모를 수도 있다. 심지어 지금도 내가 하는 일은 대부분 그녀의 인정을 받지 못하는지도 모른다. 우리는 그에 대해 토론하지 않으며, 그것이 좋다고 생각하지도 않는다. 왜냐하면 그녀가 교육을 받아야 할 때 그녀 부모도 나도 그녀를 교육하지 않았기 때문이다.

그러나 아내는 고맙게도 한 가지 위대한 자질을 타고 났다. 힌두 아내 모두가 갖는 것으로 다음과 같은 것이다. 곧 좋든 싫든, 의식적으로든 무의식적으로든, 내 발걸음을 따르는 것을 축복이라고 생각했고, 내가 자제의 삶을 살려고 노력할 때 방해하지 않았다. 따라서 비록 지적으로는 우리 사이에 큰 차이가 있었지만, 우리의 삶은 만족스러웠고 행복했으며 진보했다고 생각한다.

11. 유럽인과의 친밀한 교제

이 장에서 나는 이 이야기를 독자들에게 매주 하게 된 경위를 설명하는 단계에 왔다.

내가 그것을 쓰기 시작할 때 나에게는 아무런 계획이 없었다. 나의 실험 이야기에 기초가 될 일기나 기록도 없었다. 나는 오로지 글을 쓸 때 마음[11]이 움직이는 대로 썼을 뿐이었다. 이는 내가 모든 의식적인 생각과 행동이 마음에 의한 것임을 확실하게 안다는 뜻이 아니다. 그러나 내 일생에서 행해진 가장 위대한 발걸음을 고찰해보면, 또한 가장 시시한 것이라고 할 수 있는 것을 고찰해보면, 그 모든 것이 마음에 의한 것이라고 해도 과언이 아니다.

나는 신을 보지 못했고, 알지도 못한다. 나는 세상 사람들이 믿는 것을 나의 신으로 삼았고, 그 믿음은 지울 수 없는 것이니 그 믿음을 체험으로 인식한다. 그러나 믿음을 체험이라고 말하면, 진실에 대해 이런저런 소리를 하는 것 같으니, 신에 대한 나의 믿음을 특징짓는 말은 없다고 하는 것이 더 정확할지 모른다.

그러면 이제, 내가 마음이 불러일으키는 것에 따라 이 이야기를 쓴다고 믿는 이유를 어느 정도는 쉽게 이해하게 되었으리라. 앞 장을 쓰기 시작할 때 거기에 이 장에 붙인 제목을 붙였으나, 쓰다 보니 유럽인과의 경험을 이야기하기 전에, 하나의 서론으로 무엇을 써야겠다는 생각이 들었다. 그래서 다른 것을 쓰면서 제목을 바꾸었다.

그런데 다시, 이 장을 쓰면서 새로운 문제에 부딪혔다. 지금부터 내가 쓰려고 하는 그 영국 친구에 대해 무엇을 설명하고 무엇을 빼야 하는지가 중요한 문제다. 만일 적절한 이야기를 뺀다면 진실이 왜곡되리라. 심지어 이 이야기를 쓰는 것이 적절한지조차 확신하지

---

11 간디는 이를 Spirit이라고 하고, 함석헌은 이를 '영감' 또는 '영'이라고 번역한다. 간디가 이 말에 종교적인 의미를 부여하고 있음은 분명하나 그것은 신비주의적인 의미가 아니라는 점에서 마음이라고 번역했다.

못할 때 무엇을 쓸지 바로 결정하기란 어렵다.

과거에 모든 자서전은 역사로서는 부적당하다는 것을 읽었고 이를 지금 더욱 명확하게 이해한다. 나는 이 이야기 속에서 내가 기억하는 모든 것을 기록하지 않았음을 알고 있다. 진실을 위해서 내가 얼마나 쓰고 얼마나 빼야 하는지를 누가 말할 수 있는가? 그리고 내 일생의 어떤 사건에 대해 내가 제시한 불완전하고 일방적인 증거가 법정에서 얼마나 가치가 있을까? 만일 참견 잘하는 어떤 자가 앞에서 쓴 것들에 대해 반대심문을 한다면, 그는 더 많은 것을 밝힐 수 있고, 그것이 만일 적대적인 비평가의 반대 심문이라면 그는 '나의 수많은 거짓'을 폭로했다고 기뻐했으리라.

따라서 어떤 때는 이 글을 쓰는 것을 그만두는 것이 옳지 않을까 의심하기도 했다. 그러나 내 마음의 소리가 금지하지 않는 한, 나는 계속 써야 한다. 일단 시작한 것은 그것이 도덕적으로 잘못이라는 것이 증명되지 않는 한, 포기해서는 안 된다는 현자의 말씀을 따라야 한다.

나는 비평가들을 즐겁게 하려고 이 자서전을 쓰지는 않는다. 쓴다는 것은 그 자체로 진실을 위한 실험이다. 그 목적 가운데 하나는 분명히 내 동료를 위로하고 반성하게 한다는 것이다. 사실 나는 그들이 희망해서 쓰기 시작했다. 제람다스나 아난다 선생이 고집하지 않았다면 쓰지 않았으리라. 따라서 내가 자서전을 쓰는 것이 잘못이라면, 그들도 비난을 받아야 한다.

제목에 관한 이야기로 되돌아가자. 더반에서 인도인들과 가족처럼 살았던 것같이 영국인들과도 그렇게 함께 살았다. 나와 함께 산 사람들 모두 그것을 좋아한 것은 아니다. 그러나 내가 그들에게 그렇게 하자고 주장했다. 늘상 내가 현명한 것도 아니었다. 쓰라린 경험을 하기도 했고, 그중에는 인도인도, 유럽인도 있었다.

그래도 나는 그 경험을 후회하지 않는다. 그런 경험들을 했으면서도, 또 종종 친구들에게 불편과 걱정을 끼치면서도 나는 행동을 바꾸지 않았고, 친구들도 언제나 친절하게 나를 견디어냈다. 내가 낯선 사람들과 접촉하는 것을 친구들이 싫어하면, 나는 서슴지 않고 그들을 비난했다. 자기 자신 속에서 보는 같은 신을, 다른 사람 속에서도 보아야 한다고 믿는 신앙인은, 모든 사람 속에서 충분히 초연하게 살 수 있어야 한다고 나는 주장했다. 그리고 그렇게 사는 능력을 기르려고 하면, 바라지 않았던 그러한 기회가 왔을 때 피하지 말고 봉사의 정신으로 환영하면서도 자신은 영향을 입지 않아야 한다.

그래서 보어 전쟁이 터졌을 때 우리 집은 만원이었지만 나는 요하네스버그에서 온 영국인 두 사람을 받아들였다. 둘 다 신지학파였는데, 그중 한 사람이 키친 씨였다. 그에 대해서는 나중에 다시 상세히 쓰겠다. 이 친구들은 종종 내 아내에게 쓰린 눈물을 흘리게 했다. 불행히도 그녀는 나 때문에 그런 시련을 당해야 했다. 이것이 처음으로 내가 영국인 친구와 함께 가족처럼 가깝게 지낸 일이었다.

나는 영국에서 영국인 가정에 머물렀지만, 거기서 나는 그들의 생활 방식에 맞추었고, 마치 하숙집 같은 분위기였다. 그러나 여기서는 정반대였다. 영국인이 우리 가족이 된 것이다. 그들은 많은 점에서 인도 방식을 택했다. 집 구조는 서양식이었지만, 내부생활은 거의 인도식이었다.

그들을 가족으로 데리고 있는 것이 꽤나 어려웠다고 기억하지만, 그들이 내 집에서 별 어려움 없이 마음 놓고 지냈다고 나는 분명히 말할 수 있다. 이러한 접촉이 요하네스버그에서는 더반에서보다 더욱 발전되었다.

12. 유럽인과의 접촉

요하네스버그에서 나는 한때 인도인 서기를 네 명 두었다. 그들은 서기라기보다도 나의 아들들이었다. 그러나 그들만으로는 일하는 데 충분하지 못했다. 타자기 없이는 일을 할 수 없었는데 타이핑은 나만 할 수 있었다. 나는 서기 두 명에게 타이핑을 가르쳤으나, 영어가 부족해서 일정 정도에 이르지 못했다. 그리고 그중 한 명에게 회계를 가르치려고 했지만, 나탈에서 사람을 데려올 수는 없었나. 허가 없이는 누구도 트란스발에 들어갈 수 없었기 때문이다. 내 개인의 편의를 위해 담당 관리에게 요청할 생각도 없었다.

어쩔 도리가 없었다. 일은 밀리고 쌓여갔다. 아무리 노력해도 변호사 일과 공적 일을 양립하기란 불가능해 보였다. 그래서 정말 유럽인 서기를 두고 싶었지만 나 같은 유색인을 위해 일할 백인 남녀를 구할 수 있을 것 같지 않았다. 그러나 노력해보기로 했다. 아는 타자기 외판원을 만나 속기 타자수를 구해달라고 부탁했다. 그런 처녀들이 많았고, 그는 찾아보겠다고 약속했다. 그는 우연히 막 스코틀랜드에서 온 딕 양을 만났다. 그녀는 어떤 일이든지 정직한 벌이라면 마다하지 않았고 당시 형편이 어려웠다. 그래서 그 외판원은 그녀를 나에게 보냈다. 그녀는 단번에 내 마음에 들었다.

"인도인 밑에서 일해도 좋은가요?" 내가 그녀에게 물었다.

"상관없어요." 그녀는 분명하게 답했다.

"월급은 얼마나 기대하세요?"

"17파운드 10실링이면 너무 많을까요?"

"내가 원하는 대로 일해준다면 높지 않아요. 언제부터 올 수 있지요?"

"원하신다면 지금부터라도."

나는 너무나 기뻐서 바로 그녀에게 편지를 불러주기 시작했다.

얼마 안 가 그녀는 단순한 타자수가 아니라 딸이나 누이동생 같은 사람이 되었다. 나는 그녀의 일에서 실수를 거의 찾지 못했다. 그녀는 종종 몇천 파운드나 되는 자금 관리를 맡았고, 회계장부도 정리했다. 나는 그녀를 완전히 신뢰했고, 그녀도 나를 믿어서 그녀의 속마음을 털어놓기도 했다. 그녀는 남편을 선택할 때 마지막까지 나의 충고에 따랐고, 결혼식장에서 나는 그녀를 신랑에게 인도하는 특권을 누렸다. 딕 양은 맥도널드 부인이 되자마자 나를 떠나야 했으나, 결혼 뒤에도 내가 부르면 거절하지 않았다.

그러나 그녀를 대신할 영구적인 타자수가 필요했고, 다행히도 한 사람을 구했다. 칼렌바흐가 소개한 슐레신 양으로 그녀에 대해서는 적절한 때에 알게 될 것이다. 그녀는 지금 트란스발 고등학교 교사로 있다. 나에게 왔을 때는 열일곱 살쯤이었다. 그녀의 어떤 점은 칼렌바흐 씨나 나나 감당하기 어려웠다. 그녀는 타자수로 일하러 왔다기보다 경험을 쌓으려고 왔다. 인종차별은 성격상 그녀와는 무관했다. 나이나 경험도 무시하는 것처럼 보였다. 남자를 모욕하는 것도 꺼리지 않아 면전에서 그에 대한 자기 생각을 말했다. 그녀의 급한 성격이 종종 나를 어렵게 만들었지만 개방적이고 거짓 없는 성격은 곧바로 그 잘못을 씻어주었다. 나는 종종 그녀가 타자 친 편지를 다시 보지 않고 서명했다. 그녀의 영어가 내 영어보다 낫다고 생각했고, 그녀의 성실함을 완전히 믿었기 때문이다.

그녀의 희생은 컸다. 상당히 오랫동안 6파운드 이상 받지 않았고 언제나 10파운드 이상 받기를 거절했다. 그녀에게 더 받으라고 하면 그녀는 나를 꾸짖으며 말했다. "저는 당신에게 월급을 받으려고 온 것이 아닙니다. 제가 이곳에 온 이유는 당신과 함께 일하고 싶었고, 당신의 이상을 좋아하기 때문입니다."

그녀는 나에게 40파운드를 받은 적이 있으나 그것이 빚이라고 주장했고, 지난해 전액을 갚았다. 그녀의 희생은 그 용기와 맞먹었다. 그녀는 내가 운 좋게 만난 몇몇 여성 가운데 한 사람이었다. 수정같이 맑은 성격에 무사도 부끄러워할 만한 용기를 지녔다. 지금 그녀는 어른이다. 지금도 그녀 마음이 나와 함께 있을 때와 같은지 모르지만, 이 젊은 처녀와의 접촉은 내게 언제나 거룩하게 회상할 거리다. 따라서 내가 그녀에 대해 아는 것을 말하지 않는다면 진실에 대한 거짓이 되리라.

그녀는 목적을 위해 일하는 데 밤낮을 몰랐다. 한밤중에도 심부름을 하느라 혼자 나섰고, 안내를 하려고 해도 화를 내며 물리쳤다. 몇천 명의 건장한 인도인들이 그녀를 길잡이로 바라보았다. 사티아그라하 기간에 대부분의 지도자가 감옥에 갔을 때 그녀는 혼자서 그 운동을 지도했다. 그녀는 몇천 파운드를 관리했고, 엄청난 교신을 처리했으며,《인디언 오피니언》지까지 관장했지만 지칠 줄 몰랐다.

이처럼 슐레신 양에 대해 쓰려면 한이 없으나, 그녀에 대한 고칼레의 평을 인용하며 이 장을 맺으려 한다. 고칼레는 나의 동료 모두에 대해 알았다. 그는 대부분에 만족했고 종종 그들에 대한 의견을 피력했다. 그는 나의 인도인과 유럽인 동료 중에서 슐레신 양을 첫째로 꼽았다. "슐레신 양의 희생과 순결과 대담함을 다른 누구에게서도 보지 못했소." 그가 말했다. "당신의 동료 중에서 그녀가 최고라는 것이 내 평가요."

13. 《인디언 오피니언》

다른 유럽인과의 친밀한 접촉을 말하기 전에 두세 가지 중요한 것을 말해야겠다. 그러나 한 가지 접촉만은 당장 설명해야 한다. 딕양의 채용만으로는 충분하지 못했고, 다른 도움이 필요했다. 앞에서 리치 씨에 대해 언급했다. 나는 그를 잘 알았다. 그는 어느 회사의 관리자였다. 내가 그에게 회사를 그만두고 내 밑에서 일하라고 제의하자 응했고, 내 짐을 상당히 덜어주었다.

그 무렵 마단지트 씨가 나에게 와서 《인디언 오피니언》지를 내자고 제안하며 충고를 구했다. 그는 이미 인쇄소를 운영 중이었고 나는 그 제안에 응했다. 신문은 1904년[12]부터 나왔고, 만수클랄 나자르 씨가 최초의 편집인이었다. 그러나 내가 선봉에 서야 했기 때문에 그 신문을 위해 대부분의 시간을 보냈다. 만수클랄 씨가 운영할 수 없어서가 아니었다. 그는 인도에서 상당한 언론 활동을 했으나, 내가 있는 한은 복잡한 남아프리카에 대한 글을 쓰려고 하지 않았

---

12 정확하게는 1903년 6월 4일이다.

다. 그는 나의 판단력을 크게 믿었고, 따라서 논설의 책임을 나에게 맡겼다.

신문은 지금까지 주간으로 나온다. 처음에는 구자라트어, 힌두어, 타밀어, 영어로 나왔다. 그러나 타밀어판과 힌두어판은 허식임을 알았다. 본래 의도에 도움이 되지 않고, 심지어 그것을 계속한다는 게 상당히 기만적이라고 생각해서 중단했다.

나는 그 신문에 돈을 투자할 생각이 없었으나, 곧 나의 재정 지원 없이는 꾸려나갈 수 없음을 알았다. 인도인이나 유럽인은 모두, 내가 비록 공식적인 편집인은 아니지만 사실상 운영 책임을 지고 있음을 알았다. 아예 시작하지 않았다면 문제가 안 되었지만, 일단 시작한 뒤에 멈춘다는 것은, 손실인 동시에 불명예다. 그래서 나는 돈을 계속 부었고, 결국은 내 저축 모두를 털어 넣었다. 한때는 매달 75파운드씩 지불해야 했다.

그러나 지금 와서 보면, 그 신문은 사회에 훌륭한 봉사를 했다. 이를 장사로 생각한 적은 없다. 적어도 내 관할 하에 있는 한, 그 신문의 변화는 내 생활의 변화를 뜻했다. 오늘의《영 인디아》와《나바지반》처럼 당시의《인디언 오피니언》은 내 삶의 거울이었다. 매주 나는 신문의 칼럼에 심혈을 기울여 내가 이해한 사티아그라하의 원리와 실제를 해설했다.

지난 10년간, 곧 1914년까지 내가 감옥에 갇혀 억지로 쉰 것을 제외하면 나의 칼럼 없이 발행된《인디언 오피니언》은 한 호도 없었다. 아무 생각 없이, 의식적인 과장이나 단순한 재미로 단 한 글자라도 쓴 기억이 없다. 그 신문은 나에게 정말 자기 억제의 훈련장이었고, 친구들에게는 내 생각과 접촉하는 매체였다. 비평가들은 별로 비판하지 않았다. 사실《인디언 오피니언》의 어투가 비평가들에게 스스로 붓을 놓게 했다.

사티아그라하는 아마《인디언 오피니언》없이는 불가능했으리라. 독자들은 그 운동에 대한 믿을 만한 설명을 기대하고, 또한 남아프리카 인도인의 실상을 알기 위해 신문을 고대했다. 나는 언제나 편집인과 독자 사이의 긴밀하고 순수한 유대에 목적을 두었기 때문에, 계급과 인종을 초월한 인간성을 연구하는 수단이 되었다.

독자들의 심정을 토로하는 편지가 홍수처럼 밀려왔다. 그것은 필자의 성격에 따라 우호적이거나 비판적이거나 신랄했다. 그 모든 편지를 연구하고 소화하며 답변하는 것이 나에게 좋은 교육이었다. 그것은 마치 인도인 사회가 그 편지를 통해 나에게 듣게 하려는 것 같았다. 그것은 나에게 언론인의 책임을 철저히 이해시켜주었고, 그런 식으로 사회를 파악한 것이 장래의 운동을 활동적으로, 위엄 있게, 무엇이나 막을 수 있게 만들었다.

《인디언 오피니언》이 나온 첫 달부터 나는 언론의 유일한 목표가 봉사여야 함을 알았다. 언론은 거대한 권력이다. 그러나 억제 안 된 물길이 마을 전체를 물바다로 만들어 곡식을 쓸어버리듯이, 통제 안 된 붓은 파괴만을 초래한다. 그 통제가 밖에서 오면 통제가 없는 것보다 더욱 해독이 크다. 그것이 내부에서 나올 때만 유익할 수 있다.

만일 이 생각이 옳다면, 세상의 얼마나 많은 언론이 그 시험을 통과할 수 있을까? 그러나 무용한 것들을 누가 정지시킬 수 있을까? 그리고 누가 그 판단자여야 하는가? 유익과 무익은 선악처럼 일반적으로 함께 가는 것이고, 인간은 그 중에서 선택해야 한다.

14. 쿨리 구역이라는 빈민굴

어떤 계급 사람들은 우리에게 최대한 사회 봉사를 하면서도 우리 힌두교도에 의해 '불가촉천민'이라는 이름으로 불리며 도시나 마을 외딴 구역에 추방되어 있다. 구자라트 말로 데드바도(dhedvado)라고 하는 그것에는 나쁜 의미가 있다.

마찬가지로 기독교 유럽에서는 유태인이 한때 '불가촉천민'이었고, 그들이 사는 곳을 '게토'라는 불쾌한 이름으로 불렀다. 마찬가지로 지금 우리는 남아프리카에서 불가촉천민이 되었다. 앤드루스스[13]의 희생과 사스트리[14]의 마술 지팡이가 우리를 복귀시키는 데 어느 정도 성공할지는 두고 보아야 하리라.

고대 유태인은 자신들만이 신의 선택을 받은 사람이라고 주장했고, 그 결과 그들의 자손은 이방인에게 부당한 복수를 당했다. 거의 같은 방식으로 힌두교도는 자신을 아르야(Arya) 또는 문명인이라고 주장하고 그 혈통 중 일파를 아나르야(Anaryas) 또는 불가촉천민이라고 주장했다. 그 결과 남아프리카의 힌두교도만이 아니라, 그들과 같은 나라에 속하고 같은 피부색이라는 이유에서 이슬람교도와 파르시 교도에게도 부당하고 이상한 복수가 찾아왔다.

독자들은 이제 이 장의 제목에 '구역'이라는 말을 사용한 의미를 어느 정도 깨달았으리라. 남아프리카에서 우리는 '쿨리'라는 불쾌한 이름을 얻었다. 인도에서 '쿨리'라는 말은 단지 짐꾼이나 삯일꾼을

---

13 Andrews. 《성경》에 나오는 예수의 12사도 가운데 한 사람.

14 Sastri. 힌두교의 학승.

뜻하지만 남아프리카에서는 모욕적인 의미를 갖는다. 곧 우리가 파리아(pariah)나 불가촉천민에게 부여하는 바와 같은 뜻이다. 그리고 쿨리에게 주어진 구역은 '쿨리 구역'으로 알려졌다. 요하네스버그에는 그런 지역이 하나 있는 인도인이 거주권을 갖는 다른 곳과는 달리 이곳에서 인도인은 99년의 임대차계약을 맺고 그들의 공간을 확보해간다.[15]

그 구역에는 사람들이 너무나도 밀집되어 있으나, 인구 증가에 따라 땅이 늘지는 않는다. 구역 안의 화장실을 대충 청소하는 것 외에 시 당국은 깨끗한 도로나 가로등은 물론 어떤 위생 시설도 제공하지 않는다. 주민의 복지에 무관심한데 위생 시설을 보장할 리 없다. 또 그곳 사람들은 시 당국의 도움이나 감독 없이 무엇을 하기에는 시의 위생 규칙이나 건강 규칙에 너무 무지하다. 그곳에 가는 사람이 모두 로빈슨 크루소였다면 모르지만, 그들의 경우는 전혀 다른 이야기다. 세상에 로빈슨 크루소가 혼자 이주한 식민지가 있는지는 모르겠다.

사람들은 돈을 벌고 장사를 하려고 외국에 가는 것이 보통이지만, 남아프리카에 간 인도인 무리는 무지하고 가난한 농민으로 되도록이면 관심과 보호를 받아야 할 사람들이었다. 그들을 따라간 장사꾼이나 교육받은 인도인은 매우 적었다.

이러한 시 당국의 극단적 태만과 인도 주민들의 무지가 합쳐져 그 구역을 완전히 비위생적인 곳으로 만들었다. 시 당국은 그 구역의 상태를 개선하려는 조치를 취하기는커녕, 자기네들의 태만으로

---

15 즉 소유권이 인정되지 않는다. 따라서 함석헌이 소유권이라고 함은 잘못이다.

말미암은 비위생을 구실 삼아 그 구역을 파괴하기로 하고, 지방 의회에서 주민 추방 권한까지 얻었다. 이것이 내가 요하네스버그에 정착했을 때의 사정이었다.

이주민들은 그들 토지에 대한 점유권을 가졌으므로 당연히 보상을 받아야 했다. 토지 보상 사건을 재판하려고 특별법원이 설치되었다. 임대인은 시 당국의 제안액을 받아들이려 하지 않는다면 법원에 기소할 권리를 가졌고, 법원이 정한 보상액이 시의 제안액을 초과하면 시에서 그 비용을 부담해야 했다.

땅을 빌린 임대인 대부분이 나를 법률고문으로 택했다. 나는 이 사건들을 통해 돈을 벌 생각은 없었으므로 그들에게 소송 결과에 관계없이 계약 건당 변호료 10파운드와, 승소할 경우 법원이 판정하는 비용으로 만족하겠다고 말했다. 또한 나는 그들이 받을 돈의 반을, 빈민을 위한 병원과 유사 시설을 건축하는 데 보태라고 제안했다. 그들은 당연히 만족스러워했다.

70개 사건 중 1건만 패소했다. 그래서 변호료는 꽤나 컸다. 그러나 끝없이 입을 벌리는 《인디언 오피니언》이 1천600파운드나 삼켰던 것으로 기억된다. 나는 그 재판을 위해 열심히 일했다. 의뢰인들이 언제나 나를 둘러쌌다. 그들 대부분은 본래 비하르나 그 부근 그리고 남부 인도에서 온 계약노동자들이었다. 그들의 특수한 불만의 해결을 위해 그들은 자신들만의 조직을 형성했다. 이는 자유로운 인도인 상인이나 무역업자 조직과는 다른 것이었다.

그들 중 일부는 가슴이 트인 자유주의적이고 고상한 사람들이었다. 지도자는 회장인 자이람싱 씨와 회장만큼 훌륭한 바드리 씨였다. 두 분 다 이제는 고인이 되었다. 그들은 나에게 큰 도움이 되었다. 바드리 씨는 나와 아주 친해졌고, 사티아그라하에서도 크게 활약했다.

그들과 다른 친구들을 통해 나는 인도 남북에서 온 수많은 이주민들과 친밀하게 접촉하게 되었다. 나는 단순한 법률고문이 아니라 그들의 형제가 되었고 그들의 사적이고 공적인 슬픔과 고통을 함께 나누었다.

인도인들이 나를 어떻게 불렀는지 아는 것도 흥미 있으리라. 압둘라 호상은 나를 간디라 부르지 않았다. 다행히도 '사헤브'[16]라고 불러 나를 모욕하지도 않았다. 압둘라 호상은 궁리 끝에 형제라는 좋은 호칭을 생각해냈다. 다른 사람들도 그를 따라 내가 남아프리카를 떠날 때까지 '형제'라고 불렀다. 전에 계약노동자였던 인도인들이 나를 그렇게 부를 때는 정말 좋았다.

15. 페스트 — 하나

시 당국이 소유권을 얻은 뒤에도 인도인들은 바로 그 구역을 떠나지 못했다. 그들을 쫓아내기 전에 거주하기 좋은 새로운 지역을 찾아야 했으나, 시 당국이 그 일을 쉽게 하지 못해 인도인들은 그 '더러운' 구역에 그대로 머물러야 했다. 전과 다르다면 그들의 사정이 더욱 나빠졌다는 점이었다. 이제 점유자가 아닌 그들은 시 당국 소유지의 임대인이 되었고, 결과적으로 그들 주위는 전보다 더욱

---

16 Saheb. 백인에 대한 경칭.

비위생적으로 변했다. 그들이 점유했을 때는 어느 정도 청결은 유지했다. 그 이유가 법을 두려워했기 때문이었어도 말이다. 그러나 이제 완전히 시 당국 소유가 되었으니 그런 두려움조차 없었다. 임대인 수는 늘었고 그들과 함께 불결과 무질서도 늘었다.

인도인들이 이런 상태를 개탄하는 동안 별안간 검은 페스트가 발생했다. 폐(肺)페스트라고도 하는 그것은 선(線)페스트보다 더욱 무섭고 치명적인 것이었다.

다행히도 발생지는 요하네스버그 교외의 금광이었다. 금광 노동자는 대부분 흑인이었고 그들의 청결 문제는 전적으로 백인 사용자에게 책임이 있었다. 또한 광산과 관련된 일을 하는 인도인이 몇 명 있었는데 그들 중 23명이 갑자기 감염되어 어느 날 밤 위독한 상태로 자기네 구역의 숙소로 돌아왔다.

당시《인디언 오피니언》구독자를 모집하고 대금을 걷던 마단지트 씨가 마침 거기 있었다. 그는 놀랄 정도로 겁 없는 사람이었다. 그는 페스트 희생자를 보고 눈물을 흘리면서 연필로 쓴 쪽지를 내게 보냈다. 내용은 다음과 같았다. "갑자기 페스트가 발생했습니다. 즉시 와서 보시고 적절한 조치를 해야 합니다. 아니면 우리는 비참한 결과를 맞게 될 겁니다. 즉시 오십시오."

마단지트 씨는 용감하게도 빈집 자물쇠를 열고 모든 환자를 그 집에 수용했다. 나는 자전거를 타고 그곳에 가서, 시의 서기에게 그 집을 사용하게 된 경위에 대해 편지로 알렸다.

요하네스버그에서 개업한 의사 윌리엄 고드프리가 소식을 듣자마자 치료를 위해 달려와 간호사이자 의사로서 환자들을 돌보았다. 그러나 우리 셋으로는 환자 23명을 감당하기 힘들었다.

마음이 순수하면 재난이 닥치더라도 그것과 싸울 사람과 수단도 같이 온다는 것이 경험에 근거한 나의 믿음이었다. 당시 내 사무실에는 인도인이 네 명 있었다. 칼얀다스 씨, 마네클랄 씨, 군바트라이 데사이 씨였고 나머지 한 사람 이름은 잊었다. 칼얀다스의 아버지는 나에게 칼얀다스를 맡겼다. 나는 남아프리카에서 칼얀다스보다 더 열심히 일하고 순종하는 사람을 본 적이 없다. 다행히도 그는 당시 미혼이어서 나는 아무리 위험이 큰 일이라도 기꺼이 그에게 맡겼다.

마네클랄은 내가 요하네스버그에서 구한 사람이었다. 그 역시 내 기억으로는 미혼이었다. 그래서 나는 서기, 동료, 아들이라고 부른 그 네 명 모두를 희생시키기로 결심했다. 칼얀다스와는 상의할 필요도 없었다. 다른 사람들도 내 이야기를 듣고 바로 동의했다. "선생이 어디에 계시든 우리도 함께 있을 겁니다." 그들의 짧고도 멋진 답이었다.

리치 씨에게는 대가족이 있었다. 그도 기꺼이 뛰어들려고 했지만 내가 말렸다. 그를 위험에 노출시킬 수 없었다. 그래서 그는 위험 지대 밖에서 일했다.

그날 밤은 정말 무서웠다. 경계와 간호로 밤을 샜다. 나는 많은 환자를 간호해봤지만 페스트 환자는 처음이었다. 고드프리 의사의 용기는 주위로 전파되었다. 간호하면서 할 일은 많지 않았다. 환자들에게 약을 먹이고 필요한 시중을 들고 그들의 침상을 깨끗이 정돈하고 그들을 격려하는 것이 우리가 해야 할 일의 전부였다.

젊은이들이 지칠 줄 모르는 열정으로 두려움 없이 일하는 것은 나에게 무한한 기쁨이었다. 고드프리 의사나 마단지트처럼 경험 있는 사람들의 용기는 누구나 이해할 수 있다. 하지만 이 애송이 젊은

이들의 정신이란!

내 기억에 우리는 환자 모두와 함께 그 밤을 넘겼다.

그러나 사건 자체의 비통함은 둘째 치더라도, 나의 마음을 사로잡은 관심사인 데다가 종교적으로도 의미 있는 것이어서 앞으로 최소한 두 장은 더 써야겠다.

16. 페스트 ― 둘

시의 서기는 빈집에 환자를 수용한 점에 대해 감사했다. 그는 시의회에는 그런 비상사태에 즉각 대응할 수단이 없다고 솔직하게 고백했지만, 힘이 미치는 한 돕겠다고 약속했다. 일단 의무감에 눈을 뜨자 시 당국은 즉각 조치를 했다.

다음 날 그들은 빈 창고를 마음대로 쓰도록 내주면서 환자를 옮기라고 했으나, 그곳을 청소하지는 않았다. 그 건물은 지저분하고 더러웠다. 우리는 창고를 청소하고 몇몇 인도인의 사무실에서 침대와 필요한 물건을 거두어 임시병원으로 만들었다. 시에서는 간호사를 한 명 보냈다. 그는 브랜디와 병원의 도구를 여러 가지 가져왔다. 고드프리 의사는 계속 일을 했다.

간호사는 친절한 부인으로 환자를 돌보려고 했으나, 감염을 막고자 환자를 만지지는 못하게 했다.

우리는 환자에게 브랜디를 종종 마시게 하라는 지시를 받았다. 간호사는 심지어 예방 조치로 우리도 자신처럼 그것을 마시라고 했다. 그러나 아무도 마시지 않았다. 나는 이것이 환자에게도 효과가 있으리라고 믿지 않았다. 고드프리 의사의 허가를 얻어 브랜디를 마시려 하지 않는 환자 세 명에게 흙 치료법을 실시했다. 젖은 흙을 바른 붕대를 그들의 머리와 가슴에 붙였다. 그중 두 사람은 살았다. 나머지 20명은 창고에서 죽었다.

그동안 시 당국은 다른 조치에 바빴다. 요하네스버그에서 7마일 떨어진 곳에 전염병 환자를 위한 격리병원이 있었다. 두 사람의 생존 환자를 그 병원 부근에 있는 텐트로 옮기고 또 그런 환자가 있으면 그곳으로 옮길 준비를 했다. 그리하여 우리는 그 일에서 벗어났다.

며칠 안 되어 우리는 그 사람 좋은 간호사가 감염되어 곧 죽었음을 알았다. 두 사람이 어떻게 살았고 우리가 어떻게 감염되지 않았는지는 말할 수 없으나, 그 실험으로 흙 치료에 대한 믿음이 커졌고, 브랜디를 약으로 보는 데 대한 회의도 커졌다. 그 믿음도 회의도 확실한 근거가 없는 것임을 나는 알지만, 당시 받은 인상을 지금도 가지고 있고, 따라서 여기서 설명할 필요가 있다고 생각한다.

페스트가 발생한 직후 나는 강경한 글을 발표했다. 곧 시 당국이 그 구역을 소유한 뒤 청소를 게을리 한 것은 잘못이고, 페스트 발생에 책임을 져야 한다고 주장했다. 이 글 덕분에 헨리 폴락 씨를 알게 되었고, 조셉 도크 목사와도 우의를 맺게 되었다.

나는 앞에서 채식 식당에서 식사를 했다고 말했다. 나는 그곳에서 알버트 웨스트 씨를 만났다. 우리는 매일 저녁 그곳에서 만났고 식사 뒤에는 산책을 했다. 그는 작은 인쇄소의 동업자였다. 그는 신문에서 전염병 발생에 대한 내 글을 읽은 후 식당에서 나를 보지 못하자 불안해했다.

동료들과 나는 전염병 발생 후 식사를 줄였다. 전염병이 도는 동안은 가벼운 식사를 계속하는 것을 규칙으로 삼아왔기 때문이다. 그래서 당시에도 저녁 식사를 하지 않았다. 점심도 다른 손님이 오기 전에 마쳤다. 나는 식당 주인과 잘 알았기 때문에, 지금 나는 전염병 환자를 치료하고 있으니 되도록이면 친구들과의 접촉을 피하려고 한다고 말했다.

하루 이틀 식당에서 나를 보지 못한 웨스트 씨는 어느 날 아침 내가 막 산책을 나서려는 순간에 찾아왔다. 내가 문을 열자 그가 말했다. "식당에서 뵙지 못해 무슨 일이 생긴 게 아닌지 정말 걱정했습니다. 그래서 당신이 무사한지 확인하려고 아침 일찍 당신을 보러 오기로 결심했습니다. 여하튼, 나도 마음대로 해주세요. 나도 환자들을 간호하겠습니다. 내게 가족이 없다는 걸 아시지요."

나는 감사를 표하고 아무 생각 없이 답했다. "간호사로 일하실 필요는 없습니다. 환자가 더 없으면 하루이틀 만에 끝납니다. 그러나 한 가지 일이 있습니다만."

"무엇입니까?"

"더반에서 《인디언 오피니언》 인쇄를 맡아주시겠습니까? 마단지트 씨는 여기서 일해야 할 것 같고, 더반에 사람이 필요합니다. 당신이 가주신다면 제가 정말 편할 것 같습니다만."

"제게 인쇄소가 있다는 걸 아시지요. 분명히 갈 수 있을 것 같지만 저녁에 최종 답을 드리면 어떨까요? 저녁 산책 때 이야기합시다."

나는 기뻤다. 우리는 대화했고, 그는 가는 것에 동의했다. 돈은 그의 동기가 아니었으니 그에게 월급은 문제가 되지 않았다. 그러나 월 10파운드로 하고 이익이 있으면 일부를 나눠주기로 했다. 바로 다음 날, 웨스트 씨는 외상 장부를 나에게 맡기고 저녁차로 더반으로 출발했다. 그날부터 내가 남아프리카를 떠날 때까지 그는 나와 고락을 함께한 파트너였다.

웨스트 씨는 링컨셔 라우드의 농가에서 태어났다. 그는 초등학교 교육을 받았지만 더 많은 것을 경험의 학교와 자조의 힘으로 배웠다. 나는 그를 언제나, 순수하고 경건하며 신을 두려워하는 인간미 넘치는 영국인으로 알고 있다.

그와 그의 가정에 대해서는 다음 장에서 상세히 말하겠다.

17. 거류 구역 소각

비록 동료와 나는 환자를 돌보는 일에서 벗어났지만 페스트로 생긴 많은 일이 남아 있어 그것을 처리해야 했다.

이 구역에 대한 시 당국의 태만에 대해서는 앞에서 언급했다. 그러나 백인의 건강에 관해서라면 시 당국은 정신을 바짝 차렸다. 시는 그들의 건강을 위해 거액을 썼고 이제는 페스트를 내쫓으려고 돈을 물 쓰듯 했다. 내가 시 당국의 책임이라고 지적한, 인도인에게 저지른 수많은 죄악이 있었지만 시에서 백인 시민을 위해 기울이는 열성은 칭찬하지 않을 수 없었고, 그 가상한 노력에 대해서는 되도록이면 협조했다. 만일 내가 협조하지 않았다면 시 당국은 더욱 어려워져 무력을 사용하는 극악한 사태에 이르렀을지도 모른다.

그러나 그 어떤 일도 없었다. 시 당국은 인도인의 협조에 만족했고, 페스트에 관한 앞으로의 일은 쉬워졌다. 나는 최대한 영향력을 행사해 인도인에게 시 당국의 요구에 따르도록 명령했다. 인도인들이 그 모든 일을 하기란 쉽지 않았으나 아무도 내 말을 거역하지 않았던 것으로 기억한다.

구역은 엄격한 경비 하에 놓여, 안팎 출입은 허가 없이 불가능했다. 하지만 내 동료와 나는 허가 없이 자유롭게 드나들었다. 구역의 모든 사람을 철수시켜 요하네스버그에서 13마일 떨어진 들판에 천막을 치고 3주간 거기 있도록 한 다음 그 구역을 불태운다는 결정이 내려졌다. 식량 등의 필수품을 갖추고 창고에 정착하기에는 시간이 걸렸고 그동안 경비가 필요했다.

사람들은 엄청 두려워했으나 내가 상주한다는 것이 그들을 달래주었다. 많은 빈민은 그들이 저축한 적은 돈을 땅에 묻곤 했다. 따라서 그것을 파헤쳐야 했다. 그들에게는 은행이 없었고, 은행에 대해 알지도 못했다. 그래서 내가 그들의 은행이 되었다. 돈의 물결이 내 사무소로 흘러 들어왔다. 그렇게 비상시에 일한 대가를 받을 수는 없었다. 그러나 어떻게든 일을 처리하게 되었다.

나는 내 은행의 관리인을 잘 알았다. 나는 그에게 그 돈을 맡아달라고 말했다. 은행은 그 엄청난 동전과 은전을 결코 받으려고 하지 않았다. 또한 페스트 전염지에서 온 돈에 은행 직원들이 손을 대지 않으리라는 걱정도 있었다. 그러나 관리인은 여러모로 나의 편의를 봐주었다. 돈은 은행에 보내기 전에 모두 소독하는 것으로 결정되었다. 그렇게 해서 6만 파운드를 저축한 것으로 기억한다. 정기예금으로 맡길 정도로 충분한 돈을 가진 사람들에게는 그렇게 하라고 권했더니 받아들였다. 그 결과, 그들 중 일부는 돈을 은행에 투자하는 데 익숙해지게 되었다.

구역 주민들은 특별열차로 요하네스버그 부근 클립스프룻 농장으로 옮겨졌고, 그곳에서 시의 비용으로 식량을 보급받았다. 이 천막촌은 군대 야영지처럼 보였다. 이런 천막생활을 해본 적이 없는 사람들은 그 조치에 놀랐지만 특별히 참아야 할 불편은 없었다. 나는 매일 자전거를 타고 그들에게 갔다. 그곳에 간 지 24시간도 안 되어 그들은 모든 불행을 잊고 즐겁게 지내기 시작했다. 갈 때마다 그들이 노래와 웃음으로 즐거워하는 것을 보았다. 3주간의 야외생활로 그들의 건강은 분명히 좋아졌다.

내가 기억하는 한, 그 구역은 사람들이 떠난 바로 다음 날 소각되었다. 시는 불길 속에서 아무것도 건지려고 하지 않았다. 바로 그 무렵, 같은 이유로 시는 시장의 모든 재목을 불태웠다. 손실액은 몇십만 파운드였다. 이 단호한 조치의 이유는 시장에서 죽은 쥐가 몇 마리 발견되었기 때문이다.

시는 막대한 재정 지출을 했지만, 페스트의 확대를 성공적으로 막았고 다시 안도의 숨을 내쉬었다.

18. 책 한 권의 기적

페스트 덕분에 가난한 인도인에 대한 나의 영향력은 커졌고, 나의 일과 책임도 커졌다. 유럽인과의 새로운 접촉은 매우 긴밀해서 나의 도덕적 의무를 더욱 증가시켰다.

나는 채식 식당에서 웨스트를 만난 것처럼 폴락 씨도 알게 되었다. 어느 날 저녁, 조금 떨어진 탁자에서 식사를 하던 청년이 내게 명함을 보내어 나를 만나고 싶다고 했다. 나는 그를 내 탁자로 초대했다.

그가 말했다. "저는 《크리틱》지 부편집인입니다. 신문에서 페스트에 대한 선생님의 글을 읽고 정말 만나 뵙고 싶었습니다. 이렇게 뵙게 되어 기쁩니다."

그의 솔직함에 호감이 갔다. 그날 저녁 우리는 서로를 알게 되었다. 우리는 삶의 중요 사항에 대해 거의 같은 생각을 하는 듯했다. 그도 간소한 생활을 좋아했다. 그는 자기 지성에 호소하는 일이면 무엇이나 실천에 옮기는 놀라운 능력을 가졌다. 그가 삶에 불러온 변화는 즉각적이고도 근본적인 것이었다.

《인디언 오피니언》지의 경비는 매일 더욱 늘어났다. 다음과 같은 웨스트 씨의 최초 보고서가 너무 놀라웠다. "이 사업에서 당신이 생각한 이익이 나올 거라고 기대하지 않습니다. 도리어 손해가 날까 걱정입니다. 장부는 엉망입니다. 받아야 할 외상이 너무 많은데 누구도 머리와 꼬리를 알 수 없습니다. 철저히 조사해야 합니다. 그러나 놀라지는 마십시오. 최선을 다해 바로잡겠습니다. 이익이 있든 없든 계속하겠습니다."

웨스트가 이익이 없음을 알고 바로 떠났다고 해도 그를 비난할 수 없었다. 도리어 내가 적절한 증거도 없이 이익이 날 거라고 한 점을 책망할 권리가 그에게 있었다. 그러나 그는 불평 한마디 하지 않았다. 그렇다고는 해도 나는 웨스트 씨가 그 사실을 알고 난 뒤 나를 무엇이든 쉽게 믿는 사람으로 보는 듯한 느낌을 받았다. 내가 마단지트 씨의 추산을 검토하지도 않고 받아들였으며, 웨스트 씨에게 이윤을 기대한다고 말했기 때문이다.

이제 나는 공적 일을 하는 사람은 자신이 확신하지 않는 말을 해서는 안 된다는 것을 깨달았다. 무엇보다도 진실 추구자는 최대한 주의해야 했다. 자신이 완벽하게 검토하지 않은 일을 남에게 믿도록 하는 것은 진실을 흐리는 것이다. 이를 알면서도 내가 할 수 있는 것보다 더 많은 일을 하려는 나의 야심 때문에, 남을 쉽게 믿는 버릇을 완전히 극복하지 못했음을 고백해야 하니 괴롭다. 이 야심은 종종 나 자신보다 내 동료에게 더 많은 걱정을 끼쳤다.

웨스트 씨의 편지를 받고 나는 나탈로 떠났다. 나는 폴락 씨를 완전히 신뢰했다. 그는 역에 마중을 나와 여행 동안에 읽으라고 책 한 권을 주고 갔다. 내가 좋아하리라 확신한다고 했다. 그것이 러스킨의 《이 마지막 사람에게도》였다.

일단 읽기 시작하자 옆에 내려놓을 수 없었다. 그 책은 나를 사로잡았다. 요하네스버그에서 더반까지는 24시간 여행이었다. 기차는 밤에 도착했다. 나는 그날 밤 잠을 잘 수 없었다. 나는 그 책의 이상에 따라 내 생활을 바꾸기로 결심했다.

러스킨의 책을 읽기는 처음이었다. 교육을 받는 동안 나는 교과서 말고는 아무것도 읽지 못했고, 바쁜 생활을 시작한 뒤로는 독서할 시간이 거의 없었다. 그래서 책에 대한 지식이 없었다. 그러나 그 때문에 손해를 많이 보았다고는 생각하지 않는다. 도리어 제한된 독서 덕분에 읽은 것을 완전하게 소화할 수 있었다. 그런 책 가운데 내 일생에서 즉각적이고도 실천적인 변화를 초래한 책이 바로 《이 마지막 사람에게도》였다. 뒤에 나는 그것을 구자라트 말로 번역하고, 제목을 '만인의 복지'[17]라고 붙였다.

나는 러스킨의 이 위대한 책에 나의 가장 깊은 확신이 반영되어 있

---

17 Sarovodaya. 보편적 복지, 사회선, 공익이라는 뜻.

음을 발견했다고 믿는다. 그래서 그 책은 나를 사로잡았고 내 삶을 변화시켰다. 시인이란 인간의 가슴속에 숨은 선을 불러일으킬 수 있는 사람이다. 시인은 모든 사람에게 똑같이 영향을 미치지는 않는다. 왜냐하면 모든 사람이 같은 천성을 타고나지는 않기 때문이다.

《이 마지막 사람에게도》의 교훈은 다음과 같았다.

1. 개인의 선은 전체의 선에 포함되어 있다.
2. 변호사 일은 이발사 일과 같은 가치를 갖는다. 모든 사람은 그들의 일로 생활비를 벌 똑같은 권리를 갖기 때문이다.
3. 일하는 삶, 곧 농부와 수공업자의 삶이 보람 있는 삶이다.

1에 대해서는 이미 알고 있었다. 2에 대해서도 어렴풋이 알았다. 3에 대해서는 생각한 적이 없었다.《이 마지막 사람에게도》는 2, 3이 1에 포함되어 있음을 대낮처럼 분명하게 보여주었다. 나는 새벽에 일어나서 그 원리를 실천할 준비를 했다.

19. 피닉스 정착

나는 모든 것을 웨스트 씨에게 말했다. 곧《이 마지막 사람에게도》가 나에게 미친 영향에 대해 말하고,《인디언 오피니언》을 농장으로 옮겨야 한다고 했다. 거기서는 모든 사람이 일을 하고, 똑같은 임금을 받으며 여가 시간에는 신문 제작에 종사할 것을 제안했다. 웨스트 씨는 그 제안에 찬성하고, 월급은 피부색이나 국적에 관계없이 1인당 3파운드로 정했다.

그러나 신문사의 열 명 이상 되는 노동자가 외딴 농장에 가서 사는 것에 동의할지, 거기서 겨우 생명만 부지하는 것에 동의할지가 문제였다. 그래서 우리는 그 계획에 따를 수 없는 사람은 계속 월급을 받고, 점차 정착 회원이 된다는 이상에 이르도록 노력하자고 제안했다.

나는 노동자들에게 이 제안에 대해 설명했다. 마단지트 씨는 싫어했다. 그는 내 제안이 어리석다고 생각하고, 자신이 모든 것을 걸고 했던 사업을 파괴할 거라 여겼다. 그래서 노동자들은 모두 관둘 것이고 《인디언 오피니언》은 중단될 것이며 신문사는 문을 닫을 거라고 했다.

신문사에서 일하는 사람 중에는 내 사촌인 차간랄 간디가 있었다. 나는 웨스트에게 그 계획을 말할 때 그에게도 말했다. 그에게는 아내와 아이들이 있었지만 그는 어려서부터 내 밑에서 교육을 받고 일해왔다. 그는 나를 완전히 믿었다. 그래서 아무 이의 없이 그 계획에 찬성하고 그 후 지금까지 나와 함께 있다. 기술자인 고빈다스와 미도 그 제안을 받아들였다. 나머지는 그 계획에 찬성하지 않았으나 신문사를 어디로 옮기든지 따라가겠다며 동의했다.

그들과 이 문제를 해결하는 데 이틀 이상 걸렸다고는 생각되지 않는다. 그 뒤 나는 곧바로 더반 교외 철도역 부근의 땅을 구한다는 광고를 냈다. 피닉스에 있는 땅을 팔겠다는 제안이 왔다. 웨스트 씨와 나는 그곳을 탐사했다. 일주일 내에 우리는 20에이커[18]를 샀다.

---

18 약 8만 제곱미터. 가로 200미터, 세로 400미터 정도 되는 상당히 넓은 땅이다.

그 가운데는 맑고 작은 샘이 있었고 오렌지 나무와 망고 나무도 몇 그루 있었다. 그 옆으로 과일나무가 더 많고 낡은 오두막이 있는 땅이 80에이커 있었다. 우리는 그것도 사서, 가격은 모두 1천 파운드에 이르렀다.

고(故) 루스톰지 씨는 언제나 그런 사업을 지지해주었다. 그는 이 계획도 좋아했다. 그는 커다란 창고에 있는 중고 함석 등의 건축 자재를 마음대로 쓰라고 했다. 우리는 그것을 가지고 일을 시작했다. 나와 함께 보어 전쟁에서 일했던 인도인 목수와 석공 몇 사람이 내가 신문사용 헛간을 세우는 일을 도와주었다. 길이 75피트에 넓이 50피트[19]인 건물이 한 달이 못 되어 완성되었다. 웨스트 씨 등은 위험도 무릅쓰고 목수들, 석공들과 함께 지냈다. 그곳은 인적이 없고 풀이 우거져 뱀이 우글거리는 정말 위험한 곳이었다.

처음에는 모두 천막에서 살았다. 우리는 약 일주일 만에 필요한 모든 것을 피닉스로 실어왔다. 그곳은 더반에서 14마일, 피닉스 역에서 2.5마일[20] 떨어진 곳이었다.

그래서《인디언 오피니언》의 한 회분만은 외부의 머큐리 인쇄소에서 찍어야 했다. 그때부터 나는, 돈을 벌려고 인도에서 나와 함께 와서 여러 직업에 종사하는 친척과 친구 들을 피닉스로 데려오려고 노력했다. 그들은 돈을 벌려 했기 때문에 설득하기 어려웠다. 하지만 몇몇은 동의했다. 나는 여기서 그중 오로지 마간랄 간디의 이름만을 들 수 있다. 다른 사람들은 자기 사업으로 돌아갔다. 그는 그의

---

19 길이 약 22미터, 넓이 약 15미터.

20 14마일은 약 22킬로미터, 2.5마일은 약 4킬로미터.

사업을 버리고 선을 위해 나와 운명을 같이하기로 했다. 그는 나의 윤리적 실험을 함께한 최초의 동료들 가운데 능력, 희생, 헌신이라는 점에서 가장 뛰어났다. 독학한 수공업자라는 점에서도 그의 위치는 특이했다.

그렇게 해서 피닉스 정착촌은 1904년에 시작되었고 여러 가지 이상한 일에도 아랑곳없이《인디언 오피니언》은 계속 발행해야 했다.

그러나 초기의 어려움, 변화, 희망과 실망에 대해서는 다른 장에서 말하겠다.

해설 ···

러스킨의 영향

독자들은《간디 자서전》에서 간디가 책에 대해 그다지 많은 이야기를 하지 않고 있음을 느낄 것이다. 그 점에서 본다면《이 마지막 사람에게도》에 대한 간디의 설명은 특기할 만하다. 가령 간디가 평생 읽은 책 중에서 가장 감명 깊은 책이 무엇인지 묻거나, 젊은이들에게 단 한 권의 책을 권한다면 무엇인지 물었다면《이 마지막 사람에게도》라고 답했으리라. 그러나 이 책은 당시 인도를 지배하던 영국인의 책이었다. 이는 가령 단재 신채호가 일본인의 책을 전하는 것과 같다. 우리로선 상상조차 하기 어려운 일 아닌가?

존 러스킨(1819~1900)은 영국의 미술비평가이자 사회사상가였다. 그가 간디에게 미쳤던 영향은 물론 사회 사상으로서 특히 1860년의《이 마지막 사람에게도》가 유명하다. 이 책에서 러스킨은 당시 경제학자들이 생각한 것과 달리, 사회의 진정한 기초는 부(富)가 아니라 인간의 동료애라고 주장하고, 극빈자를 포함한 마지막 사람에게도 충분한 빵과 평화가 주어질 때까지 부자는 사치를 삼가야 한다고 주장했다.

간디는《간디 자서전》외에 1932년에 쓴 글에서, 러스킨이 1871년 공장 노동자들에게 매달 쓴 편지를 언급하며 특히 교육에 대한 그의 생각이 자기 생각과 같다고 설명했다. 먼저 잘못된 교육이라도 무교육보다는 낫다는 사고방식을 비판하면서 반드시 가르쳐야 할 여섯 가지를 제시했다. 즉 맑은 공기, 깨끗한 물, 깨끗한 땅의 특성과 보존 방법 및 그 이익, 그리고 감사, 희망, 자선을 배워야 한다고 했다. 감사란 진선미에 대한 추구고, 희망이란 신의 정의에 대한 사랑이며, 자선이란 비폭력을 뜻했다.

그런데 러스킨은 최근 들어 당대의 가장 철저한 제국주의자로 알려졌다. 간디가 이 사실을 알았는지 몰랐는지는 확인할 수 없다. 독서 범위가 제한되었던 그가 그런 것까지 읽었으리라고는 생각되지 않는다. 그러나 설령 알았다고 해도 그가 러스킨의 사회 사상 자체를 부정하지는 않았을 것이라 생각된다.

사실 어떤 사상가든 완벽할 수는 없다. 19세기 말 러스킨이 살던 시대에는 영국의 인도가 당연시되었다. 즉 영국은 선진으로 인도는 후진으로 간주되었다. 러스킨의 사회개혁 사상은 그 선진 영국의 사회를 더욱 진보적으로 개혁하려는 사상이었다. 따라서 인도도 개혁 대상이었음에 틀림없고, 간디 역시 이 점에 공감했으리라.

20. 최초의 밤

피닉스에서 《인디언 오피니언》 첫 호를 내기란 쉽지 않았다. 내가 두 가지 주의를 주지 않았더라면 첫 호를 내지 못하거나 연기할 뻔했다. 나는 인쇄기를 돌리기 위한 발동기를 구하자는 생각에 소극적이었다. 농사일도 손으로 하는 분위기에서 수동이 적절하다고 생각했다. 그러나 그러기가 불가능해 보여서 석유 발동기를 설치했다. 그리고 발동기가 고장이 날 경우에 대비해 다른 것도 마련하라고 웨스트 씨에게 말했다. 그래서 그는 수동 바퀴를 준비했다.

피닉스처럼 외딴 곳에서 일간신문 크기로 찍기는 힘들다고 생각했다. 신문을 주간지 크기로 줄였기 때문에 비상시에는 페달을 밟아 인쇄하는 것이 가능했다.

처음에는 우리 모두 발행일 전 늦게까지 일해야 했다. 남녀노소 불문하고 모두 종이 접는 일을 도와야 했다. 일은 보통 밤 10시에서 자정 사이에 끝났다. 최초의 밤은 잊을 수 없다. 조판은 끝났는데 발동기가 멈추었다. 더반에서 발동기를 고칠 수 있는 기술자를 데려왔다. 그와 웨스트 씨는 최선을 다했으나 허사였다. 모두 걱정했다. 실망한 웨스트는 결국 나에게 와서 눈물을 흘리며 말했다. "발동기가 돌지 않아 신문을 제때 찍지 못할까 두렵습니다."

"그렇다면 할 수 없지요. 눈물 흘릴 필요는 없습니다. 가능한 모든 일을 해봅시다. 수동 바퀴는 어떨까요?" 내가 그를 위로하며 말했다.

그가 답했다. "그걸 돌릴 만한 사람이 있나요? 우린 그 일을 할 수 없습니다. 네 사람씩 교대로 일해야 하는데 모두 너무 지쳤습니다."

건축 일이 아직 끝나지 않아 목수들이 여태 있었다. 그들이 신문사 마루에서 자고 있었다. 나는 그들을 가리키며 말했다. "목수들을 이용할 수 있지 않을까요? 그리고 오늘은 밤을 새도록 하지요. 이런 방법이 아직 남아 있다고 생각합니다."

"저로서는 그 목수들을 깨울 수 없습니다. 그리고 우리도 너무 지쳤고요." 웨스트가 말했다.

"그럼 제가 말해보지요." 내가 말했다.

"그러면 우리도 어떻게든 해보지요." 웨스트가 답했다.

나는 목수들을 깨우고 협조를 부탁했다. 간청할 필요도 없었다. 그들이 말했다. "위급할 때 불려가지 않으면 무슨 소용입니까? 여러분은 쉬시고, 우리가 바퀴를 돌려보지요. 우리에게는 쉬운 일입니다." 물론 우리도 준비를 했다.

웨스트는 너무나 기뻐서 일을 시작하며 찬송가를 불렀다. 나도 목수들과 함께 일했고, 다른 사람들도 차례차례 아침 7시까지 일했다. 그래도 남은 일이 있었다. 그래서 나는 웨스트에게 기술자를 깨워 발동기를 다시 돌려보게 하라고 했다. 성공하기만 하면 우리는 제때 일을 마칠 수 있었다.

웨스트가 그를 깨우자 그는 바로 발동기가 있는 방으로 갔다. 아니 이게 웬일인가! 그가 손을 대자마자 발동기가 움직였다. 신문사 전체가 기쁨의 환성으로 울렸다. "어떻게 할 수 있었지요? 어젯밤엔 아무리 노력해도 허사였는데, 오늘 아침에는 아무 일도 없었다는 듯이 돌아가니 말입니다." 내가 물었다.

"말하기 어렵습니다." 웨스트인지 기술자인지 잊었지만 누군가 말했다. "기계도 우리처럼 가끔은 쉬어야 하는 것 같습니다."

내게는 기계 고장이 우리 모두를 시험하기 위해 온 것처럼 느껴졌고, 아슬아슬한 순간에 다시 돌아간 것은 우리의 정직과 노력의 열매로 생각되었다. 신문은 제때 배달되었고 모두 행복해했다.

이 최초의 강행은 신문의 규칙적 발행을 굳혔고, 피닉스에 독립 자존의 분위기를 만들었다. 한때 우리는 일부러 발동기 사용을 포기하고 수동력만으로 일했다. 그때가 피닉스에서 도덕적으로 가장 뛰어났다고 나는 생각한다.

21. 폴락이 합류하다

나는 피닉스 정착을 시작했음에도, 그곳에 잠깐밖에 머물지 못한 것을 언제나 후회했다. 나의 본래 이상은, 조만간 변호사 일을 그만두고 정착촌에 살면서 육체노동으로 생활비를 벌고 피닉스의 완성을 위해 봉사하는 가운데 즐거움을 찾는다는 것이었다.

그러나 그렇게 되지 않았다. 내 경험에 따르면 인간이 세운 계획을 신이 뒤엎는 경우가 많으나, 동시에 궁극 목표가 진실 탐구에 있으면 아무리 그 계획이 좌절되어도 결말은 해롭지 않고 도리어 기대치보다 좋게 된다. 피닉스에서의 기대하지 못했던 전환과 예상하지 못했던 사건도 본래 기대한 것보다 낫다고 말하기는 어려워도 유해한 것은 분명히 아니었다.

우리 모두 육체노동으로 생계를 유지하기 위하여, 우리는 신문사 주위 땅을 각자 3에이커[21]씩 분배했다. 나도 그 하나를 차지했다. 그

---
21 약 12,000평방미터. 약 3천 평.

모든 곳에 우리는 본래 희망과는 달리 함석집을 지었다. 우리 희망은 짚을 섞은 진흙 집이나 보통 농부에게 맞는 작은 벽돌집을 짓는 것이었으나 불가능했다. 더 비싸고 시간도 많이 들었으며, 모두 되도록이면 빨리 정착하고 싶어 했기 때문이다.

신문 편집인은 여전히 만수클랄 나자르였다. 그는 새 계획을 거부하고《인디언 오피니언》의 지부가 있는 더반에서 신문에 대해 지시했다. 우리에게는 임금을 주는 식자공이 있었지만, 정착촌 사람 모두가 식자를 배우는 것이 가장 이상적이었다. 그것은 인쇄 과정에서 가장 지루하지만 가장 쉬운 일이었다. 따라서 그 일을 모르는 사람은 배워야 했다. 내가 가장 못하는 편이었다. 마간랄 간디가 가장 잘했다. 인쇄소에서 일한 적도 없는데 식자 전문가가 되었고, 속도가 가장 빨랐을 뿐만 아니라 놀랍게도 모든 인쇄 공정을 재빨리 습득했다. 그러나 그는 자기 재능을 의식하지 않는 것 같았다.

집이 완성되어 정착하자마자 나는 새 둥지를 떠나 요하네스버그로 가야 했다. 나로서는 그곳 일을 돌보지 않고 오랫동안 내버려둘 처지가 아니었다.

요하네스버그로 돌아가자마자 나는 폴락에게 그 중요한 변화에 대해 말했다. 그는 자신이 빌려준 책이 그런 결과를 가져온 것을 알고 너무나도 기뻐했다. "제가 그곳의 새로운 모험에 참가할 수 없을까요?" 그가 물었다. 내가 답했다. "좋지요. 정착촌에 오시고 싶다면 언제나 환영합니다." "허락하시면 저는 언제라도 가겠습니다." 그가 답했다.

그의 결심은 나를 사로잡았다. 그는《크리틱》지 사직 한 달 전에 회사에 통보하고서, 그 기간이 지나자 피닉스에 왔다. 그의 사교성은 모두의 환심을 얻었고, 곧 가족의 일원이 되었다. 단순성이 바로 그의 성격이어서 피닉스 생활을 이상하거나 어렵게 생각하기는커녕, 물 만난 오리처럼 참가했다.

그러나 나는 그를 오래 둘 수 없었다. 리치 씨가 영국에서 법 공부를 마칠 결심을 했고, 혼자 사무실을 꾸려갈 수 없게 된 나는 폴락에게 변호사로 함께 일하자고 제의했다. 우리 모두 변호사 일에서 물러나 피닉스에 정착하려고 마음먹었으나, 일은 그렇게 되지 않았다.

폴락은 믿음이 강한 사람이어서 친구를 일단 믿고 나면 그와 토론하는 대신 합의하려고 노력했다. 그는 나에게 피닉스에서 편지를 썼다. 자기가 그곳 생활을 사랑하고 정말 행복하며 그곳을 발전시키기를 바라지만, 만일 내가 자신이 그곳을 떠나 변호사 자격으로 사무실에 참가하는 것이 우리의 이상을 더욱 빨리 실현하는 길이라고 생각한다면 그렇게 하겠다고 했다. 나는 그 편지를 진심으로 환영했다. 폴락은 피닉스를 떠나 요하네스버그에 와서 서류에 서명했다.

같은 시기에, 내가 전에 지방변호사 시험 지도를 했던 어느 스코틀랜드 신지학파 회원 한 사람도 폴락처럼 나의 초대를 받아 계약서기로 일하게 되었다. 그의 이름은 멕킨타이어였다.

이처럼 나는 피닉스에서의 이상을 빨리 실현한다는 훌륭한 목적과 함께 그것과 반대되는 흐름에 더욱더 깊이 빠져드는 듯이 보였고, 신이 달리 원하지 않았더라면 간소한 생활이라는 이름으로 쳐 놓은 그물에 걸려들고 말았으리라.

아무도 상상하거나 기대하지 못한 방식으로 나와 나의 이상이 구제된 것을 쓰기 위해서는 아직 몇 장을 더 거쳐야 한다.

22. 신이 보호하는 사람

이제 나는 가까운 미래에 인도로 돌아간다는 희망을 모두 버렸다. 나는 아내에게 일 년 안에 돌아간다고 약속했었다. 아무런 귀국의 전망도 없이 그 한 해는 지나갔기 때문에 나는 아내와 아이들을 보내기로 결심했다.

그들을 남아프리카로 데려오던 배 위에서 삼남 람다스가 선장과 놀다가 팔이 부러진 적이 있다. 선장은 그를 잘 돌보고 배의 의사에게 치료를 받게 했다. 람다스는 붕대를 감고 배에서 내렸다. 그 의사는 우리에게 집에 도착하면 곧바로 의사의 치료를 받으라고 충고했다. 그러나 당시 나는 흙 치료 실험에 완전히 빠져 있었다. 심지어 나는 흙과 물로 치료하는 나의 이상한 의술을 믿도록 의뢰인 몇 명을 설득하는 데 성공했다.

그렇다면 람다스에게는 어떻게 할 것인가? 아들은 겨우 여덟 살이었다. 나는 그 아이에게 내 치료를 받겠느냐고 물었다. 아이는 웃으며 그렇게 하겠다고 했다. 그 나이의 아이가 자신에게 가장 좋은 것이 무엇인지 결정하기란 불가능했으나, 그는 돌팔이와 적절한 의료 치료의 차이는 잘 알았다. 또한 가정 치료를 한다는 것도 알았고, 나에게 자신을 맡길 만큼 나를 믿었다.

나는 공포에 떨면서 붕대를 풀고 상처를 씻은 후 깨끗한 흙을 이겨 붙이고서 팔을 다시 싸맸다. 매일 그렇게 한 달 정도 치료를 하자 상처는 완전히 나았다. 아무런 후유증도 없었고, 배 의사가 정상 치료로 걸린다고 한 시간보다 오래 걸리지도 않았다.

이 경험과 또 다른 실험 하나가 가정 요법에 대한 나의 믿음을 증대시켰고, 이제 나는 더욱 큰 자신감을 가지고 그것을 하게 되었다. 나는 적용 범위를 넓혀서 흙과 물과 단식으로 하는 치료를 각종 상처, 열병, 소화불량, 황달 등에도 적용했고, 대부분 성공했다. 그러나 지금은 남아프리카에서 가졌던 자신감을 갖고 있지는 않고, 심지어 명백하게 위험한 경우도 있음을 경험으로 알게 되었다.

따라서 그런 실험에 대해 언급하는 것은, 성공을 자랑하기 위해서가 아니다. 나는 어떤 실험에서도 완벽하게 성공했다고 할 수 없다. 의사도 그들의 실험에 대해 그렇게 말할 수 없다. 나의 목적은 오직, 새로운 실험을 하려고 할 경우 자신부터 해보아야 한다는 것을 보여주려는 것이다. 그렇게 하면 진실을 빨리 발견하게 되고, 신은 언제나 정직한 실험자를 보호한다.

유럽인과의 친밀한 접촉을 더 많이 하려는 실험에 내포한 위험은 자연요법 실험의 경우만큼 컸다. 오로지 위험의 종류가 달랐을 뿐이다. 그러나 그런 실험에서 나는 위험을 생각하지 않았다.

나는 폴락을 나와 함께 살자고 초대했고, 우리는 친형제처럼 살기 시작했다. 폴락과 곧 결혼할 예정이었던 여성은 그와 약혼한 지 몇 년 지났으나, 결혼은 적절한 시기로 연기되었다. 폴락은 결혼생활에 정착하기 전에 돈을 더 모을 생각이었던 것 같다. 그는 러스킨을 나보다도 더 잘 알았지만, 그의 서양적 배경이 러스킨의 가르침을 즉시 실천에 옮기는 것을 방해했다. 그러나 나는 그에게 권했다.

"당신들처럼 마음이 합치된 경우, 오로지 돈 문제로 결혼을 연기한다는 건 옳지 않습니다. 만일 가난이 장애라면 가난한 사람들은 결혼도 못합니다. 그리고 지금 당신은 나와 같이 있습니다. 이곳에선 생활비 문제는 없습니다. 나는 당신이 되도록이면 빨리 결혼해야 한다고 생각합니다."

앞 장에서 말했듯이 나는 같은 문제로 폴락과 두 번 이상 토론한 적이 없다. 그는 내 말뜻을 이해하고 영국의 약혼자에게 즉시 연락을 했다. 그녀는 그 제의를 기쁘게 받아들여 몇 달 뒤 요하네스버그로 왔다. 결혼 비용은 문제가 되지 않았고, 특별한 옷도 필요하다고 생각되지 않았다. 그들에게는 결합을 인정하는 어떤 종교적 의식도 필요 없었다. 폴락 부인은 기독교 집안 출신이었고 폴락은 유태인이었다. 그들 공통의 종교란 윤리의 종교였다.

이 결혼과 관련해 재미난 사건 하나를 말하겠다. 트란스발의 유럽인 결혼등록관은, 흑백 부부의 결혼을 등록할 수 없었다. 이 결혼에선 내가 보증인이었다. 보증인이 되어줄 유럽인 친구가 없어서가 아니라, 폴락이 그 제안을 받아들이지 않았기 때문이다. 그래서 우리 세 사람은 결혼등록관에게 갔다. 내가 보증인인 이 결혼의 당사자가 백인이라는 것을 그가 어떻게 믿을 수 있었겠는가? 그는 조회할 때까지 등록을 연기하자고 했다.

다음 날은 신년이었고, 공휴일이었다. 그런 시시한 일 때문에 엄숙하게 마련된 결혼식 날짜를 연기한다는 것은 도저히 참을 수 없는 일이었다. 나는 등록국 국장을 잘 알았다. 그래서 신혼부부와 함께 그에게 갔다. 그는 웃으며 등록관에게 줄 쪽지를 주었다. 그리하여 결혼 등록이 이루어졌다.

지금까지 나와 함께 살았던 유럽인은 그전부터 다소간 알던 사람들이었다. 그러나 이제 전혀 생소한 영국 부인이 우리 가족으로 들어왔다. 그 신혼부부와 우리 사이에 어떤 문제가 있었던 기억은 전혀 없다. 설령 내 아내와 폴락 부인 사이에 불쾌한 일이 있었다고 해도 그것은 잘 통제된 동질적인 가족 속에서 생긴 것 이상이 아니리라.

여기서 기억해야 할 점은 우리 모두 이질적인 가족이었다는 것이다. 그곳에서는 모든 종류의 인간과 기질이 마음대로 허용되었다. 우리가 동질과 이질이라고 하는 것은 오로지 상상에 불과하다. 우리는 모두 하나의 가족이다.

이 장에서 웨스트의 결혼도 축복하는 것이 좋겠다. 내 일생 가운데 이 단계에서는, 금욕에 대한 생각이 아직 완전히 성숙되지 못해 미혼 친구들을 결혼시키는 데 흥미를 가졌다. 웨스트가 부모를 만나러 루스에 갔을 때 나는 되도록이면 결혼을 하고 오라고 충고했다. 피닉스는 공동 가정이었고, 우리 모두 농부가 될 작정이었기 때문에 우리는 결혼과 그 통상적인 결과를 두려워하지 않았다.

웨스트는 젊고 아름다운 웨스트 부인과 함께 돌아왔다. 그녀는 레스터의 한 공장에서 일하는 구두공 집안에서 태어났다. 웨스트 부인도 그 공장에서 일했다. 내가 그녀를 아름답다고 한 것은 단번에 나를 매혹한 도덕적 아름다움 때문이었다. 참된 아름다움은 마음의 순수함에 있다.

웨스트 씨는 그의 장모도 모시고 왔다. 그 나이 든 부인은 지금도 살아 계신다. 그녀는 부지런함과 낙천적이고 쾌활한 성격으로 우리를 부끄럽게 했다.

이 유럽인 친구들을 결혼하라고 설득한 것과 같은 방법으로, 인도 친구들에게는 인도에서 그들 가족을 데려오라고 권했다. 그리하여 피닉스는 작은 마을로 발전했고, 여섯 가족이 그곳에 와서 정착하고 불어나기 시작했다.

23. 가정 들여다보기

이미 앞에서 보았듯이 생활비가 많이 들었지만, 간소함을 지향하는 경향은 더반에서부터 시작되었다. 그러나 요하네스버그 집은 러스킨의 가르침에 따라 더욱 엄격한 검토를 받게 되었다.

나는 법정변호사로서 되도록이면 간소한 생활을 도입했다. 어느 정도의 가구 없이는 살 수가 없었다. 외부적인 변화보다 내부적인 변화가 많았다. 육체노동을 하고 싶다는 생각이 커졌다. 그래서 아이들도 그렇게 훈련시키기 시작했다.

빵집 빵을 사지 않고 쿠네의 요리법에 따라 집에서 발효하지 않은 통밀 빵을 만들기 시작했다. 보통 제분소의 밀가루는 이에 적절하지 않고 손으로 간 밀가루가 간소함과, 건강, 경제에도 좋으리라 생각되었다. 그래서 7파운드로 손 제분기를 샀다. 쇠바퀴가 너무 무거워 혼자 돌리기는 힘들었기에 두 사람이 해야 했다. 보통 폴락과 나 그리고 아이들이 그것을 돌렸다. 밀가루를 가는 시간이 보통 아내가 부엌일을 시작하는 시간이었지만 아내도 가끔 도와주었다. 폴락 부인이 온 뒤로는 그녀도 참가했다.

밀가루 갈기는 아이들에게 매우 좋은 운동이 되었다. 그 일을 비롯한 어떤 일도 아이들에게 강요되지 않았고, 그곳에 와서 도와주는 것은 일종의 심심풀이로서 지치면 언제나 그만둘 수 있었다. 그러나 아이들은 나를 실망시키지 않았다. 그 아이들 중에는 나중에 다시 이야기해야 할 아이들이 있다. 게으른 아이가 전혀 없었다는 것이 아니라, 대부분이 즐겁게 일했다는 것이다. 일을 피하고 힘이 들어 못하겠다는 아이들에 대한 기억은 없다.

우리는 집안을 돌볼 하인을 한 사람 두었다. 그는 가족의 일원으로 우리와 함께 살았고, 아이들은 그의 일을 도왔다. 시 청소부가 분뇨를 치웠지만, 하인에게 그 일을 요구하거나 기대하지 않고 우리 스스로 화장실 청소에 참가했다. 이는 아이들에게 좋은 교육이 되었다. 그 결과 내 아들 중 누구도 청소부 일을 싫어하지 않게 되었고, 일반적인 위생 습관을 잘 갖게 되었다.

요하네스버그 집에서는 병자가 없었지만 혹시 있게 되면 아이들이 즐겨 간호했다. 나는 그들의 지식교육에 무관심했다고 말할 생각이 없지만, 그것을 기꺼이 희생하려고 했다. 따라서 내 아들들이 나에게 불만을 갖는 데는 그럴 만한 이유가 있다. 실제로 그들이 가끔 그렇게 말하기도 하고, 나도 어느 정도는 죄인이라 할 수 있을 것이다. 아이들에게 지식교육을 시킬 생각은 있었다. 나 자신이 직접 하려고 노력도 했지만, 항상 이런저런 장애가 있었다.

그들에게 가정교사를 써서 교육을 시키려고 하지도 않았기 때문에 나는 매일 아이들을 사무실에 데리고 왔다가 집에 데려가곤 했다. 모두 5마일 정도였다. 이는 나와 아이들에게 상당한 운동이 되었다. 그렇게 걷는 동안, 내가 신경 써야 할 일이 없으면 대화를 통해 가르쳐보려고 했다. 인도에 둔 하릴랄을 제외한 아이들은 모두 요하네스버그에서 이렇게 자랐다. 만일 내가 매우 규칙적으로 최소한 한 시간씩만 그들에게 지식교육을 시켰더라면 이상적인 교육을 했으리라 생각한다. 내가 그들에게 충분한 지식교육을 시키지 못한 것은 나나 그들에게 모두 유감이다.

장남은 가끔 내 앞에서 사적으로, 또는 언론을 통해 공적으로 그런 불만을 털어놓았다. 그러나 다른 아이들은 그 실패가 불가피한 것이었다고 너그러이 용서해주었다. 나는 그 일로 상심하지는 않는다. 만일 유감이 있다면 내가 이상적인 아버지가 못 되었다는 점이다. 그러나 나는 내가 잘못했는지는 모르지만 진심으로 사회를 위한 봉사라고 순수하게 믿은 것을 위해 그들의 지식교육을 희생했다고 생각한다.

내가 그들의 성격 형성에 필요한 일을 하는 데 게으르지 않았다는 점은 분명하다. 그것을 옳게 해주는 것이 모든 부모의 기본적인 의무라고 나는 믿는다. 내가 노력했음에도 내 자식에게 부족함이 있다면, 그것은 내 쪽의 관심이 부족했음을 나타내는 것이 아니라, 부모 양쪽의 결함을 보여준다고 나는 확신한다.

아이들은 부모의 신체적 특질 못지않게 그 인간성을 물려받는다. 환경이 중요한 역할을 하지만, 아이가 인생을 시작하는 근본 자질은 조상에서 비롯된다. 나는 또 아이들이 나쁜 유전 효과를 성공적으로 극복하는 것도 보았다. 이는 영혼의 본성인 순수함 덕분이다.

폴락과 나는 종종 아이들에게 영어 교육을 시키는 것이 바람직한가에 대해 열띤 논쟁을 벌였다. 나는 인도인 부모가 아이들에게 어릴 적부터 영어로 생각하고 말하도록 훈련시키는 것은 아이들과 그 조국에 대한 배신이라고 언제나 확신한다. 부모들은 아이들에게서 민족의 정신적·사회적 유산을 빼앗고, 그만큼 나라를 위한 봉사에 적응할 수 없도록 하고 있다. 이러한 확신 때문에 나는 언제나 아이들에게 구자라트어로 말했다.

그러나 폴락은 이를 좋아하지 않았다. 그는 내가 아이들의 장래를 망친다고 생각했다. 그는 정력과 애정을 다해서 말했다. 만일 아이들이 어릴 적부터 영어와 같은 국제어를 배운다면, 그들은 삶의 경쟁에서 타인을 능가할 수 있는 유리한 위치에 쉽게 설 수 있다는 것이다.

그러나 그는 내게 확신을 주지 못했다. 내가 그에게 내 태도가 옳다고 확신시켰는지, 아니면 내가 너무 완고하다고 여겨 포기했는지 기억이 없다. 그것은 20년 전쯤의 일이었고, 그 후 경험에 의해 그 확신은 더욱 깊어졌다.

내 자식들은 충분한 지식교육을 받지 못해 고통스러워하지만, 그들이 자연스럽게 얻은 모국어 지식은 그들 자신과 나라에 도움이 되었고, 그렇지 않았으면 외국인같이 보였을 텐데 그렇게 되지는 않았다. 영어로 말하고 쓰는 것도 상당히 쉽게 하면서 그들은 자연히 두 가지 말을 하게 되었다. 이는 그들이 폭넓은 영국 친구들과 날마다 접촉했기 때문이고, 주로 영어를 쓰는 나라에서 살았기 때문이었다.

24. 줄루 '반란'

심지어 요하네스버그에 정착했다고 생각한 후에도 나에게는 정착생활이 없었다. 평화롭게 숨 쉬겠다고 느낀 바로 그 순간, 전혀 예상하지 못한 일이 터졌다. 신문은 나탈에서 줄루 '반란'이 터졌다고 보도했다. 나는 줄루족에 아무런 원한이 없었고, 그들도 인도인을 해치지 않았다. 나는 '반란' 그 자체를 의심했다.

그러나 당시 나는 대영제국이 세계의 복지를 위해 존재한다고 믿었다. 순수한 충성심이 심지어 제국에 어떤 불길한 일도 생기지 않기를 바라게 했다. 따라서 '반란'의 정당성 여부는 내 결심에 아무런 영향을 미치지 않았다. 나탈에 있는 자원봉사대가 더 많은 사람을 모으고 있었다. 그 부대가 벌써 '반란' 진압을 위해 움직였다는 보도를 보았다.

나는 나탈과 깊이 관련되어 있었으므로 스스로 나탈 시민이라고 생각했다. 그래서 총독[22]에게 편지를 써서 필요하다면 인도인 위생부대를 편성하겠다고 했다. 그는 즉시 제안을 받아들이는 답장을 보내왔다.

나는 그 정도로 즉각 수용하리라고 기대하지 못했다. 다행히도 나는 편지를 쓰기 전에 이미 필요한 준비를 모두 했다. 내 제안이 받아들여지자 나는 요하네스버그의 가족을 분산시키기로 결심했다. 폴락은 조그만 집을 가지기로 하고, 내 아내는 피닉스에 가서 지내기로 했다. 아내는 전적으로 동의했다. 이런 일에 아내가 반대한 기억은 없다. 그래서 나는 총독의 편지를 받자마자 관례대로 집주인에게 집을 비우겠다고 한 달 전에 하는 통지를 하고, 살림 일부는 피닉스로 보내고, 일부는 폴락의 집에 남겨두었다.

나는 더반으로 가서 사람을 모았다. 큰 부대는 필요하지 않았다. 우리는 24명이었고, 그중 나를 뺀 4명이 구자라트 사람이었다. 나머지는 자유 아프가니스탄 사람 한 명 외에는 모두 남인도에서 계약 노동자로 왔던 사람들이었다.

나에게 지위를 주고 일을 쉽게 하기 위해 관례에 따라 수석의무관이 나를 임시 특무상사로 임명하고 내가 선택한 셋을 중사로, 한

---

22 governor. 함석헌은 지사라고 번역한다. 그러나 나탈은 영국 식민지라는 점에서 총독이라고 번역함이 어감상 옳은 듯하다.

사람을 하사로 임명했다. 또한 정부에서 제복을 받았다. 우리 부대는 약 6주간 근무했다.

현장에 도착하자마자 '반란'이라는 이름에 맞는 어떤 것도 없음을 알았다. 누가 봐도 저항은 없었다. 소동에 불과한 것을 반란이라고 과장한 이유는, 어느 줄루족 족장이 부족민에게 부과된 새로운 세금을 내지 말라고 지시하고, 세금을 거두러 온 하사를 죽였기 때문이다.

여하튼 내 마음은 줄루 편이어서, 본부에 도착했을 때 우리의 주업무가 줄루족 부상자를 간호하는 것이라는 말을 듣고 기뻤다. 군의관은 우리를 환영했다. 그가 말하기를, 백인은 줄루 부상자를 간호하기 싫어해서, 그들의 상처가 심해져 어쩔 줄 모르고 있다는 것이었다. 그는 저 죄 없는 사람들을 위해 신이 우리를 보내주었다고 환영하면서, 붕대와 소독약 등을 갖다 주고 임시병원으로 데리고 갔다.

줄루족은 우리를 보고 기뻐했다. 백인 군인들은 그들과 우리를 막은 울타리 틈으로 들여다보면서 부상자를 간호하지 말라고 우리를 설득하려 했다. 우리가 그들 말을 듣지 않자 그들은 화가 나서 줄루족에게 입에 담지 못할 욕을 퍼부었다.

나는 차차 그 군인들과 가까워졌고, 그들의 방해도 끝이 났다. 지휘관 중에 스파크스 대령과 와일리 대령은 1896년 나를 끔찍하게 반대한 사람들이었다. 그들은 나의 태도에 놀라 특별히 불러 감사를 표했다. 그들은 나를 매켄지 장군에게 소개했다. 독자들은 이들을 직업군인으로 생각해서는 안 된다. 와일리 대령은 더반의 유명한 변호사였다. 스파크스 대령은 더반의 유명한 푸줏간 주인이었고, 매켄지 장군은 나탈의 유명한 농원 주였다. 이 신사들은 모두 자원자로서 군사훈련을 받고 경험을 쌓았다.

우리가 맡은 부상자들은 전쟁에서 부상당한 사람들이 아니었다. 그중 일부는 어떤 혐의를 받고 구속당했다. 장군은 그들에게 채찍형을 내렸다. 그 채찍질이 심한 염증을 일으켰다. 치료하지 않아 상처가 곪기 시작했다. 또 어떤 사람들은 줄루족 중에서도 영국에 우호적인 사람들이었다. 그들은 '적군'과 구별하는 배지를 달고 있었는데도 군인들 실수로 총에 맞은 것이었다.

그 일 말고도 나는 백인 군인들을 위해 처방약을 조제해야 했다. 이건 나에게 쉬운 일이었다. 부스 의사의 작은 병원에서 일 년간 훈련을 받았기 때문이다. 이 일을 통해 나는 많은 유럽인과 알게 되었다.

우리는 어느 기동중대에 배속되었다. 그 부대는 위험한 곳이면 어디나 출동하도록 명령을 받았다. 대부분은 기마 보병이었다.

우리 부대가 출동하자마자 우리는 들것을 어깨에 메고 도보로 따라가야 했다. 하루 40마일씩 두세 번 행진했다. 그러나 우리가 어디로 가든, 나는 신이 우리에게 할 일을 준 것에 감사했다. 그것은 부주의로 부상당한 줄루 사람들을 들것에 실어 막사로 데려와 간호사로서 그들을 돌보는 것이었다.

25. 마음 찾기

줄루 '반란'으로 새로운 경험을 하고, 많은 생각을 하게 되었다. 보어 전쟁은 그 '반란'처럼 생생하게 전쟁의 참상을 근본적으로 보여주지 않았다. 이는 전쟁이 아니라 인간 사냥이었다. 이는 나만의 생각이 아니라, 내가 만나 이야기한 많은 영국인들의 생각이기도 했다. 매일 아침 순박한 시골에서 콩 볶는 듯한 군인들의 총소리를 듣는다는 것, 그리고 그들 사이에서 살아야 한다는 것은 하나의 시련이었다.

그러나 나는 그 쓴잔을 삼켰다. 특히 나의 부대는 부상당한 줄루족을 간호하는 일을 할 뿐이었다. 우리가 없었다면 줄루족은 아무 보살핌도 받지 못했으리란 걸 알 수 있었다. 따라서 그 일이 내 양심을 어루만졌다.

그 밖에도 생각할 것이 많았다. 그곳은 사람들이 거의 살지 않는 곳이었다. 언덕과 골짜기 사이에 드물게 소위 '미개' 줄루족의 소박한 오두막[23]이 흩어져 있었다. 부상자가 있든 없든, 이 엄숙한 정적 속을 행군하면서 나는 자주 깊은 생각에 잠겼다.

나는 금욕과 그 의미에 대해 생각했고, 나의 확신은 깊이 뿌리내렸다. 나는 동료들과 그것에 대해 토론했다. 나는 당시에는 그것이 자기실현에 얼마나 불가결한 것인지 몰랐지만, 모든 영혼을 바쳐 인류에게 봉사하려는 사람은 그것 없이는 불가능하다는 것을 알았다. 당시 내가 했던 것과 같은 봉사를 할 기회는 앞으로 더 많을 것이고, 내가 만일 가정생활과 자녀의 출생과 양육에 빠졌더라면 그일을 감당할 수 없다는 확신이 생겼다.

요컨대 영과 육을 모두 따를 수는 없었다. 가령, 지금 내 아내가 임신 중이면 나는 이 전장에 뛰어들 수 없다. 금욕을 지키지 않고서

---

23 Kraals. 함석헌은 이를 촌락이라고 한다.

는 가정 봉사와 사회 봉사는 양립할 수 없다. 반면 금욕을 지키면 그 둘은 완전히 양립한다.

이렇게 생각하자 최종 맹세를 할 생각 때문에 상당히 초조해졌다. 맹세를 한다고 생각하니 일종의 환희가 느껴졌다. 상상은 자유롭게 날아서 봉사의 범위를 끝없이 넓혀주었다.

이처럼 내가 격렬한 심신의 싸움 속에 있을 때, '반란' 진압 작업이 거의 끝났고 우리가 곧 임무에서 벗어난다는 소식이 왔다. 하루 이틀 뒤 우리는 제대를 했고 며칠 뒤 모두 집으로 돌아왔다.

얼마 뒤 나는 총독에게 위생부대 활동에 대해 특히 감사한다는 편지를 받았다.

피닉스에 도착하자 나는 곧 차간랄, 마간랄, 웨스트 등에게 금욕에 대해 열심히 말했다. 그들은 그 생각에 찬성하며 맹세의 필요성을 인정했지만 동시에 그 일이 어렵다는 점도 인정했다. 그중 몇 사람은 용감하게 그것을 지키기 시작했고, 성공하기도 했다.

나 역시 평생 금욕을 지키겠다는 맹세를 했다. 솔직히 고백하면, 당시에는 아직 내가 한 일의 거대함과 중요함을 완전히 깨닫지 못했다. 심지어 지금도 어려움이 내 눈앞에서 나를 노려본다. 맹세의 중요성은 날이 갈수록 더욱더 분명해진다.

금욕 없는 생활은 나에게 무미건조하고 동물처럼 보인다. 짐승은 본능적으로 자제를 모른다. 인간이 인간인 것은 그가 자제할 수 있기 때문이고, 또 오로지 자제하는 경우에만 인간은 인간이다. 과거 우리의 종교 경전에서 과도한 칭찬처럼 보였던 금욕이 이제는 완전히 들어맞으며 체험에 근거한다는 생각이 더욱더 분명해진다.

놀라운 힘으로 가득한 금욕이란 결코 쉬운 일이 아니고, 또한 단순히 육체의 일이 아님을 알았다. 그것은 육체적 절제로 시작하지만, 결코 그것으로 그치지 않는다. 그것을 완벽하게 이루려면 불순한 생각조차 없어야 한다. 참으로 금욕을 지키는 사람은 꿈에서도 육욕의 만족을 느끼지 않는다. 그리고 그런 경지에 이르려면 아직도 극복해야 할 일이 많다.

나에게는 심지어 육체적 금욕을 지키는 것조차 너무나 어려운 일이었다. 지금은 나 스스로 상당히 안전함을 느낀다고 말할 수 있지만, 아직도 상념을 완전히 정복하는 것은 참으로 중요하다. 의지나 노력이 부족해서가 아니라, 바람직하지 못한 생각이 어디서 침입하는지가 아직 나에게는 문제다. 바람직하지 못한 생각을 잠그는 자물쇠가 있음을 의심하지 않지만, 누구나 그것을 스스로 찾아야 한다.

성자와 선지자 들은 우리를 위해 자신들의 체험을 남겨주었지만, 실패하지 않는 보편적인 처방을 우리에게 주지는 못했다. 완전하거나 잘못을 저지르지 않게 되는 것은, 오직 은총으로부터 가능하기 때문이다. 그래서 신을 추구하는 사람들이 우리에게 라마나마 같은 주문[24]을 남겼다. 그것은 그들의 금욕생활에 의해 거룩해지고 그들의 순결로 명령하는 것이다.

신의 은총에 무조건 귀의하지 않고서는 생각을 완전하게 통제할 수 없다. 이것이 모든 위대한 종교서의 가르침이고, 나는 그것의 진실을 완전한 금욕을 추구하려 노력하는 순간마다 깨닫는다.

그러나 그 노력과 투쟁의 역사에 대해서는 다음 장에서 이야기하

---

24 Mantra. 거룩한 음절, 또는 주문을 뜻한다.

겠다. 내가 그 일을 어떻게 시작했는지를 말하면서 이 장을 끝내겠다. 처음에 열정으로 넘칠 때, 그것을 지키는 일은 매우 쉽다는 것을 알았다. 내 생활 방식에서 가장 처음에 고친 것은 아내와의 동침을 그만둔 것, 혹은 그녀와의 은밀한 행동을 그만둔 것이었다.

그리하여 내가 1900년부터 우유부단하게 지켜온 금욕을 1906년 중반부터 명확하게 지키게 되었다.

26. 사티아그라하의 시작

이처럼 내 쪽에서 하는 자기 정화라는 것을 사티아그라하의 준비로 만드는 일이 요하네스버그에서 생겨났다. 이제 나는 금욕 맹세로 내 일생의 절정에 이른 모든 중심 사건들이 이를 위해 나를 준비시키고 있었음을 알게 되었다.

사티아그라하라고 한 것의 원리는 그 이름이 만들어지기 전에도 존재했다. 사실 그것이 태어났을 때도 스스로 그것을 무어라 말할 수 없었다. 구자라트 말로도 그것을 표현하기 위해 '수동적 저항'이라는 영어 표현을 썼다. 그러나 어느 유럽인의 모임에서 그 '수동적 저항'이라는 말이 너무 좁게 이해되어 약자의 무기로 가정되는가 하면, 증오로 특징지을 수 있으며, 결국은 폭력으로 나타날 수 있다는 점을 알았다. 이때 나는 이 모든 서술에 단연코 저항해야 했고, 인도인 운동의 참된 성격을 설명해야 했다. 인도인이 그들의 투쟁을 표현하려면 반드시 인도인이 말을 만들어야 한다는 것이 분명했다.

그러나 나는 어떻게 해도 새 이름을 찾을 수가 없었다. 그래서

《인디언 오피니언》을 통해 독자들에게 명목상의 상을 내걸고 그 문제에 대해 가장 좋은 제안을 하라는 광고를 냈다. 그 결과 마간랄 간디가 '사다그라하'(Sadagraha, Sat=진실, Agraha=확고함)라는 새로운 말을 만들어 그 상을 탔다. 그러나 그 뜻을 더욱 분명하게 만들기 위해 나는 그 말을 '사티아그라하(Satyagraha)'로 바꾸었다. 그 뒤로 그 구자라트 말이 그러한 투쟁을 뜻하는 말로 사용되어왔다.

이 투쟁의 역사는 사실 내가 그 뒤 남아프리카에서 보낸 삶의 역사고, 특히 아프리카에서 진실을 추구한 역사다. 그 역사의 중요 부분에 대해서는 예라브다 감옥에서 집필하기 시작하여 석방 후에 완성했다. 그것은 《나바지반》에 실렸다가 결국 단행본으로 나왔다. 발지 고빈드지 데사이 씨가 그것을 《현대 사상》지를 위해 영어로 번역하는 중이다. 지금 나는 영어 번역본이 빨리 책으로 나와서 원하는 이들이, 내가 남아프리카에서 했던 가장 중요한 실험을 잘 알게 하려고 그것을 정리하고 있다.

그 책을 아직 읽지 못한 독자에게는 나의 《간디, 비폭력 저항운동 ― 남아프리카에서의 사티아그라하》를 정독할 것을 권한다. 거기서 말한 것은 반복하지 않겠으나, 그 역사에 포함되지 않은 남아프리카 생활 속의 몇 가지 개인적인 사건에 대해서만 다음 몇 장에서 다루겠다. 그리고 그 뒤에 곧, 내가 인도에서 실험한 몇 가지 생각을 말하겠다.

따라서 이 실험을 엄밀하게 연대 순으로 보고 싶은 사람은, 지금 당장 《간디, 비폭력 저항운동 ― 남아프리카에서의 사티아그라하》를 구해서 보는 것이 좋으리라.

《간디, 비폭력 저항운동―남아프리카에서의 사티아그라하》

1906년 8월 22일, 트란스발 정부는 여덟 살 이상 인도인은 지문 등록을 하고 등록증을 받아 소지하다가 요구하면 제시해야 하고, 등록을 거부하면 벌금이나 강제 이주 또는 징역에 처하는 악법을 공포했다.

9월 11일, 요하네스버그 왕립극장에서 약 3천 명이 모인 가운데 간디는 지문 등록 거부 서약을 받아, 식민상 엘긴 경을 만나러 영국에 갔다. 영국 유학을 마치고 귀국한 지 15년 만이었다. 간디는 영국에서 옛 친구들을 비롯해 많은 사람들을 만났다. 엘긴은 간디에게 지문등록법을 시행하지 않겠다고 약속했으나, 트란스발은 1907년 1월 1일부터 독립국이었으므로 다시 마음대로 법안 의결을 할 수 있었다. 결국 그 법안은 7월 21일부터 효력을 발생했다.

간디에게는 등록 거부 외에 다른 길이 없어 결국 1907년 말에 체포되어 중노동 6개월에 벌금 500파운드를 선고받고 최초의 감옥생활을 했다. 감옥은 최악의 조건이었지만 간디는 독서에 열중하며 만족했다. 《바가바드기타》,《코란》,《성경》, 러스킨, 플라톤, 톨스토이, 헉슬리, 칼라일, 베이컨 등을 읽었고 칼라일의 책과 러스킨의《이 마지막 사람에게도》를 구자라트어로 번역했다.

그때 트란스발 총리인 보어인 스뫼츠 장군이 간디에게 그 법을 폐지하는 조건으로 자진 등록을 받아들이라고 제안했다. 간디는 그를 믿고 2개월 만에 석방된 뒤 지문 등록을 설득했으나 스뫼츠는 법을 폐지하지 않았다. 간디는 자신이 서명하라고 권유한 등록증명서를 불살라버리고 다시 2개월 중노동형을 선고받고 투옥되었다. 그곳에서 간디는 러스킨 책의 번역을 마치고 석방되었다. 다음에 나올 28장에서 보는 아내의 병간호는 그 직후의 일이었다.

간디는 요하네스버그에 돌아와 등록증을 제시하지 못했다는 이유로 1909년 2월 25일 다시 체포되어 3개월 중노동형을 받았다가 5월 24일 석방되었다. 이어 7월 10일, 간디는 다시 영국에 대표로 갔다가 11월에 돌아왔다. 영국에서 간디는 정치적인 일보다는 에드워드 카펜터의《문명:그 원인과 치료》를 읽고 문명이라는 병을 치료하려면 자연과 공동체로 복귀하고 채식을 해야 한다는 카펜터의 주장에 동감했다. 그러나 이는 톨스토이에게 받은 영향에 비할 바가 못 되었다. 간디는 1910년 11월 20일 톨스토이가 죽기까지 그와 편지를 교환했다.

이 시점에서 간디의 사상에는 중요한 변화가 찾아왔다. 곧 그는 영국이 인도를 지배하며 생긴 악에 대해 말하기 시작하면서, 현대 문명이 인도에 좋은 것을 전혀 초래하지 못했다고 주장했다. 간디는 철도, 전화, 전신은 민족의 도덕적 향상을 저지했고, 대도시는 노예제의 상징이며, 동서양은 유사하다고 주장했다.

1909년 간디는 최초의 저서《인도의 자치》를 발표했고, 1910년 요하네스버그 교외에 톨스토이 농장을 만들어 변호사 일을 그만두고 농장에 이주했다. 이어 1912년 모든 개인 재산을 포기한다는 맹세를 했다.

1913년 3월 14일, 케이프 식민지의 결혼 방식 문제로 인도 여성들이 반대운동을 벌였다. 그 후 많은 사람들이 여기에 참여했고 감옥에 가거나 뉴캐슬 인도인 광부에게 파업을 선동했다. 간디는 5천 명의 광부를 이끌고 1913년 10월 13일, 뉴캐슬에서 행진을 시작해 11월 6일, 국경을 넘었다. 당국은 세 번에 걸쳐 간디를 체포하려 했으나 네 번째 만에 비로소 체포했다. 그러자 5만 명의 인도인들이 파업을 하고 수많은 사람들이 체포되었다. 당국은 간디를 석방했으나 백인 철도 노동자들이 파업에 돌입했다는 갑작스러운 소식을 듣고 간디는 새로운 운동을 준비했다.

1914년 6월 30일, 스뫼츠 장군과 간디는 비기독교인의 결혼도 합법적이고 3파운드의 세금은 폐지한다는 법안에 서명함으로써 남아프리카 사티아그라하는 승리했다. 1914년 7월 18일, 간디는 아내와 함께 영국으로 갔다가 1915년 1월 9일 인도에 돌아왔다. 그사이 1차 세계대전이 터졌다.

소로의 영향

간디는《간디 자서전》에서 소로(1817~1862)의 영향에 대해 말하지 않았으나, 그 뒤 1929년 10월 2일 솔트에게 보낸 편지에서 그의《시민불복종》을 처음 읽은 것이 1907년이거나 사티아그라하가 한창인 때였고, 당시 그 일부를《인디언 오피니언》지에 번역 발췌했으며, 그 뒤 솔트가 쓴 소로 전기와《월든》등도 읽었다고 했다. 그리고 1931년 영국 런던의 원탁회의에 와서는 1906년에 처음으로 소로의《시민불복종》을 읽었다고 기자의 물음에 답했다.

그러나 간디는 1935년 9월 10일, 라오에게 보낸 편지에서 자신이 소로를 읽기 전에 시민불복종을 했기 때문에 그 생각을 소로에서 가져왔다는 주장에는 반대하고, 소로의 시민불복종이라는 말이 자신의 투쟁을 정확하게 설명하지 못해 시민저항운동(civil resistance)이라는 말을 택했다고 했다.

27. 식사 실험

나는 생각이나 말은 물론 행동으로도 금욕을 지키려 애썼고, 마찬가지로 사티아그라하에 최대한 시간을 바치고 순결을 키워 스스로를 그 투쟁에 맞추려고 노력했다. 따라서 식사 면에서 더욱 큰 변화를 가져와 스스로에게 더 큰 절제를 가하게 되었다. 그전의 변화 동기는 주로 위생에 관련되었지만, 새로운 실험은 종교적 관점에서였다.

단식과 감식은 이제 내 생활에서 더욱 중요한 부분이 되었다. 사람의 욕정은 일반적으로 미각의 쾌락을 따르려는 생각에 붙어다닌다. 나도 그랬다. 욕정과 미각을 통제하려는 노력에는 어려움이 많았고, 지금도 완전히 극복했다고 할 수 없다.

나는 스스로 대식가라고 생각했다. 친구들은 내가 절제한다고 생각했지만, 스스로에게는 그렇게 보이지 않았다. 내가 만일 지금 하는 것처럼 절제하지 못했다면, 나는 짐승 이하로 타락했을 것이고, 오래전에 죽었으리라. 그러나 나는 내 결점을 잘 알았기 때문에, 그것을 없애려고 엄청 노력했고, 그 노력 덕분에 지금 이 나이까지 몸을 유지하여 나의 일을 감당하고 있다.

나는 허약함을 알았고, 기대하지도 않았던 성격이 맞는 친구들을 만났기 때문에 순수한 과일식을 시작했으며 에카다시 일[25]에 단식을 하고, 잔마슈타미[26]와 그 유사한 휴일을 지킬 수 있었다.

나는 과일식을 시작했지만, 절제라는 관점에서 보면 과일식과 곡

---

25 Ekadashi. 매월 흑월 10일. 흑월은 음력의 한 달을 둘로 나눈 것 중 제11일째, 자기 정화를 위해 사용된다.

26 Janmashtami. 크리슈나 신의 생일을 축하하는 축제.

물식의 차이를 찾을 수 없었다. 맛에 빠지는 것은 둘 다 마찬가지고, 그것이 버릇이 되면 과일식의 경우가 더 심했다. 그래서 나는 휴일에 단식을 하거나 한 끼만 먹는 것을 더욱 중요하게 생각하게 되었다. 그리고 참회할 기회가 있으면, 그것을 기꺼이 단식 목적에 이용했다.

그러나 몸을 정화하면 할수록 미각도 더 예민해지고 식욕도 더 왕성해진다는 것을 알게 되었다. 단식은 절제의 강력한 무기가 될 수 있지만, 동시에 탐욕의 강력한 무기도 될 수 있음이 분명해졌다. 이 놀라운 사실의 증거로, 나는 그 뒤 나와 다른 사람들이 한 유사한 실험을 들 수 있다. 이전에는 몸을 튼튼하게 만들고 싶었지만, 지금은 주로 절제하고 식욕을 정복하는 데 목적을 두면서 처음에는 이 음식, 다음에는 저 음식을 선택하는 동시에 양은 제한했다. 그러나 맛은 언제나 나를 따라다녔다. 내가 하나를 포기하고 다른 것을 먹게 되면, 후자가 전자보다 더욱 신선하고 더욱 풍부한 맛을 주었다.

이런 실험에는 친구들이 참여했다. 그중에서 가장 중요한 사람이 헤르만 칼렌바흐였다. 이 친구에 대해서는 이미《간디, 비폭력 저항 운동 ─ 남아프리카에서의 사티아그라하》에서 썼기 때문에 여기서 같은 이야기를 반복하지는 않겠다. 단식을 하거나 음식을 바꿀 때마다 칼렌바흐 씨는 나와 함께 있었다. 사티아그라하가 최고조에 이르렀을 때 나는 그의 집에서 그와 함께 살았다. 우리는 음식 교체에 대해 토론했고, 그전 것보다 새 것에서 더 큰 즐거움을 얻었다. 그때는 그런 이야기가 정말 재미있었고, 적절하지 않다고 생각되지 않았다.

그러나 나는 음식 맛을 생각하는 것은 잘못임을 경험으로 알았다. 곧 우리는 미각을 즐기기 위해 먹어서는 안 된다. 오로지 몸을 유지하기 위해 먹어야 한다. 모든 감각기관이, 몸을 유지하고 그 몸을 통해 영혼을 직시하기 위해서만 기능할 때 그 특유의 맛은 없어지고, 그제야 비로소 자연이 의도하는 대로 살아갈 수 있다.

이러한 자연과의 교향악에 도달하려면 아무리 많은 실험을 해도 부족하고, 어떤 희생도 충분하다고 할 수 없다. 그러나 불행히도 시대 조류는 반대 방향으로 강하게 흐른다. 우리는 이 썩어 없어질 육체를 장식하고, 덧없이 흘러가는 몇 분을 더 살려고 수많은 생명을 희생시키는 것을 부끄러워하지 않는다. 그 결과 우리는 우리의 몸과 영혼 모두를 죽인다. 한 가지 오랜 병을 고치려고 노력하는 동안, 우리는 몇백 가지 새로운 병을 만들어낸다. 감각의 쾌락을 누리려고 하는 동안, 우리는 결국 즐거움을 누리는 능력까지 상실한다. 이 모든 것이 바로 우리 눈앞을 스치고 지나가는데도, 장님처럼 보지 못한다.

이처럼 식사 실험의 목적과 거기에 이르게 된 사고 과정을 설명했으니 이제 그 실험에 대해 좀 길게 설명하겠다.

28. 카스투르바이의 용기

내 아내는 평생에 세 번, 중병으로 죽을 뻔하다가 살아났다. 가정 요법이 그녀를 살렸다. 첫 번째는, 사티아그라하가 막 시작될 무렵이었다.[27] 그녀는 자주 출혈을 했다. 의사 친구가 외과 수술을 권했고 좀 망설이다가 동의했다. 그녀는 극도로 쇠약했기 때문에 의사는 마취제를 쓰지 않고 수술을 해야 했다. 수술은 성공했으나, 그녀

---

27 1908년 12월 간디가 두 번째로 감옥에서 석방된 직후의 일이다.

의 고통은 엄청났다. 그러나 그녀는 놀라운 용기로 극복했다. 의사와 아내를 간호한 의사 부인은 모두 친절했다. 더반에서 있었던 일이다. 의사는 나에게 요하네스버그로 가도 되고, 환자를 걱정하지 말라고 했다.

그러나 며칠 뒤 나는 아내의 병세가 악화되었고 너무 허약해져서 일어나 앉지도 못하고 의식을 잃기도 했다는 편지를 받았다. 의사는 내 승낙 없이는 아내에게 술이나 고기를 줄 수 없음을 알고 있었다. 그래서 그는 요하네스버그에 있는 나에게 전화를 해서 그녀에게 고기즙 주는 것을 허락해달라고 했다. 나는 거절했지만, 만일 아내가 그 문제에 대해 희망을 말할 수 있는 상태라면 그녀와 상의해서 아내가 원하는 대로 하라고 답했다. 의사가 말했다. "그러나 이 문제를 환자와 상의하지 않겠습니다. 선생이 오셔야 합니다. 선생이 어떤 음식이든 내가 마음대로 처방하게 하지 않는다면 저는 선생 아내의 생명을 책임질 수 없습니다."

나는 그날 더반행 기차를 타고 가 의사를 만났다. 그는 나에게 조용히 말했다. "제가 전화했을 때 저는 이미 간디 부인에게 고기즙을 드린 후였습니다."

"선생님, 그것은 기만입니다." 내가 말했다.

"환자에게 약이나 음식을 처방하는 데 기만은 없습니다. 사실 우리 의사는 그렇게 해서 환자를 살려낼 수 있다면 환자나 환자의 친척을 속이는 것도 덕이라고 여깁니다." 의사는 확고한 태도로 말했다.

나는 매우 괴로웠지만 냉정을 유지했다. 의사는 좋은 사람이었고 개인적으로는 친구였다. 나는 그와 그의 아내에게 큰 은혜를 입었지만, 그의 의료 도덕은 참을 수 없었다.

"의사 선생님, 이제는 어떻게 하시려는지요? 저는 아내에게 고기를 주지 않아 죽는 한이 있어도 그것을 주라고 허락하지 않았을 것입니다. 물론 아내 스스로 원하지 않는 한 말입니다."

"선생의 철학을 환영합니다. 그러나 선생이 당신 아내를 저에게 치료받도록 두는 이상, 저는 제가 원하는 것이면 무엇이든 그녀에게 줄 수 있어야 합니다. 만일 이를 바라지 않으신다면, 유감스럽지만 부인을 데려가세요. 부인이 제 집에서 죽는 것을 볼 수 없습니다."

"당장 데려가라는 건가요?"

"제가 언제 데려가라고 했습니까? 단지 저를 완전히 자유롭게 내버려두시길 바랍니다. 그렇게 해주시면 저와 아내는 선생의 아내를 위해 가능한 모든 일을 하겠습니다. 그러면 선생은 부인의 병에 대해 아무런 걱정 없이 돌아가시면 됩니다. 그러나 이 간단한 일을 이해하지 못하시면 부인을 데려가라고 말씀드리지 않을 수 없습니다."

내 아들 중 하나가 그곳에 있었다. 그는 나와 생각이 똑같아서 어머니가 고기즙을 먹어서는 안 된다고 말했다. 이어 나는 카스투르바이에게 물었다. 아내는 정말 쇠약해져서 상의할 형편이 아니었다. 그러나 나는 고통스럽지만 그렇게 하는 것이 의무라고 생각했다. 나는 아내에게 의사와 나 사이에 오간 말을 해주었다. 아내는 단호하게 답했다. "고기즙을 먹지 않겠어요. 이 세상에 인간으로 태어나는 건 보기 드문 일이고, 그런 나쁜 것으로 제 몸을 더럽히느니 당신 팔에 안겨 죽고 싶어요."

나는 아내를 달랬다. 꼭 나를 따를 필요는 없다고 말했다. 그리고 힌두 친구들과 아는 이들을 예로 들어 그들은 약으로 고기나 술을 먹는 것에 개의치 않는다고 했다. 그러나 아내는 확고했다. 그녀가 말했다. "아뇨. 당장 저를 데려가주세요."

　나는 기뻤다. 약간의 갈등이 없진 않았지만 아내를 데려가기로 결심했다. 나는 의사에게 아내의 결심을 알렸다. 그는 화를 내며 소리쳤다. "너무나 무정하시군요. 그런 상태에 있는 아내에게 그런 문제를 끄집어내다니 부끄럽지 않으신가요. 지금 부인은 절대 옮길 형편이 아닙니다. 조금만 흔들려도 견딜 수 없습니다. 가는 길에 죽어도 놀랍지 않습니다. 그러나 꼭 그렇게 하시겠다면 마음대로 하십시오. 만일 선생이 부인께 고기즙을 주지 않으시면 저도 부인을 단 하루라도 우리 집에 두는 위험을 무릅쓰지 않겠습니다."

　그래서 우리는 즉시 그곳을 떠나기로 했다. 비가 내렸고 정거장은 꽤 멀었다. 우리는 더반에서 피닉스로 가는 기차를 타야 했다. 거기서 정착촌까지는 2.5마일이었다. 엄청난 모험을 하는 것이었지만, 신을 믿고 일을 진행했다. 먼저 피닉스로 사람을 보내 웨스트에게 들것과 뜨거운 우유 한 병과 따뜻한 물 한 병을 챙겨 들것으로 아내를 나를 남자 6명과 함께 역으로 나와달라고 했다. 그리고 다음 기차를 타기 위해 인력거를 불러 위험한 상태인 아내를 태우고 출발했다.

　아내를 격려할 필요는 없었다. 오히려 그녀가 나를 위로했다. "아무 일 없을 테니, 걱정하지 마세요."

　그녀는 여러 날 아무것도 못 먹어 뼈와 가죽만 남았다. 정거장 구내는 매우 컸으나 인력거는 들어갈 수 없어서 기차까지 가려면 꽤 걸어야 했다. 그래서 내가 아내를 안고 객실까지 갔다. 피닉스부터는 들것으로 옮겼고, 그곳에서 물 치료를 받아 서서히 기운을 차렸다.

　피닉스에 도착한 지 2, 3일이 지나서 승려 한 사람이 우리 집에 왔다. 우리가 의사의 충고를 확고하게 거절했다는 이야기를 듣고 동정심에서 우리를 설득하러 온 것이다. 그때 차남 마닐랄과 삼남 람다스가 함께 있었던 것으로 기억한다. 승려는 마누의 권위를 인용하여 육식이 종교에 해가 되지 않는다고 설교했다. 나는 그가 아내 앞에서 그렇게 말하는 것을 좋아하지 않았지만, 예의상 그대로 두었다.

나는 그《마누법전》의 시구를 알았지만, 나의 확신에는 그것이 필요하지 않았다. 또 그 시구는 뒤에 집어넣은 것이라고 주장하는 학파가 있음도 알았다. 설령 그렇지 않다 해도, 나는 종교 경전과는 관계없이 채식주의 견해를 지녔고, 아내의 믿음도 확고했다. 그녀에게 경전이란 아무 소용이 없었다. 아내는 조상 대대로 내려오는 전통 종교로 충분했다.

아이들은 아버지의 신조를 따랐기 때문에 승려의 설교를 무시했다. 그러나 아내가 일거에 대화를 끝내버렸다. 그녀가 말했다. "무슨 말씀을 하셔도 고기즙으로 병을 낫게 하고 싶지 않아요. 더는 저를 괴롭히지 말아주세요. 원하신다면 남편이나 애들과 토론하세요. 그러나 저는 이미 결심했어요."

29. 가정의 사티아그라하

나는 1908년에 처음으로 감옥을 경험했다. 죄수들이 지켜야 하는 규율이, 자발적으로 금욕을 지키는 사람들이 해야 하는 것과 같다는 것을 알았다. 가령 저녁 식사는 해지기 전에 끝내야 한다는 규율이었다. 인도인 죄수든 아프리카인 죄수든, 차나 커피는 금지되었다. 요리된 음식에 소금을 치는 것은 마음대로였으나, 단순히 미각의 만족을 위한 것은 허용되지 않았다.

내가 감옥 의사에게 카레 가루를 달라고 하고 요리할 때 소금을 쳐달라고 하자 그가 말했다. "당신은 맛있는 것을 먹으려고 여기 있는 것이 아니오. 건강상 카레 가루는 불필요하고, 소금은 요리할 때 넣든, 요리 후에 넣든 차이가 없소."

이런 제한은, 상당한 어려움을 거쳐 결국은 완화되었지만, 도리어 자제를 위해서는 좋은 것이었다. 강요된 금지가 성공하는 경우란 거의 없으나, 자발적인 금지는 결정적인 효과를 나타낸다. 그래서 감옥에서 나오자마자 두 가지 규칙을 자신에게 적용했다. 되도록이면 차를 마시지 않았고, 해지기 전에 저녁 식사를 마쳤다. 두 가지 모두 지금은 지키기가 힘들지 않다.

그러나 소금을 전면 포기하게 한 기회가 찾아왔고, 나는 이를 10년간 지켰다. 채식주의 책에서 소금은 인간의 식사에 반드시 필요하지 않으며, 도리어 소금기 없는 식사가 건강에 더 좋다고 읽었다. 금욕을 지키는 사람에게는 소금기 없는 음식이 좋으리라 추론했다. 몸이 약한 사람은 콩을 피해야 한다는 것을 읽고 그대로 했다. 나는 콩을 매우 좋아했었다.

수술 뒤에 잠깐 동안 괜찮던 아내가 다시 출혈을 시작했고 병이 아주 고질적으로 보였다. 물 치료만으로는 부족했다. 그녀는 나의 치료에 반대하지 않았으나 크게 믿지도 않았다. 그리고 외부 도움을 바라지도 않았다. 그래서 나의 모든 치료가 실패로 끝나자 나는 아내에게 소금과 콩을 먹지 말라고 권했다. 그러나 나의 생각을 뒷받침하는 권위 있는 견해를 끌어들이며 권해도 그녀는 듣지 않았다. 마침내 그녀는 내가 그런 권유를 받았다 해도 그런 것들을 포기하지 못했으리라 말하며 나에게 도전했다. 나는 괴로우면서도 기뻤다. 기쁘다는 것은, 내가 그녀에게 내 사랑을 보여줄 기회가 왔기 때문이었다. 내가 그녀에게 말했다.

"당신은 오해하고 있소. 만일 내가 병이 나서 의사에게 이러저러한 것들을 먹지 말라는 충고를 받는다면 나는 주저 없이 그렇게 할 것이오. 그러나 의사의 충고 없이도 나는 일년간 소금과 콩을 먹지 않겠소. 당신이 어떻게 하든 관계없이 말이오."

그녀는 큰 충격을 받고 깊은 슬픔으로 부르짖었다. "용서하세요. 당신이 어떤 사람인지 알면서 화나게 하지 말걸 그랬어요. 그런 것을 먹지 않겠다고 약속할게요. 그러니 맹세만은 그만두세요. 너무 견디기 어려워요."

"그런 것을 안 먹는 것이 당신에게 좋소. 그것을 먹지 않으면 당신이 더욱 좋아진다는 것을 조금도 의심하지 않소. 나는 엄숙하게 맹세한 것을 되돌릴 수는 없소. 그리고 그건 나에게 유익할 거요. 왜냐하면 모든 억제는 그 억제가 무엇을 낳든 사람에게 좋기 때문이오. 그러니 나는 내버려두시오. 그건 나에게 하나의 시련이 될 것이고, 당신에게는 당신의 결심을 이행하는 데 도덕적인 뒷받침이 될 것이오."

그래서 아내는 나를 포기했다. "당신은 너무 완고해요. 누구 말도 듣지 않으니 말이지요." 그녀가 눈물을 흘리며 말했다.

나는 이를 사티아그라하의 보기로 보고 싶다. 그것은 내 평생 가장 아름다운 추억 가운데 하나다.

그 일 이후 아내는 급속히 회복되기 시작했다. 그것이 소금과 콩 없이 식사한 탓인지, 그녀 식사에 있었던 다른 변화 탓인지, 다른 생활 규칙을 잘 지키도록 내가 엄격히 감시한 탓인지, 그 사건으로 생긴 정신적 충격 때문인지, 만약 그렇다면 어느 정도까지인지는 말할 수 없다. 그러나 그녀는 급속히 회복되었고, 출혈도 완전히 그쳐 돌팔이로서의 내 명성도 꽤 높아졌다.

나에게는 그 새로운 극기가 더욱 좋았다. 나는 버린 것에 연연하지 않았고, 해가 덧없이 지나는 동안 감각을 좀 더 극복했다고 느꼈다. 이 실험은 자제하려는 마음을 더욱 북돋웠기에, 인도로 돌아온 뒤에도 그것들 없이 지냈다. 오로지 한 번, 1914년 런던에 있을 때 그 두 가지를 먹은 적이 있다. 그러나 그때 그 두 가지를 어떻게 먹게 되었는지에 대해서는 나중에 말하겠다.

소금과 콩 없이 식사하는 실험을 내 동료들에게도 적용했더니 남아프리카에서는 결과가 좋았다. 의학적으로는 이러한 식사의 가치에 대해 두 가지 의견이 있을 수 있으나, 도덕적으로는 모든 자기부정이 영혼에 좋다는 점을 나는 전혀 의심하지 않는다. 자기 절제를 하는 사람의 식사는, 향락주의자의 그것과는 달라야 한다. 이는 그들의 생활 방식이 달라야 하는 것과 같다. 금욕에 정진하는 사람이 향락주의자의 방식에 맞는 길을 택하여, 자기 목표를 잃는 경우가 자주 있다.

30. 자기 절제를 향하여

나는 앞 장에서 아내의 병으로 나의 음식에 변화가 초래되었다고 말했다. 그 뒤에 금욕을 뒷받침하기 위한 다른 개혁을 시작했다.

첫째, 우유를 포기했다. 우유가 동물적 욕정을 자극한다고 알게 된 것은 라이찬드바이를 통해서였다. 채식주의 책으로 그 생각이 강해졌지만 금욕 맹세를 하지 않는 동안에는 우유를 끊는다는 결심을 할 수 없었다. 몸의 유지에 우유가 필요하지 않음을 오래전부터 알았지만, 그것을 포기하기란 쉽지 않았다. 자제를 위해 우유를 피해야 할 필요성이 내 마음속에서 증대되었을 때, 우연히 소와 물소가 주인에게 학대받는 것을 묘사한 콜카타의 문학 작품을 읽게 되었다. 나는 너무나 놀랐고 칼렌바흐 씨와 그에 대해 토의했다.

《간디, 비폭력 저항운동 ─ 남아프리카에서의 사티아그라하》에서 독자들에게 칼렌바흐 씨를 이미 소개했고, 이 책의 앞 장에서도 말한 바 있지만, 여기서 그에 대해 조금 더 말할 필요가 있다고 생각한다. 우리는 정말 우연히 만났다. 그는 칸 씨의 친구로, 칸 씨는 그의 깊은 내면에 초세속적 기질이 있음을 발견하고 나에게 소개했다.

나는 그를 처음 보았을 때 그가 사치와 낭비를 좋아하는 점에 놀랐다. 그러나 첫 만남에서 그는 종교 문제에 대해 매우 심오한 질문을 했다. 우리는 우연히 고타마 붓다의 해탈에 대해 이야기했다. 우리의 만남은 곧 매우 친밀한 우정으로 익어갔다. 왜냐하면 우리는 같은 생각을 했고, 내가 내 내면에서 만든 변화를 그 역시 이행해야겠다고 확신했기 때문이다.

당시 그는 독신이었고, 집세 외에 월 1천200루피를 소비했다. 지금 그는 매우 간소해져서 한 달 생활비가 120루피다. 내 가정을 분산시킨 뒤, 그리고 감옥에서 처음 석방된 뒤 우리는 함께 살기 시작했다. 당시 그의 생활은 대단히 어려웠다.

우리가 우유에 대해 토론한 것이 그 무렵이었다. 칼렌바흐 씨가 말했다. "우리는 계속 우유의 해로운 영향에 대해 말했습니다. 그럼에도 왜 그걸 끊지 않나요? 그것은 정말 필요가 없습니다." 나는 그 제안에 놀라서 진심으로 받아들였다. 그리고 앞으로 우유를 마시지 않겠다고 함께 맹세했다. 이는 1912년 톨스토이 농장에서의 일이다.

그러나 나는 그 금지에만 만족할 수는 없었다. 그 뒤 곧 순수하게 과일로만, 그것도 가능하면 가장 값싼 것으로 살기로 결심했다. 우리의 야심은 가장 가난한 인민의 생활을 사는 것이었다.

또한 과일 식사가 매우 편하다는 것이 증명되었다. 요리랄 게 사실 없어졌다. 우리의 보통 식사는 생땅콩, 바나나, 대추, 레몬, 올리브 기름으로 구성되었다.

여기서 금욕 수행자에게 경고할 것이 하나 있다. 나는 이처럼 식사와 금욕 사이에 긴밀한 관계를 수립해왔지만, 마음이 가장 중요하다는 것은 명백한 사실이다. 의식적으로 불결한 마음이, 단식을 한다고 해서 깨끗해질 수는 없다. 음식을 바꾼다고 해도 아무 효과가 없다. 색욕이 강한 마음은 철저한 자기 점검, 신에게의 항복과 은총 없이는 뿌리 뽑을 수 없다.

그러나 마음과 몸 사이에는 긴밀한 관련이 있다. 그래서 육욕적인 마음은 언제나 맛있는 것과 사치스러운 것을 탐내는 법이다. 이러한 경향을 막으려면 음식의 절제와 단식이 필요하다. 육욕적인 마음은 감각을 통제하기커녕 그 노예가 되어버린다. 그러므로 몸은 언제나 깨끗하고 비자극적인 음식과 규칙적인 단식을 요구한다.

음식 절제와 단식을 경시하는 사람은, 그것에 모든 것을 거는 사람과 마찬가지로 잘못하는 것이다. 내가 경험한 바로는 마음이 자제를 향하여 움직이는 사람에게는, 음식 절제와 단식이 매우 유익하다. 사실 그러한 도움 없이는, 결코 완전하게 마음속에서 호색을 뿌리 뽑을 수 없다.

인도의 자치

톨스토이 농장에 대해 설명하기 전에 간디가 1909년 7월 10일, 아시아인법 문제로 린던에 갔고 11월에 남아프리카로 돌아오면서 그 배에서《인도의 자치》를 썼던 점을 언급할 필요가 있다. 이에 대해서는 간디가《간디, 비폭력 저항운동 ― 남아프리카에서의 사티아그라하》에서 설명을 했고,《인도의 자치》는 이미 1910년에 출판되었기에《간디 자서전》에서는 다시 언급하지 않은 것으로 보인다. 그러나 이 책은 간디를 이해하는 데 대단히 중요하다. 앞으로 나올 인용은 박홍규가 옮긴《간디가 말하는 자치의 정신》(문예출판사, 2017)에 따른다.

이 책은 편집자와 독자의 대담 형식으로 구성되어 있다. 편집자란 물론 간디고, 독자란 혁명가인 듯하다. 여기서 간디는 대단히 부드러운 태도지만, 독자는 대단히 날카로운 태도여서 대조적이다. 이는 1907년에 국민회의가 강경파와 온건파로 갈라진 것을 의식한 듯하다. 말하자면 간디는 온건파를 대신하여 강경파를 설득하려 한다. 그러나 그 구분은 우리나라와는 다르다. 가령 의회정치에 대해 간디는 부정적이지만 독자라는 자는 긍정적이다.

여하튼 대화는 먼저 국민회의에 대한 평가로 시작된다. 간디는 인도에서 그것을 영국 지배의 영속화를 위한 도구로 보는 태도를 비판하고 도리어 그 의의를 인정한다. 영국인이 그것을 세웠고 주로 친영적인 인도인들이 그 운동을 주도했으니 충분히 그런 도구론이 가능하나 간디는 인도를 사랑하는 영국인에 대해서도 평가를 한다. 영국인에 대한 간디의 이러한 태도는 평생 지속된다. 곧 제국주의 영국과 그 앞잡이인 영국인은 비판하지만, 인도를 사랑하는 영국인은 비판하지 않는 것이다. 이러한 태도는 인도의 원로 독립운동가들에 대해서도 마찬가지다.

이어 벵골 분할 문제다. 1905년 영국은 인도 반영운동의 분열을 노려 인도 북부 지역인 벵골을 각각 이슬람교와 힌두교가 지배적인 동쪽(현재의 방글라데시)과 서쪽(현재 인도의 서벵골 주)으로 분할했다. 당시 벵골은 반영운동의 중심지였기 때문에 종교 대립을 유발하여 민족운동을 약화시키려는 음모였다. 이에 대해 국민회의를 중심으로 반대운동이 전개되어 분할 정책은 1911년에 끝났으나 영국령 인도의 수도가 콜카타에서 뉴델리로 옮겨졌다. 그리고 이를 계기로 국민회의는 엘리트 단체에서 대중 조직으로 변모했으나 온건파와 과격파로 나뉘기도 했다.

독립과 관련해 간디는 인도인이 "영국인 없는 영국식 지배를 원한다"고 비판한다.(p. 27) 이야말로 식민지 조선에서, 아니 지금까지 우리가 '일본인 없는 일본 통치'를 해온 것과 유사하다. 그리고 간디는 의회의 어머니라는 영국을 불임 여성(자발적이지 않다는 점에서)이나 매춘부(외부 압력을 받는다는 점에서, 특히 장관들이 수시로 바뀐다는 점에서)에 비유하며 그 의원을 위선적이고 이기적이라고 비판한다.(p. 29)

"의원들은 생각 없이 자신의 당을 위해 투표합니다. 소위 규율에 묶여 그렇게 하는 것이지요. 예외적으로 어떤 의원이 독립하여 표를 던지게 되면 변절자로 여겨집니다"(p. 30) 간디는 영국의 언론이 '부정직'하다고 보고, 인민도 자주 생각을 바꾼다고 본다. 그래서 "인도가 영국을 모방한다면, 인도는 망한다고 저는 굳게 믿고 있어요"라고 확신한다.(p. 33)

이어 영국이 그렇게 된 이유를 현대 문명 탓이라고 본다. 간디는 카펜터의《문명―그 원인과 치료》를 인용하여 문명을 병이라고 정의한다.(p. 33~38) 특히 기계를 비판한다. 그리고 다시 "영국은 인도를 가진 적이 없습니다. 우리가 영국에게 준 것이지요. 그들은 힘이 있어서 인도에 있는 것이 아니고 우리가 그들을 붙잡아 두고 있는 것입니다"라고 말한다.(p. 39) 곧 인도는 "영국의 발굽 아래에서가 아니라, 현대 문명의 발굽 아래서 무너지고 있습니다."(p. 43)

현대 문명에 대한 대안으로 간디가 종교를 주장하자 독자는 종교의 이름으로 싸운 무수한 전쟁을 말하며 반박한다. 그러나 간디는 그것은 종교가 아니라고 주장하고 문명에 의한 해악은 더 컸다고 말한다.(p. 44)

독자가 대영제국에 의해 인도에 평화가 와서 비적의 위협이 없어졌다고 하자, 간디는 "다른 사람이 편 다리로부터 우리를 보호하여 우리가 나약하게 변하는 것보다 편 다리의 위험을 겪는 편이 낫습니다. 그런 보호가 없었을 때, 인도는 용감했습니다"(p. 45)라고 답한다.

간디는 이슬람교나 외국인의 침입이 있었다고 해도 인도가 하나의 나라가 아니라거나 인도가 파괴되는 것이 아니라고 주장한다. 인도에는 동화작용하는 능력이 있기 때문이다.(p. 51)

이어 간디는 당시 자신이 변호사였고 많은 의사 친구들이 있었음에도 두 직업을 비판한다. "법률가가 인도를 노예로 빠트렸고, 힌두와 이슬람교의 불화를 강화했으며, 영국의 권위를 확고하게 세웠다고 나는 굳게 믿습니다."(p. 142) 간디는 훌륭한 변호사도 있었음을 인정하지만 그것은 변호사로서 한 일이 아니라 사람으로 한 일이라고 말한다. "법률가는 분쟁을 무마하지 않고 도리어 부추기기 마련이지요. 게다가 그런 직업을 택하는 이유는 비참한 사람들을 돕기 위해서가 아니라, 부자가 되기 위해서지요. 그것은 부자가 되는 지름길의 하나이고, 그들의 관심은 분쟁을 확대시키는 데에 있어요. 그들은 사람들이 싸워야 기뻐하는 것이 내가 아는 지식이지요. 시시한 변호사는 싸움을 조작하기도 해요. 그들의 끄나풀들은 수많은 거머리처럼 불쌍한 사람들의 피를 빨아먹어요. 법률가란 하는 일이 거의 없는 자들이지요. 게으른 자들이 사치를 즐기려고 그런 직업을 택합니다. 이 모든 것이 사실입니다. 다른 주장은 모두 가식일 뿐입니다. 법률가가 명예로운 직업이라고 하는 자들은 법률가 자신들입니다. 그들은 자신들을 찬양하듯이 법을 만들어요. 그들은 받고자 하는 수수료도 스스로 결정하고, 빈민이 그들을 거의 하늘에서 태어난 사람들로 생각하는 양 뻐깁니다. 왜 그들은 보통 노동자들보다 더욱 많은 보수를 원할까요? 왜 훨씬 많이 요구하나요? 어떻게 이 나라에 더 많이 기여하나요?"(p. 59~60)

"변호사들이 일반 노동자들보다 많은 수임료를 요구하는 이유가 무엇입니까? 그들은 왜 더 많은 것을 요구합니까? 과연 그들이 어떤 면에서 노동자들보다 이 나라에 더 유익합니까?"(p. 114) "법원이 사람들의 이익을 위해 열린다는 생각은 잘못입니다. 자신의 권력을 유지하고자 하는 자들이 법원을 통해 그렇게 합니다. 만일 사람들이 스스로 분쟁을 해결한다면, 제3자가 그들에게 어떤 권위도 내세울 수 없어요." 3자의 판단이 언제나 옳지도 않아요. 당사자만이 누가 옳은지 알지요. 우리는 단순하고 무지하기 때문에, 국외자가 정의를 준다고 상상하면서 돈을 줍니다. 그러나 기억해야 할 가장 중요한 점은, 법률가가 없다면 법원은 열릴 수 없고 운영될 수도 없으며, 법원 없이는 영국이 지배할 수도 없다는 점입니다."(p. 60~61)

이어서 간디는 의사와 병원도 비판한다. "병원은 죄악을 전파하는 시설이지요. 사람들은 몸을 덜 보살피게 되었고, 부도덕이 증가되었어요. 그중에서도 유럽 의사들이 최악이지요." "그 결과 우리는 자제력을 잃고 나약해졌어요." "그 직업에는 인간에 대한 참된 봉사가 없고, 도리어 인간에게 해롭다는 것을 보여주고자 노력해왔어요. 의사들은 지식을 과시하면서 엄청난 비용을 요구하지요."(p. 63~64)

이어서 간디는 문명화되지 않은 인도를 찬양한다. 물론 비인간적인 전통은 당연히 비판받아야 하고 없어져야 한다. 간디는 인도의 후손이 어리석어 인도 문명이 위기에 빠졌으나 그래도 살아남을 힘이 있다고 본다. 간디는 인도의 자치란 "스스로 각자가 경험해야" 하는 것으로 본다.(p. 155) 그리고 만일 인도를 토후국 왕의 지배하에 둔다면 영국의 지배하에 두는 것보다 더욱 나쁘다고 본다.(p. 76) "나에게 애국심이란 모든 인민의 복지를 뜻하고, 영국인에 의해 그것을 확보할 수 있다면 나는 그들에게 머리를 숙이겠어요. 영국인이 인도의 독립 확보, 전제에 대한 저항, 인도에 대한 봉사에 제 목숨을 바친다면 그런 영국인을 인도인으로 환영하겠어요."(p. 76)

이어서 간디는 폭력을 비롯한 여러 가지 독립운동 방식을 비판적으로 검토하고 사티아그라하를 주장한다. 간디의 주장에 따르면 안중근을 비롯한 우리의 모든 독립투사는 잘못된 것이다. 그리고 간디는 당시 인도에서 주장된 교육의 필요성을 부정한다. 그것이 노예를 키우는 교육이기 때문이다. 특히 간디는 영어 교육을 비판한다. 요컨대 자제에서 자치가 나온다고 주장한다.

간디는《인도의 자치》가 인도 철학자들과 함께 톨스토이, 러스킨, 소로, 에머슨 등의 견해를 따른 것이라고 했고, 특히 1910년 톨스토이에게 그 영역본을 보냈다.

톨스토이의 영향과 톨스토이 농장

간디는 1910년 요하네스버그에서 33킬로미터 떨어진 1천100에이커의 농장에 톨스토이 농장을 세웠다. 친구인 칼렌바흐가 사서 간디에게 무료로 임대한 것이었다. 농장에는 오렌지가 약 천 그루에 살구나무들이 있었고, 언덕에는 오두막도 있었으며, 우물 두 개에 샘도 있었다. 피닉스 정착촌에서처럼 간단한 함석집을 짓는 처음 두 달간은 천막에서 살았다. 간디도 칼렌바흐도 그곳에 함께 살았다. 처음에는 종교가 다양한 젊은이 40명, 장년 남자 3명, 여자 5명, 아이들 20, 30명이 함께 살았다. 모두 직접 농사를 지었고 다른 노동도 직접 했으며 죄수복을 모방한 푸른색 옷을 입었다. 식사는 모두 채식이었다.

간디는 요하네스버그의 변호사 일을 그만두었으나 그래도 그곳에 갈 일이 생겼다. 농장을 위해 밖에 가는 경우라도 개인 돈으로 가고, 반드시 기차 3등칸을 타야 했으며, 개인적 용무를 위한 경우에는 반드시 걸어가야 했다. 간디는 새벽 2시에 일어나 33킬로미터가 넘는 길을 왔다 갔다 했다.

이미 1904년의 피닉스 정착촌도 러스킨과 함께 톨스토이의 이상에 따른 것이라는 점에서 볼 때 톨스토이에게 받은 영향은 그 이전에 드러났다. 톨스토이에 대한 간디의 글은 1905년 9월 2일 《인디언 오피니언》에 쓴 것이 처음이었다. 당시 톨스토이는 여든 살이었고 살아 있었다. 그 글에서 간디는 톨스토이의 믿음을 다음과 같이 요약했다.

1. 인간은 부를 축적해서는 안 된다.
2. 악인에게도 선을 베풀어야 한다.
3. 어떤 싸움에도 가담해서는 안 된다.

4. 정치는 악을 낳기에 행사해서는 안 된다.

5. 인간은 창조주에 대한 의무를 수행해야 한다.

6. 거대 도시, 공장 기계를 세워 노동자의 무기력과 가난을 착취해 소수가 부를 향유해서는 안 되고, 농업이야말로 진정한 일이다.

간디는 1909년 10월 1일 런던에서 톨스토이에게 편지를 써서 남아 프리카에서의 자신의 활동을 소개하고 톨스토이가 쓴 《힌두인에게 보 내는 편지》를 2만 부 인쇄하는 것을 허가하도록 요청했다. 편지에서 톨스토이는 영국인이 인도에 있는 것을 영국인 탓으로 돌리는 것은 잘 못이고, 도리어 인도인 스스로 노예 상태를 받아들였다고 주장하면서 영국의 폭력적 지배에 협력하지 말아야 한다고 주장했다. 이러한 주장 은 바로 간디 사상의 핵심이 되었고, 간디 사상을 근본적으로 변하게 만들었다.

간디는 톨스토이의 답장을 받은 뒤 11월 1일 남아프리카로 떠나기 전에 두 번째 편지에 자신에 대한 책을 동봉했다. 그리고 남아프리카 로 돌아오는 배에서 톨스토이의 《힌두인에게 보내는 편지》를 구자라 트어로 번역하여 '인도의 복종, 그 원인과 치유'라는 부제를 붙였다. 이 는 분명히 카펜터의 책을 연상하게 했다. 그리고 배 위에서 쓴 《인도의 자치》는 톨스토이의 영향을 분명하게 보여주었다.

간디는 《인디언 오피니언》 1909년 12월 25일 자에, 톨스토이가 《자 유 힌두스탄》지에 보낸 편지를, 톨스토이의 허락을 얻어 싣는다. 여기 서 간디는 간디 자신의 사티아그라하가 영국의 폭력에 사랑으로 맞선 다는 점에서 톨스토이의 가르침을 따른 것이라고 말했다. 그리고 톨스 토이가 인도인은 영국인의 노예가 아니라, 인도인 자신의 노예라고 한 점, 인도인이 원하지 않는다면 영국인이 인도에 머물지 않는다고 한 점을 중시했다. 그러나 간디는 자신이 톨스토이의 사상 전부를 수용하지는 않는다고 했다.

간디는 《인디언 오피니언》 1910년 11월 26일 자에 톨스토이 추모 기사를 썼다. 톨스토이는 만년에 《인디언 오피니언》을 읽었고, 간디에게 편지를 썼다. 그 뒤로도 간디는 톨스토이에게 받은 영향에 대해 말하는 편지나 글을 많이 썼다. 사실 그 양으로 보면 톨스토이야말로 간디에게 가장 깊은 영향을 끼친 사람이라고 할 수 있다. 이는 1929년 8월 26일, 아메다바드 청년회에서 톨스토이 탄생 1백 주년 기념연설을 하며 밝힌 사실이다. 그리고 그가 가장 중시한 톨스토이의 책은 1890년대에 영국에서 읽은 《신의 나라는 네 안에 있다》였다. 그 후 간디는 종교, 가난, 채식, 평화 등에 대한 톨스토이의 글을 더 열심히 읽었다.

톨스토이는 러시아 정교회가 예수의 산상수훈에 반대되는 것을 가르친다는 이유에서 그 권위를 거부했다. 또한 국가가 부유하고 강한 소수의 이익을 옹호하고, 가난하고 약한 다수를 박해하며, 전쟁의 폭력으로 인류를 죽이기 위해 존재한다고 비판했다. 그러므로 이러한 것에 반대하는 방법으로 국가에 대한 충성이나 법정 선서를 맹세하지 말고, 경찰이나 군인이 되지 말며, 세금을 내지 말라고 했다.

31. 단식

우유와 곡류를 포기하고 과일 식사 실험을 시작할 무렵, 나는 자제의 한 방법으로 단식을 시작했다. 여기에는 칼렌바흐 씨도 함께했다. 나는 종종 단식을 했지만, 순전히 건강을 위해서였다. 자제를 위해 단식이 필요하다는 것을 나는 한 친구에게서 배웠다.

어느 바이슈나바 가정에서, 어떤 어려운 맹세도 지켜야 하는 어머니에게 태어난 나는, 인도에서는 에카다시[28] 등의 단식을 지켰다. 이는 오로지 어머니를 모방하거나 부모를 즐겁게 하기 위해서였다.

그때 나는 단식의 효과를 알지 못했고 믿지도 않았다. 그러나 앞에서 말한 친구가 지키는 것이 이로운 것을 보고 단식 맹세를 뒷받침하려는 희망에서 그를 따라 에카다시 단식을 계속했다. 보통 힌두교도는 단식일에 우유와 과일을 먹지만 나의 경우 그런 단식이야 매일 하는 것이었다. 따라서 이제 나는 완전한 단식을 시작하고 스스로에게 오직 물만을 허용했다.

내가 이 실험을 시작했을 때, 힌두교의 슈라반 달[29]과 이슬람교의 람잔 달[30]이 일치했다. 간디 집안은 바이슈나바뿐만 아니라 샤이바 맹세도 지켰기 때문에 바이슈나바 사원과 함께 샤이바 사원도 방문했다. 집안 사람들 일부는 슈라반 달인 한 달 동안 저녁 단식[31]을 지켰기 때문에 나도 그렇게 하기로 결심했다.

이 중요한 실험들은 우리가 톨스토이 농장에 있을 때 이루어졌다. 그곳에서 나는 청년과 아이를 포함한 사티아그라하 친구들 그리고 칼렌바흐 씨와 함께 있었다. 아이들을 위해 우리는 학교를 운

---

28 매월 흑월 11일의 단식.

29 Shravan. 태양력 7, 8월.

30 Ramzan. 아라비아력 9월로, 이 달에 이슬람교도는 기도 맹세를 한다.

31 Pradosha. 저녁에 시바신에게 기도를 올린 뒤에 식사를 하는 것을 말한다.

영했다. 그중에는 이슬람교도도 4, 5명 있었다. 나는 언제나 그들을 돕고 격려하면서 그들이 자신들의 모든 종교적 계율을 지키게 했다. 특히 이슬람교도가 매일 이슬람식 기도(Namaz)를 하도록 돌보았다. 그곳에는 기독교인과 파르시 교도도 있었고, 그들에게 각각의 종교 계율을 지키도록 격려하는 것이 나의 의무라고 생각했다.

그래서 나는 그 한 달 동안, 이슬람교 아이들에게 람잔 단식을 하도록 권유했다. 물론 나는 저녁 단식을 지키려 결심하고, 힌두교도, 파르시 교도, 기독교도 아이들에게 나와 함께하자고 요청했다. 나는 그들에게, 남들과 함께 자기부정을 하는 것은 언제나 좋은 일이라고 설명했다. 농장 식구들 대다수가 내 제의에 환영했다.

그러나 힌두교도와 파르시 교도 아이들은 이슬람교도 아이들이 하는 것을 세세하게 따르지 않았다. 그럴 필요가 없었기 때문이다. 가령 이슬람교도 아이들은 해가 져야 첫 식사를 했으나, 다른 아이들은 그렇게 하지 않았기에 이슬람교도 친구들을 위해 맛있는 것을 차려주어 그들에게 봉사할 수 있었다. 반면 힌두교도 등 다른 아이들은, 이슬람교도 아이들이 다음 날 아침 해뜨기 전에 마지막 식사를 하는 것을 따라하지 않았고, 이슬람교도를 제외한 나머지는 물을 마실 수 있었다.

이 실험들의 결과 모두가 단식의 가치를 확신하게 되었고, 놀라운 단체 정신이 그들 속에서 자라났다.

톨스토이 농장에서 우리는 모두 채식주의자였다. 나는 모두가 내 느낌을 기꺼이 존중해준 데 감사한다고 고백하고 싶다. 이슬람교도 아이들은 단식 기간에 고기를 먹고 싶었을 텐데 아무도 그런 말을 하지 않았다. 그들은 채식을 좋아했고 즐겨 먹었다. 힌두교도 아이들은 농장의 단순함에 적응하려고 종종 그들을 위한 채식을 준비했다.

이 즐거운 추억을 다른 곳에서 말할 수 없기 때문에, 단식에 대한 이 장의 이야기는 엉뚱한 곳으로 흘러갔다. 그리고 간접적으로 내 성격에 대해서도 말했다. 곧 나는 내가 좋다고 생각하는 일을, 동료들과 함께하는 걸 언제나 좋아한다는 것이다. 그들은 단식을 몰랐다. 그러나 힌두교도와 이슬람교도의 단식 덕분에, 자제의 한 방법으로 그들에게 단식에 대한 흥미를 불러일으키기란 쉬웠다.

그 결과 농장에 자제의 분위기가 샘솟았다. 이제 농장 식구 전체가 우리와 함께 부분 단식 또는 완전 단식에 참여했고, 결과는 너무 좋았다. 이러한 자기부정이 그들의 마음을 얼마나 움직였고, 육체 정복 노력에 얼마나 도움이 되었는지 정확하게 말할 수는 없다. 그러나 나는 육체적으로나 도덕적으로 크게 은혜를 입었다고 확신한다. 물론 그렇다고 단식 등의 훈련이 반드시 모든 사람에게 같은 결과를 낳는다고는 생각하지 않는다.

단식은 자제라는 관점에서 할 때에만 동물적 욕정을 억제하는 데 도움이 될 수 있다. 사실 내 친구 몇몇은 단식 후유증으로 동물적 욕정과 미각이 커졌음을 발견했다. 곧 단식은 그것이 끝없이 자제를 향하지 않는 한 헛일이다. 여기서 《바가바드기타》 2장의 다음 구절을 주목할 만하다.

기관을 대상에서 차단함에 따라
외부의 욕망은 소멸하지만
마음속 욕망까지 사라지지는 않는다.
그때도 신에게 의존하면

마음속 욕망까지 없앨 수 있다.

따라서 단식 등은 자제를 목적으로 하는 하나의 수단이지, 그것이 전부는 아니다. 그리고 육체적 단식을 정신적 단식과 함께 하지 않으면 위선과 파멸로 끝나게 된다.

32. 교장으로서

내가 《간디, 비폭력 저항운동 — 남아프리카에서의 사티아그라하》에서 설명하지 않았거나 간단하게 설명한 것만을 이 책에서 설명하고 있다는 점을 독자가 명심하기 바란다. 그러면 이 장과 앞뒤 장들의 관련성을 쉽게 알 수 있으리라.

농장이 발전하면서 소년 소녀를 위한 교육 시설이 필요하게 되었다. 그들은 힌두교도, 이슬람교도, 파르시 교도, 기독교도 소년들과 힌두교도 소녀들이었다. 그들을 위한 특별교사 채용은 불가능했고 또 불필요했다. 불가능한 이유는 자격 있는 인도인 교사가 드물었고, 있다고 해도 적은 보수를 받고 요하네스버그에서 33킬로미터 떨어진 곳까지 오려고 하지 않았기 때문이다. 또한 우리에게 돈이 많지 않았기 때문이다.

그리고 나는 농장 밖에서 교사를 데려올 필요도 없다고 생각했다. 나는 현재의 교육 제도를 믿지 않았고, 경험과 실험으로 참된 제도를 발견할 생각이었다. 내가 아는 것이라고는 오직, 이상적인 조건에서 참된 교육은 부모에 의해서만 가능하고, 외부의 도움은 최소한에 그쳐야 한다는 것이다. 또한 톨스토이 농장은 하나의 가족이고, 그 속에서 나는 아버지 위치에 있으므로, 내가 아이들 교육을 책임져야 한다는 것뿐이었다.

물론 그 생각에는 문제가 많았다. 모든 아이들이 어릴 적부터 나와 함께 있지도 않았고, 그들은 상이한 조건과 환경에서 자랐으며 같은 종교에 속하지도 않았다. 내가 가장이라는 위치에 있다고 해도 그런 환경의 아이들에게 어떻게 완전하게 공정할 수 있겠는가? 그러나 나는 언제나 마음 함양이나 성격 형성을 가장 중시했고, 연령과 교육 차이가 아무리 크다고 해도 도덕교육은 다같이 할 수 있다고 확신했다. 따라서 그들의 아버지로서 24시간을 함께 살기로 결심했다. 나는 성격 형성을 그들 교육의 절절한 기초로 간주했고, 만일 그 기초를 튼튼하게 놓는다면 그 밖의 모든 것은 아이들 스스로나 친구들의 도움으로 배울 수 있다고 확신했다.

그러나 이와 함께 지식교육의 필요성도 충분히 알았기 때문에 나는 칼렌바흐 씨와 프라그지 데사이 씨의 도움으로 몇 가지 수업을 시작했다. 또 체육도 경시하지 않았다. 이는 날마다 생활 속에서 하게 했다. 농장에는 하인이 없었기 때문에 요리에서 청소까지 모든 일을 가족끼리 해야 했다. 과수나무가 많아서 돌봐야 했고, 뜰도 가꾸어야 했다. 칼렌바흐 씨는 뜰 가꾸는 일을 좋아했고, 정부 모범농장을 경험한 적도 있었다. 부엌일을 하지 않는 사람은 노소에 관계없이 뜰을 돌보아야 했다. 아이들이 구덩이 파기, 목재 베기와 짐 나르기 같은 가장 큰 몫을 차지했다. 그것이 충분한 운동이 되었다. 그들이 즐겁게 일을 했기에, 보통 다른 연습이나 놀이가 필요 없었다.

물론 몇몇 아이가 혹은 모든 아이가 때로는 꾀병을 부리거나 게으름을 피웠다. 나는 가끔 그들의 장난을 눈감아주었지만, 종종 엄하게 대했다. 그들은 분명히 싫었겠지만, 엄하게 했다고 해서 그들이 반항했던 기억은 없다. 내가 엄할 때는 언제나, 일을 장난으로 하는 것은 옳지 못하다고 타일러 확신시키려고 할 때였다.

그러나 그 확신은 오래가지 못했다. 다음 순간 그들은 일을 놓고 장난을 치러 갔다. 언제나 이런 식이었지만 여하튼 그들은 좋은 체격을 갖추었다. 좋은 공기와 물, 규칙적인 식사 덕분에 농장에는 병든 사람이 거의 없었다.

기술 교육에 대해 한마디 하겠다. 나는 모든 아이들에게 유익한 수공 기술을 가르치고자 했다. 이를 위해 칼렌바흐 씨가 트라피스트 사원에 가서 구두 제조법을 배우고 돌아왔다. 나는 그에게 그것을 배워 다시 그 기술을 배우려는 아이들에게 가르쳤다. 칼렌바흐 씨는 목수 경험이 있었고, 또 다른 가족도 그 일을 알았다. 그래서 우리는 조그만 목공 수업반을 만들었다. 요리는 아이들 대부분이 알았다.

그들에게는 이 모든 것이 처음이었다. 이런 것을 배우리라고 상상도 못했으리라. 남아프리카에서 인도인 아이들이 일반적으로 배우는 것은 읽기, 쓰기, 셈하기였기 때문이다.

톨스토이 농장에서는 교사들이 하지 않는 일은 아이들에게도 요구하지 않는다는 규칙을 세웠다. 따라서 아이들이 무슨 일을 하도록 요구받는 경우에는, 교사들은 언제나 그들과 협력하거나 그들과 같이 일했다. 따라서 아이들은 무엇을 배우든 즐겁게 배웠다.

지식교육과 성격 형성은 다음 장에서 다루겠다.

33. 지식교육

앞 장에서 톨스토이 농장에서 어떻게 신체 단련을 시켰고, 또 기술 교육을 시켰는지를 보았다. 도저히 만족스럽다고는 할 수 없지만, 어느 정도는 성공했다고 할 수 있으리라.

그러나 지식교육은 더욱 어려웠다. 나는 자질도 없었지만 필요한 지식을 배우지도 못했다. 그리고 거기에 바치고 싶은 시간도 없었다. 날마다 육체노동을 끝내고 저녁이 되면 완전히 지쳐버렸고, 반드시 쉬어야 할 시간에도 수업을 해야 했다. 따라서 수업을 위해서나 자신을 새롭게 하기는커녕 졸지 않으려고 갖은 애를 써야 했다. 오전 시간은 농장일과 집안일에 써야 해서 수업은 점심 시간 뒤에 해야 했다. 그 밖에 학교를 위한 적당한 시간이란 없었다.

지식교육에는 최대한 3시간을 배당했다. 힌두어, 타밀어, 구자라트어, 우르두어를 다 가르쳤고, 수업은 아이들 각자의 나라 말로 했다. 영어도 가르쳤다. 구자라트 출신 힌두교도 아이들에게는 산스크리트어를 조금 알게 할 필요가 있었고, 모든 아이에게 역사와 지리와 수학의 기본을 가르쳐야 했다.

나는 타밀어와 우르두어를 가르쳤다. 타밀어에 대한 나의 약간의 지식은 항해와 감옥을 통해 얻은 것이었다. 물론 포프의 유명한 타밀어 입문 단계를 넘지는 못했다. 또 우르두어 지식이란 오로지 한 번의 항해에서 얻은 것으로, 그 말에 대한 나의 지식은 이슬람 친구들과 접촉하면서 배운 친숙한 페르시아어와 아라비아어에 한정되었다. 산스크리트어는 중학교에서 배운 것 이상을 알지 못했고, 구자라트어도 학교에서 배운 것 이상이 아니었다.

그런 자본으로 꾸려나가야 했다. 지식이 부족하다는 점에서는 동료들이 나보다 더했다. 그래도 모국어에 대한 사랑, 교사로서의 내 능력에 대한 믿음, 내 제자들의 무지, 무엇보다 그들의 관대함이 내게 더욱 큰 도움이 되었다.

　타밀 아이들은 모두 남아프리카에서 태어나서 타밀어를 거의 몰랐고, 글자는 전혀 몰랐다. 그래서 나는 그들에게 글자와 문법 기초를 가르쳐야 했다. 그 말은 매우 쉬웠다. 그 결과 타밀어 회화는 그들이 나보다 더 잘하게 되어 가끔 타밀어밖에 할 수 없는 사람들이 찾아오면 아이들이 스스로 통역을 맡을 정도였다. 나는 학생들 앞에서 나의 무지를 숨기려고 하지 않았기 때문에 즐겁게 수업을 했다. 모든 점에서 그들에게 나의 참된 모습을 그대로 보여주었다. 따라서 나의 어휘력이 부족했는데도 나는 그들의 사랑과 존경을 잃지 않았다. 이슬람교도 아이들에게 우르두어를 가르치기란 비교적 쉬웠다. 그들이 글자를 알았기에 나는 그들이 읽기에 흥미를 갖도록 자극하고, 글씨를 바로잡아주면 그만이었다.

　아이들은 대부분 글자를 몰랐고 학교에 다니지도 않았다. 그러나 그들을 가르치면서 그들에게 가르칠 게 거의 없음을 알았다. 오로지 게으름에 빠지지 않도록 하고, 공부를 감독하면 그만이었다. 그것으로 만족했기에 나는 다양한 나이대의 아이들을 끌고 갈 수 있었고, 동일한 하나의 학급에서 많은 주제를 가르칠 수 있었다.

　우리는 교과서에 대해 많은 이야기를 들었지만 나는 그 필요성을 느끼지 못했다. 이용할 수 있는 교과서조차 이용한 기억이 없다. 나는 아이들에게 그 많은 책으로 부담을 줄 필요가 있다고는 전혀 생각하지 않는다. 나는 언제나 학생의 참된 교과서는 교사라고 생각했다.

나는 교사들이 나에게 책으로 가르친 것은 거의 기억하지 못하지만, 그들이 책과 무관하게 가르쳐준 것은 지금도 생생하게 기억한다.

아이들은 눈보다 귀를 통해 더 많이, 덜 힘들게 받아들인다. 나는 어떤 책이든지 아이들과 함께 처음부터 끝까지 읽은 기억이 없다. 대신 나는 내가 여러 책에서 읽어서 소화한 것을 내 입으로 그들에게 전해 주었다. 그리고 그러한 것들이 아직도 그들 마음속에 기억되고 있으리라 말할 수 있다.

책에서 배운 것을 기억하기란 힘들지만, 내가 입으로 말한 것은 아주 쉽게 외울 수 있었다. 읽기는 그들에게 힘들었으나, 내가 주제를 흥미롭게 만들지 못해 싫증 내지 않는 한 그들은 내게서 듣는 것을 즐거워했다. 나의 질문에 답하는 아이들의 답에서 그들의 이해력 정도를 짐작할 수 있었다.

34. 정신교육

아이들의 정신교육은 지적·육체적 훈련보다 더욱 어려웠다. 나는 정신교육을 할 때 종교 서적에는 거의 의존하지 않았다. 물론 모든 학생이 각자의 종교의 핵심을 알아야 하고 각 경전에 대한 일반 지식을 가져야 한다고 믿었고, 되도록이면 최대한 그런 지식을 부여했다. 그러나 그것은 지식교육의 일부다.

나는 톨스토이 농장 아이들의 교육을 시작하기 오래전부터 정신교육은 독자적인 것이라고 생각했다. 정신을 계발한다는 것은 성격을 형성하는 것이고, 신에 대한 지식과 자아실현을 향해 스스로 노력할 수 있게 하는 것이다. 그리고 나는 이것이 아이들 교육의 본질이라고 생각했다. 따라서 정신 함양 없는 교육은 소용없으며 심지어 해가 된다고 생각했다.

나는 자아실현은 인생의 제4단계인 출가기에 와서만 가능하다는 미신을 잘 알았다. 그러나 이 소중한 경험을 인생 마지막 단계까지 미루어두는 사람은 자아실현을 하지 못한 채 결국 노망이 들어 두 번째의 불쌍한 유아기에 이르게 되고, 이 세상에서 짐짝처럼 살아간다는 것을 상식으로도 알 수 있다. 비록 그 당시 같은 말로 발표하지는 않았지만 심지어 1911~1912년에 가르칠 때도 내가 이런 생각을 했던 것을 분명히 기억한다.

그러면 정신교육을 어떻게 시켰던가? 나는 아이들에게 찬송가를 따라 부르게 하고, 도덕 훈련에 관한 책에서 글을 골라 읽게 했다. 그러나 그것으로 만족하지 못했다. 그들과 가까이 접촉하며 정신교육은 책을 통해 시킬 수 있는 게 아니라는 걸 알았다. 마치 신체교육은 신체운동을 통해서 되고, 지식교육은 지식 실습을 통해서 되듯이, 정신교육도 오로지 정신 실습을 통해서만 가능했다. 그리고 정신 실습은 완전히 교사의 생활과 성격에 의존했다. 교사는 아이들 속에 있건 없건, 언제나 언동을 조심해야 한다.

교사는 멀리 떨어져 있으면서도 자신의 생활 방식에 의해 학생의 정신에 영향을 줄 수 있다. 내가 만일 거짓말쟁이면, 아이들에게 진실을 말하라고 가르치는 것은 부질없는 짓이다. 비겁한 교사는 결코 용감한 학생을 만들 수 없고, 자제를 모르는 자가 학생에게 자제의 가치를 가르칠 수 없다. 그래서 나는 나와 함께 사는 소년 소녀들에게 영원한 실물 교재가 되어야 한다고 생각했다. 그렇게 아이들은 내

교사가 되었다. 그리고 나는 그들을 위해 선해야 하며 바르게 살아야 한다고 배웠다. 내가 톨스토이 농장에서 스스로 더욱 엄격하게 규율과 자제에 힘쓴 것은 대부분 나의 피보호자들 때문이었다.

그들 중 하나는 거칠고 사나웠으며 거짓말과 싸움질을 잘했다. 한때는 엄청 폭력적이기도 했다. 나는 화가 났다. 아이들을 벌한 적이 없지만, 이번에는 너무 화가 났다. 타이르려고 노력했으나 요지부동이었고 도리어 나를 공격하려고 했다. 결국 나는 곁에 있던 자를 들어 그의 팔을 후려쳤다. 그 순간 나는 떨었다. 그 아이도 알아차렸으리라. 그전에는 없던 일이었다. 아이는 울면서 용서를 빌었다. 아이는 매질이 아파서 운 것이 아니었다. 그는 열일곱 살 먹은 건장한 신체의 소유자였으니 마음만 먹었다면 나에게 해를 가할 수도 있었다.

그러나 그는 그렇게 폭력에 호소하지 않을 수 없었던 나의 고통을 느꼈다. 그 사건 후 그는 나에게 거역한 적이 없다. 그러나 지금도 나는 그때의 폭력을 뉘우친다. 그날 나는 그에게 나의 정신이 아닌 폭력성을 드러냈다.

나는 언제나 체벌에 반대해왔다. 나는 나의 한 아들을 딱 한 번 체벌한 기억이 있다. 따라서 지금도 내가 그 자를 사용한 것이 옳은지 그른지 판단할 수 없다. 아마도 그것은 옳지 못했으리라. 왜냐하면 그것은 분노에 의해 생긴 처벌하려는 욕망에 의한 것이었기 때문이다. 그것이 오로지 내 고뇌의 표현이었다면 정당했다고 생각할 수 있으리라. 그러나 그때의 동기는 순수하지 못했다.

이 사건으로 나는 많은 생각을 했고, 학생들을 바로잡는 더 좋은 방법을 알게 되었다. 그 방법을 앞의 경우에 쓸 수 있는지 없는지는 모른다. 아이는 곧 그 일을 잊었고, 당시 그가 크게 개선되었다는 기억은 없다. 그러나 그 사건은 학생에 대한 교사의 의무를 더욱 잘 이해하게 했다.

그 뒤로도 아이들이 잘못하는 경우가 자주 있었으나, 체벌한 적은 없다. 이렇게 내가 소년 소녀들에게 정신교육을 시키고자 노력하는 동안 나는 정신의 힘을 더욱 잘 이해하게 되었다.

35. 밀밭 속의 독초

톨스토이 농장에서 칼렌바흐 씨가 그전에는 까맣게 몰랐던 문제에 주의를 환기시켰다. 앞서 말했듯이 농장의 몇몇 아이들은 행실이 나쁘고 거칠었다. 놈팽이도 있었다. 다른 아이들처럼 내 아이 셋이 매일 그 애들과 접촉했다. 이에 칼렌바흐 씨는 괴로워하며 그런 아이들과 우리 아이들을 함께 두는 것이 적절하지 않다고 생각했다.

어느 날 그가 말했다. "당신 아이들을 불량스런 아이들과 함께 두는 것을 이해할 수 없군요. 결과는 뻔합니다. 나쁜 아이들과 어울리면 나빠집니다."

그때 그 말을 듣고 내가 놀랐는지 모르지만, 그에게 한 말은 기억난다. "내가 어떻게 내 아이들과 놈팽이를 차별할 수 있습니까? 나는 양쪽 모두에 책임이 있어요. 그 아이들도 내가 오라고 해서 왔습니다. 내가 돈 몇 푼을 주고 보내면 그 애들은 바로 요하네스버그로 달려가 옛날처럼 놀 겁니다. 사실을 말하면, 그들이나 그들 보호자는 그들이 여기 온 이상은 내가 책임을 져야 한다고 생각할 겁니다.

그들이 여기서 많은 불편을 참아야 한다는 것을 당신도, 나도 잘 압니다. 내 의무는 명확합니다. 나는 그들을 여기 두어야 하고 따라서 내 아이들도 그들과 함께 살아야 합니다.

그리고 당신은 내가 오늘부터 내 아이들이 다른 아이들보다 뛰어나다고 느끼도록 가르치길 바라지 않을 것입니다. 그들의 머리에 그런 우월감을 심어주면 그들은 빗나갈 것입니다. 다른 아이들과 이렇게 어울려 사는 것이 그들에게는 좋은 훈련이 될 겁니다. 그들은 스스로 선악의 구별을 익힐 것입니다. 만일 그들 마음에 정말 선한 것이 있다면, 그것이 친구들에게도 반영되리라 믿어서는 안 될 이유가 있습니까? 여하튼 저는 그들을 여기 둘 수밖에 없고, 설령 어떤 위험이 있어도 우리는 그것을 받아들여야 합니다."

칼렌바흐 씨는 머리를 내저었다.

그 결과가 나빴다고는 말할 수 없다고 생각한다. 그 실험으로 인해 내 아이들이 더 나빠졌다고 생각하지도 않는다. 반대로 그들이 무엇인가 얻었다고 생각한다. 만일 그들에게 조금이라도 우월감이 있었다면, 그 우월감은 사라지고 다양한 아이들과 섞이는 법을 배웠으리라. 그들은 시련과 함께 훈련을 쌓았다.

이와 비슷한 실험은, 아이들의 부모와 보호자가 철저히 감시하는 가운데 이루어지는 한, 좋은 아이들을 나쁜 아이들과 함께 가르치고 같이 두어도 아무것도 잃지 않는다는 점을 보여주었다.

귀하게 자란 아이들이 반드시 유혹이나 악에 강한 것은 아니다. 그러나 다양하게 자란 소년 소녀를 모두 모아서 가르칠 경우, 부모와 교사가 쓰라린 시련을 당하는 것이 사실이다. 그들은 끊임없이 경계하여야 한다.

36. 속죄로서의 단식

소년 소녀를 바르게 키우고 가르치는 것이 얼마나 어려운지 날이 갈수록 더욱 분명해졌다. 내가 정말 그들의 참된 교사이자 보호자가 되려면, 나는 반드시 그들의 마음을 이해하고, 그들과 고락을 함께 나누며, 그들이 직면한 문제를 해결하도록 돕고, 굽이치는 젊음의 열망을 바른 길로 이끌어야 한다.

사티아그라하인 몇 명이 감옥에서 석방되자 톨스토이 농장에는 사람들이 거의 남지 않았다. 농장에 남은 사람들은 대부분 피닉스에 속했다. 그래서 나는 그들을 그곳으로 옮겼다. 여기서 나는 엄청난 시련을 겪어야 했다.

당시 나는 요하네스버그와 피닉스 사이를 오갔다. 요하네스버그에 있을 때, 아슈람[32] 동거인 두 사람의 도덕적 타락에 대한 소식을 들었다. 사티아그라하의 명백한 실패나 패배라는 말에도 그렇게 놀라지는 않았을 것이다. 그 소식은 그야말로 벼락같았다. 바로 그날, 나는 기차를 타고 피닉스로 갔다. 칼렌바흐 씨는 같이 가겠다고 고집했다. 그는 내가 어떤 상태에 빠졌는지를 알았다. 그는 나 혼자 간다는 생각을 참지 못했다. 나를 그렇게도 화나게 만든 그 소식을 전한 사람이 바로 그였기 때문이다.

여행을 하면서 내 의무가 분명해졌다. 보호자나 교사는 피보호자나 학생의 잘못에 적어도 어느 정도로는 책임이 있다. 그래서 문제 사건에 대한 나의 책임은 대낮처럼 분명했다. 아내는 이미 그 점을

---

32 영적인 공동체 또는 집단.

경고했으나, 나는 사람을 잘 믿는 성격이라 그 경고를 무시했다.

　나는 죄를 지은 아이들에게 나의 고뇌와 그들 자신의 타락의 깊이를 깨닫게 하는 유일한 방법이 나의 속죄뿐이라고 생각했다. 그래서 스스로 7일간 단식하고 4개월 반 동안 매일 한 끼만 먹겠다고 맹세했다. 칼렌바흐 씨는 내가 그 맹세를 취소하도록 노력했지만 소용없었다. 결국 그도 속죄의 타당성을 인정하고 자기도 함께하려 했다. 나는 그의 솔직한 사랑을 막을 수 없었다.

　나는 마음이 훨씬 가벼워졌다. 그 결정으로 내 마음에서 무거운 짐을 벗겼기 때문이다. 죄지은 아이들에 대한 분노가 사라지고, 대신 그들에 대한 가장 순수한 연민이 생겨났다. 그렇게 해서 상당히 편안해진 마음으로 피닉스에 도착했다. 나는 좀 더 조사한 후 내가 알아야 할 더 상세한 내용을 알게 되었다.

　나의 속죄는 모든 사람을 아프게 했으나, 분위기를 깨끗하게 만들어주었다. 모든 사람이 죄를 짓는 것이 얼마나 끔찍한 일인지를 깨닫게 되었고, 소년 소녀와 나를 묶는 유대는 더욱 강하고 더욱 진실한 것이 되었다.

　얼마 뒤 이 사건으로 일어난 어떤 상황 때문에 나는 14일 동안 단식을 했고, 결과는 나의 기대조차 뛰어넘었다.

　이러한 사건들로 명백하게 된 나의 목적은, 학생이 문제를 일으킬 때마다 교사는 단식할 의무가 있다고 주장하려는 것이 아니었다. 하지만 경우에 따라서는 이런 심각한 구제책이 필요하다고 나는 주장했다. 그러나 그러려면 먼저 밝은 통찰력과 건전한 정신이 필요했다. 교사와 학생 사이에 참된 사랑이 없으면, 제자의 비행이 교사의 마음에 충격을 줄 리 없고, 학생이 교사를 존경하지 않으면 단식은 무의미하고 도리어 유해할 수 있다. 이처럼 그 같은 경우 단식을 할 것인가에 대해서는 의문의 여지가 있지만, 학생의 잘못에 대한 교사의 책임에는 의문의 여지가 없다.

첫 단식은 우리에게 하나도 어렵지 않았다. 나는 일상 활동을 연기하거나 중단할 필요가 전혀 없었다. 단식 기간 내내 오로지 과일만 먹었음을 기억한다. 그러나 두 번째 단식의 후반부는 꽤나 힘들었다. 당시 나는 라마나마의 놀라운 효과를 완전히 이해하지 못했고, 고통을 참는 능력도 그만큼 약했다. 뿐만 아니라 단식 방법, 특히 물이 아무리 구역질나거나 맛이 없어도 많이 마셔야 한다는 것을 몰랐다.

나아가 첫 단식이 쉬웠다는 사실이 두 번째 단식에 부주의하게 만들었다. 첫 번째 단식 동안은 매일 쿠네식 반신욕을 했으나, 두 번째 단식 동안은 2, 3일 뒤에 포기했으며 맛이 없고 구역질이 나서 물도 조금밖에 마시지 않았다. 목이 타고 가늘어져 마지막에는 지극히 낮은 목소리로 말할 수밖에 없었다. 그럼에도 일은 계속했고 글을 쓸 필요가 있으면 불러서 쓰게 했다. 나는《라마야나》등의 경전을 낭독하는 것을 들었다. 또 긴요한 일을 토론하고 충고할 힘은 충분했다.

37. 고칼레와의 만남

남아프리카에서의 많은 추억은 생략해야겠다.

1914년 사티아그라하 마지막에 나는 런던을 거쳐 귀국하라는 고칼레의 연락을 받고 7월에 아내와 칼렌바흐와 함께 영국으로 갔다.

사티아그라하 동안 나는 3등칸으로 여행했다. 그래서 이번 뱃길에서도 3등칸을 탔다. 그러나 이 항로에 있는 배들의 3등칸 시설과, 인도 연안 배나 기차 사이에는 큰 차이가 있었다. 인도에서는 좌석 시설이 나빴고 잠자리는 더욱 나빴으며 매우 더러웠다. 반면 런던 행 항해는 방도 충분했고 깨끗했으며, 기선회사는 우리에게 특별한 편리도 제공했다. 회사는 우리에게 특별 화장실을 제공했고, 우리가 과일을 먹는 사람들이라고 관리인은 우리에게 과일과 견과류를 주라고 지시했다. 보통 3등칸 손님은 과일이나 견과류를 받지 못했다. 이러한 편의 덕분에 18일간 우리의 선상 여행은 매우 좋았다.

이 항해 중 있었던 몇 가지 일은 기록할 가치가 있다. 칼렌바흐 씨는 쌍안경을 너무 좋아해서 꽤 비싼 것으로 한두 개 갖고 있었다. 우리는 매일 그것에 대해 이야기했다. 나는 그가 그런 것을 가지는 것이 우리가 추구하는 단순함의 이상에 맞지 않다는 점을 강조하려 했다. 어느 날 우리는 객실의 창 부근에 서서 토론의 절정에 이르렀다.

"이것 때문에 우리가 싸우기보다는 아예 바다에 던져버려 싸움을 끝내지 않으시렵니까?" 내가 말했다.

"그래요, 그 따위야 던져버리지요." 칼렌바흐 씨가 말했다.

"저는 진심입니다." 내가 말했다.

"저도요." 곧바로 답이 왔다.

그래서 나는 그것들을 바다로 던졌다. 그건 7파운드짜리였으나, 칼렌바흐 씨가 거기에 쏟은 정성에 비하면 아무것도 아니었다. 버린 뒤에 그는 후회하지 않았다.

이는 칼렌바흐 씨와 나 사이에 있었던 많은 일 가운데 하나다.

우리는 매일 이런 식으로 새로운 것을 배웠다. 우리 모두 진실의 길을 걷고자 노력했기 때문이다. 진실을 향한 행진에서 분노, 이기심, 증오 등은 자연스럽게 없어진다. 그렇지 않고서는 진실에 도달할 수 없기 때문이다. 욕정에 흔들리는 사람은 의도가 아무리 좋아도, 입으로는 진실할 수 있을지 모르지만 절대로 진실을 발견할 수 없다. 진실 추구에 성공하려면 사랑과 미움, 행복과 불행 같은 이원적인 것에서 완전히 벗어나야 한다.

우리가 항해를 시작한 것은 단식을 끝낸 지 얼마 지나지 않아서였다. 나는 정상적인 기력을 회복하지 못했다. 나는 입맛을 회복하고 먹은 것을 소화시키기 위해 가벼운 운동을 하고자 갑판 위를 걷곤 했다. 그러나 그 운동조차 힘들어 장딴지가 아팠고, 런던에 도착했을 때는 더욱 나빠졌다. 거기서 지브라지 메타 의사를 만나 나의 단식과 그 뒤의 통증에 대해 말했더니, 그가 답했다. "며칠간 완전히 쉬지 않으면 다리를 못 쓰게 될지도 모릅니다."

오랫동안 단식한 사람이 잃었던 기력을 회복하려고 서둘러서는 안 되고, 식욕도 억제해야 한다는 것을 안 것은 그때였다. 단식할 때보다 단식을 그칠 때 더욱 주의하고 더욱 자제할 필요가 있다.

마데이라[33]에서 우리는 1차 세계대전이 터질지도 모른다는 소식을 들었다. 영국 해협에 들어가자 실제로 전쟁이 터졌다는 소식을 들었다. 얼마 동안 우리 항해는 중지당했다. 해협 전역에 설치된 기뢰(機雷)를 피하면서 배를 몰기란 힘들었다. 그래서 사우샘프턴에 도착하는 데 이틀이나 걸렸다.

---

33 아프리카 서북쪽의 섬.

8월 4일 선전포고가 내려졌고, 우리는 6일에 런던에 도착했다.

38. 대전 중 나의 역할

영국에 도착하자 나는 고칼레가 파리에서 오도 가도 못한다는 소식을 들었다. 건강 때문에 그곳에 갔는데 런던과 파리 사이에 연락이 두절되어 언제 돌아올지 모른다는 것이었다. 나는 그를 만나지 않고서 조국에 돌아갈 생각이 없었지만, 누구도 그가 언제 돌아올지 몰랐다.

그러면 나는 그동안 무엇을 할 것인가? 이 전쟁과 관련된 나의 의무는 무엇인가? 감옥과 사티아그라하의 친구인 소랍지 아다자니아가 당시 런던에서 법정변호사 견습을 하고 있었다. 나는 가장 훌륭한 사티아그라하인인 그가 법정변호사 자격을 따서 남아프리카의 내 자리로 돌아오도록 영국에 보냈다. 의사 프란지반다스 메타 씨가 비용을 부담했다. 그와 함께, 그리고 그를 통하여 나는 의사 지브라지 메타 씨와 그 밖의 영국 유학생들과 함께 모였다. 그들과 상의하여 영국과 아일랜드에 거주하는 인도인 모임을 소집했다. 나는 그들에게 내 의견을 제시했다.

나는 영국에 사는 인도인들이 전시에 어떤 역할을 해야 한다고 생각했다. 영국 학생들이 전쟁에 자원하고 있으니, 인도 학생들도 그래야 한다고 주장했다. 그러나 이에 대해서는 반대가 많았다. 반대 이유는 요컨대, 영국인과 인도인 사이에는 다른 세계가 있다는 것이었다. 곧 우리는 노예고 그들은 주인이다. 주인이 필요할 때 어떻게 노예가 주인에게 협력할 수 있는가? 주인의 곤경을 기회로 이용하는 것이 자유를 추구하는 노예의 의무 아닌가?

그러나 당시 나는 그런 반대를 인정할 수 없었다. 인도인과 영국인의 지위가 다르다는 건 알았지만, 우리가 정말 노예로 떨어졌다고는 믿지 않았다. 당시 나는 그것이 영국 체제가 아니라 영국 관리 개인의 잘못 때문이고, 사랑으로 그들을 바꿀 수 있다고 생각했다.

만일 우리가 영국의 도움과 협력을 통해 우리의 지위를 개선하고자 한다면, 그들이 필요로 할 때 그들 곁에 서서 그들을 돕는 것이 우리의 의무다. 설령 그 체제가 나쁘다고 해도, 나에게는 오늘날처럼 참을 수 없는 것으로 보이지는 않았다. 그러나 만일 그 체제를 믿지 않게 되어 지금 영국 정부와의 협조를 거부하게 되면, 그 체제뿐만 아니라 그 관리조차 믿을 수 없는 친구들은 이후에 어떻게 할 것인가?

반대하는 친구들은 그때야말로 인도의 요구를 용감하게 선언하고 인도인의 지위를 개선할 때라고 생각했다.

그러나 나는 영국의 곤경을 우리의 기회로 사용해서는 안 되고, 전쟁 동안에는 우리의 요구를 강요하지 않는 것이 적합하고 멀리 보는 것이라고 생각했다. 그래서 내 생각을 고집했고, 지원병을 찾아다녔다. 반응이 좋아서 모든 지역인과 종교인들이 지원병에 합류했다.

나는 크류 경에게 편지를 써서 이를 알리고, 우리의 제안을 받아들이는 전제조건하에 야전위생훈련을 받겠다고 했다.

크류 경은 상당히 주저한 끝에 그 제안을 받아들이고 제국의 위기에 도움을 주려는 것에 감사했다.

지원병들은 유명한 갠틀리 의사 밑에서 부상병 구급 기초 훈련을 받았다. 6주간 단기 코스였으나 구급의 모든 과정을 끝냈다.

우리는 80명으로 된 한 반이었다. 6주 뒤 우리는 시험을 보아 한 사람만 빼고 모두 합격했다. 정부는 우리에게 군사훈련 등을 시켰다. 베이커 대령이 책임자였다.

당시 런던은 볼 만했다. 두려움도 없이 모두 자기 능력껏 돕기 바빴다. 장정은 전투원 훈련을 받기 시작했지만, 노인과 병자 및 여성은 무엇을 했는가? 그들에게도 원한다면 일거리가 많았다. 그래서 그들은 스스로 베를 잘라 부상병의 옷과 붕대 등을 만들었다.

여성들 모임인 라이섬은 최대한 많은 군복을 만들었다. 회원 중 한 사람인 슈리마티 사로지니 나이두도 그 일에 헌신했다. 그때 그녀를 처음으로 알게 되었다. 그녀는 나에게 모양대로 자른 옷을 산더미처럼 가져와서 바느질해 돌려달라고 했다. 나는 그녀의 요구를 환영하고 친구들의 도움을 받아 훈련 기간 동안 열심히 옷을 만들었다.

39. 정신적 딜레마

내가 전쟁에 참가했다는 소식이 남아프리카에 전해지자 두 통의 전보가 왔다. 하나는 폴락 씨가 보낸 것으로, 그는 내 행동이 나의 비폭력 신앙과 합치하는지 물었다.

나는 이런 반대를 어느 정도 예상했다. 그 문제를 나의《인도의 자치》에서 다룬 적이 있고, 남아프리카에서 친구들과 매일같이 토론했기 때문이다. 우리 모두 전쟁의 비도덕성을 인정했다. 나는 가해자를 고소하려고도 하지 않았는데, 하물며 어느 쪽에 정당성이 있는지조차 불명확한 전쟁에 참가한다는 것은 있을 수 없는 일이었다. 물론 친구들은 내가 보어 전쟁에 참전한 것을 알았지만, 그들은 그 뒤 내 생각이 변했다고 생각했다.

사실 보어 전쟁에 나를 참전하게 한 이유와 똑같은 것이 이번에도 중요했다. 참전이 비폭력과 합치하지 않는다는 것은 너무나도 분명했다. 그러나 인간의 의무란 언제나 똑같이 명백하지 않다. 진실 추구자는 종종 어둠 속을 헤매야 한다.

비폭력이란 포괄적인 원칙이다. 우리는 폭력의 불길에 갇힌 무력한 인간이다. 생물은 생물을 먹고 산다는 말은 깊은 뜻을 갖는다. 우리는 의식적, 무의식적으로 폭력을 범하지 않고서는 한순간도 살 수 없다. 산다는 사실 그 자체, 즉 먹고 마시고 움직이는 것은 반드시 어떤 폭력, 생명의 파괴를 수반한다. 그것이 아무리 작다고 해도 말이다.

따라서 비폭력 추구자는 그 행동의 모든 기원을 자비에 두면, 최선을 다해 아무리 작은 것이라도 파괴하지 않고 그것을 구하려고 하면, 그래서 그 무서운 폭력의 소용돌이 속에서 벗어나려고 계속 노력하면, 언제나 그의 신앙에 충실하게 된다. 그는 언제나 자제와 자비 속에서 성장하겠지만, 그렇다고 해서 완전히 외부적인 폭력에서 벗어날 수는 없다.

게다가 비폭력 밑에는 모든 생명의 통일성이 있으므로, 하나의 잘못은 모두에게 영향을 미치지 않을 수 없게 되고, 따라서 우리는 폭력에서 완전히 벗어날 수 없다. 사회적 존재로 계속 살아가는 한, 사회 그 자체가 내포한 폭력에 참가하지 않을 수 없다. 두 나라가 싸울 때 비폭력 추구자의 의무는 전쟁을 중지시키는 것이다. 그 의무를 다하지 못하는 자, 전쟁에 반대할 힘을 갖지 못한 자, 전쟁에 반대할 자격을 갖지 못한 자는 전쟁에 참여하겠지만, 그 역시 전력을 다하여 그 자신과 그 나라와 세계를 전쟁에서 구하도록 노력해야 한다.

나는 대영제국을 통해 자신과 인민의 상태를 개선하기를 바랐다. 영국에서 나는 영국 함대의 보호를 받았고, 무력 밑에 숨어 피난처로 삼았으니 잠재적 폭력에 직접 참가한 것이다. 그러므로 내가 제국과의 관계를 유지하면서 그 깃발 아래 살길 원한다면, 다음 세 가지 길 중에 하나를 선택해야 했다. 첫째, 전쟁에 공식적으로 반대하고 사티아그라하의 법에 따라 제국이 군사정책을 바꿀 때까지 협력하지 않는 길이다. 둘째, 도저히 복종할 수 없는 제국의 법에 시민적 불복종을 함으로써 감옥에 갇히는 길이다. 셋째, 제국 편에 서서 참전하여 전쟁의 폭력성에 반대할 수 있는 능력과 자격을 갖는 길이다. 나는 능력과 자격이 없으므로 전쟁에 참여하는 길밖에 없다고 생각했다.

비폭력의 관점에서 보면 전투원과 비전투원 사이에는 차이가 없다. 강도단에서 일하기로 자원한 자는 그들의 짐꾼 노릇을 하든 망보는 짓을 하든, 또는 그들이 부상을 입었을 때 간호를 하든, 강도와 마찬가지로 강도로서는 유죄다. 전장에서 오로지 부상병만 돌보아준 경우도 마찬가지로 전쟁 책임에서 벗어날 수 없다.

나는 이 모든 것을, 폴락의 전보를 받기 전부터 스스로 따져보았고, 그의 전보를 받은 직후, 여러 친구와 나의 생각을 토론하여 참전이 나의 의무라는 결론을 내렸다. 지금도 그렇게 생각했던 것에 문제가 있다고는 여기지 않고, 또 당시 영국과의 관계에서 호의적인 견해를 가졌다고 해서 내가 한 행동을 후회하지 않는다.

심지어 당시에도 내 생각이 옳다고 모든 친구에게 확신시킬 수 없었음을 나는 안다. 그 문제는 미묘했다. 견해 차가 있을 수 있는 문제였다. 따라서 나는 비폭력을 믿고 생활 속 한 걸음 한 걸음마다 그것을 실천하려고 진지하게 노력하는 사람들 앞에 되도록이면 명백하게 내 생각을 보여주었다. 진실에의 헌신자는 무엇이든 관행에 따라서는 안 된다. 그는 언제나 고칠 수 있어야 하고, 자신이 잘못임을 알면 언제나 어떤 희생이 와도 그것을 고백하고 속죄해야 한다.

40. 작은 사티아그라하

이처럼 나는 의무감에서 참전했지만, 나는 직접 참전할 수 없게 되었을 뿐만 아니라 그 위급한 순간에도 작은 사티아그라하라고 부를 만한 일을 해야만 했다.

우리 이름이 인정되어 등록되자 우리를 훈련할 장교가 임명되었다는 이야기는 앞에서 이미 했다. 우리는 그 지휘장교가 기술 문제에서 대장일 뿐이고, 다른 면에서는 내가 대장이라는 생각을 했다. 특히 부대의 내부 규율 문제는 내가 직접 책임을 졌다. 곧 지휘장교는 나를 통해 부대를 지휘해야 했다. 그러나 그 장교는 처음부터 우리를 그런 환상 속에 두지 않았다.

소랍지 아다자니아는 똑똑했다. 그가 나에게 경고했다. "이 자를 조심하세요. 그는 우리를 마음대로 하려 할 것 같아요. 우리는 그의 명령을 들을 필요가 없어요. 우리는 그를 교관으로 인정합니다. 그런데 그가 우리를 가르치라고 임명한 애송이도 우리의 상전인 양

굽니다."

애송이란 우리를 가르치려고 와 있던 옥스퍼드대 학생들로, 지휘 장교가 그들을 우리 분대장들로 임명했다.

나도 그 지휘장교의 고압적인 태도를 모르지 않았지만 소랍지에게 걱정하지 말라고 하며 그를 안심시키려 했다. 그러나 그는 쉽게 말을 들을 사람이 아니었다.

"당신은 너무 잘 믿습니다. 그들은 감언이설로 당신을 속일 것입니다. 그러다 결국 그들 속을 알게 되면 우리 보고 사티아그라하를 하자고 할 것입니다. 그러면 어려움에 빠질 것이고, 우리도 어려움에 빠뜨리게 됩니다." 그는 웃으며 말했다.

내가 말했다. "나와 운명을 같이하겠다고 왔으니 어려움 말고 무엇을 기대하겠습니까? 사티아그라하인은 본래 속기 마련입니다. 지휘장교에게 우리를 속이라고 하지요. 속이는 자는 자신을 속일 뿐이라고 내가 이미 수없이 말했잖아요?"

소랍지는 큰 소리로 웃었다. "그렇다면 좋습니다. 계속 속으십시오. 당신은 언젠가 사티아그라하 속에서 돌아가실 것이고, 나같이 가련한 인간들을 끌고 가시겠지요."

그의 말은 고(故) 에밀리 홉하우스 양이 나에게 비협력에 대해 써서 보낸 것을 떠올리게 했다. "당신이 진실을 위해 어느 날 교수대로 간다고 해도 나는 놀라지 않을 것입니다. 신이 당신에게 옳은 길을 보여주고 당신을 보호하길 빕니다."

소랍지와의 대화는 지휘장교 임명 직후에 있었다. 며칠 뒤에 우리와 그의 관계는 폭발점에 이르렀다. 나는 14일 단식 이후 겨우 기력을 회복하고 훈련에 참가하기 시작했는데, 숙소에서 약 2마일 떨어진 곳까지 걸어야 했다. 그 때문에 나는 늑막염에 걸려 눕게 되었다. 그러나 그 상태로 주말 야영을 가야 했다. 다른 사람들은 그곳에 머물렀으나 나는 숙소로 돌아왔다. 여기서 사티아그라하를 해야 했다.

지휘장교는 그의 권위를 꽤 멋대로 행사하기 시작했다. 그는 군사적인 일이든 아니든 모든 일에서 우리의 대장임을 우리에게 분명히 인식시켰고, 동시에 그의 권위의 맛을 보여주었다. 소랍지가 급히 나에게 왔다. 그의 고압적인 태도를 도저히 참을 수 없다는 것이다. 그가 말했다.

"우리는 모든 명령을 당신을 통해 받아야 합니다. 우리는 아직도 야영 훈련 중이고, 별의별 터무니없는 명령을 받고 있습니다. 게다가 우리는 우리를 훈련시키도록 임명된 그 애송이들에 비해 차별도 받습니다. 우리는 지휘장교와 이 문제를 해결해야 합니다. 아니면 더는 계속할 수 없습니다. 우리 부대 내의 인도인 학생들이나 그 밖의 사람들은 어떤 불합리한 명령에도 따르지 않을 것입니다. 자존심을 위해 뛰어들었는데, 모욕을 견뎌야 한다는 것은 생각조차 할 수 없습니다."

나는 지휘장교를 만나 내가 들은 불만에 주의를 환기하도록 했다. 그는 나에게 편지로, 불만은 편지를 통해 전해야 한다면서 다음과 같은 말을 했다. "불평을 하는 적절한 경로는 방금 임명된 분대장을 통해서 나에게 하는 것이고, 그 분대장이 교관을 통하여 나에게 알리는 것임을 불평자들에게 명심하게 하시오."

이에 대해 나는 다음과 같이 답했다. 곧 나는 권위를 주장할 생각이 전혀 없고, 군사적인 점에서는 다른 사람들과 같지만, 자원부대장으로서 내가 비공식적으로 그들 대표로 행동하는 걸 허용해야 한다고 했다. 동시에 나는 내가 느낀 불만과 요구 사항을 제기했다. 즉 부대원의 감정을 고려하지 않고 분대장들을 임명한 것에서 불평불만이 비롯되었으니 그 임명은 취소되어야 하고, 지휘관의 허락을 받아 분대장 선출을 위해 부대를 소집하라고 했다.

그러나 지휘장교는 이를 받아들이지 않았다. 그는 분대장을 부대원이 선출한다는 것은 군법에 어긋나는 일이고, 이미 임명한 것을 취소하면 모든 기강이 무너진다고 했다.

그래서 우리는 회의를 열어 취소를 결정했다. 나는 사티아그라하의 중대한 결과에 대해 설명했다. 그러나 대다수가 이미 결정된 하사 임명을 취소하고 부대원에게 하사 선출의 기회를 주지 않으면, 부대원들은 앞으로 훈련과 주말 야영을 거부한다고 결정했다.

나는 곧 지휘장교에게 편지를 써서, 나의 제의를 거부한 그의 편지가 초래한 심각한 결과를 알렸다. 그리고 나는 어떤 권위의 행사도 좋아하지 않고, 내가 가장 바라는 것은 봉사라고 말했다. 또한 그에게 선례를 주목하라고 했다. 곧 보어 전쟁 당시 남아프리카 인도인 야전위생부대에서 내가 어떤 공식적 직함도 갖지 않았지만, 골웨이 대령과 부대 사이에는 어떤 갈등도 없었고, 대령이 나를 만나 부대의 의사를 타진하지 않고서는 어떤 일도 하지 않았음을 지적했다. 그리고 그 전날 통과시킨 결정 내용의 사본을 동봉했다.

그러나 이것도 장교에게 효과가 없었다. 그는 우리의 회의와 결정이 중대한 규율 위반이라고 생각했다.

그래서 나는 인도 담당 국무장관에게 편지를 보내어 모든 사실을 알리고 결정 내용의 사본을 동봉했다. 그는 답장을 통해 남아프리카 사정과는 다르다는 점을 설명하고, 분대장은 규율에 따라 지휘장교에 의해 임명되었다는 점을 환기시켰다. 그러나 앞으로 분대장을 임명할 경우 지휘장교가 나의 추천을 고려할 것임을 나에게 확신시켰다.

그 뒤로도 상당히 많은 편지가 오갔으나, 나는 그 쓰라린 이야기를 더는 하고 싶지 않다. 다만 내 경험은 우리가 인도에서 매일같이 겪는 경험의 하나였다고 말하는 것으로 충분하다. 지휘장교는 협박이나 술수로 우리 부대를 분열시키는 데 성공했다. 앞서 나온 결정 때 투표한 몇몇 사람은 지휘관의 협박과 설득에 항복하여 그 약속을 취소했다.

그 무렵, 뜻하지 않게 부상병 대부대가 네틀리 병원에 도착했고, 우리 대원들의 간호가 필요하게 되었다. 지휘관에게 설득당한 사람들은 네틀리로 갔다. 다른 사람들은 가지 않겠다고 했다. 나는 누워 있었으나 부대원들과 연락은 하고 있었다. 그 무렵 국무차관인 로버츠 씨는 영광스럽게도 나를 몇 번이나 찾아왔다. 그는 나에게 다른 사람들을 설득해달라고 말했다. 그는 그들이 별도 부대를 편성하여, 네틀리 병원에서는 그곳 지휘장교의 책임 하에 두겠다고 제안했다. 그렇게 되면 자존심을 잃을 문제도 없으며 정부도 양해할 것이고, 동시에 상당수의 부상병이 병원에서 유용한 간호를 받게 될 거라고 말했다. 나와 동료들은 이 제안에 만족했고, 그 결과 남은 사람들도 네틀리로 갔다.

오로지 나 혼자 병석에 남아서 가장 힘든 일을 하게 되었다.

41. 고칼레의 자애로움

내가 영국에서 늑막염을 앓았음을 앞에서 말했다. 고칼레는 그 뒤 곧 런던으로 돌아왔다. 칼렌바흐와 나는 정기적으로 그를 찾아 갔다. 우리는 주로 전쟁에 대해 이야기했다. 칼렌바흐는 독일 지리에 매우 밝았고 유럽을 자주 여행했다. 그는 전쟁과 관련된 여러 곳을 지도를 펼쳐 보여주었다.

내가 늑막염에 걸리자 그것도 매일 대화거리가 되었다. 나는 그때도 음식 실험을 하고 있었다. 나의 식사는 다른 것보다는 땅콩, 익거나 익지 않은 바나나, 레몬, 올리브기름, 토마토, 포도 등이었다. 그리고 우유, 곡류, 콩 등은 일절 먹지 않았다.

지브라지 메타 의사가 나를 치료했다. 그는 나에게 우유와 곡류를 먹으라고 강요했지만 나는 듣지 않았다. 그 일이 고칼레 귀에 들어갔다. 그는 나의 과일 식사 취지에는 크게 찬성하지 않았기에 의사가 내 건강을 위해 처방한 것은 무엇이든 먹기를 원했다.

고칼레의 압력에 따르지 않기란 쉽지 않았다. 그가 나의 거절을 받아들이지 않아 생각할 여유를 24시간 달라고 했다. 그날 나는 칼렌바흐와 함께 집으로 돌아와 어떻게 해야 할지 상의했다. 그는 나와 함께 실험을 하고 있었다. 그는 그 실험을 좋아했으나, 내 건강을 위해서라면 실험을 포기할 듯했다. 그래서 나는 내면의 목소리가 명령하는 대로 따를 수밖에 없다고 결심했다.

나는 밤새 그 문제를 생각했다. 실험을 중지하는 것은 그 방향의 모든 생각을 중지하는 것을 뜻했으나, 나는 아직 어떤 문제도 발견하지 못했다. 문제는 고칼레의 사랑의 압력에 어느 정도 굴복해야 하는가, 이른바 건강상 이익을 위해 나의 실험을 얼마나 수정해야 하는가에 있었다. 나는 배후 동기가 완전히 종교적인 한 그 실험에 따르고, 동기가 복합적이면 의사의 권유에 따르기로 최종 결정했다.

우유를 포기한 것은 주로 종교적 이유에서였다. 콜카타에서 고발들(Govals)이 소와 물소에게서 마지막 우유 한 방울을 짜내려고 택한 사악한 방법의 그림이 떠올랐다. 또한 고기가 인간의 음식이 아닌 것과 똑같이, 동물의 젖도 음식일 수 없다고도 생각했다. 그래서 우유를 먹지 않겠다고 결심하면서 아침에 일어났다. 마음이 훨씬 가벼웠다. 나는 고칼레가 두려웠지만, 그가 내 결심을 존중해주리라 믿었다.

저녁에 칼렌바흐와 나는 내셔널 리버럴 클럽으로 고칼레를 찾아갔다. 그가 처음에 물었다. "그래, 의사의 충고를 받아들이기로 했소?"

나는 부드럽게, 그러나 분명하게 답했다. "다른 모든 것은 복종하겠지만 단 하나는 못합니다. 그 점은 강요하지 마시길 빕니다. 저는 우유, 우유 제품, 고기를 들지 않겠습니다. 설령 안 먹어서 죽는다면 그편을 택하겠습니다."

"그게 최종 결정이오?" 고칼레가 물었다.

내가 말했다. "달리 결정할 수 없어서 죄송합니다. 제 결정에 마음이 아프시겠지만 용서하시길 빕니다."

고칼레는 어느 정도 아파하면서 동시에 깊은 사랑으로 말했다. "나는 당신의 결정에 찬성하지 않소. 거기에 종교가 있다고 생각하지 않아요. 그러나 더 강요하지는 않겠소." 그리고 지브라지 메타 의사를 보고 말했다. "더는 그를 걱정하지 마세요. 그가 그어놓은 선 안에서 좋을 대로 처방하세요."

의사는 반대했으나 어쩔 수 없었다. 그는 나에게 멍 수프에 아위(阿魏) 가루를 섞어 마시라고 권했다. 나는 이에 동의해 하루 이틀 마셨으나 통증은 더 심해졌다. 그것이 적절하지 않은 것 같아 나는 과일과 견과류로 돌아갔다. 의사는 물론 외부 치료를 계속했다. 덕분에 고통은 덜했으나 나의 절제가 그에게는 큰 방해가 되었다.

그사이에 런던의 10월 안개를 견디지 못해 고칼레는 인도로 돌아갔다.

42. 늑막염 치료

늑막염이 너무 오래가 걱정이었지만, 나는 치료란 약을 먹어서 되는 게 아니라 식사 조절과 외부 치료를 병행해야 가능하다는 걸 알았다.

나는 채식주의자로 유명한 엘린슨 의사를 찾아갔다. 그는 음식을 변경함으로써 병을 치료했는데, 1890년에 그를 만난 적이 있다. 그는 나를 면밀하게 검사했다. 나는 그에게 우유를 마시지 않게 된 사연을 설명했다. 그는 나를 격려하면서 말했다. "우유를 마실 필요는 없습니다. 사실 저는 얼마 동안 기름기 있는 것을 드시지 말길 권해 드립니다." 그리고 나에게 검은 빵, 근대, 무, 양파, 기타 구근류 같은 생야채, 신선한 과일, 특히 오렌지를 먹으라고 권했다. 채소는 익히지 않은 날것으로 먹고, 씹을 수 없으면 잘게 썰어 먹으라고 했다.

나는 사흘간 그렇게 했으나, 생야채는 나에게 도통 맞질 않았다. 내 몸은 그 실험을 받아들일 여력이 없었다. 생야채를 먹기에는 신경이 날카로웠다.

엘린슨 의사는 창문을 24시간 열어두고, 미지근한 물에 목욕을 하며, 상처 부위에 오일 마사지를 하고, 15~30분 정도 산책을 하라고 충고했다. 그 모두가 마음에 들었다.

내 방의 창문은 프랑스식이어서 활짝 열면 비가 들어왔다. 조명창은 열 수 없어서 신선한 공기가 들어오게 하려고 부수어버렸고, 창문은 비가 들지 않도록 알맞게 열었다.

이 모든 것 덕분에 건강이 조금은 좋아졌으나, 완쾌하지는 못했다.

세실리아 로버츠 부인이 가끔 나를 찾아왔다. 우리는 친구가 되었다. 그녀는 나에게 우유 마시기를 열심히 권했다. 내가 거절하자 우유를 대체할 수 있는 것을 찾아다녔다. 어떤 친구가 그녀에게 맥아유(麥芽乳)를 권하면서 그것은 우유와 완전히 무관하지만, 우유의 모든 특성을 갖도록 화학적으로 만들어졌다고 그럴듯하게 설명했다. 나는 세실리아 부인이 나의 종교적 절조를 매우 존중하는 걸 알고 있었기에, 그녀를 무조건 믿었다. 그래서 가루를 물에 타 맛을 보았더니 우유 맛과 꼭 같았다. 병에 붙은 딱지를 보고서야 나는 뒤늦게 이것이 우유 제품임을 알았다. 그래서 그만두었다.

나는 세실리아 부인에게 사실을 알리고 걱정하지 말라고 했다. 그녀는 부리나케 달려와 사과했다. 그녀의 친구는 그 딱지를 전혀 읽지 않았다. 나는 그녀에게 걱정하지 말고, 그렇게 힘들게 구해준 것을 먹지 못해 미안하다고 했다. 또 우유인 것을 모르고 마신 것에 대해 불쾌감이나 죄책감은 조금도 없다며 그녀를 안심시켰다.

세실리아 부인과의 여러 가지 재미있는 추억은 생략하겠다. 시련과 실망 속에서 나에게 큰 위로가 되어준 많은 친구들이 생각난다.

믿음을 가진 사람은 그 속에서, 슬픔을 단것으로 바꿔주는 신의 섭리를 읽을 수 있다.

엘린슨 의사는 그 뒤에 자신이 제한한 것을 완화하여 지방분 섭취를 위해 땅콩버터와 올리브 기름을 먹도록 허용하고, 내가 좋다면 야채를 쌀과 함께 요리해 먹으라고 했다. 이러한 변화가 매우 마음에 들었으나, 그래도 완치되지는 않았다. 여전히 조심스러운 간호가 필요해 나는 하루 종일 누워 있어야 했다.

메타 의사는 종종 왕진을 왔고 내가 그의 충고를 듣겠다고 할 경우에만 고정적인 치료법을 알려주었다.

이런 가운데 어느 날 로버츠 씨가 찾아와 인도로 돌아가라고 강권했다. "이런 상태로는 네틀리에 갈 수 없어요. 앞으로 강한 추위가 닥칩니다. 반드시 인도로 돌아가야 합니다. 그곳에서만 완치될 수 있으니까요. 회복 뒤에 여전히 전쟁이 이어진다면 도울 기회는 얼마든지 있을 겁니다. 지금까지 하신 일만 해도 결코 작은 일이 아닙니다."

나는 그의 충고를 받아들여 인도로 돌아갈 준비를 했다.

43. 귀국

칼렌바흐 씨는 인도로 가려고 영국까지 동행했다. 우리는 함께 지냈고, 당연히 같은 배를 타고 싶어 했다. 그러나 독일인은 엄격한 감시를 받고 있어서 칼렌바흐 씨가 여권을 받을 수 있을지 의심스러웠다. 나는 그가 여권을 받도록 최선을 다했고, 로버츠 씨도 똑같은 바람으로 인도 총독에게 전보를 쳤다. 그러나 하딩 경은 곧바로 다음과 같이 답했다. "유감스럽게도 인도 정부는 그런 모험을 할 수 없습니다." 우리 모두 그 답의 위력을 이해했다.

칼렌바흐 씨와 헤어지는 건 너무나 가슴 아픈 일이었으나, 그의 고통이 더 컸음을 나는 알았다. 그가 인도에 왔더라면, 농부이자 베 짜는 사람으로 단순하고 행복한 생활을 보내고 있으리라. 지금 그는 종전과 같이 남아프리카에 살면서 건축기술자로 열심히 일하고 있다.

우리는 3등칸을 원했지만, 우리가 탄 기선에는 3등칸이 없어서 2등칸으로 가야 했다.[34]

우리는 남아프리카에서 가져온 말린 과일을 가지고 탔다. 배에서는 신선한 과일을 쉽게 구할 수 없을 거라고 생각했기 때문이다.

지브라지 메타 의사는 내 갈빗대에 미드 연고를 바르고 붕대를 감은 다음 홍해에 도착할 때까지 떼지 말라고 했다. 이틀은 그 불편을 참았지만, 더는 견딜 수 없었다. 붕대를 떼어내는 건 매우 어려웠으나 다시금 자유롭게 씻고 목욕을 하게 되었다.

식사는 주로 견과류와 과일로 했다. 나는 매일 조금씩 나아진다는 걸 알았고, 수에즈 운하에 도착했을 때는 더욱 기분이 좋았다. 허약했지만 위험에서는 완전히 벗어났다고 느꼈고, 조금씩 운동도 했다. 회복은 주로 열대지방의 신선한 공기 덕분이었다.

과거의 경험 탓인지 아니면 다른 이유에서인지 몰라도, 내가 배에서 느낀 영국인 승객과 인도인 승객 사이의 거리감은 남아프리카에서 올 때도 보지 못한 것이었다. 나는 영국인 몇 사람과 이야기를 했지만, 대부분 형식적인 것이었다. 남아프리카 배에서 분명히 있었

---

34 간디는 1914년 12월 19일 출발하여 1915년 1월 9일 귀국했다.

던 친밀한 대화는 없었다. 내 생각에 그 이유는, 영국인들은 자신이 지배 종족에 속한다는 것을, 인도인은 피지배 종족에 속한다는 것을 의식적, 무의식적으로 느끼기 때문이었다.

나는 조국에 가서 그러한 분위기에서 벗어나고 싶었다.

아덴에 도착하자 조금은 집에 온 느낌이 들었다. 우리는 더반에서 케코바드 카바스지 딘쇼 씨를 만나 그 부부와 가까이 지낸 덕분에 아덴의 인도인들을 잘 알았다.

며칠 뒤에 우리는 뭄바이에 도착했다. 10년이나 떠나 살다가 돌아오니 너무 기뻤다.

고칼레가 뭄바이에서 나를 환영하는 자리를 만들어주었고, 건강이 좋지 않으면서도 찾아주었다. 나는 그를 만난다는 뜨거운 열망으로 돌아왔고, 그래서 자유를 느꼈다. 그러나 운명은 다르게 움직였다.

44. 법정 추억

인도에서의 나의 경로에 대해 말하기 전에 일부러 미뤄둔 남아프리카에서의 경험 몇 가지를 회상할 필요가 있는 듯하다.

변호사 친구 몇 명이 나의 법정 추억에 대해 들려달라고 했다. 그것은 엄청나서 그 모두를 쓴다면 그것만으로 한 권의 책이 될 테고, 내 영역 밖의 일일 것이다. 그러나 진실 실천과 관련된 몇 가지를 회상하는 것이 부적절하지는 않으리라.

내가 기억하는 한 나는 벌써 이 이야기를 했다. 곧 직업상 진실하지 못한 짓을 하지 않았고, 변호 업무의 대부분은 공적 일을 위한 것이었다. 또한 주머닛돈 이상을 받아본 적이 없고, 그나마 비용을 스스로 치렀다. 이 정도면 법률 실무와 관련된 필요한 것은 모두 말한 셈이다. 그러나 친구들은 더 해달라고 한다. 그들은 내가 아주 간단하게나마 진실에 어긋나지 않게 거절한 이야기를 하면 법조인들이 도움을 받으리라 생각한 듯하다.

학생 때, 변호사란 거짓말쟁이라는 말을 들은 적이 있다. 그러나 나는 거짓말을 해서 지위와 돈을 가질 의도는 없었기 때문에 그 말에 별 영향을 받지 않았다.

나의 원칙은 남아프리카에서 몇 번이나 시험을 당했다. 나는 상대 변호사가 그들의 증인을 미리 교육시켰다는 것을 알았고, 만약 내가 내 의뢰인이나 증인에게 거짓말을 하도록 가르치기만 한다면 우리가 이길 수도 있음을 종종 알았다. 그러나 나는 언제나 그 유혹을 물리쳤다. 단 한 번, 어느 사건에서 승소한 뒤에 의뢰인이 나를 속이지 않았을까 의심한 적이 있다. 진심으로 내가 바란 것은 의뢰인이 옳을 때만 승소해야 한다는 것이다. 변호료를 결정할 때 승소를 전제로 하여 정한 적은 없다. 의뢰인이 승소하든 패소하든 변호료 이상을 기대한 적이 없다.

나는 의뢰인을 처음 만날 때마다, 내가 거짓 소송을 맡거나 증인에게 조언을 하리란 기대는 하지 말라고 주의시켰다. 그 결과 거짓 사건은 맡지 않는다는 평판을 얻게 되었다. 사실 내 의뢰인 중에는 정직한 사건은 나에게 주고, 의심스러운 사건은 다른 변호사에게 주는 사람도 있었다.

나는 심한 시련을 당한 적이 있다. 나의 가장 훌륭한 의뢰인이 가져온 사건이었다. 복잡한 계산에 관련된 것으로 시간을 오래 끌었다. 재판은 여러 법정에서 부분적으로 이루어졌다. 결국 법원은 회계 부분을 전문회계사들의 판정에 맡겼다. 판정은 나의 의뢰인에게 전적으로 유리했지만, 이는 판정자들이 부주의하여 계산을 잘못한 탓이었다. 액수는 적었으나, 차변에 기입할 것을 대변에 기입하여 생긴 중대한 오류였다. 상대방 변호사는 다른 근거에서 판정에 이의를 제기했다.

나는 의뢰인에게는 차석변호사였다. 이 오류를 알게 된 수석변호사는 우리 의뢰인이 그것을 인정할 필요가 없다고 주장했다. 그는 분명히, 어떤 변호사도 의뢰인의 이익에 반하는 것을 인정해서는 안 된다고 생각했다. 이에 대해 나는 오류를 인정해야 한다고 말했다.

그러나 수석변호사는 반박했다. "그렇게 되면 법정은 판정 전체를 취소할 것임에 틀림없소. 건전한 변호사라면 자기 의뢰인을 그런 위험으로 몰지 않소. 여하튼 나는 그런 위험을 저지르지 않겠소. 만일 재심을 받기 위해 사건이 다시 상정된다면, 우리 의뢰인이 돈을 얼마나 써야 하고 그 결과가 어떻게 될지 아무도 말할 수 없소."

이때 의뢰인도 함께 있었다.

나는 말했다. "의뢰인도 우리도 위험을 감수해야 한다고 생각합니다. 우리가 단지 오류를 인정하지 않는다고 해서 법원이 잘못된 판정을 지지하리라는 확실성이 어디 있습니까? 또 설령 오류의 인정이 의뢰인을 언짢게 한다 해도 무슨 해가 있습니까?"

"그러나 왜 우리가 그걸 인정해야 하오?" 수석변호사가 말했다.

"법정이 오류를 찾지 못한다거나, 상대방이 발견하지 못한다는 보장은 어디 있습니까?" 내가 말했다.

"그럼, 당신이 사건을 변론하겠소? 나는 당신 생각대로 변론할 생각이 없소." 수석변호사가 잘라 말했다.

나는 겸손하게 답했다. "만일 의뢰인이 동의한다면 당신이 변론하지 않는 경우 제가 하지요. 오류를 인정하지 않는다면 저는 이 사건을 맡지 않겠습니다."

이 말을 하며 나는 의뢰인을 바라보았다. 그는 조금 당황한 듯했다. 나는 처음부터 그 사건에 개입했다. 의뢰인은 나를 철저히 믿었고, 나를 속속들이 알았다. 그가 말했다. "그럼 당신이 변호를 하시고 오류를 인정하세요. 손해를 볼 운명이면 손해를 보지요. 신이 옳은 사람을 돕겠지요."

나는 기뻤다. 그가 그렇게 하리라 믿었다. 수석변호사는 다시금 내게 경고하고 나의 고집을 불쌍하게 여기면서도 잘되기를 바란다고 했다.

법정에서 일어난 일에 대해서는 다음 장에서 보게 되리라.

45. 사기 변호?

나는 내 충고의 정당성에는 의문이 없었지만, 내게 그 소송을 완전히 수행할 능력이 있는지에 대해서는 너무나 큰 의문을 가졌다. 대법원에서 그처럼 어려운 사건을 변호한다는 건 너무나 위험한 일이 될 거라고 느꼈다. 그래서 공포와 두려움에 떨며 법정에 출두했다.

내가 계산의 오류에 대해 언급하자 판사 한 사람이 말했다.

"간디 씨, 이건 사기 변호 아니오?"

그 말을 듣자 화가 났다. 아무런 근거 없이 사기 변호란 소리를 들으니 참을 수 없었다.

'판사가 시작부터 이렇게 편견을 갖는다면 이 어려운 사건에서 성공할 가능성은 거의 없구나.' 나는 스스로에게 말했다. 그러나 정신을 가다듬고 답했다.

"다 듣지도 않고 사기 변호라는 혐의를 두시다니 놀랍습니다."

판사가 말했다. "신문하는 것이 아니라, 단순히 그런 생각이 든다는 것입니다."

"생각이라고 하셨지만, 제게는 신문이나 다름이 없습니다. 제 말씀을 다 들으시고 나서 혐의점이 있으면 신문해주십시오."

판사가 답했다. "도중에 말을 막아 죄송합니다. 착오에 대한 설명을 계속하세요."

나는 내 설명을 뒷받침할 자료를 충분히 가지고 있었다. 판사가 그런 질문을 한 탓에 나는 처음부터 법정이 나의 변론에 집중하도록 할 수 있었다. 나는 매우 고무되어 상세히 설명하기 시작했다. 법정은 끈기 있게 내 말을 들어주었고, 그 착오가 전적으로 부주의 때문에 생긴 것임을 판사들에게 확신시킬 수 있었다. 따라서 그들은 상당히 어렵게 작성된 회계 판정 전체를 취소할 필요는 없다고 생각했다.

실수가 인정된 뒤 상대방 변호사는 많은 변론이 필요 없다고 믿고서 안심하는 듯이 보였다. 그러나 판사들은 그 실수가 쉽게 수정될 수 있는 것이라고 확신했기 때문에, 그를 계속 추궁했다. 변호사는 그 판정을 열심히 공격했으나, 처음에는 나를 의심했던 판사가 어느새 분명히 내 편으로 돌아섰다.

"간디 씨가 그 실수를 인정하지 않았다면 어떻게 하셨겠습니까?" 그가 물었다.

"우리는 우리가 임명한 사람보다 더 유능하고 정직한 전문회계사를 구할 수 없었습니다." 판사가 계속 말했다.

"법정은 당신이 당신 사건을 가장 잘 안다고 가정해야 합니다. 당신이 만일 어떤 전문회계사라도 쉽게 범할 수 있는 실수 외에 다른 점을 지적하지 못하면, 법정은 분명한 실수를 이유로 양 당사자에게 새로운 소송을 하게 하거나, 새로 비용을 쓰게 할 의도는 없습니다. 쉽게 시정될 수 있는 실수로, 새로운 소송을 명할 수는 없습니다."

그래서 상대방 변호사의 이의는 기각되었다. 법정에서 그 실수를 수정하여 판정을 확정했는지, 아니면 판정자에게 실수를 수정하게 했는지는 잊었다.

나는 기뻤다. 의뢰인도, 수석변호사도 그랬다. 그리고 나는 진실에 반하지 않고서도 변호사 일을 할 수 있다는 확신을 굳히게 되었다.

그러나 독자는 진실하게 직업에 종사한다고 해도 그것을 더럽히는 근본 결함을 시정할 수 없을 때가 있다는 걸 기억해야 한다.

46. 의뢰인이 동료가 되다

나탈의 변호사업과 트란스발의 변호사업이 서로 다른 점이 있다. 나탈에서는 겸직으로 변호를 담당하는 법정변호사가 사무변호사로도 일할 수 있으나, 트란스발에서는 뭄바이에서처럼 두 변호사가 완전히 구별되어 있다. 곧 법정변호사는 변론변호사나 사무변호사 중에서 하나를 선택할 권리가 있다. 그래서 나는 나탈에서 변론변호사로 인정되었으나, 트란스발에서는 사무변호사 신청을 냈다.

변론변호사로서는 인도인과 직접 접촉할 수 없고, 남아프리카의 백인 사무변호사가 법정변호사인 나에게 사건을 줄 리도 없기 때문이었다.

그러나 트란스발에서도 사무변호사가 치안판사 앞에 출두할 수는 있었다. 내가 요하네스버그에서 치안판사 사건을 다루었을 때, 의뢰인이 나를 속였음을 알았다. 증인석에서 그의 허위가 완전히 드러났다. 그래서 나는 아무 변론 없이 치안판사에게 그 소송을 기각해달라고 신청했다.

상대방 변호사는 놀랐고 치안판사는 기뻐했다. 나는 의뢰인에게 그가 내게 거짓 사건을 가져온 것을 책망했다. 그는 내가 거짓 사건을 맡지 않는다는 걸 알고 있었다. 내가 그에게 상세히 설명하자 그는 실수를 인정했다. 나는 그가 그에게 불리하게 판결하도록 치안판사에게 요청한 점에 대해 화를 내지 않는다는 인상을 받았다.

여하튼 이 사건에서 내가 한 행동이 내 변호사업에 나쁜 영향을 주지는 않았고, 사실 내 일을 더 쉽게 만들어주었다. 또한 진실에 대한 나의 헌신은, 동업자들 사이에서 나의 명성을 높여주었음을 알았다. 그래서 유색인이라는 약점이 있어도 일부 소송에서는 그들의 사랑을 받기까지 했다.

변호사 일을 하는 동안 나의 의뢰인이나 동료에게 무지를 감추려고 하지 않는 게 나의 버릇이었다. 내가 어떻게 해야 할지 모를 때면 의뢰인에게 다른 변호사를 찾아가라고 권했고, 그가 꼭 내게 맡기려고 하면 그에게 수석변호사의 도움을 받게 해달라고 청했다.

이러한 솔직함 덕분에 나는 의뢰인들의 무한한 사랑과 믿음을 얻었다. 수석변호사와의 상담이 필요할 때면 그들은 언제나 기꺼이 비용을 부담했다. 이러한 사랑과 신뢰는 내가 공적 일을 하는 데 큰 도움이 되었다.

내가 남아프리카에서 변호사업에 종사한 목적은 사회에 대한 봉사였음을 앞에서도 말했다. 이러한 목적을 위해서도 인민의 신뢰를 얻는 것이 필수적인 조건이다. 마음 넓은 인도인은 돈벌이로 하던 직업을 봉사로 확대했고, 자신의 권리를 지키려면 투옥의 고통도 감수해야 한다고 충고했을 때 많은 사람들이 기꺼이 그 충고를 받아들였다. 이는 그 길이 옳다는 걸 이론적으로 알았기 때문이 아니라, 나를 믿고 사랑했기 때문이다.

이 글을 쓰면서 수많은 달콤한 추억이 떠오른다. 몇백 명의 의뢰인들이 친구이자 공적 봉사의 참된 동료가 되었고, 그들과 함께하면서 고난과 위험으로 가득 찼을지 모르는 일생이 달콤하게 되었다.

47. 의뢰인은 어떻게 구해지는가

이제 독자는 파르시 루스톰지라는 이름에 매우 익숙해졌으리라. 그는 나의 의뢰인이자 동료가 된 사람이었다. 또는 먼저 동료였다가 나중에 의뢰인이 되었다고 말하는 것이 더 옳으리라. 그는 나를 너무나 믿어 사적인 가정사에 대해서도 나의 충고를 구했으며 그 충고를 따랐다. 병이 나도 내게 도움을 청했고, 우리의 생활 방식에는 큰 차이가 있었음에도 주저 없이 나의 엉터리 치료를 받았다.

이 친구가 한번은 아주 나쁜 처지에 빠졌다. 그는 모든 일을 나에게 알렸는데 단 한 가지만은 고의로 숨겼다. 그는 뭄바이와 콜카타에서 물건을 수입하는 대수입업자였는데, 가끔은 밀수를 했다. 그러나 세관 관리와 너무 친해서 아무도 그를 의심하지 않았다. 관세를 부과하면서 그들은 그의 신청서를 그대로 믿었다. 그중 몇 사람은 그의 밀수를 눈감아주었으리라.

그러나 구자라트 시인 아코의 직유 표현을 빌리자면, 수은 같은 것을 도둑질해도 숨길 수 없다. 파르시 루스톰지도 예외가 아니었다. 그 좋은 친구가 급히 나에게 달려와 눈물을 흘리며 말했다. "형, 나는 형을 속였소. 오늘 내 죄가 발각되었어요. 밀수를 했고 이제 끝장이오. 감옥에 가야 하고 망했어요. 형만이 이 곤경에서 나를 구할 수 있어요. 형에게 숨긴 게 하나도 없는데 그런 속임수 장사로 괴롭혀서는 안 된다고 생각해 이 밀수에 대해서는 말하지 않았어요. 그러나 지금은 얼마나 후회가 되는지요!"

나는 그를 진정시키고 말했다. "구하고 못 구하고는 신에 달렸소. 당신은 나의 방식을 알고 있소. 자백 말고는 구할 수 있는 방법이 없소."

착한 파르시는 깊이 고민했다. "형에게 고백하면 안 될까요?" 그가 물었다.

"내가 아니라 정부에 대해 잘못한 것이오. 내게 고백해서 무슨 소용이 있겠소?" 내가 부드럽게 답했다.

"물론 충고대로 하지요. 그러나 나의 옛 변호사와 상의해주세요. 그 역시 내 친구입니다." 파르시 루스톰지가 말했다.

조사 결과, 밀수는 오랫동안 계속되었음이 드러났으나 적발된 범행의 액수는 근소했다. 우리는 그 변호사에게 갔다. 그는 서류를 검토한 뒤 말했다. "이 사건은 배심재판에 회부될 겁니다. 나탈의 배심

원단은 인도인을 절대로 무죄로 만들지 않을 겁니다. 그러나 희망을 버리지 않겠습니다."

나는 그 변호사를 잘 알지 못했다. 파르시 루스톰지가 말을 가로막았다. "고맙습니다. 그러나 이번 사건은 간디 씨 의견에 따르겠습니다. 그는 나를 잘 압니다. 물론 필요할 땐 언제나 그에게 조언을 하셔야 합니다."

그래서 변호사의 질문은 보류하게 하고, 우리는 파르시 루스톰지의 상점으로 갔다.

나는 그에게 내 견해를 설명하며 말했다. "나는 이 사건이 법정에서 다루어지리라고는 생각하지 않소. 당신을 고소하거나 놓아주는 것은 세관 관리에게 달려 있고, 또 그는 검찰총장의 지시를 받아야 하오. 나는 두 사람 다 만나겠소. 당신은 그들이 부과한 벌금을 반드시 내야 하오. 그럼 그들이 동의할 거요. 그러나 그들이 동의하지 않으면 당신은 감옥에 가야 하오. 내 생각으로는 감옥에 가는 것이 부끄러운 게 아니라, 그런 잘못을 저지른 게 부끄러운 것이오. 부끄러운 행동은 이미 저질러졌소. 당신은 투옥을 참회로 생각해야 하오. 진정한 참회는 다시는 밀수를 하지 않겠다고 결심하는 것이오."

파르시 루스톰지가 이 말을 충분히 이해했는지 나는 모른다. 그는 용감한 사람이었으나, 그때는 그 용기가 죽었다. 그의 이름과 명성은 위기에 처했고, 그렇게 주의하고 힘들여 세운 탑이 무너져갈 때 그는 어디에 있어야 할까?

그가 말했다. "네, 완전히 형의 손에 맡깁니다. 좋을 대로 하세요."

나는 나의 설득력을 이 사건에 최대한 이용했다. 나는 세관 관리를 만나 모든 사실을 털어놓았다. 그리고 그가 모든 장부를 보게 하겠다고 약속하고, 파르시 루스톰지가 크게 후회하고 있다고 말했다.

세관 관리가 말했다. "나는 파르시를 좋아합니다. 그가 그런 바보짓을 한 게 유감입니다. 내 의무가 무엇인지 아시겠지요. 나는 검찰총장의 지휘를 받아야 하니, 그를 충분히 설득하시길 빕니다."

"그를 재판에 회부하지 않기만을 바랍니다." 내가 말했다.

약속을 받은 나는 검찰총장에게 연락을 시작했고 그를 만났다. 그는 나의 솔직함을 알아주었고 내가 아무것도 숨기지 않는다는 걸 확신했다.

그 사건과 관련해서인지 아니면 다른 사건과 관련해서인지 지금은 잊었지만, 그는 나의 끈기와 솔직함에 대해 말했다. "당신은 절대로 안 된다는 답을 듣지는 않겠군요."

파르시 루스톰지 사건은 타협으로 끝났다. 그는 자신이 밀수했다고 자백한 액수의 두 배에 해당하는 벌금을 물었다. 루스톰지는 이 사건 전체를 기록한 후 액자에 넣어 사무실에 걸어두고 그의 후계자들과 동료들에게 영원히 기억하도록 했다.

그러나 루스톰지의 친구들은 나에게 그런 일시적 참회에 속지 말라고 경고했다. 내가 루스톰지에게 그 말을 하자 루스톰지가 말했다. "내가 만일 속였다면 내 운명은 어떻게 되었을까요?"

5부

국민회의 시대

영화 〈간디〉는 3시간 분량이 넘는데 《간디 자서전》 1~4부에 해당하는 시간은 처음부터 약 40분 정도에 불과하다. 이어 '봄베이, 1915년'이라는 자막과 함께 마흔여섯 살 간디가 22년의 남아프리카 생활을 청산하고 돌아오는 장면부터 30만 명 이상이 동원되었다는 장례식 장면까지 영화의 본편이 이어진다.

거대한 P&O 기선에서 내리는 간디는 남아프리카에서 쿨리라는 조롱을 받은 조악한 흰 옷에 값싼 터번을 한 옷차림으로, 그전의 영국이나 남아프리카에서의 처음 모습과 사뭇 다르다. 이 장면은 간디가 남아프리카 투쟁을 겪은 후 노동자 농민들과 하나가 되었음을 여실히 보여준다. 봄베이(지금은 뭄바이) 환영자 중에는 케임브리지대 학생인 네루를 비롯하여 많은 사람이 있지만(실제로는 그곳에 없었다), 도시의 빈곤을 목격한 간디는 일 년간 침묵하면서 인도를 돌아보겠다고 말한다. 그리고 간디의 발길에 따라 인라비 샹카르의 유명한 시타르 음악을 배경으로 인도의 자연이 경쾌하게 펼쳐지고 3시간이라는 긴 영화의 무게를 훨씬 가볍게 해준다.

1915년 간디가 인도에 돌아온 것은 인도의 새로운 정치를 예고한 것이었다. 19세기 후반 인도의 르네상스 이후 국민회의를 비롯한 많은 단체가 형성되었다. 국민회의는 1885년 12월 8일 뭄바이에서 영국인 퇴직 공무원에 의해 창립되었고 1910년까지 영국인이 다섯 차례나 의장을 맡았다. 최초의 대의원 73명은 높은 카스트의 힌두교도와 파르시교도인 변호사, 기자, 교사, 사업가, 지주, 상인 등으로 자천에 의해 구성되었고, 그 후부터는 선출된 대의원으로 구성되었으나 영국에 충성하는 엘리트들이었다는 점은 마찬가지였다. 그들은 차차 인도의 개혁을 영국에 요구했지만 영국이나 총독부는 이를 무시했다.

인도에서 영국인이 처음으로 위협을 느낀 것은 1905년 벵골을 이슬람교도 지역과 힌두교도 지역으로 분할했을 때였다. 인도인은 이를 단순한 지역 분할이 아니라 두 교도의 분할로 생각해 반대운동이 전국으로 파급되었고, 이와 동시에 국산품 구매운동과 정부 배척운동도 따랐다. 게다가 총독부의 경제정책이 실패하면서 인민의 불만이 높아지고 폭력적 운동이 늘어났다. 그리고 국민회의에도 과격파가 등장해 1906년 콜카타 대회부터는 심각한 대립이 나타났고 그 후 9년간 분열을 면치 못했다.

총독부는 과격파를 탄압하면서 온건파를 자기편으로 만들고자 노력했다. 1911년 벵골 분할안이 중지되었어도 폭력 활동은 중지되지 않았다. 그런 가운데 1906년 이슬람동맹이 결성되었고 1915년에는 이슬람동맹과 국민회의가 동시에 연례총회를 열었다. 간디를 비롯한 여러 힌두교 지도자들이 이슬람동맹회의에 참석했다. 이 시기에 원로 정치인들이 대부분 은퇴하여 새로운 지도자가 요구되었다. 간디는 바로 그 시점에 인도로 돌아와 인도의 새로운 지도자가 되었다.

영화 〈간디〉는 인도를 여행한 간디가 1차 대전 이후 열린 국민회의에 참가하는 것을 보여준다. 간디에 앞서 이슬람교도 지도자인 진나가 독립 확보를 절규하여 우레와 같은 박수를 받는다. 이어 간디의 연설이 시작되나 청중은 일어서서 가려고 하는 등 어수선하다. 그래도 간디는 천천히 말을 이어가고 드디어 다음과 같은 말들을 하기에 이른다. "인도에는 70만 개의 마을이 있습니다. 델리와 봄베이의 소수자 인도가 아닙니다." "매일 뜨거운 태양 아래에서 일하는 인민과 함께 일어나야만 인도를 대표할 수 있고, 영국에 도전할 수 있습니다. 하나의 국가로서 말입니다." 그러자 조금씩 반응이 일어난다. 사실 이런 이야기는 당시 국민회의 지도자 중 유일하게 제3계급 출신이었던 간디만이 할 수 있었다. 여하튼 간디의 데뷔 연설은 반쯤 성공한 정도로 끝났다. 이어 인도의 농촌 참파란이 나타난다. 간디는 그곳을 둘러보다가 체포되자 조용히 경찰을 따라간다. 유치장을 찾아온 앤드루스 목사에게 간디가 "세계는 인도의 행동을 경멸하고 있습니다. 여론의 지지가 필요합니다"라고 말하자 목사는 공청회에 신문기자를 보낸다. 간디는 치안 방해를 이유로 주에서 퇴거 명령을 당하나 이를 거부한다. 결국 소요를 두려워한 영국 측은 보석금도 없이 그를 석방한다. 거꾸로 영국인 지주가 부총독 집에 불려가 질책을 받는다. "당신들이 반라의 간디를 국제적인 영웅으로 만들었다." 신문에는 "정직과 대나무 지팡이밖에 짚지 않은 남자가 대영제국에 싸움을 걸고 있다"는 기사가 났다.

이어 간디의 본격적인 투쟁이 시작된다. 영국은 치안방해만으로도 영장 없이 체포할 수 있는 롤래트법을 제정했다. 이에 대해 간디는 전국에서 일제히 기도하고 단식하는 전통적인 하르탈(파업)로 대응한다. 바로 간디가 말하는 적극적이고 도발적인 저항이다. 그래서 어느 날, 전국에서 3억5천만 명이 기도하여 국가는 정지된다. 이는 인도 역사상 최초로 인민이 정치 무대에 등장한 사건이었다.

그리고 간디는 마치 예상했다는 듯 담담하게 감옥에 들어간다. 면회 온 네루는 인민이 폭동을 일으켰다고 말한다. 그러자 간디는 "틀렸다. 준비 부족이다"라고 답한다. 그 무렵 펀자브 암리차르에서 대학살 사건이 터진다. 다이어 장군이 이끄는 영국군 150명이 사방이 높은 벽으로 둘러싸인 공원에서 무저항 군중에게 총알이 없어질 때까지 무차별

사격을 가하여 1천200명이 죽고 3천600명이 부상을 당한다.

총독을 만난 간디는 냉정하게 말한다. "여러분은 남의 집에서 주인 노릇을 하고 있음을 알아야 합니다." "외국의 유능한 정부보다도 미숙하지만 자신의 정부를 갖고 싶습니다." "이슬람교도 등 소수파 문제는 우리가 해결하겠습니다." 그리고 자신만만한 얼굴로 말한다. "당신들은 결국 인도에서 나가야 합니다. 10만 명 영국인이 3억5천만 인도인을 지배할 수 없기 때문입니다. 인도인이 협력하지 않으면." "우리는 평화적, 비폭력적으로 비협력을 관철합니다. 돌아가는 것이 좋아요."

이어 간디는 영국제 옷 거부 투쟁을 시작한다. 간디는 스스로 선두에 서서 물레를 잣는다. 그러나 거부를 절규하는 데모대가 경찰의 폭력에 대항해 경찰서를 불지르고 경찰관 22명을 죽이는 폭력 사태가 발생한다. 이에 간디는 국민회의 지도자들의 반대를 무릅쓰고 비협력운동의 중지를 통고한다. "오늘의 사건은 부끄럽다." "나는 그들이 폭력을 그칠 때까지 책임을 지고 단식한다." 네루가 이제 사람들이 깨어나 투쟁이 중지될 수 없다고 설득해도 간디는 자신이 죽으면 중단할 것이라 답한다. 그리고 간디는 죽음을 건 단식에 들어간다. 5일간의 단식 끝에 네루는 간디에게 폭력이 끝났다고 말한다.

이어 간디는 다시 체포된다. 간디가 법정에 입장하자 재판관이 일어서는 장면이 벌어진다. 간디는 기소 사실을 모두 인정하고 재판관은 6년 형을 선고한다. 이어 1922년의 투옥으로 1차 대전 후의 비협력운동은 끝이 난다.

1915년(46세) 22년 만에 귀국해 사바르마티에 아슈람을 개설하고 불가촉천민 가족을 받아들임.

1917년(48세) 비하르 주 참파란에서 농민해방운동을 펼침.

1918년(49세) 아메다바드의 방직노동자 파업 지원, 케다 소작농민의 사티아그라하 지도.

1919년(50세) 롤래트법안에 반대하여 전국 파업 지도 후 사티아그라하 중단.

1921년(52세) 뭄바이에서 영국산 옷을 소각. 비협력운동 추진.

1922년(53세) 비하르 주 차우리차우라에서 일어난 폭동으로 인해 비협력운동 중단. 투옥되어 6년 형을 선고받음.

1923년(54세) 교도소에서《간디, 비폭력 저항운동 — 남아프리카에서의 사티아그라하》집필.

1924년(55세) 1월에 맹장 수술 후 석방됨. 힌두, 이슬람 일치를 위해 21일 단식.

1925년(56세) 콜카타 폭동 해결. 11월 말에《간디 자서전》집필 시작.

1927년(58세) 카디를 위해 전국을 일주함.

1929년(59세)《간디 자서전》완성.

· ·

1. 최초의 경험

내가 조국에 도착하기 전에 피닉스에서 출발한 일행이 먼저 와 있었다. 본래 계획대로라면 내가 먼저 왔어야 했으나 전쟁 때문에 영국에 붙잡혀 있었기에 모든 예정이 뒤집혔다. 내가 영국에 무한정 잡혀 있게 되자 피닉스 일행의 숙소를 마련하는 문제에 직면했다. 나는 가능하면 피닉스에서처럼 그들 모두 인도에서도 함께 머물게 하고 싶었다. 그러나 그들에게 가라고 권할 수 있는 아슈람[1]을 나는 몰랐다. 그래서 그들에게 전보를 쳐서 앤드루스 씨를 만나 그의 충고에 따르라고 했다.

그들은 먼저 캉그리 학원(Gurukul)에 들어갔고, 그곳의 고(故) 슈라다난드지 선생은 그들을 자식처럼 대해주었다. 이어 그들은 산티니케탄[2] 아슈람에 갔고, 거기서도 시인[3]과 그곳 사람들이 마찬가지로 사랑을 베풀어주었다. 그 두 곳에서 얻은 경험은 그들과 나에게 도움이 되었다.

내가 앤드루스에게 말하곤 했듯이, 시인과 슈라다난드지 그리고 수실 루드라 교장은 삼위일체라고 할 수 있다. 남아프리카에서 앤드루스는 끝없이 그들에 대해 말했다. 남아프리카의 많은 달콤한 추억 중에서도 앤드루스 씨가 매일 들려준 이 위대한 삼위일체 이야기가 가장 아름답고 생생한 것이었다.

앤드루스 씨는 당연히 수실 루드라에게도 피닉스 일행을 소개했다. 루드라 교장에게는 아슈람이 없었지만, 피닉스 가족이 자신의 집을 마음대로 쓰게 해주었다. 도착 하루 만에 그곳 사람들은 피닉스 가족을 완전히 집에 돌아온 것처럼 느끼게 해주었고, 그들은 피닉스를 조금도 그리워하지 않았다.

---

1 Ashram. 인도에서 말하는 인생의 4단계 중 마지막인 출가기에 유명한 스승(guru) 밑에서 수도하는 곳을 말한다. 따라서 수도원이나 도장이라고 할 수 있다. 그러나 그 어느 것도 번역어로 적당하지 않아 여기서는 아슈람 그대로 표기하겠다.

2 Santiniketan. 산스크리트어로 '평화의 집'이라는 뜻.

3 타고르.

피닉스 가족이 산티니케탄에 있다는 사실을 내가 안 것은, 뭄바이에 도착했을 때였다.[4] 그래서 고칼레를 만난 뒤에 바로 그들을 만나려고 했다.

뭄바이의 환영회는 나에게 작은 사티아그라하라고 할 만한 기회를 부여했다.

존경하는 제한기르 페티트 씨 집에서 열린 파티에서 나는 구자라트어로 말을 할 수 없었다. 그 으리으리한 궁전 같은 분위기에서는, 계약노동자들 중에서 가장 나은 생활을 누렸던 나도 완전히 촌뜨기 같았다. 카티아와르산 외투에 터번을 쓰고 도티를 두르니, 지금 내가 입은 것보다 더욱 문명화된 차림새 같았지만, 페티트 씨의 화려한 저택은 나를 몸 둘 바 모르게 만들었다. 그러나 나는 페로제샤 경의 보호막 아래 도피해 그럴듯하게 굴었다.

이어 구자라트 사람들의 모임이 있었다. 그들이 환영회 없이 나를 놓아줄 리 없었다. 그것은 고(故) 우탐랄 트리베디가 조직했다. 나는 사전에 식순을 알아두었다. 진나 씨도 구자라트 사람이어서 참석했는데, 그가 그곳의 회장이었는지 주된 연설자였는지는 잊었다. 그는 짧고 멋진 영어 연설을 간단히 했다. 내 기억으로는 다른 연설도 모두 영어였다. 내 차례가 오자 나는 구자라트 말로 감사하고, 구자라트 말과 힌두어를 사랑한다고 설명한 뒤에, 구자라트 사람들 모임에서 영어를 사용하는 것에 대해 겸손하게 항의했다. 주저하지 않은 것은 아니었다. 오랫동안 해외에 있다가 돌아와 사정을 잘 모르는 사람이, 이미 확립된 관례에 저항하는 것이 무례하게

---

4 1915년 1월 9일.

여겨질까 봐 두려웠기 때문이다. 그러나 구자라트 말로 답해달라는 나의 주장을 오해하는 사람은 없어 보였다. 사실 모두가 나의 저항을 받아들이는 것 같아 기뻤다.

따라서 이 모임은 나의 새로운 생각을 동포 앞에 내놓는 것이 어렵지 않다고 생각하는 용기를 주었다.

뭄바이에 잠깐 머물며 이러한 예비 경험을 한 뒤에 나는 고칼레가 오라고 한 푸나로 갔다.

2. 푸나에서 고칼레와 함께

내가 뭄바이에 도착했을 때, 고칼레는 총독[5]이 나를 만나고 싶어 하니 푸나로 오기 전에 그를 만나는 게 좋겠다는 소식을 전했다. 그래서 나는 총독을 찾아갔다. 그는 의례적인 질문을 한 뒤에 말했다. "한 가지 요청합니다. 정부에 대해 어떤 일을 하려 하면 저를 찾아주시길 바랍니다."

나는 답했다. "그런 약속을 하는 건 매우 쉽습니다. 사티아그라하인으로서 제가 상대하고자 하는 쪽의 견해를 이해하고, 되도록이면 타협하려는 것이 저의 규정이기 때문입니다. 저는 그 규정을 남아프리카에서 철저히 지켰고, 여기서도 그렇게 하겠습니다."

윌링던 경[6]은 나에게 감사하며 말했다. "원하신다면 언제라도 오

5 　당시 인도는 3개 구역으로 나뉜 구역마다 각각 총독이 있었다.
6 　뭄바이 지역 총독.

십시오. 그러면 정부가 고의로 나쁜 일을 하진 않는다는 걸 아시게 될 겁니다."

이에 나는 답했다. "저를 지탱시키는 것은 믿음입니다."

그 후 나는 푸나로 갔다. 이 소중한 시기의 모든 추억을 말한다는 건 불가능하다. 고칼레와 인도봉사자협회 회원들이 사랑으로 나를 압도했다. 내가 기억하는 한, 고칼레는 모든 사람을 불러 나를 만나게 했다. 나는 그들과 함께 모든 주제에 대해 솔직히 이야기했다.

고칼레는 내가 그 모임에 들기를 매우 바랐고 나도 그랬다. 그러나 회원들은 내 이상과 활동 방식이 자신과 큰 차이가 있으니 나의 가입은 적절치 않다고 생각했다. 고칼레는 내가 자기만의 원칙을 주장하면서도 그들의 주장을 듣고 받아들일 것이라고 믿었다.

그가 말했다. "그러나 회원들은 당신이 타협하려고 하는 걸 이해하지 못하고 있소. 그들은 자기주장만을 고집하고, 정말 일방적이오. 나는 그들이 당신을 받아들이길 바라지만, 설령 그렇지 않더라도 그들에게 당신에 대한 존경이나 사랑이 없어서라고는 절대로 생각하지 마시오. 당신에 대한 높은 존경심을 잃게 될까 봐 그들이 그런 모험을 주저하는 거요. 그러나 당신이 공식적으로 회원이 되건 안 되건 간에 나는 당신을 회원으로 보겠소."

나는 고칼레에게 나의 뜻을 밝혔다. 회원이 되건 안 되건 간에 나는 가능하면 구자라트에 피닉스 가족을 정착시킬 수 있는 아슈람을 하나 세우고 싶고, 내가 구자라트 사람이니 구자라트에서의 봉사를 통해 나라에 기여하는 것이 가장 적합하다고 말했다. 고칼레는 그 생각에 찬성하며 말했다.

"당연히 그렇게 해야지요. 회원들과의 이야기 결과가 어떻든 간에 아슈람 건설비는 내가 대고, 내 것으로 알겠소."

나의 가슴은 기쁨으로 넘쳤다. 자금 모집 책임을 면하고 나니, 또 일을 나 혼자 시작해야만 하는 것도 아니고 어려울 때는 언제나 확실한 안내자와 상의할 수 있으니 즐거웠다. 그래서 나는 마음의 짐을 덜었다.

이어 고칼레는 고(故) 데브 의사를 불러, 모임의 회계장부에 나의 거래란을 만들게 했으며, 아슈람 일이나 공적 비용으로 내가 청구하면 나에게 지급하도록 했다.

이제 나는 산티니케탄에 가려고 하고 있었다. 떠나기 전날 밤, 고칼레는 중요한 친구들과 함께 파티를 열어 내가 좋아하는 과일과 견과류를 마련했다. 파티장은 그의 방에서 몇 걸음 떨어진 곳이었으나, 그는 그 정도 걷기도 힘들 정도로 건강이 나빴다. 그러나 그는 나에 대한 사랑으로 무리를 했다. 그는 파티에 참석했지만 기절을 해서 다시 옮겨졌다. 기절하는 것이 처음은 아니어서 정신이 들자 고칼레는 우리에게 파티를 계속하라는 말을 전했다.

그 파티는 물론 인도봉사자협회의 게스트하우스 반대편 뜰에서 벌어진 간담회에 지나지 않았고, 친구들은 땅콩, 대추야자와 신선한 제철 과일을 먹으며 마음을 터놓고 이야기를 나누었다.

그러나 고칼레의 기절은 내 인생에 평범한 사건은 아니었다.

3. 그것은 협박인가?

나는 푸나에서 라지코트와 포르반다르로 가서 홀로 된 형수와 그 밖의 친척들을 만났다.

남아프리카에서 사티아그라하를 하는 동안 내 옷 모양을 계약노동자들과 어울리게 바꾸었고, 영국에 갔을 때도 실내에서는 같은 모양을 했다. 뭄바이에 도착할 때는 카티아와르 복장을 하느라 모두 인도 천으로 만든 셔츠, 도티, 상의에다 흰 스카프를 썼다. 그러나 뭄바이에서 3등칸 여행을 하게 되어, 스카프와 상의가 너무 거추장스럽게 여겨져 벗어버리고 8안나인지 10안나인지 하는 캐시미어 모자를 사서 썼다. 그런 모양을 하니 영락없이 가난한 사람의 모습이었다.

당시 전염병이 유행했기 때문에 3등칸 승객들은 비람감인가 와드완인가에서 검역을 받아야 했다. 나는 열이 조금 났다. 검역관은 내 체온이 높은 것을 알고 라지코트 의료관에게 신고하라면서 내 이름을 적었다.

아마도 누군가 나의 와드완 통과를 알렸는지, 공공운동가로 유명한 재봉사 모틸랄이 역에서 나를 맞았다. 그는 비람감 세관에 대해 말하면서 그 때문에 당해야 하는 고통을 털어놓았다. 나는 열 때문에 말할 생각이 없어 질문 형태로 간단히 답하여 끝내려고 했다.

"감옥에 갈 각오입니까?"

나는 모틸랄이 아무 생각 없이 말하는 성급한 젊은이라고 생각했다. 그러나 사실은 그렇지 않았다. 그는 침착하게 답했다.

"당신이 우리를 이끌어준다면 우리는 정말 감옥에 갈 각오입니다. 우리는 카티아와르 사람이기 때문에 당신을 모실 우선권이 있습니다. 물론 지금 당신을 잡아두려는 것은 아니지만, 돌아올 때는 반드시 여기에 들른다고 약속하십시오. 우리 젊은이들이 하는 일과 정신을 보시면 기뻐하실 것이고, 당신이 우리를 불러주시면 곧바로 응할 것이란 점을 믿어주십시오."

모틸랄은 나를 사로잡았다. 그의 동료는 그를 이렇게 칭찬했다.

"우리 친구는 재봉사에 불과합니다. 그러나 그쪽에서는 최고이기 때문에 그에게 필요한 월 15루피는 쉽게 법니다. 하루 한 시간만 일하면 벌 수 있어서 나머지 시간은 공적 일에 바칩니다. 그는 우리를 지도하며 우리가 받은 교육을 부끄럽게 합니다."

그 후 나는 모틸랄과 아주 가까워졌고, 그 칭찬이 과장이 아님을 알았다. 그는 당시 새로 시작한 아슈람에 매달 며칠씩 와서 아이들에게 재봉을 가르치고 아슈람을 위해 재봉일을 했다. 그는 매일 비람감에 대해, 승객의 고통에 대해 말했고, 자신은 더는 참을 수 없다고 했다. 그러나 그는 갑작스러운 병으로 한창 젊을 때 요절했고, 그가 없는 와드완 공공생활은 타격을 입었다.

라지코트에 도착한 이튿날 나는 의료관에게 신고했다. 그곳에서 나는 무명이 아니었다. 의사는 미안해하며 검역관에게 화를 냈다. 그러나 검역관은 자기 의무를 다한 것이니 그럴 필요가 없었다. 그는 나를 몰랐고, 설령 알았다고 해도 달리 어쩔 수 없었으리라. 의료관은 그에게 나를 다시 보내지 않고, 대신 다른 검역관을 나에게 보내려 했다.

그럴 경우 위생적 이유에서 3등칸 승객을 검역하는 건 필요한 일이다. 만일 유명인사가 3등칸 여행을 선택한다면, 그들의 지위가 어떻든 간에 빈민이 따르는 모든 규칙에 스스로 복종해야 하고, 관리도 공평하게 대해야 한다. 그러나 내 경험으로는 관리들은 3등칸 승객을 동료로 보는 대신 수많은 양떼로 보았다. 그들은 빈민과 말할 때 빈민을 경멸했고 대답이나 이유 설명은 아예 하지 않았다. 3등칸 승객은 하인처럼 관리에게 복종해야 했고, 관리는 승객을 폭행하고 협박을 해서 금품을 빼앗아도 처벌을 받지 않았다. 게다가 결국 차표를 내준다고 해도 열차를 놓치게 하는 등, 가능한 최대의 불편을 주고 난 뒤였다.

이 모든 것을 나는 내 눈으로 보았다. 이를 고치려면, 교육받고 부유한 사람들이 자발적으로 빈민의 지위가 되어 3등칸으로 여행하면서, 빈민에게는 허용되지 않는 오락 시설의 이용을 거부하고, 피할 수 있는 불편, 무례, 불의를 없애려고 싸워야 한다.

카티아와르 어디를 가도 비람감 세관에 대한 비난을 들었다. 그래서 즉시 윌링던 경의 제안을 이용하기로 결심했다. 나는 그 문제에 관한 모든 자료를 수집하여 읽었고, 그러한 불만에는 충분한 근거가 있음을 알았다. 그래서 뭄바이 당국과 교섭하기 시작했다. 나는 윌링던 경의 개인비서를 방문했고, 윌링던 경도 만났다. 그는 동정했으나, 책임을 델리에 떠넘겼다. "그것이 우리 일이라면 우리는 오래전에 그곳을 철수시켰을 겁니다. 인도 정부와 교섭하셔야 합니다." 비서가 말했다.

나는 인도 정부에 편지를 썼으나, 접수 통지 외에 아무 답도 받지 못했다. 그 뒤 쳄스퍼드 경[7]을 만나고 나서야 겨우 해결되었다. 내가 그 사실을 말하자 그는 놀라워했다. 그는 아무것도 모르고 있었다. 그는 내 말을 다 듣고 나서 바로 전화를 걸어 비람감에 대한 공문을 찾았다. 그리고 그곳 당국자가 해명이나 변명을 하지 못하면 그곳 세관을 없애겠다고 약속했다. 그 회견을 한 지 며칠 뒤 나는 신문에

---

7 인도 전체의 총독. 부왕이라고 했다.

서 그곳 세관이 없어졌다는 소식을 읽었다.

나는 이 사건을 인도 최초의 사티아그라하라고 생각했다. 뭄바이 당국과 만났을 때 차관이, 내가 카티아와르 바가스라 연설에서 사티아그라하에 대해 언급한 것을 비난했기 때문이었다.

그가 물었다. "그건 협박 아니었습니까? 게다가 당신은 강력한 정부가 그런 협박에 굴복하리라 생각합니까?"

내가 답했다. "그것은 협박이 아니었습니다. 그것은 인민 교육이었습니다. 인민에게 불평을 합법적으로 해결할 방법을 알려주는 것이 나의 의무입니다. 자주독립에 이르고자 하는 민족은 자유에 이르는 모든 수단과 방법을 알아야 합니다. 보통 그 속에는 최후의 방법으로 폭력이 포함됩니다. 반면 사티아그라하는 절대적으로 비폭력적인 무기입니다. 나는 그 실천과 한계를 설명하는 것이 나의 의무라고 생각합니다. 나는 영국 정부가 강력한 정부라는 것을 의심하지 않지만, 동시에 사티아그라하도 최고의 해결책임을 의심하지 않습니다."

영악한 차관은 의심스럽다는 듯이 고개를 저으며 말했다. "두고보지요."

해설

타고르와 간디

라빈드라나드 타고르는 1861년에 태어나 1941년에 죽었으니 간디보다 여덟 살 위였고 간디보다 7년 먼저 죽었다. 그는 인도의 명문가 출신으로 열한 살 때부터 시를 썼으며, 열여섯 살에 이미 벵골의 셸리라 불릴 정도로 천재 소리를 들었고, 1913년 동양인으로서는 최초로 노벨문학상을 탔다. 그런 점에서 타고르는 간디와 대조적이었다. 간디는 명문가 출신도, 천재도 아니었으며, 평생 노벨상과는 인연이 멀었다. 그가 20세기 말에 활동했다면 몰라도 노벨평화상조차 그에게는 불가능했다.

이는 당시 서양인이 간디와 타고르를 얼마나 대조적으로 보았는지를 상징한다. 간디는 1948년 죽기까지 서양인에게는 반역자였으나, 타고르는 세련된 시인이었다. 간디는 서양의 근대를 거부했지만 타고르는 서양의 근대를 받아들였다. 게다가 기질이 관대하고 몽상가이고 음악가이자 화가이며 시인이라는 점에서, 곧 예술가라는 점에서 타고르는 간디와 전혀 달랐다. 두 사람은 용모도 달랐다. 타고르는 큰 키에 당당한 몸집이었으며 백발과 흰 수염에 화려한 가운까지 걸쳤으니 도티 차림의 왜소한 간디와는 비교가 되지 않았다.

1915년 간디가 처음 타고르를 만나 머문 타고르의 산티니케탄 아슈람은 이미 세계적으로 유명한 곳이었다. 그곳은 그 후 세계적 명문인 비슈바바라티대학으로 발전해 지금에 이르고 있다. 그런데 그곳에서도 간디와 타고르는 차이를 보였다. 타고르는 그곳 학생들에게 춤을 추고 꽃장식을 하도록 허용했으나, 간디는 그곳에 도착하자 꽃 대신 화장실과 부엌과 가사를 돌보아야 한다고 주장했다. 타고르는 그의 주장에 동의했지만 간디가 떠난 뒤에는 학생들에게 다시 춤과 꽃을 허용했다.

간디를 상징하는 마하트마란 말은 타고르가 간디에게 부여한 것이고, 이에 대해 간디는 타고르를 '위대한 파수꾼'으로 불렀다. 즉 서로 존경했다는 것인데, 그렇다고 해서 두 사람의 차이가 없어지는 것은 아니었다. 그러나 나는 간디와 타고르는 근본적으로 같았다고 생각한다. 간디가 평생 애송한 타고르의 다음 시는 두 사람을 가장 잘 보여주는 것이리라.

그들이 너의 부름에 답하지 않거든 혼자 걸으라.
그들이 무서워하며 몰래 얼굴에 벽을 대고 숨거든,
오, 너 불운한 자여,
너의 마음을 열고, 크고 높은 소리로 말하라.
그들이 사막을 건너갈 때 돌아서서 너를 버리거든,
오, 너 불운한 자여,
네 발밑의 엉겅퀴 풀들을 밟으며,
피로 물든 길을 혼자 가라.
비바람이 어둠을 찢을 때, 그들이 너에게 불을 밝혀주지 않거든,
오, 너 불운한 자여,
고통의 불씨가 네 가슴을 태울 때,
네 가슴이 고독 속에서 이글거릴 때.

타고르는 간디와 함께 인도의 국부로 받들어지며 특히 한국에서는 간디 이상으로 유명한데 그것은 그의 문학이나 사상보다도 1929년 4월 2일 자 동아일보에 실린 〈동방의 등촉〉이라는 시 때문이리라. 그당시 타고르가 일본에 왔을 때《동아일보》기자가 조선 방문을 요청하자 응하지 못하는 것을 미안해하며 써준 시를 시인 주요한이 번역한 것이다.

일찍이 아시아의 황금 시기에,

빛나던 등촉의 하나인 코리아,

그 등불 한번 다시 켜지는 날에,

너는 동방의 밝은 빛이 되리라.

마음엔 두려움이 없고

머리는 높이 쳐들린 곳

지식은 자유스럽고

좁다란 담벽으로 세계가 조각조각 갈라지지 않은 곳.

진실의 깊은 속에서 말씀이 솟아나는 곳.

끊임없는 노력이 완성을 향해 팔을 벌리는 곳.

지성의 맑은 흐름이

굳어진 습관의 모래벌판에 길 잃지 않는 곳.

무한히 퍼져나가는 생각과 행동으로 우리들의 마음이 인도되는 곳.

그러한 자유의 천당으로

나의 마음의 조국 코리아여 깨어나소서.

위 시는 흔히 타고르가 조선을 '동방의 등촉'이라고 부른 점으로 유명했으나 시의 두 줄만을 읽어보아도 '등촉의 하나'라고 했음을 알 수 있다. 가령 타고르가 생각한 그 등촉에는, 특히 '큰' 등촉에는 인도가 당연히 포함되고 중국이나 일본도 포함될 가능성이 크다. 여하튼 앞에서 묘사된 조선은 사실 일본의 식민지 지배를 받던 당대의 조선 자체가 아니라, 타고르가 이상 국가라고 생각한 나라인 '자유의 천당'의 모습에 불과하다. 이 역시 타고르에게는 인도일 수 있고 중국이나 인도일 수도 있다.

4. 산티니케탄

나는 라지코트에서 산티니케탄으로 갔다. 그곳 교사들과 학생들은 사랑으로 나를 압도했다. 환영회는 단순함과 예술, 사랑의 아름다운 조합이었다. 내가 카카사헤브 칼렐카르를 만난 곳도 바로 이곳이었다.

당시 나는 칼렐카르를 왜 숙부님이라는 뜻의 카카사헤브라고 부르는지 몰랐다. 나중에야 내가 영국에 있을 때 함께한 친한 친구이자 바로다 주에서 '강가나드 비달라야' 학교를 운영하던 캐샤브라오 데슈판데 씨가, 그 학교에 가족적인 분위기를 부여할 목적으로 교사들에게 가족 칭호를 붙였음을 알게 되었다. 그래서 그곳 교사였던 칼렐카르 씨는 '카카', 곧 삼촌으로, 파드케는 '마마', 곧 외삼촌으로, 할리하르 샤마는 '안나', 곧 형으로 불렸고, 다른 사람들도 비슷한 이름을 갖게 되었다.

카카의 친구 아난다난드(선생)와 마마의 친구 파트와르단 압파도 그 가족에 들어가, 모두 차례로 나의 동료가 되었다. 데슈판데 자신은 '사헤브'(님)라고 불렸다. 비달라야가 폐교되자 가족도 해체되었지만 그들의 정신적 유대나 가족명은 그대로 남았다.

카카사헤브는 다른 학교의 경험을 쌓고자 바깥에 나갔는데, 내가 산티니케탄에 갔을 때 마침 그곳에 있었다. 같은 가족 단체에 속한 친타만 샤스트리도 거기 있었다. 두 사람 모두 산스크리트 수업을 도왔다.

피닉스 가족은 산티니케탄 안의 특별한 곳을 배정받았다. 마간랄 간디가 대표였는데 그는 피닉스의 규칙을 철저히 지키게 하는 것을 자신의 과업으로 삼았다. 그는 사랑과 지식과 인내로 산티니케탄을 향기롭게 만들었다.

앤드루스도, 피어슨도 거기 있었다. 벵골 교사들 중 우리와 특히 긴밀하게 접촉한 사람으로 자가드난드 바부,[8] 네팔 바부, 산토슈 바부, 카시티모한 바부, 나겐 바부, 샤라드 바부, 칼리 바부 등이 있었다.

언제나 그렇듯이 나는 곧바로 교사 및 학생들과 어울렸고, 그들을 자주 노동에 대한 토론으로 이끌었다. 월급을 주는 요리사 고용을 폐지하고 음식을 스스로 만들면 교사는 아이들의 물질적·도덕적 건강이라는 측면에서 부엌을 통제할 수 있게 되고, 그것이 학생들에게 자주 노동의 실제 교육이 될 수 있다고 교사들에게 말했다. 그들 중 한둘은 고개를 내저었다. 다른 몇몇 사람은 그 제의를 강력하게 지지했다. 아이들은 새로운 이야기에 대한 본능적인 호기심 때문인지 환영했다. 그래서 우리는 실험에 착수했다. 내가 시인을 불러 의견을 물었더니 교사들이 좋다고 하면 자기는 상관하지 않겠다고 했다. 그가 아이들에게 말했다. "그 실험 속에 자치의 핵심이 들어 있어."

피어슨은 이 실험을 성공시키려고 열심히 일하기 시작했다. 그는 열정적으로 몸을 던졌다. 한쪽에서는 채소를 자르고, 다른 쪽에서는 쌀을 씻는 식이었다. 나겐 바부 등은 부엌과 그 주변을 청결하게 청소했다. 그들이 손에 삽을 들고 일하는 것을 보니 정말 기뻤다.

그러나 소년 125명이 교사들과 물속 오리처럼 육체노동을 하리라 기대하기는 어려웠다. 매일 토론이 벌어졌다. 몇몇은 일찍부터 피곤

---

8 babu. 특히 비하르 주와 벵골 주에서 지역의 지도자나 지주에게 붙이는 경칭.

해했다. 그러나 피어슨은 지칠 사람이 아니었다. 부엌 안팎에서 언제나 웃으며 일했다. 큰 그릇을 스스로 씻었다. 학생들 한 무리는 그릇 씻는 사람들 앞에서 그 일의 지루함을 덜어주려고 시타르를 연주했다. 모두 너무 열심히 일해서 산티니케탄은 꿀벌통처럼 바빴다.

이러한 변화는 일단 시작된 후에는 언제나 발전해나간다. 피닉스 일행의 부엌은 자치적으로 운영되었을 뿐만 아니라, 그곳에서 요리된 음식은 무척 단순했다. 향신료는 일체 사용하지 않았다. 쌀, 콩, 야채, 심지어 밀까지도 모두 같이 증기솥에 넣고 익혔다. 그리고 산티니케탄 아이들도 벵골의 부엌을 개선하려고 이와 유사한 부엌을 만들었다. 교사 한둘과 학생 몇 명이 그 부엌을 운영했다.

그러나 실험은 얼마 후 중단되었다. 나는 그 유명한 학교가 그 짧은 기간의 실험으로 손해를 보았다고는 생각하지 않는다. 이를 통해 얻은 약간의 경험은 교사들에게 도움이 되었으리라 생각한다.

나는 잠시 산티니케탄에 머물 생각이었지만, 운명은 달랐다. 그곳에 간 지 일주일도 안 되어 푸나에서 고칼레가 죽었다는 전보가 왔다. 산티니케탄은 슬픔에 빠졌다. 모든 사람이 내게 와서 애도를 표했다. 이 민족적 손실을 슬퍼하고자 아슈람 안의 사원에서 특별 모임이 열렸다. 엄숙한 식이었다. 바로 그날 나는 아내와 마간랄을 데리고 푸나로 떠났다. 나머지는 모두 산티니케탄에 머물렀다.

앤드루스는 부르드완까지 나를 따라왔다. 그가 물었다. "인도에서 사티아그라하를 할 때가 올 거라 생각하십니까? 만일 그렇다면 언제가 될 것 같습니까?"

내가 말했다. "그것은 말하기 어렵습니다. 일 년간 나는 아무것도 못합니다. 고칼레는 내가 경험을 얻기 위해 인도를 여행하고, 그 견습 기간이 끝날 때까지는 공적 문제에 대한 의견을 말하지 않는다고 약속하게 했습니다. 심지어 그 한 해가 지나도 나는 의견을 말하려고 서두르지 않을 것입니다. 그래서 나는 5년 내로 사티아그라하를 할 기회가 오리라 기대하지 않습니다."

이와 관련하여 나는, 고칼레가 늘《인도의 자치》에 발표한 내 생각을 비웃으며 "앞으로 일 년 뒤에 그 생각을 스스로 바꾸리라"했던 것을 말해두고 싶다.

5. 3등칸 승객의 슬픔

부르드완에서 우리는 3등칸 승객은 차표를 구하기조차 어려운 문제에 직면했다. "3등칸 차표는 빨리 줄 수 없다"는 소리를 들었다. 역시 쉬운 일이 아니었지만 나는 역장을 찾아갔다. 친절하게도 어떤 사람이 그가 있는 곳을 가르쳐주었고, 우리는 그에게 어려움을 설명했다. 그러나 그도 똑같이 답했다. 차표 파는 문이 열리자 나는 차표를 사러 갔다. 그곳까지 가는 건 어려웠다. 힘이 정의였고, 다른 사람을 무시하고 앞으로 나서는 사람들 때문에 계속 뒤로 밀려났다. 그래서 표를 사려는 첫 번째 군중의 마지막에 서게 되었다.

기차가 도착하자 타는 것 또한 또 다른 시련이었다. 이미 탄 승객과 지금 타려고 하는 승객 사이에 욕설이 오갔고 서로가 서로를 밀쳐냈다. 우리는 플랫폼을 오르내렸으나 어디서도 자리가 없다는 소리만을 들었다. 나는 역무원에게 갔다. 그가 말했다. "어디든 뚫고 들어가시오. 아니면 다음 차를 타야 해요."

"급한 일이 있어요." 나는 공손하게 답했다. 그러나 그는 들을 여유조차 없었다. 당황한 나는 마간랄에게 어디든 들어가라고 하고, 아내와 함께 2~3등칸 사이의 객실로 들어갔다. 차장이 우리가 타는 것을 보았다. 아산솔 역에서 그는 우리에게 초과 요금을 받으러 왔다. 나는 그에게 말했다.

"우리에게 좌석을 찾아주는 것이 당신 의무요. 좌석이 없어서 여기 앉았기 때문이오. 당신이 3등칸 객실을 마련해주면 우리는 기꺼이 그리로 가겠소."

차장이 말했다. "나한테 따지지 마시오. 자리는 없어요. 초과 요금을 내든가 아니면 내리시오."

어쨌든 푸나에 가고 싶었던 나는 차장과 싸울 수가 없어서 그가 요구하는 푸나까지의 초과 요금을 냈다. 그러나 나는 그 부당함에 분노했다.

아침에 우리는 모갈사라이에 도착했다. 마간랄이 3등칸 자리를 잡았기에 우리는 그리로 옮겼다. 나는 검표원에게 그 사실을 말하고 내가 모갈사라이에서 3등칸으로 옮겼다는 증명서를 달라고 했다. 그러나 그는 주지 않았다. 그래서 철도 당국에 초과 요금을 달라고 했더니 이런 답이 왔다. "증명서 없이 초과 요금을 반환하는 것은 관례가 아니지만, 당신의 경우는 예외로 합니다. 그러나 부르드완에서 모갈사라이 사이의 초과 요금 모두를 반환할 수는 없습니다."

이 일 이후 내가 3등칸 여행에서 경험한 것을 모두 쓴다면 쉽게 한 권의 책이 되리라. 그러나 이 책에서는 가끔 조금씩만 소개할 따름이다. 육체적인 허약함 때문에 3등칸 여행을 포기해야 했던 건 언제나 내가 가장 안타까워하는 일이다.

3등칸 승객의 비애는 분명히 철도 당국의 오만함 탓이었다. 그러나 승객 자신들의 무례, 불결, 이기심, 무지에도 책임이 있다. 슬픈 것은 그들이 옳지 않게, 더럽게, 이기적으로 행동하면서도 대체로 이를 깨닫지 못한다는 점이다. 그들은 자신들이 하는 모든 것을 당연한 것이라고 믿는다. 이 모든 것을 거슬러 올라가면 우리 '교육받은' 인민이 그들에게 무관심했다는 사실에 이르게 되리라.

칼얀에 도착했을 때 우리는 너무 지쳐 있었다. 마간랄과 나는 역에서 물을 조금 얻어 목욕을 했다. 내가 아내의 목욕을 준비할 때 인도봉사자협회의 카울 씨가 우리를 알아보고 올라왔다. 그도 푸나로 가는 길이었다. 그는 내 아내를 2등 목욕실로 안내하겠다고 제의했다. 나는 그 정중한 제의를 받아들이길 망설였다. 아내가 2등 목욕실을 이용할 권리가 없음을 나는 알았지만, 결국 그 부당함에 눈을 감았다. 이는 진실에 대한 헌신이 아니었다. 아내가 그 목욕실을 이용하고 싶어 한 것이 아니라, 아내에 대한 남편의 편애가 진실에 대한 편애를 누른 것이다. 《우파니샤드》가 말하듯이 진실의 얼굴이 마야[9]의 황금 베일 뒤에 가려졌다.

6. 노력

푸나에 도착하여 슈라다 의식을 치른 뒤 우리는 인도봉사자협회의 장래와 나의 가입 문제에 대해 토론했다. 가입 문제는 내가 다루

---

9 Maya. 브라만을 현상계에 나타내는 힘.

기가 매우 미묘했다. 고칼레가 살아 있을 때 나는 가입 신청을 할 필요가 없었다. 그가 원하는 대로 따르면 되었고, 그게 내가 바란 바였다. 인도에서의 공적 생활이라는 폭풍의 항해를 시작하면서 나에게는 튼튼한 사공이 필요했다. 나는 그것이 고칼레임을 알았고, 그가 지켜주는 가운데 안전을 느꼈다.

그러나 이제 그는 죽었기에 나는 홀로 던져졌다. 나는 가입 신청을 하는 것이 의무라고 생각했다. 그것이 고칼레의 영혼을 기쁘게 하리라 생각했다. 그래서 주저 없이 확고하게 노력하기 시작했다.

그 무렵 모임의 회원 대부분이 푸나에 있었다. 나는 그들에게 가입을 요청하기 시작했고 나에 대한 우려를 없애려고 노력했다. 그러나 그들은 갈라져 있었다. 한쪽은 나의 가입에 찬성했으나 다른 쪽은 반대했다. 나에 대한 사랑은 어느 쪽이나 마찬가지였지만, 아마도 그것보다 모임에 대한 그들의 충성심이 나에 대한 사랑보다 강하면 강했지 약하지는 않았으리라. 따라서 모든 토론은 감정과는 무관했고, 원칙 문제로 엄격히 제한되었다. 나를 반대하는 쪽은 여러 가지 중대한 문제에서 내가 그들과 정반대라고 생각했고, 따라서 나의 가입은 그 모임의 본래 목적을 위태롭게 할 수 있다고 보았다. 이는 당연히 그들로서는 견딜 수 없는 것이었다.

오랜 토의 끝에 최종 결정은 미뤄지고 해산했다.

집에 돌아왔을 때 나는 꽤 흥분했다. 다수결로 가입해야 옳았을까? 그것이 고칼레에 대한 나의 충성과 합치할까? 나의 가입 문제를 두고 회원 간에 날카로운 대립이 있다면, 가입 신청을 포기하고 나를 반대하는 사람들을 난처한 처지에 빠뜨리지 않는 것이 나에게는 최선임을 분명히 깨달았다. 그리고 그것이 모임과 고칼레에 대한 나의 충성이라고 생각했다.

내 마음속에서 번개처럼 결심이 내려졌고 샤스트리 씨에게 편지를 써서 다시 모이지 말아달라고 요청했다. 나의 가입에 반대한 사람들은 나의 결심을 진심으로 고마워했다. 그 결과 그들은 난처한 처지에서 벗어났고, 우리는 더욱 *끈끈한* 우정으로 맺어졌다. 입회 신청 철회 덕분에 나는 참된 의미에서 회원이 되었다.

지금은 내가 공식적으로 회원이 되지 않았던 것이 좋았고, 나의 가입을 반대한 사람들이 옳았음을 경험으로 알게 되었다. 마찬가지로 원칙에 대한 우리의 견해가 상당히 다르다는 것도 경험으로 알게 되었다. 그러나 서로 다름을 알았다고 해서 우리 사이가 멀어지거나 감정이 상한 것은 아니었다. 우리는 여전히 형제였고, 푸나에 있는 모임의 집은 언제나 나의 순례지였다.

내가 모임의 공식 회원이 되지 않은 것은 사실이지만, 정신적으로는 언제나 회원이었다. 정신적 관계가 육체적 관계보다 더 소중하다. 정신을 떠난 육체적 관계는 영혼 없는 몸이다.

7. 쿰바 축제

다음으로 나는 메타 의사를 만나러 양곤에 가면서 콜카타에 들렀다. 그곳에서 고(故) 부펜드라나드 바수 씨의 초대를 받았다. 여기서 뱅골의 환대는 최고에 달했다. 당시 나는 철저한 과일주의자였고, 콜카타에서 구할 수 있는 모든 과일과 견과류가 나를 위해 마련되었다. 집안 여성들은 갖가지 견과의 껍질을 벗기느라 밤을 새웠다.

그들은 온갖 정성을 다해 생과일을 인도식으로 요리했다. 여러 가지 맛있는 요리가 내 아들 람다스를 포함한 나의 동료들을 위해 준비되었다. 이런 사랑의 환대에 너무 고마웠지만, 손님 두셋을 위해 집안 전체가 동원된 것을 생각하면 견딜 수 없었다. 그러나 그런 난처한 대접을 피할 수도 없었다.

양곤으로 가는 배에서는 갑판 승객이 되었다. 바수 씨 댁에서는 지나친 대접에 당황했다면, 여기서는 갑판 승객이 받아야 할 최소한의 편의조차 없는 푸대접을 받았다. 목욕실이란 것은 참을 수 없을 정도로 더러웠고, 화장실은 냄새가 코를 찌르는 구멍이었다. 그곳을 사용하려면 대소변 사이를 피해 디디거나 건너뛰어야 했다.

이는 사람으로서는 도저히 참을 수 없는 정도였다. 책임자를 찾아갔으나 소용없었다. 냄새와 더러움으로도 그 모습을 완전히 그릴 수 없다면 승객들의 생각 없는 행동을 들어야 한다. 그들은 앉은 자리에서 침을 뱉었고, 먹고 남은 음식 쓰레기나 담배, 씹은 잎으로 주위를 더럽혔다. 소음은 끝이 없었고 모두들 자리를 많이 차지하려고 했다. 짐이 사람보다 더 많은 자리를 차지했다. 그래서 이틀간 너무 고생을 했다.

양곤에 도착하자 나는 기선회사 대리점에 편지를 써서 모든 사실을 알렸다. 그 편지와 메타 의사의 노력 덕분에 돌아올 때의 갑판 여행은 참을 만했다.

양곤에서 다시금 나의 과일식이 나를 초청한 분들에게 폐를 끼치게 되었다. 메타 의사의 집은 내 집 같아서 어느 정도 메뉴의 낭비를 줄일 수 있었다. 그러나 먹을 수 있는 음식 종류를 줄이지 않았기에 미각과 시각은 여러 음식이 들어오는 걸 막지 못하게 방해했다. 식사도 규칙적이지 않았다. 개인적으로 나는 해지기 전에 저녁을 먹고자 했다. 그럼에도 8, 9시 전에는 불가능했다.

그해 1915년은 하드바르에서 12년 만에 한 번씩 열리는 쿰바 축제의 해였다. 나는 그 축제에 참석하려는 생각이 전혀 없었으나, 학원(Gurukul)에 사는 문시람지 선생은 꼭 만나보고 싶었다. 고칼레의 모임에서는 쿰바에 대규모 봉사단을 보냈다. 단장은 흐리다야나드 쿤즈루였고, 데브 의사가 의무관이었다. 그들은 나에게 피닉스 일행을 보내달라고 하여 마간랄 간디가 그곳에 갔다. 나도 양곤에서 돌아와 합류했다.

콜카타에서 하드바르로 가는 길은 특히 어려웠다. 객실에 불이 없는 경우도 있었다. 사하란푸르부터는 짐이나 가축을 싣는 화차에 처박혔다. 거기에는 지붕도 없어서, 대낮에는 머리 위로 태양이 이글거리고 밑으로는 철판이 달아올라 우리는 전신이 구워지는 듯했다.

심지어 이런 여행으로 목이 타 죽을 지경이라도 정통 힌두교도라면, 물이 있어도 이슬람교도의 것은 마시지 않는다. 그들은 힌두교도의 물을 찾을 때까지 기다린다. 여기서 주의할 것은, 그 힌두교도가 병이 들어 의사가 술이나 고기즙을 처방해주면, 또는 이슬람교도나 기독교도 조제사가 그들에게 물을 주면 아무 주저 없이 마신다는 것이다.

우리는 산티니케탄에 있으면서 청소부 일이야말로 인도에서 우리가 특별히 해야 할 일이라는 걸 알았다. 그때 하드바르에서는 자원봉사단을 위해 다르마샬라 안에 천막을 치고, 데브 의사는 변소로 사용하기 위한 구멍을 파게 했다. 그는 그 일을 시키기 위해 청소부를 고용해야 했다.

이것은 피닉스 일행의 일이었다. 우리는 분뇨를 흙으로 덮고 그 처분을 맡겠다고 제의했으며, 데브 의사는 기꺼이 그 제의를 받아들였다. 물론 그 제의는 내가 한 것이었지만, 그것을 실행할 사람은 마간랄 간디였다.

내 일은 주로 천막 안에 앉아서 나를 찾아오는 수많은 순례자에게 축복을 하고 종교 등에 대해 토론하는 것이었다. 그래서 나 자신의 시간은 1분도 없게 되었다. 심지어 축복을 구하는 사람들이 목욕장까지 따라왔고 식사를 할 때도 그냥 두지 않았다. 나는 내가 남아프리카에서 한 부끄러운 봉사가 인도 전역에 얼마나 깊은 인상을 주었는지 하드바르에서 깨달았다.

그러나 이는 부러워할 만한 자리가 아니었다. 나는 악마와 깊은 바다 사이에 낀 듯한 느낌이었다. 아무도 나를 모르는 곳에서 나는 이 땅의 몇백만 사람들이 당해야 하는 철도 여행 등의 고통을 겪어야 했다. 반면 나에 대해 아는 사람들에게 둘러싸여 있으면 나는 그들이 미친 듯이 바라는 축복의 희생양이 되어야 했다. 두 가지 조건 중에 어느 것이 더 가련할까. 나로선 결정할 수 없는 경우가 많았다. 그러나 최소한, 축복 추구자의 맹목적인 사랑은 나를 종종 화나게 했고, 가슴 아픈 일이 많았다는 점만은 알 수 있었다. 반면 여행은 종종 괴로웠지만 언제나 나를 고무시켰고 화를 내게 한 적이 없었다.

그 당시 나는 자유롭게 다녀도 좋을 만큼 건강했고, 거리에 나서면 소란이 생길 정도로 유명하지도 않았다. 그렇게 돌아다니는 동안 경건한 순례자보다도, 정신이 빠지고 위선적이며 제멋대로인 꼴을 더 많이 보았다. 그곳의 승려 집단은 속세의 좋은 것을 누리고 즐기려고 태어난 사람들로 보였다.

여기서 나는 다리가 다섯인 암소 한 마리를 보았다! 나는 놀랐지만 곧 경험 많은 사람이 나를 깨우쳐주었다. 발이 다섯인 그 불쌍한 암소는 사악한 자들의 탐욕이 만든 희생물이었다. 나는 그 다섯째 발이 바로 살아 있는 송아지의 발을 잘라 암소 어깨에 붙인 것에 불과하다는 사실을 알았다. 이 이중으로 잔혹한 행위는 무지한 사람들에게 돈을 뺏는 데 악용되었다. 힌두교도로서 발이 다섯인 암소에 끌리지 않을 사람이 없고, 그런 기적적인 암소를 보고 사랑을 쏟지 않을 사람도 없으리라.

드디어 축제가 다가왔다. 그날은 정말 나에게 축제였다. 나는 순례의 기분으로 하드바르에 가지는 않았다. 경건함을 찾아서 순례지를 드나들 생각은 없었다. 그러나 그곳에 모인 170만 명이나 된다는 사람들이 모두 위선자라거나 단순한 구경꾼이라고는 생각하지 않았다. 그들 중 수많은 사람들이 성스러운 것을 추구하고 자기를 정화하려고 왔음을 나는 의심하지 않았다. 이런 종류의 믿음이 영혼을 어느 정도로 고무시키는가 하는 문제는 말하기 불가능하지는 않지만 매우 어렵다.

따라서 나는 깊은 생각에 잠겨 하룻밤을 새웠다. 위선으로 둘러싸인 가운데도 경건한 영혼이 있었다. 그들은 신 앞에서 무죄이리라. 만일 하드바르 방문 자체가 죄라면, 나는 반드시 그것에 공적으로 항의하고 축제일에 하드바르를 떠나야 한다. 만일 하드바르와 쿰바 축제 순례가 죄가 아니라면, 그곳을 휩쓰는 불의를 보상하고 나 자신을 정화하기 위해 스스로에게 자기부정의 행위를 부과해야 한다. 그것은 나에게 지극히 당연한 일이었다.

나의 삶은 맹세의 결심 위에 세워져 있다. 나는 콜카타와 양곤에서 나를 초대한 사람들이 나를 위해 불필요한 수고를 했음을 생각했다. 그들은 지나친 낭비를 하면서 나를 대접했다. 그래서 나는 내가 식사할 때 음식의 가짓수를 제한했고, 해가 지기 전에 마지막 식사를 하기로 했다. 내가 만일 이런 제한을 스스로 부과하지 않았다면 앞으로 나를 초대할 사람들에게 상당한 불편을 줄 것이고, 내가 봉사하는 것이 아니라 그들이 나에게 봉사하게 만들 것이라는 확신이 들었다.

그래서 나는 인도에서는 24시간 동안 다섯 가지밖에 먹지 않고, 날이 어두워지면 먹지 않기로 결심했다. 나는 내가 직면할 수 있는 어려움에 대해서도 충분히 생각했다. 그러나 도망칠 구멍을 남기고 싶지 않았다. 그래서 나는 병을 앓는 동안 어떤 일이 생길 수 있는지 곰곰이 생각해보았다. 약을 다섯 가지에 포함시키지 않나, 어떤 특별한 음식을 예외로 두지 않나 하고 말이다. 결국 나는 어떤 경우에도 예외가 있어서는 안 된다는 결심을 했다.

그렇게 맹세한 지 30년이 되었다. 그 때문에 엄청난 시련을 겪었으나, 나의 방패가 되었음도 증명할 수 있다. 덕분에 나의 수명은 더 길어졌고 많은 병을 피할 수 있었다.

8. 라크슈만 줄라

학교에 도착하여 건장한 문시람지 선생을 만나니 너무 좋았다. 나는 일순 학교의 평화와 하드바르의 혼잡함과 소란스러움 사이의 놀라운 대조를 느꼈다.

선생은 나를 사랑으로 맞았다. 그의 금욕은 한결같았다. 나는 아차리야 라마데브지를 여기서 처음 보았는데, 그가 힘과 능력을 갖춘 사람임을 한눈에 알아보았다. 우리는 여러 가지로 생각이 달랐지만, 우리의 만남은 곧 우정으로 익었다.

나는 아차리야 라마데브지를 비롯한 여러 교수와 학교에 직업 훈련을 시도할 필요성에 대해 상의했다. 떠나야 할 때는 너무나 서운했다.

나는 흐리시케슈에서 좀 떨어진 라크슈만 줄라(갠지스 강 위의 다리)에 대한 소문을 많이 들었다. 많은 친구들이 하드바르를 떠나기 전에 꼭 그 다리를 보고 가라고 했다. 나는 그 순례를 걸어서 하고 싶어서 두 단계로 그렇게 했다.

흐리시케슈에서 많은 고행자[10]들이 나를 찾아왔다. 그중 한 사람에게 특히 끌렸다. 피닉스 일행이 거기에 있었는데 그들에게 그 고행자가 많은 질문을 했다.

우리는 종교에 대해 토론했고, 그는 내가 종교 문제에 깊이 빠져있음을 깨달았다. 내가 갠지스 강에서 목욕을 하고 돌아와 맨머리에 셔츠도 없이 있는 것을 그가 보았다. 내 머리에 머리칼 타래(Shika)도 없고 목에 성사(星絲)도 없는 것을 보고 그가 말했다.

"힌두교도이면서 성사도 머리칼 타래도 없이 다니는 걸 보니 유감이군요. 그것들은 힌두교의 외면적인 상징이니 모든 힌두교도는 그것을 할 의무가 있어요."

그런데 내가 그 두 가지를 그만둔 데는 이유가 있었다. 내가 열 살

---

10 Sannyasis. 세상을 포기한 사람을 뜻한다.

먹은 개구쟁이였을 때, 브라만 아이들이 그들의 성사(星絲)에 열쇠 꾸러미를 달고 노는 것을 보고 부러워 나도 그렇게 하고 싶어 했다. 당시 카티아와르의 바이샤 가정에서는 성사를 거는 습관이 일반적이지 않았다. 그러나 바로 그 무렵 수드라를 제외한 상급의 3카스트(브라만, 크샤트리아, 바이샤)에서는 그것을 의무화하자는 운동이 시작되었다. 그 결과 간디 집안의 사람들 중에서 몇 명이 성사를 걸었다.

우리 두세 명의 아이들에게 라마라크샤[11]를 가르친 브라만이 성사를 걸어주었고, 나는 비록 열쇠 꾸러미를 소유하지는 못했지만, 하나를 구해서 놀기 시작했다. 그 뒤 그 성사가 낡았을 때 내가 그것을 얼마나 아쉬워했는지는 기억이 없다. 그러나 내가 새 것을 가지려 하지 않았다는 기억은 있다.

자라면서 인도와 남아프리카에서 나에게 성사를 다시 달게 하려는 선의의 노력이 여러 번 있었지만, 대부분은 실패했다. 나는 만일 수드라가 그것을 걸 수 없다면 다른 카스트가 무슨 권리로 그것을 걸겠느냐고 주장했다. 그리고 나에게 불필요한 관습인 것을 채택할 이유가 없었다. 나는 성사 그 자체에는 반대하지 않지만, 그것을 걸어야 할 이유는 없었다.

바이슈나바 신자로서 나는 작은 목걸이(Kanthi)를 목에 걸었고, 어른들은 머리칼 타래를 길러야 한다고 했다. 그러나 나는 영국에 가기 전에 머리칼 타래를 잘라버렸다. 그렇게 하지 않으면 터번을 벗었을 때 비웃음을 당하고 영국인 눈에 야만인처럼 보이리라 생각했기 때문이다. 사실 이 비겁한 생각 때문에 나는 남아프리카에 있을

---

11 RamRaksha. 라마 신에게 구원이나 보호를 받기 위해 외는 경전 속의 기도문.

때도, 신앙심에서 머리칼 타래를 기르던 사촌 차간랄 간디의 머리칼 타래를 깎아주었다. 그의 공적 일에 방해가 될 것을 걱정해서 원망을 각오하고 깎은 것이었다.

그래서 나는 그 고행자에게 모든 것을 털어놓고 말했다.

"나는 성사를 걸지 않겠습니다. 왜냐하면 수많은 힌두교도가 성사 없이 살 수 있고, 여전히 힌두교도로 살 수 있으니 굳이 할 필요가 없기 때문입니다. 나아가 성사는 정신적인 재생의 상징이어야 하고, 고도의 순결한 삶을 살려는 진지한 노력을 전제해야 합니다. 힌두교와 인도의 현재 상태에서 힌두교도가 그런 의미를 담는 상징을 걸 자격이 있는지 의심스럽습니다. 그런 자격은 힌두교도가 불가촉천민 제도를 깨끗이 청산하고, 모든 우월과 열등의 차별을 없애며, 힌두교 속에서 날뛰는 수많은 사악함과 위선을 벗어버린 뒤에야 얻을 수 있습니다. 따라서 나는 성사를 걸어야 한다는 것에 반대합니다. 그러나 머리칼 타래에 대한 당신의 제의는 생각할 가치가 있다고 봅니다. 나는 한때 그것을 길렀지만, 잘못된 수치심 때문에 없앴습니다. 그래서 다시 길러야 한다고 생각합니다. 나는 이 문제를 동무들과도 상의하겠습니다."

고행자는 성사에 대한 내 생각을 이해하지 못했다. 나에게는 성사를 두르지 말아야 하는 이유의 핵심이, 그에게는 도리어 그것을 둘러야 하는 이유로 보였다. 심지어 지금도 나의 생각은 흐리시케슈에서 했던 생각과 같다. 상이한 종교가 있는 한, 밖으로 구별하는 상징이 필요하리라. 그러나 그 상징이 하나의 물신이 되어 다른 종교에 대한 우월성을 증명하는 수단이 되어버리면 그것은 없애야 한다. 나에게는 성사가 힌두교를 고무하는 수단으로 생각되지 않는다. 따라서 나는 그것을 무시한다.

머리칼 타래의 경우, 비겁한 이유로 없앴기 때문에 친구들과 상의한 뒤 다시 기르기로 했다.

그러나 여기서 라크슈만 줄라 이야기로 돌아가자. 나는 흐리시케슈와 라크슈만 줄라의 자연 풍경에 매료되었고, 자연의 아름다움에 대한 조상들의 감각, 그리고 자연의 아름다운 현상에 종교적 의미를 부여하는 통찰력을 숭모하며 머리를 숙였다.

그러나 사람들이 이 아름다운 곳을 이용하는 방법은 결코 나에게 평화를 주지 못했다. 하드바르에서와 같이 흐리시케슈에서도 사람들은 길거리와 갠지스 강의 아름다운 둑을 더럽혔다. 그들은 갠지스 강의 거룩한 물도 마구 더럽혔다. 조금만 신경을 쓰면 눈에 띄지 않게 용변을 볼 수 있는데, 사람들이 길바닥이나 강둑에서 용변을 보는 것을 보고 화가 났다.

라크슈만 줄라란 갠지스 강 위에 강철 밧줄로 단 다리에 불과했다. 본래는 멋진 줄다리라고 들었다. 그러나 어느 부유한 마르와리 신사가 줄다리를 파괴하고 비싼 돈을 들여 쇠다리로 만든 후 정부에 열쇠를 맡겼다고 한다! 나는 그 줄다리를 본 적이 없으니 뭐라 할 말이 없지만, 쇠다리는 환경에 도무지 어울리지 않고 도리어 아름다움을 파괴했다. 이 순례자의 다리 열쇠를 정부에 건네주었다는 것은, 당시 정부에 충성한 내가 보기에도 심하다고 생각되었다.

다리 건너에 있는 스바르그[12] 아슈람은 허술한 양철판 헛간들로, 보기에 너무나 흉악했다. 그것은 수행자들[13]을 위해 지은 것이라 했

---

12 Svargashram. Svarg는 극락이라는 뜻.

다. 당시에는 누구도 살지 않았다. 본관에 사는 사람들은 인상이 좋지 못했다.

그러나 하드바르에서 얻은 경험은 매우 소중했다. 내가 어디에서 살고 무엇을 해야 하는지 결심하는 데 큰 도움이 되었다.

9. 아슈람 설립

쿰바 축제 순례는 하드바르에 두 번째 갔을 때의 일이다.

사티아그라하 아슈람은 1915년 5월 25일 설립되었다. 슈라다난드지는 내가 하드바르에 정착하기 바랐다. 콜카타의 몇몇 친구는 바이댜나다암을 추천했다. 또는 라지코트를 강력하게 추천한 사람들도 있었다. 그러나 내가 우연히 아메다바드를 지날 때 많은 친구들이 그곳에 정착하기 바랐고 아슈람 경비를 모금하면서 우리가 살 집도 마련했다.

나는 아메다바드 쪽이 마음에 들었다. 구자라트 출신으로 구자라트 말을 통해 나라에 가장 큰 봉사를 할 수 있으리라고 생각했다. 그리고 아메다바드는 먼 옛날 베틀 길쌈의 중심지였기 때문에, 수공 방직 공업을 부활시키는 데 가장 좋은 곳이었다. 또 구자라트의 서울이므로 부유한 시민들에게 경제적 지원을 받는 것이 다른 어느 곳보다 쉬울 것 같았다.

아메다바드 친구들과 상의한 문제 중에 당연히 불가촉천민 문제

---

13 sadhakas. 진실 추구자.

가 있었다. 나는 그들에게, 만일 유능한 불가촉천민 지원자가 있으면 그들을 최우선적으로 아슈람에 받아들이겠다고 분명히 말했다.

"당신의 조건에 맞는 불가촉천민이 있겠습니까?" 어느 바이슈나바 친구가 자신만만하게 말했다.

결국 나는 아메다바드에 아슈람을 세우기로 했다.

숙소는 주로 아메다바드 변호사인 지반랄 데사이가 도와주었다. 우리는 그의 제의에 따라 코치라브에 있는 그의 방갈로를 빌리기로 했다.

우리가 가장 먼저 결정해야 할 것은 아슈람의 이름이었다. 친구들과 상의했다. 그들이 제안한 이름 중에 세바슈람(봉사의 집), 타포반(극기의 집) 등이 있었다. 나는 세바슈람이 마음에 들었으나, 봉사 방법을 강조하는 것이 되지 못했다. 타포반은 너무 과시적인 것 같았다. 극기가 중요하긴 하지만, 우리 자신이 극기인이라고 자처하는 것 같았다.

우리의 신조는 진실에 대한 헌신이고, 우리의 일은 진실을 추구하고 주장하는 것이다. 나는 내가 남아프리카에서 시도한 방법을 인도에 알리고 싶었고, 적용이 가능하다면 인도에서 시험해보고 싶었다. 그래서 동료들과 나는 우리의 목적과 봉사 방법을 모두 포함하는 '사티아그라하 아슈람'이라는 이름을 택했다.

아슈람을 운영하기 위해 규칙과 준수 사항을 적은 법전이 필요했다. 그래서 초안을 준비해서 친구들을 청해 의견을 들었다. 채택된 의견 중에서 구루다스 바네르지 경의 것이 기억난다. 그는 규칙은 좋지만, 준수 사항에 겸손이 포함되어야 한다고 제안했다. 요즘 젊은이들이 불행히도 그렇지 못하기 때문이라고 했다.

나는 그 점을 알았지만, 그것을 맹세 사항으로 삼으면 겸손이 더는 겸손이 아닌 게 될까 봐 두려웠다. 겸손의 참된 핵심은 자기부정이다. 자기부정은 구원이고, 그 자체로는 지킬 것이 못 되는 반면, 그것을 달성하려면 필요한 준수 사항이 있다. 만일 구원을 위해 정진하는 사람이 겸손이나 무사(無私)의 마음을 갖지 않으면 그것은 구원에 대한 갈망이나 봉사의 마음이 없는 것이다. 겸손 없는 봉사란 이기주의이자 자기 중심주의다.

그때 우리 일행 가운데는 타밀인이 13명 있었다. 타밀 아이들 5명은 남아프리카에서 나와 함께 왔고, 나머지는 인도 여러 곳에서 왔다. 우리는 모두 25명의 남녀였다.

이것이 아슈람의 시작이었다. 모두 공동 부엌에서 식사를 했고, 한 가족으로 살려고 노력했다.

해설 ··

아슈람 규칙

아슈람 규칙은 목적과 조직으로 구성되었다. "아슈람의 목적은 자신의 일생을 조국에 바치고 봉사하는 방법을 배우는 것이다." 이어 조직은 회원, 후보자, 학생으로 나뉘고, 회원에게는 진실 맹세, 비폭력 맹세, 순결 맹세, 식욕 조절 맹세, 절도 금지 맹세, 무소유 맹세를 지킬 것이 요구되었다. 이어 2차적 준수 사항으로 국산품 사용 맹세, 두려움 없음에 대한 맹세, 불가촉천민에 대한 맹세를 지켜야 했고, 산스크리트어와 인도의 중요 언어들의 습득, 농사를 포함한 손노동, 손으로 베짜기, 종교적 각도에서 정치·경제·사회개혁에 대한 노력이 요구되었다.

학생들에게는 종교, 농업, 직조, 인문을 가르치되, 인문은 학생들의 다양한 언어에 맞춰 역사, 지리, 수학, 경제학을 가르친다. 이와 동시에 산스크리트어와 힌두스탄어 등을 2차 언어인 영어와 함께 가르친다. 교육의 목표는 두려워하지 않고, "내가 독립된 한 인간이 되었을 때 자립하려면 어떻게 처신해야 하는가?"를 가르치는 것이다.

10. 시련

아슈람을 시작하고 몇 달 되지 않아 예상치 못한 시험을 겪게 되었다. 암리틀랄 다카르에게서 편지를 받았다. "겸손하고 정직한 불가촉천민 가족이 당신의 아슈람에 들어가고자 합니다. 받아주시겠습니까?"

나는 놀랐다. 다른 사람도 아닌 다카르 님과 같은 사람의 추천으로 그렇게 빨리 불가촉천민 가족을 아슈람에 맞으리라고는 기대하지 못했다. 나는 동료들에게 편지를 보여주었다. 그들은 환영했다.

나는 암리틀랄 다카르에게 편지를 써서 그 가족이 아슈람의 규칙을 지키겠다면 받아주겠다고 말했다.

그 가족은 두다바이와 그의 아내 다니벤,[14] 아직 아장거리는 딸 라크슈미였다.[15] 두다바이는 뭄바이의 교사였다. 그들은 모두 규칙

---

14 bhai와 behn. 각각 '씨'나 '님'이란 뜻을 갖는 경칭.

15 함석헌은 4명이라고 하나 3명이다.

을 지키겠다고 했기에 받아들여졌다.

그러나 그들을 받아들인 탓에 아슈람을 돕는 사람들 사이에서 소동이 벌어졌다. 먼저 방갈로 주인과 공동 관리하는 우물 사용을 두고 문제가 생겼다. 물 푸는 사람이 우리 두레박에서 떨어지는 물방울이 자신을 더럽힌다고 항의했다. 그래서 그는 우리에게 욕을 하고 두다바이를 괴롭혔다.

나는 모두에게 행패를 참아야 하고 어떤 일을 당해도 물을 계속 길어야 한다고 말했다. 그의 행패에 우리가 아무 대응도 하지 않자 그는 부끄러움을 느끼고 더는 괴롭히지 않았다.

그러나 모든 재정 원조가 중단되었다. 불가촉천민이 아슈람 규칙을 따르겠느냐고 물었던 친구는 그런 일이 생기리라고는 생각지도 못했다.

재정 원조의 중단과 함께, 사회적으로 배척하려 한다는 소문이 돌았다. 우리는 그 모든 것을 각오했다. 나는 동료들에게 설령 우리가 배척을 당하고 일반 시설의 이용을 거부당해도 아메다바드를 떠날 수 없다고 말했다. 차라리 우리가 불가촉천민 구역에 가서 육체노동으로 얻을 수 있는 것으로 살아가야 한다고 주장했다.

사태가 더욱 악화되자 어느 날 마간랄이 말했다. "이제는 돈이 없습니다. 다음 달에는 살아갈 수가 없습니다."

나는 조용히 답했다. "그러면 불가촉천민 구역으로 갑시다."

이런 시련은 처음이 아니었다. 그 모든 경우 마지막에는 신이 도와주었다. 마간랄이 재정 파탄을 경고한 지 며칠 안 된 어느 날 아침, 아이 하나가 와서 바깥의 차 안에서 상인 한 사람이 나를 보고 싶어 한다고 말했다. 나는 그를 만나러 갔다. "아슈람을 지원하고 싶습니다. 받아주시겠습니까?" 그가 물었다.

내가 말했다. "물론입니다. 고백하지만 제가 도저히 어떻게 할 수 없는 지경입니다."

그가 말했다. "내일 이맘때 다시 오지요. 그때 계시겠습니까?"

"예." 내 대답을 듣고 그는 떠났다.

이튿날 약속한 시간에 그 차가 우리 구역 가까이 와서 경적을 울렸다. 아이들이 그 소식을 전했다. 상인은 들어오지 않았다. 내가 그를 만나러 갔다. 그는 내 손에 1만3천 루피 지폐를 쥐어주고 가버렸다.

나는 그런 원조는 기대도 못했다. 게다가 그 방법이 얼마나 멋진가! 그 신사는 아슈람에 온 적이 한 번도 없었다. 내 기억으로는 단한 번 만났을 뿐이다. 와보지도 않았고 말도 없이 오직 도움만 주고 가버렸다! 이는 참으로 특별한 경험이었다. 그 원조로 불가촉천민 지구로 탈출하는 것은 연기되었다. 이제 한 해는 안전하게 보낼 수 있다고 생각했다.

이렇게 밖에서 폭풍우가 친 것처럼, 아슈람 안에서도 폭풍이 쳤다. 남아프리카에서도 불가촉천민이 나를 찾아와 함께 살고 함께 먹었는데, 나의 아내와 그 밖의 부인들은 그 불가촉천민을 아슈람에 받아들이는 것을 썩 좋아하지 않았다. 그녀들이 다니벤을 싫어하지는 않아도 냉랭하게 대한다는 것은 쉽게 알 수 있었다.

재정적 어려움 때문에 걱정을 하진 않았지만, 이 내부의 폭풍을 나는 견딜 수 없었다. 다니벤은 평범했다. 두다바이는 교육은 조금 받았지만 이해심이 깊었다. 나는 그의 인내심을 좋아했다. 가끔 화를 냈지만 대체로 참는 모습이 마음에 들었다. 나는 사소한 모욕이야 참으라고 충고했다. 그는 나에게 동의했을 뿐 아니라 아내에게도 그렇게 하도록 했다.

이 가족을 받아들인 것은 아슈람에 중요한 교훈을 주었다. 설립 초기부터 아슈람에서는 불가촉천민 제도를 묵인할 수 없다고 공언했다. 그래서 아슈람을 돕고자 하는 사람들은 경계를 했고, 그 방면에서 아슈람의 일은 상당히 간단해졌다. 매일같이 늘어나는 아슈람의 경비를 지원한 사람들이 정통 힌두교도라는 사실은, 불가촉천민 제도가 근본적으로 흔들린다는 명백한 증거였다. 그 밖에도 그러한 증거는 많았지만, 훌륭한 힌두교도가 불가촉천민과 밥까지 같이 먹는 이 아슈람에 대한 원조를 꺼리지 않는다는 것은 결코 사소한 증거가 아니었다.

이 주제와 관련된 정말 많은 점들, 즉 중요 문제에서 비롯된 미묘한 문제들에 어떻게 대처했는가, 예상치 못한 곤란을 어떻게 극복했는가 등과 기타 진실 실험 서술에 관한 여러 가지 문제를 생략하지 않을 수 없어서 유감이다. 앞으로 쓸 부분에서도 이런 문제를 면하기 어려우리라. 나는 중요한 세부 사항은 생략할 수밖에 없다. 이야기의 등장인물들이 대부분 아직 살아 있고, 그들이 관련된 사건에 허가 없이 그들의 이름을 사용하는 것은 적절하지 않기 때문이다. 그렇다고 해서 그들의 동의를 얻거나, 그들에 관한 여러 장을 수정하려고 늘상 그들을 만난다는 것도 실제로는 거의 불가능하다. 뿐만 아니라 그런 절차는 이 자서전의 범위를 넘어서는 일이다.

그러므로 나머지 이야기에서는 진실 추구자에게 소중하다고 생각되는 부분도 생략될 수밖에 없다. 그럼에도 나는 비협력운동을 하던 시절까지는 이야기를 계속하도록 신이 돕기를 빈다.

11. 계약이민 제도의 폐지

이제 시작부터 안팎의 태풍에 시달린 아슈람에서 잠깐 떠나, 내가 주목한 다른 사실을 살펴보도록 하자.

계약노동자들은 5년 이하의 계약노동을 위해 인도에서 이주한 사람들이었다. 나탈로 오는 계약이민에 대해서는 1914년의 스뫄츠 – 간디 협정으로 종래의 3파운드 세금이 폐지되었지만, 인도에서 오는 일반 이민에 대해서는 여전히 조치가 필요했다.

1916년 3월, 판디트 마단 모한 말라비야지는 대영제국 하원에서 계약제 폐지를 위한 결의안을 제출했다. 그 안을 받은 하딩 경은 "영국 정부에서 계약제를 적정하게 폐지한다는 약속을 받았다"고 말했다. 그러나 나는 인도가 그처럼 매우 애매한 보장에 만족할 수 없고, 도리어 즉각 폐지를 위해 움직여야 한다고 생각했다. 인도는 단순한 무관심 때문에 계약제를 허용했고, 이제 그것의 수정을 위해 사람들이 성공적으로 움직일 수 있는 때가 왔다고 나는 믿었다. 나는 몇몇 지도자를 만났고, 신문에 글을 썼다. 여론이 즉각 폐지를 주장하는 쪽임을 분명히 알았다. 이것이 사티아그라하의 적합한 주제일까? 여기에 나는 의문이 없었으나, 그 실천 방안을 알지 못했다.

그러는 동안 총독은 '궁극적인 폐지'의 의미를 비밀로 하지 않기로 했는데, 그것은 "대안을 마련할 수 있는 합리적인 시간 안에서"라는 의미였다.

그래서 1917년 2월, 판디트 말라비야지는 그 계약제의 즉시 폐지를 위한 법안 제출을 허가해주도록 요구했다. 쳄스퍼드 경은 허가를 거부했다. 바로 그때가 내가 전 인도 유세를 위해 전국을 순회한 때였다.

그 유세를 시작하기 전, 총독을 방문하는 것이 좋겠다는 생각이 들었다. 그래서 회견을 요구했다. 그는 즉시 승낙했다. 지금은 존 머피 경인 머피 씨가 당시 그의 개인비서였다. 나는 그와 친해졌다. 쳄스퍼드 경과의 만남은 만족스러웠다. 그는 확실하지는 않지만 도움을 주겠다고 약속했다.

나는 뭄바이에서 유세를 시작했다. 제한기르 페디트 씨가 제국시민협회 후원 하에 모임을 열었다. 모임에 보낼 결의안 작성을 위해 그 협회의 집행위원회가 열렸다. 스탠리 리드 의사, (지금은 경이 된) 랄루바이 사말다스 씨, 나타라얀 씨, 페디트 씨가 집행위원회에 참가했다. 토의의 핵심은 정부가 계약제를 폐지할 기간을 정하는 것이었다. 세 가지 제안이 나왔다. 곧 "되도록이면 속히" "7월 31일까지" 그리고 "즉각 폐지"였다. 나는 날짜를 명시한 안에 찬성했다. 그래야 정부가 제한 기간 내에 우리 요구에 불응했을 때 우리가 해야할 일을 결정할 수 있기 때문이다.

랄루바이 씨는 즉각 폐지에 찬성했다. 그는 그것이 7월 31일보다 짧은 기간을 의미한다고 말했다. 나는 인민이 '즉각'이라는 말을 이해하지 못할 거라고 설명했다. 우리가 그들에게 무엇인가 하게 하려면, 더욱 확실한 단어가 필요했다. 모든 사람은 '즉각'을 자기 나름대로 해석하므로 정부는 이렇게, 인민은 저렇게 볼 수 있었다. 반면 7월 31일은 오해의 여지가 없고, 그때까지 어떤 조치도 없으면 우리가 다른 방법을 쓸 수 있다고 주장했다.

리드 의사는 나의 주장에 찬성했고, 마침내 랄루바이 씨도 찬성했다. 그래서 우리는 폐지 통고 최후의 날을 7월 31일로 택했고, 그

안을 모임에서 통과시켰으며 인도의 모든 모임에서도 똑같이 결의했다.

자이지 페티트 부인은 총독에게 파견하는 여성대표단 조직에 전력을 기울였다. 그 대표단의 뭄바이 출신 여성 중에서 나는 타타 부인과 고(故) 딜샤드 베감을 기억한다. 대표단은 성공했다. 총독은 고무적인 답을 했다.

나는 카라치, 콜카타 등을 방문했다. 가는 곳마다 훌륭한 모임이 열렸고, 열의도 무한했다. 나는 유세를 시작하면서 그런 것을 기대하지 않았다.

당시 나는 혼자 여행을 했고, 놀라운 경험을 많이 했다. 비밀경찰이 언제나 나를 따라다녔다. 그러나 나는 아무것도 감추지 않았으므로 비밀경찰 때문에 어려움을 겪거나 그들을 괴롭히지도 않았다. 다행히도 당시 나는 아직도 마하트마란 소리를 듣지 않았다. 그러나 인민이 나를 알아볼 경우 그 이름을 부르는 것이 일반적이기도 했다.

언젠가는 경찰이 여러 역에서 나를 괴롭혔다. 차표를 조사하고 번호를 적기도 했다. 물론 나는 그들의 물음에 순순히 답했다. 나의 동료 승객들은 나를 '성인'이나 '고행자'로 여겼다. 내가 역마다 고통을 당하는 것을 보고 격분하여 형사를 욕했다. "왜 아무것도 아닌 일로 성인을 괴롭힙니까?" 하고 항의하기도 했다. 그리고 나한테는 "이 악당들에게 표를 보여주지 마세요"라고 했다.

나는 그들에게 조용히 말했다. "그들에게 표를 보여주는 건 어렵지 않아요. 그들은 의무를 수행 중입니다." 그러나 승객들은 만족하지 않고서 더욱 동정적인 태도로, 정직한 사람에 대한 그런 부당한 대우에 강하게 반대했다.

그러나 형사는 아무것도 아니었다. 정말 고통스러웠던 건 3등칸 여행이었다. 라호르에서 델리 사이가 가장 괴로웠다. 나는 카라치에서 라호르를 지나 콜카타로 가고 있었는데, 라호르에서 기차를 갈아타야 했다. 기차 안에서 자리를 잡을 수 없었다. 만원이어서 완력을 쓰지 않고서는 안에 들어갈 수 없었고, 문이 잠긴 경우에도 창문을 통해 기어들어가는 사람이 많았다.

모임에 참석하려면 정해진 날에 콜카타에 도착해야 했고, 그 기차를 놓치면 제 시간에 닿을 수 없었다. 나는 기차 안에 들어가는 것을 거의 단념했다. 아무도 나를 받아들여주지 않을 때, 짐꾼 하나가 내가 처한 곤경을 알고 말했다. "12안나만 주면 자리를 주겠소." "그래요. 자리를 구해주면 12안나 드리지요." 내가 말했다. 젊은이는 이곳저곳 돌아다니며 승객들에게 간청했지만 아무도 들어주지 않았다.

기차가 출발할 무렵 승객들이 말했다. "이곳엔 자리가 없소. 하지만 당신은 그를 밀어 넣을 수 있지. 그럼 그는 서서 가면 되고." "그러실래요?" 젊은이가 물었다. 나는 기꺼이 동의했고, 그가 나를 창문을 통해 밀어 넣었다. 그렇게 해서 나는 차 안으로 들어갔고, 짐꾼은 12안나를 벌었다.

그날 밤은 시련의 밤이었다. 다른 승객들은 이럭저럭 앉았다. 나는 짐칸 쇠사슬을 잡고 두 시간을 서 있었다. 그사이에 승객들이 나를 계속 괴롭혔다. "왜 앉지 않소?" 그들이 물었다. 나는 그들에게 자리가 없다고 설명했지만 자신들은 짐칸 위에 발을 뻗고 누워 있으면서도 내가 서 있는 것을 참지 못했다. 그들은 지치지도 않고 나를 괴롭혔고 나 역시 지치지 않고 그들에게 친절하게 설명했다. 결국 그들을 누그러뜨렸다. 그중 누군가 내 이름을 묻기에 답하자 그들은 부끄러워하며 사과하고 자리를 내주었다. 그렇게 인내는 보상을 받았다. 나는 죽을 듯이 피곤해서 머리가 빙빙 돌았다. 이처럼 신은 내가 가장 필요할 때 도와주었다.

그렇게 나는 델리에 도착했고, 다시 콜카타로 갔다. 콜카타 모임의 대표인 카심바자르의 마하라자가 초청자였다. 카라치에서처럼 여기서도 열광적인 환영을 받았다. 모임에는 영국인도 보였다.

7월 31일이 되기 전, 정부는 인도 계약이민은 중단한다고 발표했다.

내가 이 제도에 항의하는 최초의 청원을 작성한 것이 1894년이었고, 그때부터 나는 W. W. 헌터 경이 '준노예제'라 부른 그것이 언젠가는 끝나리라고 생각했다.

1894년에 시작된 이 운동을 도와준 사람들이 많았지만, 그 끝이 빨리 오도록 한 것은 잠재적으로 사티아그라하였다고 말하지 않을 수 없다.

그 운동과 거기에 참가한 사람들에 대한 상세한 이야기는《간디, 비폭력 저항운동―남아프리카에서의 사티아그라하》를 참고하기 바란다.

해설 ••

힌두대학교 개교식 연설

간디는 1916년 2월 6일, 힌두대학교 개교식의 에피소드를《간디 자서전》에 소개하지 않았으나 여기 기록해둘 필요가 있다.

총독을 비롯한 여러 토후 왕이 참석한 개교식 연설에서 간디는 자신을 아나키스트로 자처하면서 지배층의 오만과 경찰의 감시를 비난했다. 힌두대학 창립자인 베전트 여사가 중지해달라고 해도 간디는 끝까지 연설을 그치지 않아 결국 기념식 자체가 중단되었다. 간디의 연설은 자신이 영어로 이야기해야 하는 불편함에 대한 토로로 시작되었다. "이 성스러운 도시, 이 거대한 대학의 가호 아래 외국어로 동포에게 연설해야 한다는 것은 대단히 치욕적인 일입니다. 만일 우리 언어가 너무 비천하여 최고의 사상을 표현할 수 없다고 한다면 저는 차라리 우리가 사라져버리는 것이 우리를 위해서 낫다고 대꾸하겠습니다. 사람들은 우리가 진취성이 없다고 비난합니다. 외국어를 습득하는 데 귀중한 세월을 바쳐야 하는 상황에서 어떻게 우리에게 진취성이 있을 수 있겠습니까? 그러나 우리는 외국어를 제대로 습득하는 데도 실패했습니다."

"지난 50년간 우리가 우리 모국어로 교육을 받았다고 해봅시다. 그러면 오늘 우리는 어떠할까요? 오늘 우리는 자유로운 인도에서 살고 있을 것입니다. 우리 나름대로 교육받은 사람들을 가지고 있을 겁니다. 그들은 자기 나라에서 외국인처럼 굴지 않고 민족의 마음을 향해 이야기할 수 있을 것입니다. 그들은 가난한 사람들 가운데서도 가장 가난한 사람들 사이에서 일할 것입니다. 그들이 지난 50년간 얻은 모든 것이 민족을 위한 유산이 되었을 겁니다."

이어 간디는 국민회의와 이슬람교연맹이 자치를 주장하지만, 자신은 그것에 관심이 없다고 말하면서 영국인이 떠나면 추악한 사원과 도시와 철도가 깨끗해지겠느냐고 했다. 그러고 나서 다른 자리의 이야기를 빌려 그곳 손님들을 공격하기 시작했다. "저는 그 귀족들에게 이렇게 말하고 싶습니다. '당신들이 자신의 보석을 내놓고 동포에게 주지 않는 한 인도는 구원받지 못할 것입니다.'" 이어서 간디는 총독부가 배치한 사복경찰을 비난했다. 그리고 "오늘의 인도는 초조함 때문에 아나키스트 부대를 낳았다"고 하면서 자신도 그렇다고 했다.

"저도 아나키스트지만 종류가 다릅니다. 우리 사이에는 아나키스트 계급이 있습니다. 저는 그들에게 인도가 정복자를 정복하고자 할 때 아나키스트는 인도에 설 자리가 없다고 말해주고 싶습니다. 아나키스트는 두려움의 표시입니다. 저는 아나키스트를 존경합니다. 그는 자기 조국을 사랑하니까요. 저는 조국을 위해 죽을 각오가 되어 있는 그의 용기에 경의를 표합니다. 그렇지만 그에게 한 가지 질문을 던져보고 싶습니다. 살인은 명예로운 것인가? 살인자의 칼이 명예로운 죽음을 나타내는 것인가? 아닙니다. 경전 어디에도 그런 것이 정당하다고 하지 않습니다." 그러자 베전트 여사가 간디에게 "그만하라"고 고함을 질렀다.

● ●

12. 인디고 자국

참파란은 자나카 왕의 영토다. 그곳엔 망고 숲이 많지만 1917년까지는 인디고(쪽) 농원이 많았다. 참파란 소작인은 지주를 위해 토지 20분의 3에 인디고를 재배하는 것이 법으로 강제되었다. 1에이커인 20카다(kathas)마다 3카다의 인디고를 심어야 하므로 이 제도를 틴카디아(tinkathia) 제도라 했다.

당시 나는 참파란이라는 이름조차 몰랐고 거기가 어딘지도 몰랐으며 인디고 농원에 대해서는 아무것도 몰랐다. 인디고 짐짝을 본 적은 있어도 그것이 참파란에서 몇천 명 농민의 엄청난 고통으로 재배되고 만들어지는 줄은 꿈에도 몰랐다.

라지쿠마르 슈클라는 그 고통받는 농민 가운데 한 사람이었다. 그는 자신과 똑같은 고통을 받은 몇천 농민에게서 인디고의 자국을 지우려는 열의로 불탔다.

1916년, 내가 국민회의에 참석하려고 러크나우에 갔을 때 그가 나에게 매달렸다. 그는 나에게 "변호사님이 우리의 고통에 대해 모두 설명할 것입니다"라고 말하며 참파란에 가자고 했다. 그 변호사님이란 바로 내가 존경하는 참파란의 동료이자 비하르 봉사 활동의 핵심인 브라지키쇼르 프라사드였다. 라지쿠마르 슈클라는 그를 내 천막에 데려왔다. 그는 검은 알파카 모직 상의와 바지를 입고 있었다. 그때 나는 그에게 좋은 인상을 받지 못했다. 나는 그가 단순한 농민들을 착취하는 변호사임에 틀림없다고 생각했다. 그에게 참파란에 대한 이야기를 듣고 언제나와 똑같이 답했다. "내 눈으로 실정을 보지 않고서는 의견을 말할 수 없습니다. 국민회의에 결의안을 제출해주십시오. 그러나 지금은 아무 말도 마세요." 물론 라지쿠마르 슈클라는 국민회의의 도움을 바랐다. 브라지키쇼르 프라사드는 참파란 인민에 공감하는 결의안을 제출했고, 그것은 만장일치로 통과되었다.

라지쿠마르 슈클라는 기뻐했으나 그것에 만족하지 않았다. 그는 내가 직접 참파란에 와서 그곳 소작인들의 참상을 목격하기 바랐다. 나는 내가 생각하는 여행에 참파란을 포함시키고 하루 이틀 머물겠다고 말했다. 그가 말했다. "하루면 족합니다. 그러면 모든 것을 목격하실 겁니다." 나는 러크나우에서 콘포르로 갔다. 라지쿠마르 슈클라는 나를 따라왔다. "참파란은 여기서 매우 가깝습니다. 하루만 부탁합니다." 그가 주장했다. "이번에는 양해하세요. 그러나 언제간 올 것을 약속합니다." 내가 강조하며 말했다.

나는 아슈람으로 돌아왔다. 어디에도 나타나는 라지쿠마르는 거기까지 왔다. 그가 말했다. "이제 날을 정하세요." 내가 말했다. "그래요. 내가 언제 콜카타에 갈 테니 그때 나를 데려가세요." 나는 내가 어디에 가서 무엇을 하고 무엇을 보아야 하는지 알지 못했다.

콜카타에 도착해 부펜 님의 집에 가자 라지쿠마르 슈클라가 벌써 와 있었다. 무학에다 반문명적이지만 완강한 이 농민은 그렇게 해서 나를 사로잡았다.

그래서 1917년 초, 우리는 꼭 촌놈 꼴로 콜카타를 떠나 참파란에 갔다. 나는 어느 기차를 탈지조차 몰랐다. 그가 나를 태워 함께 여행했고 아침에 파트나에 도착했다.

나의 첫 파트나 방문이었다. 파트나에는 나를 묵게 해줄 친구나 지인이 없었다. 라지쿠마르 슈클라는 소박한 농민이지만 파트나에서 어느 정도 영향력이 있으리라 생각했다. 여행을 하면서 나는 그에 대해 좀 더 알게 되었고, 파트나에 도착해서는 그에 대한 환상이 완전히 사라졌다. 그는 그야말로 아무것도 모르는 사람이었다. 그가 친구라고 생각한 변호사들은 정말 그런 종류의 사람들이 아니었다. 라지쿠마르는 그들의 심부름꾼에 불과했다. 그런 농민 의뢰인과 변호사 사이에는 홍수가 난 갠지스만큼 간격이 컸다.

라지쿠마르 슈클라는 나를 파트나의 라젠드라 바부[16]의 집으로 안내했다. 그러나 그는 푸리인가 어딘가에 가고 없었다. 방갈로에는 하인이 한두 명 있었지만 우리를 본체만체했다. 내게는 먹을 것이

---

16 라젠드라 프라사드는 인도의 초대 대통령.

조금 있었다. 내가 대추를 먹고 싶다고 했더니 동료가 시장에서 구해주었다.

비하르의 불가촉천민은 특히 심한 학대를 받았다. 하인들이 우물을 사용하는 동안 나는 거기서 물을 길을 수 없었다. 나의 두레박에서 물방울이 튀어 그들을 더럽혀서는 안 되기 때문이었다. 하인들은 내가 어떤 카스트에 속하는지 몰랐다. 라지쿠마르는 나에게 안쪽 화장실을 가르쳐주었으나, 하인들은 즉각 바깥 화장실로 가라고 했다. 이 모든 것에 나는 이미 익숙했기 때문에 놀라지도 않았고 화를 내지도 않았다. 하인들은 의무를 수행한 것이고, 라젠드라 바부가 그들이 그렇게 하기를 원한다고 생각했다.

이 재미있는 경험 덕분에 나는 라지쿠마르 슈클라를 더욱더 존경하게 되었고, 더욱 깊이 그를 이해하게 되었다. 나는 이제 라지쿠마르 슈클라가 더는 나를 안내할 수 없고, 스스로 고삐를 쥐어야 한다는 걸 알았다.

13. 친절한 비하르 사람

나는 런던에 있을 때 변호사 공부를 하던 마울라나[17] 마자룰 하크를 알게 되었다. 그 뒤 1915년 국민회의 뭄바이 대회에서 만났을 때 그는 이슬람교도연맹의 회장이었다. 그때 그는 우의를 다지며 내가 파트나에 오거든 언제라도 자기 집에 머물라고 했다. 나는 그 생각

---

17 Maulana. 이슬람교의 교사를 뜻한다.

이 나서 나의 방문 목적을 알렸다. 그는 즉시 차를 타고 와서 자기 집으로 가자고 했다. 나는 그에게 감사를 전하고 목적지로 가는 첫 차가 있는지 안내해달라고 부탁했다. 나같이 이곳이 생소한 자에게 철도안내원은 소용이 없었다. 그는 라지쿠마르 슈클라와 상의한 뒤 나에게 먼저 무자파르푸르로 가라고 했다. 그날 저녁 그리로 가는 기차가 있어서 그는 나를 전송해주었다.

당시 크리팔라니 교수가 무자파르푸르에 있었다. 나는 그를 하이 드라바드 방문 때부터 알았다. 초이드람 의사는 크리팔라니 교수의 큰 희생, 간소한 생활, 그리고 크리팔라니 교수가 마련해준 자금으로 운영되는 자신의 아슈람에 대해 말했다. 크리팔라니는 무자파르푸르 국립대학 교수로 있다가, 내가 그곳에 갔을 때 막 사임했었다.

그에게 나의 도착을 알리는 전보를 치자 열차가 한밤중에 도착했는데도 그는 학생들과 함께 나를 만나러 역으로 나왔다. 그는 집 없이 말카니 교수와 같이 지내고 있어서 결국 나는 말카니 교수 집에서 신세를 지게 되었다. 당시에는 국립대학 교수가 나 같은 사람을 재운다는 건 매우 특별한 일이었다.

크리팔라니 교수는 비하르, 특히 티르후트 지역의 참상을 설명하면서 나의 임무가 어려울 거라고 했다. 그는 비하르 사람들과 가깝게 접촉했고 이미 내가 비하르에 온 사명에 대해 말해두었다.

아침에 변호사들이 나를 찾아왔다. 나는 그중에서 람나브미 프라사드를 지금도 기억한다. 그는 매우 진지했다.

그가 말했다. "당신이 그 일을 하려면 여기(말카니 교수 집) 있어서는 안 됩니다. 당신은 우리 가운데 한 사람의 집에 와 있어야 합니다. 가야 바부는 여기서는 유명한 변호사입니다. 나는 그를 대신해 그의 집에 머물라고 초대하러 왔습니다. 솔직히 말해 우리 모두 정부를 두려워합니다만, 가능한 도움을 드리겠습니다. 라지쿠마르 슈클라가 당신에게 한 말은 모두 사실입니다. 오늘 우리 지도자가 여기 없어 죄송합니다. 그러나 나는 두 사람에게, 즉 바부 브라지키쇼르 프라사드와 바부 라젠드라 프라사드에게 전보를 쳤습니다. 두 분 다 곧 오시리라 믿습니다. 그들은 당신이 원하는 모든 정보를 드릴 테고, 상당히 도움이 될 겁니다. 그럼 가야 바부 댁으로 갑시다."

가야 바부에게 폐가 될까 봐 망설이기도 했지만, 내가 저항할 수 없는 요구였다. 그는 내 마음을 편하게 해주었고 결국 그의 집에 머물기로 했다. 그와 그의 가족은 나에게 우의를 베풀었다.

이제 브라지키쇼르 바부도 다르방가에서 돌아왔고, 라젠드라 바부도 푸리에서 돌아왔다. 브라지키쇼르 바부는 내가 러크나우에서 만난 바부 브라지키쇼르 프라사드가 아니었다. 이번에는 그는 비하르 사람 특유의 겸손, 검소, 선량, 놀라운 신앙으로 나에게 깊은 인상을 남겼고, 그래서 나는 너무나 기뻤다. 비하르 변호사들이 그를 존경하는 것은 놀라운 일이 아니었다.

나는 곧 이 친구들과 평생의 우의를 맺었다. 브라지키쇼르 바부는 나에게 그 사건의 진상을 상세히 설명했다. 그는 언제나 가난한 소작인의 사건을 다루었다. 내가 그곳에 갔을 때 두 가지 사건이 계류 중이었다. 그런 사건에서 승소하면 그는 자기가 그 빈민을 위해 조금이라도 한 일이 있다고 느꼈다.

그는 그 소박한 농민들에게 변호료를 받지 않지는 않았다. 변호사들은 만일 변호료를 받지 않으면 가정을 꾸릴 수 없게 되고, 그러면 빈민에게 유효한 도움도 줄 수 없다는 신념 하에 일했다. 벵골과 비하르에서 그들이 요구하는 변호료 액수와 기준을 보고 나는 놀랐다.

"우리는 변호료로 청구액인 1만 루피를 주었습니다"라는 이야기를 들었다. 어떤 경우에도 네 자리 이하는 없었다.

친구들은 나의 친절한 충고에 귀를 기울였고 나를 오해하지도 않았다.

내가 말했다. "이 사건들을 검토하고서, 나는 법원에 가지 말아야 한다는 결론에 이르렀습니다. 이런 사건으로 법원에 간다는 건 전혀 유익하지 않습니다. 농민들이 그렇게 억압당하고 겁에 질려 있는 이상 법정은 소용없습니다. 그들을 진정으로 구원하는 길은 공포에서 벗어나게 하는 것입니다. 우리는 비하르에서 틴카디아를 추방하지 않고서는 조용히 앉아 있을 수 없습니다. 나는 이틀 정도면 여기를 떠나게 되리라 생각했지만, 이제 이 일에 2년이 걸리겠다는 생각을 합니다. 필요하면 그 정도 있겠습니다. 지금 무엇을 해야 하는지 알지만, 여러분의 도움도 필요합니다."

브라지키쇼르 바부는 정말 냉정한 사람이었다. 그가 조용히 말했다. "우리는 도울 수 있는 데까지 돕겠습니다. 어떤 도움이 필요한지 말씀하십시오."

그래서 우리는 자정까지 이야기했다. 내가 그들에게 말했다.

"여러분의 법률 지식은 소용이 없습니다. 사무 보조나 통역 지원을 바랍니다. 투옥당할지도 모릅니다. 나는 여러분이 그런 모험까지 하시길 바라지만, 그것도 여러분 스스로 그렇게 할 수 있다고 느낄 때에 비로소 가능합니다. 심지어 직업을 포기하고 언제가 될지도 모르는 기간 동안 서기 일을 한다는 것도 작은 일이 아닙니다. 나는 힌두어 사투리를 모르고, 카이디어나 우르두어로 쓰인 문서를 읽을 수 없습니다. 그것을 여러분이 번역해주시길 바랍니다. 또한 보수를 지불할 여유가 없습니다. 그 모든 것을 사랑과 봉사 정신으로 하셔야 합니다."

브라지키쇼르 바부는 즉각 이해하고 나에게 반대 질문을 했으며 동료들에게도 그렇게 했다. 그는 지금까지 내가 한 말의 의미, 곧 봉사 기간, 필요 인원, 교대 근무 등을 확인했다. 그리고 변호사들에게 어느 정도 희생할지를 물었다.

마침내 그들은 나에게 다음과 같이 확답했다. "우리 가운데 몇몇이 당신의 요구에 따르겠습니다. 몇 명은 당신과 함께 있겠습니다. 투옥이란 처음 듣는 일이지만, 그렇게 각오하도록 노력하겠습니다."

14. 비폭력과의 대면

나의 목표는 참파란 농민의 실태를 파악하고 인디고 농장주에 대한 그들의 불만을 이해하는 것이었다. 이를 위해 나는 소작농민을 몇천 명 만나야 했다. 그러나 조사를 하기 전에 이 사건에 대한 농장주의 처지를 이해하고, 지역 관리를 만나보는 것이 필수라고 생각했다. 그래서 양쪽에 연락을 하고 만날 약속을 받았다.

농장주협회 사무장은 내가 국외자이니 농장주와 소작인 사이에 개입할 필요가 없으나, 만일 진정을 하려고 하면 서면으로 제출해야 한다고 분명히 말했다. 나는 그에게 나 자신은 국외자라고 생각하지 않고, 만일 소작인들이 나에게 바란다면 나는 그들의 실태를 조사할 권리를 갖는다고 공손하게 답했다.

이어 지역 관리를 만났더니 나를 위협하면서 즉시 티르후트를 떠나라고 했다.

나는 동료들에게 모든 것을 알렸다. 정부가 나의 일을 막으려고 하니 생각했던 것보다 빨리 감옥에 가게 될지도 모른다며, 만일 체포된다면 모티하리나 베티아에서 체포당하는 것이 좋다고 했다. 따라서 되도록이면 빨리 그곳으로 가는 것이 바람직했다.

참파란은 티르후트 지방의 일부였고 모티하리는 그 중심이었다. 라지쿠마르 슈클라의 집은 베티아 부근이었고, 그 부근 소작농의 상태가 가장 비참했다. 라지쿠마르 슈클라는 내가 그들을 보기 바랐고, 나도 그렇게 하고 싶었다.

그래서 그날 나는 동료들과 함께 모티하리로 갔다. 바부 고라크 프라사드가 우리를 묵게 해서 그 집은 무료숙박소같이 되었다. 무리하여 전원이 그 집에 들었다. 바로 그날, 모티하리에서 5마일 떨어진 곳에서 어느 소작인이 학대를 당했다는 소식을 들었다. 다음 날 아침 바부 다라니다르 프라사드와 함께 그를 찾아보기로 했다.

우리는 코끼리를 타고 그곳으로 출발했다. 참파란에는 코끼리가 구자라트의 마차만큼 흔했다. 우리가 반쯤 갔을 때, 경찰서장이 보낸 심부름꾼이 뒤따라와서 안부를 묻는다고 했다. 나는 그 의도를 알아챘다. 다라니다르 바부를 본래 목적지로 가게 놔두고 나는 심부름꾼이 타고 온 차를 탔다. 그러자 그는 나에게 참파란을 떠나라는 통지서를 주고, 내가 묵던 곳으로 데려갔다.

그가 나에게 통지서를 받았다는 증명서를 써달라고 했을 때, 나는 그렇게 할 수 없으며, 조사를 끝낼 때까지 참파란에 있겠다고 써주었다. 그러자 참파란을 떠나라는 명령에 불복했다는 이유로 다음

날 재판을 받아야 한다는 소환장이 왔다.

나는 그날 밤을 새워 편지를 쓰고 바부 브라지키쇼르 프라사드에게 필요한 지시를 했다.

통지서와 소환장에 대한 소식이 들불처럼 퍼져나가, 모티하리에서는 유례없는 일이 생겼다는 말을 들었다. 고라크 바부의 집과 법원은 사람들로 꽉 찼다. 다행히 나는 밤에 일을 다했기 때문에 군중을 수습할 수 있었다. 동료들은 최대한 협조했다. 내가 어디로 가든 군중이 따랐기 때문에 그들은 군중을 통제하는 데 여념이 없었다.

나와 관리들(세금징수관, 치안판사, 경찰서장) 사이에 일종의 우정 같은 것이 싹텄다. 나는 그 통지서에 대해 법적으로 저항할 수 있었다. 그러나 나는 그 모두를 인정했고, 관리들은 나에게 예의 바르게 행동했다. 그들은 내가 개인적으로 그들을 공격하는 것을 원하지 않으며, 그들의 명령에 경건하게 저항하려고 하는 것뿐임을 이해했다. 그리하여 그들은 안심을 하고, 나를 괴롭히는 대신 기꺼이 나와 나의 동료들을 도와 군중을 수습하려고 했다. 그러나 그것은 그들의 권위가 흔들리고 있다는 사실을 눈으로 보여주는 시위였다. 그 순간 사람들은 처벌에 대한 두려움을 모두 잊고서 그들의 새로운 친구가 보여준 사랑의 힘에 순종했다.

참파란에는 나를 아는 사람이 아무도 없었음을 기억해야 한다. 농민들은 모두 무지했다. 참파란은 갠지스 강 상류 북쪽, 네팔 옆 히말라야의 오른쪽 발 아래 있어서 인도의 다른 지방과는 단절된 곳이었다. 국민회의는 그 지역에 전혀 알려지지 않았다. 그런 이름을 들은 사람도 참가하기 두려워했고, 심지어 그 이름을 부르는 것조차 싫어했다. 그런데 이제 국민회의와 그 회원이 그 지방에 들어왔다. 비록 국민회의라는 이름은 아니었지만, 훨씬 참된 의미에서 그러했다.

동료들과 의논하여 나는 어떤 일도 국민회의라는 이름으로는 하지 않기로 했다. 우리가 원한 것은 일이지 이름이 아니었고, 실체지 그림자가 아니었다. 국민회의라는 이름은 정부와 그 조종자인 농장주들에게는 혐오스러운 것이었기 때문이다. 그들에게 국민회의란 변호사들이 입으로 하는 말싸움의 별명이었고, 법적인 수단을 통한 법으로부터의 도피였으며, 폭탄과 무정부적인 범죄와 책략과 위선의 다른 이름이었다.

우리는 그들을 그런 환상에서 깨어나도록 해야 했다. 따라서 우리는 국민회의라는 이름을 사용하지 않고, 그 조직에 대해서도 농민들에게 설명하지 않기로 했다. 그들이 국민회의의 이름을 아는 것보다 그 정신을 이해하고 따른다면 충분하다고 생각했다.

따라서 공개적으로 하건 비밀리에 하건 간에, 우리의 앞길을 준비하기 위해 국민회의를 대표하는 조사단을 파견하지 않았다. 라지쿠마르 슈클라에게는 몇천 명 농민을 움직일 영향력이 없었다. 그들 사이에서는 어떤 정치적 일도 행해지지 않았다. 참파란 밖의 세계는 그들에게 알려지지 못했다. 그러나 그들은 나를 마치 오랜 친구처럼 맞아주었다. 이는 과장이 아니라, 글자 그대로 진실이다. 농민들과의 이러한 만남은 신, 비폭력, 진실과 대면하는 것이었다.

내가 무슨 자격으로 이 일을 할 수 있는지 생각하게 되면 인민에 대한 사랑 말고는 아무것도 찾을 수 없다. 이를 달리 말하면 비폭력에 대한 확고한 믿음의 표현이다.

참파란의 그날은 내 일생에 잊을 수 없는 사건이었고, 농부들과 나에게 축복의 날이었다.

법에 의하면 나는 재판을 받아야 했으나, 진실을 말하자면 정부가 재판을 받아야 했다. 지방관리는 나를 잡겠다고 친 그물로 정부만을 잡았을 뿐이다.

15. 소송 취하

재판이 시작되었다. 정부 측 변호사와 치안판사 등의 관리들이 조바심을 냈다. 그들은 어떻게 해야 할지 몰라 당황했다. 정부 측 변호사들은 치안판사에게 재판을 연기하라고 압력을 넣었다. 그러나 내가 개입해 치안판사에게 내가 참파란을 떠나라는 명령에 불복했기 때문에 유죄임을 인정받고 싶으니 재판을 연기하지 말라고 요구했다. 그리고 다음과 같은 간단한 진술서를 읽었다.

나는 법정의 허가를 얻어, 형법[18] 제144조에 근거하여 발포된 명령에 대해 공연히 위반한 중대한 행동을 왜 하게 되었는지 간단히 진술하고자 한다. 나의 좁은 소견으로는 지방 당국과 나 사이의 의견 차이 문제라고 본다. 나는 인도적이고 민족적인 봉사를 위해 이 지방에 왔다. 곧 인디고 농장주에게 공정한 대우를 받지 못하고 있다고 주장하는 농민들이 도움을 강력히 청하여 이곳에 왔다. 나는 그 문제를 조사하지 않고서는 어떤 도움도 줄 수 없었다. 그래서 가능하다면 행정 당국과 농장주의 협력을 얻어 연구하려고 온 것이다. 나에게 다른 동기는 없고, 내가 여기 온 것

---

18 함석헌은 이를 원문 그대로 Cr. P. C.라고 한다.

이 어떤 식으로든 공공 평화를 방해하고, 생명을 해치는 원인이 될 수 있다고 믿지 않는다. 그런 문제에 대해 나는 많은 경험이 있다.

그러나 행정 당국은 다르게 생각했다. 나는 그들의 어려움을 충분히 이해하고, 그들이 받은 정보에 의해서만 움직일 수 있음도 안다. 법에 복종하는 시민으로서 나는 당연히 처음 나에게 내려진 명령에 복종해야 한다고 본능적으로 느꼈다. 그러나 나를 오게 한 농민들에 대한 나의 의무감을 침해하지 않고서는 그렇게 할 수 없다. 농민들 사이에 있어야만 그들을 도울 수 있다고 생각한다. 따라서 스스로 물러날 수는 없다. 이처럼 상반되는 의무 속에서 내가 그들에게서 농민들을 떠나게 하는 책임을 행정 당국에 돌릴 수밖에 없다.

나는 인도의 공공생활에서 나와 같은 처지에 있는 사람이라면 특히 본보기가 되는 데 주의해야 한다는 것을 충분히 안다. 우리가 살고 있는 복잡한 구조 속에서 자중하는 인간을 위한 유일하게 안전하고 명예로운 길은, 나와 같은 상황에서 내가 결심한 것을 행하는 것, 곧 불복종에 대한 처벌에 저항하지 않고 인정하는 것이다. 이것이 나의 확고한 소신이다.

내가 굳이 이런 진술을 하는 이유는 나에게 부과된 처벌을 가볍게 하려는 것이 아니다. 나에게 부과된 명령을 준수하지 않은 것은, 합법적 권위에 대한 존중이 결여되어서가 아니라, 우리 존재의 더 높은 법인 양심의 소리에 복종하기 때문이다.

이제 신문을 연기할 이유가 없어졌으나, 치안판사와 정부 측 변호사는 모두 놀랐고 치안판사는 재판을 연기했다. 그사이에 나는 총독, 파트나의 친구들, 판디트 마단 모한 말라비야지 등에게도 상세한 내용을 전보로 알렸다.

치안판사는 내가 선고를 받으러 법정에 나타나기 전에 나에 대한 소송을 취하하라고 명한 지방장관의 문서를 보냈다. 또 세금징수관은 내가 계획된 조사를 자유롭게 할 수 있으며, 관리들의 도움이 필요하면 무엇이든지 요청하라고 알리는 편지를 했다. 우리 중 누구도 이처럼 즉각적이고 행복한 결과를 기대하지 못했다.

나는 세금징수관 헤이콕 씨를 찾아갔다. 그는 정의를 실현하려는 좋은 사람으로 보였다. 그는 나에게 보고 싶은 서류는 무엇이든 요청하라고 했고, 만나고 싶으면 언제든 오라고 했다.

이렇게 해서 그 지방은 시민불복종의 직접적이고 실제적인 교육의 첫걸음을 배웠다. 이 사건은 지방신문에서도 자유롭게 토의되었다. 그래서 나의 조사는 기대 이상으로 알려졌다.

내 조사에서는 정부가 중립일 필요가 있었다. 신문기자나 신문사설의 지원은 필요 없었다. 사실 참파란의 상황은 매우 미묘하고 어려운 것이어서 지나친 논평이나 심하게 편향된 보도는 내가 추구하는 바를 쉽게 손상시킬 수 있었다. 그래서 나는 중요 신문의 편집자에게 편지를 써서 공개할 필요가 있고 그들에게 알려야 하는 것은 보내줄 터이니 일부러 기자를 보내지는 말아달라고 요청했다.

나는 나의 체류를 묵인하는 정부의 태도가 참파란 농장주를 불쾌하게 만들고, 심지어 관리들도 공개적으로는 말하지 않지만 좋아하지 않는다는 것을 알았다. 따라서 부정확하거나 그릇된 보도는 그들을 더욱더 자극하여 내가 아닌 불쌍하고 겁에 질린 소작농에게 화풀이를 하고, 사건의 진실을 밝히려는 나의 조사를 방해할 수도 있었다.

이렇게 주의했지만 농장주들은 나에 대한 악의적인 선동을 야기했다. 나와 내 동료들에 대한 온갖 허위 사실이 신문에 보도되었다. 그러나 극도로 조심하고 극단적으로 진실을 고집하는 나의 태도가, 그들의 칼끝을 돌리게 했다.

농장주들은 브라지키쇼르 바부를 중상하려고 모든 수단을 강구했지만, 그를 중상하면 할수록 그에 대한 사람들의 신뢰는 더욱 높아졌다.

그런 미묘한 상황에서 나는 다른 지방에서 지도자를 초대하는 것이 적절하지 못하다고 생각했다. 판디트 말라비야지는 언제라도 자기가 필요하면 말하라고 했다. 나는 그렇게 하지 않았고, 그 투쟁이 정치적 양상을 띠는 것을 막았다.

그러나 나는 지도자들과 주요 신문에 중요한 소식을 알렸다. 이는 보도를 위해서가 아니라 단순히 정보를 제공하기 위해서였다. 나는 심지어 목적이 정치적이어도 그 원인이 비정치적인 경우, 정치적 측면을 부여하면 망치고, 끝까지 비정치적인 한계를 넘지 않으면 성공한다는 것을 알았다. 참파란 투쟁은 어떤 영역에서나 인민의 사심 없는 봉사는 결국 나라를 정치적으로 돕는다는 사실을 보여주었다.

16. 조사 방법

참파란 조사를 충분히 설명하려면 참파란 소작민들의 역사, 그것도 당대의 역사라도 말해야겠지만, 그렇게 되면 이 책의 범위를 벗어나게 된다. 참파란 조사는 진실과 비폭력을 용감하게 실험하는 것이었고, 나는 그러한 관점에서 내게 생긴 일 중에 말할 가치가 있는 것을 매주 발표하고 있다. 더 상세히 알고 싶은 독자는 라젠드라 프라사드 씨가 힌두어로 쓴 《참파란 사티아그라하의 역사》[1]를 반드시 읽어보기 바란다. 지금 영어판도 준비 중이라고 한다.

이 장의 제목으로 돌아가자. 불쌍한 고라크 바부에게 집을 통째로 비워달라고 하지 않고서 고라크 바부 집에서 조사를 계속하기는 어려웠다. 그리고 모티하리 사람들은 우리에게 집을 빌려줄 정도로 완전히 공포에서 벗어나지 못했다. 브라지키쇼르 바부가 용케 상당히 넓은 집을 한 채 빌린 덕분에 우리는 거기로 이사했다.

돈 없이는 일을 계속할 수 없었다. 지금까지는 이러한 일을 하기 위해 일반인들에게 모금을 한 예는 없었다. 브라지키쇼르 바부와 그의 친구들은 대부분 변호사로서 돈이 필요한 경우, 스스로 내거나 아니면 친구들에게 받았다. 자신들이 돈을 낼 수 있는데 인민에게 돈을 내라고 할 수 있는가? 이것이 그들의 주장이었다.

나는 참파란 소작농에게서는 아무것도 받지 않기로 결심했다. 돈을 받으면 오도될 우려가 있었다. 또 나는 이 조사를 위해 전국적으로 모금을 하지는 않기로 했다. 그럴 경우 그것이 전 인도적이고 정치적인 측면을 가질 수도 있기 때문이다. 뭄바이 친구들이 1만5천 루피를 제의했지만, 정중하게 거절했다.

나는 가능하면 브라지키쇼르 바부의 도움을 받아 참파란 밖에 사는 비하르 부자들에게 돈을 받고, 더 필요하면 양곤의 친구인 의사 P. J. 메타에게 부탁하기로 했다. 메타 의사는 필요하면 보내주겠다

---

1) 이 책은 나바지반 출판사에서 출판되었다.

고 기꺼이 약속했다. 그리하여 우리는 돈 걱정에서 벗어났다. 우리는 참파란의 빈곤에 맞추어 최대한 절약했기 때문에 큰돈이 필요하지 않았다. 사실 큰돈이 필요 없다는 것은 나중에 알았다. 우리는 3천 루피 이상을 쓰지 않았고, 내가 기억하는 한 모금액에서 몇백 루피를 남겼다.

내 동료들의 기이한 생활 방식은 초기에 끝없는 농담거리가 되었다. 변호사마다 하인과 요리사를 두고 있었고, 부엌도 따로 있었으며, 종종 자정 늦게 저녁을 먹기도 했다. 비용은 자신들이 부담했지만, 그들의 불규칙한 생활에 화가 났다. 그러나 우리는 친한 친구들이니 오해가 생길 우려는 없었고, 그들은 나의 조롱을 선의로 받아주었다.

결국 하인들은 내보내기로 했고, 모든 부엌을 하나로 합쳐서 식사 시간을 규칙적으로 지키기로 했다. 모든 사람이 채식주의자는 아니었으나 부엌을 두 개 두는 것도 비용이 들었으므로 공통의 채식 부엌을 두기로 했다. 간단한 식사를 강조할 필요도 있었다.

이러한 조치 덕분에 상당히 비용이 줄어들었고, 절실하게 필요했던 시간과 에너지도 절약되었다. 많은 농민들이 진술하려고 찾아왔고, 그들을 따라온 사람들도 많아서 집 안과 뜰이 만원이었다. 축복을 받으러 오는 사람들에게서 나를 구하려고 동료들이 노력했지만, 아무 소용이 없었다. 그래서 나는 특별한 시간을 정해 축복을 해야 했다.

농민의 진술을 기록하려면 최소한 자원봉사자가 5~7명 필요했다. 그래도 진술하지 못하고 밤에 돌아가야 하는 사람들이 있었다. 중복되는 것이 많아서 모든 진술이 필요하지는 않았으나 스스로 진술하지 않으면 사람들이 만족하지 않았다. 그런 그들의 심정을 나는 충분히 이해했다.

진술을 기록하는 사람은 몇 가지 규정을 지켜야 했다. 모든 농민은 치밀한 반대신문을 받아야 했고, 성공하지 못하면 거부당했다. 이는 많은 시간을 요구했으나, 그렇게 진술된 것들은 대부분 믿을 만했다.

진술을 기록할 때는 언제나 경찰관이 임석했다. 우리는 그를 거부할 수 있었으나, 처음부터 그의 임석에 상관하지 않았다. 그들을 정중하게 대했고 줄 수 있는 모든 정보를 주기로 했다. 이렇게 해도 우리에게 손해는 없었다. 반대로 경찰관 앞에서 진술한다는 사실 자체가 농민들을 더욱더 두려움 없게 만들었다.

농민들의 마음에서 경찰에 대한 과도한 두려움을 추방하는 한편, 자연스럽게 과장됨이 억제되었다. 경찰관의 일이란 사람들을 잡아넣는 것이니, 농민들은 반드시 주의해야만 했다.

나는 농장주들을 자극하지 않고 친절함으로 그들을 이기고 싶어서 진술에서 혹평을 받는 농장주에게는 편지를 써서 만났다. 또 농장주협회도 찾아가서 소작인들의 불만을 알리고 그들의 견해도 들었다. 어떤 농장주들은 나를 미워했고, 더러는 냉랭했으며, 몇몇은 친절하게 대해주었다.

17. 동료들

브라지키쇼르 바부와 라젠드라 바부는 유례없는 짝이었다. 두 사람은 헌신했고, 나는 그들의 도움 없이는 한 발자국도 나갈 수 없었다. 그들의 제자나 동료들인 샴부 바부, 아누그라하 바부, 다라니 바부, 람나브미 바부, 그 밖의 변호사들은 언제나 우리와 같이 있었다. 빈댜 바부와 자나크다리 바부도 종종 우리를 도왔다. 그들은 모두 비하르 사람들이었다. 그들은 주로 소작농들의 진술을 기록했다.

크리팔라니 교수도 우리와 함께하지 않을 수 없었다. 그는 신드 사람이었지만 비하르 출신보다 더욱 비하르 사람다웠다. 나는 스스로 선택한 곳에서 동화되어 살 수 있는 봉사자들을 소수밖에 보지 못했다. 크리팔라니는 그중 한 사람이었다. 그는 누가 보아도 다른 지방 출신이라고 생각할 수 없었다. 그는 나의 주된 문지기였다. 당시 그는 축복을 구하는 사람들에게서 나를 지켜주는 것을 삶의 목표로 삼았다. 능숙한 유머의 힘으로, 또는 비폭력적 위협으로 나에게 쇄도하는 사람들을 막았다. 밤이 되면 본업인 교사로 돌아가 역사 공부와 관찰력으로 동료들을 즐겁게 했고, 겁 많은 방문자에게 용기를 불어넣었다.

마울라나 마자룰 하크는 내가 필요할 때 언제나 부를 수 있는 협조자 명단에 이름이 올라 있었고, 매달 한두 번은 방문했다. 당시 그의 호화롭고 사치스러운 모습은 오늘의 단순한 생활과 대조적이었다. 그의 유행을 따르는 버릇은 이방인에게 색다른 인상을 주었지만, 우리와 잘 어울렸기 때문에 그를 일원으로 느꼈다.

비하르에서 더욱 경험을 쌓게 되면서 영구적 성격의 사업은 마을에 대한 적절한 교육 없이는 불가능하다는 것을 확신하게 되었다. 소작인들의 무지는 비참했다. 그들은 아이들이 방황하게 내버려두었고, 하루에 한두 푼을 벌기 위해 아침부터 밤까지 인디고 농장에서 일하게 했다. 당시 성인 남성 노동자의 임금은 10파이스를 넘지 못했고, 여성은 6파이스, 아이들은 3파이스 이하였다. 하루 4안나를 벌면 최고의 행운아였다.

나는 동료들과 상의하여 여섯 부락에 초등학교를 열기로 했다. 교사의 숙식은 마을 사람들이 부담하고 다른 비용은 우리가 부담하기로 마을 사람들과 약속했다. 마을 사람들에게는 현금이 없었지만 먹을 것은 넉넉히 마련할 수 있었다. 사실 그들은 벌써 곡식과 그 밖의 날것을 기꺼이 제공하겠다고 했다.

어디서 교사를 구하느냐가 큰 문제였다. 박봉이나 무보수로 일하려는 지방교사를 구하기는 어려웠다. 나는 평범한 교사에게 아이들을 맡기고 싶지 않았다. 그들의 학문적 자격보다 도덕적 바탕이 더 중요했다.

그래서 나는 일반인 가운데서 자발적 교사를 모집했다. 즉각 반응이 나타났다. 강가다라오 데슈판데 씨가 바바사헤브 소만과 푼다리크를 보냈다. 슈리마티 아반티카바이 고칼레 부인이 뭄바이에서 왔고, 아난디바이 바이샴파얀이 푸나에서 왔다. 나는 아슈람에다가 초탈랄, 수렌드라나드와 내 아들 데브다스를 보내라고 했다. 그 무렵 마하데브 데사이와 나라하리 파리크가 그들의 아내들과 함께 나에게 왔다. 카스투르바이도 불려왔다.

이는 꽤나 강한 파견단이었다. 슈리마티 아반티카바이와 슈리마티 아난디바이는 교육을 충분히 받았지만, 슈리마티 두르가 데사이와 슈리마티 마니벤 파리크는 빈약한 구자라트어 지식밖에 없었고, 카스투르바이는 그것조차 없었다. 이 여성들이 어떻게 아이들에게 힌두어를 가르칠 수 있겠는가?

나는 그들에게 문법이나 읽기, 쓰기, 셈하기가 아니라 청결과 예법을 가르치길 기대한다고 설명했다. 이어서 문자에 관해서는, 구자라트어와 힌두어, 마라트어 사이에는 생각하는 만큼 큰 차이가 없고, 여하튼 초급 학급에서는 알파벳과 숫자의 초보를 가르치는 것이 어렵지 않다고 설명했다.

그 결과 여성들이 담당한 학급이 가장 성공적이었다. 그 경험은 그들에게 일에 대한 자신감과 흥미를 불어넣었다. 아반티카바이의 학교는 모범이 되었다. 그녀는 자신의 일에 마음과 영혼을 다 바쳤다. 그녀는 타고난 재능을 거기에 쏟았다. 이 여성들을 통해 우리는 마을 여성들에게 어느 정도 다가갈 수 있었다.

그러나 나는 초등교육 보급에 그치고 싶지 않았다. 마을은 비위생적이었고, 골목은 쓰레기로 가득했으며, 샘은 진창과 배설물로 둘러싸였고, 뜰은 참을 수 없을 만큼 더러웠다. 나이 든 사람들에게 위생 교육을 시키는 것이 절실했다. 그들은 여러 가지 피부병에 걸려 있었다. 그래서 가능한 모든 위생 사업을 실시하여 그들의 생활 구석구석에 침투시키고자 했다.

이 일을 위해서는 의사가 필요했다. 나는 인도봉사자협회에 고데브 의사를 보내달라고 요청했다. 우리는 절친한 친구였고, 그는 기꺼이 6개월을 봉사했다. 남녀 교사는 그 밑에서 일했다.

그들은 농장주나 정치에 대해 불만을 말해서는 안 된다는 특별 지시를 받았다. 어떤 불만도 나에게 말하도록 했다. 누구도 자기 일이 아닌 것은 하지 못하게 했다. 친구들은 이 지시를 놀라울 만큼 성실하게 지켰다. 단 한 사람도 위배하지 않았다.

18. 마을 침투

우리는 되도록이면 각 학교에 남녀 한 명씩 배치했다. 자원자들은 질병 치료와 위생을 담당했다. 우리는 여성 자원자를 통해 마을 여성들에게 접근했다.

질병 치료는 매우 간단했다. 아주까리기름, 키니네, 유황연고가 자원자에게 주어진 약이었다. 환자 혀에 백태가 끼거나 변비가 생기면 아주까리기름을 주었고, 열이 나면 아주까리기름을 준 뒤 키니네를 주었으며, 부스럼이 나거나 가려우면 그 부위를 깨끗이 씻은 뒤에 유황연고를 발랐다. 어떤 환자도 약을 집에 가져가지는 못하게 했다. 병이 생기면 데브 의사에게 문의했다. 데브는 매주 날짜를 정해 각 지역을 둘러보았다.

상당히 많은 사람들이 이 간단한 치료의 혜택을 보았다. 유행병이 별로 없었고, 있다고 해도 간단한 치료로 해결했기에 전문적 도움이 필요하지 않았다. 이를 생각하면 사업이 이상하게 보이지는 않으리라. 마을 사람들도 그 조치를 반겼다.

위생 사업은 어려운 일이었다. 주민들은 어떤 일도 스스로 하려 하지 않았다. 심지어 들에서 일하는 사람도 제집 청소를 하려 하지 않았다. 그러나 데브는 쉽게 포기하는 사람이 아니었다. 그와 자원자들은 마을을 이상적으로 깨끗이 만들기 위해 모든 에너지를 집중했다. 그들은 길과 뜰을 쓸었고, 우물을 깨끗이 치웠으며, 근처의 웅덩이를 메웠고, 마을 사람들 중에서도 자원자가 나오도록 열심히 권유했다.

어떤 마을에서는 사람들을 부끄럽게 만들어 일에 나서게 했고,

어떤 마을에서는 사람들이 너무 열성적이어서 내 차가 이곳저곳 다닐 수 있도록 길을 내기까지 했다. 이러한 아름다운 경험이 있는가 하면 주민의 냉담함에 쓰라림을 겪은 경우도 있다. 어떤 마을 사람들은 노골적으로 싫다고 했다.

지금까지 많은 모임에서 했던 이야기지만, 다시 이야기한다고 해서 나쁠 게 없으리라. 비티하르바는 우리 학교가 있는 작은 마을이었다. 나는 그 부근에 있는 더 조그만 마을에 간 적이 있는데, 몇몇 여성이 매우 더러운 옷을 입고 있었다. 그래서 나는 내 아내를 시켜 왜 옷을 빨지 않느냐고 물어보았다. 그중 한 사람이 아내를 데리고 움막으로 가서 말했다.

"보세요. 다른 옷을 넣어둘 상자나 옷장이 없잖아요. 내가 입은 사리가 내 유일한 옷이지요. 내가 어떻게 그걸 빨 수 있겠어요? 마하트마에게 말해서 사리 하나 갖다달라고 하세요. 그러면 날마다 목욕하고 깨끗한 옷을 입겠다고 약속하지요."

그 움막은 예외가 아니라 수많은 인도 마을에서 볼 수 있는 하나의 전형이었다. 인도의 수많은 움막에서 사람들은 가구도 없이, 갈아입을 옷도 없이, 부끄러운 데를 가리기 위한 누더기만을 걸치고 있었다.

경험담을 하나 더 이야기하겠다. 참파란에는 대나무와 풀이 없는 곳이 없다. 비티하르바에 세운 헛간 학교도 그것들로 만들었다. 아마 이웃 농장주 사람들로 생각되는 누군가가 어느 날 거기 불을 질렀다. 대나무와 풀로 또 다른 헛간을 짓는 건 바람직하지 않았다. 그 학교는 소만 씨와 카스투르바이 담당이었다. 소만 씨는 벽돌집(pukka)을 짓기로 했고, 고맙게도 그의 감동적인 수고 덕분에 많은 사람들이 협력하여 벽돌집 한 채가 금방 지어졌다. 이제 집이 불에 탈 염려는 없어졌다.

이처럼 자원자들이 교육, 위생 사업, 질병 치료를 통해 마을 사람들의 신뢰와 존경을 얻었고, 그들에게 좋은 영향을 미칠 수 있었다.

나는 이 건설적인 사업을 영원한 발판 위에 세우고자 희망했지만, 유감스럽게도 이루지 못했다. 지원자들은 일정 기간 동안만 와 있었고, 외부에서 더 구할 수도 없었으며, 비하르에서 영원히 무보수로 일할 일꾼도 구할 수 없었다.

참파란에서 내 일이 끝나자 그동안 준비된 외부의 일이 나를 이끌었다. 그러나 참파란에서 몇 달 동안 한 일은 깊이 뿌리내려 그 영향이 여러 가지 형태로 나타난 것을 지금도 볼 수 있다.

19. 통치자가 선량할 때

앞의 몇몇 장에서 말한 것 같은 사회 봉사에 종사하는 한편, 다른 쪽에서는 소작인이 진술한 고충을 기록하는 일이 속속 진행되었다. 몇천 개의 진술이 수집되었고, 그것이 효과를 나타내기 시작했다. 진술을 하러 오는 소작인의 수가 끝없이 늘어나면서 농장주의 분노도 커져갔다. 그들은 나의 조사를 방해하려고 모든 수단을 동원했다.

어느 날 나는 비하르 당국에서 편지를 받았다. "당신은 오랫동안 조사를 했습니다. 이제 그 일을 끝내고 비하르를 떠나지 않겠습니까?" 편지는 예의 바르게 쓰여졌으나 그 뜻은 분명했다.

나는 답장에서 조사를 오래 할 수밖에 없고, 소작농을 구제하는 일이 결실을 맺지 못하는 한 비하르를 떠날 생각이 없다고 밝혔다. 또한 정부가 소작농의 불만을 정당한 것으로 인정하고 개선해주거나, 아니면 농민들이 정부의 조사를 위해 명백한 사례를 제공했음을 인정하고 즉시 그 조사를 시작할 수 있으니, 나의 조사를 끝내게 하는 것은 정부에 달렸다는 점을 지적했다.

주지사[19] 에드워드 게이트 경은 나를 만나자고 청했고 위원회를 구성하겠으니 내가 그 위원이 되어달라고 했다. 나는 다른 위원들의 명단을 확인하고 동료들과 상의한 뒤 위원회 참가에 동의하면서 다음 조건을 요구했다. 조사가 진행되는 동안 동료들과 자유롭게 상의할 수 있다, 정부는 내가 위원이 되더라도 소작농 변호를 중지하지 않게 한다, 조사 결과가 만족스럽지 못할 경우 소작농들이 어떤 행동을 하더라도 내가 자유롭게 지도하고 충고하게 한다 등이었다.

에드워드 게이트 경은 그 조건을 정당하고 적절한 것으로 인정하고 조사위원회를 발표했다. 고(故) 프랭크 슬라이 경이 위원장으로 임명되었다.

위원회는 농민들에게 유리한 사실을 파악했고, 위원회가 불법으로 보는 징수금을 농장주들이 반납하고, 틴카디아 제도는 법으로 폐지되어야 한다고 권고했다.

에드워드 게이트 경은 위원회에서 전원 일치 보고서를 만들고 위원회의 권고에 따라 농지 법안을 통과시키는 데 크게 기여했다. 그가 확고한 태도를 보이지 않고, 능력을 모두 쏟지 않았더라면 전원 일치 보고서는 나오지 못했을 것이고, 농지법도 통과되지 못했으리

---

19 함석헌은 부지사라고 한다.

라. 농장주들은 그 탁월한 능력에 굴복하고 말았다. 농장주들은 보고서에도 아랑곳없이 그 법안에 줄기차게 반대했으나, 에드워드 게이트 경은 끝까지 확고한 태도를 견지하며 위원회의 권고를 충실하게 이행했다.

거의 1세기 동안 존속한 틴카디아 제도는 이렇게 없어졌고, 농장주의 왕국도 끝났다. 압제 아래 놓였던 소작농들은 이제 어느 정도는 자기 힘을 자각하게 되었고, 인디고 자국은 씻을 수 없다는 미신도 없어졌다.

나는 그 건설 사업을 몇 년간 계속하고, 더 많은 학교를 세우며, 마을에 더 유효하게 침투하고 싶었다. 이제 기반이 갖추어졌으나, 과거에도 종종 그러했듯이 신은 내 계획이 완전히 실현되는 것을 허락하지 않았다. 운명은 다른 방향으로 결정되었고, 다른 일로 나를 이끌었다.

20. 노동자와의 만남

내가 위원회에서 일을 끝내지 못하고 있는 동안, 나는 모한랄 판댜 씨와 샹카를랄 파리크 씨에게서 편지를 받았다. 케다 주에 흉년이 들어 소작료를 낼 수 없게 된 농민을 지도해달라는 내용이었다. 나는 그 지역을 조사하지 않고서는 조언을 할 능력이나 용기가 생기지 않았다.

같은 시기에 슈리마티 아나수야바이가 아메다바드의 노동 상태에 대한 편지를 보내왔다. 임금이 낮아서 노동자들이 오랫동안 인상운동을 해왔는데, 나는 가능하면 그들을 지도하고 싶었다. 그러나 이렇게 작은 일이라도 먼 거리에서 지도할 자신이 없었다. 그래서 최초의 기회를 잡고자 아메다바드로 갔다. 나는 이 두 가지 문제를 빨리 끝내고, 참파란에서 시작한 건설 사업을 감독하기 위해 그곳으로 돌아가고 싶었다.

그러나 일은 내가 바란 대로 부드럽게 진행되지 않았고, 나는 참파란으로 돌아올 수 없었다. 그 결과 학교는 하나씩 문을 닫았다. 동료들과 나는 많은 공중누각을 세웠지만, 모든 것이 금방 사라져버렸다.

그중 하나는 참파란에서 농촌 위생 사업과 교육 사업 외에 암소 보호운동을 하는 것이었다. 여행을 하면서 나는 암소 보호와 힌두어 보급이 마르와디 사람들 사이에서 비상한 관심거리임을 알았다. 내가 베티아에 있을 때 마르와디 친구가 나를 재워주었다. 그곳의 다른 마르와디 사람들도 나에게 그들의 낙농업에 관심을 갖도록 했다. 그때 암소 보호에 대한 내 생각은 확고하게 형성되었고, 그 생각은 지금까지 그대로다.

내 생각에 암소 보호에는 사육, 품종[20] 개량, 거세한 소에 대한 인도적 대우, 모범 착유장[21] 개조 등이 포함된다. 마르와디 친구들은 이 사업에 전적으로 협력하기로 약속했으나, 내가 참파란에 자리 잡지 못해 그 계획은 이행되지 못했다.

베티아의 외양간은 지금도 거기 있으나 모범 외양간이 되지는 못

---

20 함석헌은 외양간이라고 한다.

21 함석헌은 낙농자라고 한다.

했고, 참파란의 거세된 소들도 아직 능력 이상의 일을 한다. 소위 힌두교도란 사람들이 여전히 이 불쌍한 동물을 잔혹하게 부리면서 자기네 종교를 더럽힌다.

이 사업이 실현되지 못하고 여전한 것이 나에게는 항상 유감이다. 참파란에 갈 때마다 마르와디와 비하르 친구들에게 점잖은 나무람을 들을 때면 무거운 한숨과 함께 그렇게 별안간 포기한 계획들에 대한 생각이 떠오른다.

교육 사업은 이런저런 방식으로 여러 곳에서 진행 중이다. 그러나 암소 보호운동은 확고하게 뿌리내리지 못했고, 의도한 방향으로 진보하지 못했다.

케다 농민 문제가 아직 토의 중일 때, 나는 이미 아메다바드 방직공 문제에 손을 대고 있었다.

나는 매우 미묘한 상황에 있었다. 노동자의 주장은 강력했다. 슈리마티 아나수야바이는 방직공장주를 대표하는 그녀의 남동생[22] 암발랄 사라바이와 싸워야 했다. 나는 그 두 사람과 친했기에[23] 그들과 싸우기가 어려웠다. 나는 그들과 상의하여 분쟁을 조정에 회부하자고 요청했으나, 그들은 조정의 필요성을 인정하지 않았다.

그래서 나는 노동자들에게 파업을 계속하라고 충고했다. 그전에 나는 그들 및 그들의 지도자와 긴밀히 접촉하여 파업 성공의 조건을 설명했다.

---

22 함석헌은 오빠라고 한다.

23 《간디 자서전》 5부 10장에 나오는 독지가, 곧 간디가 아슈람의 재정 문제로 고통을 받을 때 익명으로 1만3천 루피를 건넨 자다. 에릭슨 80쪽 이하 참조.

1. 폭력을 사용하지 말 것.
2. 파업 방해자를 괴롭히지 말 것.
3. 자선에 의존하지 말 것.
4. 아무리 오래가도 흔들리지 말고 파업 기간 동안 다른 정직한 노동으로 벌이를 할 것.

파업 지도자들은 그 조건을 이해하고 받아들였으며, 노동자들은 총회에서 다음과 같이 결의했다. 곧 그들의 요구 조건이 받아들여지지 않거나 공장주들이 조정 회부에 동의하지 않는 한 다시 일을 하지 않겠다는 것이었다.

나는 파업 기간에 발라브바이 파텔 씨와 샹카를랄 반케르 씨를 가깝게 알게 되었다. 슈리마티 아나수야바이는 그전부터 잘 알았다.

우리는 매일 사바르마티 제방 나무 그늘 밑에서 파업자들을 만났다. 몇천 명이 참석했고, 나는 연설을 통해 그들의 맹세를, 그리고 평화와 자중을 유지할 의무를 일깨웠다. 그들은 매일 '맹세를 지키자'고 쓴 깃발을 들고 도시 시가지를 평화롭게 행진했다.

파업은 21일간 끌었다. 그동안 나는 자주 공장주들을 만나 노동자들을 정당하게 대우하라고 요구했다. 그들은 언제나 말했다. "우리에게도 맹세가 있습니다. 우리와 노동자의 관계는 부모와 자식의 관계입니다⋯⋯. 우리가 어떻게 제3자의 개입을 묵인할 수 있겠습니까? 어디 중재의 여지가 있겠습니까?"

21. 아슈람 구경

노사 분쟁의 과정을 더 설명하기 전에 아슈람을 잠깐 구경할 필요가 있다. 참파란에 있을 때 한순간도 아슈람을 잊은 적이 없고, 이따금 왔다갔다했다.

그때 아슈람은 아메다바드 부근의 작은 시골 코치라브에 있었다. 그런데 그 마을에 전염병이 퍼져 아슈람 아이들의 안전이 몹시 위험했다. 주위가 비위생적이어서 아슈람의 벽 안에서 아무리 주의 깊게 청결 규정을 지킨다고 해도 영향을 받지 않을 수 없었다. 당시 우리에게는 코치라브 사람들에게 규정을 지키게 할 능력도, 그 마을을 청결하게 해줄 능력도 없었다.

우리의 이상은, 아슈람이 도시와 마을에서 안전한 거리에 있고, 두 곳 모두 왕래할 만한 거리에 있는 것이었다. 그래서 우리는 언젠가 우리 소유의 땅에 정착하기로 결심했다.

나는 전염병이 코치라브에서 떠나라는 명백한 암시라고 느꼈다. 아메다바드의 상인 푼자바이 히라찬드가 아슈람과 가깝게 지내며 순수한 무사의 정신으로 우리를 요모조모 도와주었다. 그는 아메다바드 물정에 아주 밝아서 스스로 적절한 땅을 구해주겠다고 나섰다. 나는 땅을 찾아 코치라브 남북을 그와 함께 돌아다녔다. 그리고 북쪽으로 3, 4마일 떨어진 땅을 구해달라고 부탁했다. 그는 운 좋게 지금 땅을 찾아냈다.

이곳은 사바르마티 중앙교도소 부근에 있어 특히 매력적이었다. 감옥에 가는 것은 사티아그라하의 당연한 운명이라고 생각했기 때문에 나는 그 위치를 좋아했다. 그리고 나는 교도소로 선정된 장소는 대개 주위가 깨끗하다는 것을 알고 있었다.

8일 정도 만에 매매가 성립되었다. 그 땅에는 집도 나무도 없었다. 그러나 위치가 강둑이고 조용하다는 것이 큰 장점이었다.

우리는 영구적인 집을 지을 때까지 천막생활을 하기로 하고 함석광을 부엌으로 썼다.

아슈람은 서서히 성장했다. 우리는 남녀 아이들 합쳐 40명이 넘었고, 공동 부엌에서 식사를 했다. 이사 계획은 내가 세웠고 그 이행은 언제나처럼 마간랄이 담당했다.

영구적인 살림살이를 마련하기 전에 우리의 고통은 너무나 컸다. 장마가 임박했고, 4마일 떨어진 시내에서 자재를 가져와야 했다. 황폐한 땅은 뱀으로 우글거렸고, 이런 조건에서 어린아이들과 산다는 것은 결코 무시할 만한 위험이 아니었다. 규칙으로는 뱀을 죽이지 못했으나, 솔직히 말해 그 파충류에 대한 공포에서 벗어난 사람은 아무도 없었고 지금도 마찬가지다.

독이 있는 파충류를 죽이지 말라는 규칙은 피닉스, 톨스토이 농장, 사바르마티 대부분에서 실천되었다. 그 모든 곳에서 우리는 황무지에 정착해야 했다. 그러나 우리는 뱀에 물려 목숨을 잃지는 않았다. 나는 이런 상황에서도 믿음의 눈으로 자비의 신의 손길을 본다. 이렇게 말한다고 해서 신은 편파적일 수 없다는 둥, 신은 인간의 사소한 일까지 간섭할 여유가 없다는 둥 하며 무턱대고 항의해서는 안 된다.

나는 그 사실을 표현할 수 있고, 나의 한결같은 체험을 묘사할 수 있는 어떤 다른 언어도 가지고 있지 않다. 인간의 말은 신의 길을 불완전하게 묘사할 수밖에 없다. 그것은 서술될 수도, 풀어 읽을 수도 없음을 나는 잘 안다. 그러나 불완전한 인간이 감히 그것을 묘사하려고 해도 자신의 불분명한 말 이상 더 좋은 매개체를 갖지 못한다. 불살생을 꽤 성실하게 지키면서 25년간 아무런 해를 입지 않았다. 우연한 일이 아니라 신의 은혜라고 믿는다. 설령 미신이라고 해도, 나는 여전히 그 미신을 믿지 않을 수 없다.

아메다바드 방직공의 파업이 계속되는 동안 아슈람 직조 헛간의 토대가 놓였다. 당시 아슈람의 주된 활동은 직조였다. 물레질은 아직 우리에게 불가능했다.

22. 단식

처음 2주간 방직공들은 대단한 용기와 자제력을 발휘했고, 매일 대집회를 열었다. 그럴 때마다 나는 그들에게 맹세를 일깨웠고, 그들은 나를 향해 약속을 깨느니 차라리 죽겠다고 큰소리를 쳤다.

그러나 마침내 그들은 지치기 시작했다. 마치 인간의 신체적 약점이 화를 내는 것으로 나타나듯이, 파업이 약화되면서 파업 방해자에 대한 그들의 태도가 점점 위협적으로 변했다. 그래서 나는 그들 쪽에서 난폭한 행동이 터질까 봐 두려웠다. 매일 집회에 참석하는 사람들 수도 차차 줄기 시작했고, 참석자들의 얼굴에는 낙담과 절망의 빛이 역력했다. 결국 파업자들이 흔들리기 시작했다는 소식이 들려왔다. 나는 깊이 고민했고 이 상황에서 나의 의무가 무엇인지 골똘히 생각하기 시작했다.

나는 남아프리카에서 거대한 파업을 경험한 적이 있었지만, 여기서 내가 직면한 상황은 달랐다. 방직공들은 나의 제의로 맹세를 했다. 그들은 매일 내 앞에서 그것을 반복했는데, 이제 그들이 그 맹세를 배신할지도 모른다. 이건 도저히 있을 수 없는 일이었다. 이 감정의 뒤에 있는 것은 자존심일까, 노동자에 대한 나의 사랑이고 진실에 대한 나의 열정일까? 누가 이를 말할 수 있을까?

어느 날 아침 방직공 모임에서 여전히 나아갈 길을 분명히 알지 못해 방황하는 나에게 빛이 지나갔다. 자발적으로, 정말 저절로 나의 입술에서 말이 흘러나왔다. "파업자들이 뭉치지 않는 한," 나는 집회에 모인 사람들에게 선언했다. "해결이 될 때까지 파업을 계속하지 않는 한, 또는 그들 모두 공장을 떠날 때까지 나는 아무것도 먹지 않겠습니다."

노동자들은 모두 놀랐다. 아나수야벤의 뺨에서 눈물이 흘러내리기 시작했다. 노동자들이 부르짖었다. "당신이 아니라 우리가 단식을 해야지요. 당신이 단식을 한다니 말도 안 됩니다. 우리의 잘못을 용서하세요. 이제 우리는 끝까지 맹세를 지키겠습니다."

내가 답했다. "여러분이 단식할 필요는 없습니다. 여러분의 맹세를 끝까지 지키기만 하면 됩니다. 아시다시피 우리에게는 돈이 없고, 사회의 동정을 받으면서 파업을 계속하고 싶지는 않습니다. 따라서 다른 노동을 해서 죽지 않을 정도라도 생계를 유지해야 합니다. 파업이 아무리 오래가도 생계를 유지할 수 있어야 합니다. 내 단식은 파업이 해결되어야 끝날 것입니다."

그러는 동안 발라브바이는 파업자를 위해 시청에 일자리를 찾아주려고 노력했으나, 성공할 가능성은 없었다. 마간랄 간디는 아슈람의 직조학교 기초 공사는 모래로 메우는 일이므로 거기 사람들을 고용하자고 제의했다. 노동자들은 그 제의를 환영했다. 아나수야벤은 머리에 바구니를 이고 선봉에 섰다. 이어서 곧 머리에 모래 바구니를 나르는 노동자들이 강바닥 구덩이에서 끝없는 줄을 이루며 나오기 시작했다. 볼 만한 광경이었다. 노동자들은 새로운 힘이 솟는 것을 느꼈다. 그러나 그들에게 임금을 주기란 너무나도 어려운 일이었다.

나의 단식에는 중대한 결점이 있었다. 앞에서 설명했듯이 나는 방직공장주들과 매우 친한 사이였다. 나의 단식이 그들에게 중대한 영향을 미치지 않을 수 없었다. 나는 사티아그라하인으로서 그들에 반대해 단식할 수 없었다. 오직 공장 노동자들의 파업에 의해서만 그들의 마음이 움직이도록 내버려두어야 했다.

나의 단식은 방직공장주의 잘못 때문이 아니라, 노동자들의 잘못으로 시작되었다. 또 노동자들의 대표로서 나에게도 책임이 있었다. 공장주에 대해서는 오로지 권고만 할 수 있을 뿐이었다. 그들에게 단식으로 대항한다면 강요가 되어버리리라. 나는 당연히 그들에게 압력을 가한다는 걸 알면서도 단식을 하지 않을 수 없었다. 나는 단식을 할 의무가 있음이 뚜렷했다.

나는 공장주들을 안심시키려고 노력했다. "여러분의 태도를 변화시킬 필요는 전혀 없습니다"라고 그들에게 말했다. 그러나 그들은 내 말을 냉담하게 받아들였고, 심지어 날카롭고 묘한 말로 나를 비꼬았다. 사실 그들에게는 그렇게 할 충분한 자격이 있었다.

파업에 대해 도도한 태도를 보이는 공장주들 뒤에는 중요 인물인 상인 암발랄이 있었다. 그의 단호한 의지와 확고한 성실성은 놀라웠고, 내 마음에 들었다. 그에게 맞선다는 건 유쾌한 일이었다. 나의 단식으로 반대편에는 긴장감이 팽배했고 그쪽에서 그가 우두머리였으므로 나는 가슴이 아팠다. 그리고 그의 아내인 샤를라데비는 누이처럼 나를 사랑으로 대했기 때문에 나의 단식 때문에 그녀가 괴로워하는 것을 차마 볼 수 없었다.

단식 첫날에는 아나수야벤과 여러 친구 그리고 노동자들이 함께 했다. 그러나 어려움을 겪은 뒤 그들이 계속하지 못하게 했다.

그 결과 주위에 선의의 분위기가 형성되었다. 공장주들도 감동하여 해결 수단을 찾기 시작했다. 아나수야벤 집에서 토론이 벌어졌다. 아난드샨카르 드루바가 노사 사이에 나섰고 결국 그가 조정자로 임명되었다. 그 결과 내가 단식한 지 사흘 뒤에 파업은 끝났다. 공장주들은 축하의 의미로 노동자들에게 단 것을 나눠주었고, 그렇게 해서 파업 21일 만에 해결이 났다.

해결을 축하하는 모임에는 방직공장주들과 지방관도 참석했다. 지방관은 노동자들에게 한 연설에서 충고했다. "여러분은 언제나 간디 씨 충고대로 행동해야 합니다." 그러나 바로 그 후 나는 그 신사와 싸워야 했다. 상황이 달라졌고 상황에 따라 그도 달라졌다. 그는 케다의 파티다르 사람들에게 내 충고를 듣지 말라고 경고했다!

여기서 재미있고 기막힌 일을 말하지 않고서는 이 장을 끝낼 수 없다. 그것은 단 것을 나눠주며 생긴 일이었다. 방직공장주들이 엄청난 양을 주문했는데, 그것을 몇천 명이나 되는 노동자들에게 나눠주는 것이 문제였다. 우리가 맹세를 했던 바로 그 나무 밑에서 공개적으로 나눠주는 것이 가장 좋겠다고 했다. 특히 그들을 다른 곳에 모두 모으기란 너무 어려웠다.

나는 만 21일 동안이나 엄격하게 원칙을 지킨 사람들이니 단 것을 나눠주는 동안 아무 어려움 없이 질서정연하게 기다리고, 서로 먼저 받겠다고 아우성을 치지 않는 것이 당연하다고 생각했다. 그러나 막상 실험을 시작하자 분배를 위한 모든 노력이 허사로 돌아갔다. 다시, 또다시 해봐도 분배를 시작한 지 2분도 안 되어 줄이 엉망이 되었다. 방직노동자의 지도자들이 질서를 잡으려고 최선을 다해 노력해도 허사였다. 결국은 밀고 덮치는 혼란이 너무 심해서 상당한 양의 단 것이 발에 밟혀 못 먹게 되었다. 마침내 밖에서 분배하려던 생각은 포기했다. 간신히 남은 단 것을 미르자푸르의 상인 암발랄이 소유한 방갈로로 옮겼다. 다음 날 단 것은 방갈로에서 순조롭게 분배되었다.

이 사건의 희극적인 측면은 분명하지만, 그 한심한 측면은 설명할 필요가 있다. 나중에 조사한 바에 따르면 아메다바드의 거지들이 큰 나무 아래서 단 것을 나누어준다는 사실을 미리 알고 그것을 얻어먹겠다고 엄청나게 밀어닥치는 바람에 그런 혼란과 무질서가 생겨났다는 것이다.

우리나라는 혹독한 가난과 기근에 빠졌기 때문에 매년 더욱더 많은 사람들이 거지가 되어간다. 먹을 것을 구하는 그들의 처절한 투쟁은 고상함이나 체면에 무감각하게 만든다. 그리고 우리의 자선가들은 그들에게 일자리를 주어 밥벌이를 하게 하는 대신, 동냥만 하게 한다.

해설 ••

파업의 의미

《간디의 진실》을 쓴 에릭슨은 간디의 사상과 행동의 출발점을《간디 자서전》마지막 부분인 5부 20장에 기록한 파업에서 찾았다. 그러나 우리의 경우 이는 소위 제3자 개입에 해당된다는 점에서 문제가 된다. 그런데 1918년 인도에서도 제3자 개입 문제가 있었다. 당시 사용자의 말을《간디 자서전》에서 보면 다음과 같았다.

"우리와 노동자의 관계는 부모와 자식의 관계입니다……. 우리가 어떻게 제3자의 개입을 묵인할 수 있겠습니까? 어디 중재의 여지가 있겠습니까?"

1918년 인도에서는 우리나라처럼 법으로 제3자 개입을 금지하는 것이 아니라 사용자가 거부한 것이다. 따라서 우리나라에서 제3자 개입을 금지하는 것은 사용자의 뜻 그대로인 것이다. 그러므로 우리나라 노동법은 아직도 노동악법이고, 노동자법이 아니라 사용자법이다.

1918년 인도에서는 사용자가 조정도 거부한다. 그런데 이 조정은 제3자 개인의 조정임을 주의해야 한다. 반면 우리나라에서는 사용자가 조정을 좋아한다. 왜냐하면 조정자가 국가이기 때문이다. 곧 간디는 21세기 한국에서도 파업에 관여할 수 없는 제3자로서 한국에서였다면 관여 자체로 무거운 형벌을 받게 된다.

만약 간디 같은 사람이 지금 한국에 있다면 언론은 어떻게 쓸까? 당시의 신문은 가령 "손해만 보았지 얻은 것이라고는 거의 없었던" 파업에 간디가 관여했는지 의심스럽다고 했다.[24] 그나마 정신병자 취급을 하지 않은 것을 다행이라고 해야 할까? 그러나 당시의 영국 식민지 관료들은 그렇게 생각했을 것임에 틀림없다.

---

24 에릭슨 53쪽 재인용.

23. 케다 사티아그라하

그러나 나에게는 숨 돌릴 여유도 없었다. 아메다바드 방직공 파업이 끝나자마자 케다 사티아그라하에 뛰어들어야 했다.

거대한 흉작으로 기근 직전 상태가 케다 지방에 나타났고, 케다의 파티다르 사람들은 그해 지세를 감면받는 문제를 고려하고 있었다.

내가 농민들에게 명확한 조언을 하기 전에 암리틀랄 다카르 씨가 벌써 상황을 조사하고 기록하여 지방관과 그 문제를 개인적으로 토의했다. 모한랄 판다 씨와 샹카를랄 파리크 씨도 싸움에 가담했고, 비탈바이 파텔 씨와 고(故) 고쿨다스 카한다스 파레크 경을 통해 뭄바이 의회를 움직였다.[25] 많은 사람이 총독을 만나 진정하기도 했다.

당시 나는 구자라트 회의(sabha)의 대표였다. 회의에서는 총독부에 진정서와 전보를 보냈고, 지방관의 모욕과 협박을 끈기 있게 참았다. 당시 관리들의 행동은 지금은 도저히 믿을 수 없을 만큼 너무나 치졸하고 야비했다.

농민들의 요구는 대낮처럼 명백했고, 너무나도 당연하고 온건했다. 지세법에 따르면 수확량이 4안나 이하이면 경작자는 그해 지세의 전액 면제를 요구할 수 있다. 관리들은 4안나가 넘는다고 했다. 반면 경작자들은 4안나 이하라고 주장했다. 그러나 총독부는 도무지 그들의 주장을 들으려 하지 않았고, 인민의 조정 요구를 대역죄로 간주했다. 결국 모든 진정과 청원이 실패했고, 나는 동료들과 상의한 뒤, 파티다르 사람들에게 사티아그라하를 권했다.

---

25 함석헌은 시위운동을 개시했다고 한다.

이 싸움에 참여한 나의 중요한 동지로는 케다의 자원자들 외에 발라브바이 파텔, 샹카를랄 반케르, 슈리마티 아나수야벤, 인둘랄 야즈니크, 마하데브 데사이 등이다. 발라브바이 씨는 이 투쟁에 참가하는 바람에 번창하는 변호사 일을 관뒀고, 결국 되돌아가지 못했다.

우리는 본부를 나디아드 아나다슈람[26]에 두기로 했다. 우리 모두가 있을 만큼 큰 공간이 달리 없었다.

사티아그라하인들은 다음과 같이 맹세했다.

"우리는 우리 마을의 수확량이 4안나 이하임을 알았으므로 당국에 다음 해까지 지세 납부를 연기해달라고 요청했으나, 당국은 우리의 요청을 거부했다. 따라서 우리는 자발적으로 지세 전액이나 미납액을 납부하지 않겠다고 엄숙하게 선언하고 서명한다. 우리는 당국의 어떤 적절한 법적 조치도 상관하지 않을 것이며, 납부 거부의 결과로 인한 고통을 기꺼이 받겠다. 우리는 토지를 몰수당한다고 해도, 자진 납부를 함으로써 우리의 주장을 부당하게 만들거나 자존심을 손상시키지는 않으리라.

그러나 당국이 이 지방에서 다음 징수를 연기하는 데 동의한다면 우리 중에서 납부 능력이 있는 사람들은 전액이나 잔액까지 함께 납부하겠다. 납부 능력이 있으면서도 납부를 거부하는 이유는, 만일 그들이 납부하게 되면 가난한 소작인들이 겁을 먹고 세금 납부를 위해 가재도구를 팔거나 빚을 내 고통을 받게 되기 때문이다. 이러한 형편이므로 우리는 가난한 사람들을 위해, 납부 능력이 있는 사람도 납부를 보류할 의무가 있다고 생각한다."

---

26 Anathashram. 인도 남부 고아에 있는 아슈람.

이 투쟁에 대해 더는 쓸 수가 없다. 따라서 이와 관련된 재미있는 회고는 그만하겠다. 이 중요한 싸움에 대해 더욱 상세히, 깊이 공부하고 싶다면 케다의 카드랄에 있는 샹카를랄 파리크 씨가 쓴 완전하고도 정확한《케다 사티아그라하》을 읽기 바란다.

24. '양파 도둑'

참파란은 인도의 구석에 있고, 신문은 그 운동에 대해 침묵했기 때문에 외부 방문객은 없었다. 그러나 케다의 경우는 달랐다. 그곳은 사건을 날마다 보도했다.

구자라트 사람들은 새로운 경험인 그 싸움에 깊은 관심을 보였고, 싸움의 성공을 위해 돈을 내려고 했다. 그들은 사티아그라하가 단순히 돈으로 될 수 없다는 걸 알지 못했다. 사실 돈이 필요 없는 일이었다. 내가 사양했는데도 뭄바이 상인들이 필요 이상 돈을 보내어 운동의 마지막에는 돈이 남았다.

동시에 사티아그라하 자원자들은 단순한 생활을 새로 배워야 했다. 그들이 그것을 완전히 받아들였다고는 할 수 없지만 그래도 그들의 생활 방식은 상당히 달라졌다.

파티다르 농민에게도 그 싸움은 생소했다. 그래서 우리는 사티아그라하의 원리를 설명하려고 이 마을 저 마을로 다녔다.

관리란 납세자에게 월급을 받기 때문에 인민의 주인이 아니라 종이라는 것을 깨닫게 해서 농민들의 공포를 없애는 것이 중요했다. 그러나 공포를 없애는 동시에 겸손을 갖게 하기란 거의 불가능했다. 일

단 관리의 공포에서 벗어나기만 하면, 자신들이 받은 모욕을 되돌려 주겠다는 것을 어떻게 막을 수 있는가? 만일 그들이 교만한 태도를 보이면, 우유에 떨어진 독약처럼 사티아그라하를 망치리라. 나는 그들이 기대했던 것보다 겸손이 주는 교훈을 충분히 알지 못했음을 나중에야 알았다. 내 경험으로는 겸손이야말로 사티아그라하에서 가장 어렵다. 여기서 겸손이란, 단순히 밖으로 말을 겸손하게 하는 것을 뜻하지 않고, 속으로도 겸손하고 상대에게 선을 행하려고 하는 것이다. 이는 사티아그라하인의 모든 행동에 나타나야 한다.

최초 단계에서 주민이 상당한 용기를 보였는데도 당국은 강경한 행동을 하려는 것 같지 않았다. 그러나 주민의 확고한 태도가 변할 것 같지 않자 당국은 탄압을 시작했다. 집달관들이 주민의 가축을 내다팔았고 움직이는 것이라면 무엇에나 손을 댔다. 벌금 통지서가 나왔고 어떨 땐 베지 않은 곡식을 압류하기도 했다.

이는 농민들을 지치게 만들어 지세를 내는 사람도 나왔고, 집달관에게 살림을 내주어 지세로 압류하게 하는 사람도 있었다. 반면 끝까지 버티겠다는 사람들도 있었다.

이런 일이 진행되는 동안, 샹카를랄 파리크 씨의 소작인 한 사람이 지세를 납부하는 일이 생겼다. 이것이 말썽을 일으켰다. 샹카를랄 씨는, 지세를 납부한 그 땅을 자선을 위해 기부하며 소작인의 잘못을 보상했다. 그렇게 하여 그는 자신의 명예를 되살리고 타의 모범이 되었다.

겁먹은 사람들에게 용기를 북돋우고자 나는 사람들에게 모한랄 판댜 씨 지휘 아래, 부당하게 압류된 땅에서 양파를 뽑아버리라고 권했다. 나는 이를 시민불복종이라고 생각하지 않았다. 설령 그렇게 생각한다고 해도, 밭에 있는 농작물을 압류한다는 건 합법적일지라도 반도덕적이며 약탈과 다름없다. 따라서 압류 명령을 받았다고 해도 양파를 뽑는 것이 주민의 의무라고 생각했다.

이는 그러한 불복종의 당연한 결과인 벌금이나 투옥의 교훈을 주민에게 배우게 하는 좋은 기회였다. 모한랄 판댜는 이를 좋아했다. 그는 사티아그라하에 부합되는 일을 한다면서 투옥의 고통도 없이 끝내는 것은 좋지 않다고 보았다. 그래서 그는 밭에서 양파 뽑는 일에 지원했고, 일고여덟 명의 친구들도 이 일에 합세했다.

당국으로서는 이를 방치할 수 없었다. 모한랄 씨와 그의 동료들이 체포되자 사람들은 분노했다. 감옥에 대한 공포가 사라지면 사람들은 더욱 용감해진다. 재판을 하는 날 군중이 법정을 둘러쌌다. 판댜와 동료들은 기소되어 단기간 투옥형을 받았다. 나는 양파 이동이란 형법에서 말하는 '절도'에 해당되지 아니므로 기소는 잘못되었다고 생각했다. 그러나 법률을 피하고자 했기 때문에 상소는 포기했다.

군중 행렬이 '죄수들'을 감옥까지 호송했고, 그날 모한랄 판댜 씨는 주민들에게 '양파 도둑'이라는 명예로운 칭호를 받았으며, 지금까지도 그것을 즐기고 있다.

케다 사티아그라하의 끝에 대해서는 다음 장에서 말하겠다.

25. 케다 사티아그라하의 끝

운동은 예상치 못하게 끝났다. 주민들이 지친 건 사실이었고, 그 굽히지 않는 사람들을 결국 파멸에 이르게 한다는 것을 나는 망설이지 않을 수 없었다. 나는 사티아그라하인이 수긍할 수 있도록 투쟁을 끝내는 멋진 방법을 찾았다. 그것은 예상치도 않게 나타났다.

나디아드 지방 징세관(The Mamlatdar of the Nadiad Taluka)이, 만일 부유한 파티다르 사람들이 납세하면 빈민에게는 면세하겠다는 말을 보내왔다. 문서로 보내달라고 했더니 보내주었다. 그러나 징세관은 자기 관할 지방에만 책임을 질 수 있기 때문에, 나는 전 지역에 대한 업무를 담당하는 세무서장에게 징세관의 조치가 모든 지역에 적용되는지를 물었다. 세무서장은 징세관이 말한 내용의 명령이 벌써 내려졌다고 답했다. 나는 몰랐지만 만일 그것이 사실이라면 주민들의 맹세는 이루어진 것과 마찬가지였다. 맹세는 그러한 내용을 목표로 했음을 기억하리라. 그래서 우리는 그 명령에 만족했다.

그러나 그 끝은 나를 만족시키지 못했다. 왜냐하면 모든 사티아그라하가 반드시 이룩해야 하는 은총을 결여했기 때문이다. 세무서장은 협정 같은 것은 맺은 적이 없는 듯이 일을 진행했다. 빈민은 면제받기로 되었으나 실제로 혜택을 받은 사람은 없었다. 누가 빈민인지를 결정하는 것은 주민의 권리였으나 그들은 그 권리를 행사하지 못했다. 권리를 행사할 힘이 없다는 점이 나는 슬펐다. 따라서 그 끝이 사티아그라하의 승리라고 축하를 받았지만, 나로서는 감격할 수가 없었다. 왜냐하면 완전한 승리의 핵심이 빠졌기 때문이다.

사티아그라하의 끝을 가치 있게 서술하는 유일한 경우란, 시작할 때보다 사티아그라하인을 더 강하고 더 생기 있게 변화시킨 경우다.

그러나 그 운동이 낳은 간접적인 결과를 우리는 지금도 볼 수 있고, 지금도 그 혜택을 거두고 있다. 케다 사티아그라하는 구자라트 농민 사이에 각성이 시작되었고, 그들의 참된 정치적 교육이 시작되었음을 상징한다.

베전트 박사의 찬란한 자치운동이 분명히 농민을 자극했지만, 교육받은 공공활동가를 농민의 실생활과 접촉하게 한 것은 케다 사티아그라하였다. 그들은 농민과의 일체화를 배웠다. 그들은 그들이 활동할 가장 좋은 영역을 찾았고, 그들의 희생 능력도 커졌다. 발라브바이가 이 운동에서 깨달은 것도 결코 작은 것이라고 할 수 없다. 우리는 그것이 얼마나 큰 것인지를, 작년의 수재 구제 사업과 올해의 바르돌리 사티아그라하에서 알 수 있다.

그리하여 구자라트 사람들의 공적 생활은 새로운 힘과 생기로 넘쳐났다. 파티다르 농민들은 자신의 힘이 얼마나 놀라운지를 자각했다. 인민 구제는 그들 자신에게 달려있고, 고난과 희생의 능력에 달려있다는 교훈은, 사람들 가슴에 깊이 새겨졌다. 케다 투쟁을 통해 사티아그라하는 구자라트 땅에 튼튼히 뿌리내렸다.

따라서 비록 내가 사티아그라하 결과에 감격하지는 못했다 해도 케다 농민들은 즐거워했다. 왜냐하면 그들이 이룬 것이 그들의 노력에 의한 것임을 알았고, 그들의 불만을 해결하는 참되고 실패하지 않는 길을 발견했기 때문이다. 그것을 알았으니 충분히 기뻐할 만했다.

그럼에도 케다 농민들은 사티아그라하의 내면에 있는 뜻을 충분히 이해하지 못했다. 그래서 다음 장에서 보듯이, 그 값을 치러야 했다.

26. 통일을 열망함

케다 투쟁이 시작되었을 때 유럽에서는 필사적인 전쟁이 계속되고 있었다. 이제 위기는 닥쳐왔고 총독은 여러 지도자를 델리의 전쟁회의에 초청했다. 나도 참석하라는 권유를 받았다. 나는 이미 총독 쳄스퍼드 경과 친한 사이라는 이야기를 한 바 있다.

나는 초대에 응해 델리에 갔다. 그러나 나에게는 그 회의 참석에 반대할 이유가 있었다. 중요한 이유는 알리 형제 같은 지도자들이 제외됐다는 것이었다. 당시 그들은 감옥에 있었다. 나는 그들에 대해 많은 이야기를 들었지만 만나본 건 한두 번에 불과했다. 모든 사람들이 그들의 봉사와 용기를 높이 평가했다. 당시 나는 하킴 사헤브를 가까이 접촉하지 못했지만, 루드라 교장과 디나반두[27] 앤드루스가 그를 칭찬하는 말을 들었다. 나는 슈아이브 쿠레시 씨와 크와자 씨를 콜카타의 이슬람교연맹에서 만났다. 또 안사리와 압두르라만 의사도 만났다. 나는 훌륭한 이슬람교도와 친구가 되고 싶었고, 가장 순수하고 애국적인 대표와 접촉하여 이슬람교도의 마음을 이해하고 싶었다. 따라서 그들과 친해지려고 그들이 데리고 가는 곳은 어디라도 기꺼이 갔다.

나는 일찍이 남아프리카에 있을 때부터 힌두교도와 이슬람교도 사이에는 순수한 우정이 없음을 잘 알았다. 나는 그 통일을 방해하는 것을 없앨 수 있는 어떤 기회도 놓치지 않았다. 그렇다고 아첨을 해 누구를 달래거나, 자존심까지 버리는 것은 내 천성에 맞지 않았다. 그러나 남아프리카에서의 경험으로 나의 비폭력이 극심한 시련을 받게 되고, 나의 비폭력 실험을 위한 가장 광범한 영역을 제공하는 문제는, 힌두-이슬람교의 통일 문제라고 확신하게 되었다. 그

---

27 Dinabandhu. 약자의 친구라는 뜻의 경칭.

확신은 지금도 마찬가지다. 내 일생의 어떤 순간에도 신이 나를 시련에 둔다는 것을 깨닫고 있다.

그 문제를 그렇게 강하게 확신하면서 남아프리카에서 돌아왔을 때, 나는 우연히 알리 형제를 만났다. 그러나 더 깊이 알기 전에 그들은 격리되었다. 마울라나 모하마드 알리는 베툴과 츠힌드와다에서 교도관이 허용할 때마다 나에게 긴 편지를 써서 보내곤 했다. 나는 형제를 면회하고자 요청했으나 허락되지 않았다.

내가 이슬람교 형제들에게 콜카타의 이슬람교도 동맹회의에 참석해달라는 요청을 받은 것은 알리 형제가 투옥된 뒤였다. 연설을 요청받은 나는 그 형제를 석방시키는 것이 이슬람교도의 의무라고 말했다. 얼마 뒤에 그 친구들은 나를 알리가드의 이슬람교 대학으로 안내했다. 거기서 나는 조국에 봉사하고자 탁발승[28]이 되겠다는 청년들의 초대를 받았다.

그 후 나는 그 형제의 석방을 위해 정부와 교섭하기 시작했다. 이와 관련하여 킬라파트 운동[29]에 대한 그 형제의 견해와 활동을 연구했다. 나는 이슬람교 친구들과 토론했다. 내가 이슬람교도의 진정한 친구가 되고자 한다면 그 형제의 석방과 킬라파트 문제의 정당한 해결을 위해 가능한 모든 도움을 주어야 한다고 생각했다.

---

28 fakir. 무슬림 고행자, 탁발 수도사를 말함.

29 1차 대전 후 이슬람교의 종주권을 지키고자 벌어진 반영(反英)운동. 1차 대전에서 이슬람의 종교적 수반인 칼리프이기도 했던 터키의 술탄은 독일 편을 들어 패배했으므로 그 책임을 져야 했다. 터키 제국의 해체 위기와 칼리프의 운명은 인도 이슬람교도에게 지속적인 의미를 갖는 것은 아니었지만, 인도 이슬람교도는 그 일이 영국의 반이슬람적 태도와 관계가 있다고 생각했고 알리 형제를 중심으로 영국의 '이슬람 배반'에 반대하여 킬라파트 운동을 낳았다. 킬라파트는 칼리프의 지위를 뜻하는 말이다

그들의 요구에 비도덕적인 점이 없다면, 문제의 절대적인 시시비비를 가리는 것은 내 할 일이 아니었다. 종교 문제에서 신조란 각자 다른 것이고, 그것은 각자에게 최고인 것이다. 만일 모든 종교 문제에서 신조가 동일하다면 세계에는 단 하나의 종교밖에 있을 수 없다.

시간이 지남에 따라 킬라파트에 대한 이슬람교도의 요구가 어떤 도덕 원칙에도 위반되지 않을 뿐 아니라, 영국 수상도 이슬람의 요구가 정당하다는 것을 인정했음을 알게 되었다. 따라서 수상의 약속을 제대로 실현하기 위해서도 나는 내가 할 수 있는 모든 도움을 줄 필요가 있다고 생각했다. 수상의 약속은 명백한 문장으로 표현되었기 때문에, 이슬람이 요구하는 것의 시시비비를 검토하는 것은 오로지 나의 양심을 만족시키기 위해서만 필요했다.

친구들과 비평가들은 킬라파트 문제에 대한 나의 태도를 비판했다. 그러한 비판을 받았다고 해서 나는 그것을 수정할 이유가 있다고 생각하지 않으며 이슬람교도에 대한 나의 협력을 후회하지도 않는다. 다시 똑같은 문제가 생긴다고 해도 나의 태도는 똑같을 것이다.

따라서 내가 델리로 갔을 때, 나는 총독에게 무엇보다도 이슬람교 문제를 말하기를 원했다. 당시의 킬라파트 문제는 그 뒤에 나타난 것과는 달랐다.

그러나 델리에 도착하자 회의 참석을 어렵게 만드는 일이 생겼다. 디나반두 앤드루스가 나의 전쟁 회의 참석이 도덕적인지 의문을 제기한 것이다. 그는 영국과 이탈리아의 비밀조약에 대한 영국 언론의 논의에 대해 나에게 말했다. 만일 영국이 유럽의 다른 세력과 비밀조약을 맺었다면 어떻게 그 회의에 참석할 수 있겠는가? 나는 그 조약에 대해 아무것도 몰랐다. 나로서는 디나반두 앤드루스의 말로 충분했다.

그래서 나는 첼름스퍼드 경에게 편지를 써서 회의에 참석하기 힘들다고 전했다. 그는 나에게 그 문제를 토의하자고 초대했다. 나는 그와 그의 비서 머피 씨와 함께 오랫동안 토의했다. 그 결과 나는 회의 참석에 동의했다. 총독은 다음과 같이 설명했다.

"당신은 영국 내각에서 일어나는 모든 일을 총독이 안다고는 믿지 않겠지요. 저는, 아니 어느 누구도 영국 정부가 잘못하지 않는다고 주장할 수 없습니다. 그러나 지금까지 대체로 선량한 나라였음을 인정하신다면, 또 인도가 영국과 관계를 맺어 대체로 혜택을 입었음을 인정하신다면, 모든 인도 시민이 어려운 처지에 있는 제국을 도울 의무가 있음을 인정하셔야 하지 않겠습니까? 저도 영국 신문에서 그 비밀조약에 대해 말한 기사를 읽었습니다. 저는 그 기사 이상의 것은 모른다고 분명히 말씀드립니다. 그리고 신문에는 허위가 많다는 점을 아시겠지요. 신문 보도만 보고 이러한 심각한 위기 상황에 제국에 대한 협조를 거부할 수 있습니까? 전쟁이 끝난 뒤에는 당신이 원하는 어떤 도덕적 문제를 제기하셔도 좋고 우리에게 도전해도 좋지만, 지금은 아닙니다."

그런 주장은 새롭지 않았다. 다만 문제 제기 방식이나 시기를 고려했을 때 나에게는 호소력이 있었다. 나는 회의 참석에 동의하고, 이슬람교도 문제에 대해서는 총독에게 편지를 쓰기로 했다.

27. 모병운동

그래서 나는 회의에 참석했다. 총독은 내가 모병 결의를 지지해주길 간절히 바랐다. 나는 힌디 – 힌두스타니어로 말하게 해달라고 요구했다. 총독은 허락했지만, 동시에 영어로도 말해달라고 했다. 나는 연설을 하지 않았다. 다만 한마디를 했을 뿐이다. "저는 책임을 충분히 통감하면서 이 결의안 지지를 바랍니다."

많은 사람들이 내가 힌두스타니어로 말한 것에 감사했다. 그들은 그런 회의에서 힌두스타니어를 사용한 것은 처음이라고 했다. 그들의 감사와 총독이 주최한 회의에서 힌두스타니어를 사용한 사람이 내가 처음이었다는 것이 나의 민족적 자존심을 상하게 했다. 나는 스스로 움츠러드는 느낌을 받았다. 그 나라에서, 그 나라와 관련된 일을 위해 열리는 회의에서 그 나라 말이 금기가 되어야 하다니. 나 같은 일개 떠돌이가 거기서 힌두스타니어를 말한 것이 감사받을 일이라니 이 무슨 비극인가! 이런 일은 우리가 얼마나 낮은 상태에 빠졌는지를 말해준다.

그 회의에서 내가 뱉은 한마디는 나에게 상당히 의미 있는 것이었다. 나는 그 회의도, 내가 지지한 결의안도 잊을 수 없다. 델리에서 해야 할 일이 하나 있었다. 총독에게 편지를 쓰는 일이었다. 그것은 내게 쉬운 일이 아니었다. 나는 정부를 위해서도, 인민을 위해서도, 내가 어떻게, 왜 그 회의에 참석했는지를 설명하고, 인민이 정부에 기대하는 바를 명확하게 서술하는 것이 나의 의무라고 생각했다.

편지에서 나는, 로카만야 틸라크과 알리 형제 같은 지도자들이 배제된 것이 유감이고, 인민의 최소한의 정치적 요구와 함께, 전쟁으로 초래된 상황에서 나온 이슬람교도의 요구에 대해 설명했다. 나는 총독에게 편지의 공개를 요청했고, 총독은 기꺼이 승낙했다.

편지는 심라로 보내야 했다. 총독이 회의 직후 바로 그곳으로 갔기 때문이다. 그 편지는 내게 매우 중요한 것이었고, 우편으로 보내면 늦을 것 같았다. 시간을 절약하기를 바랐지만, 그렇다고 우연히 만난 심부름꾼에게 보낼 수도 없었다. 내겐 총독 관저에 편지를 가져가서 직접 전할 순결한 사람이 필요했다.

디나반두 앤드루스와 루드라 교장이 케임브리지 선교단의 훌륭한 아일랜드 목사를 추천했다. 그는 자기가 그 편지를 읽어도 좋다면, 또 읽고 자기 마음에 든다면 그렇게 하겠다고 했다. 편지가 전혀 개인적인 것이 아니어서 나는 반대하지 않았다. 그는 편지를 읽고 마음에 들어 했고 사명을 완수하겠다고 말했다. 2등칸 요금을 주었더니 자기는 중간 차를 타고 여행하는 데 익숙하다며 거절했다. 밤 열차인데도 그는 그 차를 탔다. 그의 단순함, 솔직함, 명쾌한 태도가 나를 사로잡았다. 그래서 내가 생각한 대로 순결한 사람의 손으로 편지는 목적대로 전해졌다. 그래서 마음이 편해졌고 내 길이 밝아졌다.

또 하나의 의무는 신병 모집이었다. 그 일을 케다 아닌 다른 어디서 시작하겠는가? 내 동료가 아닌 누구에게 최초의 모병을 요구하겠는가? 그래서 나는 나디아드에 도착하자마자 발라브바이 등 친구들과 회의를 했다. 그중 몇 명은 그 제의를 쉽게 받아들이지 않았다. 찬성하는 사람도 성공을 의심했다. 내가 호소하려는 사람들과 정부 사이에는 호의라고는 전혀 없었다. 그들은 정부 관리에게 겪은 쓰라린 경험을 여전히 생생하게 기억했다.

그럼에도 그들은 일을 해보자는 편이었다. 일을 시작하자마자 내 눈이 뜨였다. 나의 낙관적인 태도는 큰 타격을 받았다. 지세 투쟁 때는 사람들이 그들의 달구지를 기꺼이 무료로 제공했고, 자원자가 한 사람 필요하면 두 사람이 왔는데, 이제는 돈을 줘도 달구지를 구할 수 없고 자원자에 대해서는 말도 할 수 없게 되었다.

그러나 우리는 실망하지 않았다. 우리는 달구지를 쓰지 않고 걷기로 했다. 그래서 매일 20마일을 걸었다. 달구지도 안 되는데 먹을 것을 기대할 순 없었다. 밥을 달라고 할 처지도 아니었다. 그래서 자원자는 모두 손가방에 먹을 것을 가지고 다니기로 했다. 여름이어서 침대나 시트는 필요하지 않았다.

우리는 가는 곳마다 회의를 열었다. 사람들이 오기는 했으나, 모병에 응한 사람은 한두 명에 불과했다. "당신은 비폭력 신봉자면서 어떻게 우리에게 무기를 들라고 하십니까?" "정부가 무슨 좋은 일을 했다고 우리에게 협조하라고 하십니까?" 언제나 그와 비슷한 질문들이 우리에게 쏟아졌다.

그러나 끈기 있게 일한 결과 효과가 나타났다. 상당수가 등록을 했고, 제1진을 보내면서 정규 모집도 가능하리라는 희망을 갖게 되었다. 신병을 어디에 수용할 것인가에 대해서는 이미 지사와 의논을 시작했다.

각 지역 지사들은 델리 회의를 모델로 하여 회의를 열었다. 구자라트에서도 회의가 열렸다. 나와 동료들도 초청되었다. 우리는 회의에 참석했지만, 그곳에선 델리에서보다 내가 설 자리가 더 작다고 느꼈다. 그 노예적인 굴종의 분위기에서 나는 불쾌했다. 견디다 못해 몇 마디 했다. 관리들이 좋아하는 말을 할 수 없었고, 한두 마디 쓴소리를 했다.

나는 모병을 권유하는 전단을 주민들에게 돌리곤 했다. 그중 하나에 내가 쓴 주장이 지사의 마음에 들지 않았다. 역사는 "영국이 인도에서 저지른 수많은 잘못 중에서 전 국민에게서 무기를 빼앗은 법을 가장 악랄한 것으로 기록할 것이다. 우리가 그 무기 몰수법을 철폐하길 바라고 무기 사용법을 배우고자 한다면 여기 절호의 기회가 있다. 만일 중간계급이 자원하여 위기에 처한 정부를 돕는다면, 불신은 사라지고, 무기 소유 금지도 없어지리라."

지사는 이에 대해 언급하면서 우리 사이에 차이점이 있음에도 내가 회의에 참석한 것에 감사했다. 나는 되도록이면 가장 정중하게 나의 관점을 정당화했다.

여기에 내가 총독에게 보낸 편지를 공개한다.

아시다시피 심사숙고 후에 4월 26일 편지에서 말한 이유로 회의에 참석할 수 없다고 말하지 않을 수 없으나, 당신이 나에게 회견을 베푼 후 거기 참석하기로 했습니다. 그것은 다른 이유를 제외하면 당신에 대한 저의 무한한 존경심 때문입니다. 제가 불참하려고 한 가장 큰 이유는, 제가 여론에서 가장 강력한 지도자라고 생각한 로카만야 틸라크, 베전트 부인, 알리 형제 같은 분들이 회의에 초대받지 못했기 때문입니다. 저는 여전히 그들을 초청하지 않은 것이 가장 큰 실수라고 보며, 앞으로 있을 지방회의에 그들을 초청하여 정부를 도울 기회를 준다면 앞의 실책을 돌이킬 수 있으리라 생각합니다.

감히 말하지만 어떤 정부도, 설령 근본적으로 다른 견해를 갖는다고 해도, 그들처럼 인민 대다수를 대표하는 지도자들을 무시할 순 없습니다. 동시에 그 회의의 여러 위원회에서 모든 당파에게 자유롭게 견해를 표현할 수 있게 해준 점이 저는 기뻤습니다. 저는 제가 봉사할 영광을 준 위원회나 회의 자체에서는 일부러 제 견해를 밝히는 것을 삼갔습니다. 저는 제가 그 회의의 목적에 가장 크게 기여하는 바는, 단지 거기 제출된 결의안을 지지하는 것이라고 생각했고, 어떤 주저함도 없이 그렇게 했습니다. 저의 바람은, 정부가 저의 제안을 받아준다면 제가 말한 것을 조속히 실천하는 것입니다. 그 제안은 여기 동봉하는 다른 편지에 있습니다.

가까운 장래에 해외 자치령이 누리는 것과 똑같은 파트너가 되기를 열망하는 우리는, 제국이 위험에 처한 이때, 제국을 위해 자발적으로 확고한 지지를 보내야 한다고 생각합니다. 그러나 이것이 우리의 반응이, 우리의 목표가 더욱 빨리 달성되리라는 기대에 의한 것임도 명백한 진실입니다. 따라서 의무의 이행에 따라 동일한 권리가 부여되므로, 당신이 연설에서 말한 조속한 개혁이란 인민이 국민회의-이슬람동맹 안의 중요한 일반 원칙을 구체화하는 것이라고 믿을 자격이 있습니다. 저는 이번 회의에 참가한 많은 사람들을 정부에 완전히 협조하게 한 것도 그 믿음이라고 확신합니다.

제가 만일 동포의 발걸음을 돌이킬 수 있다면, 전쟁이 계속되는 동안에는, 국민회의의 모든 결의안을 취소하게 하고, '자치'니 '책임 정부'니 하는 말을 속삭이지 못하게 할 것입니다. 저는 제국의 위기에 인도가 제국을 위해 그 모든 아들을 희생물로 바치게 하고 싶고, 바로 그런 행동으로 인도는 제국의 가장 훌륭한 파트너가 될 수 있음을 잘 알며, 그랬을 때 인종차별은 과거의 일이 될 것입니다.

그러나 실제로 인도의 모든 지식인은 그보다 유효하지 못한 길을 택하기로 결심했고, 이제 인도 지식인이 대중에게 아무런 영향을 미치지 못한다고는 말할 수 없게 되었습니다. 저는 남아프리카에서 인도로 돌아온 뒤, 소작인들과 가장 긴밀하게 접촉해왔고, 자치의 희망이 그들에게 광범하게 침투했음을 분명히 말하고 싶습니다.

저는 국민회의의 지난 회의에 참석했고, 영국령 인도에 완전한 책임정부를 허용할 것을 명확하게 법제화해야 한다는 결의안에 동의했습니다. 물론 저는 그것이 위험하다는 것을 잘 압니다만, 그러나 가능한 가장 빠른 시기에 자치가 실현된다는 확실한 전망 말고는 다른 무엇도 인도 인민을 만족시킬 수 없음을 확신합니다.

이 목적을 달성하는 데는 어떤 희생도 크지 않다고 생각하는 사람들이 인도에 많다는 것을 저는 압니다. 그리고 그들은 제국 안에서 최종 지위에 오르기를 원하는 만큼 제국을 위해서도 마찬가지로 희생을 바칠 각오가 되어 있어야 한다는 것을 깨달을 만큼 충분히 깨어 있습니다.

따라서 제국을 위협적인 위험에서 구하기 위해 우리의 마음과 영혼을 조용히 쏟을 때만이 그러한 목적을 향한 우리의 여행은 가속화될 수 있습니다. 이 기본적인 진실을 깨닫지 못한다면 민족적인 자살이 될 것입니다. 만일 우리가 제국을 구하려고 봉사한다면, 바로 그 행위를 통하여 자치를 확보한다는 것을 알아야 합니다.

따라서 우리가 제국의 방위를 위해 가능한 모든 사람을 주어야 한다는 것이 저에게 명백한 반면, 재정적 원조에 대해서는 똑같이 말할 수 없다는 점이 두렵습니다. 소작인들과 친밀하게 접촉한 결과 저는 인도는 이미 능력 이상으로 제국 재정에 기부했음을 확신하게 되었습니다. 저는 이 말이 동포 대다수의 여론을 말하는 것임을 압니다.

이 회의는 저나 우리 대부분에게, 대의명분을 위해 우리의 생명을 바치는 결정적인 발걸음을 의미한다고 믿습니다만, 우리의 처지는 특수합니다. 우리는 지금 대등한 파트너가 아닙니다. 우리의 지원은 더 나은 미래에 대한 희망에 근거합니다. 그 희망이 무엇인지를 분명하고도 솔직하게 말하지 않는다면, 저는 당신과 저의 나라에 대해 진실하지 못한 것일 수밖에 없습니다. 저는 그 완성을 위해 거래하지 않습니다만, 희망의 상실은 미혹을 뜻한다는 것을 당신은 반드시 알아야 합니다.

결코 빠뜨릴 수 없는 것이 있습니다. 당신은 내부의 싸움을 그만두자고 제의했습니다. 만일 그 제의가 관료들의 전제와 비행을 참으라는 것이라면 저는 그 제의에 응할 힘이 없습니다. 저는 조직적 전제에 대해서는 끝까지 저항하겠습니다. 그런 제의는 관리들에게 해야 합니다. 단 한 사람이라도 부당하게 대우하지 않도록, 과거와는 달리 여론을 듣고 존중하도록.

참파란에서 해묵은 전제와 싸우면서, 저는 영국식 정의의 최고 권위를 보여주었습니다. 정부를 저주하던 케다의 주민은 이제 힘은 정부에 있는 것이 아니라, 인민이 스스로 내세우는 진실을 위해 고통받을 각오를 할 때 있는 것임을 깨달았습니다. 따라서 그들은 그 고통을 잊었으며 정부는 국민을 위한 정부라야 한다고 스스로 말합니다. 왜냐하면 불의가 느껴져서 반항을 할 때, 그 정부는 질서 있고 존중할 만한 불복종에 대해 인내하기 때문입니다.

따라서 참파란과 케다에서 제가 한 일은 전쟁에 대한 저의 직접적이고 명백하며 특별한 공헌입니다. 그런 방향의 제 활동을 중지하라고 하는 것은 나의 삶을 중지하라고 하는 것입니다. 만일 제가 야만적인 힘을 대신하는 영혼의 힘(사랑의 힘)의 사용을 인민의 마음속에 분명히 뿌리내리게 한다면, 전 세계의 악에 대해서도 대항하는 인도를 당신에게 보여줄 수 있다고 생각합니다.

따라서 저는 계절을 가리지 않고 이 고통을 달게 받는다는 영원한 법칙을 내 삶에서 스스로 표현하기 위해 훈련할 것이고, 누구든 이를 받으려는 사람에게 제시하며, 만일 제가 다른 활동에 참가한다고 해도 그 동기는 그러한 법칙의 무한한 우월성을 보여주기 위해서입니다.

마지막으로 나는 당신에게 영국 내각으로 하여금 이슬람교도의 주들에게 명확한 확신을 주도록 요청합니다. 모든 이슬람교도들이 이 문제에 깊은 관심을 갖고 있음을 당신이 아시리라 믿습니다. 힌두교도로서 저는 거기에 무관심할 수 없습니다. 그들의 고통은 우리의 고통입니다. 그 여러 주의 권리와 성지에 대한 그들의 감정을 가장 신중하게 고려하는 것 그리고 인도의 자치 주장에 대한 당신의 정당하고도 적절한 처사에 제국의 안전이 달려 있습니다. 제가 이 글을 쓰는 이유는, 제가 영국 국민을 사랑하기 때문이고, 모든 인도인의 마음속에 영국인의 충성심을 불러일으키기 위해서입니다.

28. 죽음의 문턱에서

모병운동 중에 몸이 극도로 쇠약해졌다. 당시 내 음식은 주로 땅콩버터와 레몬이었다. 나는 땅콩버터를 과식하면 건강을 해친다는 것을 알면서도 그렇게 했다가 가벼운 이질에 걸렸다. 나는 별로 신경쓰지 않고 평소와 같이 그날 저녁 아슈람에 갔다. 당시에는 약을 거의 먹지 않았다. 한 끼 굶으면 좋아지리라 생각하고 다음날 아침을 먹지 않았더니 나은 것 같았다. 그러나 완전히 나으려면 단식을 계속해야 하고, 과일 주스 외에 아무것도 먹지 말아야 한다고 생각했다.

그날 축제가 있었고, 카스투르바이에게 점심때 아무것도 안 먹어야 한다고 말했는데, 그녀의 이끌림에 나는 넘어갔다. 나는 우유나 우유 제품은 먹지 않기로 맹세했으므로 그녀는 나를 위해 특별히 버터 기름(ghi) 대신 식물성 기름을 넣어 만든 밀죽을 준비했다. 또 콩죽도 한 사발 마련했다. 모두 내가 좋아하는 것들이었다. 그래서 탈나지 않을 정도로, 또 카스투르바이도 기쁘게 하고 내 입맛도 만족시킬 정도로 먹겠다고 생각하고 먹기 시작했다. 그러나 악마가 기회를 노리고 있었다. 조금만 먹지 않고 실컷 먹었다. 죽음의 천사를 부르기에 충분했다. 한 시간 만에 이질은 급성으로 변했다.

그날 저녁 나는 나디아드로 돌아가야 했다. 나는 매우 힘들게 2킬로미터 정도 떨어진 사바르마티 역에 도착했다. 아메다바드에서 만난 발라브바이 씨는 내가 어딘가 불편하다는 걸 알았지만 나는 내가 매우 고통스럽다는 것을 눈치채지 못하게 했다.

우리는 10시쯤에 나디아드에 도착했다. 우리 본부가 있는 힌두 아나드아슈람은 역에서 0.8킬로미터 정도 거리였는데 내게는 그의 열 배나 되는 것 같았다. 여하튼 본부까지는 갔는데, 배가 더욱더 아프기 시작했다. 멀리 떨어진 화장실 대신 요강을 옆방에 두도록 부탁했다. 너무나 부끄러웠지만 어쩔 수 없었다. 풀찬드 씨가 즉시 요강 하나를 가져왔다.

모든 친구가 걱정하며 나를 둘러쌌다. 그들 모두 사랑과 관심을 보여주었지만, 내 고통을 덜어주지는 못했다. 게다가 나의 고집 때문에 어떻게 할 수가 없었다. 나는 모든 의료 지원을 거부했다. 약도 거부했는데, 차라리 어리석음에 대한 벌을 받고 싶었다. 그래서 모두 어쩔 수 없이 지켜만 보았다. 나는 24시간에 30~40회 설사를 했다.

나는 단식을 하면서 처음에는 과일 주스조차 마시지 않았다. 식욕이 완전히 사라졌다. 그때까지 강철 같은 몸이라고 생각했는데, 이제는 몸이 한 줌 흙임을 알게 되었다. 나는 모든 저항력을 상실했다. 의사 카누가가 와서 약을 먹으라고 했다. 나는 거절했다. 주사를 놓자고 했다. 그것도 거절했다. 주사에 대한 나의 무지는 당시 너무나도 터무니없었다. 나는 주사를 일종의 유장(乳漿)이라고 믿었다. 뒤에 그 주사가 식물성인 것을 알았지만 맞기에는 벌써 늦었다. 설사는 계속되었고 나는 완전히 탈진했다. 탈진은 고열을 불러왔다. 불안해진 친구들이 다른 의사를 데려왔다. 그러나 말을 듣지 않는 환자를 어떻게 하겠는가?

호상 암발랄이 그의 착한 아내와 함께 나디아드에 와서 동료들과 상의한 뒤 매우 조심스럽게 나를 아메다바드의 미르자푸르 방갈로로 옮겼다. 내가 병중에 받은 특혜보다 더한 사랑과 봉사는 누구도 받지 못했으리라. 그러나 미열은 계속되었고 내 몸은 나날이 약해졌다. 병이 오래가고 죽을 것 같았다. 호상 암발랄의 지붕 밑에서 지극한 사랑과 간호를 받으면서도 마음이 초조해진 나는 아슈람으로 옮겨달라고 부탁했다. 그는 내 성화에 굴복했다.

그래서 내가 아슈람에서 고통으로 침대를 뒹구는 동안, 발라브바이 씨가 독일이 완전히 졌다는 소식을 전했다. 더는 모병이 필요 없다는 지사의 말을 전했다. 모병을 걱정할 필요가 없다는 소식에 나는 너무 기뻤다.

이어서 물 치료를 시작했더니 조금 나아졌으나, 몸을 추스르기가 어려웠다. 수많은 사람들이 찾아와서 약을 권했으나 그 어떤 것도 먹을 생각이 없었다. 두세 사람이 우유 맹세에서 벗어나는 방법으로 고깃국을 권했고, 그것을 뒷받침하기 위해 아유르베다를 인용하기도 했다. 어떤 사람은 계란을 강력하게 추천했다. 그러나 그 모두에 대한 나의 단 하나의 답은 '싫다'였다.

나에게 음식 문제란 경전의 권위에 의해 결정될 수 있는 것이 아니었다. 그것은 이미 외부적 권위에 의존하는 것이 아니라 원리에 의해 지도된 삶의 진로와 얽혀 있었다. 나는 그것을 버리고 살 생각이 없었다. 내가 아내와 자식들 그리고 친구들에게 매정하게 강요한 원리를 어떻게 나 자신을 위해 누그러뜨리겠는가?

그리하여 내 일생에서 가장 길고 지루했던 이 병은 나의 원칙을 검증하고 시험하는 특별한 기회가 되었다. 어느 날 밤 나는 완전히 절망에 빠졌다. 죽음의 문턱에 왔다는 느낌이었다. 아나수야벤을 불렀다. 그녀는 아슈람에 달려왔다. 발라브바이가 의사 카누가와 함께 왔다. 의사는 나의 맥을 짚더니 말했다. "맥박은 정상입니다. 이제 걱정할 필요가 없습니다. 너무 약해져서 생긴 신경쇠약입니다." 그러나 나에게는 확신이 서지 않았다. 그날 밤 한숨도 자지 못했다.

아침에 일어나니 죽지는 않았다. 그러나 죽음이 가까웠다는 느낌을 버릴 수 없었고, 깨어 있는 동안 아슈람 친구들에게 《기타》를 읽게 하고 이것을 듣는 데 마음을 쏟았다. 나 스스로 읽을 수가 없었다. 말도 하고 싶지 않았다. 조금만 말을 해도 머리가 아팠다. 나는 살기 위해 살고 싶지는 않았기 때문에 삶에 대한 모든 흥미가 없어졌다. 그처럼 무력한 상태에서 아무것도 하지 않고 친구와 동료의 봉사를 받으며 몸이 서서히 쇠약해지는 것을 지켜보는 것은 엄청난 고통이었다.

그렇게 항상 죽음을 기다리며 누워 있던 어느 날, 의사 탈발카르가 이상한 사람을 데려왔다. 마하라슈트라[30]에서 온 사람이었다. 유

---

30 Maharashtra. 인도 서부, 구자라트 옆에 있는 주.

명하지는 않았지만 그를 본 순간 그도 나처럼 괴팍한 사람임을 알았다. 그는 자기 치료법을 나에게 시험하러 온 것이다. 그는 그랜트 의과대학에서 공부를 마쳤으나 학위는 받지 못한 사람이었다. 뒤에 나는 그가 브라모 사마지 신도임을 알았다. 그의 이름은 켈카르였고 독립적이고 완고한 성격이었다. 그는 얼음 치료를 소개하면서 나에게 적용해보자고 했다. 그래서 우리는 그를 '얼음 의사'라고 불렀다. 그는 자격 있는 의사들도 모르는 확실한 것을 발견할 거라고 굳게 믿었다. 그와 나 모두에게 유감스럽게도 그는 내가 자기 이론에 따르게 만들지 못했다. 어떤 점에서는 그를 믿었지만, 그가 너무 속단한다고 생각했다.

그러나 그 발견의 장단에 관계없이 나는 그에게 내 몸을 실험하게 했다. 나는 외부 치료에는 상관하지 않았다. 그의 치료법이란 온몸에 얼음을 붙이는 것이었다. 그의 치료가 나에게 효과가 있었다는 그의 주장을 믿지 않았지만, 확실히 그것은 나에게 새로운 희망과 힘을 불어넣었고, 그런 마음은 자연스럽게 몸에도 영향을 미쳤다. 그래서 식욕이 생겼고, 5~10분 정도 가볍게 산책도 했다.

이어서 그는 식사를 고치자고 했다. 그가 말했다. "날계란을 먹으면 더욱 힘이 나고 빨리 강해질 수 있습니다. 계란은 우유처럼 무해합니다. 그것들은 정말 고기 범주에는 들지 않습니다. 모든 계란이 다 유정란은 아니란 걸 아십니까? 시장에는 무정란도 많습니다." 그러나 나는 무정란도 먹을 생각이 없었다. 여하튼 공적 활동에 흥미가 생길 정도로 나아졌다.

29. 롤래트법안과 나의 딜레마

친구들과 의사들이 마데란으로 요양을 가면 빨리 회복된다고 해서 그리로 갔다. 그러나 그곳 물이 너무 세어서 도저히 지낼 수 없었다. 이질을 앓고 나니 항문이 많이 약해졌고 터지기까지 해서 대변을 볼 때 너무 고통스러웠기 때문에 먹는다는 것 자체가 두려워졌다. 그래서 일주일도 안 되어 마데란에서 도망쳤다.

내 건강 보호자를 자처한 샨케를랄 반케르가 의사 달랄과 상의해 보자고 졸랐다. 그래서 그를 불러왔다. 나는 즉석에서 결정하는 그의 능력에 끌렸다.

그가 말했다. "우유를 마시지 않으시면 몸을 회복시켜드릴 수 없습니다. 우유와 함께 철분과 비소 주사를 맞으면 체력이 회복된다고 확신합니다."

내가 답했다. "주사는 좋습니다. 그러나 우유는 안 됩니다. 마시지 않기로 맹세했습니다."

"그 맹세란 정확하게 어떤 것입니까?" 의사가 물었다.

나는 그 내력과 맹세 이면에 있는 이유를 말하고, 젖소나 물소의 우유를 강제로 짜낸다(phooka)는 것을 알고부터 우유를 혐오하게 되었다고 했다. 나아가 우유는 인간의 자연식품이 아니라고 생각하므로 완전히 사용을 금했다고 했다. 카스투르바이가 내 침대 가까이 앉아 대화를 다 들었다.

"그러나 산양젖이야 반대할 수 없잖아요?" 그녀가 끼어들었다.

의사가 그 말에 동조했다. "산양젖만 드셔도 충분합니다." 그가 말했다.

나는 굴복했다. 사티아그라하를 하자는 강렬한 의욕이 생명에 대한 강한 열망을 만들어 나의 맹세를 글자로만 지키고 정신적으로는 포기하기로 했다. 왜냐하면 내가 맹세를 할 때 젖소와 물소의 젖만을 생각하긴 했지만, 그 속에는 당연히 모든 동물의 젖이 포함되었기 때문이다. 또한 우유는 인간의 자연식품이 아니라고 생각하는 한, 우유를 마신다는 것은 결코 옳을 수 없었다.

이 모든 것을 알면서도 나는 산양젖을 마시는 데 동의했다. 살려는 의지가 진실에 대한 열의보다 강했음이 증명되었고, 한때 진실의 헌신자였던 자가 사티아그라하를 하려는 열의 때문에 거룩한 이상을 손상시켰다. 심지어 그때의 기억이 지금도 가슴에 맺혀 있어 후회로 가득하고, 여전히 산양젖을 어떻게 포기할지 생각 중이다. 그러나 나는 봉사에 대한 열의라는 가장 미묘한 유혹에서 자유로울 수 없고 지금도 그것에 사로잡혀 있다.

나의 식사 실험은 비폭력 추구의 한 부분으로서 중요하다. 그것이 나에게 휴식과 즐거움을 준다. 그러나 지금 산양젖을 마시는 것은, 음식 비폭력의 관점이 아니라, 진실의 관점에서 고통이다. 그것은 맹세를 어긴 것이기 때문이다. 나는 비폭력의 이상보다 진실의 이상을 잘 이해한다고 생각한다. 경험으로 볼 때 진실을 놓쳐버리면 비폭력의 수수께끼도 풀 수 없을 것이다.

진리의 이상은, 한번 세운 맹세는 정신으로나 글자로나 충분히 지킬 것을 요구한다. 지금 나는 맹세의 외형만을 지킴으로써 그 정신과 영혼을 죽여버렸고, 그래서 내 마음이 아프다. 그러나 이를 명백히 알면서도 내 앞에 곧게 뻗은 길을 찾지 못하고 있다. 달리 말하면, 그 곧은 길을 갈 용기가 없다. 근본적으로 두 가지는 동일한 하나다. 왜냐하면 의심은 결국 믿음이 없거나 약한 데서 생겨나기 때문이다. 따라서 내 기도는 밤낮 "신이여, 나에게 믿음을 주소서"하는 것이다.

산양젖을 먹기 시작한 직후 의사 달랄은 항문 수술을 성공적으로 마쳤다. 건강을 회복하고 나니 살겠다는 욕망이 부활했다. 특히 신이 나를 위해 할 일을 주었기 때문이다.

겨우 몸의 회복을 느끼기 시작할 때, 우연히 신문에서 막 발표된 롤래트위원회의 보고서를 읽게 되었다. 나는 그 건의서를 보고 놀랐다. 샹카를랄 반케르와 우마르 소바니가 와서 이 문제에 대해 즉각적으로 행동해야 한다고 제의했다. 한 달쯤 뒤에 나는 아메다바드로 갔다. 나는 거의 매일처럼 나를 찾아온 발라브바이에게 내 걱정을 털어놓았다. "뭔가 해야 하는데." 내가 말했다. "그러나 이런 상태에서 무엇을 할 수 있겠어요?" 그가 반문했다. 내가 답했다. "만일 몇 사람이라도 반대 맹세에 서약하고, 위원회의 건의서가 법으로 통과되면 우리는 곧바로 사티아그라하를 해야 합니다. 내가 이처럼 누워 있지 않으면 혼자서라도 싸움을 시작하겠고, 그럼 나를 따르는 사람도 있겠지요. 그러나 지금처럼 무력한 상태에서는 도저히 할 수 없습니다."

그 이야기의 결과, 나와 접촉한 몇 사람이 작은 모임을 갖기로 했다. 롤래트위원회의 건의서는 그 보고서에 나온 증거로는 뒷받침될 수 없는 것이었고, 자존심이 있는 사람이라면 묵인할 수 없는 것이었다.

우리가 갖기로 한 모임이 아슈람에서 열렸다. 초청된 사람은 스무 명이 못 되었다. 내 기억으로는 발라브바이 외에, 사로지니 나이

두 부인, 호르니만 씨, 고(故) 우마르 소바니 씨, 샹카를랄 반케르 씨, 슈리마티 아나수야벤이 있었다. 그 모임에서 사티아그라하 서약서를 기초하고 모두 서명했다. 그때는 내가 내는 잡지는 하나도 없었고, 일간신문을 통해 가끔 내 의견을 발표했다. 이번에도 그렇게 했다. 샹카를랄 반케르는 열심히 활동하기 시작했고, 나는 처음으로 그가 일을 조직하고 이끄는 데 탁월한 능력을 가지고 있다고 생각하게 되었다.

기존 단체에서는 사티아그라하와 같은 새로운 무기를 택하리라 기대하는 것이 불가능하다고 생각해, 내 권고에 따라 사티아그라하 협회라는 별도 단체를 만들었다. 단체의 주요 회원들이 뭄바이에 있기 때문에 본부를 그곳에 두기로 했다. 서약 희망자들이 다수 사티아그라하 서약에 서명했고, 회보가 발간되었으며, 여러 곳에서 대중 집회가 열리기 시작했다. 모두 케다 투쟁 때의 친숙한 모습을 떠올리게 했다.

나는 사티아그라하협회 대표가 되었다. 얼마 안 가서 협회를 구성하는 지식인들과 나 사이에 의견이 합치하는 경우가 많지 않음을 알았다. 협회에서는 구자라트어를 사용해야 한다는 나의 고집과 기이하게 보이는 나의 작업 방식이 그들을 걱정하게 하고 당황하게 만들었다. 그러나 그들 대부분은 나의 괴벽을 너그럽게 참아주었다.

그러나 출범 초부터 협회는 오래갈 수 없음이 분명해 보였다. 내가 진실과 비폭력을 강조하는 것을 몇몇 회원들이 싫어하기 시작했다. 그럼에도 초기에는 우리의 새로운 활동이 순조롭게 진행되었고, 그 운동은 급속히 퍼져나갔다.

30. 그 놀라운 광경!

이처럼 한편으로 롤래트위원회 보고서를 반대하는 움직임이 확대되는 반면, 또 한편에서 정부는 건의서를 더욱 확고하게 실시하고자 롤래트법안을 발표했다. 한평생 인도 의회에 단 한 번 참석했는데, 그것이 바로 그 법안을 심의할 때였다. 샤스트리지가 열변을 토하면서 정부에 엄중히 경고했다. 총독은 샤스트리지가 열변을 토하는 동안 주문에 걸린 듯이 그에게서 눈을 떼지 않고 그의 말을 들었다. 나에게는 그 순간 총독도 감동한 것으로 보였다. 너무나도 진실되고 감동적이었기 때문이다.

그러나 정말 잠든 사람만을 깨울 수 있을 뿐, 잠든 척하는 사람은 아무리 깨우려고 노력해도 소용이 없다. 그것이 바로 정부의 태도였다. 입법화라는 형식이야말로 그들의 유일한 고민거리였다. 결론은 이미 정해졌다. 따라서 샤스트리지의 엄중한 경고는 완전히 무의미했다.

이런 상황에서는 내 말도 황야의 외침일 뿐이었다. 나는 총독에게 열심히 간청했다. 나는 그에게 사적으로도, 공적으로도 편지를 보내어 정부의 조치는 나로 하여금 사티아그라하를 하지 않을 수 없게 한다고 명백하게 말했다. 그러나 그 모두 허사였다.

법령으로 관보에 실리지는 않았다. 나는 매우 허약한 상태였으나, 마드라스에서 초대했을 때 위험을 무릅쓰고 긴 여행을 하기로 했다. 그때 나는 집회에서 목소리를 충분히 낼 수도 없었다. 서서 말하기도 어려웠다. 일어서서 장시간 말하려면 전신이 떨리고 맥박이 너무 빨라졌다.

나는 남부에서는 언제나 마음이 편했다. 남아프리카에서 일한 덕분에 타밀 사람이나 텔루구 사람들에게는 특별한 권리라도 가진 양 느꼈고, 남부의 선량한 사람들은 나의 믿음을 저버린 경우가 없었다. 초청장은 고(故) 카스트리 랑가 이엔가르 씨의 서명으로 왔다. 그러나 실제로 초청한 사람은 라자고팔라차리[31]였음을 마드라스로 가는 길에 알게 되었다. 이는 우리가 처음으로 알게 된 기회였다. 여하튼 개인적으로 서로를 알게 된 최초의 시간이었다.

라자고팔라차리는 그 당시 살렘을 떠나 막 마드라스에 와서 변호사로 정착했다. 고(故) 카스트리 랑가 이엔가르 씨 같은 친구들의 간청을 받고 공적인 일에서 더욱 적극적으로 활동하고자 온 것이었다. 우리는 마드라스에 있는 그의 집에 묵었다. 이는 그와 함께 지내고 며칠 지나서 안 사실이었다. 왜냐하면 우리가 머문 방갈로가 카스트리 랑가 이엔가르 씨의 것이어서 나는 우리가 이엔가르 씨의 손님인 줄로 알았기 때문이었다. 그러나 마하데브 데사이가 사실을 알려주었다. 그는 곧 라자고팔라차리와 친구가 되었다. 라자고팔라차리는 부끄러움이 많아 언제나 뒤에 물러나 있었다. 마하데브 데사이는 어느 날 나에게 주의를 주며 말했다. "당신은 이 사람을 키워야 합니다."

그래서 나는 그렇게 했다. 우리는 매일 투쟁 계획을 토의했으나, 당시 나는 공공 집회 외에 다른 계획은 생각하지 못했다. 롤래트법안이 통과되면 시민불복종을 어떻게 할 것인지 막막했다. 정부가 기회를 주어야만 불복종을 할 수 있다. 그렇게 할 수 없는 경우 다른

---

31 인도 독립 후 독립당 총재가 된 인물.

법에 대해 서로 시민적인 불복종을 할 수 있을까? 만일 그렇게 한다면 어디에 경계선을 그어야 할까? 이것과 유사한 문제들이 우리의 토의 주제였다.

카스트리 랑가 이엔가르 씨는 그 문제를 철저히 검토하려고 소수 지도자 모임을 소집했다. 그중에서 주도적인 활동을 한 사람이 비자야라가바차리 씨였다. 그는 나에게 사티아그라하에 대해 상세한 설명을 곁들인 개괄적인 안내서를 쓰라고 제안했다. 나는 그럴 능력이 없다고 생각해서 그에게 그대로 말했다.

이런 생각들이 오가는 가운데 롤래트법안이 관보에 공고되었다는 소식이 왔다. 그날 밤 그 문제를 생각하다가 잠이 들었다. 날이 밝아오자 평소보다 좀 빨리 깼다. 잠과 의식 사이의 몽롱한 상태에서 갑자기 어떤 생각이 떠올랐다. 마치 꿈과도 같았다. 아침 일찍 나는 라자고팔라차리에게 모든 것을 이야기했다.

"간밤 꿈에 나는 전국적으로 총파업을 지킬 것을 호소해야 한다는 생각이 들었습니다. 사티아그라하는 자기 정화의 과정이고, 우리가 하는 일은 성스러운 싸움이므로 이를 자기 정화의 행동으로 시작함이 옳습니다. 그러므로 그날은 전 인도의 인민이 일을 쉬고 하루를 단식과 기도로 지내야 합니다. 이슬람교도들은 하루 이상 단식하지 않을 것입니다. 따라서 단식 기간은 24시간이어야 합니다. 모든 주에서 이 호소에 응한다고 말하기란 매우 어렵습니다. 그러나 뭄바이, 마드라스, 비하르, 신드만은 거의 확실할 것입니다. 그 주들이 파업을 충실히 지킨다면 우리가 만족할 만한 충분한 이유가 됩니다."

라자고팔라차리는 나의 제의를 바로 받아들였다. 그 뒤 다른 친구들에게 이야기하자 그들도 환영했다. 나는 간단한 호소문을 썼다. 파업일은 처음에 1919년 3월 30일로 정했으나, 뒤에 4월 6일로 바뀌었다. 따라서 사람들이 파업에 대해 설명을 들을 시간이 너무 짧았다. 일을 곧 시작해야 하므로 긴 설명을 할 수도 없었다.

그러나 일이 그렇게 될 줄 누가 알았을까? 그날, 전 인도가, 한 쪽 끝에서 다른 쪽 끝까지, 도시에서도 시골에서도 완전히 파업을 수호했다. 그것은 정말 놀라운 광경이었다.

31. 잊을 수 없는 그 주일 — 하나

짧은 남인도 여행 뒤에 나는 뭄바이에 도착했다. 4월 4일로 기억된다. 샹카를랄 반케르 씨가 나에게 전보를 쳐서 4월 6일에 있을 기념식에 참석해달라고 했다.

그러나 델리에서는 3월 30일, 이미 파업을 했다. 거기서는 고(故) 슈라다난드지 선생과 하킴 아즈말 칸 사헤브의 말이 법이었다. 파업을 4월 6일로 연기한다는 전보가 그곳에 너무 늦게 도착했다. 델리에서는 일찍이 그런 파업이 없었다. 힌두교도와 이슬람교도가 하나로 뭉쳤다. 슈라다난드지 선생이 이슬람 사원인 줌마 마스지드에서 초청을 받아 그곳에 가서 연설을 했다.

당국으로서는 이 모든 것을 참을 수 없었다. 경찰이 철도역으로 행진하는 파업단을 막으려고 발포를 해서 많은 사람이 죽고 부상을 입었으며, 델리에서는 탄압 통치가 시작되었다. 슈라다난드지 선생은 나에게 급히 델리로 오라고 했다. 나는 전보로 뭄바이에서 4월 6일 행사 뒤에 즉시 델리로 가겠다고 했다.

델리에서 생긴 일이 라호르와 암리차르에서도 되풀이되었다. 암리차르에서 의사 사탸팔과 키츨루가 나에게 급히 오라고 했다. 당시 나는 그들을 몰랐으나, 델리에 들른 후 암리차르에 가겠다고 답했다.

6일 아침, 뭄바이 시민들은 몇천 명씩 떼를 지어 초파티에 가서 바다에서 목욕을 한 뒤 다쿠르드바르까지 행진했다. 행진에는 여성과 아이들도 섞여 있었고, 이슬람교도도 다수 참가했다. 다쿠르드바르에서 행진한 우리 몇몇은 이슬람교도 친구들에게 끌려 부근의 이슬람 사원에 갔다. 거기서 나이두 부인과 나는 권유를 받고 연설을 했다. 비발다스 제라자니 씨는 바로 그곳에서 사람들에게 자치 맹세와 힌두-이슬람 연합 맹세를 시키자고 제의했으나, 나는 맹세란 그렇게 급하고 경솔하게 하는 것이 아니라는 이유로 반대하면서 사람들이 이미 한 일에 만족해야 한다고 했다. 나는 또 일단 맹세를 하고 나면 깨뜨릴 수 없다고 주장하고, 따라서 자치 맹세의 의미를 명백하게 이해해야 하며, 힌두-이슬람 연합 맹세에 수반된 중대한 책임을 관계자가 충분히 깨달아야 한다고 했다. 마지막으로 나는 맹세할 사람은 그 목적을 위해 다음날 아침 다시 모여야 한다고 제안했다.

말할 필요도 없이 뭄바이 파업은 완벽하게 성공했다. 시민불복종을 시작할 충분한 준비가 되어 있었다. 이와 관련하여 두세 가지가 토의되었다. 시민불복종은 대중이 쉽게 불복종할 수 있는 법에 대해서만 행해져야 한다고 결정되었다. 소금세는 극단적으로 평이 나빠서 그 철폐를 주장하는 강력한 움직임이 얼마 전부터 있었다. 그래서 나는 사람들에게 소금법을 무시하고 각자 집에서 바닷물로 소금을 만들자고 제의했다. 나는 판금된 책을 팔자는 제의도 했다.

내 책 두 권,《인도의 자치》와《만인의 복지》(러스킨의《이 마지막 사람에게도》를 구자라트어로 번역한 것)는 벌써 금서였기에 그 목적에 적합했다. 그것들을 공개적으로 인쇄해 판매하는 것이 가장 쉬운 시민불복종이었다. 그래서 책을 충분하게 인쇄해, 단식이 끝나는 저녁 대집회 마지막에 팔려고 준비를 했다.

6일 저녁, 많은 자원자들이 이 판금 서적을 사람들에게 팔려고 가져갔다. 슈리마티 사로지니 데비와 나는 차로 갔다. 책은 금방 다 팔렸다. 판매 수익금은 앞으로 시민불복종운동을 하는 데 쓰기로 했다. 두 권은 모두 4안나씩이었으나, 단지 그 돈만 내고 책을 산 사람은 없었다. 정말 많은 사람들이 주머니의 현금을 모두 털어 그 책을 샀다. 책 한 권에 5루피, 10루피 지폐가 날아다녔고, 50루피에 판 적도 있었다! 이 판금 책을 산다는 이유로 체포되어 감옥에 갈 수도 있다고 누누이 설명했다. 그러나 그 순간 그들은 감옥행 공포를 잊었다.

뒤에 알았지만 정부는 편의를 위해, 정부가 판금한 책이 실제로는 팔리지 않았다고 보기로 했으며, 그래서 우리가 판 책은 판금 도서에 포함되지 않았다. 정부는 재판한 책을, 판금된 책의 개정판으로 간주했기 때문에, 그것을 파는 것은 법에 저촉되지 않았다. 이 소식에 모두 실망했다.

다음날 아침 자치 및 힌두 - 무슬림 연합 맹세식을 하기 위해 다른 모임이 열렸다. 비달다스 제라자니는 번쩍인다고 해서 모두 금이 아니라는 사실을 처음으로 깨달았다. 참석자는 적었다. 나는 그곳에 참석한 자매 몇 분을 특히 기억한다. 남자들도 적었다. 나는 미리 맹세문을 준비해 가져갔다. 나는 맹세를 시키기 전에 그 의미를 충분히 설명했다. 참석자가 적었다고 해서 섭섭하지도 않았고 놀랍지도 않았다. 왜냐하면 나는 대중의 상이한 태도, 곧 흥분되는 일은 대단히 좋아하고 조용하고 건설적인 일은 싫어한다는 것을 알았기 때문이다. 그것은 지금도 마찬가지다.

그러나 이 문제는 다른 장에서 따로 쓰기로 하겠다. 본래로 돌아가자. 7일 밤, 나는 델리와 암리차르로 떠났다. 8일 마두라에 도착하자 나는 처음으로 내가 체포되리라는 소문을 들었다. 마두라 다음 역에서 아차랴 기드바니가 나를 만나러 와서 체포가 확실하다는 소식을 전하고, 필요하면 돕겠다고 했다. 나는 그에게 고맙다고 했고 필요하면 반드시 도움을 청하겠다고 말했다.

기차가 팔왈 역에 도착하기 전에 나는 나 때문에 질서가 파괴될 수 있으므로 펀자브 경계를 넘어서는 안 된다는 명령서를 받았다. 경찰이 차에서 내리기를 요구했다. 나는 이렇게 말하며 거부했다. "나는 간곡한 요청을 받아 펀자브에 가는 것이고, 불안을 일으키러 가는 것이 아니라 가라앉히러 가는 것입니다. 명령에 따르지 못해 죄송합니다."

마침내 기차는 팔왈에 도착했다. 마하데브가 동행했다. 나는 그에게 델리에 가서 슈라다난드지 선생에게 모든 일을 전하고 사람들을 조용히 시키라고 전하라 했다. 나는 내가 왜 그 명령에 복종하지 않고 불복종에 대한 처벌을 받기로 했는지 설명하고 나에게 어떤 형벌이 주어지더라도 우리가 완전한 평화를 지킬 수 있다면 승리는 우리에게 온다는 사실을 설명해야 했다.

팔왈 역에서 나는 기차에서 끌려나와 경찰에 억류당했다. 조금 뒤에 델리에서 기차가 왔다. 나를 3등칸에 태웠고 경찰이 동행했다. 마두라에 도착하자 경찰 막사로 끌려갔으나, 누구도 나를 어떻게 할지, 다음에는 어디로 가는지 말해주지 않았다.

다음날 새벽 4시에, 나를 깨워 뭄바이행 열차 짐칸에 태웠다. 정오에는 다시 사와이 마드푸르에 내리게 했고, 라호르에서 우편열차로 도착한 형사 보링 씨가 나를 인계받았다. 나는 그와 함께 일등칸에 탔다. 그래서 일반 죄수에서 '신사' 죄수가 되었다. 그 형사는 마이클 오드와이어 경에 대한 찬사를 길게 늘어놓았다.

마이클 경은 개인적으로 나에 대한 반감이 없고, 내가 펀자브에 가면 질서가 교란될까봐 걱정할 뿐이라고 했다. 결국 그는 내가 스스로 뭄바이로 돌아가고 펀자브에 가지 않는다는 데 동의하기를 요구했다. 나는 그 명령에 따를 수 없고, 스스로 돌아갈 생각도 없다고 말했다. 다른 방법이 없음을 안 형사는, 나에게 법을 집행하겠다고 말했다. "나를 어떻게 할 생각이시오?"라고 내가 물었다. 그는 자기도 모르고, 앞으로의 명령만 기다린다고 했다. 그가 말했다. "지금으로서는 뭄바이로 호송할 뿐입니다."

우리는 수라트에 도착했다. 여기서 나는 다른 경관에게 인계되었다. 우리가 뭄바이에 도착하자 그가 말했다. "이제 선생은 자유입니다. 그러나 마린 라인스 역 부근에 내리시는 게 좋겠습니다. 선생을 위해 차를 세우겠습니다. 콜라바에는 많은 사람들이 있을 겁니다." 나는 기꺼이 그가 하란 대로 하겠다고 했다. 그는 좋아하면서 감사했다.

그래서 나는 마린 라인스 역에서 내렸다. 마침 친구 차가 그곳을 지나갔다. 그 차를 타고 레바샨카르 자베리 집에 내렸다. 그는 나에게, 나의 체포 소식이 민중을 격분시켜 폭발 직전이라고 말했다. "피두니 부근에서는 언제 터질지 모릅니다. 치안판사와 경찰이 벌써 그곳에 와 있습니다."

목적지에 도착하자 우마르 소바니와 아나수야벤이 와서 나에게 바로 피두니로 가자고 했다. "사람들이 도저히 자제를 못할 정도로 흥분해 있습니다." 그들이 말했다. "우리는 그들을 달랠 수 없습니다. 오직 당신만이 달랠 수 있습니다."

나는 차를 탔다. 피두니 부근에 엄청난 군중이 모여 있는 것을 보았다. 사람들은 나를 보고 매우 기뻐했다. 즉시 행진이 시작되었고 반데 마타람, 알라호 아크바르를 외치는 소리로 하늘이 흔들렸다. 피두니에서 우리는 기마대를 보았다. 벽돌 조각이 위에서 쏟아져내렸다. 나는 군중에게 조용히 하라고 요청했지만, 벽돌 조각 세례를 피할 수는 없을 것 같았다.

행렬은 압두르 라만 가에서 밀려나와 크로포드 시장으로 향하다가 별안간 기마대와 충돌했다. 기마대는 우리가 성 쪽으로 가지 못하게 하려고 온 것이다. 군중은 밀집해 있었다. 경찰 저지선을 뚫기 직전이었다. 그 넓은 광장에서 내 목소리는 하나도 들리지 않았다.

바로 그때 기마대 대장이 군중을 해산시키라는 명령을 내렸고, 그 즉시 기마대는 가는 곳마다 창을 휘두르며 군중에게 달려들었다. 한순간, 다쳤다는 느낌이 들었다. 그러나 그것은 잘못 느낀 것으로, 창이 날아가다가 차를 잠깐 스친 것이었다. 군중은 곧 흩어지고 극도의 혼란에 빠져 금방 무질서하게 변했다. 어떤 사람은 발에 밟히고 어떤 사람은 마구 채였다.

이처럼 뒤범벅이 된 가운데 말이 지나갈 수도 없었고, 사람들이 흩어지려고 해도 나갈 곳이 없었다. 그래서 사람들 속에서 맹목적으로 창이 휘둘러졌다. 그들은 무엇을 하는지도 모르는 것 같았다.

그 모든 것은 정말 끔찍한 광경이었다. 기마대나 군중은 미친 혼란에 함께 뒤섞였다.

이렇게 해서 군중은 해산되었고, 전진은 저지당했다. 우리 차는 빠져나갔다. 나는 지사 사무실 앞에 차를 멈추고, 경찰의 행동에 항의려고 내렸다.

32. 잊을 수 없는 그 주일 ― 둘

그래서 나는 지사 그리피스 씨 사무실로 갔다. 사무실로 가는 계단 가득히 군사 행동을 하려는 듯이 완전무장한 군인들이 있었다. 베란다도 떠들썩했다. 사무실에 들어서니 보링 씨가 그리피스 씨와 함께 있었다.

나는 지사에게 내가 목격한 장면을 말했다. 그는 간단히 답했다. "나는 사람들이 성으로 행진하기를 바라지 않았소. 거기서는 소동을 피할 수 없으니까요. 사람들이 설득하는 말을 듣지 않았기 때문에 나로서는 기마대에게 군중 속에 들어가라고 명령하지 않을 수 없었소."

내가 말했다. "그러나 당신은 그 결과를 알았지요. 말이 사람들을 짓밟을 게 뻔하지 않소. 기마대를 보낼 필요는 없었어요."

"당신은 모르오. 당신이 군중을 가르친 결과에 대해서는 당신보다 우리 경찰이 더 잘 안다는 것을 말이오. 우리가 단호한 조치를 하지 않았다면, 사태는 걷잡을 수 없었을 것이오. 군중은 분명히 당신 통제를 벗어났을 것이오. 법에 대한 불복종은 그들에게 바로 먹혔소. 그들은 질서 유지 의무를 이해할 수 없소. 나는 당신의 의도에 의심이 없지만, 군중은 당신의 의도를 이해하지 못하오. 그들은 본능에만 따르는 것이오."

내가 답했다. "그 점이 나와 다른 점입니다. 사람의 천성은 폭력적이지 않고 평화적입니다."

이처럼 우리는 오랜 논쟁을 했다. 마지막에 그리피스 씨가 말했다. "만일 당신 가르침이 군중에게 먹히지 않는다는 것을 당신이 확인하게 되면 어떻게 하겠소?"

"정말 그렇다는 걸 확인하게 되면 시민불복종을 중지하겠습니다."

"무슨 소리요? 당신은 보링 씨에게 당신이 석방되면 펀자브로 가겠다고 하지 않았소?"

"그래요, 다음 기차로 가려고 했지요. 그러나 오늘은 그것이 문제가 아닙니다."

"조금만 참으시면 반드시 그런 확신이 생길 겁니다. 아메다바드에서 무슨 일이 벌어졌는지 아십니까? 그리고 암리차르에서 무슨 일이 생겼는지도? 사람들은 어디서나 거의 미쳐 있습니다. 나는 아직 전모를 모릅니다. 전선이 몇 군데서 끊어졌어요. 이 모든 혼란의 책임은 당신에게 있어요."

"어디서나 그렇다는 것을 내가 알게 되면 분명히 책임을 지지요. 아메다바드에서 그런 일이 있었다면 정말 가슴 아프고 놀라운 일입니다. 암리차르에 대해서는 답할 수 없군요. 나는 그곳에 간 적도 없고 그곳 사람을 아무도 모릅니다. 그러나 펀자브의 경우, 내가 그곳에 가는 것을 펀자브 당국이 막지 않았다면 나는 그곳 평화 유지에 도움이 되었으리라고 생각합니다. 나를 방해하는 탓에 사람들을 불필요하게 자극했어요."

논쟁은 끝없이 이어졌다. 합의에 이를 수는 없었다. 나는 초파티에서 집회를 열어 사람들에게 평화 유지를 당부하고 싶다고 말하고 그를 떠났다. 초파티 해안에서 집회가 열렸다. 나는 비폭력의 의무와 사티아그라하의 한계에 대해 길게 말했다. "사티아그라하는 본래 진실된 사람의 무기입니다. 사티아그라하인은 비폭력을 맹세해야 하고, 따라서 그것을 사상, 말, 행동으로 지키지 않는 한 나는 대중 사티아그라하를 할 수 없습니다."

아나수야벤도 아메다바드의 폭동 소식을 들었다. 그녀가 체포되었다는 소문도 있었다. 방직공들은 그런 소문을 듣고 광분하여 일을 중단하고 폭력으로 치달았고 수위 한 사람이 죽었다.

나는 아메다바드로 갔다. 나디아드 역 부근에서 철도를 파괴하려는 시도가 있었고, 비람감에서 정부 관리가 살해되었으며, 아메다바드에서는 계엄령이 선포되었음을 알았다. 사람들은 폭력으로 치달았다. 그들은 폭력 행동에 빠져서 그 죄에 대한 것은 물론 이자까지 톡톡히 치르고 있었다.

역에서 경찰관이 나를 지사인 프랫 씨에게 데려갔다. 그는 분개했다. 나는 그에게 공손하게 난동에 대한 유감을 표시했다. 이어 계엄령은 불필요하다고 하고, 평화 복구를 위해 최선을 다해 협조하겠다고 했다. 나는 사바르마티 아슈람 운동장에서 공개 집회를 열도록 허가해달라고 요청했다. 그는 허가했고 4월 13일 일요일 집회가 열렸다. 계엄령은 같은 날인지 그 다음날인지에 해제되었다. 그 집회에서 나는 그들의 잘못에 대한 자책감을 심어주려고 애썼고,

스스로 3일간 단식하겠다고 선언하며 사람들에게 하루는 나와 같이 단식하자고 했다. 그리고 폭력을 저지른 사람은 죄를 자백하라고 권고했다.

내 의무는 대낮처럼 분명했다. 내가 많은 시간을 함께 보냈고 그들을 위해 봉사했으며 더 좋은 것을 기대했던 노동자들이, 그 폭동에 참가했음을 알았을 때 나로서는 견딜 수 없었고, 나 자신이 그들이 저지른 범죄의 공범이라고 생각했다.

내가 그들에게 죄를 자백하라고 권유한 것과 똑같이 정부에게도 그들을 용서해달라고 권유했다. 그러나 어느 쪽도 내 권유를 받아들이지 않았다.

고(故) 라만바이 경과 아메다바드의 시민들이 내게 와서 사티아그라하를 중지하라고 호소했다. 나는 이미 사람들이 평화의 교훈을 모르는 한 사티아그라하를 중지하려고 결심했으므로 그런 호소는 필요 없었다. 그 친구들은 안심하고 돌아갔다.

그러나 그 결심에 불평하는 사람들도 있었다. 그들은 만일 내가 어디에서나 평화를 기대하고, 그것을 사티아그라하의 선행조건으로 간주한다면 대중 사티아그라하는 불가능하다고 생각했다. 나는 그들과 의견이 일치되지 못하는 것이 유감이었다. 내가 함께 일을 했고, 내가 비폭력과 자기 고통을 기대한 사람들이 비폭력적일 수 없다면 사티아그라하는 정말 불가능했다. 사람들을 이끌어 사티아그라하를 하려는 사람은, 그들에게 기대하는 비폭력의 한계 속에 사람들을 잡아둘 수 있어야 한다는 것이 나의 확고한 의견이었다. 지금도 나는 같은 의견을 가지고 있다.

33. 히말라야 같은 오산

아메다바드 집회가 끝난 직후 나는 나디아드로 갔다. 그 뒤 널리 유행한 '히말라야 같은 오산'이라는 표현을 처음 사용한 곳이 이곳이었다. 아메다바드에서도 내 실수를 어렴풋이 느끼기 시작했다. 그러나 나디아드에 도착했을 때, 그곳 실상을 눈으로 보고, 또 케다 지방에서 많은 사람들이 체포되었다는 소식을 듣자 갑자기 나는 내가 큰 실수를 했음을 깨달았다. 지금 생각해도 그렇지만, 당시 케다 지방과 그 밖의 지역에서 사람들을 일으켜 시민불복종을 시작한 것은 시기상조였다는 생각이 들었다.

나는 공개 집회에서 연설을 했다. 그곳에서 내 잘못을 고백한 후 엄청난 조롱을 받았다. 그러나 그 후 지금까지 그 고백을 후회한 적이 없다. 왜냐하면 나는 언제나, 사람은 자기 잘못은 돋보기로 보고, 남의 잘못은 그 반대로 보아야 그 둘을 정당하게 비교하여 평가할 수 있게 된다고 생각해왔기 때문이다. 나아가 나는 사티아그라하를 하려는 사람은, 이 법칙을 충실하게 양심적으로 지켜야 한다고 믿는다.

이제 히말라야 같은 오산이 무엇인지 살펴보도록 하자. 누구든 시민불복종을 실천할 수 있으려면 반드시 국가법을 스스로 존중해 지켜야 한다. 우리들 대부분은 법을 어겼을 때의 처벌이 무서워 법을 지키며, 이는 특히 도덕적 원칙을 포함하지 않는 법인 경우에 그러하다. 가령 정직하고 존경받는 사람은 절도에 대한 법이 있건 없건 갑자기 남의 물건을 훔치지는 않겠지만, 바로 그 사람이 어두워진 뒤에는 자전거에 불을 밝혀야 한다는 법을 지키지 못했다고 해서 가책을 느끼지는 않을 것이다. 사실 이 점에 더 주의하라고 친절하게 조언하는 것도 받아들일지 의문이다. 그러나 그 같은 유의 의무적 법도, 만일 그걸 위반해서 고소를 당한다면 그런 불편함을 피하기 위해서라도 지킬 것이다.

그러나 이처럼 마지못해 복종하는 것은, 사티아그라하가 요구하는 자주적 판단에 의한 자발적인 복종이 아니다. 사티아그라하인은 사회의 모든 법에 지적으로, 그리고 오로지 자신의 자유로운 의지로 복종한다. 왜냐하면 그렇게 하는 것이 성스러운 의무라고 생각하기 때문이다. 이처럼 사회의 법을 성실하게 지키는 사람이어야만, 어떤 법이 좋고 정당한지, 또는 부당하고 사악한지를 판단할 수 있게 된다. 바로 그럴 때만이 명확한 조건 아래에서 특정 법에 대해 시민불복종을 할 수 있는 권리가 주어진다.

나의 실수는 이처럼 필요한 한계를 잘 알지 못했던 점에 있었다. 나는 인민이 스스로 그러한 자격을 갖기도 전에 시민불복종에 나서라고 요구했다. 그리고 그 실수는 나에게 히말라야처럼 거대하게 보였다.

내가 케다 지방에 들어서자마자, 케다 사티아그라하의 추억이 떠올랐고, 그렇게 분명한 것을 왜 알지 못했는지 의아해졌다. 인민이 시민불복종을 할 자격을 얻으려면 그 심오한 의미를 철저히 이해해야 한다는 것을 나는 깨달았다. 따라서 대중적 규모로 시민불복종을 다시 시작하기 전에, 사티아그라하의 엄격한 조건을 완전히 이해한, 잘 훈련되고 순결한 마음을 가진 자원자 부대가 만들어질 필요가 있다. 그들은 인민에게 이를 설명해줄 수 있어야 하고, 바른 길에서 벗어나지 않도록 철저히 경계해야 한다.

이런 생각을 하면서 뭄바이에 도착했고, 그곳의 사티아그라하협회를 통해 사티아그라하 자원자 단체를 조직하고, 그들의 도움을 얻어 인민에게 사티아그라하의 의미와 내면의 중요성을 교육하기 시작했다. 이는 주로 그 문제를 다룬 교육적 성격을 띤 인쇄물 발간을 통해 이루어졌다.

그러나 이런 일을 진행하는 동안, 나는 사티아그라하의 평화적 측면에 인민이 흥미를 갖게 하기가 어려운 일임을 알게 되었다. 자원자 수도 많지 않았다. 게다가 실제 등록한 사람들도 정규적이고 체계적인 훈련을 받지 못했고, 날이 갈수록 새 자원자의 수가 늘기는커녕 줄어들었다. 나는 시민불복종 훈련이 내가 처음 기대했듯이 빠르게 진행되지 않는 것임을 깨달았다.

34. 《나바지반》과 《영 인디아》

이처럼 비폭력 유지를 위한 운동이 느리기는 하나 서서히 진행되는 한편, 정부가 무법적인 압박을 더욱 강화하여 펀자브에서 노골적으로 본색을 드러냈다. 지도자들이 투옥되었고, 무법이라고 할 수 있는 계엄법이 선포되었으며 특별 법원이 설치되었다. 이 법원이라는 것은 사법 법원이 아니라, 독재자의 독단적 의사를 이행하는 도구에 불과했다. 증거의 뒷받침도 없이, 정의를 위배해가면서 판결이 내려졌다.

암리차르에서는 무고한 남녀가 벌레처럼 기어다니는 수모를 당했다. 인도와 세계 모든 인민의 주목을 끈 것은 잘리안왈라 공원 대학살의 비극이었지만, 암리차르의 포학함 앞에서는 그 대학살도 무의미하게 퇴색되었다.

나는 결과에 관계없이 즉시 펀자브으로 가야 했다. 나는 총독에게 편지와 전보로 그곳에 가도록 허락해달라고 했으나, 소용없었다. 만일 내가 허가를 받지 않고 간다면, 나는 펀자브 경계를 넘을 수 없었다. 그리고 시민불복종을 했다는 것에 스스로 만족하는 것으로 끝났으리라. 그래서 나는 심각한 딜레마에 빠졌다.

내가 펀자브에 들어가는 것을 금지한 명령을 무시하고 거기 들어간다고 해도, 그것이 시민불복종에 해당할지 의심스러웠다. 나는 내 주위에서 내가 원한 평화의 분위기를 보지 못했고, 펀자브에서 벌어진 엄청난 탄압이 복수감을 더욱 증대시킬 것이다. 따라서 그런 시간에 시민불복종을 한다는 것은, 설령 그것이 가능하다고 해도, 그 불길을 부채질하는 것밖에 되지 않았다.

그래서 나는 친구들의 권유를 뿌리치고 펀자브에 가지 않기로 결심했다. 그것은 쓴 약을 삼키는 것 같았다. 불의와 탄압의 이야기가 매일 펀자브에서 홍수처럼 밀려왔지만, 나로서 할 수 있는 일이란 맥없이 앉아서 이를 가는 것뿐이었다.

바로 그때,《뭄바이 크로니클》을 유력하게 만들어온 호르니만 씨가 당국에 강제 연행되었다. 정부의 이러한 행동은 오물에 둘러싸인 것 같아 아직도 그 냄새가 내 코를 찌른다. 나는 호르니만 씨가 결코 무법을 원하는 사람이 아님을 안다. 그는 내가 사티아그라하 위원회의 허락 없이 펀자브 정부의 입국금지령을 어기는 것에 반대했고, 시민불복종을 중단하는 결정에 전적으로 찬성했다. 내가 그 중단을 발표하기 전에 그는 중단을 권하는 편지를 나에게 썼다. 뭄바이와 아메다바드가 멀리 떨어져 있었기 때문에 나는 그 편지를 발표 후에 받았다. 따라서 그가 돌연히 강제 연행된 것은 놀랍고도 가슴 아픈 일이었다.

이러한 사태의 결과,《뭄바이 크로니클》이사들이 나에게 운영 책임을 맡아달라고 요청했다. 브렐비 씨가 이미 간부직에 있어서 내가 할 일은 별로 없었지만, 나의 성격상 그 직책은 부담이 될 수밖에 없었다.

그런데 정부가 마치 나를 구제하듯이 나섰다. 그 신문의 발행을 취소한 것이다.

그 신문을 경영한 이사 친구들, 곧 우마르 소바니와 샹카를랄 반케르 씨는 당시《영 인디아》도 간행했다. 그들은 나에게《뭄바이 크로니클》은 발행 중지가 되었으니《영 인디아》편집을 맡아달라고 제안하면서, 전자의 공백을 메우기 위해《영 인디아》를 주 1회 발간에서 주 2회 발간으로 늘리자고 했다. 나도 동의했다.

나는 사티아그라하의 내면적 의미를 사람들에게 알리고 싶었고, 그러한 노력을 통해 펀자브 상황에 대한 최소한의 정의를 실현할 수 있기를 희망했다. 왜냐하면 내 글 뒤에는 언제나 사티아그라하가 잠재해 있고, 정부도 그것을 알았기 때문이다. 그래서 나는 그 친구들의 제의를 기꺼이 받아들였다.

그러나 어떻게 일반 대중에게 영어라는 수단을 통해 사티아그라하 훈련을 시킬 수 있을까? 나의 활동 무대는 주로 구자라트였다. 인둘랄 야즈니크 씨가 당시 소바니와 반케르 씨 그룹에 함께 있었다. 그는 그 친구들의 재정적 도움을 받아 구자라트어 월간지《나바지반》을 발간했다. 그들이 그 잡지를 나에게 맡기고, 인둘랄이 계속 도와주겠다고 했다. 월간은 주간으로 바뀌었다.

그 사이에 《뭄바이 크로니클》은 복간되었다. 그래서 《영 인디아》는 본래대로 주간으로 돌아갔다. 두 개의 주간지를 다른 두 지역에서 낸다는 것은, 나에게 매우 불편하고 경비도 많이 드는 일이었다. 《나바지반》은 이미 아메다바드에서 간행 중이었기에 《영 인디아》도 그리로 옮기자고 제안해 그렇게 되었다.

이러한 변화에는 또 다른 이유도 있었다. 나는 이미 《인디언 오피니언》의 경험을 통해 잡지사에는 자체 인쇄소가 필요하다는 것을 알았다. 나아가 당시 인도의 출판법이 너무 까다로워, 내가 나의 의견을 거리낌 없이 발표하고자 하면 영리를 추구하는 현재의 인쇄소는 주저할 수 있기 때문이었다. 그래서 독자적인 인쇄소를 세울 필요성은 더욱 분명해졌다. 그리고 이는 아메다바드에서만 가능했기에 《영 인디아》도 그리로 옮겨야 했다.

이 잡지들을 통해 이제 나는 독자 대중에게 사티아그라하 교육을 하는 데 내 능력을 최대한 발휘할 수 있게 되었다. 둘 다 매우 널리 유포되어 발행 부수가 각각 4만 부까지 올랐다. 《나바지반》은 비약적으로 올랐으나 《영 인디아》는 서서히 올라갔다. 내가 투옥된 뒤로 잡지들의 발간 부수가 줄어들어 지금은 8천 부 미만이다.

시작 당시부터 나는 잡지에 광고를 싣는 것에 반대했다. 그 때문에 손해를 보았다고는 생각하지 않는다. 도리어 반대로 그것이 잡지의 독립성을 유지하는 데 적잖은 도움이 되었다고 나는 믿는다.

시민불복종을 직접 할 수 없을 때 내 생각을 자유롭게 발표하고 인민에게 용기를 주는 수단이 되어주었기에 이 잡지들은 또한 부수적으로 내 마음의 평화를 유지하는 데 어느 정도 도움이 되었다. 그리하여 이 두 잡지는 이 시련의 시간에 인민에게 훌륭한 봉사를 했고, 계엄령의 전제를 약화시키는 데 자그마한 도움이 되었다.

35. 펀자브에서

마이클 오드와이어 경은 펀자브에서 일어난 모든 일[32]은 나에게 책임이 있다고 했고, 분노한 일부 펀자브 청년들도 내가 계엄령에 책임을 져야 한다고 주장했다. 그들은 내가 시민불복종을 중단하지만 않았으면 잘리안왈라 공원의 대학살[33]은 없었을 거라고도 했다. 심지어 그들 중에는 내가 펀자브에 오면 죽이겠다고 협박하는 사람도 있었다.

그러나 나는 내 관점이 매우 옳고 문제될 것이 없으며 지성적인 사람이라면 오해하지 않을 거라고 생각했다.

나는 펀자브에 가고 싶었다. 전에 가본 적이 없어서 더욱더 모든 것을 내 눈으로 보고 싶었다. 나를 펀자브로 초청했던 의사 샤탸팔, 의사 키츨루, 판디트 람바지 두트 초다리는 당시 감옥에 있었다. 그러나 나는 정부가 그들과 그 밖의 죄수들을 오래 투옥할 수 없다고 확신했다. 내가 뭄바이에 있었을 때는 언제나 수많은 펀자브 사람들이 나를 찾아왔다. 그때 한마디 격려의 말을 건네면 그들에게 위로가 되었다. 당시 나의 자신 있는 태도는 전염성이 있었다.

그러나 나의 펀자브행은 계속 연기되었다. 내가 그곳에 가도록

---

32 1919년 4월, 펀자브에서 일어난 폭동.

33 1919년 줄룬두르 여단장이었던 육군중장 해리 다이어가 인도 시위대에 총격을 가해 379명을 죽인 사건.

허가해달라고 요구할 때마다 총독은 항상 "아직은 아니다"라고 답했다. 그렇게 일이 질질 끌리게 되었다.

그사이 계엄령하에서 펀자브 정부가 저지른 행동을 조사하려는 헌터위원회가 구성되었다. C. F. 앤드루스 씨는 당시 펀자브에 있었다. 그의 편지는 그곳의 가슴 아픈 현실을 전해주었고, 계엄령하의 만행은 사실 언론 보도보다 더욱 심하다는 인상을 받았다. 그는 나에게 빨리 와서 함께 일하자고 했다. 동시에 말라비야지가 즉시 펀자브에 오라는 전보를 보내왔다. 나는 다시 총독에게 전보를 쳐서 지금 펀자브에 가도 좋으냐고 물었다. 그는 특정 일 이후에 갈 수 있다고 답했다. 정확한 기억은 아니지만 그것이 10월 17일이었던 것 같다.

내가 라호르에 도착해서 목격한 장면을 결코 잊을 수 없다. 역은 이쪽 끝에서 저쪽 끝까지 와글거리는 사람들로 만원이었다. 모든 사람들이 마치 오래 떨어졌던 사랑하는 친척이라도 만난 듯이 기대에 부풀어 밖으로 나와 기뻐서 어쩔 줄 몰라 했다.

나는 고(故) 판디트 람바지 두트의 방갈로에 묵었고, 나를 안내하는 짐은 슈리마티 사랄라 데비가 맡았다. 그건 정말 짐이었다. 지금도 그렇지만 당시에도 내가 묵는 곳은 큰 여관처럼 변해버렸다.

펀자브의 중요한 지도자들이 모두 감옥에 있었기에, 판디트 말라비야지, 판디트 모틸랄지, 고(故) 슈란다난드지 선생이 지도자가 되었다. 말라비야지와 슈라다난드지는 그전부터 잘 알았지만, 모틸랄지와 개인적으로 친하게 된 것은 처음이었다. 이들 지도자나, 투옥의 특권을 면한 지방 지도자들은 금방 나를 편하게 지낼 수 있게 해주어 이방인이라는 느낌이 조금도 들지 않았다.

우리가 당시 앞장서서 헌터위원회에 증거를 주지 않겠다고 만장일치로 결정한 이유는 이제 하나의 역사적 사실이 되었다. 그 내용은 그때 발표되었기 때문에 여기서 되풀이할 필요는 없다. 다만 지금 그 사건들을 회고해보면, 여전히 나는 위원회를 거부한다는 우리의 결정이 절대적으로 옳았고 적절했다고 생각한다고 말하는 것만으로 충분하다.

헌터위원회를 거부하기로 결정한 논리적 결과로 민간 조사위원회를 임명하기로 결정했고, 국민회의를 대신해 조사를 병행하기로 했다. 사실상 판디트 말라비야지가 판디트 모틸랄 네루, 고(故) 데슈반두 C. R. 다스, 압바스 탸브지 씨, M. R. 자야카르 씨, 그리고 나를 위원으로 임명했다.

우리는 조사를 위해 여러 지역을 분담했다. 위원회 활동의 조직 책임은 내가 맡았고, 가장 넓은 지역의 조사 또한 내가 맡아서 나는 펀자브과 펀자브 시골의 인민을 가까이서 관찰하는 기회를 갖게 되었다.

조사를 진행하면서 펀자브 여성들과도 알게 되었다. 우리는 여러 해 같이 지낸 것 같았다. 내가 어디를 가도 그들이 떼로 몰려와 내 앞에 실 꾸러미를 놓았다. 조사 과정을 통해 나는 펀자브가 대규모 카디 산지가 될 수 있음을 알았다.

민중에게 가해진 만행을 조사하면 조사할수록, 나로서는 상상도 못한 정부 관리들의 폭정과 자의적 전제의 이야기를 듣게 되어 마음이 너무 아팠다. 지금까지도 놀라지 않을 수 없는 점은, 전쟁 동안 영국 정부에 가장 많은 병정을 보낸 이 주에서, 그 모든 짐승 같은 만행이 행해졌다는 사실이었다.

위원회의 보고서 작성도 내 일이었다. 펀자브 인민에게 가해진 만행에 대해 알고 싶은 분은 그 보고서를 읽어보라고 권하고 싶다. 그것에 대해 여기서 말하고 싶은 것은, 어디에도 의식적으로 과장한 부분은 없고, 그 서술은 모두 증거가 뒷받침한다는 점이다. 나아가 발표된 증거는 오로지 위원회가 조사한 것 중 일부에 불과하다. 확실성에 의문의 여지가 있는 진술은 단 하나도 포함되지 않았다. 오로지 진실, 진실만을 밝히려고 만든 이 보고서는, 영국 정부가 어느 정도로 불법을 자행할 수 있었는가, 그 권력을 유지하기 위해 어떤 비인간적이고 야만적인 행위를 저지를 수 있었는가를 독자들이 알게 해줄 것이다. 내가 아는 한, 그 보고서에 기록된 진술 중에 사실이 아니라고 반증된 것은 하나도 없다.

36. 킬라파트 대 암소 보호?

이제 우리는 펀자브에서 터진 이 어두운 사건에서 잠시 떠나도록 하자.

국민회의가 펀자브의 다이어 학살[34]을 조사하기 시작했을 때, 나는 킬라파트 문제를 토의하기 위해 델리에서 열리는 힌두교와 이슬람교의 합동 회의에 참석해달라는 초청장을 받았다. 서명자 중에는 하킴 아즈말 칸 사혜브와 아사프 알리가 있었다. 고(故) 슈라다난드지 선생도 참석한다고 했고, 내 기억이 맞다면 그는 회의의 부회장이

---

[34] Dyerism. 다이어가 학살한 것을 말한다. 함석헌이 "국민의회가 펀자브의 이 다이어리즘을 막 시작했을 때"란 "막 조사하기 시작했을 때"의 오역이다.

될 예정이었다. 나는 그해 11월에 회의가 열렸던 것으로 기억한다. 그 회의는 킬라파트의 배신으로 야기된 상황, 그리고 평화 행사[35]에 힌두교도와 이슬람교도가 참가할 것인가 하는 문제를 토의하기 위한 것이었다.

초청장에는 킬라파트 문제만이 아니라, 암소 보호 문제도 토론할 것이며 따라서 이 회의는 암소 문제 해결에 좋은 기회가 될 것이라고 나와 있었다. 나는 이 암소 문제를 언급한 것이 마음에 들지 않았다. 그래서 회답을 쓰면서 최대한 참석하기로 약속하지만, 두 가지 문제를 섞거나 흥정하는 식으로 다루어서는 안 되고, 각각의 가치에 따라 결정하고 별도로 다루어야 한다고 했다.

나는 그런 생각으로 그 회의에 갔다. 그 회의는 그 뒤의 모임처럼 몇만 명이 모이는 장관을 이루지는 못했으나 매우 잘된 모임이었다. 나는 앞서서 말한 문제에 대해 회의에 참석한 고(故) 슈라다난드지와 상의했다. 그는 나를 이해하고 그 문제를 내가 회의에 제의하도록 했다. 나는 고(故) 하킴 사헤브와도 상의했다.

회의에서 나는, 킬라파트 문제가 내가 믿듯이 정당하고 합법적인 문제라면, 영국 정부가 정말 중대한 잘못을 저질렀다면, 힌두교도는 마땅히 이슬람교도와 함께 일어나 킬라파트의 잘못을 시정하도록 요구해야 한다고 주장했다. 이와 관련하여 암소 문제를 제기하거나, 이 기회를 이슬람교도와의 타협 기회로 삼으려 하는 것은 잘못이고, 마찬가지로 이슬람교도가 소의 도살을 중지하는 것이, 마치 힌두교도가 킬라파트 문제를 지지한 대가로 하는 것인 양 약속하는

---

35 1차 세계대전의 종전을 기념하는 행사.

것은 잘못이라고 했다.

그러나 이슬람교도가 그들의 순수한 자유의지로 힌두교도의 종교적 감정을 생각하고, 같은 땅에 태어난 자손이자 이웃으로서 그들에 대한 의무감으로 도살을 중단한다면, 그것은 그 자체로 정말 대단하고 커다란 명예가 되는 일이므로, 그러한 독립적 태도를 보이는 것이 그들의 의무이며 그들 행동의 존엄성을 높이는 것이라고 나는 주장했다.

만일 이슬람교도가 이웃으로서의 의무로 생각하고 소의 도살을 중단한다면, 힌두교도가 킬라파트 문제로 그들을 도왔건 안 도왔건 관계없이 그 일을 해야 한다는 점을 들어 나는 다음과 같이 주장했다. "그러므로 두 가지 문제는 반드시 독립적으로 논의되어야 하며, 이 회의는 오로지 킬라파트 문제로 한정해야 한다." 나의 주장은 참석자들의 찬성을 얻어, 암소 보호 문제는 회의에서 논의되지 않았다.

그러나 내가 경고를 하는데도 마울라나 압둘 바리 사헤브는 말했다. "힌두교도가 우리를 돕건 말건 이슬람교도는 힌두교도의 동포기 때문에 그들의 감정을 생각하여 소의 도살을 포기해야 합니다." 그래서 한때는 그들이 그 문제에 끝을 낸 듯이 보이기도 했다.

일부에서는 펀자브 문제를 킬라파트 부정 문제에 추가하자고 제안했다. 나는 그 제안에 반대했다. 나는 펀자브 문제는 지역 문제이므로 평화 축제 참석 여부에 관한 문제와 연결할 수 없다고 했다. 만일 우리가 지역 문제와, 평화협정[36]에서 직접 일어나는 킬라파트 문제를 혼동한다면 매우 무분별한 과오를 범하게 된다고 주장했다.

---

36 1차 세계대전의 종전 협정.

내 주장은 쉽게 납득이 되었다.

마울라나 하스라트 모하니가 대회에 출석했다. 나는 그전부터 그를 알았지만, 그가 대단한 투사임은 여기서 알았다. 우리는 거의 처음부터 의견이 달랐고, 몇 가지에서는 끝까지 달랐다.

회의에서 통과된 많은 결의안 중 하나는 힌두교도와 이슬람교도에게 자치 맹세를 하게 하고, 그것에 따라 외국 상품을 배척하게 하자는 것이었다. 카디는 아직 자리를 잡지 못하고 있었다. 하스라트는 그 결의안에 찬성하지 않았다. 그의 목표는, 킬라파트 문제에서 정의가 거부당할 경우 대영제국에게 보복하자는 것이었다. 따라서 그는 가능하다면 영국 상품만을 배척하자는 대안을 냈다. 나는 지금은 상식이 된 여러 가지 논증을 들어가며, 그의 대안은 실행 가능성도 없고, 명분도 없다는 이유로 반대했다. 또 나는 회의에서 비폭력에 대한 나의 견해를 밝혔다.

나는 내 주장이 청중에게 깊은 인상을 주었음을 알았다. 나에 앞서서 하스라트 모하니가 연설했을 때 우레 같은 박수를 받았기 때문에 내 연설이 황야의 외침처럼 되지 않을까 두려웠다. 내가 용기를 내어 말한 이유는 오로지, 회의에서 내 견해를 말하지 않는 것은 직무 유기라고 생각했기 때문이다. 그러나 놀랍게도 사람들이 내 말에 주목했고, 방청객이 전폭적으로 지지했으며, 뒤를 잇는 연사마다 내 주장을 지지했다.

지도자들은 영국 상품 거부는 목적을 달성할 수 없을 뿐 아니라 설령 그것이 채택된다고 해도 웃음거리가 될 뿐이라는 걸 잘 알게 되었다. 그 회의 참석자 중에 영국 제품을 하나라도 갖지 않은 사람은 없었다. 따라서 참석자 대부분이, 설령 배척결의안에 동의한 사람 자신이 실현할 수 없는 것을 채택한다면 손해만 보리라는 걸 깨달았다.

마울라나 하스라트 모하니가 말했다. "우리는 단순히 외국 옷감을 배척하는 것에 만족할 수 없습니다. 우리의 수요에 충분할 정도로 스와데시 천을 만들어 외국 옷감 배척을 유효하게 하지 못하는 한, 그 배척이 얼마나 오래가겠습니까? 우리에겐 영국에 즉각적인 효력을 미칠 수 있는 무언가가 필요합니다. 외국 옷감을 배척하려면 하세요. 우리는 상관하지 않겠어요. 그러나 그보다 더 빠르고 효과가 있는 무엇인가를 제시해주세요."

그 말을 들으면서 외국 옷감 배척 이상의 새로운 무언가가 필요하다고 생각했다. 나도 당시에는 외국 천의 즉각적인 배척이 명백히 불가능하다고 생각했다. 당시 나는 설령 우리가 원한다고 해도 우리의 옷감 수요를 충족시킬 만큼 카디를 생산할 수 있다고는 생각하지 못했고, 나중에야 그 사실을 알았다. 한편 우리가 오로지 방직 공장에만 의존해 외국 천 배척에 성공하기를 바랐다가는 반드시 실패하리라는 것도 알았다. 마울라나가 연설을 마쳤을 때도 나는 이러한 딜레마에 빠져 있었다.

나에게는 힌두어와 우르두어를 잘 못한다는 약점이 있었다. 특히 북부 이슬람교도로 구성된 청중 앞에서 강한 연설을 하는 건 이번이 처음이었다. 콜카타 이슬람교도연맹에서 우르두어로 말한 적이 있었지만 대단히 짧은 것이었고, 그나마 청중에게 호소하는 감정적인 것이었다. 반대로 여기서 나는 적대적이지는 않지만 비판적인 청중 앞에서 내 주장을 설명하고 이해시켜야 했다.

그러나 나는 모든 부끄러움을 물리쳤다. 나는 거기서 델리 이슬람교도의 완벽하고 세련된 우르두어를 말하려고 한 것이 아니라, 내가 아는 엉터리 힌두어로라도 내 견해를 밝히려고 했다. 그리고 나는 그 점에 성공했다. 이 모임은 나에게, 힌두-우르두어만이 인도의 공용어가 될 수 있음을 바로 증명해주었다. 내가 만일 영어로 말했다면 청중에게 감동을 줄 수 없었을 것이고, 마울라나는 반대 발언을 하라는 도전을 받았다고 느끼지 않았으리라. 그가 반대 발언을 했다고 해도 나는 효과적으로 대응했을 것이다.

나는 새로운 생각을 표현할 힌두어나 우르두어를 구사하지 못해서 상당히 고심했다. 마침내 나는 그것을 '비협력'이라는 말로 표현했다. 이를 내가 처음으로 사용한 것이 그 모임이었다. 마울라나가 연설을 하는 동안, 만일 무기를 드는 것이 불가능하거나 바람직하지 않다면, 마울라나가 여러 가지로 정부에 협력하면서도 입으로만 소리 높여 반정부를 주장하는 것은 소용없는 짓이라는 생각이 들었다. 따라서 정부에 대한 유일하게 진실한 저항은, 정부에 대한 협조를 중단하는 것으로 생각되었다. 그래서 나는 비협력이라는 말에 이른 것이다. 당시에는 그것에 포함된 모든 의미를 명확하게 알지 못했다. 그래서 상세하게 말할 수 없었다. 나는 단지 다음과 같이 말했다.

"이슬람교도들은 매우 중요한 결의안을 채택했습니다. 그렇지 않기를 신에게 빌지만 만일 평화조건[37]이 그들에게 불리하다면 그들은 정부와의 모든 협력을 중단해야 합니다. 이처럼 협력을 중단하는 것은 이민의 불가침적인 권리입니다. 우리는 정부가 부여한 칭호도 명예도 거부해야 하고, 관직 종사도 중단해야 합니다. 정부가

---

37 1차 세계대전을 마치며 맺은 평화조약의 조건.

킬라파트 같은 대의명분을 배신하면, 우리는 반드시 비협력해야 합니다. 따라서 정부가 배신할 때 비협력 자격이 부여됩니다."

그러나 비협력이라는 말이 일반적으로 사용된 것은 몇 달 뒤였다. 회의 당시에는 사용되지 않았다. 사실 한 달 뒤 암리차르에서 열린 국민회의에서 내가 협력 결의안에 찬성한 것은, 배신 행위가 없기를 바랐기 때문이었다.

37. 암리차르 국민회의

펀자브 정부는 계엄법 체제하에서 명목뿐인 법원이 지극히 희박한 증거로 감옥에 처넣은 몇백 명의 펀자브인을 계속 감금할 수 없었다. 이러한 악질적인 불법에 대해 사방에서 들고 일어나 계속 감금할 수 없게 되었던 것이다. 대부분의 죄수는 국민회의가 열리기 전에 석방되었다. 랄라 하르키샨랄 등의 지도자들은 국민회의가 진행되는 동안에 모두 석방되었다. 알리 형제도 감옥에서 곧바로 국민회의에 왔다. 인민들은 너무나 좋아했다. 번창하던 변호사업을 그만두고 펀자브를 중심으로 중요한 봉사를 했던 판디트 모틸랄 네루가 국민회의 의장이었고, 고(故) 슈라다난드지가 환영위원회 위원장이었다.

그때까지 국민회의 연례 회기에서 내 역할은 힌두어로 강연을 하여 힌두어를 국어로 조성하자고 주장한 것, 그리고 그 강연에서 해외 인도인의 사정을 알린 점에 국한되었다. 그해에도 그 이상은 기대하지 않았다. 그러나 그전에도 그런 일이 많이 있었듯이, 별안간 내가 책임져야 할 일이 생겼다.

바로 그때 국왕의 새로운 개혁안이 발표되었다. 그것은 나에게도 만족스럽지 못했고, 다른 사람에게는 불만족스러운 것이었다. 그러나 당시 나로서는 그 개혁에 결함은 있지만 받아들일 만하다고 생각했다. 나는 왕의 발표문에서 싱하 경의 손길을 느꼈고, 그것이 한 가닥 희망을 주었다. 그러나 로카만야와 데샤반두 치타란잔 다스같이 경험이 풍부한 투사들은 머리를 흔들었다. 판디트 말라비야지는 중립이었다.

판디트 말라비야지는 나를 자기 방에 묵게 했다. 힌두대학교의 개교 기념식에서 그의 생활의 단순함을 잠깐 보았는데, 이번에는 같은 방에서 지내며 그의 일상생활을 가까이서 볼 수 있어서 너무나 즐겁고 놀라웠다. 그의 방은 빈민의 무료 숙박소 같았다. 이쪽에서 저쪽으로 움직일 수도 없었다. 그만큼 만원이었다. 우연히 들르는 사람들도 받아들였고, 그들은 얼마든지 마음대로 오래 머물 수 있었다. 그 복잡한 방 한구석에 내 침대(Charpai)가 당당히 놓였다.

그러나 말라비야지의 방 모습을 묘사하는 것으로 이 장을 채울 수는 없으니 주제로 돌아가야겠다.

여하튼 나는 말라비야지와 매일 토론을 할 수 있었고, 말라비야지는 마치 형님처럼 나에게 각 당파의 견해를 소상하게 설명해주었다. 나는 나의 개혁 결의안 심의 참여가 불가피함을 알았다. 나는 펀자브 만행에 대한 국민회의 보고서 작성을 책임졌기 때문에, 이와 관련된 모든 미해결 문제에도 관심을 기울여야 한다고 생각했다. 그 문제로 정부와 협상해야 할 것도 있었다. 마찬가지로 킬라파트 문제도 있었다. 나아가 나는 당시, 몬터규 씨가 배신하지 않고 인도 문제가 배신당하게 놔두지도 않으리라 믿었다. 알리 형제를 비롯한 여러 죄수의 석방도 나에게는 좋은 징조로 보였다. 이런 상황에서 나는 개혁을 거부하지 않고 수용하는 결의안이 옳다고 생각했다.

반면, 데샤반두 치탄란잔 다스는 그 개혁이 부당하고 불만족스러우니 거부해야 한다는 신념을 확고하게 가졌다. 고(故) 로카만야는 다소간 중립이었으나, 데샤반두에 따르겠다고 했다.

이처럼 경험이 풍부하고, 광범위한 존경을 받는 지도자들과 다른 태도를 보인다는 것이 견딜 수 없었다. 반면 양심의 소리는 분명했다. 나는 국민회의를 떠나려고 했고, 그래서 판디트 말라비야지와 모틸랄지에게 내가 국민회의의 남은 회기에 참가하지 않는 것이 전체를 위해 이익이 될 것 같다고 말했다. 그렇게 하면 그 뛰어난 지도자들과 내가 다르다는 것을 보일 필요도 없게 된다고도 했다.

그러나 두 원로는 나에게 찬성하지 않았다. 내 제안이 어떻게 해서 랄라 하르키샨랄의 귀에도 들어갔다. "그럴 수 없소. 그렇게 되면 편자브인들이 상처를 받을 거요." 나는 이 문제를 로카만야, 데샤반두, 진나 씨와도 토의했으나 해결책은 없었다. 마지막으로 나는 말라비야지에게 내 고민을 털어놓았다. "타협 가능성은 없습니다. 그러나 내가 결의안에 동의하면 가부를 묻게 되고 투표를 해야 할 것입니다. 그러나 그렇게 할 생각이 전혀 없습니다. 지금까지 국민회의 개회 동안 거수로 표결을 해왔는데 그 결과 늘 대의원과 방청객을 구별할 수 없었고 그 엄청난 모임에서 표를 셀 수도 없습니다. 따라서 설령 가부를 묻고자 해도 대책을 세울 수가 없고 그렇게 한다고 해서 의미도 없습니다."

그러나 랄라 하르키샨랄은 일을 타개하려고 필요한 조치를 하기 시작했다. 그가 말했다. "표결을 해야 하는 날에는 방청객을 들이지 않겠습니다. 표를 세는 것은 내가 맡겠소. 그러나 당신이 결석하면 안 됩니다." 나는 항복하고, 결의안을 작성하여 떨면서 상정했다. 판디트 말라비야지와 진나 씨가 지지해주었다. 나는, 비록 우리의 의견 차이는 하등 감정적인 불쾌감이 있는 게 아니고, 우리의 연설에도 냉정한 이성 외에 아무것도 없었지만, 사람들은 견해가 다르다는 사실 자체를 견디지 못한다는 것을 알았다. 그것이 그들에게 상처를 주었다. 그들은 만장일치를 원했다.

연설 도중에도 견해 차이를 조정하려는 노력이 연단 뒤에서 진행되었고, 이를 위한 쪽지들이 지도자들 사이를 오갔다. 말라비야지는 그 간격을 메꾸는 다리를 놓고자 최선의 노력을 했다. 바로 그때 제람다스가 그의 수정안을 내게 건네면서, 특유의 부드러운 태도로 대의원들을 분단의 딜레마에서 구하자고 했다. 그의 수정안이 마음에 들었다. 그의 눈은 사방을 보면서 한 가닥 희망을 찾으려는 것이었다. 나는 말라비야지에게 제람다스의 수정안을 양쪽 모두 받아들일 것 같다고 말했다. 그 다음에 그것을 본 로카만야는 "만일 C. R. 다스가 찬성하면 나도 반대하지 않겠습니다"라고 했다. 데샤반두도 결국 누그러져서 베핀 찬드라 팔 씨의 동의를 구했다.

말라비야지는 희망에 넘쳤다. 수정안 종이를 빼앗아 데샤반두가 확실히 찬성하기 전에 외쳤다. "됐습니다. 대의원 여러분, 타협이 이루어졌음을 기뻐하십시오." 그 뒤 일은 형언 못할 정도다. 회의장은 박수로 떠나갈 듯했고, 우울했던 방청객의 얼굴은 기쁨으로 빛났다.

수정안 내용에 대해 설명할 필요는 없으리라. 여기서 내 목적은 오로지 이 결의안이, 어떻게 이 책에서 말하는 실험의 하나로 실행되었는지 설명하는 것이다.

그 타협으로 나의 책임은 더욱 커졌다.

38. 국민회의 참가

나는 암리차르에서 국민회의에 참가하면서 국민회의 정치에 입문했다. 그전의 참가는 국민회의에 대한 충성을 매년 새롭게 한 것에 불과했다. 그때는 언제나 사적인 것 말고는 내가 특별히 할 일이 없었고, 나도 그 이상을 바라지 않았다.

암리차르의 경험을 통해 나에게 한두 가지 적합한 일이 있고, 그것이 국민회의에도 도움이 될 수 있음을 알았다. 고(故) 로카만야, 데샤반두, 판디트 모틸랄지 및 그 밖의 지도자들이, 펀자브 조사와 관련된 나의 작업에 만족한다는 걸 이미 알 수 있었다. 그들은 비공식 모임에 나를 초대했고, 거기서 위원회 결의안이 검토되었다. 그런 모임에는 지도자들에게 특별히 신임을 받는 사람들이나, 그들의 도움이 필요한 사람들만 초대되었다. 물론 어디에나 끼기 좋아하는 사람들도 왔다.

그 다음 해에는 나에게 흥미롭고 적합하기도 한두 가지 일이 있었다. 그중 하나는 잘리안왈라 공원 학살 사건의 기념비 설치였다. 국민회의에서는 대단한 열의로 이를 위한 결의안을 통과시켰다. 건립금 약 50만 루피를 모았고 나는 관리자 가운데 한 명으로 뽑혔다. 판디트 말라비야지는 공공 목적을 위해 돈을 모으는 데에는 왕자 같은 명성을 누렸다.

그러나 나도 그 점에서는 못지않았다. 그런 방향으로 능력이 있음을 발견한 것은 남아프리카에 있을 때였다. 나는 말라비야지처럼 인도의 부유층에게 당당하게 기부하게 하는 신비한 힘은 없었다. 그러나 왕들이나 토후들에게 접근하여 잘리안왈라 공원 기념비 기금을 모으는 데는 문제가 없었다. 그래서 기대한 대로 모금 책임은 나에게 돌아왔다. 뭄바이의 관대한 시민들은 아낌없이 기부를 했고 현재 은행에는 기금이 상당액 예치되어 있다.

그러나 지금 우리 나라가 당면한 문제는 힌두교도, 이슬람교도, 시크교도가 피를 한데 섞어 성스럽게 만든 이 땅에 어떤 기념비를 세우느냐 하는 것이다. 그 세 사회는 우의와 사랑의 유대로 뭉치지 못하고, 어느 모로 보나 서로 싸우고 있으므로 민족은 그 기념비 기금을 어떻게 사용해야 할지 모른다.

국민회의가 이용할 수 있는 나의 또 다른 소질은 기초자(起草者)라는 것이다. 국민회의 지도자들은 내게 압축하여 표현하는 능력이 있음을 알았는데, 이는 나의 오랜 변호사 실무에서 얻은 것이었다. 당시의 국민회의 규약은 고칼레의 유산이었다. 그는 국민회의 운영의 기초가 되는 규칙도 만들었다. 그 규칙 제정에 얽힌 흥미로운 이야기를 나는 고칼레에게 직접 들었다.

그러나 이제 모두 그 규칙이 계속 늘어나는 국민회의의 일에 더는 적합하지 않다고 생각하게 되었다. 이 문제는 해가 갈수록 심각해졌다. 당시 국민회의에는 회기와 회기 사이, 또는 일년 동안 언제 일어날지 모르는 돌발적 사건을 다루는 기구가 없었다. 또 현행 규칙에는 간사를 세 명 둔다고 했으나, 그중 한 사람만 직무를 보는 간사였고, 그나마도 상임이 아니었다. 어떻게 그가 한 손으로 국민회의 사무실을 운영하고, 장래를 생각하며, 지난 연도에 국민회의가

진 채무를 금년 안에 변제할 수 있겠는가?

따라서 누구든 이 문제가 가장 중요하다고 생각했다. 국민회의는 공공 업무를 토의하기에는 너무나도 비대했다. 국민회의 대의원 수나 각 지역별 대의원 수에 제한이 없었다. 그래서 현재의 무질서한 상태를 개선할 필요가 있음을 누구나 절감했다.

나는 한 가지 조건 아래 규약 제정에 착수했다. 나는 당시 공공의 가장 큰 지지를 받는 지도자가 로카만야와 데샤반두임을 알았다. 그래서 그들이 인민 대표로 규약제정위원회에 참가하도록 요구했다. 그러나 그들이 규약 제정 사업에 개인적으로 참여할 시간이 없는 것이 분명하므로 그들의 신뢰를 받는 두 사람을 나와 함께 규약위원으로 지명하고 위원 수는 세 명으로 제한하자고 제의했다. 고 (故) 로카만야와 데샤반두는 이를 수락했고, 그들의 대리인으로 각각 켈카르 씨와 I. B. 센 씨를 추천했다.

규약제정위원회는 한 번도 모이지 못했으나, 서로 편지로 상의할 수 있었고, 결국 일치된 보고서를 제출했다. 나는 이 규약에 상당한 자부심을 갖는다. 우리가 이 규약을 잘 지킨다면 그 실천의 결과로 자치도 확립하리라 본다. 이 책임을 맡음으로써 나는 국민회의 정치에 발을 들여놓았다고 할 수 있다.

39. 카디의 탄생

내가 1908년《인도의 자치》에서 더욱 심해지는 인도의 가난을 구제하는 만능 약으로 손베틀이나 물레에 대해 말했을 때 나는 그것을 본 적이 없었다. 그 책에서 나는 인도 대중을 갉아먹는 가난에서 구해주는 데 도움이 된다면 동시에 자치도 이루게 해줄 수 있다는 의미에서 그것을 이해했다.

1915년 내가 남아프리카에서 인도에 돌아왔을 때에도 나는 실제로 물레를 보지 못했다. 사바르마티에 사티아그라하 아슈람을 세울 때, 우리는 손베틀을 몇 대 가져왔다. 그러나 막상 가져와보니 어려움이 생겼다. 우리 모두 유식한 직업이나 사업에 종사했었기 때문에 기술자가 없었다. 우리가 베틀로 일을 하기 전에 우리에게 베짜기를 가르쳐줄 직조 기술자가 있어야 했다. 마침내 팔란푸르에서 한 사람이 왔으나 그는 기술 전부를 가르쳐주지 않았다. 그러나 마간랄 간디는 쉽게 포기하는 사람이 아니었다. 그는 본래 기계에 타고난 재능이 있어서 오래지 않아 그 기술을 완전히 습득했고, 차차 많은 새 직조공이 아슈람에서 훈련을 받았다.

당초의 목적은 순수하게 우리 손으로 만든 천으로 옷을 지어 입자는 것이었다. 그래서 우리는 즉각 방직공장 제품의 사용을 중지했고, 아슈람 사람은 모두 인도 무명실로 짠 실로만 옷을 지어 입기로 했다. 그리하여 우리는 많은 경험을 쌓았다. 직조공과의 직접 접촉을 통해 우리는 그들의 생활 상태와 생산 정도가 어느 정도인지 알게 되었다. 필요한 실을 획득하는 데 불리한 점이 있고 속임수에 넘어가는 경우도 있음을 알았고, 그래서 결국은 빚만 늘어간다는 것도 알게 되었다.

우리는 우리에게 필요한 모든 천을 즉시 만들 수 있는 처지가 아니었다. 따라서 그 대안으로 길쌈하는 사람들에게서 우리의 천을 사야 했다. 그러나 인도 실 공장에서 만든 천 제품은 포목 가게에서도 쉽게 구할 수 없었고 직조자에게서도 직접 살 수 없었다. 직조자가 짠 고운 천은 모두 외국 실로 짠 것이었다. 인도 방직공장에서는 가는 실을 뽑지 않았기 때문이다. 심지어 지금도 인도 방직공장에서는 최고 단위 번수의 실은 못 나오고, 고단위 번수 실도 매우 한정되어 있다. 무한히 노력한 끝에 우리는 아슈람에서 그들이 생산한 모든 제품을 매수한다는 조건하에, 스와데시 실로 옷감을 짜주겠다는 직공을 몇 사람 찾아낼 수 있었다.

이와 같이 인도 방직공장 제품으로 된 옷감으로 옷을 해 입고 또 친구들에게도 선전함으로써 우리는 스스로 인도 방직공장의 자원봉사자가 되었다. 거꾸로 우리는 방직공장과 접촉하면서 공장의 운영과 문제점에 대해 알게 되었다. 공장들의 목표는 자신들의 실로 더 많은 옷감을 짜내도록 하는 것이었다. 또 베틀 직공들과는 마지못해서 협력하는 것이었기에 그 관계가 불가피하고 일시적인 것임을 알았다.

우리는 우리가 직접 생산한 실로 옷감을 짜고 싶었다. 이를 우리 스스로 하기까지는 공장에 의존해야 하는 게 분명했다. 인도 방직공장에 봉사하는 것이 나라에는 조금도 도움이 안 된다는 생각을 했다.

또다시 어려움에 부딪혔다. 우리는 물레를 구할 수 없었고, 물레질을 가르쳐줄 사람도 구할 수 없었다. 아슈람에서는 바퀴 몇 개로 베틀 실통에 실을 감곤 했다. 그러나 그것을 물레로 쓸 수 있다고는 생각하지 못했다.

어느 날 칼리다스 자베리가 물레질을 가르쳐줄 여성을 찾았다고 했다. 우리는 그녀에게 새로운 것을 잘 익히는 아슈람 사람을 보냈다. 그러나 그도 기술의 비밀을 알지 못하고 돌아왔다.

그렇게 세월이 흘러가자 내 조바심은 더욱 커졌다. 아슈람을 방문하는 사람들 중에 손으로 실 잣는 지식을 가졌음직한 사람이라면 기회를 놓치지 않고 달라붙어 그 기술에 대해 물었다. 그러나 실을 잣는 것은 여성의 일이고 거의 사라져버렸기 때문에, 어느 외진 구석에 베틀 물레질꾼이 살아 있다고 해도 그 여성을 찾아내는 것도 같은 여성의 일이었다.

1917년 구자라트 친구들은 나를 브로치 교육회의 의장에 지명했다. 내가 그 유명한 강가벤 마줌다르 부인을 발견한 것이 바로 이곳이었다. 그녀는 과부였으나, 그녀의 기업 정신은 대단했다. 일반적으로 말해 그녀의 교육은 짧았다. 그러나 용기와 상식에서 그녀는 우리의 교육받은 여성을 훨씬 뛰어넘었다. 그녀는 이미 불가촉천민이라는 저주를 벗어버렸고, 억압받는 계급 사이를 두려움 없이 다니며 그들에게 봉사했다.

그녀는 돈이 많았으나 자신을 위해서는 쓰지 않았다. 잘 단련된 몸으로 어디든 동행자 없이 잘 다녔다. 또 말도 잘 탔다. 나는 고드라 회의에서 그녀와 더욱 잘 알게 되었다. 그녀에게 물레를 구하지 못해 고민이라고 했더니 열심히 구해보겠다고 약속하여 내 짐을 가볍게 했다.

40. 마침내 찾다!

마침내 구자라트를 끝없이 헤맨 끝에 강가벤은 바로다 주 비자푸르에서 물레를 찾았다. 그곳에서는 상당수 사람들의 집에 물레가 있었으나, 오래전부터 쓸데없는 폐물로 여겨 헛간에 처박아두었다. 그들은 강가벤에게, 자기들에게 솜고치를 계속 공급해주고 자기들이 뽑은 실을 사주기만 하면 물레질을 시작할 수 있다고 했다.

강가벤은 그 기쁜 소식을 나에게 전했다. 솜고치 공급은 어려웠다. 고(故) 우마르 소바니에게 이를 설명했더니 그의 공장에서 충분히 공급하겠다고 해서 해결되었다. 나는 우마르 소바니에게 받은 솜고치를 강가벤에게 보냈다. 그러자 곧 실이 감당할 수 없을 정도로 쏟아졌다.

우마르 소바니 씨는 대단히 관대했지만 한없이 그를 이용할 수는 없었다. 나는 그에게 솜고치를 계속 받을 수 없었다. 나아가 공장의 솜고치를 사용하는 건 근본적으로 잘못이라고 생각했다. 공장의 솜고치를 쓴다면 공장의 실을 쓰지 못할 이유가 무엇인가? 옛날에는 솜고치를 대주는 공장이 분명히 없지 않았던가? 그렇다면 솜고치를 어떻게 만들었을까?

이런 생각을 하며 나는 강가벤에게 고치를 공급할 수 있는 솜틀꾼을 찾아보라고 했다. 그녀는 자신 있게 그 일을 처리했다. 그녀는 솜을 틀겠다는 솜틀꾼을 한 사람 고용했다. 그는 많은 돈은 아니지만 월급으로 35루피를 요구했다. 그때는 어떤 액수도 높다고 생각하지 않았다.

강가벤은 젊은이 몇몇을 훈련시켜 틀어놓은 솜으로 고치를 만들게 했다. 나는 뭄바이에서 목화를 구했다. 아슈반트프라사드 데사이가 곧바로 응했다. 이렇게 해서 강가벤의 사업은 기대 이상으로 번창했다. 그녀는 직조공을 찾아내어 비자푸르에서 뽑은 실로 천을 짜게 했다. 그래서 비자푸르 카디는 유명하게 되었다.

비자푸르에서 이렇게 발전하는 동안, 아슈람에서는 물레가 급속하게 자리를 잡았다. 마간랄 간디는 바퀴에 놀라운 기술적 재능을 발휘하여 이를 상당히 개선했고, 아슈람에서 바퀴와 부속품을 만들기 시작했다. 아슈람에서 최초로 짠 카디는 1야드에 17안나가 먹혔다. 나는 친구들에게 즉각 이 너무나도 거친 카디를 사라고 했고, 그들은 기꺼이 그렇게 했다.

나는 뭄바이에서 병이 들었다. 그러나 거기서 물레를 찾아낼 수는 있을 정도였다. 결국 나는 실 잣는 사람 둘을 만났다. 그들은 실 1시어[38]에 1루피를 달라고 했다. 곧 28톨라 혹은 약 4분의 3파운드였다. 당시 나는 카디의 경제학에 대해 몰랐다. 손으로 자아낸 실을 사려면 값이 비쌀 거라는 생각을 못했다. 비자푸르에서 낸 돈과 비교해보고 나는 속은 것을 알았다. 물레질꾼들은 가격을 내리려 하지 않았다. 그래서 그만둘 수밖에 없었다. 그러나 그들은 제 몫을 했다. 그들은 슈리마티스 아반티카바이, 라미바이 캄다르, 샹카를랄 반케르의 홀어머니, 슈리마티 바수마티벤에게 실 잣기를 가르쳤다.

물레가 내 방에서 즐겁게 노래하기 시작했고, 그 소리가 내 건강 회복에 적잖이 기여했다고 해도 과장이 아니다. 그 효과는 육체적인 것이 아니라 심리적인 것이었으리라. 그러나 이는 인간의 육체적인 면이 얼마나 강하게 심리에 작용하는지를 보여줄 뿐이다. 나도 물레에 손을 댔으나 그때는 그리 많이 하지는 않았다.

뭄바이에서 다시금, 손으로 튼 고치를 공급받아야 한다는 문제가 생겼다. 솜틀꾼 하나가 활을 퉁기면서 날마다 레바샨카르 씨 집

---

38 1seer는 약 940g.

앞을 지나곤 했다. 나는 그가 이불 속을 채울 솜을 틀고 있음을 알았다. 그는 고치 만들 솜을 틀어주겠다고 약속했으나 엄청난 값을 요구했다. 그러나 나는 그 값을 주었다. 그렇게 해서 자은 실을 바이슈나바 친구들에게 보내 그것으로 에카다시 축제에 쓸 화환을 만들게 했다.

시브지 씨는 뭄바이에서 물레 수업을 시작했다. 이 모든 실험에는 상당한 비용이 들었다. 그러나 이는 카디를 믿는 애국적 친구들, 조국을 사랑하는 사람들이 기꺼이 충당해주었다. 그렇게 소비된 돈은 낭비가 아니라고 나는 생각한다. 이는 많은 경험을 쌓게 해주었고, 물레의 가능성을 보여주었다.

이제 나는 내 옷을 순전히 카디로만 만들려는 생각을 하게 되었다. 나의 도티는 아직도 인도 방직공장 천으로 만든 것이다. 아슈람과 비자푸르에서 짠 거친 카디는 폭이 30인치에 불과했다. 나는 강가벤에게 폭이 45인치인 카디 도티를 한 달 안에 보내주지 않으면 거친 것으로 짧은 카디 도티를 만들겠다고 편지를 썼다. 그 최후통첩에 그녀는 충격을 받았으나 그럼에도 나의 요구를 들어주었다. 그녀는 한 달 안에 폭 45인치짜리 카디 도티 한 벌을 보내와 당시 어려운 처지였던 나를 구해주었다.

바로 그 무렵, 라크슈미다스 씨가 ㄱ의 아내 강가벤과 함께 직조공 람지 씨를 데리고 라디에서 아슈람으로 와서 카디 도티를 아슈람에서 짜도록 했다. 카디 보급에서 그 부부가 한 역할은 결코 무의미하지 않았다. 그들은 구자라트를 비롯한 많은 곳에서 여러 사람에게 손으로 자은 실로 베 짜는 기술을 가르쳤다. 강가벤이 베틀에 앉은 모습은 감동적이었다. 학식이 없지만 교양이 풍부한 그 자매가 베틀 위에서 일할 때, 그녀는 너무나도 열중해서 주의를 돌리기가 힘들었고, 그녀의 눈을 베틀에서 떼게 하기란 더욱 힘들었다.

41. 교훈적인 대화

당시에는 자치운동이라고 불린 카디운동은 처음부터 방직공장주들의 반발을 샀다. 고(故) 우마르 소바니는 자신이 유능한 방직공장주이면서도 그의 지식과 경험의 편의를 나에게 주었을 뿐만 아니라, 늘 다른 공장주들과 의견을 나누도록 했다. 그중 한 사람의 의견에 나는 깊이 감동했다. 그는 나를 만나고자 했고 나는 동의했다. 소바니 씨가 자리를 마련했다. 공장주는 다음과 같이 말문을 열었다.

"전에도 자치운동이 있었던 것을 아시나요?"

"네." 내가 답했다.

"아시다시피 벵골 분할기에 우리 방직공장주는 자치운동을 충분히 이용했어요. 그 운동이 절정에 이르렀을 때 우리는 천 값을 올렸고, 그보다 더 나쁜 짓도 했어요."

"네, 저도 들은 바 있어요. 아주 불쾌했습니다."

"선생이 불쾌하셨던 건 알지만 그 이유는 모르겠습니다. 우리는 박애심에서 사업을 하는 것이 아닙니다. 우리는 이익을 남기려고 사업을 합니다. 그리고 주주를 만족시켜야 해요. 물가는 수요의 지배를 받아요. 누가 수요와 공급의 법칙을 통제할 수 있나요? 벵골 사람들은 자기네 운동이 국산 천의 수요를 자극하여 값이 오르게 한다는 걸 알아야 해요."

내가 끼어들었다. "벵골 사람들은 저처럼 남을 잘 믿습니다. 그들은 믿었어요. 완전히 믿었지요. 그래서 공장주들이 그렇게 극단적으로 이기적일 줄 몰랐던 겁니다. 조국이 어려울 때 배신할 정도로, 심지어 외국 천을 국산 천이라고 속여 팔 정도로 비애국적일 줄 몰랐어요."

"저는 선생이 남을 잘 믿는다는 걸 압니다." 그가 답했다. "그래서 이렇게 힘들게 뵙자고 해서 그 단순한 벵골 사람들처럼 속지 않도록 주의하시라고 말씀드리는 겁니다."

그렇게 말한 공장주는 옆에 서 있던 서기를 불러 공장에서 제조 중인 물건의 견본을 가져오라고 했다. 그가 그것을 가리키며 말했다. "이 천을 보세요. 우리 공장에서 나오는 최상품입니다. 수요가 광범위해요. 그런데 형편없는 목화로 만들어 대단히 싸지요. 우리는 이걸 북쪽 히말라야 골짜기까지 보냅니다. 우리는 전국에 지점이 있어요. 선생이나 선생 대리인이 보지도 못한 곳에도 있습니다. 그래서 우리에겐 이제 대리인이 필요 없어요.

뿐만 아니라 선생은 인도의 옷감 생산이 수요에 크게 미치지 못한다는 것을 아셔야 합니다. 따라서 자치 문제는 생산 문제에 귀착됩니다. 우리가 생산량을 충분히 올리고 필요한 정도로 질을 개선하면, 외국산 수입은 자동적으로 끊어집니다. 따라서 저는 선생에게 지금과 같은 운동을 할 것이 아니라 새로운 공장을 건설하는 쪽으로 방향을 바꾸시라고 권하고 싶습니다. 우리에게 필요한 것은 국산품 수요를 창출하려는 선전이 아니라 더욱 많이 생산하는 것입니다."

"그렇다면 제 일을 축복하시리라 믿습니다. 제가 바로 그렇게 하고 있으니까요."

"어떻게 하신다는 거지요?" 그가 좀 의아해하며 물었다. "새로운 공장을 준비하시나요? 그렇다면 정말 축복할 만하지요."

내가 설명했다. "꼭 그렇지는 않아요. 저는 물레를 부활시키고 있어요."

"그게 뭡니까?" 그는 더욱 당황해서 물었다. 나는 그에게 물레에 대한 모든 이야기와, 오랫동안 그것을 찾아왔다는 이야기를 하고는 덧붙였다. "저는 당신 의견에 전적으로 동의합니다. 제가 공장 대리인이 될 필요는 없어요. 그건 이 나라에 득보다 해가 될 거요. 우리 공장엔 오랫동안 손님이 부족한 일이 없을 겁니다. 제 일은 수공 직물 생산을 조직화하고, 그렇게 생산된 카디를 처분할 방법을 찾아내는 것이고, 지금 그렇게 하고 있어요.

그래서 지금 카디 생산에 총력을 기울입니다. 저는 이러한 자치를 맹세합니다. 왜냐하면 그것을 통해 반굶주림, 반실직 상태에 있는 인도 여성에게 일을 줄 수 있기 때문입니다. 제 생각은 그녀들에게 실을 잣게 해서 그것으로 짠 카디를 인도인이 입게 하는 것입니다. 이 운동이 어느 정도 성공할지는 모르지만, 지금은 시작 단계에 불과합니다. 그러나 저는 전폭적으로 믿습니다. 여하튼 해가 될 리는 없지요. 도리어 생산량이 아무리 적어도 인도의 옷감 생산에 보탬이 될 정도로는 실제 이익을 내겠지요. 따라서 제 운동이 당신이 말한 것처럼 해가 되지 않는다는 걸 이해하시겠지요?"

그가 답했다. "선생의 운동이 생산 증가를 위한 것이라면 반대할 이유가 없어요. 이 동력의 시대에 물레가 과연 발전할지는 별문제지만. 그러나 저로서는 성공을 빕니다."

42. 밀물처럼

그 후 카디의 발전에 대해 여기서는 더 쓰지 않겠다. 대중의 눈에 다 드러나 있는 나의 여러 활동을 기록하는 것은 이 책의 목적이 아니다. 또한 그렇게 하는 것이 오로지 그 주제로 논문을 쓰기 위한 것이라면 나는 그럴 생각이 없다. 내가 이 책을 쓰는 이유는 단지, 그런 일들이 어떻게 그처럼 자동적으로 나의 진실 추구 과정에 생겨났는지를 서술하기 위해서다.

그럼 이제 비협력운동 이야기로 돌아가자. 알리 형제가 시작한 강력한 킬라파트 운동이 한창 진행 중일 때, 나는 고(故) 마울라나 압둘 바리를 비롯한 이슬람 신학자(Ulema)들과, 특히 이슬람교도가 어느 정도로 비폭력 규칙을 지킬 수 있는지 오랫동안 토론했다. 결국 그들은 모두, 이슬람교는 신도가 비폭력을 하나의 정책으로서 따르는 것을 금하지 않고, 그 정책에 맹세한 이상 성실하게 그것을 이행하겠다는 데 동의했다.

마침내 킬라파트 회의에서 비협력 결의안이 제의되어, 오랜 토의를 거친 뒤에 통과되었다. 나는 알라하바드의 한 위원회에서 그 문제로 밤새 토론했던 것을 지금도 생생히 기억한다. 처음에 고(故) 하킴 사헤브는 비폭력, 비협력 가능성에 회의적이었다. 그러나 나중에 의문이 해소되자 적극적으로 참여했고 그 운동에 크게 기여했다.

그 직후에 열린 구자라트 정치회의에서 나는 비협력 결의안을 제출했다. 반대 측이 미리 제기한 주장은, 전 인도 국민회의에 앞서 주 국민회의에서 결의안을 채택하는 것이 불법이라는 것이었다. 이에 대해 나는 그런 제한은 퇴영적인 운동에서나 적용될 수 있고, 전진

하는 운동의 경우에 하부 기관이 그렇게 하는 것은 전적으로 합법적일 뿐 아니라, 용기와 자신만 있다면 그렇게 하는 것이 당연한 의무라고 주장했다. 또 스스로 책임을 지려 한다면 상부 기관의 위신을 높이는 일에 반드시 허가를 받을 필요는 없다고 주장했다.

이어서 그 제안들이 토론되었고, '정정당당한' 분위기에서 진행되었다. 표결 결과, 결의안은 압도적 다수의 찬성으로 채택되었다. 결의안이 성공적으로 통과된 데는 발라브바이 씨와 압바스 탸브지 씨가 크게 기여했다. 압바스 씨는 의장이었고 그의 지지는 결정적인 역할을 했다.

전 인도 국민회의위원회는 이 문제를 토의하고자 1920년 9월, 콜카타에서 특별회의를 열기로 했다. 이를 위한 준비가 대규모로 이루어졌다. 랄라 라지파트 라이가 의장으로 선출되었다. 국민회의와 킬라파트 요인들이 뭄바이에서 콜카타로 달려왔다. 콜카타에는 대의원들과 방문객들로 엄청난 사람들이 모였다.

나는 마울라나 샤우카트 알리의 요청으로 기차에서 비협력 결의안 초안을 작성했다. 그때까지 나는 초안에서 비폭력이라는 말의 사용을 피해왔다. 그러나 나의 연설에서는 이 말을 제한 없이 사용했다. 그 문제에 적합한 단어를 그때까지도 고심 중이었다. 순전히 이슬람교도만으로 된 청중에게 나의 의도를 충분히 전달하려면 비폭력에 해당하는 산스크리트어만으로는 충분하지 못하다고 생각했다. 그래서 마울라나 아불 칼람 아자드에게 적당한 다른 말을 찾아달라고 부탁했다. 그는 '바만(ba-aman)'이라는 말을 제시했다. 마찬가지로 비협력이라는 말로서는 '타르크 이 마발라트(tark-i-mavalat)'를 제시했다.

이처럼 비협력에 해당하는 힌두어, 구자라트어, 우르두어를 고민할 때, 그 중요한 국민회의에 제출할 비협력 결의안 작성을 요청받았다. 본래 초안에는 '비폭력'이란 말을 사용하지 않았다. 나는 그것을 같은 객실에 있던 마울라나 샤우카트 알리에게 주면서 그 말을 뺐음을 알리지 않았다. 밤이 되자 그 실수가 생각났다. 아침에 나는 마하데브에게 초안을 인쇄소에 보내기 전에 빠뜨린 것을 채워야 한다고 전했다. 그러나 초안은 이미 인쇄된 듯했다.

그날 저녁 의사위원회가 열릴 예정이었다. 그래서 나는 인쇄된 초안의 틀린 곳을 교정해야 했다. 뒤에 알고 보니 만일 초안을 준비하지 않았더라면 매우 난처할 뻔했다.

내 처지는 참으로 처량했다. 누가 내 결의안을 지지해줄지, 누가 반대할지 아무것도 몰랐다. 랄라지가 어떤 태도를 보일지도 몰랐다. 나는 오로지 콜카타에서 싸우려고 모인 노련한 투사들의 당당한 진용을 보았다. 의사 베전트, 판디트 말라비야지, 비자야라가바차리, 판디트 모틸랄지, 데샤반두 등이었다.

내 결의안에 비협력이란 오로지 펀자브와 킬라파트 만행의 시정을 요구하는 것으로 되어 있었다. 그러나 비자야라가바차리가 그것을 좋아하지 않았다. "만일 비협력을 주장한다면 왜 그것을 특별한 잘못에 대해서만 주장해야 합니까? 자치의 부재가 우리 나라의 가장 큰 잘못입니다. 비협력은 바로 그것에 대해 해야 합니다." 판디크 모틸랄지도 결의안에 자치 요구가 포함되어야 한다고 주장했다. 나는 그 제의를 받아들여 자치 요구를 결의안에 포함시켰다. 그것은 진지하고도 심각한, 때로는 격렬한 논의 끝에 통과되었다.

그 제안에 처음으로 동의한 사람은 모틸랄지였다. 결의안에 대해 그와 벌인 멋진 토론을 나는 지금도 기억한다. 그가 제의한 문구 수정을 받아들였다. 그는 데샤반두를 설득하는 임무를 맡았다. 데샤반두도 어느 정도 찬성했으나 인민에게 그것을 실천할 능력이 있을지를 의심했다. 그와 랄라지는 나그푸르 국민회의 때 그것에 완전하게 찬성했다.

그 특별회기 동안 나는 고(故) 로카만야가 너무도 그리웠다. 만일 그때 로카만야가 살아 있었더라면 이럴 때 나를 축복했을 것이라고 지금까지도 굳게 확신한다. 그러나 이와 달리 그가 이 운동에 반대했다고 해도 나는 그의 반대를 하나의 특권이자 나 자신을 위한 교육으로 생각했으리라. 우리는 언제나 의견이 달랐지만, 그것으로 마음이 상하지는 않았다. 그는 언제나 나에게 우리 사이에 있는 끈이 우리를 가장 가깝게 해준다고 믿게 했다.

이 글을 쓰는 지금도, 그의 임종이 생생하게 떠오른다. 당시 나와 함께 일하던 파트와르단이 자정쯤 전화로 그의 죽음을 알렸다. 그때 동료들이 주위에 있었다. 동시에 나의 입에서 "나의 가장 튼튼한 담이 무너졌다"는 말이 흘러나왔다. 당시에는 비협력운동이 한창이었고, 나는 열성적으로 그의 격려와 고무를 바랐다. 비협력운동이 마지막 단계에 갔을 때 나는 항상 그가 어떻게 생각할지 의문을 가졌는데, 이제는 모두 쓸모없게 되었다. 그러나 이것은 분명하다. 그의 죽음으로 인한 공허감이 콜카타에 온 모든 사람을 무겁게 짓눌렀다는 점이다. 조국 역사에서 위기의 시간에 그의 말을 듣지 못해 모두 유감이었다.

43. 나그푸르에서

콜카타 특별회의에서 채택된 결의안은 나그푸르 연례회의에서 인준을 받아야 했다. 그곳도 콜카타처럼 방문객과 대의원들로 크게 붐볐다. 그때까지도 대의원 수에 제한이 없었다. 그 결과 그곳에 모인 대의원이 1만4천 명에 이르렀다. 랄라지는 동맹 휴교에 대한 문구를 약간 수정하자고 했고 나는 그것을 받아들였다. 데샤반두도 약간을 수정했다. 그 뒤 비협력 결의안은 만장일치로 통과되었다.

국민회의 규약 개정 결의안도 이 회의에서 토의하기로 했다. 분과위원회 기초 안은 콜카타 특별회의에 제출되었다. 따라서 충분히 토의되었다. 그것을 마지막으로 다룰 나그푸르 회기의 회장은 C. 비자야라가바차리아르였다. 의사위원회는 한 가지 중요한 수정을 하고 통과시켰다. 내 초안에서는 대의원 수를 1천500명으로 정했는데, 의사위원회에서는 6천 명으로 수정했다. 나는 그런 증원이 경솔한 판단의 결과라고 생각했다. 그리고 이 몇 년간의 경험은 내 견해를 확인해줄 뿐이다.

대의원 수가 많은 것을 일을 더 잘하는 데 도움이 되는 것으로, 또는 민주주의 원칙을 보장하는 것으로 믿는 것은 심한 착각이라고 나는 생각한다. 인민의 이익을 위해 열의를 가진 1천500명 대의원은, 아무렇게나 뽑은 무책임한 6천 명보다 언제나 더 나은 민주주의의 옹호자가 되리라. 민주주의를 지키려면 인민에겐 강렬한 독립심, 자존심, 단결심이 있어야 하고, 그들의 대표를 뽑을 때에는 선량하고 진실한 사람만을 뽑도록 주장해야 한다. 그러나 의사위원회처럼 수의 관념에만 사로잡혀 있으면 아마도 6천 명 이상이라도 뽑으려 하리라. 따라서 6천 명이란 한계는 일종의 타협이었다.

국민회의의 목표 문제는 열띤 토의를 불러일으켰다. 내가 제안한 국민회의 규약 안에서 국민회의의 목표는, 가능하다면 대영제국 안에서, 그리고 필요하다면 그 바깥에서 자치를 달성한다는 것이었다. 국민회의 내의 어느 정당이 자치의 목표를 오로지 대영제국 안에서만으로 제한하기를 원했다. 판디트 말라비야지와 진나 씨가 그러한 견해를 제기했다. 그러나 그 견해는 많은 표를 얻지 못했다.

또 나의 규약 안에서 자치 달성에 이르는 수단은 평화적이고 합법적이어야 한다고 규정되었다. 이 조건 역시 채택 수단에는 어떤 제한도 없어야 한다는 반대에 부딪혔다. 그러나 국민회의는 유익하고 솔직한 토론 후에 원안을 채택했다. 만일 이 규약을 인민이 정직하게 지적으로 열심히 실천했다면 대중교육의 유력한 도구가 되었을 테고, 그것을 실천하는 과정 자체가 우리에게 자치를 가져다주었으리라 나는 생각한다. 그러나 이에 대한 토론은 여기서는 적합하지 않다.

힌두 – 이슬람 연합, 불가촉천민 제도 폐지, 카디에 대한 결의안도 국민회의에서 통과되었다. 그 후 국민회의의 힌두교도 구성원들은 힌두교에서 불가촉천민 제도의 폐지를 자신들의 책임으로 여기게 되었고, 국민회의는 카디를 통하여 인도의 '핵심'과 활발한 관계를 수립하게 되었다. 킬라파트를 위해 비협력을 채택한 것은, 국민회의가 힌두 – 이슬람 연합을 위해 한 중요한 실천적 시도였다.

안녕을 고하며

이제 이 책을 끝내야 할 때가 왔다.

그 후로 나의 생활은 공적인 것이 되어 인민이 모르는 것이 아무것도 없게 되었다. 나아가 1921년 이후에는 국민회의 지도자들과 가까워져서 그 뒤로는 그들과의 관계에 대한 언급 없이는 내 생활의 어떤 에피소드도 말할 수 없게 되었다. 왜냐하면 슈라다난드지, 데슈반두, 하킴 사헤브, 랄라지는 이제 더는 우리와 함께 있지 않지만, 다행히도 다른 국민회의 원로 투사들은 아직까지 우리와 함께 살면서 일하고 있기 때문이다.

내가 위에서 설명한 대변혁 이후의 국민회의 역사는, 아직도 형성 과정에 있다. 그리고 지난 7년간 나의 중요한 실험은 모두 국민회의를 통해 이루어졌다. 따라서 내 실험에 대해 더 말하고자 하면 지도자들과의 관계를 언급하지 않을 수 없다. 여하튼 지금으로서는 예의상 그렇게 하고 싶지 않다. 마지막으로, 현재의 내 실험에 대한 결론으로서는 결정적이라고 할 수 있는 것이 없다. 그러므로 여기서 이야기를 끝내는 것이 나의 명백한 의무인 듯하다. 사실 내 펜이 본능적으로 더 쓰기를 거부한다.

독자들과 헤어져야 한다는 것이 섭섭하지 않은 것은 아니다. 나는 내 실험을 존중한다. 내가 그것들을 정당하게 말했는지 모르겠다. 내가 말할 수 있는 것은 오직, 성실하게 이야기하려고 열심히 노력했다는 점뿐이다. 나에게 나타난 그대로, 그리고 내가 그곳에 도달한 방식으로 진실을 기록한다는 것이 나의 끝없는 노력이었다. 그렇게 하는 것이 말할 수 없는 마음의 평화를 주었다. 왜냐하면 망설이는 사람들에게 진실과 비폭력에 대한 믿음을 주는 것이 나의 한결같은 희망이기 때문이다.

나의 한결같은 경험은 나에게 진실 외에 신은 없다는 확신을 주었다. 그리고 만일 이 책의 모든 쪽에서, 진실을 실현하는 유일한 방법은 비폭력이라고 독자에게 선언하지 않았다면, 이 책을 쓰는 데 들인 나의 모든 노동은 헛일이었다고 생각한다. 그리고 설령 이에 대한 나의 노력이 보람 없는 것으로 증명된다고 해도, 독자들은 그 잘못이 전달 방법에 있는 것이지, 그 큰 원리에 있는 것이 아님을 알아야 한다.

결국, 내가 아무리 성실하게 비폭력 실천을 위해 노력해왔다고 해도, 그것은 아직도 불완전하고 불충분하다. 그러므로 내가 잠깐 볼 수 있었던 잠시 동안의 진실로는, 도저히 말로 표현할 수 없는 진실의 광채를 도저히 짐작할 수 없다. 그것은 우리가 매일 눈으로 보는 태양의 빛보다 백만 배나 더 강렬하다. 사실 내가 감지하는 것은 오로지 그 거대한 광휘의 가장 약한 순간일 뿐이다. 그러나 나의 모든 실험의 결과로서, 진실의 완전한 비전은 비폭력의 완전한 실현 이후에야 나타난다고 분명히 말할 수 있다.

보편적이고 모든 것을 꿰뚫어보는 진실의 영혼과 맞대면하려면, 가장 미천한 창조물도 그 자체로 사랑할 수 있어야 한다. 그리고 그것을 애타게 추구하는 사람은 생활의 어떤 면도 등한히 할 수 없다. 이것이야말로 진실에 대한 나의 헌신이 나를 정치 영역으로 이끌어간 이유다. 그래서 나는 한 치의 망설임 없이, 매우 겸손하게 말할 수 있다. 곧 종교는 정치와 무관하다고 말하는 사람은 종교가 무엇을 뜻하는지 모른다고.

살아 있는 모든 것과의 동일시는 자기 정화 없이는 불가능하다. 곧 자기 정화 없이는 비폭력 법칙의 준수란 허망한 꿈일 수밖에 없다. 마음이 순수하지 못한 사람은 신을 실현할 수 없다. 따라서 자기 정화는 생활의 모든 단계에서의 정화를 뜻하는 것이어야 한다. 그리고 정화란 전염성이 매우 강하기 때문에, 자기 정화는 필연적으로 그 주변을 정화하는 것으로 나아간다.

그러나 자기 정화의 길은 험하고도 좁다. 완전한 정화에 이르려면 생각과 말과 행동에서 반드시 정욕을 버려야 한다. 곧 사랑과 미움, 친밀함과 소원함의 대립이 이어지는 세속의 흐름을 초월해야 한다. 나는 끝없이 쉬지 않고 노력했지만 아직도 내 속에 그 세 겹의 정화를 갖지 못함을 안다. 세상의 칭찬이 기쁘지 않은 이유가 바로 그것이고, 사실 그 점이 자주 나를 아프게 찌른다. 교활한 정욕을 정복하기란 무력으로 세계를 정복하는 것보다 어렵다.

인도에 돌아온 뒤로도 나는 언제나 내 속에 숨은 정욕을 경험했다. 그것을 알고 나는 부끄러움을 느꼈지만 패배하지는 않았다. 경험과 실험은 나를 붙잡아주었고, 나에게 큰 즐거움을 주었다. 그러나 지나가야 할 험난한 길이 내 앞에 있음을 안다.

나는 자신을 무(無)에까지 내려야 한다. 자신을 모든 생명 가운데 마지막에 세우지 않는 한 구원은 없다. 비폭력은 겸손의 극단이다.

여하튼 독자에게 안녕을 고하면서, 나는 진실의 신 앞에서 생각과 말과 행동에 비폭력의 은총을 베풀어주기를 비는 기도에 독자들이 동참하기를 바란다.

《간디 자서전》에 덧붙여

1. 왜 보충하는가?

《간디 자서전》 이후

이제 우리는 간디의 《간디 자서전》을 끝내면서 그 후의 간디에 대해 간단히 언급하기로 한다. 《간디 자서전》은 1925년부터 써졌으니 최소한 그때까지는 언급해야 했으나 간디는 1920년경에 자서전을 끝냈다. 그가 《간디 자서전》 마지막 장에서 말하듯이 그 후의 생활은 "인민이 모르는 것이 아무것도 없게" 되었기 때문이다. 그러나 지금의 우리는 그 후 그의 생활을 잘 모른다. 그래서 최소한의 설명이 필요하다. 우선 연보로 정리하면 다음과 같다.

1930년(61세) 단디 해안을 향한 소금 행진 시작.

1933년(64세) 불가촉천민 제도 해소를 위해 《하리잔》 창간.

1936년(67세) 왈다 부근 세와그람에 아슈람 개설.

1941년(72세) 개인적으로 사티아그라하 시작.

1942년(73세) 영국 정부에게 인도를 떠나라고 최후통첩.

1944년(75세) 아내 사망.

1946년(77세) 힌두교도와 이슬람교도의 종교 분쟁을 해결하려고 동벵골과 노아카리 지역을 방문해 이를 해결함.

1948년(78세) 1월 30일 저녁 델리 비르라에서 힌두교도에게 암살됨.

위에서 간단히 연보로 보았듯이 간디 일생의 가장 중요한 사건들은 사실상 1930년, 즉 그의 나이 61세부터 시작되었다. 간디의 일생을 그린 영화는 물론 그의 전기 대부분도 그 61세부터 78세로 죽기까지 약 20년 동안에 초점을 맞추는 경우가 많다. 따라서 옮긴이가 보충한 이 글도 얼마든지 길어질 수 있다. 대부분의 전기에서는 그 반 이상이 이 20년에 대한 것이다.

그러나 나는 되도록이면 간단히 덧붙이기로 했다. 왜냐하면 그 20년의 만년은 사실상 그 앞의 60년에서 이미 결정된 것이기 때문이다. 따라서 나는 독자에게, 특히 젊은 독자에게 간디의 어떤 전기보다도 이《간디 자서전》을 읽기를 권유한다. 그 60년이 그의 일생의 본질이라면 그 뒤 20년은 본질에서 파생한 외양에 불과하다. 그 외양이란 바로 위대한 독립투쟁인데, 그것이 다른 어떤 나라의 독립투쟁과도 달리 사티아그라하로 전개된 점은, 60년에 걸친 간디의 개인적인 사티아그라하에 대한 이해 없이는 확실히 알 수 없기 때문이다.

2. 소금행진

《간디 자서전》 마지막 부분에서 보았듯이, 1920년 국민회의가 간디의 비협력을 채택하고 난 후 간디는 자신이 영국에서 받은 훈장을 반납했다. 모틸랄 네루(네루 수상의 아버지)가 변호사직을 그만두자 몇 백 명의 변호사가 그를 따랐다. 대학생들은 학교를 떠났고, 시골 농부들은 납세를 거부하면서 금주를 했다. 간디의 집회가 끝나면 몇백만 명이 영국제 옷을 불태우고, 모두 물레를 잣기 시작했다.

1921년 12월에 여러 지도자를 포함하여 2만 명이 체포되었다. 그러나 1922년 폭동이 발생하자 간디는 '히말라야 같은 오산'이라고 하며 사티아그라하 중단을 선언하고 단식에 돌입했다가 선동죄로 6년 형을 선고받고 3월 18일 예라브다 감옥에 갇혔다. 간디는 감옥에서 두 차례 단식을 하고, 2년 뒤 감옥에서 맹장염 수술을 한 뒤 석방되었다.

그사이 세상은 바뀌었다. 변호사는 사무실로, 학생은 대학으로 돌아갔다. 특히 터키에서 케말이 정교를 분리한 뒤 킬라파트운동이 중지되었고 힌두교와 이슬람교 사이에 심각한 대립이 생겼다. 그래서 간디는 두 세력의 화해를 위해 21일간 단식을 했고 두 세력의 화해에 성공했다. 그리고 1925년부터《간디 자서전》을 쓰기 시작했다. 이어 간디는 국민회의 의장직을 여성 시인 사로지니 나이두에게 넘겨주고 일 년간 정치적으로 침묵하겠다고 발표했다.

1927년 간디는 침묵을 마치고 조혼 반대, 암소 보호, 영어 대신 힌두스탄어를 국어로 하는 운동에 나섰다. 1928년 바르돌리에서 8만 7천 명의 농부가 22% 지세 인상을 거부했다. 같은 해 6월 12일, 간디가 지지 휴업을 선포하자 8월 6일 정부는 양보를 하여 과세율을 본래대로 환원시키고 투옥자를 석방하며 토지와 살림살이를 돌려주었다. 그러나 폭동은 그치지 않았다.

1928년 10월, 신임 총독 어윈 경이 간디를 불러 존 사이먼 경의 조사단이 인도 보고서를 작성할 것이라고 했다. 이어 1929년 10월, 어윈 경은 인도 대표들과 자치령 문제에 대해 최초로 원탁회의를 열겠다고 국민회의에 알렸다.

1930년 3월 2일, 간디는 총독에게 9일 뒤 사티아그라하를 시작하겠다고 알렸다. 이어 12일, 간디는 아슈람 회원 70명과 함께 지팡이를 짚고 사바르마티를 떠나면서 사람들에게 소금법에 응하지 말라고 했다. 그리고 그들은 하루 한 시간씩 물레질을 했다. 24일 동안 400킬로미터를 걸은 뒤 행렬이 단디에 이르렀을 땐 몇천 명이 함께하고 있었다. 그리고 하룻밤 철야 기도를 한 다음날, 간디는 바닷가에서 몸을 구부려 소금 한 줌을 집어 들었다.

물레와 소금을 인도 독립운동의 상징으로 삼은 것은 그야말로 간디의 비범한 능력이었다. 그전에 국민회의는 힌두교 신이나 영웅을 그 상징으로 삼았다. 그러나 이는 이슬람교도를 비롯한 다른 교파를 포용할 수 없었다. 이에 비해 간디는 종교적·문화적으로 중립이고 서양 기계문명에 대립하는 상징인 물레와 소금을 국가 통일의 상징으로 사용했다. 특히 인도 생활에 필수적인 소금에 부과된 세금을 거부함으로써 식민지 지배의 부당함을 인민에게 알렸다.

이어 인도 전역에서 불법으로 소금을 팔다가 6만 명이 구속되었다. 간디도 1930년 5월 5일에 구속되었다. 그리고 경찰 400명이 2천 500명을 학살하는 사건이 터졌다. 당시 영국은 1928년부터 집권한 노동당에 의해 인도 독립을 지지하는 쪽으로 기우는 분위기였다. 최초의 원탁회의가 1930년 8월, 런던에서 열렸으나 국민회의 대표는 불참했다. 이어서 1931년 1월에 간디가 석방되자 어윈간디협정이 체결되어 모든 죄수를 석방하고, 천일염 제조를 합법화하며,

차기 원탁회의에 국민회의가 대표로 참석하게 되었다. 1931년 8월 29일, 간디 일행은 런던으로 가서 12월 25일까지 머물렀다. 그는 호텔과 예식을 사양하고 이스트앤드 빈민가를 숙소로 택해, 방직노동자들과 찰리 채플린을 만났다. 그러나 회의 결과는 모든 교파가 독립된 선거 제도를 요구하는 것으로 끝나 독립은 다시 요원해졌다.

간디는 파리를 거쳐 스위스 빌뇌브의 로맹 롤랑 집을 방문했다. 롤랑은 1924년에 간디 전기를 쓴 바 있다. 이어 이탈리아로 가서 무솔리니를 만났고 교황은 접견을 거부했다.

3. 장렬한 단식

그사이 새 총독이 모틸랄 네루의 아들인 자와할랄 네루를 이슬람교도 체르와니와 함께 체포했고 자치권도 축소했으며 집회와 거부운동을 금지했다. 간디도 1932년 1월 4일 체포되었다. 국민회의 투사 약 6만 명도 구속되었다.

그때 영국 정부가 각 교파가 독립해 선거하는 제도를 만들려고 했다. 간디는 인도 담당 국무장관에게 편지를 보내 이를 취소하지 않으면 단식을 하겠다고 말했다. 9월 20일 정오부터 목숨을 건 단식이 시작되었다. 그리고 온 나라가 기도에 들어갔다. 그러나 불가촉천민 출신인 법률가 암베드카르는 냉소했다. 9월 24일, 힌두교도와 불가촉천민 사이에 예라브다 협약이 체결되었다. 월요일 아침 런던과 뉴델리는 협약을 승인했고 간디의 단식도 끝났다. 지금까지도 '장렬한 단식'이라 불리는 그 단식은 인도 전역에 상세히 전해졌다.

그리고 단식이 시작된 직후부터 천년 이래 불가촉천민에게 닫혔던 사원의 문이 열렸다.

1933년 5월, 간디는 다시 단식을 했다. 자기를 찾아온 미국 처녀가 준 자극으로 오염된 내면을 씻는다는 단식이었는데 영국은 겁을 먹고 단식 첫날에 그를 석방했다. 그 후 간디는 아슈람을 해산하고 그것을 불가촉천민에게 주었다. 그리고 다시 투옥, 단식, 석방이 이어졌다. 그리고 그 이름이 불가촉천민이라는 뜻을 가진《하리잔》신문사를 운영하다가 정치에 흥미를 잃고 물러나 인도 개혁에 나섰다. 1934년에는 국민회의에서도 물러나 인도를 여행했다.

4. 독립과 암살

1939년 9월 14일, 국민회의는 나치의 폴란드 침략을 비난하고 영국에 대해 독립을 조건으로 한 군사 지원을 약속했다. 간디는 1940년 6월, 국민회의와의 단절을 선언했다. 인도 총독은 국민회의의 요구에 대답하지 않고 간디에게 전쟁자문위원회에 참여하라고 제의했다. 분개한 국민회의는 간디를 의장으로 다시 선임하고 간디는 개별적 사티아그라하를 시작했다.

1941년 봄, 전쟁은 인도를 직접 위협했다. 일본이 홍콩을 점령하고 1942년 2월에는 싱가포르, 이어서 자바, 수마트라, 마침내 인도 곁 미얀마의 수도인 양곤을 점령했다. 한편 롬멜은 이집트를 공격했다. 이제 독일과 일본은 연합하여 인도를 침략할 수 있었다. 그러나 영국은 이를 막을 힘이 없었다. 인도 총독은 사티아그라하 죄수들을 석방하고 지원을 구했다. 미국의 루스벨트 대통령은 처칠에게 인도에 대한 타협을 요구했다.

그리하여 크립스 경이 전후 인도에 자치령을 인정하고 입헌의회를 보장한다는 타협안을 가지고 델리에 도착했다. 그러나 간디는 영국에게 인도를 떠나라고 요구했다. 간디는 다시 푸나 교도소에 투옥되었다. 단식을 했지만 성과가 없었다. 양아들이자 비서인 마하데브 데사이가 죽고 이어서 1944년 2월 22일, 간디의 아내가 죽었다. 5월 6일, 처칠은 간디를 석방했다. 전쟁이 끝나고 1945년 노동당이 정권을 잡으면서 인도 독립을 준비했다. 웨이벌 경의 주재로 심라 회담이 열렸으나 힌두교와 이슬람교의 화해는 실패했고, 이슬람교 대표 진나는 분리를 요구했다.

영화 〈간디〉에는 최후의 총독 마운트배튼 경이 비행기로 인도에 도착하는 장면이 있다. 이는 뭄바이의 '인도의 문'을 통해 총독이 상륙하는 종래의 관례를 깬 것이다. 이어지는 영화의 30분은 간디의 실의와 무력, 패배감을 묘사한다.

8월 16일, 콜카타에서 유혈 사태가 발생해 5천 명이 죽고 1만5천 명이 부상당했다. 유혈 사태는 벵골과 비하르로 확산되었다. 77살의 간디는 지팡이를 짚고 길을 떠났다. 간디는 힌두교도와 이슬람교도의 종교분쟁을 해결하려고 동벵골과 노아카리 지역을 방문했고 이를 달성했다. 그러나 끝내 독립은 분리를 전제로 결정되었다.

1947년 8월 15일, 인도가 독립을 했다. 간디는 처음으로 '국부'라는 칭호를 들었지만 콜카타에서 지내며 독립 의식 참석을 거부했고 어떤 공식적 메시지도 보내지 않았으며, 단식으로 만족하고 물레를 돌렸다. 그는 종교의 융화 없는 국가의 독립은 아무런 의미가 없다고 주장했다. 독립과 함께 힌두교도와 이슬람교도는 내전 상태에 돌입했다. 네루의 요청으로 마운트배튼은 총독으로 남았다.

간디는 끝없이 물레를 돌렸다. 8월 말, 간디의 집은 습격을 당했다. 9월 2일, 간디는 '콜카타가 이성을 되찾을 때까지' 단식에 돌입했다. 9월 14일 소요가 가라앉았다. 간디는 델리로 갔다. 암살 가능성이 있었지만 그는 다음날 혼자서 난민캠프를 찾아갔다. 1월 13일 다시 단식을 했고 18일 단식을 풀었다. 20일, 그의 집에 폭탄이 투척되었다. 이어서 1948년 1월 30일 저녁, 델리 비르라에서 힌두교도가 간디를 암살했다. 78세 때의 일이다. 200만 명이 지켜보는 가운데 간디는 화장되어 갠지스강과 잠나강이 만나는 곳에 수장되었다.

죽을 때 그는 도둑맞았다가 돌려받은 무쇠 시계 하나, 아슈람에서 만든 샌들 두 켤레,《바가바드기타》《코란》《성경》, 상아로 만든 원숭이상 셋 외에 아무것도 소유하지 않았다. 원숭이 셋은 각각 눈, 귀, 입에 두 손을 대고 있었다. 그러나 그를 아는 사람들은 말했다. "그는 어린이였어요. 아이처럼 웃곤 했지요."

그해 여름, 간디의 장남 하릴랄이 어느 시골 병원에서 죽었다. 알코올중독자로 결핵을 앓던 그는 자신을 모하메드 간디라고 부르게 했다.

간디 연보

1869년 10월 2일 구자라트 포르반다르에서 출생.

1876년(7세)   라지코트로 이사해 초등학교에 입학.

1881년(12세)   중학교에 입학.

1882년(13세)   카스투르바이 마칸지와 결혼.

1887년(18세)   대학입학자격시험 합격.

1888년(19세)   9월 4일 영국 런던 인너 템플에 유학.

1891년(22세)   변호사 자격을 얻고 인도로 귀국. 뭄바이와 라지코트에서
              변호사 사무실 개업.

1893년(24세)   압둘라 회사의 초청으로 남아프리카로 감.

1894년(25세)   톨스토이를 포함하여 종교 서적을 공부하고 나탈인도국민
              회의를 조직.

1895년(26세)   이민 법안에 반대하는 청원서 제출.

1896년(27세)   남아프리카에 장기 체재할 결심을 하고 일시 귀국하여 인
              도에서 남아프리카 인도인을 위해 연설.

1897년(28세)   가족과 함께 다시 남아프리카로 감.

1898년(29세)   차별 법률에 대한 청원서 제출.

1899년(30세)   간호 부대를 조직해 보어 전쟁에 참전.

1901년(32세)   다시 남아프리카로 온다는 약속을 하고 귀국하여 국민회의

에 남아프리카에 대한 결의안을 제출.

1902년(33세) 다시 남아프리카로 감.

1903년(34세) 요하네스버그에 법률사무소를 열고 주간지《인디언 오피니언》간행.

1904년(35세) 러스킨의 책에 감동해 더반 부근에 자급자족 농원을 건설.

1905년(36세) 나탈 인도인에 대한 인두세 징수 법안에 반대.

1906년(37세) 간호 부대를 조직해 줄루족 반란에 참전하고 아시아인 법안에 수정을 탄원하고자 영국에 다녀옴.

1907년(38세) 인도인에게 재등록을 하지 말도록 요청하고 총파업을 하여 사티아그라하 개시.

1908년(39세) 2개월 투옥. 등록증명서 소각 선동. 등록증명서 미소지를 이유로 재투옥됨.

1909년(40세) 다시 두 번 투옥됨. 영국에 갔다가 돌아오던 중《인도의 자치》를 집필함.

1910년(41세) 요하네스버그 부근에 톨스토이 농장 설립.

1913년(44세) 사티아그라하 재개. 대행진 이후 투옥됨.

1914년(45세) 정부와 협상 타결 후 사티아그라하 중지. 런던을 거쳐 인도에 영구 귀국.

1915년(46세) 22년 만에 귀국해 사바르마티에 아슈람을 개설하고 불가촉천민 가족을 받아들임.

1917년(48세) 비하르주 참파란에서 농민해방운동을 펼침.

1918년(49세) 아메다바드의 방직노동자 파업 지원, 케다 소작농민의 사티아그라하 지도.

1919년(50세) 롤래트법안에 반대해 전국 파업 지도 후 사티아그라하 중단.

1921년(52세)	뭄바이에서 영국산 옷을 소각. 비협력운동 추진.
1922년(53세)	비하르주 차우리차우라에서 일어난 폭동으로 인해 비협력운동 중단. 투옥되어 6년형을 선고받음.
1923년(54세)	교도소에서《간디, 비폭력 저항운동 ─ 남아프리카에서의 사티아그라하》집필.
1924년(55세)	1월에 맹장 수술 후 석방됨. 힌두, 이슬람 일치를 위해 21일간 단식.
1925년(56세)	콜카타 폭동 해결. 11월 말《간디 자서전》집필 시작.
1927년(58세)	카디를 위해 전국을 일주함.
1929년(59세)	《간디 자서전》완성.
1930년(61세)	단디 해안을 향한 소금 행진 시작.
1933년(64세)	불가촉천민 제도를 없애기 위해《하리잔》창간.
1936년(67세)	와르다 부근 세바그람에 아슈람 개설.
1941년(72세)	개인적으로 사티아그라하를 시작.
1942년(73세)	영국 정부에게 인도를 떠나라고 최후통첩.
1944년(75세)	아내 죽음.
1946년(77세)	힌두교도와 이슬람교도 사이의 종교분쟁을 해결하기 위해 동벵골과 노아카리 지역을 방문하고 이를 달성.
1948년(78세)	1월 30일 저녁, 델리 비르라에서 힌두교도에 의해 암살됨.

1. 간디에 대해

간디의 큰아들 하릴랄의 진실

저는 이제 아버지를 기억하지 못합니다. 행복한 고아지요. 마침내 저는 그 유명한 마하트마, 제 아버지였으나 이제는 아닌, 그 사람에게서 해방되었습니다. 자기 자신을 신이라고 믿는 그 미치광이, 그 몽상가, 그 난쟁이에게서요.

제가 취했다고 생각지 마세요. 이건 진실이에요. 어머니가 성인이라 믿는 그 사람은 난쟁이일 뿐이에요.

그가 저를 감싸 안을 수 있을까요? 저를 감당할 수 있을까요? 저를 구원할 수 있을까요? 아니오, 그가 내주는 사랑은 지나가는 인도 사람의 몫이지요.. 나병환자? 불가촉천민? 아마 그들의 몫이겠지요. 하지만 누가 대가를 치르죠? 저예요. 제일 우선이 맨 나중이 되지요. 맨 끝은 맨 처음이 되고요.

모든 건 인도를 위해서죠. 하릴랄을 위한 건 아무것도 없어요. 이게 잘된 건가요? 이게 사실이 아닌가요? 간디의 진실은 바로 저죠. 그 진실을 말하는 것도 저고요. 저는 그의 비밀이고 그의 한계지요.

그는 가족을 화합시키지조차 못하면서 인도를 한데 모으려고 해요.

그는 자기 팔이 몇천만 개나 된다고 믿어요. 자기 장남을 안을 작은 두 팔도 없으면서 말입니다. 우리는 모든 일을 다 해낼 수는 없죠. 신이 되려면 자식을 낳지 않았으면 됩니다. 선택을 해야 합니다. 저는 선택을 했어요. 이게 끝이에요.[1]

이상은 간디의 큰아들 하릴랄이 그의 어머니에게 보낸 편지다. 아니 실제로 쓴 편지가 아니라 프랑스의 엘렌 식수스가 쓴《인디아드, 혹은 그들이 꿈꾸는 인도》(1987)에 나오는, 아니 그 길이 때문에 상연하지 않기로 한 장면에 나오는 허구의 편지다. 연극에서는 이 편지가 1943년, 간디 부부가 예라브다 감옥에 갇혔을 때 도착한다.

그러나 간디 부자의 사이는 이미 하릴랄이 10대 후반일 때 파탄이 났다. 하릴랄이 1888년생이니 이미 1900년대 초였다. 하릴랄은 당시 간디가 살던 남아프리카를 떠나 인도로 와서 아버지가 반대한 결혼, 그리고 재혼을 했다. 1924년 간디는《영 인디아》에 하릴랄에게 사기당한 사람의 편지를 싣고 다음과 같은 자신의 답도 덧붙였다.

그 아이와 내 이상이 다르다는 것이 확인된 것은 15년도 넘은 일이며, 그 후로 우리는 따로 살고 있고 나는 직접적으로든 간접적으로든 그 아이를 도운 일이 없습니다. 아들이 열여섯 살이 넘으면 친구이자 동등한

---

1 카트린 클레망, 이현숙 역,《간디 ― 위대한 영혼의 소유자》, 시공사, 1998, 166쪽.

사람으로 대접해야 한다는 것이 나의 변함없는 원칙이었습니다. 나는 하릴랄의 일을 모릅니다. 가끔 그 아이가 나를 만나러 오기는 하지만, 한 번도 그 아이 일을 캐물은 적이 없습니다. …… 이분의 예가 거래에서 명사의 이름에 현혹되어 피해를 보는 사람들에게 경고가 되기를 바랍니다. 어떤 사람이 선하다고 해서 그 자식까지 선하란 법은 없습니다.[2]

하릴랄이 이미 서른여섯 살 성인이니 간디가 그에 대한 책임을 질 필요는 물론 없었다. 그러나 아버지로서의 도덕적 책임이 없다고는 볼 수 없을지 모른다. 특히 그 사기의 피해자는 간디에 대한 존경심 때문에 하릴랄의 권유를 받아들였다. 그러나 간디는 냉정하게 하릴랄을 자신의 자식이 아니라고 선언한다. 이는 사기 사건에 어떤 책임도 지고 싶지 않아서가 아니라 간디가 말하듯이 이미 몇십 년 전부터 그런 태도를 해왔기 때문이다.

1936년 하릴랄이 이슬람교로 개종하자 간디는 이를 비난하는 글을 《하리잔》에 싣기도 했다.[3] 하릴랄은 40여 년을 알코올중독으로 시달리다가 결핵에 걸려 1948년 간디가 죽고 몇 달 뒤 죽었다.

한편 간디는 자신의 아버지에 대해 《간디 자서전》에서 "그는 육체적 쾌락에 어느 정도는 빠진 것 같다. 마흔이 넘어 네 번째 결혼을 했기 때문이다"[4]라고 했다. 간디가 육체적 쾌락을 혐오한 점을 아버지에 대한 반발 내지 오이디푸스 콤플렉스로 보는 설명이 있다. 간디의 금욕 주장을 그의 비폭력 내지 사티아그라하의 근본이라는 점

2 요게시 차다, 정영목 역, 《마하트마 간디》, 한길사, 2001, 483쪽.

3 위 책, 590~592쪽.

4 간디가 태어날 때 아버지는 마흔일곱, 어머니는 스물다섯 살이었다.

에서 보면, 간디 사상과 행동의 모든 것을 아버지에 대한 반발로 볼 수 있고, 그것이 그의 아버지와 유사하게 보인 아들에 대한 반발로 이어졌다고 볼 수도 있다. 나아가 그의 아버지에 대한 반발은 인도 지배층 내지 영국 지배층에 대한 반발, 그리고 아들에 대한 반발은 무지하고 폭력적인 인도 인민 내지 인도 청년층에 대한 반발일 수도 있다.

연극에 나오는 하릴랄의 말처럼 간디는 "가족을 화합시키지조차 못하면서 인도를 한데 모으려고"했음이 사실이다. 그것을 하릴랄의 말처럼 간디의 진실, 비밀, 한계로 보아야 할지 아닐지 판단은 독자의 몫이다. 적어도 나의 경우, 부자나 형제 간의 이상 대립으로 인한 갈등 때문에 그 이상을 버릴 수밖에 없는 한국적인 효도나 형제애나 집안 꾸리기나 각종 연줄로 얽힌 폐쇄 사회에서 간디는 하나의 좋은 본보기가 된다고 생각한다.

자기 이상에 충실하고자 하면 그것에 어긋나는 모든 연줄을 끊어야 한다. 반대로 그 연줄을 지키고자 하면 그것에 어긋나는 이상을 버려야 한다. 물론 자신의 연줄이 자신의 이상에 합치되면 정말 이상적이겠지만 그것이 정말 그런지, 아니면 그런 것처럼 꾸미고 사는 것인지 냉정하게 따져볼 필요가 있다.

간디가 살던 인도 못지않게 한국이 연줄 사회라는 것은 누구나 부정할 수 없다. 어느 나라에나 연줄은 존재하지만 그것이 아직도 사회를 움직이는 가장 중요한 것으로 극심하게 작용하는 나라는 한국이 유일한 것 같다. 과거와 같이 가난하면서도 인구밀도가 높은 나라에서 살아남으려고 너나 할것 없이 연줄을 동원하는 것은 이해가 안 되는 바 아니지만, 지금은 그런 집단적 이기주의로는 민주주의와 개별 인간의 존엄성이나 인권 보장 등은 물론 나라의 방위도 불가능하다. 19세기 말에 나라가 망한 것도 그것 때문이고 20세기 중반에 나라가 분단된 것도 그것 때문이며 21세기인 지금 양극화가 극단적인 것도 그것 때문이다.

간디는 욕심을 억제하고 진실을 추구하는 개인의 자립 없이는 인도의 자치가 불가능하다고 주장했다. 그에게 진실이란 욕심의 억제, 특히 자본주의적 소유 욕구의 억제다. 따라서 영국으로부터의 독립 자치는 그러한 소유 욕구의 억제, 자본주의의 부정에 의해서만 가능하다. 그것이 간디의 진실이고, 그의 전부다.

간디에 대한 함석헌의 오해

우리나라에서 간디를 가장 잘 알았다는 함석헌은 《간디 자서전》 '옮긴이의 말'에서 3.1운동 이후부터 외국 인물로서 우리나라 일반인에게 가장 존경받은 사람이 간디라고 했다.[5] 함석헌은 1901년에 태어났고 3.1운동 당시에는 열여덟 살 청년으로 그 후 우리나라 사정을 잘 알았을 터이니 당연히 그렇게 말할 수 있으며, 그렇게 말하는 것이 물론 거짓이 아니겠으나 나로서는 의심이 간다. 1919년에 과연 간디가 조선에 그렇게 널리 알려졌을까? 당시 간디는 인도에서도 그렇게 유명한 인물이 아니지 않았는가? 설령 조선에서 가장 존경을 받은 것이 사실이라고 해도 실제로 어떤 의미가 있었을까?

여하튼 함석헌은 우리나라 사람들이 그렇게 좋아했는데도 해방될 때까지 간디 전기가 번역되지 못했는데, 만일 번역되었다면 우

---

5 함석헌 역, 《간디 자서전》, 한길사, 2002, 47쪽.

리 나라가 달라졌으리라고 한다. 가정법에 불과한 말이니 그 진실을 알 수는 없으나, 과연 그랬을까? 가령 함석헌의 번역 후에라도 크게 달라진 게 있었을까? 그리고 달라졌다면 어떻게 달라졌다는 걸까?

함석헌은 그 글에서 간디의 길이 우리에게 맞는 길이라고 주장한다. 그리고 이를, 해방 후 북한에 온 소련군이 북한 사람들을 속이려고 가장 먼저 한 일이, 조만식을 내세우며 '조선의 간디'라고 했다는 것으로 설명한다. 조만식이 일본에 유학한 1908년부터 간디에 감동했다는 백과사전의 이야기 역시 의문이다.(당시 마흔 살이었던 간디는 남아프리카에 있었고 아직 무명이었다). 조만식이 1922년 조선물산장려회 회장으로 국산품 애용운동에 앞장선 것은 간디의 영향을 받은 것이라고 할 수 있을지 모르겠으나 간디를 그런 의미의 국산품 애용운동 주창자라고 말할 수는 없고, 도리어 물레로 상징되는 반문명·반기술·반자본의 주창자라고 함이 옳다. 여하튼 소련군이 1945년에 와서 조만식을 '조선의 간디'라고 한 것은 국산품 애용자라는 간디에 대한 오해(?) 탓이었으리라 짐작된다.

또 함석헌은 소련군과 간디가 180도 반대였다고 하면서 소련군이 그를 내세운 것은 북한 사람들을 속이려 한 것이라고 했다. 그러나 간디는 도리어 조만식이나 함석헌과 달리 기독교 반공주의자가 아니었고, 사회주의자였다고 봄이 옳다면 소련군과 그다지 멀지도 않았으리라. 물론 간디가 소련식 사회주의자는 아니었으나 자본주의에 철저히 반대한 것은 분명한 사실이었다.

여하튼 소련군의 조만식 추앙과는 관계없이 간디에 대한 재평가가 필요하다. 그런데 함석헌이 간디의 '스위트한 인격적 매력'을 '선배를 존경하는' 점에서 찾는 것은 나에게 너무나 놀랍다. 간디가 선

후배 의리 연줄의 상징 정도라는 것일까? 설령 그렇다고 해도 간디에게는 선배도 후배도 누구도 욕심을 버리는 사람이라는 점에서만 존경할 만한 가치가 있다. 간디는 친형도 생각이 다르다는 이유에서 버렸고 큰아들조차 버렸다. 따라서 아무리 선배라도 생각이나 뜻이 다르면 간디는 그를 존경하기는커녕 아예 그를 버렸다.

반면 함석헌은 《간디 자서전》에 수록된 '현대사의 조명탄 간디'[6]라는 글에서 인류가 간디를 학대했다고 하여 인류를 간디의 적으로 본다(그 적에 선배는 제외되는지 모르지만). 그 인류에는 어린 시절 그를 괴롭힌 동무 아이들, 학교 선생, 문중, 영국 관리, 백인, 영국 정부, 이슬람교도, 힌두교도 등이 포함되는데(역시 함석헌은 선배를 제외한다), 간디는 그들을 비폭력 반항으로 이겨서 지금 인도 청년이 유럽과 미국에서 자부심을 가지고 활보하게 만들었다고 함석헌은 말한다. 이런 함석헌의 글을 읽으면 간디는 태어나면서부터 예수 같은 성인으로 평생 수난을 받았지만 비폭력으로 극복했다는 것인데, 간디에 대한 이런 이해를 나로서는 도저히 이해하기 힘들다.

우선 간디가 인류를 자신의 적으로 보았다고는 도저히 생각할 수 없다. 자신의 적이라고 본 사람들을 위해 평생 봉사할 리 없기 때문이다. 간디는 인류 대다수가 자본주의에 젖어 타락했기 때문에 그들을 구하려고 일한다는 사명감을 갖기는 했으나, 그렇다고 해서 그들을 적대시한 것은 결코 아니었다.

또한 함석헌은 간디가 서양인을 비폭력 반항으로 이겨서 지금 인도 청년을 유럽과 미국에서 자부심을 가지고 활보하게 만들었다고

---

6 위 책, 35~36쪽.

하나,[7] 이는 유치한 민족주의에서 나온 코미디 그 이상도 이하도 아니다. 도리어 간디의 이상과는 너무나도 다른 현대 인도고, 현대 인도의 젊은이들이 아닌가? 적어도 핵실험을 포함한 현대 인도의 군사대국화와 자본주의화는 간디와는 완전히 반대되는 길 아니겠는가?

한국에서 간디는 민족주의의 상징처럼 여겨진다. 그러나 한국에서 흔히 말하는 민족주의와 간디의 그것은 매우 다르다. 가령 간디가 후반생 계속 입은 인도식 옷은 함석헌이 평생 입은 한복과 다르다. 곧 간디의 옷은 인도 노동자 농민의 옷인 반면 함석헌의 옷은 양반 선비의 옷이다.

한편 함석헌은 비록 퀘이커파이기는 했지만 정통 기독교 신자로서 기독교에 대한 회의, 특히 기독교가 서양 제국주의의 앞잡이 노릇을 한 점에 대한 성찰을 보여준 적이 없다. 그러나 간디의 경우, 영국이 지배한 탓에 그의 인도가 함석헌의 조선보다 더욱 서양적이고 기독교적이었음에 반해 기독교의 영향을 철저히 배제하고 민족종교인 힌두교에 평생 충실했다. 함석헌의 사고방식도 사실은 기독교적인 것이었다. 가령 그의 한국이나 한국 역사에 대한 이해는 철저히 《성경》에 기초했다.

반면 간디는 기독교는 물론 힌두교의 관점에서도 그런 역사관을 시도한 적이 없다. 사실 간디에게는 어떤 역사관도 형이상학도 없다. 그는 어떤 신비주의적인 인도 사상에도 빠진 적이 없다. 도리어 그는 어쩌면 대단히 영국적인 경험주의와 실용주의에 입각한다. 간디는 함석헌처럼 《사상계》 같은 지성지에 반정부적인 글을 써서 감

---

7 위 책, 37쪽.

옥에 간 적이 없다. 어쩌면 간디는 한국의 흔한 사이비 종교 교주와 같이 채식주의를 비롯한 건강 비결로 인도인의 마음을 사로잡았고, 그의 책 중에 그게 유일한 베스트셀러라고 자신도 말한 바 있다.

나는 함석헌이 당대 일반 인민, 특히 저소득층 인민에게 어떤 영향을 끼쳤는지 잘 모르지만, 적어도 간디는 그 점에서 함석헌과 비교할 수 없을 정도로 영향력이 컸다. 물론 인민 대다수가 간디를 정확하게 이해하고 진심으로 간디를 존경했다고는 할 수 없을지 모른다. 어쩌면 간디는 그 자신이 극력 부정한 신비화의 대상으로 변해 인도 일반인의 추앙을 받았는지도 모른다.

간디의 종교와 재산에 대한 견해

함석헌은 '간디의 길'[8]이라는 글에서 우리가 간디에게 배워야 하는 것으로 정치와 종교의 조화를 지적한다. 함석헌만이 아니라 많은 사람들이 종교인 간디를 강조하고 그를 예수나 석가와 비교하기도 한다. 함석헌의 경우 한국과 같은 정교 분리의 나라에서 어떻게 종교와 정치를 조화시키자는 것인지 알 수 없으나, 간디가 말한 종교란 일반적인 의미의 종교와는 다른 것임을 주의할 필요가 있다.

우선 간디 자신이 '종교의 본질은 도덕'이라고 이 책《간디 자서전》머리말에서 말했다. 따라서 그가《영 인디아》1925년 3월 5일 자에서 한 "신은 양심이며 무신론자의 무신론도 됩니다"라는 말이 이해될 수 있다. 곧 간디가 말하는 종교는 유신론의 경우만이 아니라 모든 종교를 망라하는 것이다. 동시에 비윤리적인 종교를 거부

---

8 라가반 이예르, 허우성 역,《문명·정치·종교》(상), 소명출판, 2004, 56쪽.

하는 것이기도 하다. 가령 자신이 믿는 힌두교의 중요한 사회제도인 카스트에 대해 그는 가차 없이 비판하여 결국 그러한 비판이 그의 암살을 초래하게 했다.

간디는 이러한 도덕과 양심의 기초로 경제적 평등을 주장했기 때문에 사회주의에 가까웠다. 물론 그는 경제적 평등이란 모든 사람이 똑같은 양의 재화를 소유하는 것이 아니라, 모든 사람의 의식주가 충분한 것을 의미한다고 주장했으나, 그것을 부정할 사회주의는 이 세상에 존재하지 않는다. 그는 지주제 철폐를 주장하지 않았고 그 점에서는 일반 사회주의자와 달랐지만, 전면적인 토지개혁을 옹호했고 지주가 소작인에게 적절한 의식주를 제공하지 못할 경우 지주제 폐지를 인정했다.

간디는 재산의 소유 자체를 선으로 여기지 않고 무소유를 이상으로 삼았기 때문에 사유재산제도를 부정한 것이다. 즉 그는 균등한 분배를 이상으로 삼았으나 그것은 실현될 수 없는 것이기에 공정한 분배를 위해 일했다. 그래서 그것을 주장한 러스킨의 가르침에 따라 간디는 손노동을 통한 자급자족 농장을 설립했다. 우리는 그것을 《간디 자서전》 4부 18장에서 읽을 수 있다.

러스킨의 《이 마지막 사람에게도》는 간디만이 아니라 영국 노동당을 비롯한 사회주의운동에 가장 중요한 영향력을 미친 책이었다. 곧 마르크스, 레닌의 책이 아니라 러스킨의 책이 영국 사회주의의 토대였음을 우리는 기억해야 한다. 그러나 러스킨은 귀족적인 계급제도를 인정하고 일반 대중이 무능력하다는 이유에서 그 정치력과 통제력을 부정하는 등 보수 반동적인 측면이 있었다. 심지어 러스킨은 제국주의 침략을 긍정하기도 했다. 간디는 물론 러스킨의 이

점을 거부했다. 알고 거부했는지, 모르고 거부했는지는 모르지만 하여튼 그것을 받아들이지 않았다.

간디는 러스킨만이 아니라 톨스토이에게서도 손노동의 중요성을 받아들였고 이는 뒤에 그의 물레노동으로 발전했다. 이는 사실 카스트제도의 부정을 뜻한다는 점에서 간디에게는 대단히 중요했다. 그러나 간디는 기계를 전면 부정하지는 않았다. 19세기의 러스킨이나 모리스처럼, 기계가 다수의 희생으로 소수를 부유하게 하거나 다수의 유용한 노동력을 대치할 경우에는 부정하지만, 인간의 노동력으로 맡을 수 없는 공적 사업을 위한 기계는 사용이 불가피하다고 보았다. 물론 그럴 경우 국가가 기계를 소유해야 하고, 전적으로 국가의 이익을 위해 사용해야 한다고 보았다.

간디는 자본이란 반드시 노동의 종이어야지 주인이어서는 안 된다고 했고, 노동과 자본은 서로 의존관계로 소비자의 이익을 위해 사용되어야 한다고 주장했다. 따라서 간디는 자본가와 노동자는 근본적으로 평등하다고 보았으며, 상류층의 개심을 요구하고 노동자는 이를 인식하고 자본가의 개심을 위해 투쟁해야 한다고 주장했다. 동시에 간디는 자본가의 파멸은 노동자의 파멸을 뜻하므로 노동자는 기업의 관리와 통제에 참여할 권리가 있고, 아울러 여가를 즐기고 건강하게 살 수 있으며 최소한의 생계비 등의 혜택을 누릴 권리를 갖는다고 주장했다. 《간디 자서전》 5부에 나오는 아메다바드 방직공장 노동자의 파업이나 참파란 농민들의 투쟁을 간디는 이러한 사고방식에서 지도했다. 나는 이러한 간디의 사회사상을 경시한 함석헌을 비롯한 우리나라 간디주의자에게 유감이다.

그러나 간디는 개인주의적인 사회주의자였다. 곧 간디는 국가와 사회를 구별하고, 사회는 개인이 최대한 발전하도록 기회를 제공해야 하지만, 무엇을 발전시킬 것인가는 개인이 결정한다고 보았다. 개인이 자유를 박탈당한다면 그 개인은 단순히 폐허가 된 사회의 기계화된 인간에 불과하다고 했다. 간디는 개인에게 국가에 대항해 맞서 싸울 능력이 있고, 또 어떤 환경에서는 그렇게 해야 할 책임이 있다고 주장했다. 특히 불의로 가득한 국가에 복종하는 것은 자유를 파는 부도덕한 물물교환이라면서 이에 대한 시민적 저항을 주장했다.

다시 왜 간디인가?

내가 여기서 간디를 다시 묻는 것은 위에서 말한 것처럼 종래의 간디론에 의문을 품기 때문이다. 내 평생의 화두는 욕심이다. 욕심 없이 살면서 욕심의 세상과 싸워야 한다고 생각하지만 잘되지 않는다. 스스로 욕심 없이 살지도 못할뿐더러 욕심의 세상과 싸우지도 못한다. 기껏해야 남에게 조금이나마 도움을 주려고 노력하고 세상을 욕하는 글을 끼적거리는 정도다. 게다가 그 남들이나 세상이 나를 알아주지 않는다고 원망까지 한다. 나를 알아주기 바라는 욕심을 버리지 못한 탓이다. 욕심을 버리기란 너무나도 어렵다.

그래서 간디를 존경한다. 그가 살던 인도도 지금 우리 못지않은 욕심의 세상이었다. 그런 곳에서 서른 조금 넘은 나이에 욕심의 세상과 싸우기 위해 자녀와 재산을 비롯한 인간으로서 당연히 갖기 마련인 모든 욕심을 버리고 80세에 죽기까지 반세기를 그렇게 산 사람이기 때문이다. 간디는 인도 독립의 아버지기 이전에 그처럼 욕심 없이 산 사람이었다. 그야말로 무욕의 사람이었다. 욕심 중에 가장 큰 것이 소유욕이다. 간디는 무엇보다도 무소유의 사람이었다. 그래서 나는 그를 또 하나의 부처로 본다. 예수도 마찬가지지만 무소유의 이미지는 예수보다 부처에 가깝다.

내가 말하는 부처란 대웅전이라는 거창한 이름의 절집에 웅장하게 앉아 있는 황금으로 된 살찐 미남 부처가 아니다. 사실 내가 읽은 불전 그 어디에도 그런 부처의 모습은 없고 고행으로 말라비틀어진 162센티미터의 간디 같은 부처뿐인데 왜 우리의 부처는 그렇게 정력이 좋은 모습인지 이해할 수 없다. 부처 시절에 사진은커녕 그림조차 없었던 게 다행일까, 아니면 불행일까?

게다가 그런 이른바 '얼짱' '몸짱' 부처를 닮은 스님(나는 이 이름이 싫으나)과 그 비슷한 아저씨, 아줌마들이 돈을 잘 벌게 해달라, 자식 낳게 해달라, 자식이 좋은 대학 들어가 부자 짝을 만나게 해달라 따위의 욕심이 채워지기를 그 황금 부처에게 열심히 비는 것을 종교라고 부르는 것도 다행일까, 아니면 불행일까?

물론 무소유를 말하는 스님이 우리 땅에도 없는 것은 아니다. 그러나 간디는 그런 무소유를 말하는 우리의 스님들과도 달랐다. 간디는 산속 암자에 숨지 않고 언제 어디서나 사람들 속에서 그들의 욕심을 버리게 하려고 일했다. 게다가 그에게는 암자조차 없었다. 불교라는 거대한 교단도 그에게는 없었다. 목탁도 없고 가사(袈裟)도 없었다. 최소한만 가려 거의 벌거벗고 야채나 먹고 살다가 죽어 한 줌 재로 불탔다. 그가 남긴 물건은 거의 아무것도 없었다. 그러나 지금 우리 절은 얼마나 부자인가? 자가용에 냉장고에 TV에 무엇 하나 없는 것이 있는가?

간디는 무엇 하나 없이 살았다. 그러나 어쩌면 그는 특별하게 산 사람도 아니었다. 그렇게 사는 것은 인도의 오랜 가르침이었다. 그는 그 가르침을 따른 것에 불과하다. 그러나 많은 사람들이 그 가르침을 잊고 살거나 알아도 실천하지 못했다. 그는 어려서 부모에게 그 가르침을 배웠다. 그런 부모를 만난 것이 그에게는 행운이었다. 그렇지 못한 부모, 즉 욕심을 없애라고 하기는커녕 욕심을 가르치는 부모도 많기 때문이다. 특히 대부분의 우리 부모가 그렇다.

간디는 초등학교에서 대학교까지 인도와 영국에서 학교를 다녔으나 욕심 없이 살기를 가르친 교사가 없었던지 그 어떤 교사도 좋아하지 않았다. 아니 아예 욕심의 노예를 키우는 곳이라며 평생 학교를 저주했다. 그래서 자녀들도 대부분 학교에 보내지 않았다. 때문에 자녀들은 아버지를 원망하기도 했다. 특히 장남은 평생 술주정꾼으로 살았고 이슬람교로 개종까지 했다. 간디는 적어도 자녀들에게는 좋은 아버지가 아니었다. 아니 사실 대부분의 인도인에게도 좋은 '사람'이 아니었다. 그들은 그를 아예 성인 아니 신의 경지로 받든다. 욕심 많은 인간과는 다른 '신'이라는 것이다.

그러나 간디는 무엇보다도 그런 신격화를 싫어하고 거부했다. 그런 이유로 그는 자서전을 썼다. 이는 자서전이라는 것이 대체로 자기 신격화나 그 비슷한 자기 미화 때문에 쓰여지는 것과 명백히 다르다. 그는 욕심을 버리는 방법의 하나로 독립운동을 했고, 인도인에게도 욕심을 버리길 바랐다. 그래서 그 운동이 욕심의 폭동으로 변하자 그것을 중단하고 감옥에 들어가 자서전을 썼다. 자신의 욕심 버리기를 인도인에게 알려 인도인 모두 그렇게 하도록 하기 위해서였다. 그러나 인도인들은 대부분 그렇지 못했고 간디는 결국 힌두교 광신자에게 살해당했다.

그 후 지금까지 반세기 동안 대부분의 인도인들도 그와 마찬가지로 간디를 잊거나 겨우 신격화해왔을 뿐이다. 그런 인도와 너무나 먼 한국에서는 아예 신격화로 시작되어 신격화로 끝나는 것이 당연할지도 모른다. 그러나 나는 간디를 그렇게 해서는 안 된다고 생각한다. 내가 다시 간디를 이야기하는 이유가 바로 그것이다.

링컨이 아니라 간디를 본받으라

21세기 한국의 노무현 대통령은 링컨을 너무나 존경하여 책까지 썼다고 했다. 과거 김동길 씨도 그랬는데, 노무현 대통령이 김동길 씨 책을 읽었는지, 그래서 링컨을 좋아하게 되었는지, 그 뒤의 김동길 씨에 대해서는 어떻게 생각하는지 모르지만 최근에는 이상하게도 그 세 사람이 함께 떠오른다. 물론 김동길 씨는 이제 잊힌 사람이지만 말이다.

링컨은 노무현 대통령과 여러 가지로 비슷하다. 특히 가난하게 태어나서 독학으로 변호사가 된 점이 그렇다. 물론 링컨은 거의 무학인 점에서 달랐지만. 정의의 투사인 변호사로서 링컨은 2차 세계 대전 시절부터 미국 애국주의의 국민적 상징이 되어 여러 전기나 영화의 주인공으로 등장했다. 물론 그 대부분은 사실과는 거리가 멀었고, 링컨의 이미지도 야심 가득한 똑똑한 변호사가 아니라 도리어 욕망이라고는 찾아볼 수 없는 순수한 정의의 투사로 그려졌다. 그러나 실제 링컨은 야심덩어리 출세주의자이자 절대 권력 추구자였다.

또한 한국뿐만 아니라 미국에서도 정의의 투사는 추악한 정치가가 아니라 참신한 변호사의 이미지와 합치되므로 링컨은 언제나 반정치적 인물로 묘사되고, 그가 정치를 하게 된 것도 추악한 주변 정치꾼들 탓이라는 것이 일반적인 이미지였다. 그러나 이 점도 사실과 달랐다. 도리어 링컨은 술수가 대단한 정치인이었다. 가령 당시 노동자들이 민주당 편이었기 때문에 그들을 막으려고 그들 사이에 밀정을 심어 공화당 쪽으로 돌리려 했다는 기록이 남아 있다. 또 링컨은 재선을 위해 전쟁 중에 북군 병사들을 집으로 돌려보내 자신에게 표를 찍게 하라고 부하 장군들에게 지시했고 그 후 재선에 성공했다.

한편 노무현과 링컨의 가장 다른 점은, 링컨은 공화당으로 부시의 선배였다는 점일지도 모른다. 언제나 그렇듯이 당시에도 민주당이 공화당보다는 조금 더 진보적이었으나, 민주당에서 노예해방을 둘러싸고 후보가 분열된 탓에 노예해방에 소극적이던 링컨이 어부지리로 대통령에 당선되었다. 사실 링컨의 남북전쟁이란 게 노예해방을 위한 전쟁이라기보다도 땅 주인과 돈 주인의 전쟁이었고, 그 부자들의 전쟁에서 죽어간 것은 부자들이 아니라 빈민이었음은 옛날부터 누구나 다 아는 상식이다.

나는 법학도에게 그런 링컨이 아니라 간디를 본받으라고 가르친다. 변호사로서의 링컨이 우리에게 잘 알려져 있지 않듯이 변호사로서의 간디도 우리에게는 친숙하지 못하나 두 사람 모두 나이 쉰쯤에 이르기까지 변호사였다. 그러나 야심만만한 링컨에 비해 간디는 그야말로 야심을 갖기조차 무리일 정도로 무능했고 자신이 변호사인 것을 언제나 혐오했다. 특히 변호사로 돈을 벌거나 이름을 날린다는 것은 사실 불가능한 일이었는지도 모르지만 여하튼 바라지 않았고 그렇게 되지도 않았다. 더욱이 정치는 꿈도 꾸지 못했다. 사실 간디는 정치인이 아니었다. 아니 그는 세속인이 아니었다.

사실 재선 대통령이 된 링컨과 물레를 잣는 간디를 비교하는 것 자체가 불가능하다. 가령 아들 교육을 제대로 시키지 못해 장남이 알코올중독자가 되도록 내버려둔 간디와 자녀를 하버드 대학교 등 미국의 최고 명문대에서 공부시킨 링컨은 가정사를 비롯한 모든 점에서 서로 다르다. 아마도 가장 다른 점은 폭력을 조장한다는 점 때문에 육식을 거부하고 채식주의자로 평생을 살았던 데서 알 수 있듯이 간디가 모든 욕심을 거부한 점이리라. 그런 점에서 가장 철저한 종교인인 간디와 가장 철저한 세속인인 링컨은 비교조차 할 수 없다. 그래서 기독교인인 김동길 씨가 링컨을 좋아하는 것보다 종교와는 무관한 듯 보이는 노무현 대통령이 링컨을 좋아하는 것이 더 어울리는 일로 보인다.

결국은 내가 선생 티를 내는 것 같아 미안하지만, 노무현 대통령도 앞으로 링컨보다도 간디에 관심을 가져주길 바라고 싶다. 미국 변호사가 다 그렇듯이 링컨도 술수를 부려 이기기에 급급했으나 간디는 언제나 승패보다도 화해와 타협을 향한 진실 추구를 중시했으며 단 한 치의 사욕도 허용하지 않을 만큼 자기 억제에 철저했다. 나는 노무현 대통령이나 그 주변의 동지들이 결국은 똑같은 정치꾼이라는 소리를 듣지 않기를 바란다. 간디처럼 모든 욕심을 버리는 건 기대조차 안 하지만, 제발 저 탐욕의 정치꾼과는 그래도 다르다는 이미지를 남겨 이 나라 역사에 최소한의 희망이라도 주기를 바란다.

나라를 잃은 것은 우리 잘못이기도 하다

우리는 흔히 사악한 일본의 무력 침략으로 나라를 잃었다고 하며 그 일본을 저주한다. 그래서 역사에서는 아예 일본 지배 부분을 빼기도 한다. 그것을 다루는 경우에도 철저히 침략사로 다룬다. 최근 들어 일제강점기에 근대화의 기초가 다져졌다고 보는 학파가 등장하기는 했지만 적어도 사회적으로는 제대로 인정받지 못한다.

일본을 저주하는 전통적인 관점은 민족주의라고 할 수 있다. 우리나라에서 민족주의란 좌우익을 막론하고 공통으로 갖는 절대적 요소다. 이는 멀리 삼국시대 이래 일본 문물은 모두 한반도에서 전해졌다는 주장에서 비롯되는 한민족 우월성에 근거하여, 일본이 침략만 하지 않았다면 우리는 지금의 일본보다 더욱 발전했으리라는 가정에 입각한다.

반대로 일제근대화론이라고 할 수 있는 주장은 일제 때의 각종 경제 통계 등을 통하여 그 시절에 상당한 경제 발전이 이루어졌고 그것이 해방 후의 소위 '조국 근대화'의 기초가 되었다고 보는 점에서 아무 근거가 없는 것은 아니다. 이를 굳이 일본 찬양이라고까지 볼 수는 없겠고, 도리어 인정할 것은 인정한다는 태도로 솔직히 받아들이는 편이 낫다. 일제를 무조건 저주할 것이 아니라 적어도 우리에게 밥은 먹여주었다고 본다고 해서 그 저주 자체에 큰 문제가 있겠는가?

한편 우리가 못나서 일제 지배를 받았다는 주장을 하면 그것은 민족 반역 내지 민족 배신 내지 민족 자학으로 비난받았다. 그러나 간디는 영국이 인도를 점령한 것이 아니라, 인도인이 영국인에게 인도를 내주었다고 당당하게 말한다. 그리고 영국인이 인도에 있는 것은 그들의 무력 때문이 아니라 인도인이 그들의 지배를 지속시키기 때문이라고도 당당하게 말한다.

그런데 그 지배를 지속시킨 본질이 자본주의나 산업화 내지 근대화라고 보고 그것에 반대해야 한다는 점이 간디 사상의 핵심이다. 그것이 제국주의를 낳아 인도를 억압한 핵심적 권력이 되었기 때문에 반대해야 한다는 것이다. 간디가 그러한 방법 가운데 하나로 제안하여 실천한 물레 잣기란 단순한 국산품 애용운동이 아니라 반자본주의 운동의 상징이자, 자본주의를 뒷받침하는 거대한 국가권력과 자본 권력의 야합에 의한 지배 대신, 그 지배 대상이었던 개인, 가족, 마을, 지역을 주체로 하는 자치 생산, 자립 노동의 상징이었다.

간디를 상징하는 또 하나의 것인 비폭력운동이란 것도 그 자체가 중요한 인간의 진실에 해당되지만, 무장 독립운동이 불가능한 인도에서는 가장 유효한, 적어도 몇몇 소수 민족운동가에 의한 독립운동이 아니라, 이른바 인민 전체를 동원하기에는 가장 적절한 자치, 자립적 운동 방법이었다. 물레 잣기가 모든 인민의 자발적인 참여로 이루어지듯이 비폭력운동도 마찬가지로 자발적 참여에 의한 것이었다.

요컨대 간디는 인도가 자본주의에 젖었기에 자본주의의 침략을 받았고, 자본주의를 유지하기 위해 몇백 년간 스스로 자본주의의 지배를 받았다고 진단하고서, 무엇보다도 그 자본주의로부터의 해방을 주장했다.

그러나 그렇다고 해서 간디가 공산주의 혁명을 주장한 것은 아니다. 간디는 이른바 프롤레타리아 혁명을 주장하지도 않았고, 지식인 혁명을 주장하지도 않았다. 특히 중요한 점은 공산주의 혁명이라고 하는 것이 사실은 자본주의처럼 고도의 산업화나 근대화를 추구한다는 점에서 그 본질이 전혀 다르지 않다는 것을 간디가 도저히 용납할 수 없었다는 것이다. 곧 간디는 자본주의도, 공산주의도 아닌 제3의 길을 주장했다. 그러나 그것은 이른바 사회민주주의 같은 것이 아니라 자유, 자치, 자연의 길이었다.

간디를 통해서 본 인도

어떤 나라에 대해 한마디로 말할 수는 없다. 그러나 우리는 여러 나라를 하나의 고정된 이미지로 생각하는 버릇이 있다. 그 대부분은 대단히 위험한 편견인데 일부 한국인은 인도를 다른 외국과 달리 조금 특이한 나라로 생각하는 경향이 있어서 더욱 문제다. 이는 물론 대부분 주관적인 경험에 근거한 환상에 불과한 것들이거나, 그런 것에 입각한 특정인의 글을 읽은 탓이다.

그런 특수한 것을 일반적인 것인 양 이야기하는 것은 당연히 무리지만, 반대로 일반적이라고 볼 수 있는 것조차 그것이 인도라는 이유만으로 무슨 정신적인 것이라도 되는 양 이야기하는 것도 무리다. 가령 인도에서 가장 싼 값으로 기차나 버스 여행을 하기란 여간 힘든 게 아니다. 간디가 이 책 5부 5장에서 말한 1920년대 승객들의 '무례, 불결, 이기심, 무지'가 지금도 여전하다. 사실 길거리나 마을 어디를 가도 인도인의 그런 '무례, 불결, 이기심, 무지'를 느낄 수 있다. 그럼에도 한국에는 인도를 마치 대단한 정신 수양의 나라로 보는 이상한 견해가 있다.

인도에서 흔히 볼 수 있는 축제도 마찬가지다. 그것을 본 우리 좌파는 '민중'의 에너지를, 우파는 '민족'의 에너지를 느꼈다고 찬양할지 모르지만, 내가 본 축제는 '미신의 도가니'였다. 간디도 이 책 5부 7장에서 그들이 "모두 위선자라거나 단순한 구경꾼이라고는 생각하지 않았다"고 했지만 상당수가 그렇다고 생각했다.

또한 인도에서 여행을 하며 항상 약속 시간을 어기는 안내인에게 따지면 그는 언제나 웃으며 "노 프라블럼(No problem: 문제없다, 괜찮다는 뜻)"이라고 외친다. 그런 인도인의 이미지를 우린 누구나 기억한다. 또는 실제 나이보다 훨씬 많아 보이는 연약한 인력거꾼은 본래 약속한 액수보다 많은 액수를 요구하고 불쌍해서 요구한 액수를 주어도 절대 고맙다고 하지 않는다. 후자의 이미지는 한국인에게서도 볼 수 있지만 전자의 이미지는 한국인에게서 보기가 어렵다. 그럴 경우 우리는 큰 소리로 싸우기 마련이다. 그러나 인도인은 그렇지 않다. 그들에게는 문제 되는 것이 별로 없다. 그야말로 '노 프라블럼'인 것이다. 그러나 이를 인도인의 정신성 따위로 말하면 문제가 많다. 도리어 무정신성으로 보아야 한다. 간디는 대부분의 인도인과 달리 시간 엄수를 가장 중시했고, 인력거를 타지 않았다.

그래서 어느 사회에서나 가장 큰 문제인 평등도 출생에 따라 몇천 개의 계급 종족으로 나뉘는 인도의 카스트 앞에서는 무의미해진다. 인도 사회를 이해하기 위한 핵심인 카스트(caste)란, 16세기 포르투갈 사람들이 인도인들이 집단으로 모여 사는 것을 보고 '단일 혈통'이라는 뜻의 카스타(casta)라고 부른 것이 영어로 변한 말이다. 인도에서는 집단으로 모여 사는 것을 바르나(varna)와 자티(jati)라고 한다. 흔히 네 개의 카스트(브라만, 크샤트리아, 바이샤, 수드라)라고 하는 경우의 카스트가 바르나고, 그 바르나 속에서 다시 갈라지는 것이 자티다. 바르나는 농경 사회의 발달에 따라 나타난 계급이었으나, 자티는 동일 직업을 갖는 하나의 종족 단위라고 할 수 있다. 따라서 카스트를 단순히 계급이라고 하기보다는 계급 종족으로 이해하는 편이 정확하다.

이러한 카스트가 착취와 억압의 기본임은 두말할 필요가 없으나 그것이 몇천 년간 '노 프라블럼'으로 유지되어온 것이다. 그런 인도를 이해하는 핵심 중에 윤회란 개념이 있다. 남에게 적선, 즉 착한 일을 하면 다음 세상에서 더 나은 삶을 살게 된다는 윤회는 사실 한국인에게도 익숙하다. 그런 윤회를 생각하면 지금 우리의 삶이란 문제가 될 것이 없고, 남이 자기에게 좋은 일을 해도 남에게 적선의 기회를 제공한 것이니 자기로서는 고마워할 필요가 없으며, 세상사를 꼭 정확하게 약속을 지키는 것으로만 볼 수도 없다는 것이다.

이러한 윤회를 기본으로 하는 사회란 전근대 사회로서 자본주의적 발전과는 무관하다고 볼 수도 있다. 최근 IT 산업 등의 비약적 발전에 의해 앞으로 인도가 중국과 함께 세계적인 경제대국이 된다는 전망도 있으나, 아직 인도는 대체로 가난하고 경우에 따라서는 비참하기까지 하다. 그러나 그 이유는 인도인 모두가 간디처럼 진실을 추구했기 때문이 아니다. 간디도 그렇게 말하지 않았다. 인도가 가난해진 가장 큰 이유는, 적어도 지금 그렇게 가난한 이유는 200년 이상 영국의 식민지였기 때문이다. 그전의 인도는 콜럼버스를 비롯한 많은 사람들을 유혹할 정도로 부유했다.

인도는 영국에서 독립하면서 이슬람교를 믿는 파키스탄과 분리되었고 그 뒤 지금까지 파키스탄과의 분쟁은 물론, 인도 안에서도 이슬람교도를 박해하는 사건이 끊이지 않고 있다. 이를 두고 독립 전에는 그렇지 않았다고 개탄하며 독립 전을 그리워하는 사람들이 있다. 영국인들은 물론 그렇고 상당수의 인도인도 그렇다. 그러나 그런 문제도 사실은 200년 제국주의의 지배 탓에 일어났다. 종교분쟁이나 민족 분규만이 아니라 인도의 고질적인 부정부패도 식민지 시대에 비롯되었다.

인간 간디

간디는 1869년 인도에서 태어나 1948년 그곳에서 죽은 인도인이다. 그가 태어날 때 인도는 영국의 식민지였으나 그와 인도인의 노력에 의해 그가 죽기 일년 전 독립했다. 그래서 인도에서는 그를 '국부(國父)'라고 부른다. 그러나 간디가 꼭 없었다고 해도 인도는 독립했을 것이다. 왜냐하면 간디가 독립운동에 참여하기 몇십 년 전부터 독립운동이 벌어졌고 간디와 함께한 많은 인물이 있었기 때문이다. 이런 가정도 물론 무의미하기는 하지만, 간디를 인도 독립의 아버지라는 차원에서만 생각할 수는 없다는 점에서 그런 가정이 완전히 의미 없지는 않다.

인도에서는 보통 간디를 '바푸(아버지)' '간디지(간디 선생님)' 또는 '마하트마(위대한 영혼)'라고 부른다. 흔히 간디를 '마하트마 간디'라고 하지만 이는 간디의 본래 이름이 아니다. 간디를 마하트마라고 부를 땐 그를 국부로 존경하는 의미가 포함되겠지만, 그가 평생 욕심을 버리고 진실을 추구한 사람이기 때문에 그를 그렇게 부르기도 한다. 그런 점에서 그는 이 세상 여러 나라의 많은 국부를 비롯해 수많은 영웅호걸이나 위인들과 다르다. 조국의 독립을 쟁취하는 애국자는 흔히 정치가나 혁명가나 웅변가나 장군이지만, 간디는 그 어느 것도 아니다.

그의 모습만 보아도 당장 그 차이를 알 수 있다. 그를 경멸한 영국의 정치가이자 군인이었던 처칠이 그를 '반라(半裸)의 걸승(乞僧)'이라고 비웃었듯이 그는 평생 반쯤 벗고 싸구려 철사줄 안경을 쓰고 오두막에서 거의 아무것도 갖지 않고 오로지 진실만을 추구하며 살았다. 그리고 그 진실의 인도가 허위인 대영제국을 눌렀다. 진실한 간디가 거짓의 처칠을 누른 것이다.

그러나 '진실을 추구'한 정치가라니, 도대체 말이나 되는 이야기인가? 우리가 현실이나 역사에서 보는 정치가란 도리어 그 반대로 '거짓을 추구'한, 그것도 극단적으로, 다반사로 거짓을 추구하는 자들이 아닌가? 믿지 못할 직업의 대명사가 정치가 아닌가? 정치가란 사기꾼과 같은 말이 아닌가? 그래서 그런지, 우리에게는 간디 같은 국부가 없다. 아니 하다못해 거짓을 추구한 국부조차 없다. 우리의 독립은 우리 스스로 쟁취하지도 못했으니 국부든 국모든 없는 것이 어쩌면 당연할지 모른다.

왜 우리에게는 '간디'가 없었는가? 식민 침략자가 소위 민주주의 영국 신사가 아니라 그 악독하고 야만적인 전체주의 쪽발이여서인가? 물론 어느 정도 차이는 인정해야 할지 모르나 영국이나 일본이나 제국주의 침략자였음에는 다름이 없다. 일본은 영국에서 그 제국주의 침략 술책을 배웠다. 지금까지도 크게 다르지 않다.

게다가 우리는 지금도 일본이 침략하여 강요한 방식대로 산다. 입으로는 일본을 욕하면서도 사실은 일본처럼 산다. 식민지 인도에서는 침략자 영국이 강요하는 대로 살지 않겠다고 했기에 간디와 같은 사람이 나올 수 있었으나 식민지 조선에서는 그렇지 못했다.

따라서 지금 이 땅에 간디 같은 사람이 있어도 저 더러운 정치를 개혁할 수 없다. 개혁은커녕 그 정치에 가까이 한 순간부터 자기 자신마저 더러워질지도 모른다. 우리나라 사람들만큼 정치에 관심이 많은 사람들도 없는데 왜 이럴까? 그야말로 개나 소나 모두 정치를 하기 때문인가? 아니면 정치라는 게 저 옛날부터 오로지 입신출세의 지름길이 되었기 때문인가? 어디 정치만이 그런가? 정치만이 아니라 그 어떤 영역에서도 욕심을 버리고 진실을 추구하는 사람이 발붙일 수 없다면 이 나라에는 아무 희망이 없다.

어릴 적에는 사소한 거짓말이나 부정행위를 하지 않는다는 매우 단순한 개인적 진실의 추구에서부터, 커서는 서양의 거짓된 자본주의와 제국주의 문명을 따르지 않는다는 사회적 진실의 추구에 이르기까지 간디는 평생을 진실을 추구하며 살았다. 그에게는 거짓말이 서양 제국주의 문명이나 마찬가지로 사악한 것이었다. 그는 인도가 영국에서 독립해야 하는 이유를 애국심에서 찾은 것이 아니라 영국이라는 것이 거짓 서양 제국주의 문명의 상징이라는 데서 찾았다. 즉 그가 거부한 것은 영국이 아니라 서양 제국주의 문명 자체였다.

그래서 간디의 비폭력은 수동적이고 무기력하며 소극적인 무저항과는 본질적으로 다른, 도리어 더욱 적극적인 것이다. 그것은 모든 법률을 거부하고 모든 폭력을 배제하며 군대, 법원, 학교, 병원 등의 모든 행정 활동에 협력하지 않는 것이었다. 요컨대 서양적이고 근대적인 모든 문명을 거부하고 지역 자치를 중심으로 산다는 것이었다.

그런데 최근 간디 같은 정치가, 간디 같은 경영인, 간디 같은 교사, 간디 같은 리더가 필요하다는 주장이 있다. 앞서 보았듯이 간디를 '반라의 걸승'이라고 비웃었던 처칠은 뚱뚱하고 난폭했으며 언제 어디서나 시가를 피웠다는 점에서 경영인의 스승일 수 없다. 처칠의 무자비함, 고집, 냉소주의, 건방짐은 초기 자본주의 시대에는 인정받을 수 있었을지 몰라도 오늘날에는 설령 성공한다 해도 오래가지 못한다.

세계적으로는 처칠 같은 제국주의 군인이 환영받는 시대란 이미 지났다. 마치 박정희나 전두환 같은 군인들의 시대가 이미 지난 것과도 같다. 물론 영국이나 그 밖의 몇몇 나라 사람들은 아직도 처칠 같은 사람을 좋아하고, 우리나라에도 박정희 등을 그리워하는 사람들이 많다. 그러나 그들이 다시 등장하기란 그 옛날처럼 쉽지는 않을 것이고, 쉬워서도 안 된다.

물론 간디 같은 경영자나 정치가가 반드시 환영받는 시대가 왔다고는 생각되지 않으나 그런 시대가 바람직하다는 것은 두말할 필요도 없다. 특히 그런 경영자와 정치가가 씨가 마른 듯한 우리나라에서 그러하다. 경영자나 정치가가 간디의 삶과 생각을 조금이라도 닮으려고 노력했다면 지금 우리나라는 이렇게까지 타락하지 않았을 것이다. 이는 앞으로도 마찬가지다.

그러나 훌륭한 경영인이 목표로 삼는 돈 많이 벌기는 간디와는 완전히 무관하다는 점을 분명히 알아야 한다. 간디는 돈을 최고 가치로 삼는 자본주의에 반대했다. 소유를 최고 미덕으로 삼는 자본주의에 반대하여 철저한 무소유로 살았다.

아니 간디는 소유욕만이 아니라 성욕을 포함한 모든 욕망으로부터의 해방을 추구했다. 사실 그의 일생에서 어쩌면 가장 중요하면서도 어려운 것은 성욕의 극복 문제였다. 어쩌면 누구나 말하기 어려운 이 점을, 어쩌면 아내의 인격과도 관련될 수 있는 이 가장 사적이고 은밀한 문제를 간디는 하나도 숨김없이 말한다. 나는 간디를 한 사람의 인간으로 이해한다. 사실 그 자신이《간디 자서전》에서 보여주는 것은 지극히 모자라는 평범한 인간의 모습이다.

간디는 위인인가?

'간디는 위인인가?'라는 질문은 어리석다. 그가 위인이 아니라고 할 사람은 이 세상에 아무도 없기 때문이다. 그러나 그는 보통의 위인과는 너무나 다르다. 우선 어려서부터 남보다 뛰어나기는커녕 거의 열등생 수준이었거나 지극히 평범한 사람이었다. 식민지 시대였으니 어려서부터 침략국인 영국이나 영국인에 대한 증오가 남다를 수도 있으련만 전혀 그렇지 않았고 도리어 영국과 영국인을 너무나도 좋아했다. 그렇지 않은 위인전에 젖은 우리에겐 간디가 이상하게 보일지 모르지만 사실은 간디가 정상일지 모른다.

간디는 영국 유학 시절을 비롯하여 평생 수많은 영국인들을 만나 도움을 받았고 그들에게 감사하고 있음을 솔직하게 말했다. 그것이 진실이다. 사실 영국이나 인도나, 일본이나 조선이나 인민이라는 존재는 어디나 마찬가지일지 모른다. 식민지에서나 독립국에서나 그들의 삶이란 마찬가지일지 모른다. 하루 벌어 하루 먹고사는 사람들에게 정치라는 것이 그리 중요했을까?

평생 나쁜 짓을 하지 않았다고 당당하게 말하는 위인을 주변에서 본다. 특히 성직자나 교직자 중에 그런 사람들이 많다. 그러나 그 대부분은 대단히 옹졸하거나 편협한 사고로 앞뒤가 꼭 막혔다 해도 좋은 좀팽이들이다. 인간이라면 누구나 거짓말을 하고 나쁜 짓을 하면서 살기 마련이다. 문제는 그런 것을 당연한 듯이 아느냐, 아니면 그것을 결코 잊지 않고 언제나 반성하는 태도를 갖느냐 하는 것이다. 물론 그런 반성은 평생 이어질 수밖에 없다.

그는 완벽한 사람이 아니다. 진실의 추구자로서 그는 부질없는 고집도 부렸고 자기 친족은 물론 가족도 돌보지 않아서 그의 장남은 알코올중독자로 죽기까지 했다. 그래서 어쩌면 그의 인생은 실패일지도 모른다. 그에게는 결함과 약점도 많았다. 그는 스스로 완벽한 사람이라고 말하지도 않았고, 완벽함을 추구하지도 않았다. 그러기에 나는 그가 좋다.

간디의 '진실 추구'는 무엇보다도 그 웃음, 그 아기와 같은 웃음으로 증명된다. 그는 언제나 유쾌한 사람이었고 유머를 즐기는 순진한 장난꾸러기 같았다. 그는 우리 선생님이나 할아버지처럼, 특히 정치가나 군인처럼 근엄한 면이 전혀 없었다. 물론 그 웃음은 정치적이거나 사교적인 웃음도 아니었다. 평생 진실을 추구한 사람의 웃음이었다. 그런 유머와 웃음은 그의 말이나 글, 특히 그를 이해하는 데 필수적인《간디 자서전》에도 그대로 나타난다.

간디는 욕심을 버리라고 한다. 개인도, 사회도, 나라도 욕심을 버리라고 한다. 개인이 남을 해쳐서는 안 되듯이 나라도 다른 나라를 침략해서는 안 된다. 따라서 처칠의 대영제국이란 악이고 거짓이다. 거짓말을 해서는 안 되듯이 대영제국에 맞서 싸우는 것이 간디에게는 진실을 추구하는 것일 수밖에 없었다. 아무리 곧은 선비라고 해도 일제에 맞서 싸우지 않은 이상 허위에 맞선 선비라고 할 수 없다.

간디는 그렇게 개인적인 차원만이 아니라 사회적인 진실을 추구한 사람이기에 위대한 영혼이다. 거짓말이나 거짓된 짓을 하지 않아서가 아니라, 그런 짓을 한 것을 솔직하게 인정하고 만천하에 고백하며 다시는 그런 짓을 하지 않으려고 노력한 사람이기에 그는 위대하다. 다시 말하면 간디는 처음부터 순결한 영혼이어서 위대한 것이 아니라, 우리처럼 불결한 영혼이었지만 그것을 반성하고 진실하게 살려고 평생 노력했기 때문에 위대하다.

아마도 몇만 년 전부터 내려왔을 인도 인민의 옷, 아니 옷이라기보다도 한 장의 천을 걸친 전형적인 인도인 간디, 그는 지금 나에게 이 세상 그 누구보다도 감동을 준다는 이유에서 가장 현대적인 사람이자 세계적인 사람이다. 거짓말을 거부했다는 이유뿐만이 아니라 거짓된 자본주의 문명을 거부했다는 점에서 그는 평생 진실을 추구한 자로서 누구보다도 '현대인'이다. 특히 신자유주의라는 이름으로 미국 자본주의가 새로운 제국주의로 창궐하는 지금, 간디는 그 누구보다도 우리의 스승일 수밖에 없다.

간디의 아나키즘

특히 나는 간디를 아나키스트로 보려고 한다. 인도에서나 한국에서나 간디를 아나키스트로 보는 견해는 거의 없다. 그러나 간디 자신은 일찍부터 아나키스트임을 자처했다. 단, 비폭력적 아나키스트고 특히 애국주의자 아나키스트임을 분명히 밝혔다. "저 자신도 아나키스트기는 하지만 종류가 다릅니다. ……저는 아나키스트를 존경합니다. 그는 자기 조국을 사랑하니까요."[9]

간디의 계승자인 네루도 간디를 이상적인 아나키스트로 규정했다.[10] 이론적으로는 다완의 업적이 중요하다.[11] 다완은, 간디는 최대 다수의 최대 행복을 강압 대신 비폭력, 착취 대신 봉사, 소유욕 대신

---

9 예컨대 1916년, 바라나시 폭동 때의 연설. 카트린 클레망, 이현숙 역, 《간디》, 시공사, 1998, 134쪽. 단, '무정부주의자'를 '아나키스트'로 고쳤다.

10 위의 책, 144~145쪽.

11 G. N. Dhawan, *The Political Philosophy of Mahatma* Gandhi, Bombay, The Popular Book Depot, 1946.

포기, 계급이나 국가나 중앙집권 대신 계급도 국가도 없는 지역별·개인별 창의력에 기반을 둔 자치적 마을공동체의 민주주의에 의해 실현할 수 있다고 보았다고 말한다. 그러나 간디는 완전한 아나키즘이 이상적이기는 하나 불가능하므로 어느 정도의 국가 조직은 인정해야 한다고 보았다.

그러나 객관적으로 간디를 아나키스트로 보는 데는 몇 가지 주의할 점이 있다. 간디는 국가의 폭력적 힘에 근거한 것이 아니라, 비폭력 행사에 근거한 조직을 통해 각 개인 사이에서 최대한의 협력이 이루어질 때 아나키즘의 근본적인 목적이 실현된다고 보았다. 비폭력에 근거하는 민주주의란 자발적 연합에 의해 발전하는 사회적·정치적 구조를 말한다. 간디는 사회보다 개인을 우선한다는 점에서 다른 아나키스트들과 일치한다.[12] 그러나 간디는 개인이 사회에 대한 보상 없는 봉사를 해야 한다고 보는 점에서 프루동식 아나키즘과 다르다.

폭력을 긍정하는 아나키즘은 물론 간디의 그것과 다르나, 고드윈이나 톨스토이, 소로, 터커도 간디와 같았다. 그들의 비폭력은 이성에 대한 믿음에 근거한다. 그러나 간디는 그들을 넘어선다. 왜냐하면 비폭력이라는 원칙을 행동의 역동적인 기술인 사티아그라하로 변형시켰기 때문이다.[13] 톨스토이의 비폭력은 모든 형태의 힘을 회피하는 것이었지 간디와 같은 적극적인 건설적 운동이 아니었다.

간디는 개인의 노력, 지역 개발, 마을이 중심이 되는 자치 활동을

---

12 《하리잔》, 1942년 2월 1일 자.

13 요안 본투란트, 유성민 역, 《간디의 철학과 사상》, 현대사상사, 1990, 241쪽.

끝없이 강조했고 그것을 실현했다. 이 점도 창조적인 사회 조직의 대안을 제공하는 데 실패한 아나키즘에 비해 간디가 성공한 점이다. 그 중에서도 특히 손물레를 이용한 카디의 보급이 가장 중요하다. 간디는 그것이 인도의 경제를 구제하며 민족주의 운동의 심리적·정치적 문제까지 해결한다고 믿었다.

간디는 중앙집권적인 산업을 부정했다. 프루동과 크로포트킨이 매료됐던 러시아의 원시공동체 미르는 인도의 마을과 유사했다. 자급자족할 수 있는 마을공동체는 간디가 구상한 경제 재건의 기본이었다. 그러나 간디는 마을을 기본으로 한 국가의 위계질서를 인정했다는 점에서 다른 아나키스트들과는 달랐다. 또한 국민 복리를 증진시키는 국가의 행위를 긍정했다는 점에서도 달랐다. 물론 그는 가장 적게 통치하는 정부가 가장 좋은 정부라고 생각했으나 정치의 힘이 없이는 실현될 수 없는 일도 있다고 보았다.[14]

간디에게 국가는 미리 없어져야 하는 것이 아니라 비폭력적인 직접 행동에 의해 정부를 대신하는 새로운 공공 봉사기관이 생긴다고 보았다. 실제로 인도의 독립운동 기간에 그런 일이 벌어졌다.

간디의 진실, 종교와 비폭력주의

이 세상에 진실이란 것이 있는가? 간디는 있다고 생각한다. 나도 있다고 생각한다. 누구나 있다고 생각한다. 그것이 없다면 우리가 무엇 때문에, 어떻게, 왜 살겠는가? 그런데 '신이 있는가?'라는 물음에는 답이 달라진다. 유신론자도 있고 무신론자도 있기 때문이다.

---

14 《하리잔》, 1936년 1월 10일 자.

간디는 유신론자였다. 그는 신이 있다고 믿었다. 그러나 신은 바로 진실이라고 말했다. 그리고 그 점에서 진실을 믿는 무신론자도 종교인이라고 했다.

간디는 '진실은 신'이라고 말한다. '신은 진실'이 아니라 '진실이 신'이라고 말한다. 중요한 것은 신이 아니라 진실이다. 그러나 진실이 무엇인지 인간은 알 수 없다. 인간은 신이 아니기 때문이다. 진실은 신만이 안다. 인간은 진실을 추구할 뿐이다.

간디에게 신은 어떤 절대적인 원리인 진리나 진실이지 구체적으로 존재하는 것이 아니다. 이런 진실이나 진리라는 개념은 유신론자든 무신론자든 인정한다. 따라서 간디는 진실을 신으로 믿는 유신론자였으나, 진실이라는 것 외의 것으로 신봉되는 신을 신봉하지 않았다는 점에서 무신론자이기도 했다. 그는 진실을 추구하는 인간, 진실 추구자였을 뿐이다.

인간이 할 수 있는 것은 진실 추구, 곧 진실에 가까이 가는 것뿐이다. 그것을 간디는 사랑이라고 한다. 그리고 사랑을 아힘사(Ahimsa), 곧 비폭력이라고 한다. 따라서 그것은 실제적인 문제다. 실제적인 문제에 관여하지 않고 그 해결에 도움이 되지 않는 종교는 종교가 아니다. 간디는 동굴의 성자나 서재의 철인은 진실 추구자가 아니라고 생각했다. 진실 추구자는 세상에 몸을 던지고 현실에 등을 돌리지 않아야 한다.

그래서 어떤 수행자가 간디에게 출가하여 동굴에 숨어 명상 생활을 하라고 권하자, 그는 "그렇게 할 필요는 없습니다. 왜냐하면 나는 언제나 동굴을 짊어지고 걷기 때문입니다"라고 답했다. 그의 걸음은 바로 비폭력의 실천을 말한다. 그에게 종교란 언제나 행동, 실천을 말한다.

간디는 종교를 비합리적인, 또는 초합리적인 존재에 대한 귀의라고 생각하지 않았다. 도리어 이성, 도덕, 사랑에 호소하지 않는 종교를 유해하다고 보았다. 특히 배타적인 교의주의나 종파주의, 종교라는 미명 하에 횡행하는 비인도적이고 비과학적인 인습이나 미신은 종교가 아니라고 생각했다. 그의 종교란 절대적인 가치인 진실에 대한 탐구일 뿐이었다.

간디의 '진실인 신'은 천국에 있는 것이 아니라 지상의 모든 존재 속에 있다. 따라서 인간만을 신의 아들이라고 하는 서양 기독교의 인간중심주의적인 전통과는 다르다. 곧 인간만이 아니라 자연에도 신이 있다. 이런 생각을 우리는 원시적이라고도 하나 오늘의 생태 문제를 생각하면 도리어 가장 현대적인 생각이라고 할 수 있다.

간디의 진실이 목적이라면 비폭력은 수단이다. 간디 사상의 핵심은 비폭력이다. 흔히 비폭력(주의)이라고 번역하는 '아힘사'라는 말은 신만큼이나 정의하기 어렵다. 간디의 저서 속에서 아힘사에 대한 체계적인 설명을 찾기란 불가능하다. 사실 그의 저서란《간디 자서전》과《인도의 자치》를 제외하면 출판사에서 만든 것들이고, 그 어느 것도 체계적이지 않다. 간디 또한 체계적인 논문이나 저서 따위에는 아무런 관심이 없었다.《간디 자서전》도 전혀 체계적이지 않다. 간디는 아힘사를 신과 같이 완전하게 묘사할 수 없다고 말했다.

산스크리트어 ahimsa의 a는 부정 접두사이고 himsa는 해로움을 뜻한다. 따라서 그 말뜻을 해롭지 않음이나 해롭게 하지 않음으로 이해할 수 있다. 이를 원리로 삼는 종교인 자이나교는 행여 곤충을 밟을지 몰라 자신의 발 앞을 쓸어내는 행위로 유명하다. 사실 인간이 먹고 마시고 움직이는 것조차 필연적으로 다른 생명의 파괴, 즉 폭력으로 이루어진다. 따라서 완전한 비폭력이란 있을 수 없다.

비폭력은 모든 존재를 대상으로 한다. 여기서 폭력이란 살상은 물론, 분노, 증오, 악의, 자존심을 가지고 직간접으로 생물을 고통스럽게 하는 것까지 포함한다. 따라서 개인이나 집단이 자기 욕망을 채우고자 약자를 착취하고 굴욕을 주며 기아에 허덕이게 하는 것도 폭력이다. 인도를 그렇게 지배한 영국은 폭력의 주체다. 나아가 모든 권력의 지배는 폭력이다.

폭력에 대한 비폭력은 그러한 폭력을 거부하고 부정하는 것이자, 그것에 대한 적극적이고 능동적인 투쟁을 뜻한다. 곧 적의 권력 앞에 두 손을 모으고서 불평이나 불만을 말하여 상대방의 자비를 구하는 소극적이고 수동적인 무저항주의가 아니다. 그것은 사랑과 자기희생으로 상대방을 자각시킨다는 것이다. 따라서 비폭력은 엄청난 수난과 인내를 요구한다.

그것은 폭력을 거부한다. 폭력은 진리가 아니기 때문이다. 진리의 법에 어긋나는 세속의 법을 모두 거부한다. 그것도 진리가 아니기 때문이다. 또한 정부나 군대만이 아니라 법원, 학교, 병원 등 모든 행정 활동에도 협력하지 않는 것이다. 여기서 주의할 점은 그것들이 식민지 지배국의 행정 활동이어서가 아니라 그 자체가 진리를 구현하는 것이 아니기 때문에 거부되었다는 점이다. 비폭력의 거부는 인간성에 대한 모독이다. 그것은 인류의 법이기 때문이다.

곧 간디는 권력 자체가 폭력이라며 거부한다. 자신을 지배하는 권력을 거부함과 동시에 자신의 권력도 부정한다. 따라서 간디는 자신의 신념을 교의로 하는 어떤 조직, 정당, 교단도 거부했다. 그는 인도 독립의 아버지라고 불렸으면서도 어떤 정치적 지위도 거부했고 독립 축하 장소에 참석하는 것조차 거부했다. 당연히 간디주의라고 하는 것도 거부했다. 이러한 점에서 간디는 아나키스트였다. 그는 인간의 자유와 자치, 그리고 자연과의 공존을 믿었다. 그는 단순히 인도 독립의 아버지라는 정치가에 그치지 않았다.

간디는 스스로 사상가로 불리는 것을 거부했다. 스스로 어떤 체계적인 사상을 세우고자 노력하지도 않았다. 그런 종류의 책을 쓴 적도 없다. 그가 남긴 것은 연설이나 신문 글 또는 대담 등이다. 그것들은 항상 중복되고 즉흥적이며 심지어 모순을 보이기도 한다.

간디 자신도 그런 점을 충분히 알고 있었고 도리어 그 점을 당연하다고도 생각했다. 스스로 일관성을 처음부터 부정했다. 진리 탐구자로서 그는 늙어 죽을 때까지도 많은 생각을 버리고 새로 배우는 것이 당연하다고 생각했다. 그래서 나는 그를 '영원한 청년'이라고 부른다.

간디는 언제나 정치와 종교의 일치, 정치와 일상생활의 일치를 주장했다. 그러나 전자는 정교 일치 따위와 같이 오해되어서는 안 된다. 그는 종교를 믿듯이 정치가 이루어져야 한다고 주장한 것에 불과하다. 그리고 후자도 같은 의미다.

간디는 식민지 당국의 정치적 개혁에는 관심이 없었다. 그래서 개헌운동에도 반대했다. 도리어 개혁이란 핑계로 지배를 강화하기 때문이었다. 그런 예인 1919년의 롤래트법안에 대해 간디는 그것이 자유의 원칙을 위반하고 공동체와 국가 안전의 근거인 개인의 인권을 파괴하는 것이라며 반대하여 처음으로 전국적 시위운동의 지도자로 등장하게 되었다.

영국의 식민지 지배는 일본처럼 가혹하고 무지하지는 않았다. 1906년 간디는 그것을 '강력한 통제력을 행사하지만 자율적인 정치 체제를 지향하는 편'이라고 보았다. 그래서 예컨대 지방행정 당국에 대한 여론이 언제나 비판적이었다고 하면서 지방행정은 주민들을 위한 민주주의 훈련장이므로 주민들은 반드시 적법한 절차를 거쳐 비판해야 한다고 주장했다.[15] 그 당시 간디는 그의 스승인 고칼레와 함께 온건파였으나 1906년 민족회의는 온건파와 과격파의 대립으로 파국을 맞았다.

간디의 비폭력주의는 서양의 수입품인 테러리즘에 대한 실질적인 대안을 다음과 같이 제안한다.

> 자기 자신을 테러한 후에 그 내면으로 스며드십시오. 그리고 그것을 발견한 장소에서는 모든 수단을 동원하여 그 압제에 저항하십시오. 모든 수단을 동원하여 여러분의 자유를 지키십시오. 그러나 압제자의 피를 보진 마십시오.[16]

간디는 용기에도 연습이 필요하다고 말한다. 지배자가 악행을 행하면 충고하여 따르게 만드는 용기가 필요하다는 것이다. 그러한 협력 요구의 대상은 총독부만이 아니라 본국 정부도 포함된다. 또한 협력을 요구하는 경우 본국 시민과 대등한 차원이어야 한다.

간디는 인도인의 희망은, 권리가 아닌 의무로 이루어진 인도의

---

15 《인디언 오피니언》, 1906년 6월 16일 자.
16 《인디언 오피니언》, 1915년 4월 27일 자.

종교와 같이 의무를 수행해야 이루어진다고 믿고, 의무와 그 방법에 따른 투쟁에 골몰하면 된다고 주장한다. 이것은 정치생활과 정치 체계를 정신적 차원으로 바꾸는 것이다. 그리고 간디는 그러한 변혁의 주체를 서양문화를 전혀 모르는 농촌 사람이라고 보았다.[17]

2. 이 책에 대해

이 책은 언제 어떻게 쓰여졌는가?

이 책은 1940년에 출판된 *An Autobiography, The Story of My Experiments with Truth*를 한국어로 옮긴 것이다. 종래 이 책은《간디 자서전—나의 진리 실험 이야기》로 번역되었으나 우선 나는 그 중 '진리 실험'을 '진실 추구'로 바꾸었다. 이는 Experiments with Truth를 '진리 실험'으로 번역하면 마치 간디가 과학자로 실험실에서 실험이라도 하는 것(사실 그는 그렇게 말하고 있으나 이는 물론 비유에 불과하다)처럼 느껴지기도 하고, 자신의 삶이 진리 또는 진리를 향하는 것이라고 조금은 교만하게 말하는 듯이 느껴지기도 해서 이 세상에서 가장 겸손했던 그에게 어울리지 않는다고 생각했기 때문이다.

사실 우리말 어감으로는 진선미의 '진(眞)'이나 '참'에 해당하는 말이 truth이나, '나의 진(또는 참) 실험(또는 추구) 이야기'라고 하기도 어색하다. 진선미의 선과 미는 독립된 개념으로 흔히 사용하는 반면 진은 그렇지 못한 것이 이상하기는 하지만 말이다. 어쩌면 진실

---

17 《인디언 오피니언》, 1915년 4월 27일 자.

이라는 말이 우리 사회에서는 그만큼 정착되지 못한 탓이 아닐까?

또한 '자서전'이 아니라 '하나의 자서전(An Autobiography)'이라고 한 점을 주의해야 한다. 즉《간디 자서전》은 보통 자서전과는 다르다. 자신의 일생과 그것을 둘러싼 시공간 및 인물들에 대한 이야기가 아니다. 자신에 대한 상세한 전기적 사실이나 그가 살던 시대의 역사적이고 정치적인 사건들에 대한 다큐멘터리 증언도 풍부하지 않다. 특히 정치가들의 회상적 자서전에 나오는 여러 사건의 비화나 인물들의 숨겨진 이야기 같은 것은 거의 없다. 따라서 이 책을 정치가의 회고록 수준으로 읽을 수 없다. 이 책은 '하나의 특별한 자서전'이다. 그러나 번역명으로는 '간디 자서전'이라고 했다.

간디가 붙인 책의 제목이나 그가 쓴 머리말을 비롯한 본문에서 알 수 있듯이 이 책은 '진실 추구'의 기록이다. 사실 영어판의 원본인 구자라트어판은《진실 추구―자서전》이다. 여기서 진실이란 '자아실현'이나 '해탈'로 이해되기도 하고, 그것에 이르는 추구란 정치적인 것이나 물질적인 것이 아님은 물론, 정신적인 것이라고 하기보다도 도리어 도덕적이고 종교적인 것이라고 할 만하다.

그러나 더욱 쉽게 말하자면 이 책은 참회나 고백 같은 것이다. 그런 점에서 톨스토이의《참회록》이나 루소의《고백》에 비유할 수 있다. 그러나 간디가 루소를 애독했다고 보기는 어렵다. 애독했다고 해도 상당히 자기만족적인 그 책을 간디가 좋아했을 리 없다. 반면 간디는 톨스토이와는 편지까지 주고받았고 톨스토이처럼 살고자했기 때문에《참회록》을 비롯한 톨스토이의 많은 저서를 읽었음에 틀림없고, 그의 영향을 받았으리라고 나는 짐작한다. 그러나 이러한 짐작을 하는 사람은 나뿐임을 독자들은 주의해야 한다.

여하튼 이런 자서전을 쓴 이유가 간디 자신이 그렇게 살아왔기 때문임은 두말할 필요가 없겠으나, 1920년대에 본격적인 정치 활동을 하면서 간디는 틀림없이 인도 인민에게 '진실한 삶'에 대한 이야기를 하고 싶었을 것이다. 사실 당시 이미 인도 인민의 지도자였던 간디의 한마디 한마디는 인도 인민 대부분에게 너무나도 소중한 것이었다. 인도에는 문맹이 적지 않으나 공개 낭독을 통해서 상당수의 인민도 간디의 말을 들을 수 있었다.

여기서 우리는 간디가 1920년대 인도 인민에게 하고 싶은 자기 이야기를 자서전이라는 형식을 빌려 했음을 주목할 필요가 있다. 그래서 그 내용이나 형식은 지극히 알기 쉽다. 간디가 평생 쓴 모든 말과 글이 다 그렇지만 자신에 대한 이야기를 하는 자서전의 경우 더욱더 그렇다. 간디 스스로 낭독을 통해 자기 글을 문맹인 대중이 듣는다는 것을 잘 알고 있었다.

인도 인민에게 자신의 진실 추구에 대한 이야기를 하고 싶었던 이유는 간디가 어떤 정치적 변화도 도덕적 변화 없이는 불가능하다고 생각했기 때문이다. 특히 1922년 2월 세금 파업이 일어나고 이어 경찰을 공격하는 폭동 사건이 터지자 충격을 받아 불복종운동의 중지를 명하고 단식에 돌입했으며, 3월 18일 감옥에 갇혀 남아프리카에서의 경험담을 집필한 것과 관련이 있다.

《간디 자서전》은 본래 구자라트어로 1925년 11월 9일부터 1929년 2월 3일까지 약 3년 4개월 동안 《나바지반》지에 연재되었고, 거의 같은 시기에 간디의 제자 마하데브 데사이(Mahadev Desai)와 피아렐랄(Pyarelal)이 번역한 영어판이 《영 인디아》지에 연재되었다. 이어서 단행본으로는 1927년에 1권이, 1929년에 2권이 나왔다.

그 후 약간의 자구 수정을 거쳐 1940년 영역자 데사이에 의해 완전판이라고 할 만한 것이 나와 지금까지 보급되고 있다.

《자서전》은 간디가 태어난 1869년부터 1920년대 초엽까지를 다룬다. 따라서 1920대 중엽부터 간디가 죽은 1948년까지의 28년간은 나오지 않는다. 79년 일생의 후반부가 없는 셈이다. 그러나 사실 간디 일생의 중요한 정치적 사건들은 그 후반에 집중되어 있다. 따라서 그 후반 부분에 대해서는 책 말미에 옮긴이가 간단히 정리한 바 있다.

그런데 《간디 자서전》이라고 하면 이 책과 함께 《간디, 비폭력 저항운동 ─ 남아프리카에서의 사티아그라하》(1928)를 포함시키는 것이 보통이다. 즉 간디는 《간디 자서전》에 앞서 이 책을 썼는데 사실 그것은 《간디 자서전》의 '자매편'이니 '서곡'이니 할 정도로 연관이 깊다. 그래서 1952년에는 두 권을 합친 《간디 자서전》이 간행되기도 했다.

앞에서 말했듯이 이 책은 간디가 1920년대 후반 인도인을 대상으로 쓴 책이다. 따라서 그가 당시 인도인 외의 독자를 의식했다면 다르게 썼을 수도 있다. 물론 인도인 외의 독자를 의식했어도 똑같이 썼을지도 모른다. 내용은 같다고 해도 인도인이 아니면 모르는 사실 같은 것은 상세히 설명했을 수도 있다. 이 책의 번역 대상으로 삼은 1940년 영어판에 약간의 주석이 더해진 것은 그런 배려일 수 있다. 그러나 내가 읽기로는 여전히 인도인만을 대상으로 삼은 듯하다.

이 책에 문제는 없는가?

사실 '자서전'이라는 제목의 책을 읽기란 항상 유쾌한 일이 아니다. 그런 책을 쓰는 것에 대해서도 여러 가지 의심을 할 수 있다. 자신이 살아온 삶을 조금도 부끄러워하지 않고 당당하게 남들에게 밝힌다는 것은 대단한 용기가 필요하다기보다도 대단히 교만한 짓일 수도 있다. 게다가 모든 진실을 솔직하게 말하지 않는 경우가 그렇다. 그러나 참으로 부끄러워하면서도, 특히 부끄러운 점까지 포함해 자기 삶의 모든 진실을 밝힌다는 것은 쉬운 일이 아니다.

그런데 그런 책을 쓴다고 해도 무엇에 대해 어느 정도로 밝히느냐 하는 것도 문제일 수 있다. 가령 카사노바 같은 자들이 자신의 화려한 성관계에 대해 노골적으로 쓴 것을 어떻게 보아야 할까? 반대로 간디처럼 아내와의 성관계를 혐오하며 쓴 것은 어떻게 읽어야 할까? 성관계를 지극히 사적인 비밀로 생각하는 경우 그런 글들은 어느 경우나 읽기가 쉽지 않다. 나 같으면 차라리 비밀로 해 말하지 않겠다.

이는 자신만의 문제가 아니기 때문이기도 하다. 자신의 성생활에 대한 진실을 이야기하고자 하는 경우, 최소한 자신과 함께 그 생활을 한 사람(들)의 허락을 미리 받아야 한다고 생각하기 때문이다. 특히 나이가 꽤나 많이 들어 성생활을 하기 힘들어질 때쯤, 그 젊은 시절의 성생활을 내가 '진실한' 것이라고 생각하지 않는다고 말한다면 상대방이었던 아내는 뭐라고 할까? 아내도 성생활이 진실한 것이 아니었다고 생각하여 회개하듯이 그 공개에 동의하면 몰라도, 반대로 아내가 그것을 진실한 자기 삶의 일부였다고 생각해 공개에 반대한다면 나의 일방적인 성생활 고백은 과연 진실한 것일까?

물론 간디의 경우 성생활을 중단한 것은 아내의 동의를 얻은 것이고, 아마《간디 자서전》에서 그 점에 대해 고백하는 것에 대해서도 동의를 받았으리라. 여하튼 성생활까지 낱낱이 이야기하는 것은 간디의 경우 삶에서 추구한 모든 진실을 보여주려고 했기 때문이다. 즉《간디 자서전》에는 숨긴 것이 하나도 없다. 성생활만이 아니라 도둑질한 것까지 고백한다. 아마도 이 책은 세상의 자기 이야기 중에서 가장 정직한 것이리라.

그러나 성욕의 억제가 정말 진리나 진실일까? 그렇다면 프로이트를 비롯한 현대인 대부분의 견해는 진리나 진실에 반하는 것일까? 채식주의도 반드시 진리나 진실일까? 역시 종교가 반드시 진리나 진실일까? 자기 분수에 맞게 처신하는 것이 진리나 진실과는 반대일까? 타인이 부당한 폭력을 가할 때 언제나 참고 견디는 비폭력이 진리나 진실일까? 그 부당한 폭력이 참을 만한 경우라면 비폭력 무저항도 무방할지 모르지만 그것을 진리나 진실의 길이라고 할 수는 없지 않을까? 도리어 부당한 폭력에는 정당방위인 폭력을 가하는 것이 생명과 신체를 지키는 바른 길이 아닐까?

게다가 간디는 침략국 영국에 대한 충성도 진실이나 진실에 대한 사랑이었다고 말한다. 이는 우리의 전형적인 애국(자) 상과는 너무나 다르기 때문에 충격적이다. 가령 단재 신채호는 일본 쪽을 향해서는 절대로 고개를 숙이지 않아 세수를 할 때도 항상 서서 했다고 한다. 일본 쪽을 보지 않고 세수하면 될 것을 말이다. 해방된 지 반세기가 훨씬 지난 지금도 일본에 대한 반발은 거세며 미국에 대한 반발도 만만치 않다. 지금 일본의 식민지 지배가 한국 근대화의 밑바탕이 되었다고 학자들이 밝히는 것에 대해서도 우리는 발끈한다. 그러나 간디는 영국의 인도 지배는 전반적으로 받아들일 만한 것이었고 인도인들에게 혜택을 주었기에 자신은 누구보다도 영국에 충성했다고 당당하게 말하며 그것이 자기가 추구한 진실의 일부였다고까지 말한다.

그나마 그런 것들이 '진실 추구'냐 아니냐가 아니라, '진리 실험'이라고 하는 경우 더욱 문제가 많아진다. 성생활을 하지 않는 것이 진리일까? 아니면 하는 것이 진리일까? 고기를 전혀 먹지 않고 채소만 먹는 것이 진리일까? 아니 그 어느 것도 진리와는 무관한 것이 아닌가? 그래서 나는 '진리 실험'이라는 말 대신 그나마 조금은 소박하게 보이는 '진실 추구'라는 말을 택했다.

그 말이 소박하고 겸손한 간디에게 그나마 맞는 말이라고 생각했기 때문이다. 나는 간디를 "나의 삶이 곧 진리니라"라고 큰 소리로 외치는 자로 상상하기 힘들다. 간디가 평생을 소박하고 겸손하게 살았던 점을 나는 존경한다. 평생을 소박하고 겸손하게 사는 사람은 간디 말고도 내 주변에 많지만 의도적으로 그렇게 철저히 소박하고 겸손하게 산 사람은 많지 않다. 그래서 나는 간디를 존경한다. 그러나 소박하고 겸손하게 살았다고 자서전까지 쓸 필요는 없다.

간디는 자서전을 쓸 필요가 있어서 썼다고 나는 생각한다. 그가 평생 그러했듯이 나름대로 인도인에게 교훈을 주기 위해서였다. 지금 인도인도 대체로 그렇지만 20세기 초의 인도인이란 대단히 무지했다. 그런 인도인을 계몽하려고 간디는 50대 후반에 자신의 이야기를 썼다. 우리는 그 점을 이해해야 한다.

간디가 자서전을 쓴 시대나 지금 우리 시대나 크게 다르지 않다고 생각되기에 간디를 읽을 가치는 충분히 있다. 그러나 대단한 '진리'인 양 읽을 필요는 없다. 그 내용도 재미로 비판을 해가며 읽는 것이 더 흥미롭다. 우리 모두 굳이 간디주의자일 필요가 없다. 물론

이 책을 읽고 간디주의자가 되느냐 마느냐는 각 독자가 선택할 문제지만 나로서는 도리어 비판적인 독서가 필요하다는 점을 강조하고 싶다. 왜냐하면 그동안 간디는 너무 '성인' 취급을 받아왔기 때문이다. 그런 간디 종교 포교에 앞장선 사람들을 경계할 필요가 있다.

물론 간디 역시 종교인이었으니 그런 사람들이 등장하는 것도 무리가 아니지만 간디 자신은 자신이 어떤 종교의 대상이 되는 것도 거부했다. 사실 간디의 종교란 진실을 신으로 모시는 것으로 보통 종교와는 다르고, 세상의 모든 종교를 긍정하는 것이다. 세상의 모든 종교는 다른 문화가 그러하듯 여러 장소, 여러 시대에 다양하게 생겨났다. 그 모두가 진실을 추구한다는 점에서 다름이 없으나 여러 시대를 거치면서 많이 변해왔다. 간디는 그런 변화 중에 잘못된 것은 종교로 인정하지 않는다. 가령 힌두교를 인정하되 그것이 인정하는 인도의 조혼은 비판한다.

이 책을 다시 번역하는 이유

《간디 자서전》은 몇 번이나 우리말로 번역되었다. 이 책을 다시 번역하면서 시중에 나와 있는 것 중에 참조한 것으로 함석헌 번역본이 있다. 함석헌 번역본은 1983년에 초판이 나와서 2002년에 제3판을 찍은 것이나 이미 1964년에 다른 출판사에서 나온 바 있으니 벌써 40여 년 전에 나온 것이다.[18] 번역 관련 기록이 없어 정확하게 알 수는 없으나 아마도 그 훨씬 전에 번역되었을 것 같다. 함석헌은 1901년생이니 1960년쯤에 번역했다고 해도 거의 60이 되어서였다. 대단한 일이다. 1960년쯤에는 환갑 노인이면 원로 행세를 했고 번역 같은 것은 생각지도 못했을 터였기 때문이다. 특히 함석헌은 그 당시 이미 유명했기에 '번역 같은 짓'은 할 필요가 없었다.

예순 살 정도에 번역했다면 벌써 약 50년, 즉 반세기 전인데도 함석헌의 번역은 뛰어나다. 이는 지금 50년 전의 다른 번역서를 읽어 보면 한눈에 알 수 있다. 특히 교수라고 하는 외국어 전문가가 번역한 것을 보아도 가관이라고 할 정도인데, 평생을 대학과는 무관하게 사회운동으로 바쁘게 산 함석헌의 번역에 경탄하게 된다는 점만으로도 함석헌은 위대하다. 아마도 번역서가 50년 동안 살아 있는 것으로는 한국에서 거의 유일한 경우이리라.

그러나 정말 50년 전에 번역되었다면 역시 문제가 있을 수밖에 없다. 사실 오역도 적지 않고[19] 번역이 생략된 부분도 많다.[20] 역주나 해설도 충실하지 않다. 그래서 다시 번역하게 되었다. 물론 나는 함석헌의 번역에서 많은 도움을 받았다.

오역이라는 문제점이 야기된 이유 가운데 하나는 함석헌 등 기존 번역자들이 법을 비롯한 다양한 점에 대해서 충분히 알지 못했다는 점에 있기도 하다. 간디가 10대 말에 영국에서 변호사가 되었고

---

18 허우성은 함석헌이 "칠순이 훨씬 넘어" 번역·출판했고 그 무렵 "번역에 열중하시던 모습이 지금도 눈에 선하다"고 한다(라가반 이예르 편, 허우성 역, 《문명·정치·종교》(상), 소명출판, 2004, 31쪽). 함석헌 자신도 1976년 10월 《씨알의 소리》에서 "지금 우리말로 번역하고 있다"고 했다(위 책, 46쪽). 그러나 최초의 함석헌 번역은 1964년 삼중당에서 출판되었다.

19 가령 그 책 94쪽에 나오는 라다 마하라지가 열세 살이라는 것은 간디가 열세 살이라는 것의 오역, 142쪽의 "구자라트 말로 세계에 전한 것"은 Gujarati-speaking world, 즉 "구자라트어 사용 지역"의 오역, 149쪽의 《관습법》과 《평등》과 《개인 소유》는 각각 《영국법(Common law)》과 《형평법(Equity)》과 《동산(Personal Property)》의 오역, 《고등법원》은 "(지방법원과 고등법원을 겸한) 법원(High Court)"의 오역, 163쪽의 "문 앞에 흰 코끼리를 매어두는 데 성공했다"는 표현은 비싼 물건을 많이 사서 비용이 많이 들었다는 비유인데 직역을 했으므로 결과적으로 오역, 176쪽의 "3, 4일"은 three to four hours의 오역, 181쪽의 "주님"이란 "주인"의 오역, 183쪽 등의 "재판소"란 "법원"의 오역, 204쪽의 "오렌지자유주"란 "오렌지자유

1910년, 곧 41살까지 변호사 일을 했다는 점은 특히 50살 전후까지
를 적고 있는 《간디 자서전》의 중요한 부분이고, 《간디 자서전》 마
지막까지 자신이 받은 재판에 대해 서술한다.

그런 점에서 나는 《간디 자서전》을 법대에서 반드시 읽어야 할
교양서적으로 학생들에게 추천해왔고, 영화 〈간디〉도 반드시 보도
록 추천했다. 여하튼 법을 잘 아는 법 전문가가 《간디 자서전》을 번
역해야 할 필요성은 당연하다. 사실 나로서는 누구보다도 법대 학
생이나 법률가들이 이 책을 읽어주기를 바라는 마음에서 번역했다.

또한 인도어가 남용되는 점이 문제다. 함석헌은 민족주의자로 유
명하고 따라서 불필요한 영어 등의 외래어나 외국어를 사용하지 않
는 사람임이 당연하다. 그러나 인도어는 너무나도 많이 사용한다.

국"의 오역, 205쪽의 "점유"란 "소유"의 오역, 206쪽의 "주대표 변호사"란 "사법장관(Atate
Attorney)"의 오역, 210쪽의 "소송사건"이란 "판례(law cases)"의 오역, 211쪽의 "3만7천 파
운드나 되는 비용"이란 "3만7천 파운드와 비용(£37,000 and costs)"의 오역, 229쪽의 "내 할
일을 하자는 생각만 있다면 반드시 힘에 겨운 것은 아니라고 생각했다"는 "생계를 꾸려가
는 한 무리가 아니라고 생각했다"의 오역, 232쪽의 "신문을 읽거나"는 "글을 낭독했다(read
papers)"의 오역, 244쪽의 "곧 다른"은 "곧은"의 오역, 286쪽의 "인도인 단체"는 "인도인 사
회"의 오역, 323쪽의 "시간"은 "시(poem)"의 오역(또는 오타), 406쪽의 "생활비는 다 같이
부담할 것"은 "동일 임금을 받는다(drawing the same living wage)"는 것의 오역, 412쪽의 "신
문사를 사직하고 지체하지 않고"는 "사직 한 달 전에 신문사에 통보하고서, 그 기간이 지
나자 피닉스에 왔다"는 것의 오역, 416쪽의 "그들은 종교적 의식을 올렸고 도장을 찍을 필
요도 없었나"는 "그들에게는 결합을 인정하는 어떤 종교적 의식도 필요 없었다"의 오역,
427쪽의 "1900년부터 지켜오던 브라마차리아는 1906년 중엽, 맹세로 도장이 찍히게 되었
다"는 "내가 1900년부터 우유부단하게 지켜온 금욕을 1906년 중반부터 명확하게 지키게
되었다"의 오역, 434쪽의 "정거장"은 "정착촌"의 오역, 436쪽의 "감옥의 무관"은 "감옥의
무관"의 오역(또는 오타), 447쪽의 "한트라 피스트"는 "한 트리피스트"의 오역(또는 오타),
450쪽의 "첫 페이지를 같이 읽은"은 "처음부터 끝까지 읽은"의 오역, "그들이 내 말을 들
음으로 인해"는 "나의 질문에 답하는 아이들의 답에서"의 오역, 458쪽의 "예비용 사실"은
"특별 화장실"의 오역, 471쪽의 "중시"는 "중지"의 오역(또는 오타), 477쪽의 "아덴의 왈라
부부"는 "아덴의 인도인들(Adenwallas)"의 오역, 481쪽의 "그래서 그들은 심리 전체를 무효

716

인도말은 외래어는커녕 외국어에 불과하다.

물론 간디가 사용하는 독특한 개념이나 용어가 많으나, 그것도 적절한 우리말로 번역하는 것이 옳지 인도어 그대로 사용한다는 건 문제다. 가령 간디 사상의 핵심적인 용어 가운데 하나인 사티아그라하(Satyagraha)는 종래 함석헌 등이 일본에서처럼 '진리파지(把持)운동'으로 번역했으면서도 원어(사티아그라하) 그대로 사용하는 경우가 많다. 원어 그대로 사용하는 경우도 문제지만 번역어에도 문제가 있다. 파지란 '움켜 가지는 것'을 뜻하는데 진리를 움켜 가진다는 것이 도대체 무슨 말일까? Satyagraha는 간디가 Satya와 agraha를 합성해 만든 말이다. 그런데 Satya라는 말을 진리라고 볼 수도 있으나 이는 위에서도 설명했듯이 진실이란 말에 더 가깝다. graha란 힌두어는 종래

로 할 생각은 없었다. 그렇게 하자면 상당히 힘이 드는 일이었다"는 "따라서 그들은, 상당히 어렵게 작성된 회계 판정 전체를 취소할 필요는 없다고 생각했다"의 오역, 486쪽의 "배심판사"는 "배심재판(a jury)"의 오역, 499쪽의 "자기가 자기를 차지하고 싶은 국민"은 "자주독립을 원하는 인민(A nation that wants to come into its own)"의 오역, 516쪽의 "라크슈만 줄라로 돌아오자"는 "라크슈만 줄라 이야기로 돌아가자"의 오역, 537쪽의 "나는 그 통지서를 받지 않을 수도 있었다. 그러나 나는 그것을 다 받았다. 그리고 관리들에 대한 나의 행동은 옳았다"는 "나는 그 통지서에 대해 법적으로 저항할 수 있었다. 그러나 나는 그 모두를 인정했고, 관리들에 대한 나의 행동은 예의 발랐다"의 오역, 558쪽의 "영국적인"은 "영구적인"의 오역(또는 오타), 572쪽의 "내 할 일이다"는 "할 일이 아니었다"의 오역, 573쪽의 "킬라파트 문제가 그때는 후에 나타난 것 같은 양상을 띠고 있었다"는 "당시의 킬라파트 문제는 그 뒤에 나타난 것과는 달랐다"의 오역, 578쪽의 "국민의회 연맹 방안"은 "국민회의─이슬람동맹 안"의 오역, 581쪽의 "영국 국민에 대한 충성심"은 "영국인의 충성심"의 오역, 591쪽의 "법안은 아직 법령으로 공포되지는 않았다"는 "법안은 아직 관보에 실리지는 않았다"의 오역, 593쪽의 "남아프리카"는 "남인도"의 오역, 625쪽의 "아슈람의 생산품"은 "아슈람이 생산품"의 오역(또는 오타), 638쪽의 "1천5백 명"은 "1만4천 명"의 오역, "증거"는 "증가"의 오타, 641쪽의 "그것은 우리가 날마다 우리 눈으로 보는 저 태양 빛의 광휘보다 가늘고 희미한 빛뿐이다"는 "그것은 우리가 매일 눈으로 보는 태양의 빛보다 백만 배나 더 강렬한 것이다. 사실 내가 감지하는 것은 오로지 그 거대한 광휘의 가장 약한 순간일 뿐이다"의 오역.

에 파지라고 번역했으나 여기엔 도리어 agraha, 즉 어떤 의지를 지속적으로 강경하게 주장하여 관철한다는 투쟁의 뜻이 있다.

기타 독특한 인도 개념은 되도록이면 우리말로 바꾸려고 노력했다. 가령 시라스테다르(shirastedar)란 '사무장'이라는 뜻인데 함석헌 번역(172쪽)에서는 원어 그대로 표기하여 무슨 말인지 이해할 수 없는 것을 나는 '사무장'으로 바꾸었다.

그러나 다시 번역한 이유 중에 더욱 중요한 점은 앞에서도 강조했듯이 간디를 다시 보아야 한다는 것이다. 먼저 함석헌 등이 간디를 무조건 영웅시하여 숭배한 것이 문제다. 인도만이 아니라 세계가 그를 영웅으로 모시는 점에 군이 의문을 가질 필요는 없으리라. 인도 전역에 그의 동상이 수없이 서 있는 것을 보고서 그 흔해 빠진 정치가나 군인이 아닌 간디의 동상이라면 차라리 다행이라고 생각하기도 했지만, 역시 절대적인 숭배에는 의문이 있다. 이는 적어도

---

20 가령 그 책 110쪽 "그것은 꽤 배를 채울 수 있었다" 다음에 "친구는 나에게 계속 고기를 먹으라고 했지만, 나는 언제나 나의 맹세를 지키며 침묵했다"는 부분이, 180쪽 11줄 다음에 "여기서도 나는 운명적으로 싸우게 되었다"는 부분이, 187쪽 18줄 다음에 "기차는 나를 찰스타운으로 데려주었다"는 부분이, 201쪽 "가능성을 믿고 있었다" 다음에 "두 숙녀도 같은 믿음을 공유했다"는 부분이, 217쪽 "눈뜬 장님입니다" 다음에 "우리는 보통 나날의 시장 물가나 보려고 간단하게 신문을 훑어봅니다"는 부분이, 229쪽 "일반화시키고 싶었다" 다음에 "그 이름의 사용을 주저함은 비겁하다는 느낌이 들었다"는 부분이, 231쪽 "아무리 권유를 해도 소용이 없었다" 다음에 "그는 철석같아 보였다"는 부분이, 232쪽 "인도인 사회를 위해 봉사할 수 있는 기회를 주는 것이 그 일이었다" 다음에 "그것은 일종의 토론 모임이었다"라는 부분이, 303쪽 "절제의 필요성을 더욱더 느낀다" 다음에 "금욕 맹세의 가능성에도 한계가 없듯이 극기의 가능성에는 아무런 한계가 없다"는 부분이, 319쪽 "나는 부펜바부에게로 가서 내 뜻을 말했다" 다음에 "그는 나를 보더니 말했다. '여기는 일이 없지만 고살 님이 무슨 일거리를 줄 거요. 그에게 가보세요.' 그래서 나는 그에게 갔다"는 부분이, 333쪽 "저 성전을 깨끗하게 해주시기를 바라는 것이다" 다음에 "학식과 지혜와 희생과 정서가 풍부한 벵골인이 사원의 그런 불상사를 어떻게 참고 있는지 정말 이해할 수 없다"는 부분이, 366쪽 "그 외의 다른 일과" 다음에 "사티아그라하의 형성과 육성에 자리를 양보

간디 스스로 그런 절대적인 영웅화를 배척했기 때문에 더욱 그러하다. 이 책을 읽는 독자들도 이 점을 주의해야 한다. 간디는 이 책 머리말에서 다음과 같이 말한다.

누구도 이 책에 흩어져 있는 권고를 권위로 간주하지 않기를 바라고 기도한다. 이 진실 추구 이야기는 그 하나의 본보기로 간주되어야 하고, 각자는 자신만의 의도와 능력에 따라 스스로 진실을 추구해야 한다. 이런 한정된 범위에서만 이 본보기는 참으로 도움이 될 것이라고 믿는다. 왜냐하면 꼭 해야 할 이야기라면 그것이 아무리 추악한 것이라도 나는 숨기거나 줄이려고 하지 않았기 때문이다. 나는 나의 모든 단점과 잘못을 독자들에게 모두 알리고 싶다.

나의 목표는 사티아그라하의 과학을 통해 나의 추구를 설명하는 것이지, 내가 얼마나 훌륭한지를 말하려는 것이 아니다. 나 자신을 판단함

해야 했다"는 부분이, 371쪽 "빛을 지지 않을 수 없을 것이다"다음에 "나는 평생 빛을 지지 않았고 언제나 빛을 혐오했다"는 부분이, 412쪽의 "따라서 그 일을 모르는 사람은 배워야 했다" 다음 "내가 가장 못하는 편이었다"는 부분이, 431쪽의 "나는 칼렌바흐 씨가 단식할 때나 음식을 바꿀 때나 함께 그의 집에 있었다" 다음 "사티아그라하가 최고조에 이르렀을 때 나는 그의 집에서 그와 함께 살았다"는 부분, 449쪽의 "그래서 나는 그들에게 문자와 문법 기초를 가르쳐야 했다. 그것은 쉬웠다"는 부분, 451쪽의 "두 번째의 불쌍한 유아기에 이르게 되어" 부분, 500쪽의 "사트라그하도 최고의 구제 방법임을 의심하지 않습니다" 부분, 504쪽의 "그러나 나는 그 부정의에 분노했다"는 부분, 512쪽의 "나는 내가 직면할 수 있는 어려움에 대해서도 충분히 생각했다"는 부분, 539쪽의 "그들 사이에서는 어떤 정치적 일도 행해지지 않았다"는 부분, 548쪽의 "뭄바이에서 왔고, 아난디바이 바이샴프파얀이" 부분, 550쪽의 "마을 사람들도 그 조치를 특별하게 생각했다"는 부분, 570쪽의 "모든 사람이 그들의 봉사와 용기를 높이 평가했다"는 부분과 "그러나 좀 더 깊이 알기 전에 그들은 격리되었다"는 부분, 591쪽의 "우리는 마드라스에 있는 그의 집에 묵었다"는 부분, 618쪽의 "이름만 법원인 것에 의해" 부분, 619쪽의 "또한 마찬가지로 킬라파트 문제도 있었다"는 부분, 623쪽의 "국민회의 대의원 수나 각 지역별 대의원 수에 대한 제한이 없었다"는 부분, 639쪽의 "그러나 이에 대한 토론은 여기에 적합하지 않다"는 부분이 생략되었다.

에 있어 나는 진실에 대한 경우와 마찬가지로 엄격해야 하고, 남들도 그렇게 하기를 바란다.

옮긴이인 나는 다시 강조하고자 한다. 나는 젊은이들을 위해 이 책을 번역했다. 이 나라에 희망이란, 이 세계에 희망이란 젊은이들밖에 없다. 그들이 간디처럼 사는 것밖에 기대할 것이 없고, 병든 이 세상을 어떻게든 바꾸어볼 방법이 그것밖에는 도대체 없다. 그러니 젊은이 한 사람 한 사람이 간디처럼 조금이라도 진실하게 살도록 노력해야 한다. 진실을 추구하는 것 외에 우리가 해야 할 일은 아무 것도 없다.

특히 왜소하고 못난 간디처럼 '얼짱, 몸짱'이 아닌 젊은이, 수줍음 때문에 남 앞에서 말 한마디 못하는 젊은이들은 이 책을 읽고 간디처럼 훌륭한 사람이 되길 바란다. 그러나 다시 강조하지만 '훌륭한' 사람이란 진실을 추구하는 사람이지, 정치꾼이나 판검사 따위, 고급 관료나 의사 따위가 되는 것이 아니다. 그런 직업이야 능력에 맞게 택하면 된다. 간디처럼 그런 직업을 택해서는 안 된다고 생각할 필 요까지는 없어도 말이다. 기본적으로 먹고사는 것에 큰 문제가 없다면 어떤 직업을 택해도 무방하다.

나는 특히 법조인이나 정치가가 되고자 하는 젊은이들에게 이 책을 권한다. 간디는 변호사로 출발하여 정치인이 되었다. 우리나라를 비롯하여 세계적으로 그런 사람들이 많다. 그러나 간디 같은 사람은 없다. 간디는 개인적인 사유로 재판하기를 거부했다. 가령 영국 경찰에게 폭행을 당해도 그를 고소하지 않았다. 그리고 법보다도 사건 자체를 중시했고, 언제나 화해를 선호했다. 법조인으로서의 이러한 정신은 정치가로서의 간디에게 그대로 이어졌다.

그러나 굳이 간디를 한마디로 규정한다면 법조인도 정치가도 아닌 종교인, 아니 신앙인이라고 해야 할 것이다. 우리는 법조인이나 정치가 중에서 신앙인인 사람도 본다. 특히 손님을 끄는 데 종교를 이용하는 경우도 본다. 법조인은 장사에, 정치인은 투표에 사람이 필요해서 특정 종교에 속한 듯한 인상을 주는 경우도 있다. 그러나 간디는 그렇지 않았다. 그는 이 세상 어떤 종교인보다 철저한 종교인이었다. 그는 어떤 신부나 승려 이상으로 금욕을 실천했다. 그러나 그가 종교라고 한 것은 무엇보다도 타인에 대한 봉사를 의미했다. 그점에서 그에게는 종교가 법조인이나 정치인의 사명과도 같았다.

반식민주의 관점에서 《간디 자서전》을 다시 읽는다

내가 이 책을 번역하며 유의한 또 하나는 반식민주의의 관점에서 《간디 자서전》을 다시 읽는다는 것이다. 가령 간디가 《간디 자서전》 4부 18절 제목에서 '책 한 권의 기적'이라고도 표현할 정도로 감동을 받은 《이 마지막 사람에게도》의 저자 러스킨은 사실 당대의 가장 철저한 제국주의자 가운데 한 사람임이 최근 밝혀졌다. 간디가 마호메트에 대해 알게 만든 《영웅과 영웅숭배》의 저자 칼라일도 마찬가지였고, 특히 그 책에서 묘사된 마호메트는 전형적인 오리엔탈리즘으로 철저히 왜곡된 것이었다.

간디는 알게 모르게 이미 몇백 년 동안 영국을 중심으로 형성되어 온 오리엔탈리즘의 영향을 받았을지 모른다. 아니 받았음에 틀림없다고 보아야 할 것이다. 그래서 어린 시절에 서양인처럼 고기를 먹으려고도 했고, 커서도 영국 유학 때 영국 신사를 닮으려고 노력했으며, 변호사 활동을 하면서는 가족까지 영국식으로 만들려고 했다. 또한 불결하기 짝이 없는 인도인의 위생을 개선하려고 노력했다. 위생 문제는 인도인 자체의 문제이기도 했으나 서양인이 항상 지적한 것이기도 했다. 간디는 그러한 지적을 겸허히 받아들였다.

그러나 간디의 위대함은 파농과 함께 식민지 시대에 이미 그런 오리엔탈리즘 내지 식민주의를 극복하고 반식민주의 이론의 기초를 세웠다는 점에 있다. 여기서 우리는 간디나 파농이 독립운동을 주도한 민족주의 엘리트가 아니었고, 도리어 그들과는 사실상 매우 달랐다고 하는 점을 주목해야 한다. 그들은 인정받지 못한 광범위한 다수의 열망과 욕구를 옹호하면서 민족주의 정당의 해체를 주장했고 주민자치를 대안으로 제시했다.

그보다 더욱 중요한 것은 경제, 사회, 문화적인 반서양화 대안이었다. 그 대안의 기본형은 식민지 농촌 사회 자체였지만 물론 그 전통을 무조건 수용하지는 않았다. 가령 간디는 카스트를 비판했으며 특히 불가촉천민에 대한 자비를 주장했다. 물론 카스트를 전면 부정하지는 못해 암베드카르 같은 사람들의 비판을 받기는 했어도 말이다.

파농이나 간디의 가장 큰 공통점이자 그 두 사람을 반식민주의 이론의 기초자로 둘 수 있게 하는 가장 큰 이유는 그들이 식민지 해방의 근본을 인간 해방, 인간성 개조에 두었다고 하는 점이다. 이는 이광수식 민족성 개조론이 아니라, 식민지 시대에 노예였던 것을 주인으로 바꾸는 의식 개조다. 간디는 인도인들이 노예처럼 영국인을 그들의 문명과 함께 맞아들였다고 비판한다. 따라서 영국인에 대한 증오는 그들의 문명에 대한 증오로 이어져야 한다고 주장한다.

그러나 더욱 중요한 점은 그러한 증오가 소위 고유 문명에 대한 향수적 복귀론이 아니었다는 점이다. 물론 간디는 물레를 돌렸다. 그러나 그것은 어디까지나 서구 문명에 대한 반대의 상징이지 고대 문명으로의 회귀를 말한 것이 아니다. 간디는 인도 고유 문명에 대한 연구를 게을리 한 것은 아니지만 그보다는 도리어 서구 문명의 폭력성을 철저히 비판했다. 여기서 중요한 것은 그가 인도 고유 문명의 본질로 이해한 것이 바로 서구 문명의 폭력성에 대립하는 비폭력성이라고 하는 점이다.

그러나 주의해야 하는 점은 간디가 고유 문명을 전면 인정한 것도, 거꾸로 서구 문명을 전면 부정한 것도 아니라는 점이다. 간디는 서양 제국, 곧 식민국 세력의 폭력성을 비판함과 동시에 당시 인도 지배계급의 폭력성을 굳이 부정하려고 하지 않는다. 간디가 그 폭력성을 철저히 분석한 것은 아니나 이를 부정적으로 본 것은 틀림없다. 말하자면 그에게는 서양의 폭력성이나 동양의 폭력성이나 모두 부정의 대상이었지 동양의 폭력성은 옹호하고 서양의 폭력성은 부정한 것이 아니다.

간단히 예를 들면 한국인에게는 물론 세계적으로도 인도 관광의 상징처럼 보이는 타지마할은 간디의 경우 전혀 관심 대상이 아니었고 만일 관심 대상이었다면 철저히 비판했을 것임에 틀림없다고 나는 믿는다. 마찬가지로 현대 인도의 IT산업에 대해서도 간디는 철저히 비판했으리라고 생각한다. 그렇다면 간디가 현대 한국에 사는 우리에게 던지는 교훈은 무엇일까?

이 책의 번역에 대해

앞에서도 말했듯이 이 책은 1920년대 인도 인민을 위해 쓴 책이기 때문에 2007년 이후의 한국 독자에게는 여러 가지로 어색할 수 있다. 1920년대의 인도란 지금 우리가 상상하기 어려울 정도로 전근대적인 사회였고, 지금의 인도도 일부 도시의 일부 계층을 제외하고는 마찬가지라 해도 과언이 아니다. 여하튼 옮긴이는 이 책을 우리 독자에게 충실히 전하기 위해서는 상세한 해설과 주석 및 사진이 필요하다고 생각했다. 일러두기에도 밝혔듯이 중간중간에 삽입한 해설은 모두 옮긴이에 의한 것이다.

고유명사 표기는 인도 본래의 구자라트어나 산스크리트어 또는 힌두어의 발음을 고집하지 않고 종래의 영어식 발음 표기에 따랐다. 그러나 현지 발음과는 다르다는 점을 주의해야 한다. 가령 간디가 태어난 구자라트는 영어로 Gujarat로 표기하나 현지에서는 '구지라트'로 발음한다. 영어 표기에 혼동이 있는 경우도 있다. 가령 지도상의 Kathiawar가 원서에는 Kathiawad로 표기된 것이다. 이런 경우에는 지도 표기에 따랐다.

그러나 지명보다도 더욱 어려운 것은 인명이었다. 인도의 인명에는 여러 가지 경칭이나 존칭이 덧붙여져 인명 자체만 가려내기가 어렵다. 일반적인 표기 관례에 따랐으나 직업에 대한 존칭은 별도로 번역해 표기했다.

원저의 한 문단은 보통 1쪽 이상 이어지지만 번역서에서는 그것을 서너 개로 나누었다.

원저의 마지막에는 40쪽에 이르는 방대하고도 상세한 색인이 붙어 있으나 이 번역서에서는 간단하게 줄였다.

찾아보기

지은이 **마하트마 간디** MOHANDAS K. GANDHI

'마하트마(위대한 영혼)'라는 이름으로 불리는 인도 건국의 아버지다.
인도 민족운동의 지도자이자 사상가로 본명은 모한다스 K. 간디다.
1869년 10월 인도 구자라트 포르반다르에서 태어났다. 1888년 열아홉 살의 나이로
런던에 유학하여 법학을 배우고, 1891년에 귀국해서 변호사로 개업했다.
1893년 소송 사건을 의뢰받고 남아프리카로 간 간디는 백인에게 박해받는
인도인들을 보고, 1915년 귀국할 때까지 인도인의 지위 향상을 위해 투쟁했다.
이후 아힘사(불살생), 무소유, 무집착을 중심으로 하는 사상적 바탕 위에
사티아그라하(Satyagraha), 아슈람 공동체 운동 등을 전개했고,
영국에 대한 비협력운동의 일환으로 납세 거부, 상품 불매운동을 전개했으며,
불가촉천민을 아슈람에 받아들이고 그들의 지위 향상을 위해서 노력했다.
1947년 7월 인도가 영국에서 독립한 후 힌두교와 이슬람교의 분쟁을
종식시키려 애쓰던 간디는 1948년 1월 30일 저녁, 델리 비르라에서
극렬 힌두교도의 총탄에 맞아 목숨을 잃는다. 평생 금욕을 실천하고,
투옥과 석방을 거듭하며, 단식이라는 비폭력적 방법으로 저항과 투쟁을
멈추지 않았던 간디는 인도인뿐만 아니라 세계인의 가슴속에서 잊히지 않는
금세기 마지막 성자로 추앙받으며, 인류사에 길이 남을 위인이 되었다.
주요 저서로《인도의 자치》,《간디, 비폭력 저항운동─남아프리카에서의
사티아그라하》등이 있다.

옮긴이 **박홍규**

오사카 시립대학교에서 법학박사 학위를 받았으며, 하버드대학교 로스쿨
객원교수를 역임한 바 있다. 현재 영남대학교 명예교수로 재직 중이다.
옮긴 책으로 사이드의《오리엔탈리즘》《문화와 제국주의》등이 있다.

간디 자서전

1판 1쇄 발행 2007년 6월 30일
개정판 1쇄 발행 2020년 6월 1일
개정판 2쇄 발행 2022년 9월 1일

지은이 마하트마 간디 ┃ 옮긴이 박홍규
펴낸곳 (주)문예출판사 ┃ 펴낸이 전준배
출판등록 2004. 02. 12. 제 2013-000360호 (1966. 12. 2. 제 1-134호)
주소 03992 서울시 마포구 월드컵북로 6길 30
전화 393-5681 ┃ 팩스 393-5685
홈페이지 www.moonye.com ┃ 블로그 blog.naver.com/imoonye
페이스북 www.facebook.com/moonyepublishing ┃ 이메일 info@moonye.com

ISBN 978-89-310-2119-6 03300

❀문예출판사® 상표등록 제 40-0833187호, 제 41-0200044호